5000 infos

ENCYCLOPÉDIE découverte

Chapitre 13 L'HISTOIRE 444

Chapitre 14 LA VIE ÉCONOMIQUE 508

Chapitre 15 LES SPORTS 528

Tous les mots suivis d'une astérisque* dans ce livre sont expliqués dans le glossaire.

LA FAUNE

Nous te proposons une visite parmi la faune, l'ensemble des animaux d'une région ou d'un milieu déterminé, qui peuple notre planète. Une meilleure connaissance du règne animal te permettra de comprendre et de participer à la protection des espèces car actuellement, la majorité des animaux doivent faire face aux menaces causées par l'homme et chaque année de nombreuses espèces disparaissent.

LES ANIMAUX DISPARUS

■ Beaucoup d'animaux préhistoriques nous font penser aux animaux actuels. Ceux-ci témoignent de l'évolution des espèces. Certains animaux, plus récents, ont aussi disparu, dans ce cas l'homme est souvent la cause de leur disparition.

■ Le dodo est un oiseau qui s'est éteint en 1681. Il ne volait pas et vivait dans la forêt équatoriale de l'île Maurice, à l'abri des gros carnivores (félins, ours). Il a été exterminé par l'homme à la fin du XVIIᵉ siècle.

■ Le mammouth était présent sur la Terre il y a 2 millions d'années. Cet herbivore était pourvu d'une épaisse fourrure lui permettant de résister au froid. Des échantillons, récupérés sur des animaux entiers, trouvés dans la glace, sont en cours d'analyse pour essayer d'élucider la raison de sa disparition. Son seul cousin actuel est l'éléphant.

■ Le paresseux géant vivait en Amérique du Sud et en Amérique du Nord. Les plus grands atteignaient 7 m de hauteur et avaient une masse supérieure à celle des éléphants actuels.

Smilodon ou tigre aux dents de sabre.

■ Le smilodon ou tigre aux dents de sabre, a disparu il y a 2 millions d'années. Ce terrible félin carnivore reste le plus puissant félin de tous les temps. Il avait la taille d'un lion et possédait d'énormes canines en forme de poignards capables de tuer des mammouths.

■ Le moa s'est éteint il y a 300 ans. C'était le plus gros (700 kg) et le plus grand (3,60 m de hauteur) oiseau qui ait jamais existé. Ne pouvant pas voler, il vivait à l'abri des grands prédateurs en Nouvelle-Zélande, mais pas de l'homme, responsable de sa disparition par la chasse.

■ L'« Haast's eagle », un aigle qui vivait aussi en Nouvelle-Zélande aurait disparu en même temps que le moa. Cet aigle avait, selon des études menées sur son ADN, un poids de 13 kg et 3 m d'envergure. Ce qui en fait le plus grand aigle à avoir été découvert.

■ Le moropus était un herbivore considéré comme l'ancêtre commun des périssodactyles (cheval, rhinocéros et tapir). Il vivait en Amérique du Nord et en Asie il y a 20 millions d'années. Il déterrait les racines qui constituaient une partie de son régime alimentaire à l'aide de ses sabot armés de griffes. Il mesurait 2,10 m au garrot. Il avait une tête de cheval, un cou du même style que celui de la girafe, un poitrail de tapir, des pattes antérieures de rhinocéros.

■ Le grand pingouin était incapable de voler. Il a été massacré par les hommes, qui tuèrent ses derniers représentants en 1844 au large de l'Islande.

■ Le tigre de Tasmanie, ou loup marsupial, était un parent des kangourous. Il a disparu officiellement il y a 4 500 ans et ne subsistait plus qu'en Tasmanie. On annonça malgré tout sa disparition totale vers 1940.

LES DINOSAURES

- Le mot dinosaure signifie « terrible lézard ». Ces animaux vivaient sur la Terre il y a 235 millions d'années et ont disparu il y a 65 millions d'années, donc bien avant l'apparition de l'homme sur Terre. Les fossiles trouvés dans divers endroits du monde ont permis de reconstituer et de dévoiler les secrets d'une partie de ces espèces.

- La famille des dinosaures compte plusieurs centaines d'espèces. Ils étaient tous ovipares comme en témoigne la découverte d'œufs fossilisés.

- Ces créatures peuvent être divisées en 2 groupes : les herbivores (diplodocus, stégosaure, iguanodon, tricératops) et les carnivores ou thérapodes (tyrannosaure, velociraptor).

- Les carnivores avaient en commun plusieurs caractéristiques : il étaient bipèdes et possédaient des griffes et des dents très acérées.

- Avec ses 14 m de longueur et ses 5 m de hauteur, le tyrannosaure rex était un des plus gros dinosaures carnivores.

- Le velociraptor était un tueur vif et féroce qui chassait les petits mammifères et les jeunes dinosaures. Il mesurait 1,80 m de longueur et 1 m de hauteur. Il portait à chaque pied une longue griffe qui lui permettait de transpercer ses victimes.

- Le diplodocus, herbivore, avait un long cou mince et une queue en fouet, sa taille atteignait celle de la longueur d'un terrain de tennis (environ 27 m). Grâce à son long cou, il pouvait atteindre le sommet des grands arbres pour en manger les feuilles.

- L'iguanodon était un herbivore long comme 4 voitures (10 m).

La ville de Bernissard en Belgique abritait un véritable cimetière d'iguanodons.

- L'archæopteryx est un fossile de la taille d'un pigeon. Cette créature qui avait des caractères communs à la fois aux reptiles thérapodes et aux oiseaux a engendré la théorie selon laquelle les oiseaux descendent des dinosaures.

- Il existe plusieurs hypothèses qui expliqueraient la disparition des dinosaures. Parmi celles les plus souvent avancées, on évoque la collision d'une comète avec la Terre ou le développement d'une intense activité volcanique affectant le climat planétaire.

Diplodocus.

13

Les vertébrés

Les vertébrés sont apparus sur la Terre il y a environ 450 millions d'années. Leurs premiers représentants étaient les poissons. Les poissons ont ensuite progressivement colonisé le milieu terrestre puis ont évolué pour donner les batraciens et les autres vertébrés.

Parmi les premiers vertébrés, beaucoup ont disparu de la surface de la terre avant même l'apparition de l'homme. On ne connaît ces animaux que par l'intermédiaire de leurs fossiles*. C'est le cas, entre autres, des dinosaures qui sont les ancêtres des reptiles actuels.

Les vertébrés sont caractérisés par l'important développement de leur système nerveux central (cerveau et moelle épinière). Par ailleurs, le cerveau est protégé par un crâne et la moelle épinière est protégée par une colonne vertébrale. Les vertébrés ont un cœur et leur appareil circulatoire est clos : il est constitué d'artères et de veines. Les individus sont toujours d'un sexe donné (il n'y a pas d'hermaphrodisme*) et leur reproduction est toujours sexuée.

L'ensemble des vertébrés comprend environ 45 000 espèces différentes qui sont réparties en 5 grands groupes :

- les mammifères
- les oiseaux
- les reptiles
- les amphibiens
- les poissons.

LES MAMMIFÈRES

■ Les mammifères sont apparus sur la terre pendant l'ère secondaire, il y a 200 millions d'années, mais ils se sont épanouis au cours de l'ère tertiaire (il y a 50 millions d'années), après la disparition des dinosaures.

■ Les mammifères sont les plus évolués des vertébrés et comptent environ 5 000 espèces différentes qui ont colonisé tous les milieux terrestres et se retrouvent sous tous les climats.

■ Ils sont quasi tous vivipares : les œufs fécondés se développent dans les organes génitaux de la femelle et les petits qui naissent ressemblent à leurs parents en petit. Seuls, les monotrèmes (echidné et l'ornithorynque) pondent des œufs.

■ Tous les mammifères femelles allaitent leurs petits. Cela se fait par l'intermédiaire des mamelles. Les mamelles sont toujours présentes en nombre pair. Cela va de une paire de mamelles à 10 paires.

■ Ce sont les seuls animaux à avoir des poils ! Ces poils peuvent être plus ou moins abondants, jusqu'à former une épaisse fourrure qui préserve très efficacement l'animal du froid.

■ Tous les mammifères respirent par l'intermédiaire de poumons, y compris les mammifères aquatiques comme le lamantin, la baleine ou le dauphin.

■ Ce sont des animaux à sang chaud. Ils sont capables de maintenir la température de leur corps constante quelle que soit la température extérieure.

■ Le régime alimentaire des mammifères est très varié et dépend souvent de l'espèce considérée.

■ Les mammifères ont généralement 2 dentitions successives : les dents de lait, puis les dents définitives. La dentition définitive compte quelques dents supplémentaires par rapport à la dentition de lait.

■ Ils sont répartis dans différentes catégories, appelées ordres, selon divers critères tels que la dentition, leur mode d'alimentation et le nombre de doigts.

L'OURS

- L'ours appartient à l'ordre des carnivores et à la famille des ursidés.

- Il existe 9 espèces d'ours : les plus connus sont l'ours blanc, ou polaire, l'ours noir, l'ours brun mais aussi le panda.

Ours brun.

- Les ours se rencontrent dans les forêts (ours à collier, ours noir, ours brun), les savanes (ours à lunettes), les zones montagneuses (ours malais) et les banquises (ours polaire).

L'ours polaire peut détecter la présence d'un phoque sous 1 m de glace.

- Il mesure entre 1,10 m (ours malais) et 1,60 m (ours polaire) au garrot. Il pèse entre 135 kg et 450 kg (ours blanc). Leur durée de vie varie entre 20 et 40 ans (en captivité).

- La femelle, l'ourse, met bas entre 1 et 4 oursons après une période de gestation de 6 à 9 mois selon les espèces.

- Bien qu'appartenant à l'ordre des carnivores, l'ours est plutôt omnivore. En effet, hormis l'ours blanc qui se nourrit de phoques, les autres ours se nourrissent de plantes, de champignons, d'insectes, de miel et de poisson. Ce n'est que lorsqu'il vieillit que l'ours brun devient plutôt carnassier*.

- L'ours est généralement solitaire, mais il vit parfois en petit groupe familial.

- Dans les régions froides, l'ours hiberne en hiver. Il choisit un endroit tranquille (tronc d'arbre, caverne) et va y rester de 3 à 7 mois.

Ours polaire se reposant sur la banquise.

- Ils sont tous victimes de la chasse que l'homme leur fait pour leur belle fourrure très convoitée. De plus, certains subissent le déboisement qui limite leur habitat, et les autres, le réchauffement climatique qui limite l'aire de répartition de leur nourriture suite à la fonte des glaces.

- On estime qu'à l'heure actuelle il reste 40 000 ours blancs et 250 000 ours bruns.

LE KOALA

- Le koala est un marsupial de l'ordre des diprotodontes et unique représentant de la famille des phascolarcticidés.

- Il habite dans l'est de l'Australie et vit dans les arbres des forêts d'eucalyptus.

- Il mesure entre 60 et 85 cm de longueur, sa queue est très courte. Son poids varie de 7 à 12 kg. Il peut vivre une vingtaine d'années.

- Il est sexuellement mature entre 2 et 4 ans. Il se reproduit l'été (donc entre décembre et mars). La femelle met bas 1 seul petit, tous les 2 ans, après 1 mois de gestation. Le petit, non formé et de la taille d'un haricot, restera encore 6 mois dans la poche marsupiale de la maman afin d'y poursuivre son développement.

- Il est uniquement herbivore ; il se nourrit essentiellement de feuilles et de pousses d'eucalyptus.

- Il vit le plus souvent en solitaire. Mais on peut le rencontrer dans un petit groupe formé par un seul mâle et plusieurs femelles.

- Il est spécialement adapté à la vie arboricole et peut rester dans son arbre d'eucalyptus plusieurs années sans en descendre. Ses griffes lui permettent de s'agripper avec facilité aux branches. Au sol, il se déplace par petits bonds.

- C'est un animal paisible, qui dort environ 19 heures par jour.

- Son nom, en langue indigène, signifie « l'animal qui ne boit pas ».

- Cet animal a bien failli disparaître à cause de la chasse intensive pour sa fourrure et de la destruction de son habitat. Il bénéficie à l'heure actuelle d'une protection. Son effectif est d'environ 100 000 individus.

Il peut manger jusqu'à 1 kg de feuilles d'eucalyptus par jour.

LE LION

- Le lion est un mammifère, il appartient à la famille des félidés et à l'ordre des carnivores.

- Sa robe est de couleur fauve, mais il existe une vingtaine de lions blancs en Afrique du Sud. Leur pelage blanc est dû à une déficience en un pigment naturel (la mélanine).

- Le « roi des animaux » vit dans les grandes plaines africaines, mais également dans les forêts du nord-ouest de l'Inde.

En Asie, il ne reste que 240 individus en liberté.

- Le mâle mesure jusqu'à 2,70 m de longueur (dont 90 cm pour la queue) et 1 m de hauteur pour un poids allant de 200 à 250 kg. La femelle est plus petite.

- Le lion vit une quinzaine d'années dans la nature ; il peut vivre jusqu'à 30 ans en captivité.

- La femelle est en âge de procréer à partir de 2 ans. Après 3 mois et demi de gestation, elle met bas entre 2 et 5 lionceaux qui resteront à ses côtés jusqu'à l'âge de 2 ans. On estime que pour 3 000 accouplements, un seul rejeton atteindra l'âge adulte.

- Le lion se nourrit surtout de grands herbivores (buffles, girafes, antilopes, zèbres) qu'il chasse à l'affût. Ce sont les femelles du clan qui chassent. Le mâle est le premier à se servir lorsqu'une proie a été abattue. Il mange environ 10 kg de viande par jour et jusqu'à 30 kg en un seul repas s'il est affamé.

- La crinière du mâle n'apparaît que vers l'âge de 3 ans. Il est alors chassé par le mâle dominant et quitte le clan. Vers 5 ans, il essaiera de former une nouvelle tribu ou de prendre la place d'un mâle dominant. Les mâles évitent le combat en intimidant l'adversaire. Mais si le combat a lieu, il se termine souvent par la mort de l'un des belligérants.

- Il passe environ 20 heures par jour à se reposer. Ses rugissements s'entendent à plusieurs kilomètres à la ronde.

- Le lion n'a pour ainsi dire pas d'ennemis. Mis à part les braconniers qui le chassent, il ne recule que devant l'éléphant. La chasse au lion fut tellement prisée que tous les survivants se trouvent dans des réserves naturelles.

LE TIGRE

- Le tigre, roi de la jungle, fait partie de l'ordre des carnivores et de la famille des félidés.

- Il vit en Asie, principalement en Inde et dans les pays avoisinants. On le rencontre dans les forêts ; de la jungle tropicale à la taïga.

- Il mesure entre 2 m et 2,80 m de longueur, comprenant sa queue de 90 cm. Son poids varie de 180 à 250 kg pour une hauteur au garrot de 90 cm à 1 m. Il vit une vingtaine d'années.

- Il est sexuellement mature entre 3 et 5 ans. La femelle, en chaleur, gémit et rugit, afin d'attirer l'attention du mâle. Après une période de gestation d'environ 3 mois et demi, la femelle met bas 2 à 7 petits. Les petits restent près d'elle durant 2 ans.

- C'est un animal essentiellement carnivore qui a besoin de 9 à 10 kg de viande par jour. Ses repas préférés sont les grands mammifères (éléphanteau, cerf, buffle, sanglier, singe) qu'il chasse à l'affût*.

- Il est nocturne, solitaire et territorial. Il marque les arbres, les buissons et rochers avec de l'urine mélangée à des sécrétions provenant de ses glandes anales.

- Le tigre est un animal prisé pour toutes les parties de son corps : de sa peau à ses os, utilisés en Chine contre les rhumatismes.

Tigre du Bengale.

- Un tigre en bonne santé ne mange pas d'êtres humains.

- C'est le plus grand des félins et le seul à voir en couleurs.

- Le tigre est menacé d'extinction et est, à l'heure actuelle, protégé par la loi ; malgré cela, on en compte moins de 8 000 dans le monde et le braconnage est encore d'actualité.

Le tigre est le seul félin à ne pas avoir peur de l'eau.

LE LÉOPARD

Léopard.

- Le léopard et la panthère sont un seul et même animal. Le léopard a un pelage qui peut varier du blanc au noir (panthère noire) ; il est toujours tacheté de rosettes. En général, le léopard a un pelage jaune ou beige marqué de rosettes noires.

- Le léopard fait partie de la famille des félidés. Il habite des habitats très variés : montagnes, plaines, steppes, forêts, déserts. On le rencontre en Afrique subsaharienne, au Moyen-Orient et dans le sud de l'Asie.

- Il mesure entre 1 m et 1,90 m de longueur (sans la queue). Il ne pèse en moyenne que 60 kg.

Panthère noire.

- Cet équilibriste passe la plus grande partie de son temps dans les arbres. Il y monte très facilement grâce à ses puissantes pattes.

- Ce carnivore chasse au crépuscule. Il se nourrit de rongeurs, d'antilopes, de gazelles, de babouins et d'insectes. Pour attraper ses proies, il est capable de courir jusqu'à 60 km/h. Lorsqu'il attrape sa proie, il l'égorge à l'aide de ses crocs. Il la hisse souvent sur un arbre afin de pouvoir la manger en paix.

- Il a une ouïe fine et sa vue ainsi que son odorat sont bien développés.

- Il est solitaire et territorial. Son territoire couvre de 30 à 120 km. Pour éloigner ses ennemis, il rugit.

- La femelle, prête à s'accoupler, émet une urine spéciale qui attire les mâles. Environ 4 mois après l'accouplement, elle met bas 1 à 6 petits qui arrêtent de téter leur mère vers 3 mois. Ceux-ci partent vivre seuls dès l'âge de 1 ou 2 ans. Ils peuvent vivre une dizaine d'années dans la nature.

- Ce félin tacheté est souvent confondu avec le guépard. Cependant le léopard est un animal robuste, massif, campé sur de fortes pattes. On pourrait aussi le confondre avec le jaguar (Amérique du Sud), mais sa tête est plus massive.

- De nombreuses sous-espèces de léopards se sont éteintes et celles qui vivent à l'heure actuelle sont menacées d'extinction.

LA GIRAFE

- La girafe est un mammifère faisant partie de l'ordre des artiodactyles et de la famille des giraffidés. Cet animal à l'allure si fragile est le plus haut des animaux terrestres.

- Elle vit dans la savane africaine.

- Sa robe porte des taches marron sur fond fauve, qui se confondent avec l'ombre tachetée des branches. Chaque animal a une robe unique.

La langue de la girafe mesure 40 cm de longueur.

- La girafe pèse entre 550 et 1 800 kg pour une taille pouvant atteindre plus de 5 m de hauteur. Son énorme cou est composé, comme chez tous les mammifères, de 7 vertèbres cervicales mais celles-ci sont allongées.

- Elle vit environ 25 ans dans la nature et plus de 30 ans en captivité.

- La girafe atteint sa maturité sexuelle vers 4 ans. Au bout d'une période de gestation d'environ 15 mois, la femelle met au monde 1 girafon. Ce « petit » mesure déjà 2 m de hauteur.

- La girafe est végé-tarienne. Elle raffole des feuilles d'acacia qu'elle est capable, grâce à sa grande taille, d'aller chercher très haut dans les arbres. Elle cueille ces feuilles très épineuses avec sa longue langue rugueuse et musclée.

Girafon.

- Elle vit en troupeau conduit par un mâle adulte. Un troupeau peut compter 40 individus. On peut parfois les voir courir à 45 km/h. Dans le troupeau, pour se faire entendre, la girafe bêle ou mugit. Quand elle marche, elle avance simultanément les deux pieds d'un même côté. Elle dort debout, mais pas plus de 20 minutes par jour.

- Elle doit se méfier du lion et de l'homme qui sont ses principaux prédateurs.

- En voie de disparition, les girafes font partie des programmes européens d'élevage pour les espèces menacées.

Troupeau de girafes.

LE CHIMPANZÉ

Jeune chimpanzé.

- Le chimpanzé est un mammifère qui fait partie de l'ordre des primates et de la famille des pongidés (des grands singes). Il est le plus intelligent de ceux-ci et est notre plus proche parent (physiquement et génétiquement).

- Il existe deux espèces de chimpanzés, le commun et le nain (appelé bonobo). Ce sont des singes au pelage sombre dont la face, la paume des mains et la plante des pieds sont nues. Les oreilles, les lèvres et les arcades sourcilières sont saillantes et la queue est absente.

- On ne le trouve qu'en Afrique où il vit dans les forêts et les savanes. Il peut parcourir de longues distances en courant de façon bipède. Lorsqu'il marche à 4 pattes, il prend appui sur sa première phalange. Ses mains comportent 5 doigts comme l'homme.

- Sa taille varie entre 95 et 170 cm pour une envergure de bras allant jusqu'à 2 m ; il pèse entre 40 et 80 kg.

- Lorsque la femelle atteint sa maturité sexuelle, vers l'âge de 5 ans, elle peut s'accoupler et mettre au monde, après environ 6 mois de gestation, 1 petit. Le nouveau-né est sevré vers 4 ans et peut rester auprès de sa mère jusqu'à l'âge de 10 ans. Il vit en moyenne entre 25 et 35 ans, l'âge record étant de 71 ans, en captivité.

- Le chimpanzé est plutôt végétarien, mais peut aussi manger des insectes et de petits animaux. Il peut même s'attaquer à une antilope. Adulte, il a la force de 3 hommes réunis.

- Il vit en groupe comptant jusqu'à 80 individus et composé d'un mâle entouré de plusieurs femelles et de leurs petits. Leurs attitudes sociales sont évoluées (ils donnent des bisous, se disent bonjour en se touchant le bout des doigts, se font comprendre en gémissant, en grimaçant et en grognant). Le soir, il se prépare un nid de feuillage et de branches dans les arbres pour y passer la nuit. Il sait se servir d'outils et jette des pierres vers ses ennemis.

- Comme l'homme, il doit redouter les serpents.

- On peut le trouver dans les parcs zoologiques. Il y est mis sur une île, car incapable de nager, il ne peut s'échapper.

- Leur effectif est estimé à 250 000 dans le monde, ce qui leur permet de bénéficier d'un statut de protection.

LE GORILLE

- Le gorille appartient à l'ordre des primates et à la famille des pongidés.

- Il existe 3 sous-espèces de gorilles : le gorille de l'Ouest, le gorille des plaines (45 000 individus) et le gorille des montagnes (650 individus).

- Les gorilles habitent les forêts tropicales du centre de l'Afrique et dans les montagnes jusqu'à plus de 4 000 m d'altitude.

- C'est le plus grand des singes ; un mâle peut peser 300 kg pour une taille de 2,30 m ; les femelles sont plus petites. Dans leur environnement naturel, les gorilles vivent environ 35 ans.

- Le gorille n'a pas de saison de reproduction marquée. Après une gestation d'environ 9 mois, la femelle donne naissance à 1 bébé qui restera accroché à son ventre pendant 2 mois et demi. L'allaitement dure 1 an, puis, pendant encore 3 ans, la femelle s'occupe exclusivement de son éducation avant de s'accoupler à nouveau.

- Le gorille passe la majeure partie de sa journée à se nourrir de feuilles, de fleurs, de fruits, d'écorces, de racines et de pousses de bambou. Cette alimentation strictement végétale est très riche en eau et il ne boit jamais.

- Quand ils ne mangent pas, les gorilles se prélassent et jouent au soleil. Ils communiquent entre eux à l'aide de gestes et de sons. Chaque soir, ils se préparent une couche de branchage à même le sol ou dans un arbre.

- Les gorilles vivent en groupes constitués d'un mâle dominant, de 3 à 4 femelles et de leurs petits. Le mâle est souvent appelé le « dos argenté » à cause des poils de couleur gris clair qui apparaissent dans son dos vers l'âge de 10 ans.

- Sa force colossale lui permet d'arracher de petits arbres. Il utilise des mimiques et des tambourinements pour impressionner ses adversaires quand il se sent menacé. Mais, la plupart du temps, il est pacifique, voire timide. C'est un animal intelligent qui peut exprimer des sentiments tels que la joie ou l'ennui.

- L'homme est le seul prédateur sérieux du gorille, soit par le défrichement de son habitat naturel, soit par le braconnage.

Le gorille a peur de l'eau et ne sait pas nager.

23

L'ÉLÉPHANT

■ L'éléphant est un mammifère qui fait partie de l'ordre des proboscidiens et de la famille des éléphantidés.

■ Il existe deux espèces d'éléphants : celui d'Afrique et celui d'Asie. L'éléphant d'Afrique a de très grandes oreilles et vit en liberté dans les forêts et savanes au sud du Sahara. L'éléphant d'Asie a de plus petites oreilles, il a été domestiqué par l'homme et vit en Inde et en Asie du Sud-Est dans les forêts et les plaines herbeuses.

La trompe de l'éléphant compte plus de 40 000 muscles, soit plus que le corps humain.

■ L'éléphant d'Afrique est l'animal terrestre le plus puissant et le plus volumineux. Le mâle mesure près de 4 m de hauteur et peut peser jusqu'à 6 000 kg.

■ L'éléphant est exclusivement végétarien et peut manger 200 kg de végétaux par jour.

■ Sa trompe est un nez particulièrement développé. Très flexible et musclée, elle est terminée par la lèvre supérieure. Elle sert à saisir la nourriture, à boire, à sentir, à respirer et, parfois, à donner des coups pour se défendre. Ses défenses sont en ivoire ; ce sont des incisives très développées.

■ L'éléphant atteint sa maturité sexuelle vers l'âge de 15 ans. L'accouplement peut avoir lieu toute l'année. À sa naissance, après 22 mois de gestation, l'éléphanteau pèse déjà 100 kg.

■ Les éléphants vivent en groupe comptant jusqu'à 20 individus dirigés par une femelle. Ils communiquent entre eux par des grondements qui peuvent s'entendre à des kilomètres.

■ L'éléphant, lors de ses déplacements en forêt, forme des sentiers utiles à beaucoup d'autres animaux.

■ L'éléphant transpire par ses oreilles. En se servant de celles-ci comme s'il s'agissait d'éventails géants, il parvient à ne pas avoir trop chaud.

■ Ils sont devenus rares dans certaines régions, victimes de la destruction de leur habitat et massacrés par les chasseurs d'ivoire. Des programmes de sauvegarde ont été mis sur pied, mais les braconniers continuent à les chasser en ignorant les lois.

Éléphante d'Afrique et son éléphanteau.

LE RHINOCÉROS

Rhinocéros blancs d'Afrique.

- Le rhinocéros est un mammifère qui fait partie de l'ordre des périssodactyles (ongulés à nombre impair de doigts, 3 dans ce cas-ci) et de la famille des rhinocérotidés.

- Parmi les 5 espèces de rhinocéros, certains portent une « corne » sur le nez, les autres en portent deux. Ces cornes peuvent mesurer jusqu'à 1,50 m de longueur et sont faites de la même matière que nos ongles. Après une cassure, ces cornes repoussent très lentement (pas plus de 5 cm par an).

- Il vit en Asie et Afrique, dans les savanes boisées entre la forêt et les savanes herbeuses.

- Il mesure de 3 m à 3,75 m de longueur (plus la queue de 70 cm) et pèse de 1 000 à 1 800 kg. Il peut vivre 45 ans.

- La saison des amours est peu marquée. La femelle donne naissance à un rhinocéron après environ 460 jours de gestation. Ce dernier pèse déjà 55 kg et restera avec sa maman jusqu'à ce qu'elle ait un nouveau petit.

- Le rhinocéros est exclusivement végétarien ; il va brouter la nuit dans les plaines herbeuses. Il utilise ses fientes comme balises pour marquer son territoire.

- À part l'homme, il ne craint personne.

- Les rhinocéros vivent en groupe familial de 3 ou 4 individus. Le rhinocéros noir a un hôte particulier : l'oiseau pique-bœuf qui vit sur son dos et le débarrasse des insectes gênants.

- Il a un odorat et une ouïe très développés mais sa vue est médiocre. Sa peau épaisse le protège comme un bouclier. Il n'a des poils qu'au niveau de ses oreilles et de ses yeux (cils).

- À l'heure actuelle, il reste environ 3 500 rhinocéros. Parmi eux, il ne reste que quelques centaines de rhinocéros noirs. Ils ont été chassés de façon intensive pour leur corne vendue en Asie.

Rhinocéros noir d'Afrique.

Il peut galoper à 40 km/h, soit aussi vite qu'un cheval.

LE KANGOUROU

- Il appartient à l'ordre des marsupiaux et à la famille des macropodidés (grands pieds). Comme chez tous les autres marsupiaux, la femelle possède une poche ventrale dans laquelle grandira son petit.

- On distingue 40 espèces de kangourous. Les plus petits sont les wallabies, mais le plus grand est le kangourou roux.

- Le kangourou est originaire d'Australie. Il y vit dans les régions désertiques et les steppes.

Il est capable de creuser des trous de 1 m de profondeur pour trouver de l'eau !

- Un kangourou roux assis peut mesurer jusqu'à 1,60 m de hauteur et pèse environ 150 kg. Dans son milieu naturel, il vit à peu près 15 ans mais peut atteindre 25 ans en captivité.

- L'accouplement chez les kangourous de plus de 2 ans peut avoir lieu toute l'année. Après 33 jours, la femelle donne naissance à un petit kangourou pas plus gros qu'un haricot. Instinctivement, il rejoint la poche maternelle où il restera de 6 à 11 mois, accroché à une mamelle. À 2 mois, il sort sa tête hors de la poche pour découvrir le monde. À 4 mois, il se déplace au sol, retrouvant son abri en cas de danger, jusqu'à ce que sa mère le rejette pour qu'il commence sa vie d'adulte.

- Il est herbivore et se nourrit donc d'herbe, de plantes herbacées et même de feuilles d'arbustes.

- Le kangourou est actif à la tombée du jour, il se protège de la chaleur. Il vit en grandes bandes dirigées par un mâle âgé et puissant. La journée, il se repose dans les fourrés, couché sur le flanc.

- Il utilise ses courtes pattes antérieures pour cueillir sa nourriture, peigner sa fourrure et se défendre. D'un seul coup de ses pattes arrière, il peut d'ailleurs éventrer un chien. Mais cette grande force lui sert surtout à effectuer des bonds de plus de 10 m de longueur et des courses à près de 65 km/h.

- Lors de ses sauts, sa longue queue lui permet de garder l'équilibre. Il l'utilise aussi pour prendre appui au sol et donner l'alarme en cas de danger.

- Les kangourous ne sont pas menacés, mais, certaines années, les agriculteurs australiens ont massacré jusqu'à plus de 3 millions d'individus, car ils rentraient en concurrence avec leur bétail pour l'herbe et l'eau.

Kangourou roux.

26

LE ZÈBRE

- Le zèbre appartient à l'ordre des périssodactyles : ongulés à nombre impair de doigts (dans ce cas-ci, un seul) et à la famille des équidés. C'est un petit cheval rayé à courte crinière.

- Il existe 3 espèces de zèbres différentes. Elles se distinguent par la largeur des rayures et par leur disposition.

- Le zèbre vit dans le sud-est de l'Afrique. On le trouve dans les plaines boisées, comportant de nombreux pâturages, les savanes boisées, les savanes ouvertes et les steppes.

- Sa taille varie de 1,30 m à 2,40 m au garrot et son poids de 220 à 300 kg. Il peut vivre environ 25 ans.

Il boit de 8 à 10 litres d'eau par jour.

- Son accouplement est lié à la saison des pluies. Suite à une gestation de 1 an, la femelle met bas, en général, un poulain. Il est allaité 6 mois et devient indépendant vers l'âge de 1 ou 2 ans.

- C'est un herbivore mais non ruminant. Il mange de l'herbe et, parfois, des feuilles et des écorces.

- Dans la nature, il vit en famille d'une dizaine d'individus, dirigés par un mâle, l'étalon. Plusieurs familles se partagent un territoire et les membres de chaque famille se reconnaissent par leurs rayures. Seuls les étalons âgés ou malades vivent en solitaire.

- Il est la proie des lions. Mais grâce à son sens de l'odorat très développé, il peut sentir l'approche d'une lionne, si le vent lui est propice. Il donne alors l'alerte en faisant vibrer ses naseaux. Le père d'un poulain, pour sauver son petit, peut renverser une lionne à coups de ruades.

- Le zèbre hennit et peut galoper à 60 km/h sur une distance de 10 km. Il voit en relief devant lui et à plat sur les côtés.

- De tous les chevaux sauvages d'Afrique, seuls les zèbres sont encore en grand nombre : l'effectif actuel s'élève à 300 000 individus.

LA CHAUVE-SOURIS

- La chauve-souris fait partie de l'ordre des chiroptères. Cet ordre se divise en 2 sous-ordres : les mégachiroptères (les grandes chauves-souris) et les microchiroptères (les petites chauves-souris).

- On trouve des chauves-souris dans le monde entier, sauf en Arctique et Antarctique. On les rencontre dans les forêts, les grottes, les temples et/ou les arbres fruitiers.

- La plus petite ne mesure que 11 cm d'envergure pour un poids de 2 grammes ; c'est sans doute l'un des plus petits mammifères de la planète. La plus grande mesure 1,50 m d'envergure. Elle vit entre 5 et 20 ans selon les espèces.

- La femelle met généralement bas un seul petit. Le temps de gestation varie entre 1 mois et demi et 6 mois selon les espèces. Le bébé reste souvent sur le dos de sa maman jusqu'à ce qu'il puisse voler.

- Elles se nourrissent la nuit. Elles sont frugivores*, insectivores*, carnivores*, piscivores*, et/ou encore vampires (se nourrissent du sang d'autres animaux).

- Elle vit seule, en petit ou en grand groupe (jusqu'à 50 individus), selon les espèces.

- C'est le seul mammifère qui soit capable d'effectuer à la fois le vol battu et le vol plané. Cette capacité est due à la présence d'une membrane qui se situe entre les doigts de ses mains et qui se prolonge jusqu'à ses pieds. Cette membrane ainsi étendue forme une grande surface qui peut fonctionner à la manière des ailes des oiseaux.

- Pour se repérer la chauve-souris utilise l'écholocation (voir « Le dauphin »).

- Certaines espèces hibernent à la saison froide, se retrouvant alors parfois dans nos habitations. D'autres migrent vers des endroits plus chauds.

- Il existe un nombre impressionnant de chauves-souris puisque l'on considère qu'un mammifère sur quatre en est une. Malgré tout, certaines espèces sont classées vulnérables.

En Afrique, certaines espèces sont consommées par l'homme.

LE LOUP

- Le loup appartient à l'ordre des carnivores et à la famille des canidés.

- À part le loup rouge et le loup à crinière, tous les loups font partie d'une seule espèce commune : le loup gris ou Canis lupus. On dénombre 8 sous-espèces en Europe et environ 24 en Amérique.

- Les loups vivent dans les forêts et toundras d'Amérique du Nord et dans les régions sauvages d'Europe (principalement en Scandinavie), d'Asie (en Sibérie) et du Moyen-Orient. Les derniers loups à crinière vivent dans les savanes d'Amérique du Sud.

- La taille des loups varie d'après leur localisation géographique. Ils peuvent mesurer de 1 m à 1,60 m de longueur pour une hauteur au garrot de 65 à 95 cm et peser entre 25 et 80 kg. Dans leur habitat naturel, ils vivent entre 8 et 16 ans.

- Les loups s'accouplent tous les ans de janvier à avril. Après une gestation d'environ 2 mois, la femelle met bas une portée de 4 à 7 louveteaux. Les petits restent près de leur mère jusqu'à 2 mois et demi. La femelle les allaitera pendant 1 an et les éduquera pendant 3 ans.

- Les loups s'attaquent aux grands ongulés (rennes ou élans). En été, ils se nourrissent de petits rongeurs, d'oiseaux, de lézards et parfois de fruits tombés à terre. Mais, malgré leur réputation, ils sont bien trop timides pour s'attaquer directement à l'homme.

- Le loup vit en meutes très structurées et hiérarchisées. De 8 à 20 individus sont dirigés par un chef : le mâle le plus grand et le plus fort. Seul le couple dominant se reproduit, mais la meute prend soin des petits. Le territoire de la meute peut s'étendre sur 500 km.

- Le loup est un excellent chasseur grâce à son pelage qui le camoufle. De plus, alors qu'en plein jour il est myope, sa vision devient très précise la nuit. Son ouïe, très fine, lui permet d'entendre à près de 10 km des sons inaudibles pour l'homme.

- Les loups peuvent atteindre 65 km/h en vitesse de pointe. Ils courent sur la pointe des pieds, ce qui leur permet de courir en toute discrétion.

- Chassé par l'homme, le loup a disparu de certaines régions et est menacé dans d'autres. Le loup à crinière est devenu très rare et est protégé.

Les hurlements du loup s'entendent à 10 km à la ronde.

29

LA BALEINE

- Les baleines appartiennent à l'ordre des cétacés.

- Elles sont divisées en 2 groupes : les baleines à dents (dont le cachalot) et les baleines à fanons* (dont le rorqual, les baleines grises et blanches).

- Les baleines occupent toutes les mers et tous les océans. Les baleines sont présentes en Arctique et dans les régions subarctiques (baleines blanches), en pleine mer (narval) ou en eaux peu profondes (béluga). La baleine grise se trouve dans les eaux côtières au nord-est et à l'ouest de l'océan Pacifique. Les rorquals et les cachalots sont présents dans tous les océans.

- Les baleines sont de grande taille, allant de 4 à 6 m pour les baleines blanches et jusqu'à 33 m pour les rorquals. Les plus grandes peuvent peser jusqu'à 150 tonnes (c'est l'équivalent de 25 éléphants !). Elles peuvent vivre jusqu'à 50 ans.

- Le temps de gestation varie selon les espèces : entre 1 an (la baleine grise et le rorqual) et 15 mois (narval). Le baleineau, unique, est allaité entre 6 mois et 2 ans, selon les espèces.

- Les baleines à fanons se nourrissent de krill*, de calmars, de seiches, de petits poissons. L'alimentation des autres baleines est surtout composée de céphalopodes (mollusques), de poissons et de crustacés.

- Les baleines vivent en groupe, composé de 6 à 30 individus, voire une centaine d'individus lorsqu'ils émigrent (comme c'est le cas pour les baleines blanches). La plupart communiquent entre elles par écholocation (voir « Le dauphin »).

- Le narval se reconnaît à l'existence d'une défense unique (énorme incisive à la forme spiralée de 2,70 m de longueur).

- Le rorqual bleu est le plus gros de tous les mammifères.

- Le béluga et les rorquals sont menacés d'extinction.

La baleine bleue a les plus grands yeux du monde : avec 15 cm de diamètre, ce sont des pamplemousses !

LE DAUPHIN

- Le dauphin est un mammifère aquatique appartenant à l'ordre des cétacés et au sous-ordre des odontocètes. Le nom du dauphin vient du grec « delphis » qui signifie « esprit de la mer ».

- Il existe 37 espèces de dauphins : 5 espèces vivent en eau douce et 32 espèces vivent en mer.

- Le dauphin de mer est présent dans tous les océans et dans certains cours d'eau tropicaux. Le dauphin d'eau douce habite les fleuves d'Amérique du Sud et d'Asie.

- Le dauphin est fusiforme. Il a un nez en forme de bec et un front bombé. Il mesure, en moyenne, de 3 m à 4,20 m de longueur. Le dauphin d'eau douce est plus petit que le dauphin marin.

- La période de gestation dure de 9 à 16 mois. Les petits sont généralement allaités pendant 1 an. Le dauphin se reproduit tous les 2 ou 3 ans.

- Le grand dauphin (celui que l'on rencontre fréquemment dans les parcs d'attraction) a une durée de vie de 30 à 50 ans dans la nature et de 7 ans en captivité.

- La plupart des dauphins marins vivent en groupe de 20 à 100 individus. Les dauphins d'eau douce se rencontrent souvent en couple ou en groupe de 6 individus.

- Le dauphin se nourrit de petits poissons, de crustacés et de mollusques. Il repère sa proie par écholocation : ce sont des sifflements et cliquetis sonores que le dauphin émet en permanence (jusqu'à 1 000 par seconde) ; lorsque ces sons rencontrent un obstacle, ils ricochent et produisent un écho, celui-ci lui permet de repérer sa proie, de se diriger et d'éviter ainsi l'obstacle.

- Son principal ennemi est l'orque épaulard. L'homme chasse encore le dauphin dans certaines régions.

- Certains dauphins, comme les dauphins du Gange et de Chine, sont menacés d'extinction.

Le dauphin peut rester sous l'eau pendant 3 à 4 minutes.

LE CHIEN

- Le chien est un mammifère carnivore de la famille des canidés. Les premières preuves d'un lien étroit entre le chien et l'homme remontent à 15 000 ans.

- On compte environ 400 races de chiens différentes classées en plusieurs catégories selon leur fonction : les chiens de garde et d'utilité, les chiens de chasse, les chiens d'agrément et les chiens de course.

- Les chiens se sont adaptés à presque tous les types de milieux. On trouve des chiens partout où vit l'homme, que ce soit dans les forêts amazoniennes ou au pôle Nord chez les Esquimaux.

- La taille et le poids sont très variables selon les races. Le chihuahua pèse 1 kg et le saint-bernard en pèse 80 !

- Féconde dès l'âge de 7 à 12 mois, la chienne met bas 5 à 10 chiots après environ 2 mois de gestation. Les périodes de fécondité ont lieu 2 fois par an et durent 3 semaines : ce sont les « chaleurs ». La femelle possède 10 mamelles que les petits tètent pendant 2 à 3 mois.

- Carnivore à l'origine, le chien est devenu omnivore en vivant aux côtés de l'homme. L'alimentation du chien est dépendante du savoir-faire et de l'attention de son maître.

- Le chien est fidèle à l'homme et dépend de lui. Cependant, chaque race est plus ou moins sociable, avec les enfants, par exemple, mais aussi avec les autres chiens. Le cri du chien est l'aboiement, mais on dit que le chiot jappe.

- Trop de chiens sont encore abandonnés ou maltraités par leur maître. Il est donc bon de se renseigner sur les spécificités de chaque race avant d'acheter un chien.

- L'éducation d'un chien passe par le dressage. Il commence dès que le chiot atteint environ 2 mois.

- Un chien de race possède un « pedigree » qui prouve qu'il répond à tous les standards morphologiques de sa race : la taille, le poids, la longueur du poil, la couleur de la robe, etc.

LE CHAT

- Le chat est un mammifère carnivore de la famille des félidés. La sous-famille des félinés comprend les grands félins (le lion ou la panthère) et les petits félins (les chats sauvages).

- Il existe encore une vingtaine d'espèces de chats sauvages de par le monde. Les races de chats domestiques sont réparties en 2 grands groupes : les persans, à poil long et les chats à poil court, parmi lesquels les chats « de gouttière » et les chats exotiques, tel le siamois.

- On trouve les chats sauvages en Écosse, dans le Sud de l'Europe, en Afrique (hormis au Sahara) et du Moyen-Orient à l'Inde. Le chat domestique vit sur les 5 continents.

- La taille et le poids varient selon les races. Pour un poids de 1 à 5 kg, le chat mesure de 40 à 65 cm de longueur (sans la queue). Un chat peut vivre 12 ans, mais le doyen des chats a vécu 31 ans !

- Fécondes dès l'âge de 10 mois, les chattes poussent des cris spécifiques annonçant l'accouplement. Après 2 mois de gestation, la chatte met bas 3 à 6 chatons aveugles (ils le restent pendant quelques jours).

- Alors qu'à l'état sauvage le chat est essentiellement carnivore, son régime devient plus diversifié au contact de l'homme. Son corps n'arrive pas à synthétiser certains acides aminés nécessaires à la fabrication des protéines. C'est pourquoi une alimentation spécifique lui est nécessaire.

- Le chat est un animal solitaire qui aime garder sa liberté. En fait, il a été apprivoisé plutôt que domestiqué.

- Le cri du chat est le miaulement. Le ronronnement est produit volontairement grâce à un ensemble de mouvements coordonnés du larynx et de la glotte. Il exprime ses émotions mais aussi son stress, sa peur ou même sa douleur.

- Bien qu'apprivoisé, le chat a gardé de vrais instincts de chasseur : sa marche sur ses seuls doigts facilite la course et les bonds, ses griffes rétractiles pour attraper ses proies, ses sens aiguisés, une vision nocturne et une ouïe hypersensible, le rendent à l'affût du moindre mouvement.

- Admiré pour sa beauté, son élégance, son caractère, le chat est souvent l'objet de concours organisés par des sociétés félines qui fixent les standards de races.

Dans l'ancienne Égypte, le chat était vénéré comme un dieu.

LE CHEVAL

■ Le cheval appartient à l'ordre des périssodactyles, mammifères dont les membres portent un nombre impair de doigts recouverts d'un sabot. Comme tous les équidés, le cheval ne possède qu'un seul doigt par patte.

■ Il existe de nombreuses races de chevaux. On distingue : les pur-sang de course, les trotteurs, les chevaux de selle, les chevaux de trait et les poneys.

■ À la préhistoire, le cheval était largement répandu en Eurasie*. Aujourd'hui, on le retrouve partout sur le globe mais essentiellement à l'état domestique.

■ La taille au garrot peut atteindre 1,80 m ; les poneys ont une taille inférieure à 1,48 m. Un cheval peut vivre jusqu'à 25 ans environ.

■ Au printemps, l'étalon s'accouple avec une jument. Souvent, on pratique aussi une insémination artificielle pour mieux contrôler la reproduction. Au bout de 11 mois, la jument donne naissance à un poulain ou une pouliche ! L'allaitement dure 6 mois, à raison de 20 litres par jour et à 1 an et demi le poulain est sexuellement mature.

■ Le cheval est herbivore. Il passe l'été au pâturage où il consomme jusqu'à 50 kg d'herbe par jour. En hiver, son régime se compose de foin, de grains d'orge ou d'avoine aplatis et de paille, parfois additionnée de mélasse. Ses besoins quotidiens en eau approchent les 60 litres.

■ Le cheval dort, le plus souvent debout, pendant environ 8 h par jour. Dans la nature, le cheval peut se faire attaquer par de grands carnivores, comme le loup ou le lion.

■ On pense que la domestication du cheval a eu lieu il y a 5 000 ans en Inde.

■ Depuis le Moyen Âge, on ferre les sabots des chevaux. Le cheval a besoin de soins quotidiens et d'une hygiène irréprochable : il doit être bouchonné, massé, étrillé, brossé, lavé au jet. Ces soins s'appellent le pansage.

■ Les chevaux sauvages se regroupent en troupeaux menés par un chef. Leur règle de conduite est « tous pour un, un pour tous ». Ils peuvent fuir le danger à plus de 70 km/h !

LE MOUTON

- Le mouton appartient à l'ordre des artiodactyles et à la famille des bovidés.

- Il existe plus d'une quarantaine de races de moutons qui sont réparties un peu partout dans le monde, sauf dans le Grand Nord. Beaucoup de ces races descendent du mouflon. On les rencontre dans les prairies et les bergeries.

- Son poids et sa taille sont très variables d'une race à l'autre ; en moyenne, il mesure 1,50 m de longueur et 90 cm de hauteur. Son poids varie entre 90 et 150 kg.

- Il peut se reproduire à partir de l'âge d'un an et demi. La brebis met généralement bas 1 agneau, après 150 jours de gestation. Elle l'allaite durant 4 mois.

Un mouton produit de 1 à 6 kg de laine.

- C'est un ruminant* herbivore* : l'hiver, il reste dans la bergerie où on le nourrit de foin et de grains et, au printemps, il broute dans les pâturages. Dans les campagnes montagneuses, on pratique encore la transhumance*.

- Il vit en troupeaux ; le mâle, le bélier, reste séparé des femelles sauf lors de la période d'accouplement ; les animaux suivent leur guide qui est souvent une brebis âgée.

- Chez certaines races, le bélier adulte porte des cornes recourbées, contournées en spirale.

- Le mouton peut sauter des obstacles de 1,50 m de hauteur.

- Domestiqué depuis 10 000 ans, le mouton est d'une importance considérable pour l'homme, il est, en effet, utilisé pour sa laine (comme l'astrakan), son lait (avec lequel on fait notamment le roquefort), son cuir et sa viande.

- Son effectif global est d'environ 2 milliards, ce qui fait 1 mouton pour 3 êtres humains. Le plus grand cheptel* se trouve en Australie et compte 150 millions d'individus.

LE COBAYE

- Il fait partie de l'ordre des rongeurs et de la famille des caviidés. Cette famille regroupe 14 espèces de rongeurs. Le cobaye domestique, ou cochon d'Inde, est issu du cobaye de Tschudi, originaire du Pérou et du nord de l'Argentine.

- Le cobaye se trouve en Amérique du Sud et a été introduit en Europe au XVIᵉ siècle par les conquistadores espagnols. Dans la nature, il vit dans des régions rocheuses ou herbeuses.

- Il mesure de 20 à 40 cm de longueur et sa queue est peu ou pas visible. Il pèse de 500 g à 1,2 kg. Il peut vivre de 4 à 8 ans.

- Sa maturité sexuelle se situe vers 6 à 10 semaines. Il peut s'accoupler toute l'année. La femelle met bas 2 à 3 petits, 2 à 3 fois par an, après une période de gestation de 59 à 72 jours.

- Le cobaye est végétarien et se nourrit d'herbe et de feuilles. Il a des dents (jugales) à croissance continue.

- Dans la nature, on les trouve en petite colonie de 5 à 10 individus, parfois jusqu'à 40. Ils vivent tous ensemble dans un terrier. Ils n'hibernent pas, même dans les régions froides.

- Le cobaye de Tschudi (Pérou et Argentine) est élevé par les Indiens pour sa viande délicate.

- Il communique en marquant son territoire à l'aide de sécrétions anales et par des appels sous forme de petits sifflements.

- Le cobaye peut facilement se garder en cage et être apprivoisé.

- Il est beaucoup utilisé dans la recherche expérimentale, à tel point que le terme de « cobaye » est passé dans le langage courant pour désigner n'importe quel sujet (animal ou homme) employé à des fins expérimentales.

Il entrecoupe sa journée et sa nuit par de courtes phases de repos.

LE LAPIN

- Le lapin appartient à l'ordre des lagomorphes et à la famille des léporidés, qui regroupent les lapins et les lièvres. Les souches domestiques dérivent du lapin de garenne.

- Actuellement présent dans le monde entier, sauf en Antarctique et sur certaines îles d'Asie du Sud-Est, le lapin est originaire d'Europe. On le rencontre dans les régions herbeuses, boisées ou les terres cultivées.

- Il peut mesurer plus de 40 cm de longueur pour un poids de 2 kg. Il vit entre 3 et 6 ans.

- Il est sexuellement mature vers 4 mois et peut s'accoupler du printemps à l'été. La lapine met bas 2 à 7 lapereaux, 4 à 5 fois par an, après I mois de gestation. Les lapereaux naissent sans poils et aveugles, généralement, dans un terrier peu profond.

- Il est herbivore : se nourrit d'herbe, de racines, de feuilles et d'écorces. Sa denture comporte des incisives supérieures à croissance continue.

- Il vit dans un terrier en colonie nombreuse, dominée par une femelle. Le terrier peut mesurer 3 m de profondeur.

- Il a un très bon odorat et renifle sans cesse pour guetter le moindre danger. Lorsqu'il prend peur, il s'enfouit dans son terrier. Pour avertir ses congénères d'un danger, le lapin frappe le sol avec ses pattes arrière.

- Le lapin de Sumatra présente, contrairement aux autres espèces de lapins, un pelage rayé (de gris et de brun).

- Certains lapins sont utilisés en recherche expérimentale alors que d'autres sont élevés pour leur fourrure ou leur chair.

- Malgré leur réputation d'être des animaux très prolifiques, certains lapins sont en voie de disparition à cause de la destruction de leur habitat, de la chasse et du tourisme. C'est le cas du lapin des volcans (Mexique) et du lapin de l'Assam (Asie).

En 6 mois, une femelle peut avoir 200 descendants !

LES OISEAUX

- Les oiseaux sont apparus sur la Terre il y a 150 millions d'années. Ils sont issus des reptiles.

- Les oiseaux sont des vertébrés et comptent environ 9 000 espèces différentes qui ont colonisé tous les milieux terrestres et se retrouvent sous tous les climats.

- Les oiseaux sont parfaitement adaptés à la vie aérienne : ils sont couverts de plumes, leurs membres antérieurs se sont transformés en ailes et la majorité de leurs os sont creux et remplis d'air, ce qui rend leur squelette plus léger et constitue un avantage pour le vol.

- Seuls les oiseaux possèdent des plumes formées de kératine et sujettes à une usure considérable. Les oiseaux les entretiennent régulièrement, ils les nettoient, les lubrifient, les lissent à l'aide de leur bec afin de les garder en bon état.

- Néanmoins, certains oiseaux comme l'autruche, l'émeu ou le kiwi sont incapables de voler !

- Les oiseaux ont été les premiers animaux à sang chaud ; ils sont capables de contrôler la température de leur corps afin qu'elle reste constante, quelle que soit la température extérieure.

- Bon nombre d'oiseaux sont monogames (n'ont qu'un conjoint) et vivent en couples stables et durables. Le mâle séduit la femelle par une parade nuptiale visuelle. Beaucoup attirent également l'attention par leur chant.

Pélican blanc.

- Tous les oiseaux sont ovipares : ils pondent des œufs et les couvent jusqu'à leur éclosion et la naissance des oisillons. L'œuf a toujours une structure identique : il se compose du « jaune » (le vitellus) et du « blanc » (l'albumine) protégés par une coquille calcaire. Pendant sa croissance, l'embryon est nourri par le vitellus et l'albumine.

- Les œufs sont couvés par un ou plusieurs adultes, et le plus souvent par la femelle. La couvaison sert à maintenir une température constante nécessaire au bon développement de l'embryon.

- Certains oiseaux sont sédentaires et d'autres sont migrateurs. Les migrations ont lieu aux changements de saison.

L'AUTRUCHE

- L'autruche fait partie de la classe des oiseaux et de l'ordre des ratites ou des struthioniformes. Elle fait partie de la famille des struthionidés dont il n'existe qu'une seule espèce.

- Elle se trouve en Afrique, dans les régions arides, voire désertiques.

- Elle mesure de 1,70 à 2,70 m de hauteur et pèse 150 kg. Elle peut vivre entre 12 et 20 ans.

L'autruche peut faire des bonds de 4 mètres de longueur.

- À la période des amours, le mâle creuse un grand trou dans le sol qui servira de nid à 4 ou 5 femelles qui viendront y pondre leurs œufs. Le mâle et la femelle dominante couvent les œufs. L'éclosion des autruchons a lieu après 42 jours.

- L'autruche est essentielle- ment herbivore ; elle se nourrit de racines, de feuil- les, mais mange également des insectes, des lézards et des petits rongeurs. L'au- truche absorbe aussi de grandes quantités de sable et de gravier, dont la fonction est purement di- gestive. Elle est la proie des hyènes, chacals, serpents qui s'attaquent surtout aux œufs et aux petits.

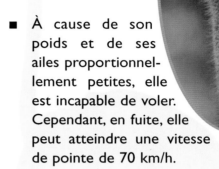

- L'autruche vit en petit groupe no- made comprenant un mâle et 4 ou 5 femelles.

- À cause de son poids et de ses ailes proportionnel- lement petites, elle est incapable de voler. Cependant, en fuite, elle peut atteindre une vitesse de pointe de 70 km/h.

- C'est le plus gros et le plus grand oiseau de la planète. Un homme peut grimper sur son dos pour faire du rodéo.

- L'autruche possède 2 doigts à ses puissants pieds. À l'aide de ses pieds, elle peut donner des coups mortels.

- De plus en plus d'autruches sont élevées dans des fermes, car la consommation de leur chair est très appréciée.

LE PINGOUIN

- Le pingouin fait partie de la classe des oiseaux. Il appartient à l'ordre des charadriiformes et à la famille des alcidés.

- Il n'existe plus qu'une seule espèce de pingouin, il est appelé pingouin « torda » ou petit pingouin.

- Il vit au pôle Nord, en Arctique, sur les côtes et en haute mer.

- Il mesure environ 40 cm de hauteur et pèse entre 500 et 900 g. Il vit à peu près 8 ans.

- Sa maturité sexuelle est atteinte vers 4 ou 5 ans. La femelle pond généralement 1 œuf dans une cavité ou une crevasse. L'incubation dure environ 1 mois. Le petit quitte le nid vers 3 semaines après son éclosion et descend la falaise pour arriver jusqu'à l'eau, car il ne peut encore voler.

- Il se nourrit de poissons, de plancton, de mollusques et de crustacés, qu'il chasse en nageant sous l'eau. Ses prédateurs sont le renard arctique et l'homme.

- Il niche en colonie sur les côtes rocheuses en présence des guillemots, des macareux et des cormorans. Il passe le reste de l'année (mi-printemps, été, automne) en haute mer.

- Le pingouin peut voler. Il a un vol direct et ses ailes battent rapidement.

- On le reconnaît à 2 petites lignes blanches. L'une traverse son aile et l'autre relie la base de son bec à son œil.

- Bien qu'il en existe encore un nombre impressionnant, les marées noires qui se sont succédé depuis plus de 10 ans contribuent au déclin de l'espèce.

Deux guillemots et un pingouin.

LE PÉLICAN

- Le pélican est un oiseau qui fait partie de l'ordre des pélicaniformes et de la famille des pélicanidés.

- Il existe 8 espèces de pélicans. Parmi elles, on trouve le pélican blanc, le pélican brun, le gris, celui à lunettes ou encore le pélican à bec tacheté.

- Toutes ces espèces vivent au bord des eaux douces, sauf le pélican brun qui est marin. Les différentes espèces de pélicans se partagent les 5 continents.

- Il pèse en moyenne 11 kg et son envergure est de 2,50 à 2,70 m. Il peut vivre environ 20 ans et jusqu'à 50 ans en captivité.

- Sa maturité sexuelle est atteinte vers 3-4 ans. Lors de la parade nuptiale, le mâle fait une danse autour de la femelle en tapant le sol de ses pieds palmés à 4 doigts. La femelle pond de 2 à 5 œufs blanc et gris qui sont couvés durant 30 jours par les 2 parents. Les oisillons peuvent prendre leur envol vers l'âge de 3 mois. Ils vont se nourrir de poissons à moitié digérés qu'ils puisent dans la poche d'un des parents.

- Le pélican est piscivore ; il se nourrit de poissons tels que les perches, meuniers, vairons et épinoches.

- Il est grégaire (il n'y a pas de hiérarchie au sein du groupe). Les pélicans s'entraident pour pêcher en rabattant le poisson à coups d'ailes et nichent en colonie.

- Son vol est un peu lourd mais rapide (60 km/h). Les pélicans forment de longues lignes dans le ciel où ils volent puis planent à l'unisson. Pendant le vol, la tête est ramenée en arrière et le bec touche la poitrine.

- Son énorme bec plat porte une poche extensible sous la gorge. Lorsqu'il pêche un poisson, il s'en sert comme d'une épuisette.

La poche extensible du pélican est parfois tellement pleine que les poissons en débordent !

- Le pélican, qui figure parmi les plus grands oiseaux aquatiques, survole les étendues d'eau de notre planète depuis plus de 30 millions d'années et n'est pas prêt à disparaître.

LA CIGOGNE

- La cigogne est un grand échassier de l'ordre des ciconiiformes et de la famille des ciconiidés.

- Il existe 18 espèces de cigognes ; la cigogne blanche et la cigogne noire sont les plus connues.

- La cigogne blanche niche en Europe, en Afrique et en Asie, dans les campagnes, les steppes, les forêts et au voisinage de l'homme. La cigogne noire vit dans forêts de l'Europe de l'Est.

- Elle mesure environ 1,10 m de longueur et 1,20 m de hauteur. Elle pèse à peu près 3,5 kg et a une longévité de 25 ans.

- Son régime alimentaire est exclusivement d'origine animale et se compose de petits rongeurs, de batraciens, de reptiles, d'insectes et de poissons.

- Mature vers 4-5 ans, la cigogne s'accouple d'avril à juillet, généralement toujours avec le même partenaire. La femelle pond entre 3 à 5 œufs blancs qui éclosent après 35 jours de couvaison. Les cigogneaux quittent le nid vers l'âge de 2 mois.

- Elle vit en couple et on l'observe en grandes troupes lors de sa migration hivernale vers l'Afrique tropicale. Ces planeurs peuvent parcourir entre 6 000 et 12 000 km, certains passant par l'Espagne et le détroit de Gibraltar, d'autres par le Moyen-Orient.

- La cigogne blanche niche en général dans les arbres, mais aussi au sommet de la cheminée d'une maison ! Elle construit son nid à grand renfort de branches, paille, terre, fumier, papiers et chiffons.

- La cigogne ne chante pas mais elle fait des claquements de bec assez forts, on dit qu'elle claquette ou craquette.

- Grâce à des programmes de protection et de réimplantation, les populations de cigognes se sont renforcées.

Le nid des cigognes peut mesurer près de 2 m de diamètre.

LE PERROQUET

Ara.

- Le perroquet est un oiseau de l'ordre des psittaciformes et de la famille des psittacidés.

- Il existe environ 360 espèces de perroquets. Parmi elles, on trouve les aras, les perruches, les cacatoès, les inséparables.

Le commerce de l'ara est interdit par la loi.

- Il est présent en abondance dans toutes les régions tropicales et subtropicales des 2 hémisphères.

- Sa taille varie entre 10 cm (perruche) et 80 cm (ara). Il pèse entre 10 g et 850 g (ara). Sa longévité varie entre une dizaine d'années (perruche) et 80 ans (ara).

- L'ara, la perruche et l'inséparable forment des couples pour la vie. Ils pondent entre 2 et 8 œufs selon les espèces, souvent dans un trou d'arbre dans la nature. La couvaison varie entre 18 et 30 jours, selon les espèces.

- Il est arboricole et se nourrit généralement de fruits, de graines, de noix, de nectar, de champignons et d'insectes. Il manipule sa nourriture à l'aide de ses pattes, de son bec et de sa langue.

- Il est souvent grégaire. Il vit en couple, en famille ou en bande.

- L'ara trouve les pigments colorés en partie responsables de ses couleurs vives dans sa nourriture.

- Bien que certains soient des imitateurs avérés en captivité, ils ne semblent pas développer ce trait de caractère dans la nature.

- Ces merveilleux oiseaux ne sont pas menacés de disparition, mais certains comme l'ara bénéficient d'un statut de protection. Cependant, l'homme restreint de plus en plus leur habitat en détruisant les forêts humides.

Ara.

L'AIGLE ROYAL

- L'aigle royal est un grand rapace de l'ordre des falconiformes et de la famille des accipitridés. C'est l'un des grands aigles les plus répandus sur la planète.

- Il élit domicile dans les landes et les forêts d'altitude (entre 1 500 et 2 000 m) d'Amérique du Nord, d'Asie, d'Europe et d'Afrique du Nord.

- Il mesure près de 1 m de longueur et son envergure peut dépasser 2 m ; il pèse entre 3 et 6 kg. Dans la nature, il vit environ 20 ans, mais certains individus ont vécu 45 ans en captivité !

- L'aigle royal est carnivore ; il chasse lui-même ses proies comme tout bon prédateur, mais il est aussi parfois charognard. À son menu, on trouve des lapins, des marmottes, des lézards, des renards, des agneaux et même de jeunes chamois ou encore des oiseaux qu'il attrape en plein vol !

- Il s'accouple la première fois à l'âge de 4 ou 5 ans ; il en résulte la ponte de 2 œufs qui éclosent au bout d'environ 45 jours. Mais seul le plus fort des 2 aiglons survivra ; il quittera le nid au bout de 2 mois et demi.

- L'aigle royal vit en solitaire ou en couple. C'est un oiseau diurne, territorial non migrateur. Il passe une bonne partie de son temps à survoler et surveiller un territoire qui peut s'étendre sur plus de 500 km^2.

- Le couple d'aigles construit son grand nid, appelé « aire », en l'accrochant aux parois des hautes falaises.

- Quand il chasse, l'aigle plane pour repérer une proie au sol, puis il plonge sur elle en piqué à plus de 150 km/h et la saisit entre ses puissantes serres dans un ultime changement de direction.

- On entend rarement l'aigle royal, si ce n'est par ses cris sifflés ou son glapissement aboyé (kia).

- L'aigle royal est protégé en Europe, mais il n'est pas réellement menacé par l'homme, même si les loisirs tels que le parapente et même l'escalade peuvent être des facteurs perturbants.

Le nid, qui peut atteindre 1,50 m de diamètre et 3,50 m de hauteur, est fait de branchages et tapissé d'herbes.

LA CHOUETTE

- La chouette est un rapace nocturne qui, comme son cousin le hibou, appartient à l'ordre des strigiformes et à la famille des strigidés et des tytonidés.

- Les chouettes les plus répandues sont les chouettes hulotte, effraie, chevêche, chevêchette ou encore la chouette de Tengmalm.

La chouette hulotte se reconnaît typiquement à son « hou-hou-hou ».

- La chouette s'est adaptée à tous les types d'habitat et on la trouve donc partout dans le monde.

- Son poids varie selon l'espèce entre 120 et 600 g. La plus petite, la chouette chevêche mesure 20 cm, tandis que la plus grande, le harfang des neiges, atteint 65 cm de hauteur. Une chouette vit environ 12 ans, au maximum 18 ans.

- Chaque espèce a ses propres préférences alimentaires, mais elle se nourrit principalement de rongeurs, d'oiseaux, de reptiles, de vers de terre, de batraciens, d'escargots et d'insectes. Elle recrache les parties non digérables de ses proies sous forme de petites pelotes.

- À partir de 1 ou 2 ans, les chouettes sont matures et s'accouplent de mars à juillet. La femelle pond de 4 à 11 œufs blancs qu'elle couve pendant 4 à 5 semaines. Les oisillons s'envolent vers l'âge de 5 à 8 semaines et quittent le nid après 12 semaines.

- La chouette est un oiseau sédentaire. Elle vit seule ou en couple, nichant le plus souvent dans des arbres creux, mais il n'est pas rare de la trouver dans les granges.

Chouette hulotte.

- On dit que la chouette chuinte, mais le cri territorial du mâle diffère selon l'espèce. Par exemple, la chouette effraie produit un hululement rauque.

- Quand elle chasse la nuit, la chouette utilise son ouïe perçante pour repérer sa proie. Puis elle fonce sur elle dans un vol silencieux.

- Son apparence particulière, ses cris stridents et son vol fantomatique ont donné à la chouette une réputation d'oiseau de malheur. Pourtant, elle est une aide précieuse pour les agriculteurs qui luttent contre les rongeurs et les insectes.

Harfang des neiges.

45

LE CANARD

Canard colvert en vol.

■ Le canard est un oiseau qui fait partie de l'ordre des ansériformes et de la famille des anatidés. Cette famille comprend également les oies et les cygnes.

■ Il a un bec large et aplati. Les espèces se différencient par leur habitat et leur mode alimentaire. On distingue ainsi les canards de surface (sarcelle et colvert), les canards plongeurs (nette, garrot et fuligule) et les canards marins (eider, macreuse).

■ Il se répartit sur tous les continents et on le trouve toujours près d'un point d'eau.

■ Il mesure entre 40 et 70 cm de longueur et peut peser jusqu'à 3 kg.

■ Lors des parades nuptiales, le mâle adopte des postures destinées à exhiber les belles couleurs de son plumage. Ces parades et l'accouplement qui s'ensuit se déroulent sur l'eau. En général, la cane assure seule l'incubation des œufs. Quelques heures après l'éclosion, les petits quittent le nid et suivent leur maman dans l'eau.

■ Le canard de surface recherche sa nourriture végétale en mettant sa tête dans l'eau, exhibant alors la partie postérieure de son corps hors de l'eau. Le canard plongeur se nourrit d'animaux et de végétaux en plongeant. Le canard marin se nourrit de mollusques.

■ À l'état sauvage, c'est un oiseau migrateur. Comme le colvert, il est probablement à l'origine de toutes les races domestiques actuelles.

■ Ce sont tous d'excellents voiliers et de très bons nageurs. Leurs courtes pattes palmées en font de mauvais marcheurs.

Dès l'éclosion et si la cane n'est pas présente, le caneton adoptera n'importe qui et le suivra comme sa maman.

■ Tous les canards connaissent l'inconvénient d'une mue annuelle des plumes des ailes qui les empêche de voler pendant trois ou quatre semaines.

■ Le canard pékin constitue l'essentiel de l'effectif des canards domestiques. Ce canard blanc est engraissé par millions dans des centres d'élevage intensif.

Cane et ses canetons.

LA POULE DOMESTIQUE

- La poule est un oiseau de l'ordre des galliformes, dont font partie également le dindon, le faisan, le paon et la perdrix, et plus précisément de la famille des gallinacés.

- Elle fait partie des formes domestiques d'oiseaux regroupés sous le nom de volaille. Il existe au moins une centaine de races de poules.

- Elle vit dans un poulailler et elle est présente un peu partout dans le monde sauf en Antarctique et dans certaines îles du Pacifique.

- Sa taille varie selon les espèces ; sa hauteur aussi, entre 20 cm pour une poule anglaise et 50 cm pour un coucou de Malines. Elle vit environ 6 ans.

- Elle pond généralement une douzaine d'œufs qu'elle couve durant 21 jours.

- Elle est omnivore : elle mange des vers de terre, des grains de maïs et de blé, de l'herbe et des petits insectes. Tout en picorant, elle avale de petits graviers qui facilitent le broyage des grains.

- Elle est non migratrice et vit dans un poulailler avec d'autres poules et leurs jeunes, tous commandés par un seul coq.

- Mâle et femelle ont un aspect très différent. Le coq possède une crête, des ergots et de grandes plumes caudales souvent très colorées.

- La poule vole difficilement et sur de très courtes distances.

- La poule est domestiquée en Europe depuis le VIe siècle avant J.-C. Les techniques actuelles de production des volailles sont groupées sous l'appellation d'aviculture. On mange les œufs des poules, très riches en protéines, la chair du poulet (jeunes mâles et femelles) et la poule préparée selon diverses recettes.

Le coq pousse son célèbre « cocorico ! », parfois très tôt le matin.

LES REPTILES

- La classe des reptiles est composée d'environ 7 000 espèces.

- Elles sont réparties dans 4 ordres différents : les chéloniens (tortues), les squamates (caméléons, iguanes, geckos, serpents), les crocodiliens (alligators, crocodiles, gavials) et les rhyncho-céphales (sphénodons) regroupant 48 familles.

- À l'exception des serpents et de certains lézards apodes, les reptiles (tortues, lézards, crocodiles) ont 4 pattes. Cela ne les empêche toutefois pas de ramper beaucoup plus qu'ils ne marchent.

- Ce sont des animaux à sang froid.

- Leur peau est entièrement recouverte d'écailles soudées les unes aux autres. Chez la plupart des serpents, les écailles ventrales sont agrandies, formant une série de grandes plaques se chevauchant qui participent à la locomotion.

- La présence d'écailles implique que, lorsque les reptiles grandissent, leur peau finit par devenir trop petite et ils doivent alors en changer ; c'est la mue.

- Cette mue a lieu tout au long de l'existence du reptile. L'ancienne peau part soit en lambeaux (comme la plupart des lézards) soit peut être absorbée pratiquement d'une pièce (comme chez les geckos). Chez les tortues et les crocodiles, il y a un agrandissement des écailles.

- Certains reptiles vivent dans l'eau mais la plupart vivent sur la terre ferme.

- Tous les reptiles (même ceux qui vivent dans l'eau) respirent à l'aide de poumons.

- La plupart d'entre eux sont ovipares : ils pondent des oeufs. L'augmentation de température accélère le développement embryonnaire des reptiles et la détermination du sexe dépend de cette température règnant à un moment critique de l'incubation de l'œuf.

LES SERPENTS

- Les serpents font partie de l'ordre des squamates. Ils sont regroupés dans le sous-ordre des ophidiens.

- Il existe plusieurs familles de serpents dont les plus connues sont les boïdés (boas, pythons, anacondas), les élapidés (cobras, serpents de mer), les vipéridés (crotales, vipères) et les colubridés (couleuvres).

- Ils se répartissent sur tous les continents (le crotale est absent du continent africain) et leur milieu de vie varie selon les espèces : aux abords de l'eau, dans les arbres et au sol.

- La taille et le poids des serpents sont très variables d'un groupe et d'une espèce à l'autre. Les couleuvres mesurent entre 20 cm et 2,50 m de longueur. Les plus grands se trouvent parmi les boïdés, dont le record est l'anaconda qui peut mesurer jusqu'à 11 mètres de longueur.

- Généralement, les serpents sont ovipares, mais on trouve dans chaque famille des serpents ovovivipares*.

- La plupart des serpents mangent des proies telles que les lézards, les grenouilles, les oiseaux et de petits mammifères. Les couleuvres se nourrissent aussi d'insectes et de poissons.

La tête du boa, lorsqu'il est dressé, peut arriver à la hauteur de celle de l'homme !

- Dans la majorité des cas, les couleuvres sont non venimeuses. En revanche, les cobras et les serpents de mer sont extrêmement venimeux. Les crotales et les vipères sont également venimeux et inoculent leur venin avec leurs crochets mobiles.

- Les cobras, les pythons et les anacondas capturent leurs proies au moyen de leurs dents ou les tuent par constriction (en les serrant jusqu'à l'étouffement).

- Le serpent à sonnette est un crotale qui possède une succession d'anneaux au bout de sa queue, le crotalon. Lorsqu'il est inquiété, il soulève sa queue et l'agite, ce qui fait vibrer les anneaux et produit le célèbre bruit de crécelle.

- Certaines espèces de boas constricteurs sont en voie de disparition, mais la plupart des serpents ne sont pas protégés.

LES TORTUES

Tortue marine.

- Les tortues font partie de l'ordre des chéloniens.

- Il existe environ 230 espèces de tortues regroupées en plusieurs familles, dont les testudinidés (tortues terrestres), les chélonidés (tortues marines), les emydidés (tortues d'eau douce).

- Les testudinidés se rencontrent surtout dans les régions chaudes. Les tortues marines vivent pour la plupart dans les eaux tropicales, subtropicales et tempérées du monde entier. Les tortues d'eau douce sont présentes en Amérique du Nord et en Asie du Sud-Est.

- Leur taille varie selon les espèces, entre 10 cm et plus de 1 m de longueur. La tortue géante peut mesurer jusqu'à 1,20 m et peser plus de 220 kg.

- Elles pondent des œufs (de 1 à 100, selon les espèces) qu'elles enfouissent dans le sable ou dans une cavité. L'incubation des œufs dure entre 2 mois et plus de 1 an, selon les espèces.

- Elles sont généralement végétariennes. Les tortues marines consomment aussi des crustacés et des méduses.

- Les tortues marines se rassemblent par milliers (jusqu'à 12 000, parfois plus) sur les plages de différentes îles, lors de la saison de la ponte.

- Leur carapace est formée de plaques osseuses recouvertes de grosses écailles.

- Dépourvues de dents, leurs mâchoires sont recouvertes d'un étui corné formant un bec tranchant qui leur permet de couper leur nourriture.

La tortue géante peut vivre plus de 150 ans.

- De nombreuses espèces de tortues sont menacées d'extinction. Elles sont souvent dérangées par le tourisme et les activités humaines, ce qui nuit à leur reproduction. De plus leurs œufs sont souvent récoltés pour être consommés.

Tortue du désert.

LES CROCODILES

- Les crocodiles font partie de l'ordre des crocodiliens, auquel appartiennent aussi les caïmans, les alligators et les gavials.

- Les crocodiles appartiennent à la famille des crocodilidés, qui compte 13 espèces.

Actuellement, il existe des élevages de crocodiles destinés spécifiquement à la production de cuir.

- Les espèces se répartissent en Afrique, en Inde, en Australie ou en Indonésie. Ils vivent aux abords des cours d'eau, des lacs, des grands fleuves, des marais ou sur les côtes.

- Leur taille varie entre 1,50 et 6 m de longueur. Leur poids peut aller jusqu'à 1 000 kg. Ils peuvent vivre jusqu'à 100 ans.

- Leur maturité sexuelle est atteinte vers 10 ans. L'accouplement se passe dans l'eau. La femelle dépose ses œufs dans un trou creusé près de l'eau. Après environ 3 mois, elle aide ses petits à sortir du nid. Leur sexe dépend de la température d'incubation (en dessous de 30°C, ce sont des femelles, au-dessus de 34°C, uniquement des mâles).

- Ils sont carnivores : ils mangent divers vertébrés tels que des antilopes, des zèbres, d'autres crocodiles, des oiseaux, des poissons, ainsi que des charognes. Ils tuent leurs proies en les noyant ou en les décapitant.

- Les crocodiles vivent en solitaire ou en petits groupes. Ils émettent une très grande variété de sons : des simples sifflements à des rugissements terrifiants.

Gavial.

- Ils gardent souvent la gueule ouverte pour permettre la régulation continuelle de la température de leur corps.

- Les crocodiles sont capables de rester plusieurs heures sous l'eau sans respirer.

- La plupart des crocodiles sont classés parmi les espèces menacées d'extinction suite à une chasse trop intensive pour leur cuir ou leurs œufs et à la destruction de leur habitat.

Alligator.

51

LES LÉZARDS

- Au sens large ce terme englobe tous les reptiles appartenant au groupe des sauriens : les iguanes, les caméléons, les varans et les geckos.

L'iguane a des paupières mobiles et de grands tympans externes.

- Les sauriens se répartissent dans le monde entier, sauf en Antarctique et sont soit arboricoles, soit terrestres.

- La majorité des iguanes vivent en Amérique, les lézards se répartissent des régions tropicales aux régions subarctiques, les caméléons vivent surtout en Afrique, les geckos se répartissent des régions tempérées aux régions tropicales, les varans se rencontrent en Australie, en Asie, au Moyen-Orient et en Indonésie.

- Leur taille est très variable selon les espèces. Les lézards mesurent entre 10 et 80 cm. Les caméléons mesurent entre 15 et 30 cm. Les geckos mesurent entre 7 et 15 cm. Les iguanes mesurent entre 30 cm et 2 m long. Les varans avec leurs 3 m de longueur sont les plus grands de tous les sauriens.

- Les sauriens sont généralement ovipares, mais certaines espèces sont ovovivipares

- Ils chassent le jour ou la nuit, selon les espèces, des petits invertébrés tels que des insectes, des araignées, des vers. Certaines espèces sont végétariennes.

- Les caméléons capturent les insectes par projection rapide de leur longue langue, couverte de salive, hors de leur gueule.

- Les lézards possèdent une longue queue qui est capable d'autotomie*.

- Les geckos ont généralement une tête aplatie et des doigts larges, munis de pelotes adhésives qui leur permettent d'adhérer à des surfaces lisses.

- Les varans possèdent un long cou, une tête étroite au museau pointu, des membres robustes et une queue épaisse. Ils se renseignent sur leur environnement en utilisant leur longue langue fourchue.

Iguane.

LES CAMÉLÉONS

- Les caméléons appartiennent à l'ordre des squamates et à la famille des chamaeléonidés.

- Il existe environ 85 espèces connues de caméléons dont 70 font partie du genre *Chamaeleo* regroupant les vrais caméléons.

- La plupart des caméléons vivent en Afrique et à Madagascar, quelques-uns en Asie et un seul en Europe : le caméléon commun. Il vit dans le sud de l'Espagne et du Portugal, en Crète, en Afrique du Nord et aux îles Canaries. On le trouve dans les zones buissonnantes, les arbres ou dans un trou au sol.

- Les caméléons mesurent entre 15 et 80 cm de longueur. Le caméléon commun mesure entre 25 et 30 cm ; il vit environ 4 ans.

> **Le caméléon est capable de regarder d'un œil une proie devant lui et de surveiller de l'autre œil la présence d'ennemis.**

- Certains sont ovovivipares, mais la plupart sont ovipares. La femelle pond entre 20 et 30 œufs dont l'incubation dure entre 6 et 9 mois selon la température extérieure.

- Les caméléons sont surtout insectivores. Ils attrapent les insectes grâce à la projection rapide de leur langue (1/16 de seconde). Certains se nourrissent aussi d'oiseaux et de lézards.

- Les caméléons sont solitaires.

- On les reconnaît grâce à leur corps et leur tête comprimés latéralement, leur

queue qui s'enroule et leurs yeux saillants qui tournent dans tous les sens. Leurs yeux sont très mobiles et complètement indépendants l'un de l'autre, ce qui leur donne un champ de vision très large.

- Les caméléons sont doués de mimétisme. Ce mimétisme se caractérise par un changement de couleur qui leur permet de se camoufler. Ce changement de couleur se fait sous contrôle nerveux et dépend du milieu où il se trouve, mais aussi de la luminosité (la couleur devient ainsi plus claire pendant la nuit), de la température ou de leur état psychique. Ils n'ont pas tous toute la gamme de couleurs. Ainsi le caméléon commun peut passer de la couleur verte à une couleur brun-rouge.

- Le caméléon commun a un statut d'espèce protégée.

LES AMPHIBIENS

- Les amphibiens (ou batraciens) comptent environ 4 015 espèces réparties en 3 ordres.

- Les anoures : ils ne possèdent pas de queue et se déplacent en sautant et en nageant, tels les grenouilles, les crapauds et les rainettes.

- Les urodèles : ils possèdent une queue et se déplacent en marchant par ondulations latérales, tels les salamandres, les sirènes, les axolotls et les tritons.

- Les apodes : ils ne possèdent pas de pattes et se meuvent par fléchissement et extension, telles les cécilies.

- Beaucoup d'entre eux sont des animaux qui peuvent vivre aussi bien à l'air libre que dans l'eau.

- Cette double vie est la règle chez les anoures. Leur peau doit, en effet rester constamment humide afin de permettre les échanges gazeux, responsables d'une partie de leur respiration. Cette peau est nue, elle ne possède donc ni écailles ni poils.

- Ce sont des animaux à sang froid, la température de leur corps varie donc en fonction de la température ambiante.

- Tous les batraciens renouvellent leur peau leur vie durant et ce plusieurs fois par an.

- La plupart des espèces sont ovipares. Les œufs sont fécondés dans l'eau et sont entourés d'une enveloppe gélatineuse. La plupart subissent des métamorphoses. Dans ce cas à l'éclosion, les larves sont appelées « têtards » et ressemblent à de petits poissons et vivent dans l'eau.

- Les larves possèdent des nageoires pour se déplacer et des branchies externes pour respirer. Elles captent ainsi l'oxygène du milieu aquatique. L'adulte, qui respire généralement à l'aide de poumons, apparaît après plusieurs métamorphoses.

LA GRENOUILLE

- La grenouille fait partie de la classe des amphibiens et appartient à l'ordre des anoures. Il existe 6 familles de grenouilles, dont la plus commune est celle des ranidés.

- On compte environ 2 500 variétés différentes de grenouilles.

- Les grenouilles se trouvent sur tous les continents sauf en Antarctique. Elles recherchent, par nécessité, toujours la présence d'eau et affectionnent particulièrement les étangs et les marais.

- La grenouille des Seychelles mesure 2 cm de longueur et la grenouille géante du Cameroun, 40 cm pour un poids de 3 kg. En général, et selon les espèces, elle mesure entre 5 et 10 cm. Elle vit environ de 4 à 5 ans.

- La grenouille adulte est strictement carnivore ; elle mange surtout des insectes, des araignées, des petits crustacés, voire des petits poissons. Elle attrape ses proies en projetant sa longue langue visqueuse.

Il existe même des grenouilles qui grimpent aux arbres.

- Au printemps, les mâles s'agrippent sur le dos des femelles en attendant qu'elles pondent de 100 à 20 000 œufs, selon l'espèce, pour les féconder.

- En période de reproduction, les grenouilles se rassemblent en grand nombre dans les points d'eau où elles nagent sans

difficulté grâce à leurs pattes palmées. L'hiver, elles hibernent dans la vase.

- Pour attirer la femelle à la saison des amours, le mâle coasse. Chaque espèce de grenouille a son propre chant.

- Les oiseaux et les serpents sont leurs principaux prédateurs, mais l'homme est aussi un grand consommateur de certaines espèces comme la grenouille verte.

- Pour éviter le danger, les grenouilles peuvent bondir, s'enfoncer dans le sol, gonfler ou se camoufler.

55

LE CRAPAUD

- Le crapaud fait partie de la classe des amphibiens et de l'ordre des anoures. Les crapauds typiques sont regroupés dans la famille des bufonidés.

- Les bufonidés comptent 330 espèces.

- Il est présent sur tous les continents à l'exception de l'Antarctique, de Madagascar et de la Polynésie. Il vit souvent éloigné des points d'eau.

- Le plus petit crapaud ne mesure que 1,50 cm de longueur, alors que certains avoisinent les 20 cm. Malgré un record de 40 ans en captivité, sa longévité se situe généralement entre 7 et 10 ans.

- Strictement carnivore, le crapaud s'attaque aux limaces, vers, insectes divers, petits batraciens et lézards en déroulant sa longue langue gluante.

- À la belle saison, le crapaud mâle coasse pour appeler la femelle. Ils effectuent alors une véritable migration pour se rejoindre dans les points d'eau et s'accoupler. Le mâle s'agrippe sur le dos de la femelle et féconde les milliers d'œufs qu'elle pond sous forme de 2 longs cordons gélatineux. En moins de 1 mois, les têtards éclosent et, 3 à 4 mois plus tard, la métamorphose des petits crapauds est achevée, ils regagnent la terre.

Le crapaud, lors de sa migration, peut parcourir en moyenne 5 km pour rejoindre un point d'eau pour se reproduire.

- Le crapaud vit en solitaire, sauf pendant la période de reproduction, durant laquelle ils forment des colonies très denses et très bruyantes.

- Le crapaud hiberne pendant 6 mois dans des abris qu'il creuse lui-même, des terriers, voire sous une pierre ou une racine d'arbre.

- Le crapaud se différencie de sa cousine la grenouille par ses pattes plus courtes, sa démarche plus lente et surtout par sa peau sèche, rugueuse et recouverte de verrues.

- Ces verrues sont remplies de venin ; c'est très efficace comme système de défense mais n'est réellement dangereux que pour de tout petits animaux.

LA SALAMANDRE

- La salamandre fait partie de la classe des amphibiens, de l'ordre des urodèles et de la famille des salamandridés.

- Elle est présente dans les régions tempérées du nord de l'Afrique, d'Europe, d'Asie, d'Amérique du Nord et du Mexique.

- Son corps allongé porte des pattes et se prolonge par une queue bien distincte et cylindrique.

- Elle mesure entre 5 et 50 cm de longueur, pour les plus grandes. La salamandre géante de Chine peut atteindre près de 2 m. Elle peut vivre de 20 à 30 ans.

- Lors de la reproduction, le mâle dépose sur le sol une masse compacte remplie de spermatozoïdes que la femelle introduit dans son cloaque. Elle est ovovivipare et les larves naissent 10 mois plus tard dans l'eau. Elles se développent par métamorphoses successives avant de devenir adulte.

- C'est un animal terrestre ou aquatique qui se rencontre souvent au voisinage de l'eau qu'elle rejoint à la saison des amours. Le jour, on la trouve dissimulée à l'ombre sous une écorce ou une pierre. La journée, elle chasse.

- Elle est exclusivement carnivore, elle se nourrit de limaces, d'escargots et d'insectes.

- Certaines portent des couleurs vives, comme la salamandre commune qui a des taches jaunes ou orange sur une peau foncée. Ces couleurs vives sont un avertissement pour les prédateurs. Elles produisent du venin lorsqu'elles sont menacées.

Le venin de la salamandre peut gravement affecter l'homme et même le rendre aveugle !

- Dans ce cas, elle se cache, seule ou en groupe, sous la terre ou sous les pierres. Elle fait de même, quand elle hiberne.

- On différencie la salamandre de ses cousins les tritons, entre autres, par la forme de sa queue : elle a la queue arrondie alors que les tritons ont la queue aplatie.

LES POISSONS

- Les poissons sont les plus anciens des vertébrés ; ils sont apparus sur terre il y a 450 millions d'années.

- Les poissons comptent environ 22 500 espèces.

- Ces espèces sont regroupées en 2 classes : les élasmobranches (600 espèces : requins et raies) qui sont des poissons cartilagineux et les ostéichtyens (22 000 espèces), qui sont des poissons osseux et possèdent une vessie natatoire (c'est une partie du tube digestif qui permet aux poissons de s'équilibrer dans l'eau pour s'y soutenir sans effort).

- Les poissons sont des vertébrés aquatiques qui respirent dans l'eau grâce à leurs branchies. On les trouve aussi bien dans les eaux douces (rivières et lacs) que dans les eaux marines (mers et océans).

- Ce sont des animaux à sang froid : la température de leur corps change en même temps que celle de leur environnement aquatique.

- Leur peau est couverte d'écailles qui se recouvrent comme les tuiles d'un toit, assurant les bonnes conditions du glissement de l'animal dans l'eau. La taille et la forme des écailles varient d'un animal à l'autre.

- Leurs membres sont des nageoires (pectorales et ventrales) qui leur permettent de s'équilibrer dans l'eau. Les autres nageoires sont les dorsales, les anales et les caudales (la queue).

- Beaucoup de poissons se déplacent en faisant bouger leur nageoire caudale de gauche à droite.

- Ils sont presque tous ovipares : les œufs sont fécondés par le mâle après la ponte.

- Chez les requins, il y a accouplement. La femelle pond des œufs déjà fécondés ou même, pour certaines espèces, elle met au monde des petits presque formés.

LE REQUIN

■ Le requin fait partie de la classe des chondrichtyens. Il existe 8 ordres de requins comprenant 370 espèces différentes.

Les dents du requin blanc tombent régulièrement et sont remplacées pendant toute sa vie.

■ Il est présent dans tous les océans et les mers à la surface de la Terre. Il est plus répandu dans les zones chaudes et tempérées que dans les zones polaires ; il est absent de l'Antarctique.

■ Sa taille est très variable, selon les espèces elle peut aller de 23 cm de longueur (requin nain) à 15 m (requin-baleine et requin-pèlerin). Son poids est également variable et peut aller jusqu'à 10 tonnes pour le plus gros.

■ C'est un redoutable prédateur carnivore, qui se nourrit principalement de poissons et s'attaque également aux phoques et aux dauphins.

■ C'est le seul poisson qui s'accouple, ce qui permet la fécondation interne. La plupart des requins sont vivipares (requin-taupe ou requin blanc), certains sont ovipares (roussette et requin-baleine), d'autres encore sont ovovivipares (requin-scie).

■ Le requin est un animal solitaire. Il a un sens olfactif très développé. Il peut voir dans des conditions de faible luminosité et est sensible aux vibrations sonores.

■ Avec ses 15 m de longueur, le requin-baleine est le plus gros poisson du monde. Ses œufs pèsent chacun l'équivalent de 150 œufs de poules. Cela dit, ce poisson est inoffensif.

■ Malgré leur réputation, peu de requins sont réellement dangereux pour l'homme. Le requin blanc ou « requin mangeur d'homme », qui mesure jusqu'à 12 m de longueur, est un des plus dangereux.

■ La plupart des requins sont obligés de nager sans cesse (à une vitesse de 30 km/h) pour s'oxygéner et éviter de couler.

■ Il est difficile de savoir si le requin est menacé d'extinction car son effectif est mal connu.

LE SAUMON

- Le saumon fait partie du groupe des téléostéens et de la famille des salmonidés.

- La famille des salmonidés compte 76 espèces, parmi lesquelles on trouve le saumon de l'Atlantique et le saumon Sockey.

Saumon remontant une rivière pour frayer.

- Il passe sa vie des eaux douces (rivières et lacs) aux eaux marines (haute mer et eaux côtières) de l'hémisphère Nord.

- Sa taille varie de 80 cm de longueur (saumon Sockey) à 1,50 m (saumon de l'Atlantique). Il vit une dizaine d'années.

- Le jeune saumoneau et l'adulte se nourrissent, en mer, de crustacés, capelans, harengs.

- À l'approche de la ponte, les poissons se rassemblent par couple, en eau douce. La femelle creuse un sillon dans le fond de l'eau et y dépose ses ovules. Le mâle vient y déposer sa laitance*. Une fois fécondés, le couple recouvre les œufs de graviers, à l'aide de leur queue.

- Les œufs éclosent 6 à 9 semaines plus tard. Les rares saumons qui survivent à la ponte retournent en mer.

- Le saumon est un poisson migrateur. Il passe des rivières ou des lacs à la mer et remonte les cours d'eau, sans se nourrir, pour frayer en eau douce. Pour rejoindre son site de fraie, il peut parcourir 2 400 km et franchir les obstacles jusqu'au ruisseau où il est né, et qu'il reconnaît grâce à une remarquable mémoire olfactive. Au cours de sa migration, il effectue des sauts de 2 ou 3 m de hauteur sur 4 à 6 m de longueur pour franchir de petites chutes d'eau.

- Le saumon de l'Atlantique a une grande importance économique. Il se consomme frais ou fumé et sa chair est très appréciée.

- La surexploitation des stocks, la pollution de l'eau, la destruction des frayères* et la construction de barrages, qui empêchent le saumon de remonter les rivières, sont les causes de la diminution de son effectif. Actuellement on opte pour la salmoniculture.

En général, le saumon ne survit pas après la ponte.

LA RAIE

- La raie appartient à la classe des chondrichtyens et à la sous-classe des élasmobranches. Elle fait partie de l'ordre des rajiformes, qui comprend 12 familles.

- La raie vit dans les eaux côtières peu profondes, elle fréquente parfois les estuaires. Elle est présente dans tous les océans et les mers du monde. Elle est particulièrement abondante dans les zones tempérées chaudes et tropicales.

- Sa taille est variable. La plus grande espèce est la raie manta, qui mesure 6 m de longueur et peut atteindre 8 m d'envergure, pour un poids pouvant aller jusqu'à 2 tonnes.

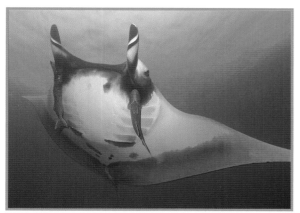

Raie manta.

- La raie est ovipare, vivipare ou ovovivipare (raie manta), selon les espèces.

- En général, la raie se nourrit de coquillages, de crustacés et de petits poissons qu'elle attrape en fouillant le sable.

- Son corps aplati dorso-ventralement, porte les fentes branchiales et la bouche en position ventrale. Ses yeux sont situés sur la face dorsale.

- Il existe des raies électriques ou torpilles. Ce sont de véritables piles naturelles. Elles sont capables de produire une décharge électrique de 12 à 200 volts* qui sert à étourdir leurs proies ou leurs ennemis.

Le jeune de la raie manta naît semblable à ses parents mais en petit.

- Ses 2 grandes nageoires pectorales soudées à la tête et à la partie antérieure du corps forment un disque ou un losange et la font avancer par ondulation, donnant l'impression qu'elle « vole » sous l'eau !

- La chair de la raie est très appréciée. On mange l'aile de raie, c'est-à-dire ses grandes nageoires pectorales.

- La raie est pêchée au chalut* ou à la ligne de fond amorcée avec des crabes, des mollusques ou des poissons.

LE BARRACUDA

- Le barracuda appartient au groupe des ostéichtyens et à la sous-classe des actinoptérigiens. Il fait partie du super-ordre des téléostéens et plus précisément à l'ordre des perciformes et à la famille des sphyrénidés, dont on connaît 18 espèces.

Banc de barracudas.

- Le grand barracuda vit dans toutes les mers tropicales et tempérées du globe. Le petit barracuda vit en Méditerranée.

- Il mesure de 1 m à 2,50 m de longueur selon les espèces et peut peser jusqu'à 40 kg. Il vit entre 10 et 15 ans.

Le plus grand barracuda pêché mesurait 3,50 m de longueur !

- Au début de l'été, la femelle pond une centaine d'œufs qui sont ensuite fécondés par le mâle. Après 40 jours passés sous la surveillance des parents, les œufs vont donner des larves pélagiques (elles vivent en pleine mer).

- Les jeunes sont souvent organisés en bancs alors que les adultes sont plus souvent solitaires. Le grand barracuda migre pour frayer, mais il est généralement sédentaire.

- Il est carnassier et vorace ; il se nourrit surtout de poissons, de crustacés et de céphalopodes qu'il chasse à l'affût.

- Ses dents sont acérées et visibles sur la mâchoire inférieure, ce qui lui donne une allure terrifiante. Il n'hésite pas à s'attaquer au requin et peut même parfois s'attaquer à l'homme.

- Son corps élancé et ses nageoires disposées à la façon d'un empennage lui permettent de se déplacer très rapidement.

- Le barracuda fait l'objet d'une pêche sportive. Sa chair, très fine, est appréciée mais peut être toxique en zone tropicale et provoquer une intoxication connue sous le nom de ciguatera.

- Il est protégé mais non menacé.

Grand barracuda.

LA MURÈNE

- Elle se classe parmi les ostéichtyens. Elle est regroupée dans la sous-classe des actinoptérygiens et le super-ordre des téléostéens. Elle fait partie de l'ordre des anguiliformes et appartient à la famille des murénidés dont on connaît une centaine d'espèces différentes.

- Elle vit souvent en association avec une espèce de crevette nettoyeuse qui n'hésite pas à s'aventurer dans sa gueule pour y chercher sa nourriture.

- Son corps est sans écailles et légèrement comprimé latéralement. Il est revêtu de belles couleurs et paré de marbrures.

- On la trouve dans les récifs coralliens et sur les côtes rocheuses des océans Atlantique, Pacifique, Indien et en Méditerranée.

- Elle mesure 1 m de longueur. Cependant, certains spécimens peuvent atteindre plus de 3 m et peser jusqu'à 100 kg.

- La murène méditerranéenne fraye de juillet à septembre et abandonne ses œufs qui flottent à la surface jusqu'à leur éclosion. Des larves leptocéphales éclosent, elles ont une forme aplatie et se laissent porter par les eaux.

- Elle se nourrit de crustacés, poissons, pieuvres, calmars, seiches, mais aussi de charognes.

- Elle est solitaire, nocturne et plutôt sédentaire.

- La murène n'a pas de nageoires pectorales, mais ses nageoires dorsale et anale sont très longues. La bouche, très largement fendue, est armée de dents puissantes et acérées.

La crevette nettoyeuse se nourrit des restes du dernier repas de la murène qui, autrement, auraient vite fait de pourrir entre ses dents.

- Certaines espèces sont des poissons comestibles très appréciés. Les Romains les élevaient déjà dans des viviers.

LE POISSON-CLOWN

- Le poisson-clown est regroupé dans la sous-classe des actinoptérygiens (poissons possédant des nageoires à rayons). Il fait partie du super-ordre des téléostéens et appartient à l'ordre des perciformes et au sous-ordre des labroides.

- Il fait partie de la famille des pomacentridés.

- Il vit dans les récifs coralliens du Pacifique, surtout dans les zones s'étendant de l'Indonésie à l'Australie et à la Micronésie.

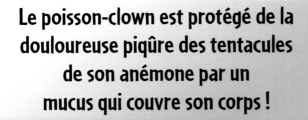

Le poisson-clown est protégé de la douloureuse piqûre des tentacules de son anémone par un mucus qui couvre son corps !

- Ce petit poisson mesure entre 6 et 15 cm de longueur. Il peut vivre jusqu'à 18 ans.

- Il vit en couple uni pour la vie. Lors de la reproduction, le mâle nettoie un lieu de ponte à proximité de son anémone (il vit en effet en compagnie d'une anémone de mer qui lui sert de refuge). La femelle y pond ses 300 à 700 œufs. C'est le mâle qui va veiller sur les œufs, il mange aussi les œufs pourris, malades ou ceux qui ne se développent pas normalement, durant l'incubation qui est de 7 à 10 jours.

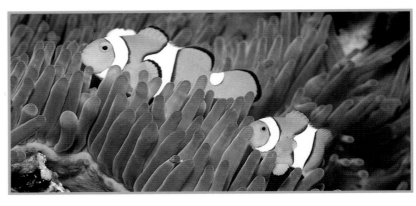

- C'est un poisson hermaphrodite protandre (d'abord mâle, il devient femelle avec l'âge). Lorsqu'il forme un couple, le spécimen mâle dominant va se transformer en femelle, s'il n'y en a pas.

- Le poisson-clown se nourrit principalement de zooplancton et d'algues filamenteuses.

- Il vit en groupes familiaux.

- Il est capable de s'acclimater à un aquarium si on lui fournit une anémone et un compagnon.

- Ce petit poisson jaune ou orange aux bandes blanches bordées de noir peut défendre son territoire jusqu'à la mort.

L'HIPPOCAMPE

- L'hippocampe fait partie de l'ordre des gastérostéiformes. Il appartient à la famille des syngnathidés. Il existe 225 espèces d'hippocampes dont l'hippocampe doré et l'hippocampe nain.

- On le trouve dans toutes les régions côtières tempérées et tropicales du globe (mer Méditerranée, océans Atlantique et Indo-Pacifique). Dans les eaux chaudes, on le trouve souvent dans les herbiers peu profonds.

- Sa taille varie de 2,5 cm à 35 cm de longueur selon l'espèce ; il peut peser jusqu'à 60 g. Il vit entre 2 et 4 ans.

- Lors de la parade nuptiale, de 1 à 2 jours, les partenaires nagent côte à côte, la poche de l'hippocampe mâle, située au bas de l'abdomen, se gonfle et est prête à recevoir les 200 œufs de la femelle. Après environ 14 à 50 jours, de petits hippocampes transparents de 1 cm sortent de la poche paternelle.

- Il se nourrit de minuscules crustacés et de petits poissons.

- Pour échapper aux crabes et aux requins, il se camoufle au milieu des algues et des plantes.

- Il possède une cuirasse faite de plaques osseuses qui le rend peu digeste pour beaucoup d'animaux.

- C'est le poisson de mer le plus lent : sa vitesse maximale est de 1 km/h. Il se déplace, en position verticale, uniquement grâce à 2 minuscules nageoires qui se trouvent sur son dos.

L'hippocampe est le seul poisson capable de nager à la verticale !

- Ses yeux peuvent bouger indépendamment l'un de l'autre et lui permettent d'apercevoir ses proies dans différentes directions sans devoir bouger son corps.

- L'hippocampe est en voie d'extinction, car chaque année plus de 20 millions d'individus sont pêchés et utilisés comme décoration ou comme médicament.

Les invertébrés

Par le terme " invertébrés " les scientifiques regroupent tous les animaux qui n'ont pas de colonne vertébrale. Ce groupe comporte d'ailleurs pas moins de 95 % de l'ensemble des espèces animales connues qui vivent sur la Terre (qui compte quelque 2 millions d'espèces animales). On les trouve dans tous les milieux (sur et sous la terre, dans les airs, dans les mers et les eaux douces).

- Les cnidaires comprennent plus de 10 000 espèces qui sont caractérisées par une symétrie radiaire (leur corps se trouve autour d'un axe central, comme les rayons d'une roue) et la présence de tentacules. Les méduses, les coraux et les anémones de mer font partie de ce groupe.

- Les arthropodes (animaux aux pattes articulées) comptent environ 1 million d'espèces et regroupent 4 classes d'invertébrés : les chélicérates, les insectes, les crustacés et les myriapodes. Les chélicérates ont 4 paires de pattes et des pinces à l'avant, les scorpions et les araignées en font partie. Les insectes ont 3 paires de pattes et 2 antennes (libellule, papillon, mouche, moustique, coccinelle…). Les crustacés ont une carapace, 5 paires de pattes et 2 paires d'antennes. Ils respirent par les bronches (crabe, crevette, écrevisse…). Les myriapodes ont un nombre important de pattes et un corps avec une carapace segmentée (mille-pattes).

- Le groupe des échinodermes est constitué d'animaux exclusivement marins. Leur corps est protégé par des pièces squelettiques calcaires. Les étoiles de mer et les oursins en font partie.

- Un dernier groupe, constitué des mollusques, comporte environ 60 000 espèces. On y classe des animaux à corps mou avec une coquille (escargot, huître) ou sans coquille (pieuvre, limace).

LE CORAIL

- Il fait partie du phylum des cnidaires et de la classe des anthozoaires.

- Il se répartit en 2 sous-classes : les octocoralliaires, presque tous coloniaux*, qui comprennent uniquement des coraux durs ou mous et les hexacoralliaires qui comprennent les madréporaires ou « coraux vrais » qui forment des colonies, responsables des formations coralliennes.

- Les coraux vrais vivent principalement dans les mers tropicales entre 30° au nord de l'équateur et 30° au sud de l'équateur et sont formés d'animaux coloniaux appelés polypes.

- Les récifs coralliens grandissent chaque année de 1 à 28 mm. Un récif de 40 m de hauteur peut être âgé de 2 000 ans ! La taille du polype est minuscule.

- Le polype peut se reproduire en bourgeonnant (reproduction asexuée), menant à la formation de récifs coralliens. Il peut aussi se reproduire de façon sexuée en éjectant des œufs qui seront fertilisés par d'autres polypes et dont la larve se fixera à un support pour former une colonie par bourgeonnement.

- Le polype se nourrit de zooplancton. Il le capture grâce à sa couronne de tentacules. Ses principaux prédateurs sont les étoiles de mer et le poisson perroquet.

- Les polypes vivent en symbiose avec une algue microscopique (la zooxantelle). L'algue utilise certains produits excrétés par le corail. Elle lui apporte les composés organiques nécessaires à la fabrication de son squelette, de l'oxygène et élimine certains de ses déchets.

- Les récifs coralliens du monde entier sont actuellement victimes d'épidémies de blanchiment qui entraînent la destruction des algues colorées avec lesquelles ils vivent en symbiose.

- Les formations coralliennes attirent un nombre important d'autres animaux et de plantes. Les poissons perroquets les dégustent, les échinodermes (oursins, étoiles de mer) les nettoient en se nourrissant d'algues, de minuscules crevettes s'y dissimulent, le poulpe y cache ses œufs, le mérou s'y repose... Bref, le corail est un abri idéal contre les prédateurs.

- Le squelette d'une colonie de corail peut avoir les formes les plus variées (branche, plateau, boule) ainsi que des couleurs diverses et former de superbes décorations. Le corail rose est très recherché en bijouterie.

L'ESCARGOT

- L'escargot fait partie du phylum des mollusques et de la classe des gastéropodes. Il est dans la sous-classe des pulmonés et, comme les limaces, dans l'ordre des stylomatophores*. Il en existe de nombreuses familles.

- L'escargot est présent un peu partout dans le monde. Il vit dans les milieux humides et est principalement terrestre.

- Sa taille varie de 1 à 5 cm de longueur. La coquille représente 1/3 du poids d'un escargot adulte. Il vit entre 5 et 10 ans et parfois jusqu'à 15 ans.

- L'escargot est hermaphrodite*. Après l'accouplement chaque partenaire va pondre 20 à 80 œufs dans la terre ou sous une pierre. Au bout de quelques semaines un petit escargot sort de l'œuf.

L'escargot se déplace en glissant sur une couche d'une substance visqueuse qu'il secrète : le mucus.

- L'escargot se nourrit de végétaux qu'il « broute » à l'aide de ses minuscules dents en forme de râpe ! Il est la proie des rongeurs, des oiseaux, des amphibiens et de l'homme.

- Il vit en solitaire. Lorsque la température devient inférieure à 6°C, il s'enfonce dans la terre, bouche sa coquille et hiberne. Si la température descend en dessous de 0°C l'escargot meurt.

- L'escargot respire grâce à une cavité présente dans sa coquille ; la cavité palléale. C'est en effet à ce niveau qu'ont lieu les échanges gazeux entre l'air et le sang de l'animal.

- L'escargot possède 4 tentacules qui sont rétractiles. Ses yeux sont placés à l'extrémité des tentacules situés en arrière de sa bouche. La paire de tentacules située en avant a une fonction tactile.

- Certaines espèces sont protégées, telles l'escargot de Bourgogne et le « petit gris ». La production de ces escargots destinés à l'alimentation se fait dans des élevages, c'est l'héliciculture.

- L'escargot était déjà présent dans l'alimentation des Romains et des Grecs dès le IVe siècle avant J.-C.

LA PIEUVRE

- La pieuvre ou poulpe fait partie du phylum des mollusques et de la classe des céphalopodes qui compte 600 espèces. Elle est comprise dans l'ordre des octopodes (« 8 pieds »).

- La pieuvre appartient à la famille des octopidés, il existe 150 espèces de pieuvres.

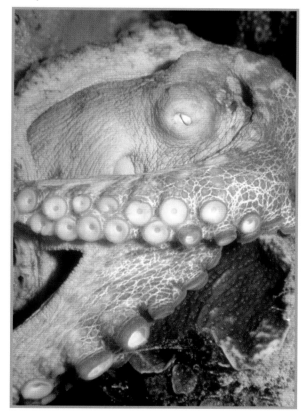

- La pieuvre se trouve dans les mers chaudes et tempérées entre 0 et 30 mètres de profondeur l'été et à 100 mètres l'hiver. Elle craint le froid : il suffit d'un hiver rude pour faire disparaître sa population durant plusieurs années. Elle vit sur les fonds rocheux et caillouteux, à partir de la zone de plus basse mer, plus ou moins camouflée sous les rochers et les pierres.

- Elle mesure de 3 cm à 9 m de longueur, ses tentacules peuvent atteindre 5 mètres à eux seuls. Elle pèse en moyenne entre 200 g et 5 kg et jusqu'à 100 kg pour le poulpe géant. Son espérance de vie est d'environ 2 ans.

- Sa reproduction est saisonnière en zone tempérée et continue en zone tropicale. La femelle pond environ 100 œufs à l'abri dans les rochers. La femelle veille sur ses œufs pendant 2 mois en les nettoyant régulièrement. L'incubation peut varier de 24 à 125 jours selon la température de l'eau.

- La pieuvre est carnivore ; elle mange des crustacés, mollusques et petits poissons. Elle peut être victime d'autres espèces carnivores (cachalots, phoques, otaries, éléphants de mer). Ses pires ennemis sont les congres et les murènes.

- Elle vit en solitaire et est non protégée.

- On mange les bras des poulpes cuits ou frits dans divers plats.

- Elle peut projeter de petits jets d'encre. Il se forme un nuage noir diffus qui détourne l'attention des prédateurs le temps pour la pieuvre de se trouver un abri.

Ses bras ou tentacules peuvent être recouverts de 2 000 ventouses.

- Chez certaines pieuvres tropicales, le bec est venimeux et leur morsure peut être mortelle pour l'homme !

LA LANGOUSTE

- La langouste fait partie du phylum des arthropodes, de la classe des crustacés et de la sous-classe des malacostracés. Elle appartient à l'ordre des décapodes et au sous-ordre des macroures.

- On la trouve généralement entre 70 et 200 mètres de profondeur. Elle vit dans les anfractuosités des rochers.

- Sa taille est variable selon les espèces. La langouste européenne peut atteindre 45 cm de longueur et peser 8 kg.

L'élevage des langoustes est irréalisable car les larves, trop fragiles, meurent au bout de quelques semaines.

- Lors de la reproduction, le mâle retourne la femelle sur le dos et dépose ses spermatozoïdes sur le ventre de celle-ci. Quelques heures après, la femelle pond ses ovules qui seront fécondés par la semence. Les œufs sont agglutinés dans de la gélatine et restent accrochés au ventre de la femelle. Après une vingtaine de jours, une larve nageuse éclôt de l'œuf et deviendra, suite à des mues successives, une jeune langouste.

- Elle se nourrit de coquillages, d'étoiles de mer et d'oursins, qu'elle ouvre avec ses robustes pattes antérieures.

- Chaque année, elle effectue des migrations spectaculaires au cours desquelles on peut observer des milliers de langoustes se suivant en file indienne.

- Elle a une carapace solide l'obligeant à muer pour grandir. Ses antennes sont de taille supérieure à la longueur de son corps. Elle possède 10 pattes et l'extrémité de sa queue est en forme d'éventail.

- On confond souvent la langouste avec la langoustine. Cependant, la langoustine a des antennes beaucoup plus courtes que la langouste.

- Elle est très appréciée dans une assiette.

- Les langoustes ont été surexploitées, surtout en Europe, où les espèces indigènes tendent à disparaître. Le marché actuel est approvisionné par des espèces de l'hémisphère Sud.

LE CRABE

- Le crabe appartient au phylum des arthropodes, à la classe des crustacés et à la sous-classe des malacostracés.

- Il fait partie de l'ordre des décapodes et du sous-ordre des brachyoures. Il se regroupe dans diverses familles comptant environ 3 500 espèces.

- On le trouve pratiquement partout dans le monde. Il vit sur les rochers et au bord de la mer, dans les eaux douces et ou encore sur la terre ferme.

- Sa taille varie selon les espèces : sa carapace mesure de 2 à 30 cm de largeur.

- Il vit entre 3 et 12 ans. Le plus gros est le crabe araignée géant du Japon et d'Australie, l'envergure de ses pinces peut dépasser 3 m et il peut peser jusqu'à 14 kg.

- L'accouplement a lieu juste après la mue, lorsque la carapace est encore molle. La femelle peut pondre jusqu'à 40 000 œufs. Les œufs sont attachés en grappe sous le ventre et y restent jusqu'à leur éclosion. Il en sort des larves nageuses qui se métamorphoseront en petits crabes. Dès qu'il a atteint sa forme définitive, il est obligé de muer pour grandir.

- Il se nourrit de coquillages, poissons morts, œufs de poisson, vers et filtre les particules alimentaires en suspension dans l'eau. Ses pinces lui permettent de saisir et de déchiqueter sa nourriture pour la porter à sa bouche. Il est la proie des oiseaux marins et des poissons.

- Il vit généralement en banc.

Le crabe est un crustacé et possède 5 paires de pattes dont la première paire est transformée en pinces.

- Lorsqu'il sort de l'eau, il garde de l'eau dans ses branchies et utilise l'oxygène présent dans cette eau pour respirer.

- Comme les autres crabes, le crabe commun perd souvent ses pinces lorsqu'il est attaqué par des prédateurs. Il lui arrive même de s'amputer d'un membre pour se libérer d'un piège. Les pattes et les pinces repoussent après la mue.

LE MOUSTIQUE

- Le moustique fait partie du phylum des arthropodes, de la classe des insectes et de l'ordre des diptères (1 paire d'ailes). Il appartient au sous-ordre des nématocères et à la famille des culicidés.

- Il se rencontre un peu partout dans le monde sauf en Antarctique. Il vit dans des endroits humides, près des lacs et des étangs.

- Sa taille varie de 8 mm à 1,3 cm de longueur. Il vit en moyenne 5 jours à l'état adulte, mais peut vivre jusqu'à 30 jours.

- Deux à 4 jours après sa sortie de l'eau, et devenu adulte, le moustique part à la recherche d'un partenaire pour s'accoupler.

- La femelle pond dans l'eau entre 100 et 300 œufs agglomérés en paquets. Après l'éclosion, la larve se développe dans l'eau et, 8 à 10 jours après, elle se transforme en nymphe d'où sortira l'insecte adulte.

- La femelle se nourrit de sang de mammifères et d'oiseaux, et le mâle de sève et de nectar. Chez de nombreuses espèces, le mâle utilise uniquement les réserves nutritives accumulées durant son stade larvaire.

- La larve se nourrit de plancton. Elle est la proie des oiseaux, mammifères insectivores, amphibiens.

- Le moustique est solitaire. Après l'accouplement certaines femelles hibernent dans les creux des arbres, les terriers, les caves.

- Le moustique est vecteur de maladies (notamment le paludisme – malaria – et la fièvre jaune) qu'il transmet par sa piqûre.

Les ailes du moustique battent très rapidement : de 200 à 400 battements par seconde.

- Le bruit énervant d'un moustique en quête de sang est dû aux battements rapides de ses ailes. Ce bruit très spécifique permet aux partenaires d'une même espèce de se rencontrer et de s'accoupler.

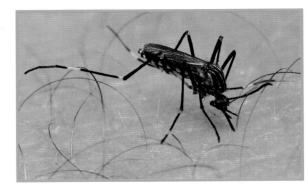

LA LIBELLULE

- La libellule fait partie de la classe des insectes. Elle appartient à l'ordre des odonates* et au sous-ordre des anisoptères qui compte 2 800 espèces.

- La libellule appartient à plusieurs familles dont les aeschnidés et cordulégastéridés qui regroupent les grandes libellules.

Les 2 énormes yeux de la libellule adulte peuvent comporter chacun plus de 30 000 facettes.

- La libellule vit à proximité des rivières et des étangs. Elle est présente sur presque tous les continents.

- Elle peut atteindre une dizaine de centimètres de longueur. Elle vit environ 1 mois à l'état adulte, toutes les libellules adultes meurent à l'automne.

- Mâle et femelle s'accouplent durant un vol nuptial. La femelle pond ses 600 œufs sur les plantes aquatiques. S'ensuit le stade larvaire, dans l'eau, qui dure entre 1 et 5 ans. Elle mue 9 fois avant sa métamorphose en adulte ailé terrestre.

- La libellule est une grande carnassière et une chasseresse très efficace. Elle se nourrit d'autres insectes qu'elle attrape en plein vol grâce à ses pattes arrière. Sa larve a pour proie les vers et les larves d'insectes des rivières et des étangs.

- La libellule ne marche pas. Ses pattes lui permettent cependant de s'agripper à des supports (telle une tige).

- La libellule a un vol silencieux. C'est l'insecte le plus rapide : elle peut atteindre 80 km/h en vitesse de pointe. Elle est capable de virer à angle droit, de voler sur place et même de voler à reculons.

- Au repos, la libellule étend ses ailes alors que la demoiselle (avec laquelle elle est souvent confondue), comme la plupart des insectes ailés, les replie sur son dos.

- La libellule est l'un des plus anciens insectes volant sur la Terre : une libellule qui vivait il y a plusieurs centaines de millions d'années mesurait 60 cm d'envergure. Certaines libellules actuelles sont menacées d'extinction.

L'ABEILLE

- L'abeille fait partie du phylum des arthropodes, de la classe des insectes et de l'ordre des hyménoptères. Elle appartient à la famille des apidés.

L'abeille n'est pas agressive, mais si elle se croit en danger elle piquera, perdra son dard et mourra.

- Il existe plusieurs espèces d'abeilles dont l'abeille domestique ou mellifère appartenant aux abeilles sociales.

- L'abeille est répartie presque partout dans le monde.

- La reine mesure 22 mm de longueur, les faux bourdons 20 mm et les ouvrières 16 mm.

- La reine vit 7 ans, les faux bourdons entre 4 et 5 semaines et les ouvrières entre 6 et 8 semaines.

- Les mâles fécondent une reine qui prend possession d'une ruche et fonde une nouvelle colonie. La ponte commence une dizaine de jours après l'accouplement au rythme de 1 œuf par minute. Chaque œuf est placé dans une alvéole. Au bout de 3 jours éclôt une larve qui se développe soit 8 jours après pour devenir une reine, soit 10 jours après pour une ouvrière, soit 14 jours après pour un faux bourdon.

- L'abeille se nourrit de nectar (qui va donner le miel) et de pollen. Au cours de leurs premiers jours, les larves sont toutes alimentées de gelée royale (solution hyper-protéique sécrétée par les glandes nourricières). Ensuite, les larves des futures ouvrières et futurs mâles sont nourries de pollen et de miel.

- L'abeille est généralement un insecte social et organisé dont la colonie peut compter de 50 000 à 60 000 individus. Dans l'essaim (grande colonie), il y a une reine qui ne sert qu'à pondre les œufs. Les ouvrières construisent des alvéoles, où elles élèvent les larves et accumulent le miel et le pollen. Des mâles assurent au moment venu la reproduction de la colonie.

- L'abeille communique par des danses et informe ainsi ses congénères de la distance à parcourir et de la direction à suivre pour atteindre, par exemple, un arbre en fleurs.

- L'abeille n'est pas menacée d'extinction. Certains essaims peuvent cependant être attaqués par des acariens.

LA FOURMI

- La fourmi fait partie du phylum des arthropodes et appartient à la classe des insectes et à l'ordre des hyménoptères. Elle fait partie de la famille des formicidés, dont il existe environ 10 000 espèces.

- Elle est répandue dans le monde entier et vit surtout dans les forêts tempérées ou tropicales et même dans les déserts.

- Elle mesure de 2 mm de longueur jusqu'à 4 cm chez certaines espèces des pays chauds. De plus, sa taille varie selon sa fonction au sein de la fourmilière : les soldats peuvent être 75 fois plus grands que les ouvrières.

- Elle vit environ entre 4 mois (ouvrière) et 10 à 40 ans (reine).

- L'accouplement a lieu lorsque les mâles et la reine ailés s'envolent pour le vol nuptial. La reine perd ses ailes et se cherche un abri où elle pond et s'occupe de ses œufs jusqu'à ce qu'ils deviennent des ouvrières. L'éclosion de l'œuf donne une larve blanche qui se transforme en nymphe au bout de quelques mois. Elle se métamorphosera alors en fourmi.

- La fourmi peut être carnivore (elle mange des insectes ou des araignées) ou nectarivore selon les espèces. Elle est la proie des oiseaux et des mammifères insectivores.

- La fourmi vit dans une société à 3 castes, bien organisée, constituée de la reine (qui pond les œufs), des mâles ailés le temps du vol nuptial et des ouvrières (femelles stériles). Généralement la fourmilière compte plusieurs milliers d'ouvrières.

- En hiver son activité diminue et, dans les régions froides, la fourmi s'endort au fond de la fourmilière.

- Les espèces les plus évoluées (fourmis pastorales) ont domestiqué des pucerons et les élèvent pour en tirer une solution sucrée dont elles se nourrissent.

Les fourmilières peuvent avoir des aspects divers, en forme de tunnels dans le sol ou de dômes de terre.

- Les fourmis champignonnistes coupent les feuilles pour y cultiver des champignons.

LE PAPILLON

Chenille.

■ Le papillon est un arthropode de la classe des insectes, appartenant à l'ordre des lépidoptères et il est regroupé dans diverses familles, selon la disposition des nervures sur les ailes. On compte environ 150 000 espèces.

Quelques jours après sa métamorphose, le papillon s'accouple.

■ Les espèces sont réparties à peu près partout dans le monde et occupent de nombreux habitats (des plaines jusqu'aux régions d'altitude).

■ Sa taille varie selon les espèces entre 3 mm et 25 cm d'envergure. Il vit entre 1 jour et 6 mois.

■ La femelle pond de 50 à 1 000 œufs sur les feuilles des plantes. Après 1 à 2 semaines, il en sort une larve (la chenille), qui mue entre 3 et 5 fois avant de se transformer en nymphe (chrysalide). De celle-ci sortira un papillon adulte. Il faut de 10 jours à 1 an pour aboutir à la métamorphose de la chenille en papillon.

■ Le papillon adulte consomme du liquide (nectar des fleurs, eau, sève des arbres, jus de fruits). De nombreux papillons ne s'alimentent pas et vivent sur leurs réserves durant leur courte vie. La chenille se nourrit de végétaux. Elle est la proie des oiseaux et des petits mammifères.

■ Certains papillons migrent (par exemple d'Europe en Afrique) et d'autres hibernent sous les feuilles.

■ Le papillon possède 2 paires d'ailes, recouvertes d'écailles et une bouche en forme de trompe. Il a 3 paires de pattes peu développées privilégiant le vol à la marche. La chenille porte 3 paires de pattes qu'elle utilise pour maintenir la nourriture et plusieurs paires de fausses pattes terminées par des ventouses qui l'aident à se déplacer.

■ Le papillon de nuit se reconnaît à ses ailes à plat lorsqu'il est posé et à son corps plus épais.

■ Les couleurs vives des ailes sont dues à de minuscules écailles qui les recouvrent. Elles forment des dessins identiques sur les 2 ailes.

■ Le papillon est très utile car il participe au transport du pollen et donc à la reproduction des plantes à fleurs.

LA COCCINELLE

- La coccinelle appartient au phylum des arthropodes, à la classe des insectes et à l'ordre des coléoptères. Les 5 000 espèces sont regroupées dans la famille des coccinellidés.

- Elle est répandue à travers le monde. On la trouve surtout dans les herbes vertes, les fleurs, les buissons et les arbres.

La coccinelle est utilisée comme « insecticide » biologique contre les invasions de pucerons dans les cultures.

- L'accouplement a lieu au printemps. La femelle pond de 3 à 300 œufs, selon l'espèce, puis meurt peu de temps après. Après 4 à 7 semaines, l'œuf donne une larve épineuse et colorée, puis une nymphe colorée et enfin, après métamorphose, une coccinelle adulte.

- Sa longueur varie de 4 à 10 mm. Elle vit environ 1 an.

- Elle se nourrit d'insectes nuisibles (pucerons, acariens, cochenilles). On estime qu'une coccinelle mange environ 3 000 pucerons au cours de sa courte vie. Elle se nourrit également de feuilles.

- En hiver, elle hiberne en colonies comptant de 20 à 100 individus serrés les uns contre les autres sous une écorce ou dans une fissure de mur.

- La coccinelle vole et marche aisément.

- Elle est souvent caractérisée par ses ailes colorées de noir, jaune, orange ou rouge sur lesquelles se trouvent plusieurs points ou taches de couleur différente de celle des ailes. Au sein d'une même espèce, la coloration et le nombre de taches peuvent varier selon les individus. Il en existe avec 2 points, 7 points, 10 points et 22 points.

- Cette « bête à bon Dieu » est très utile, car, en se nourrissant des insectes nuisibles, elle protège les plantes de nos jardins.

- Lorsqu'elle est excitée, la coccinelle produit un fluide sanguin jaunâtre malodorant par un orifice situé à la base de ses pattes, ce qui a pour but de la rendre désagréable à ses ennemis.

LA MANTE RELIGIEUSE

- La mante religieuse fait partie du phylum des arthropodes et de la classe des insectes. Elle appartient à l'ordre des dictyoptères.

- Elle appartient à la famille des mantidés qui compte environ 2 000 espèces.

- Elle vit surtout dans les régions tropicales d'Asie et d'Afrique mais il en existe en Europe. Elle loge dans des endroits à végétation abondante (champs, plaines et forêts).

Certaines mantes religieuses tropicales ressemblent, à s'y méprendre, aux fleurs d'orchidées parmi lesquelles elles se cachent.

- Sa taille moyenne est de 6 cm de longueur. Sa durée de vie est d'environ 3 mois.

- L'accouplement a lieu en été et peut durer plusieurs heures. Le mâle se fait souvent dévorer par la femelle après l'accouplement. Après avoir été fécondée, la femelle rassemble des centaines d'œufs dans un sac (l'oothèque) enveloppé d'une mousse blanchâtre qui protège les œufs des prédateurs (lézards) et du froid. Au printemps suivant des larves en sortent et, après 5 à 6 mues, deviennent des adultes ailés.

- Elle est carnassière et se nourrit de mouches, sauterelles, papillons. À l'affût, elle est immobile pendant des heures. Lorsqu'une proie passe à sa portée, elle déploie ses pattes avant à une vitesse fulgurante et l'attrape.

- La mante est solitaire. On la voit en effet souvent seule sur une brindille avec ses 2 pattes avant repliées devant sa tête. Cette posture, en pleine prière, lui a valu son surnom de « religieuse ».

- Les mantes européennes ont été introduites en Asie pour tuer des insectes (puces, scarabées…).

- Ses gros yeux à facettes lui permettent, sans en voir les détails, de détecter un insecte en mouvement à 9 mètres.

- Sa couleur, souvent verte, lui permet de se camoufler très efficacement parmi la végétation où elle vit.

LE MILLE-PATTES

- Le mille-pattes appartient au phylum des arthropodes et à la super-classe des myriapodes. Elle compte environ 10 000 espèces réparties en 2 classes dont la classe des diplopodes, comprenant 7 000 espèces et dans laquelle on trouve les mille-pattes proprement dits (iules et gloméris).

S'il se sent menacé le mille-pattes, trop lent pour s'enfuir, se roule en spirale et reste immobile.

- L'iule se trouve en Amérique du Nord et centrale ainsi qu'en Europe et dans diverses parties de l'Asie. Le gloméris se trouve en Europe, Asie, et dans le nord de l'Afrique et de l'Amérique. On les trouve sous les écorces et dans les litières à la surface du sol.

- Il mesure de 5 à 20 cm de longueur.

- Lors de l'accouplement le mâle et la femelle s'enlacent et s'accouplent ventre à ventre. L'iule est généralement ovipare. Les larves, à peine sorties de l'œuf, présentent en général seulement 3 paires de pattes ; leur nombre augmente après chaque mue.

- Il est végétarien et se nourrit de débris végétaux, de graines en germination, plantules, jeunes racines, bulbes ou fraises.

- Le mille-pattes vit en solitaire.

- Le corps du mille-pattes est vermiforme et composé de nombreux segments portant de nombreuses pattes (jusqu'à plus de 300). Sa tête porte 2 petites antennes et 2 « yeux » formés d'un nombre variable d'ocelles rapprochés.

- Il possède des glandes odorantes sécrétant des odeurs repoussantes qui lui servent de défense.

- À cause de son régime alimentaire, il peut occasionner de petits dégâts dans les jardins. Il est peu sensible aux insecticides courants.

- Pour attraper des mille-pattes, il suffit de confectionner un piège constitué de rondelles de pomme de terre posées sur le sol, sous des pots de fleurs renversés. Les mille-pattes s'y rassemblent et peuvent être ramassés et détruits.

LES ARAIGNÉES

■ Les araignées font partie du phylum des arthropodes, de la classe des arachnides et de l'ordre des aranéides.

■ Il existe plusieurs sous-ordres : les orthognathes (mygalomorphes) et les labidognathes (araignées communes). Les araignées comptent environ 35 000 espèces connues.

■ On trouve des araignées partout dans le monde sauf en Antarctique. Elles se rencontrent dans divers habitats terrestres et aquatiques.

■ Leur taille va de quelques millimètres à 20 cm de diamètre pour les mygales. Leur longévité varie de 1 an à 30 ans pour la mygale femelle (le mâle vit moins longtemps).

■ Lors de la reproduction le mâle approche prudemment la femelle, souvent plus grande que lui, pour une parade nuptiale.

■ La plupart des araignées pondent des œufs mais certaines espèces sont ovovivipares. Le jeune, qui naît ou qui éclôt, est une réplique miniature de l'adulte. Cependant, comme tous les arthropodes, l'araignée doit muer pour grandir.

■ Les araignées sont carnivores : elles se nourrissent exclusivement de matière animale vivante (insectes, crustacés, autres arachnides). Certaines mygales mangent aussi de plus grosses proies telles que des petits mammifères, des reptiles et des oisillons.

■ Leur technique de chasse varie d'une espèce à l'autre. Lorsque la proie est capturée, elle se précipite dessus, la ligote avec de la soie, la paralyse à l'aide de son venin et la « gobe ».

■ Les araignées produisent de la soie par les glandes situées à l'arrière de l'abdomen et la font sortir par des filières. L'animal tisse son nid ou sa toile ; cette dernière constitue son logement et un piège à insectes efficace.

■ Les araignées sont caractérisées par des pinces à l'avant de la tête appelées chélicères et 4 paires de pattes. Leurs pattes sont antidérapantes et beaucoup d'araignées grimpent au mur et marchent au plafond.

Les araignées ne voient et n'entendent rien. Elles repèrent leurs proies par les vibrations dans leur toile ou dans l'air.

LES SCORPIONS

- Les scorpions font partie du phylum des arthropodes et se situent dans la classe des arachnides.

- Ils sont tous regroupés dans l'ordre des scorpionidés, divisé en 9 familles différentes qui comptent environ 1 500 espèces.

- Ils se rencontrent sur tous les continents sauf en Antarctique, et dans divers habitats (les déserts, les savanes, les forêts, les cavernes, les rochers et les sommets enneigés).

Une seule piqûre d'un scorpion suffit à tuer un petit rongeur en quelques minutes.

- Leur taille adulte varie, selon les espèces, de 2 cm à plus de 20 cm de longueur. Ils vivent entre 2 et 8 ans.

- Lors de la reproduction, le mâle et la femelle se tiennent par les pinces et le mâle fait tourner la femelle pour la faire passer sur la semence qu'il a déposée au sol. Ils sont vivipares. Dès qu'ils naissent, les bébés scorpions se mettent à l'abri sur le dos de leur maman pendant environ 10 jours. Ensuite, ils grandissent par mues successives.

- Ils se nourrissent d'araignées, d'insectes, de vers ou de petits vertébrés qu'ils paralysent avec leur venin avant de les manger.

- Ils sont nocturnes et repèrent leurs proies grâce à des poils sensibles aux vibrations.

- Ils sont solitaires et passent leur journée sous une pierre ou dans une anfractuosité du sol à l'abri de la chaleur.

- Comme les araignées, les scorpions ont 4 paires de pattes et des chélicères (pinces). Leur queue est formée de 5 anneaux dont le dernier porte une vésicule à venin appelée « aiguillon ». Parmi le nombre important de scorpions présents dans le monde, seulement une vingtaine d'espèces sont mortelles pour l'homme.

- Certaines espèces sont en danger d'extinction à cause de la destruction de leur habitat.

LA FLORE

La flore est une des sources essentielles de l'évolution des êtres sur la Terre. Elle a permis d'oxygéner la planète suffisamment pour que des animaux de plus en plus complexes s'y développent, et pour permettre à la vie de continuer. Elle parfume et colorie la planète, est une source de nourriture pour les hommes et les animaux, et est essentielle dans divers secteurs tels que l'agriculture et la médecine.

LES ARBRES

■ Les arbres sont des végétaux possédant des racines surmontées d'une tige unique et ligneuse (formée de bois), avec des ramifications au sommet et mesurant au moins 7 m de hauteur.

Le plus gros arbre du globe est un châtaignier d'Italie dont le tronc fait 57 m de circonférence.

■ La silhouette d'un arbre dépend de son espèce et de sa condition de vie. Les feuillus sont en forme de boule, les résineux en cône.

■ L'arbre est formé de plusieurs parties : le houppier constitue l'ensemble des branchages, formé de branches maîtresses et secondaires, ces dernières supportant les rameaux*, le tronc et les racines.

■ Sur les rameaux, se trouvent des fleurs, des bourgeons, des fruits, des feuilles ou des épines. La forme des feuilles, leur taille, leur bordure et la façon dont elles sont attachées au rameau caractérisent l'espèce d'arbre.

■ Le tronc est la partie cylindrique située entre le sol et les premières branches principales. Il est formé de plusieurs couches : l'écorce, le cambium (sous l'écorce), l'aubier (où circule la sève) et le cœur (ou bois mort).

■ Les racines principales du tronc se ramifient. Elles s'amincissent en radicelles, racines très fines, garnies de poils.

■ Comme l'ensemble des êtres vivants, les arbres doivent se nourrir, grandir, respirer, transpirer et se reproduire.

■ Chaque année, au printemps, l'arbre grandit : en longueur par l'allongement des branches et en diamètre par la production de cernes (cercles de bois) alternativement clairs et foncés. Chaque cercle représente une année écoulée. Le nombre de cercles témoignent de l'âge de l'arbre.

■ Tous les arbres observent une période de moindre activité. Dans les régions tempérées, dès l'automne, les arbres à feuilles caduques les perdent, limitant ainsi la prise au froid et au vent. Les résineux gardent leurs épines, car ils sont protégés du gel grâce à leur résine.

■ Une fois la période de repos terminée, à la fin de l'hiver, l'arbre reprend ses activités. S'il y a eu reproduction sexuée, rencontre du pollen avec le pistil (organe femelle situé le plus souvent au sein de la fleur), les bourgeons éclosent, fleurissent et donnent des fruits.

L'UTILISATION HUMAINE

- Les plantes sont indispensables à l'homme, car elles sont source de vie. En effet, elles sont les principales productrices d'oxygène et de composés organiques (constituants de la matière vivante) à partir de composés inorganiques.

- Les plantes sont utilisées par l'homme dans divers domaines. En agriculture, elles interviennent dans les cultures domestiques : haricot, sésame, arbres fruitiers (bananier, pommier), patate douce, graminées (dont le blé pour la fabrication du pain) ; dans celles non domestiques telles que les fougères, les algues ; dans la fertilisation des sols (trèfle, luzerne ou moutarde) ainsi que dans l'alimentation du bétail (avoine).

> **La morphine, issue du pavot, est utilisée en médecine pour lutter contre la douleur.**

- Il existe plus de 300 plantes médicinales utilisées en pharmacologie. Parmi celles-ci : l'aubépine (cardiorégulateur et sédatif), l'angélique (anti-aérophagique), l'ananas (anti-inflammatoire et anti-cellulosique), le cassis (antirhumatismale), les algues (vitamines et fer).

- L'exploitation forestière des arbres permet leur utilisation comme source d'énergie, dans la construction, et dans la fabrication de mobilier.

- Certaines espèces de plantes sont utilisées en écologie comme indicatrices de la santé des écosystèmes ou du taux de pollution (lichens, certaines algues).

- L'horticulture ornementale utilise à la fois les arbres, les plantes et les fleurs dans un but de décoration intérieure et extérieure.

- La fabrication des tissus, des fils, dans le domaine textile, utilise certaines plantes telles que le coton.

- D'autres plantes sont utilisées comme pesticides ou comme protections contre certains insectes ou invertébrés gênants (la lavande contre les poux, la citronnelle contre les moustiques). La jacinthe d'eau, plante aquatique, est utilisée comme engrais pour les sols.

- Certaines plantes servent à la fabrication d'objets culturels ou artisanaux (instruments de musique, statues, calebasses, pirogues, paniers).

- Des plantes comme la vigne et le houblon sont utilisées dans la fabrication du vin et de la bière. D'autres sont dites aphrodisiaques (ginseng) ou sont utilisées comme drogues (cannabis, coca, tabac).

Vendangeur.

LES MOUSSES ET LES FOUGÈRES

Fougère.

- Les mousses et les fougères font partie des cryptogames. Ce sont des plantes chlorophylliennes, sans fleurs ni graines.

- Les mousses et les fougères furent les premières plantes à coloniser la terre ferme. Elles sont apparues sur Terre il y a 350 millions d'années.

- Les mousses font partie de l'embranchement des bryophytes (plantes sans racines ni tiges souterraines) alors que les fougères font partie de l'embranchement des ptéridophytes (avec des racines). On compte environ 11 000 espèces de fougères et 13 500 espèces de mousses.

Lichen, champignons et pomme de pin.

- Les fougères et les mousses se trouvent dans les endroits humides et ombragés. Toutes deux sont répandues partout dans le monde.

- Elles ont une reproduction sexuée nécessitant la présence d'eau et la production de spores*.

- Les fougères sont l'un des premiers végétaux à être dotés de racines qui lui permettent de mieux tenir au sol mais surtout de puiser les sels minéraux et l'eau en profondeur.

- Les mousses sont capables de supporter de longues périodes de sécheresse : elles peuvent en effet se déshydrater fortement et entrer dans un état de vie ralentie pendant plusieurs semaines. Elles reprennent une activité normale lorsque l'eau est à nouveau disponible.

- Les mousses jouent un rôle biologique et écologique capital : elles facilitent, par leur degré d'humidité, la formation d'humus indispensable au recyclage de la matière organique et favorisent la germination des autres espèces végétales. Elles participent à la formation des sols, par leur capacité à coloniser les roches, permettant aux végétaux plus exigeants de s'y installer à leur tour.

- Les fougères ont des propriétés médicinales dont celle de l'acide filicique, utilisé comme vermifuge. Certaines espèces sont consommées au Japon.

- Les mousses sont aussi de bons indicateurs de pollution atmosphérique. On les trouve sur les toitures, tuiles, gouttières, murs, dallages, et elles peuvent, parfois, aggraver et empêcher le bon écoulement des eaux pluviales, créant des problèmes d'humidité par l'infiltration des eaux.

Il y a 350 millions d'années, certaines fougères dépassaient 30 m de hauteur.

LES FLEURS

Orchidée.

- Les plantes à fleurs, ou angiospermes, se répartissent dans 2 classes : les mono-cotylédones et les dicotylédones. Leurs représentants se distinguent par leur nombre de cotylédons (premières feuilles de la plante émergeant de la graine au moment de la germination).

- La classe des monocotylédones (60 000 espèces) est très importante sur le plan alimentaire et économique. Elle regroupe, entre autres, la famille des graminées.

Le thym, la menthe, la lavande, l'origan, la sauge et la moutarde font partie de la classe des dicotylédones.

- Tous les monocotylédones possèdent des feuilles à nervures parallèles, des fleurs dont les pièces florales se présentent généralement par multiples de 3, des graines dont la plantule n'a qu'un seul cotylédon. Leurs racines sont filiformes et se répandent sous la surface du sol.

- Les graminées (blé, orge, avoine, maïs, riz...) se caractérisent par des tiges creuses et des fleurs groupées en épis, dont les grains sont des fruits secs avec une paroi soudée à celle de la graine.

- Les liliacées, ou plantes à bulbe (ail, lys, tulipe, poireau, oignon...), se caractérisent par des feuilles à nervures parallèles, des fleurs régulières possédant une enveloppe florale de 6 pièces colorées avec 6 étamines libres et 3 carpelles réunis.

- Les autres familles regroupent, notamment, les orchidées, les iris, les asperges, les yuccas et les palmiers.

- La classe des dicotylédones comporte 190 000 espèces. Ces plantes à fleurs sont pourvues de 2 cotylédons et sont représentées, entre autres, par des plantes ligneuses (les arbres, arbustes et arbrisseaux). Elles sont caractérisées par des feuilles à nervures ramifiées, une racine principale verticale d'où sont issues plusieurs racines latérales plus petites. Cette racine pénètre profondément dans le sol et y ancre donc fermement la plante. Leurs éléments floraux ou pétales se présentent habituellement par multiples de 4 ou de 5.

- Les dicotylédones sont par exemple les magnolias, les roses, les pois, les carottes, les navets, les pommes de terre, les melons, les tomates, les cactus, les chênes, les érables...

- De nombreuses plantes à fleurs requièrent la présence d'insectes ou d'autres animaux comme agents de transport du pollen des organes mâles aux organes femelles.

- Plusieurs espèces de plantes sont menacées d'extinction. Étant source de nourriture et de vie, il est de notre devoir de les préserver.

LES CHAMPIGNONS

- Les champignons constituent un règne à part entière appelé le règne des mycètes et distinct de celui des végétaux.

- Ils ont un appareil végétatif sans « vraies racines, tiges et feuilles » et surtout sans chlorophylle.

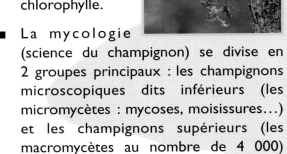

- La mycologie (science du champignon) se divise en 2 groupes principaux : les champignons microscopiques dits inférieurs (les micromycètes : mycoses, moisissures…) et les champignons supérieurs (les macromycètes au nombre de 4 000) comme la truffe ou le pleurote.

- Ils poussent sur des milieux très variés : le sol des forêts ou des prairies (bolet, girolle), les arbres (langue-de-bœuf), les feuilles (champignons microscopiques tel le rhytisme de l'érable), les aliments (moisissure) ou le fumier (champignon de Paris).

- Les macromycètes sont classés en 2 groupes : les ascomycètes (la morille, la truffe, le pénicillium), se reproduisant par des spores (en général 8) qui mûrissent dans des sacs appelés asques et les basidiomycètes (champignons à chapeau, amanites, cèpes) qui se reproduisent par des spores (en général 4) contenues dans des sacs appelés basides.

- Tous peuplent leur milieu par des spores microscopiques qui, dans des conditions favorables (température douce et humidité), germent et entraînent le développement de nombreux champignons. Leur appareil reproducteur se situe sous le chapeau où se trouvent les spores. La germination donne naissance à un filament, le mycélium (jaune, violet ou blanc), qui se divise dans le sol. Lorsqu'il en rencontre un autre du sexe opposé, ils forment un mycélium secondaire qui fera naître le champignon.

- Ils ne disposent pas de chlorophylle et ne peuvent pas synthétiser la matière organique. Ils prélèvent donc le carbone sur d'autres organismes ou substances.

- Il existe 3 modes de nutrition. Certains s'attaquent à la matière organique morte : bois, humus, fruit… Ils digèrent tout et participent au nettoyage de la forêt. D'autres sont parasites et profitent d'une blessure sur un arbre pour y puiser tout ce dont ils ont besoin. D'autres encore vivent sur les racines de certains arbres.

- Certaines moisissures permettent la fabrication d'antibiotiques telle la pénicilline. D'autres, comme les levures, permettent la fermentation du pain, du vin, du fromage et de la bière.

- Certains champignons sont très appréciés en gastronomie (chanterelle, truffe). D'autres sont très nuisibles et peuvent provoquer des maladies sur les cultures (mildiou, ergot…), des maladies aux hommes ou aux animaux (teigne, mycose, eczéma) ou enfin sont vénéneux et mortels.

LES ÉPICES ET LES AROMATES

- Depuis longtemps, les épices et les aromates ont occupé une place importante dans les civilisations. Elles servent à la préparation des mets, à leur assaisonnement ou à leur conservation (des viandes dès le Moyen Âge).

- Les épices sont des végétaux entiers ou en poudre, utilisés pour aromatiser ou relever la saveur des aliments.

- Les principales épices sont originaires d'Asie. Les épices exotiques sont soit des plantes (gingembre), soit des arbres (giroflier, muscadier) ou des lianes (poivrier, vanillier). Elles requièrent des climats chauds et humides.

- Elles sont commercialisées telles quelles ou en poudre après traitement : séchage, fermentation, blanchiment. On utilise aussi dans l'industrie alimentaire leurs composantes telles les huiles essentielles. Certaines épices ont des propriétés thérapeutiques et servent à soigner : le clou de girofle est un puissant antiseptique, la noix de muscade favorise la circulation et facilite la digestion.

- De nombreuses plantes herbacées des pays tempérés sont des aromates : l'ail, le basilic, le cerfeuil, l'estragon, le laurier, l'oignon, le romarin… Au départ elles ont souvent été considérées comme des plantes de jardin à usage purement domestique. Elles sont aujourd'hui cultivées par des sociétés spécialisées qui en assurent aussi le conditionnement et la commercialisation.

- Les aromates sont également des végétaux caractérisés par leur odeur suave mais dépourvue de saveur piquante.

Un kilo de poivre contient environ 18 000 grains.

- Les feuilles de ces plantes herbacées sont utilisées en cuisine sous forme fraîche ou séchée.

- Elles ont aussi des propriétés médicinales : l'ail est un antiseptique et l'angélique est utilisée pour la digestion.

- Les épices et les aromates sont conservés en utilisant le séchage naturel ou artificiel, la surgélation, la cuisson, le salage, la lyophilisation, etc.

- On les utilise en alimentation sous forme de grains (poivre) ou de poudre (girofle, muscade). Dans les préparations industrielles (boissons, potages, viandes, etc.), elles se présentent sous forme d'huiles essentielles.

LES PLANTES

Cactus.

- Les plantes ou végétaux sont à la base de la chaîne alimentaire. Ce sont des organismes autotrophes*. La botanique est la science qui les étudie.

- Ces organismes sont peu différenciés et généralement fixés au sol ou sur un autre substrat. On distingue : les algues, les mousses, les fougères et les plantes à fleurs. Il existe environ 400 000 plantes dont plus de la moitié appartient au groupe des plantes à fleurs.

- On trouve des plantes dans presque tous les milieux terrestres : dans le désert, sous l'eau, dans les forêts tropicales et dans l'Arctique. Toutefois, leur répartition à la surface du globe est fonction des conditions climatiques.

- Il existe différents types de plantes à fleurs. Parmi elles, on trouve les plantes à fruits, dont on distingue : les agrumes (citronnier, oranger), les fruits secs (châtaignier, noisetier), les fruits à noyaux (abricotier, pêcher) et les fruits à pépins (pommier, poirier).

- Les plantes nous donnent aussi des légumes (carotte, haricot), des céréales (blé, avoine), des textiles (lin, coton, chanvre), des parfums (violette, menthe). Elles ornent nos jardins et nos intérieurs (orchidée, iris, tulipe, rose) et forment les forêts (feuillus et conifères).

- Parmi les plantes à fleurs, on distingue les plantes annuelles des vivaces. Les premières sont des plantes qui effectuent un cycle de vie, de la germination à la mort, au cours d'une même année (pétunia, dahlia, bégonia, tournesol, giroflée et géranium).

- Les plantes vivaces vivent plus d'un an. Elles peuvent passer l'hiver et renaître au printemps. On distingue les vivaces caduques (violette, tulipe), dont la partie aérienne disparaît en hiver et dont la plante subsiste grâce à ses racines, et les vivaces persistantes (rose, orchidée, arbres et arbustes) qui conservent leur partie aérienne en hiver et grandissent au fil des ans.

- Les plantes aquatiques vivent dans ou à proximité des points d'eau. Parmi celles-ci, on trouve le nénuphar, l'iris d'eau, les renoncules d'eau et les roseaux.

- Les plantes grasses sont des plantes originaires des régions désertiques. Leurs feuilles sont soit charnues soit en forme d'épines. Elles retiennent l'eau dans leurs tissus et résistent à la sécheresse (cactus).

Les tiges d'un grand cactus peuvent accumuler des réserves d'eau de plusieurs tonnes.

- Les plantes grimpantes sont adaptées pour s'accrocher à une paroi ou à un support solide (métallique ou naturel). Les unes s'enroulent (le chèvrefeuille), les autres ont des ventouses ou font des vrilles (la vigne). Certaines se cramponnent grâce à de petites racines (le lierre) ou s'accrochent à l'aide de leurs épines (le rosier grimpant).

90

LA REPRODUCTION DES VÉGÉTAUX

- Les plantes peuvent avoir une reproduction asexuée et/ou sexuée. La reproduction sexuée implique la production de cellules sexuelles (gamètes) mâles et femelles associée à une fécondation entre 2 gamètes de sexes opposés.

- Les plantes ont généralement besoin du vent, de l'eau ou des insectes pour permettre la rencontre des gamètes mâles et femelles.

- Dans le monde végétal, la reproduction asexuée a lieu à partir de bulbes, de tubercules, de fragments de tiges feuillées, de racines, de bourgeons.

- Lors de la reproduction asexuée, les nouvelles plantes ont le même patrimoine génétique que la plante dite mère ; ces plantes forment des clones.

- L'utilisation excessive de la reproduction asexuée peut mener à la disparition de certaines variétés qui peuvent constituer un réservoir génétique en cas de disparition du clone d'intérêt.

- Toutes les plantes à fleurs ont une reproduction sexuée. La fleur comprend l'un ou les 2 organes sexuels de la plante. Les étamines sont les organes sexuels mâles. Ils fabriquent les grains de pollen et permettent la dissémination de la plante. Le pistil, en général la partie centrale de la fleur, représente l'organe femelle qui contient une ou plusieurs cellules femelles (oosphère). La fécondation (rencontre entre les grains de pollen et l'oosphère) se fera au niveau du pistil. En cas de fusion, la cellule-œuf se développera dans le pistil et donnera le fruit.

- Selon le type de plantes, il existe différents fruits. Tous contiennent une ou plusieurs graines qui peuvent germer et donner une nouvelle plante. Les fruits charnus peuvent contenir une seule graine (fruit à noyau : pêche) ou plusieurs (fruit à pépins : raisin ou baie : mûre). Les fruits secs s'ouvrent et libèrent leurs graines (haricot) ou restent fermés (blé).

- Lors de la reproduction sexuée, il y a formation de graines ou de spores.

Gros plan d'un pistil de fleur.

- Les algues (le fucus) possèdent 2 pieds (ou thalles) : un pied mâle muni de gamètes mâles et un pied femelle muni de gamètes femelles qui seront libérés dans l'eau. La rencontre entre les 2 cellules sexuelles se fera au gré des courants. Après quelques jours l'œuf, entouré d'une membrane cellulosique protectrice, se divisera et engendrera un nouveau pied qui se fixera sur un rocher.

- Chez les mousses et les fougères, il y a formation de spores. Chez la mousse, les spores germent (favorisés par le temps humide) et donnent un filament sur lequel se développent de jeunes pieds de mousses mâles et femelles qui donneront les gamètes mâles et femelles. Chez la fougère, les spores germent et donnent un prothalle ou gamétophyte sur lequel se développent les organes mâles et femelles. Suite à la fécondation, dans l'organe femelle, celui-ci se développe en jeune plantule sur le prothalle.

LA PHOTOSYNTHÈSE

Le gaz carbonique est capté par des pores, les stomates, plus nombreux sur la face intérieure des feuilles.

- La photosynthèse est la capacité des plantes vertes à produire des glucides et de l'oxygène à partir de l'eau et du gaz carbonique (CO_2) de l'air qu'elles peuvent fixer grâce à la chlorophylle en utilisant la lumière solaire comme source d'énergie.

- Cette réaction est possible grâce à un organite intracellulaire qui contient de la chlorophylle : le chloroplaste.

- C'est en 1837 que Hugo von Mohl observe les chloroplastes, mais leur rôle ne sera complètement élucidé que 30 ans plus tard, grâce aux expériences de Julius von Sachs.

- L'eau est absorbée au niveau de poils présents dans les racines de la plante. Elle entre dans la plante par un phénomène d'osmose et remonte vers les endroits où a lieu la photosynthèse.

- L'absorption de CO_2 se fait au niveau d'orifices particuliers, situés sur la face intérieure des feuilles, les stomates. Leur ouverture varie avec l'intensité lumineuse, la température et l'humidité de l'air.

- La libération d'oxygène par les plantes renouvelle l'oxygène atmosphérique, qui sinon serait rapidement épuisé par la respiration des organismes à la surface de la Terre. Cela nous explique pourquoi les plantes ont été indispensables à l'apparition des êtres vivants sur Terre.

- Les chloroplastes ont une longueur de 4 à 6 micromillimètres et une forme variable. De plus, le nombre de ces chloroplastes dans les cellules végétales varie d'après l'espèce étudiée.

- Le chloroplaste est composé d'une enveloppe de 2 membranes à l'intérieur de laquelle on trouve un fluide granuleux, le stroma, dans lequel est visible un déploiement complexe de membranes (lamelles). Les molécules photoréceptrices sont situées sur ces lamelles qui baignent dans le stroma. Les différentes étapes chimiques de la photosynthèse se déroulent dans le stroma.

- Les pigments photosynthétiques principaux qui absorbent la lumière sont la chlorophylle a, la chlorophylle b et les caroténoïdes. Les feuilles sont vertes parce que les chlorophylles absorbent le bleu et le rouge et reflètent le vert.

- Le phénomène de photosynthèse existe aussi chez les algues et chez certaines bactéries.

LA FORÊT AMAZONIENNE

- Cette forêt est la plus grande du monde. Elle se situe en Amérique du Sud et couvre 7 pays : le Brésil, l'Équateur, la Colombie, le Venezuela, les Guyanes, la Bolivie et le Pérou. Son bassin s'étend sur près de 7 millions de km^2 et diminue chaque année. L'Amazonie représente environ les 2/3 de l'ensemble de la surface des forêts tropicales du monde.

- Le climat de la forêt amazonienne est un climat tropical (chaud et humide). Elle est toujours verte et les espèces y sont très diversifiées. On estime qu'elle comprend 60 000 espèces de plantes dont jusqu'à 700 espèces différentes d'arbres par hectare (certains peuvent atteindre 80 m de hauteur). Elle compte aussi 2 millions d'espèces animales.

- L'Amazone, long de 6 500 km, est le deuxième plus grand fleuve du monde après le Nil. Avec ses affluents, il draine la forêt amazonienne et constitue la voie principale de pénétration.

- Malgré cela le sol n'est pas riche. Le système forestier est extrêmement sensible au moindre changement, tel que la sécheresse ou la déforestation.

- Les hommes exploitent cette forêt pour le bois, le caoutchouc et la pâte à papier.

- Cette forêt est devenue la principale source d'approvisionnement de l'industrie forestière, suite à l'épuisement progressif des forêts d'Asie et d'Afrique.

- L'extraction d'un seul arbre nécessite souvent l'abattage d'un grand nombre d'autres. De plus, 80 % du bois coupé l'est de façon illégale.

- Aujourd'hui, la forêt recule essentiellement à cause de l'élevage et de la culture. En effet, la culture du soja et les élevages bovins ont entraîné une perte de 16,3 % de la superficie forestière depuis les années 1970. Cette dévastation, accentuée par le défrichement, menace les écosystèmes et le développement de leurs habitants.

- Cette forêt comprend divers peuples indiens qui vivent de cueillette, de chasse, de pêche, d'agriculture itinérante et d'élevage. Ils cultivent la canne à sucre, le tabac, le maïs... Ces Indiens et les autres habitants d'Amazonie se soignent principalement à l'aide de plantes médicinales, qui risquent de disparaître à cause du défrichement.

- L'Amazonie possède aussi des mines d'or très importantes dont l'exploitation compte parmi les menaces qui pèsent sur cette forêt. En effet, l'extraction de l'or nécessite l'utilisation de mercure, élément toxique déversé dans les rivières, qui menace les habitants et la faune de la forêt.

La forêt amazonienne brésilienne.

93

LA PROTECTION DE LA NATURE

- La planète souffre de divers maux. On estime qu'entre 50 et 300 espèces végétales et animales s'éteignent chaque jour. Les régions sauvages couvrent 46 % de la surface terrestre. Elles s'étendent sur tous les continents et sont de plus en plus menacées.

- Ces régions sauvages sont essentielles à la survie de notre planète. Elles maintiennent les variations du climat, des précipitations et sont d'importants réservoirs pour la biodiversité des espèces.

- Une des causes essentielles de disparition des espèces est la destruction de leur habitat due aux activités humaines telles que l'agriculture et le déboisement intensif de certaines régions.

- Les pollutions perturbent également le monde vivant. Elles proviennent soit de l'activité naturelle (volcans, feux, orages) soit des activités humaines (industrie, agriculture, chauffage, eaux usées). Parmi celles-ci : l'ozone de basse atmosphère, gaz toxique, a pour origine le trafic routier et augmente lors de fortes chaleurs. Ce qui entraîne une forte diminution de la croissance de certaines plantes (blé, soja) et cause des troubles respiratoires chez l'homme.

- Les pluies acides sont formées à partir de polluants rejetés par le chauffage domestique et les cheminées industrielles. Ces pluies augmentent la dissolution des métaux dans le sol, empêchent l'assimilation des éléments nutritifs par les plantes et sont à l'origine du dépérissement forestier.

- Le réchauffement climatique est dû à l'effet de serre, principalement causé par le chauffage, l'agriculture (bétail et engrais), les aérosols et l'ozone de basse atmosphère. Ce réchauffement va accroître, selon les scientifiques, les risques de maladies épidémiques chez les animaux, les plantes terrestres, aquatiques et chez l'homme.

- Le nucléaire est une des solutions pour diminuer le réchauffement climatique et les polluants responsables des pluies acides.

- Le rejet d'eaux usées provoque une pollution des mers dans lesquelles elles sont déversées et détruisent certaines algues. Pour la limiter, des stations d'épuration recueillent les eaux usées et les débarrassent de leurs polluants avant de les déverser dans les rivières ou la mer.

- Il existe de nombreuses organisations nationales, internationales, voire mondiales, qui s'occupent de préserver la nature. Ces organisations sont par exemple : le WWF, Greenpeace, l'Union mondiale pour la nature (UICN), Les Amis de la Terre, le Centre thématique européen pour la conservation de la nature.

Mesure scientifique du taux d'ozone.

LES RÉSERVES NATURELLES

- Aujourd'hui, la nature est menacée de disparition par une population en augmentation, une activité économique peu soucieuse de l'environnement et une forte demande d'espaces de loisirs. C'est pourquoi, les espaces naturels protégés (parcs et réserves) sont indispensables. Il existe plus de 12 000 aires protégées sur plus de 13 millions de km^2.

- Leur but est double : d'une part, protéger et gérer la faune, la flore, le sol, les eaux, les gisements de minéraux et de fossiles afin d'y préserver la biodiversité, et d'autre part, accueillir le public et le sensibiliser aux problématiques de conservation de la nature.

- Ces parcs et réserves sont gérés par diverses organisations qui synthétisent les connaissances sur le site, évaluent l'intérêt patrimonial au niveau de la flore, de la faune et définissent des stratégies d'action pour l'avenir.

- On compte plus de 1 500 parcs naturels dans le monde. Ils comportent tous une zone centrale où s'applique une réglementation en faveur des milieux naturels et des espèces et une zone périphérique où les richesses naturelles et économiques sont mises en valeur.

- En Tanzanie, Tarangire est célèbre pour ses terres marécageuses, ses collines et ses rochers, ses bois d'acacias et ses nombreux baobabs. Au Sénégal, le parc de Basse-Casamance comprend une zone recouverte par la forêt la plus dense du pays. En Indonésie, le parc du Gunung Leuser est le plus grand parc du Nord Sumatra avec une superficie de 900 000 hectares.

- Aux États-Unis, le parc de Yellowstone (situé en Idaho, Montana et Wyoming) arbore d'extraordinaires paysages et une grande diversité de formations et de phénomènes géologiques associés à une flore et une faune importantes (ours brun, grizzly, élan, bison).

- Les autres parcs des États-Unis sont des écosystèmes de montagne : Yosemite et Sequoia en Californie et Mount Rainier dans l'État de Washington. On compte aussi Death Valley en Californie, le Grand Canyon en Arizona, Bryce Canyon en Utah.

Le Sénégal est un des pays du monde qui protègent le mieux la flore et la faune.

- Les réserves naturelles sont un peu des « mini-parcs nationaux » car leur réglementation vise en priorité la protection des sites, tout comme la zone centrale d'un parc national.

- Les réserves naturelles américaines sont des refuges de la vie sauvage. Anahuac (Texas) représente 12 000 hectares de plaines côtières couvertes de prairies, de marais d'eau douce et saumâtre, à l'écart de la civilisation. Aransas (Texas) englobe la totalité de l'île de Matagorda et, sur le continent, la péninsule de Blackjack est partiellement accessible en voiture : l'ensemble couvre 46 000 hectares.

- Le Sénégal comprend aussi de nombreuses réserves de faune et de flore sur tout le territoire. Elles représentent 65 % de la superficie du pays (soit 130 000 km^2 pour une trentaine de réserves).

LE CORPS HUMAIN

En ce début de XXIᵉ siècle, les progrès en biologie, médecine et techniques chirurgicales permettent à l'homme d'accéder à tous les soins de santé. Néanmoins, les évolutions dans le domaine génétique soulèvent de nombreux problèmes éthiques. D'autre part, par le biais des médias, nous constatons que de nombreuses populations sont encore exclues de ces innovations médicales.

LE SQUELETTE

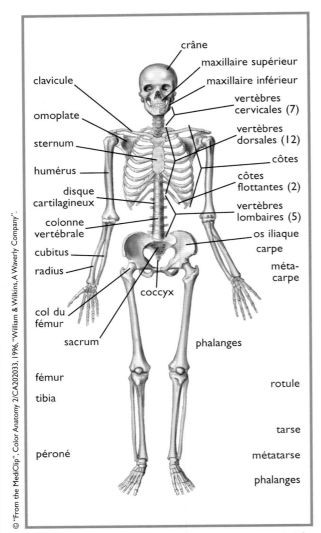

crâne

maxillaire supérieur

maxillaire inférieur

clavicule

vertèbres cervicales (7)

omoplate

vertèbres dorsales (12)

sternum

côtes

humérus

côtes flottantes (2)

disque cartilagineux

vertèbres lombaires (5)

colonne vertébrale

os iliaque

cubitus

carpe

radius

méta-carpe

coccyx

col du fémur

sacrum

phalanges

fémur

rotule

tibia

tarse

péroné

métatarse

phalanges

© "From the MediClip", Color Anatomy 2/CA202033, 1996, "William & Wilkins, A Waverly Company".

- Au centre de l'os, se trouve la moelle osseuse. La moelle rouge élabore les globules blancs et rouges et les plaquettes (cellules sanguines sans noyaux qui favorisent la coagulation) (voir « Le sang »).

- L'os est recouvert d'une membrane blanche, fine et dure : le périoste. Il est sillonné de vaisseaux sanguins et de nerfs qui nourrissent les cellules osseuses.

- La colonne vertébrale, partie principale du squelette, comprend 33 vertèbres dont 24 sont mobiles. Entre chacune d'elles se trouve un disque cartilagineux qui les relie et leur donne de l'élasticité.

- La moelle épinière circule dans la colonne vertébrale depuis la base du crâne jusqu'à la dernière vertèbre. Elle transmet les informations du cerveau vers les muscles, les vaisseaux et les glandes.

- Le crâne abrite et protège l'encéphale. Vingt et un sur les 22 os qui constituent le crâne sont liés par des articulations fixes. Chez le nouveau-né, le crâne est encore cartilagineux. L'ossification a lieu pendant les premiers mois de la vie.

- Les rayons X traversent la matière, les tissus. La radiographie qui les utilise permet de visualiser l'intérieur du corps et de détecter une fracture éventuelle.

- La fracture peut être interne et invisible ou ouverte. Dans ce cas, la peau a pu être endommagée laissant apparaître l'os. On immobilise la fracture à l'aide d'un plâtre. Un déplacement osseux nécessite une opération.

- Le squelette est une structure rigide qui protège et soutient les organes. Les 206 os qui le constituent sont rattachés les uns aux autres par les ligaments, le point de contact étant l'articulation.

- Ce sont les articulations qui permettent la mobilité du squelette. Ces articulations sont mobiles, semi-mobiles ou immobiles suivant le type de mouvement qu'elles autorisent.

- L'os est constitué du tissu conjonctif. Il est vivant, évolue et se reconstitue.

LES MUSCLES

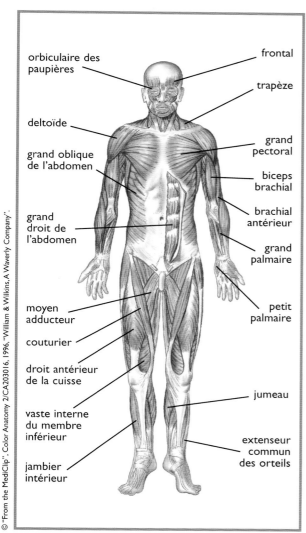

orbiculaire des paupières

frontal

trapèze

deltoïde

grand pectoral

grand oblique de l'abdomen

biceps brachial

brachial antérieur

grand droit de l'abdomen

grand palmaire

moyen adducteur

petit palmaire

couturier

droit antérieur de la cuisse

vaste interne du membre inférieur

jumeau

extenseur commun des orteils

jambier intérieur

© "From the MediClip", Color Anatomy 2/CA203016, 1996, "William & Wilkins, A Waverly Company".

■ On distingue 3 types de muscles. Les *muscles striés*, au nombre de 620, sont liés aux os par les tendons et permettent la locomotion. Ils obéissent à notre volonté.

■ Le *muscle cardiaque* a des contractions autonomes et volontaires qui font battre le cœur.

■ Les *muscles lisses* fonctionnent automatiquement, sans notre contrôle. Ils agissent au niveau du système digestif, des voies urinaires et d'autres organes.

■ Les muscles se contractent pour mobiliser les parties du corps. Ils peuvent redresser ou fléchir les articulations ; ils écartent ou rapprochent les membres du corps.

■ Les muscles striés sont appelés ainsi car ils ont un aspect fibreux. Des filaments fins et épais alternent tout le long de la fibre.

■ Le système nerveux qui contrôle l'activité corporelle envoie des impulsions nerveuses aux filaments, qui glissent l'un sur l'autre pendant la contraction. Plus les fibres sont raccourcies, plus le muscle est contracté.

■ Les mouvements sont effectués par des paires de muscles qui vont agir de façon inverse. Un muscle se contracte pour induire le mouvement tandis que l'autre se relâche.

■ Sous la peau de notre visage, de multiples petits muscles nous permettent d'exprimer une gamme d'émotions très complexes.

Lorsqu'on sourit, on utilise 17 muscles simultanément.

■ Des mouvements violents peuvent entraîner des traumatismes musculaires. Le claquage est la rupture de certaines fibres et l'épanchement de sang dans le muscle est visible sous forme d'ecchymose et de gonflement.

■ Les muscles dégagent de l'acide lactique* lors de l'effort. L'accumulation de celui-ci s'accompagne d'une douleur : la courbature.

LE SANG

- Le sang circule dans les artères et les veines apportant aux cellules l'oxygène et les nutriments véhiculés par les aliments.

- Il aide l'organisme à lutter contre les infections, à maintenir la température corporelle et à transporter les déchets et les hormones*.

- L'organisme contient entre 4,5 et 6 litres de sang.

- Il est constitué de 2 composés : le plasma et les cellules sanguines. Le plasma, liquide jaune clair, contient des protéines (substances nourrissantes contenues dans la viande, le poisson et les œufs), du glucose, des vitamines, des sels minéraux, des acides aminés, des déchets (urée).

Poche de transfusion sanguine.

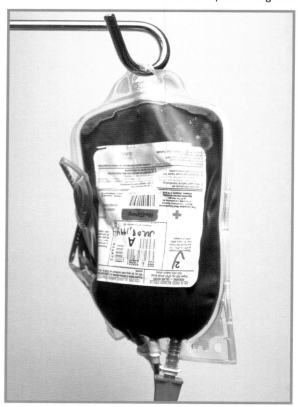

- Les cellules sanguines sont de 3 types : les globules rouges, les globules blancs et les plaquettes.

Il est impossible de maintenir un être humain en vie s'il est privé de sang.

- Les globules rouges contiennent l'hémoglobine qui fixe et transporte l'oxygène depuis les poumons jusque dans les différentes parties du corps.

- Ils sont produits dans la moelle osseuse. Lorsque le taux d'hémoglobine est trop bas, on parle d'anémie.

- Les globules blancs ont un rôle essentiel dans le système immunitaire puisqu'ils défendent l'organisme en ingérant et détruisant les bactéries. Lorsque le taux de globules blancs est trop élevé, on parle de leucémie.

- Les plaquettes sont importantes pour la coagulation. Elles s'agglomèrent autour d'un vaisseau blessé et empêchent le sang de s'écouler formant un caillot qui va permettre à la blessure de cicatriser.

- Il existe 4 groupes sanguins. Le groupe A, le groupe B, le groupe AB et le groupe O. Le groupe O est donneur universel, ce qui signifie qu'il peut donner du sang à tout le monde mais il peut uniquement en recevoir du groupe O. Le groupe AB est receveur universel.

LES DENTS

- Les dents ont pour rôle de réduire les aliments en particules faciles à avaler. Elles sont fixées dans les maxillaires et sont réparties en 4 types selon leur fonction.

- Les incisives coupent les aliments, les canines les déchiquettent, les prémolaires les écrasent et les molaires les réduisent.

- La bouche d'un adulte est composée de 8 incisives, 4 canines, 8 prémolaires et 8 molaires. Cela fait un total de 28 dents auquel on doit rajouter dans certains cas 4 dents de sagesse.

- La mâchoire évolue au cours des temps, elle se rétrécit et les dents de sagesse doivent, quand elles apparaissent, souvent être arrachées faute de place.

- La première denture, composée de 20 dents de lait, est acquise vers 3 ans et reste en place jusque vers 6 ans. Les dents qui tombent sont alors remplacées par des dents définitives.

- À 21 ans, la croissance de la mâchoire est terminée, l'adulte pourvu de dents de sagesse possède 32 dents.

- Chaque dent est enfoncée dans la gencive par la racine. Elle est recouverte par une substance dure : l'émail, à l'intérieur duquel se trouve la dentine. La dentine renferme la pulpe qui contient les vaisseaux sanguins et les nerfs.

- Les caries sont provoquées par les bactéries chargées en acides qui attaquent l'émail. Lorsque l'émail est abîmé, les bactéries peuvent pénétrer dans la dent.

- La dent est soignée en retirant les parties décomposées et en les remplaçant par un amalgame. Dans certains cas, la dent doit être arrachée. Elle est alors remplacée par une dent à pivot, une couronne, un bridge, etc.

- Le brossage des dents après les repas élimine les détritus alimentaires et évite ainsi la formation de la plaque dentaire, cause des caries.

Le brossage des dents doit s'effectuer 3 fois par jour, après les repas.

101

L'ODORAT ET LE GOÛT

- Le nez, organe de l'odorat, permet de sentir les odeurs qui sont en fait des molécules chimiques transportées par l'air.

- Les récepteurs olfactifs (relatifs à l'odorat) sont localisés dans la muqueuse nasale composée de différentes cellules.

- L'air est inspiré par le nez, les molécules chimiques se fondent dans le mucus (liquide transparent) qui tapisse la tache olfactive. Cette zone de 6 cm^2 comprend les récepteurs olfactifs qui détectent les odeurs.

- Des fibres nerveuses véhiculent l'information qui passe à travers le bulbe olfactif pour parvenir au cerveau qui l'interprète comme odeur.

- L'odorat humain est peu développé par rapport à celui du chien qui peut reconnaître des odeurs imperceptibles pour l'homme. Sa tache olfactive est 10 fois plus grande que la nôtre et son odorat 1 million de fois plus sensible.

- La muqueuse nasale reste humide grâce au liquide secrété par des cellules auxiliaires. La présence de poils sur les parois des narines empêche les poussières d'y pénétrer.

- Le goût s'associe à l'odorat pour reconnaître les aliments. La langue possède des papilles gustatives qui entourent le bourgeon du goût. Les papilles donnent à la langue son aspect rugueux.

- La salive dissout les substances chimiques présentes dans les aliments. Cette action permet de dégager les saveurs.

Le salé.

le sucré.

L'amer.

L'acide.

- Les bourgeons reconnaissent les 4 saveurs de base : le sucré, le salé, l'acide et l'amer. Chacune des saveurs est captée sur une zone particulière de la langue.

Les aliments sucrés sont détectés sur le bout de la langue.

- Les voies nerveuses sensitives des bourgeons transmettent l'information au cerveau qui interprète la nature de la saveur.

L'OUÏE

- L'oreille, organe de l'audition, capte les ondes* sonores et les transforme en messages nerveux qui sont transmis jusqu'au cerveau.

- L'air est un milieu dont la pression varie. Les ondes sonores sont le résultat de ces oscillations. Elles ont une fréquence déterminée en unités appelées « hertz ».

- Notre ouïe perçoit les fréquences situées entre 16 000 et 20 000 hertz. Cette capacité diminue avec l'âge et le vieillissement de la cochlée (partie de l'oreille interne enroulée en spirale).

- Le conduit auditif externe reçoit les ondes sonores qui font vibrer le tympan. Ces vibrations sont transmises aux osselets : le marteau, l'enclume et l'étrier qui se trouvent dans l'oreille moyenne.

> ## L'ouïe ne se régénère que durant les phases de repos. Il est donc important de la protéger.

- Les vibrations sont diffusées dans le liquide de la cochlée et transformées en signal électrique véhiculé vers le cerveau par le nerf auditif.

- La trompe d'Eustache, du nom du médecin italien Bartolomeo Eustachio, est un fin conduit de l'oreille interne qui relie la caisse du tympan à la fosse nasale.

- L'oreille interne, appelée aussi labyrinthe, comprend à l'avant la cochlée, qui a la forme d'un colimaçon. Elle contient l'organe de Corti (ou cochlée) dont les cellules sont les vrais récepteurs du son.

- La partie arrière du labyrinthe ou appareil vestibulaire contient les organes qui servent à l'équilibre.

- Dans le vestibule, 3 canaux semi-circulaires sont disposés dans les 3 directions de l'espace pour sentir les mouvements du corps.

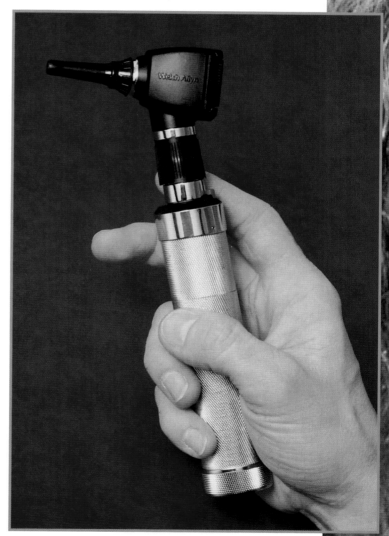

Otoscope destiné à l'examen intérieur de l'oreille.

- L'équilibre est également préservé grâce à d'autres récepteurs comme les muscles, la peau, les articulations.

LE TOUCHER

■ La peau participe au sens du toucher par l'intermédiaire des récepteurs nerveux répartis dans le corps.

■ La peau est une enveloppe élastique composée d'une partie externe appelée épiderme et d'une partie interne, le derme.

■ Les terminaisons nerveuses sont situées à la surface, sous l'épiderme.

■ Les récepteurs nerveux se retrouvent au niveau de la peau, des muqueuses et des organes internes.

■ Les récepteurs tactiles perçoivent le contact, la pression, la douleur, les tensions.

■ Les récepteurs sensoriels situés près des follicules* pileux sont sensibles au contact surtout dans les zones comme le bout des doigts.

Chez le fœtus, le toucher apparaît au bout de quelques semaines par la pression du liquide amiotique sur sa peau.

■ Les cellules nerveuses, appelées corpuscules de Pacini, enregistrent la pression exercée sur la peau. Si celle-ci est trop intense et risque d'endommager les tissus, un signal est envoyé au système nerveux.

■ Les récepteurs de la douleur sont associés à d'autres récepteurs pour récolter les sensations complexes liées à la douleur. Celle-ci se manifeste de façon variée en fonction des individus, mais elle joue dans tous les cas un rôle protecteur fondamental.

■ Les propriocepteurs (récepteurs de la sensibilité profonde) perçoivent les stimulations mécaniques et réagissent de manière ininterrompue aux impulsions.

■ Les récepteurs, qui sont stimulés, envoient des signaux nerveux au cerveau. Le cerveau identifie et localise le stimulus (réflexe lié à certaines conditions).

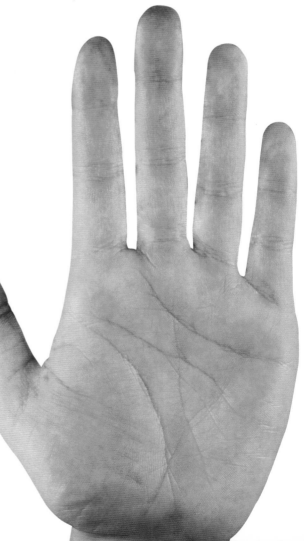

LA VUE

- L'œil, organe de la vision, capte les formes, les couleurs, la distance et la luminosité. Il transforme les vibrations de la lumière en impulsions nerveuses qui sont transmises et analysées par le cerveau.

Les sourcils servent à dévier la sueur.

- La vision binoculaire (relative aux 2 yeux) permet au cerveau de fusionner les 2 images issues des yeux et nous donne une vue des objets en 3 dimensions.

- L'œil ressemble à un appareil photographique avec ses récepteurs photosensibles qui agissent comme une pellicule.

- La lumière pénètre dans l'œil, traverse la cornée* et le cristallin* qui font converger les rayons et forment une image inversée sur la rétine*.

- Les cellules rétiniennes transforment les signaux lumineux en une activité électrique transmise aux neurones puis au nerf optique vers le cerveau.

- La rétine est composée de cônes et de bâtonnets. Les cônes assurent la vision en couleur et la précision des formes. Les bâtonnets sont actifs dans les différences de luminosité et autorisent la vision nocturne.

- Les yeux bougent dans l'orbite de haut en bas et de gauche à droite. Six muscles agissent, chacun autorisant un mouvement différent. La coordination est garantie par le cerveau.

- L'iris, comparable au diaphragme de l'appareil photo, contrôle, via la pupille, la quantité de lumière à laisser passer. Il donne à l'œil sa couleur qui varie selon les caractères héréditaires.

- Les yeux sont protégés par les paupières qui se ferment et s'ouvrent plusieurs fois par minute. Des glandes situées dans le coin interne de l'œil sécrètent un lubrifiant pour les paupières et les cils.

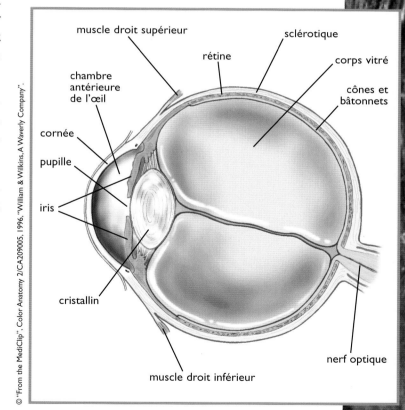

muscle droit supérieur — rétine — sclérotique — corps vitré — cônes et bâtonnets — chambre antérieure de l'œil — cornée — pupille — iris — cristallin — muscle droit inférieur — nerf optique

© "From the MediClip", Color Anatomy 2/CA209005, 1996, "William & Wilkins, A Waverly Company".

- Les larmes entretiennent en permanence l'humidité de l'œil quand les paupières sont fermées. Elles permettent d'éliminer poussières ou corps étrangers et protègent des bactéries.

L'APPAREIL RESPIRATOIRE

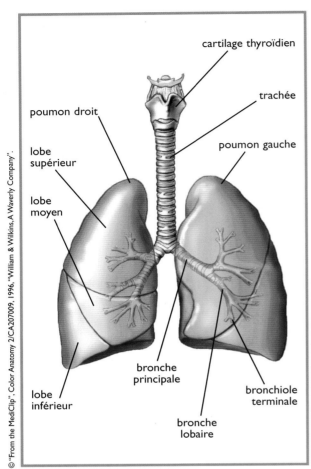

cartilage thyroïdien

trachée

poumon droit

poumon gauche

lobe supérieur

lobe moyen

lobe inférieur

bronche principale

bronche lobaire

bronchiole terminale

© "From the MediClip", Color Anatomy 2/CA207009, 1996, "William & Wilkins, A Waverly Company".

- La respiration approvisionne les cellules en oxygène. À l'inspiration, l'oxygène de l'air pénètre dans les poumons, qui se dilatent, et passe dans le sang. À l'expiration, la cage thoracique descend, le gaz carbonique est rejeté dans l'air.

- Les organes nécessaires à la respiration sont : le pharynx, le larynx, la trachée, les bronches et les poumons.

- L'air est aspiré par le nez ou par la bouche et descend dans le pharynx. Il passe dans le larynx et dans la trachée, puis dans 2 bronches principales qui se ramifient en bronchioles à l'intérieur du poumon.

- Les bronchioles fournissent de l'air aux alvéoles qui sont plus de 600 millions dans les poumons. Ce sont de petits sacs remplis d'air et de vaisseaux sanguins. Les échanges gazeux se font au travers de leur paroi.

- Les muscles intercostaux et le diaphragme permettent l'inspiration et l'expiration, la mobilité des côtes et l'augmentation ou la diminution de volume du thorax.

- Les poumons sont des organes spongieux recouverts, protégés par une membrane : la plèvre. Ils autorisent les échanges entre le sang et l'air par les alvéoles* qu'ils contiennent.

- La pneumonie est une maladie infectieuse qui affecte une partie du poumon. Elle est plus ou moins grave suivant son origine : bactérie, virus* ou parasite.

- De nos jours, les différents types de pneumonie sont traités efficacement par la pénicilline ou d'autres antibiotiques.

- Le larynx permet les échanges d'air entre les poumons et l'extérieur. Il évite le passage des aliments dans la trachée.

- À la base du larynx, les cordes vocales vibrent sous l'effet de l'air venu des poumons. Le degré de rapprochement ou de tension des cordes influe sur la hauteur du son.

La respiration s'interrompt lorsqu'on avale des aliments ou des liquides.

L'APPAREIL DIGESTIF

■ Les aliments, indispensables au développement du corps humain, sont assimilés par le tube digestif grâce à une série de réactions mécaniques et chimiques qui vont les transformer.

■ Le premier stade de la digestion est assuré par les dents qui broient, réduisent les aliments en particules faciles à avaler.

■ La langue pousse les aliments vers le fond de la bouche. Le bol alimentaire descend dans le pharynx puis dans l'œsophage.

■ Le péristaltisme ou contraction de l'œsophage fait avancer la nourriture vers l'estomac.

■ Les enzymes*, stimulées par la salive et présentes dans l'estomac, vont, avec le suc gastrique, accélérer la transformation des molécules complexes.

■ Le suc gastrique transforme les protéines* et les acides aminés*. Il détruit aussi la plupart des bactéries.

■ Le duodénum, partie extrême de l'intestin grêle, reçoit le « chyme » ou aliments prédigérés en provenance de l'estomac qui sont soumis à 3 sucs gastriques : la bile, le suc pancréatique et le suc intestinal.

■ La bile est produite par le foie et stockée dans la vésicule biliaire. Elle permet de digérer les graisses. Le pancréas secrète l'insuline* qui intervient dans la transformation du sucre et des enzymes digestifs délivrés dans l'intestin.

■ La dernière étape de la digestion se déroule dans l'intestin grêle long d'environ 7 mètres. Sa surface présente des replis en lamelles constitués eux-mêmes de plus petits replis qui augmentent sa surface de contact avec le bol alimentaire. Ce qui permet le phénomène d'absorption, c'est-à-dire le passage des éléments nutritifs (protéines, glucides et lipides) dans le sang.

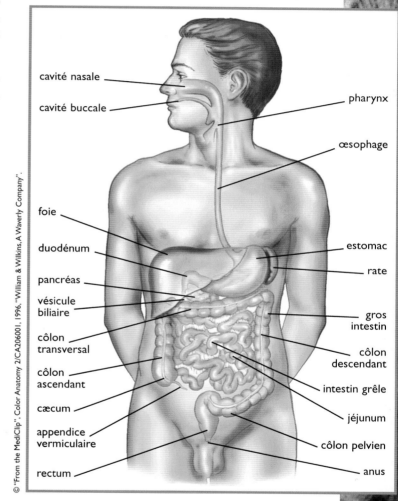

cavité nasale

cavité buccale

pharynx

œsophage

foie

estomac

duodénum

rate

pancréas

vésicule biliaire

gros intestin

côlon transversal

côlon descendant

côlon ascendant

intestin grêle

cæcum

jéjunum

appendice vermiculaire

côlon pelvien

rectum

anus

■ Le gros intestin stocke toute matière alimentaire non absorbée. Le côlon contient les bactéries qui dégradent la cellulose jusque là préservée de la digestion. C'est également au niveau du colon que l'eau et les sels minéraux sont absorbés et passent dans le sang. Les selles restent dans le rectum qui termine le côlon et seront expulsées par l'anus.

L'APPAREIL CIRCULATOIRE

■ L'appareil circulatoire comprend les vaisseaux (veines, artères, capillaires) et le cœur qui agit comme une pompe et fait circuler le sang dans tout le corps.

COUPE TRANSVERSALE DU CŒUR

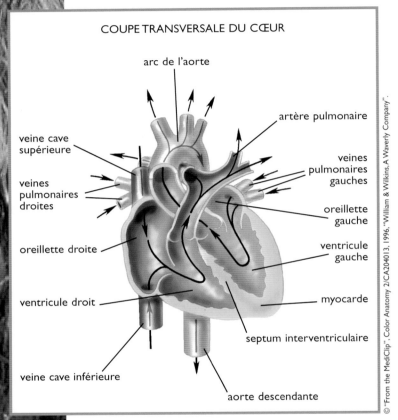

arc de l'aorte

artère pulmonaire

veine cave supérieure

veines pulmonaires gauches

veines pulmonaires droites

oreillette gauche

ventricule gauche

oreillette droite

myocarde

ventricule droit

septum interventriculaire

veine cave inférieure

aorte descendante

© "From the MediClip", Color Anatomy 2/CA204013, 1996, "William & Wilkins, A Waverly Company".

■ Le cœur, situé entre les 2 poumons, est un organe qui se contracte environ 70 fois par minute. Il est divisé en 2, chaque partie possédant une oreillette et un ventricule.

■ La partie droite pompe le sang pauvre en oxygène et l'envoie vers les poumons où il est oxygéné. La partie gauche reçoit le sang oxygéné et le renvoie dans le corps par les artères.

■ Le sang circule de l'oreillette vers le ventricule. Des valvules empêchent la circulation inverse.

■ L'activité du muscle cardiaque, le myocarde, se déroule en 2 étapes : la diastole et la systole. C'est pourquoi la tension artérielle est exprimée par 2 chiffres.

■ Lors de la diastole, les oreillettes et les ventricules sont relâchés, le sang est entraîné à l'intérieur du cœur. La systole est la phase de contraction qui expulse le sang des oreillettes vers les ventricules, puis des ventricules vers les artères. La pression est alors à son maximum.

■ Les artères transportent le sang riche en oxygène du cœur vers les organes. Les veines conduisent le sang pauvre en oxygène jusqu'au cœur. La pression est alors à son minimum.

■ Les capillaires sont des vaisseaux très fins dans lesquels se font les échanges entre le sang et la lymphe*. Ils forment un réseau qui s'étend entre les extrémités des artères et des veines.

■ Chaque contraction du cœur entraîne une augmentation de la pression sanguine. Ce phénomène est perceptible au niveau des parois des artères. Le pouls est pris soit sur le bord externe du poignet soit sur le côté du cou.

■ Le rythme cardiaque augmente en cas d'effort, car la demande des muscles en oxygène est plus importante.

Le poids moyen du cœur chez l'être humain est de 275 grammes.

LE SYSTÈME ENDOCRINIEN

- Le système endocrinien contrôle un certain nombre de fonctions dans l'organisme en libérant des substances hormonales par l'intermédiaire de glandes endocrines.

- Les hormones, du grec hormôn « exciter », sont transportées par le sang vers les cellules ou dans les tissus (sécrétions endocrines) et les muqueuses (sécrétions exocrines).

- Le système endocrinien est en ajustement constant. Le taux d'hormones libérées est calculé en fonction de la nécessité du corps.

- Des hormones de remplacement peuvent être administrées lorsqu'une glande ne remplit pas sa fonction correctement.

- Les glandes endocrines sont semblables chez l'homme et chez la femme, hormis les glandes génitales qui produisent des œstrogènes et de la progestérone au niveau des ovaires, et de la testostérone au niveau des testicules.

- Le rôle de l'hypophyse est primordial pour le métabolisme. Cette glande, composée de 2 lobes, libère des hormones agissant sur d'autres glandes (sexuelles, thyroïde, cortex surrénalien…) ou sur des fonctions du corps comme la croissance, les contractions musculaires, les réactions au stress.

- Les glandes surrénales, situées au-dessus des reins, sécrètent des hormones qui permettent au corps de faire face à des situations (peur, stress) qui entraînent une augmentation de la pulsation cardiaque, de la pression sanguine. L'adrénaline est une de ces hormones.

- Le pancréas produit l'insuline, une hormone qui permet aux cellules d'absorber le glucose. Lorsque le pancréas ne libère pas suffisamment d'insuline, le taux de glucose augmente. Ce dysfonctionnement s'appelle le diabète.

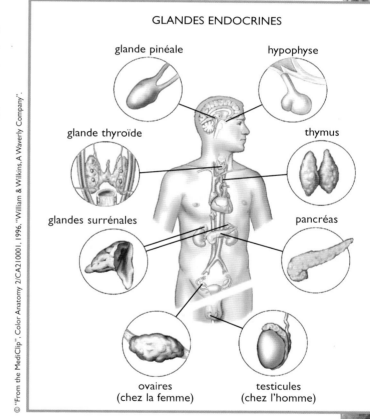

© "From the MediClip". Color Anatomy 2/CA210001, 1996, "William & Wilkins, A Waverly Company".

GLANDES ENDOCRINES

glande pinéale

hypophyse

glande thyroïde

thymus

glandes surrénales

pancréas

ovaires
(chez la femme)

testicules
(chez l'homme)

- La pilule, utilisée comme moyen contraceptif, contient des hormones qui inhibent l'ovulation contrôlée par l'hypothalamus et l'hypophyse (glandes situées dans le cerveau).

- Le corps répond à la douleur en sécrétant de l'endorphine, une hormone qui diminue la sensibilité.

LE SYSTÈME NERVEUX

■ Le système nerveux permet de sentir, de bouger, de penser, de mémoriser. Le cerveau et la moelle épinière composent le système nerveux central. Les nerfs et les ganglions forment le système nerveux périphérique.

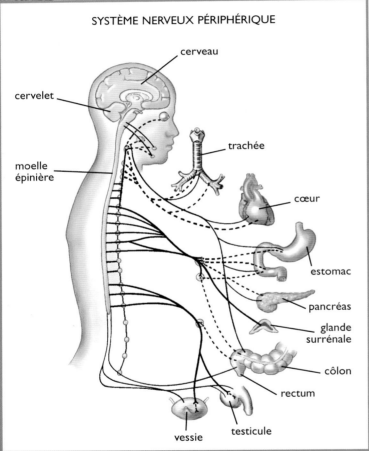

SYSTÈME NERVEUX PÉRIPHÉRIQUE

cerveau

cervelet

moelle épinière

trachée

cœur

estomac

pancréas

glande surrénale

côlon

rectum

vessie

testicule

■ La cellule de base est le neurone. Il transporte l'information d'un neurone à l'autre sous forme d'un signal électrique appelé influx nerveux. Les signaux électriques sont visibles à l'encéphalographie sous l'apparence d'un tracé.

■ Il existe 3 types de neurones : sensitifs, d'association et moteurs. Le cerveau en contient 100 milliards. À partir de 21 ans, le corps perd quotidiennement des milliers de neurones.

■ L'encéphale, qui comprend le cerveau, le cervelet et le tronc cérébral, est au centre du système de transmission des informations. Il est protégé par la boîte crânienne.

■ Le cerveau est composé du cortex qui décode les informations complexes et est aussi le siège de la conscience.

■ Le cerveau est divisé en 2 zones ou hémisphères. Le corps calleux les unit dans leur partie inférieure.

■ L'hémisphère gauche concerne le langage, le raisonnement ; 95 % des droitiers et 70 % des gauchers l'utilisent en tant que fonction dominante. L'hémisphère droit contrôle les capacités artistiques, l'imagination, la connaissance et l'apprentissage complexe.

■ Le cervelet, parcouru de nombreux sillons, contrôle l'équilibre et est responsable de la coordination des mouvements.

■ Le tronc cérébral relie le cerveau à la moelle épinière (voir « Le squelette »). Il gère les fonctions de respiration et du rythme cardiaque. La substance qu'il contient règle l'alternance veille-sommeil.

■ Le système nerveux périphérique se compose des nerfs formés de neurones. Les nerfs sensitifs informent le système nerveux central. Les nerfs moteurs répondent par des ordres. Les nerfs végétatifs contrôlent les fonctions autonomes.

LE SYSTÈME IMMUNITAIRE

- Le système immunitaire est l'ensemble des cellules, des tissus et des organes qui permettent à notre organisme de se défendre contre les infections.

- Les cellules sont réparties en différents groupes : une partie est disséminée et mêlée aux autres cellules dans différents organes et une autre partie forme des amas ou de véritables organes (organes lymphoïdes).

- Il existe 3 catégories de cellules immunitaires ou leucocytes (globules blancs) : les granulocytes, les monocytes et les lymphocytes. Seule une minorité de cellules circule dans le sang qui lui sert uniquement à se déplacer dans l'organisme pour pénétrer dans un organe et rencontrer les antigènes anormaux.

- Les organes lymphoïdes sont subdivisés en organes centraux : le thymus et la moelle osseuse, et en organes périphériques : la rate, les ganglions lymphatiques, les amygdales et les plaques de Peyer au niveau des intestins.

- Les amygdales, situées dans la cavité buccale, détruisent la majorité des bactéries ou virus qui entrent dans notre organisme par l'air ou les aliments. Les ganglions lymphatiques filtrent la lymphe* véhiculée dans tout le corps par les vaisseaux lymphatiques.

- La moelle osseuse et la rate sont les centres de maturation des lymphocytes B qui produisent des anticorps. Le thymus, situé dans le bas du cou s'atrophie avec l'âge. Il produit les lymphocytes T qui attaquent directement les cellules infectées.

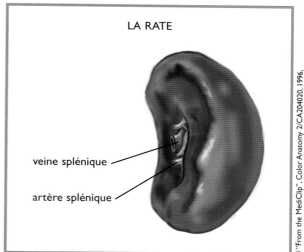

LA RATE

veine splénique

artère splénique

© "From the MediClip", Color Anatomy 2/CA204020, 1996, "William & Wilkins, A Waverly Company".

- Il existe 2 types d'immunité. Lorsqu'un antigène* provenant de l'extérieur et porté par une bactérie traverse notre peau, il fait intervenir l'immunité naturelle qui s'exerce par l'intermédiaire des granulocytes et des monocytes de la même façon quel que soit l'antigène.

- Si cette première action n'est pas suffisante, les monocytes interagissent avec les lymphocytes. Soit les lymphocytes interviennent au point d'invasion soit les monocytes peuvent emmener l'antigène vers le ganglion lymphatique le plus proche. Des anticorps et des lymphocytes T sont alors produits.

- Habituellement le système immunitaire prend le dessus et la maladie est contrôlée.

- Le système immunitaire peut être atteint soit par insuffisance (déficit), soit par excès (hypersensibilité), soit de façon qualitative (maladie auto-immune). Dans ce dernier cas le système considère ses propres cellules comme étrangères et tente de les éliminer.

L'APPAREIL REPRODUCTEUR

■ La reproduction est liée à la survie de l'espèce. L'appareil génital différent chez l'homme et chez la femme assure cette fonction.

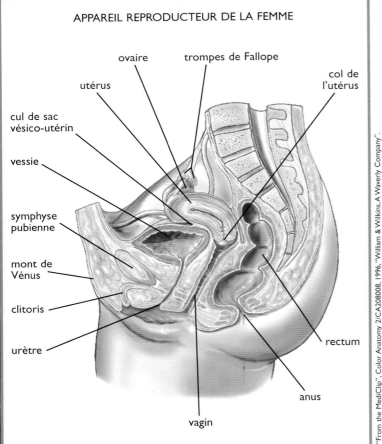

APPAREIL REPRODUCTEUR DE LA FEMME

- ovaire
- trompes de Fallope
- utérus
- col de l'utérus
- cul de sac vésico-utérin
- vessie
- symphyse pubienne
- mont de Vénus
- clitoris
- urètre
- vagin
- anus
- rectum

© "From the MediClip". Color Anatomy 2/CA208008, 1996. "William & Wilkins, A Waverly Company".

■ Les organes génitaux masculins sont externes et vont permettre la conception. L'appareil génital féminin est essentiellement interne et permet le développement du fœtus et l'accouchement.

■ Chez l'homme, les testicules produisent les spermatozoïdes, cellules mâles de la reproduction et élaborent la testostérone (hormone mâle). Ils se situent dans les bourses ou scrotum.

■ Les spermatozoïdes sont nourris et transportés par le liquide laiteux produit par la prostate. Cette glande se trouve sous la vessie.

■ Les vésicules séminales sécrètent un liquide lubrifiant pour le sperme. Celui-ci est expulsé par l'urètre situé à l'intérieur du pénis.

■ Le pénis ou verge est érectile ; il est composé de muscles et de 3 organes qui permettent, lorsqu'ils se remplissent de sang, de durcir et d'allonger le pénis en cas d'excitation sexuelle.

■ Chez la femme, les ovaires produisent les hormones (œstrogène, progestérone) et chaque mois à partir de la puberté, un ovule qui est conduit vers l'utérus par les trompes de Fallope.

■ Lorsque l'ovule n'est pas fécondé, il régresse et disparaît avec la muqueuse de l'utérus sous forme de règles.

■ L'utérus, qui a une forme de cône, communique avec le vagin par le col. Une muqueuse renouvelée avec les cycles tapisse sa surface interne.

■ Le vagin relie l'utérus à l'extérieur. Il s'ouvre sur la vulve à l'avant de laquelle se trouve le clitoris entouré des petites lèvres elles-mêmes bordées par les grandes lèvres.

La sécrétion des hormones sexuelles commence dès l'âge de 11 ans en moyenne chez les filles et 12 ans chez les garçons.

LA FÉCONDATION

- La fécondation a lieu lorsqu'une cellule mâle (spermatozoïde) s'unit à une cellule femelle (ovule). Ce processus n'est possible que lorsque l'acte sexuel a lieu au moment adéquat du cycle de la femme, c'est-à-dire au moment de l'ovulation.

- Le cycle dure environ 28 jours. Le premier jour du cycle correspond au premier jour des règles. L'ovulation commence vers le 14e jour.

L'ovule est fécondable par les spermatozoïdes pendant une durée allant de 12 à 24 heures.

- L'érection masculine permet l'introduction du pénis dans le vagin de la femme ; le sperme éjaculé s'y dépose au fond.

- Le sperme contient environ 350 millions de spermatozoïdes dont 1 % seulement arrive dans les trompes de Fallope (voir « L'appareil reproducteur »).

- Les spermatozoïdes avancent lentement, 1 cm par demi-heure. Ils peuvent survivre 3 à 4 jours dans les trompes.

- L'ovule est entouré de cellules qui le nourrissent. Pour pouvoir le pénétrer, les spermatozoïdes doivent le débarrasser de cette couche.

- À ce stade, il reste une dizaine de spermatozoïdes à tenter de franchir la membrane résistante. La pénétration d'un seul d'entre eux rend l'accès impossible aux autres.

- Les 2 noyaux (ovule et spermatozoïde) s'unissent pour former une cellule unique de 46 chromosomes.

- Un travail de division des cellules commence, qui va délimiter le futur embryon et les membranes extérieures comme le placenta.

Ovaire.

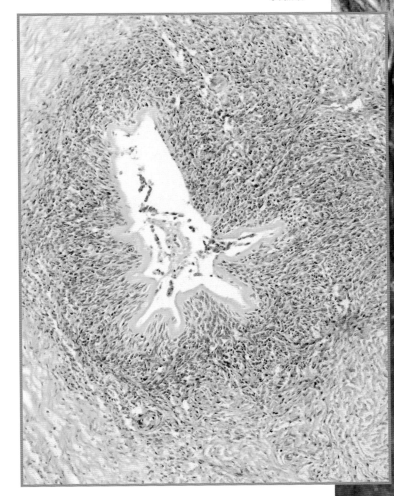

- Le nouveau noyau appelé blastocyste va pénétrer dans l'utérus, c'est la nidation.

LA GROSSESSE

- La grossesse débute au moment de la fécondation et va se poursuivre durant 280 jours si l'on prend en compte la date des dernières règles.

- Le placenta permet tous les échanges entre la mère et l'enfant. Le fœtus est relié à ce tissu par le cordon ombilical qui lui apporte l'oxygène et les nutriments nécessaires.

- Pour la mère, un gonflement des seins, des nausées et la fatigue sont les premiers symptômes de l'installation de la grossesse.

- Au 3e mois, l'embryon devient fœtus. Ses organes génitaux sont formés, ses yeux et ses oreilles aussi. Il flotte dans le liquide amniotique à 37,5 °C. Il bouge ses bras, ses jambes, ouvre la bouche et peut sucer.

- Vers 20 semaines, l'échographie permet de déterminer le sexe et de dépister d'éventuelles malformations. Si elles sont graves, un avortement thérapeutique ou une intervention chirurgicale peuvent être envisagés.

- À 4 mois, les mouvements du fœtus deviennent perceptibles pour la mère. Ses muscles et ses os se développent. Les ongles sont sortis au bout de ses petits doigts.

- Le fœtus entend les battements du cœur, la circulation sanguine de sa mère et les bruits extérieurs lui arrivent de façon filtrée.

Les cheveux du fœtus apparaissent au 4e mois.

- Pendant les 2 derniers mois et demi de la vie intra-utérine, le fœtus prend 50 % du poids qu'il aura à la naissance. L'alimentation est capitale pour la mère.

- Au 8e mois, le fœtus se prépare à naître et se place la tête en bas. À 40 semaines, les contractions ou la perte des eaux (liquide amniotique) sont les signes que l'accouchement va avoir lieu.

- Durant le premier mois, l'œuf va se transformer en embryon et apparaître comme un être vertébré. Son cœur bat et les poumons s'ébauchent.

L'ACCOUCHEMENT

■ L'accouchement fait suite à toute une série de changements hormonaux qui vont provoquer le travail et la sécrétion de lait.

■ Les parois de l'utérus vont se contracter avec une fréquence et une intensité accrue. Ce qui entraîne le déplacement et l'engagement du fœtus dans le col de l'utérus.

■ La 1re phase s'appelle la dilatation. Le col se ramollit, s'efface et s'ouvre jusqu'à 10 cm suite aux contractions qui durent entre 2 et 20 heures.

Le placenta se développe une semaine après la conception.

■ La rupture de la poche des eaux (liquide amniotique) se fait spontanément en début de travail ou est induite artificiellement par la sage-femme.

■ La 2e phase de l'accouchement est l'expulsion du bébé hors du col et du vagin. Il se présente, dans 95 % des cas, la tête la première.

■ L'entrée de l'air dans sa bouche, suite à la décompression de sa cage thoracique, le fait crier. La circulation cœur-poumons s'établit.

■ La 3e phase concerne l'expulsion du placenta qui fait suite à une série de contractions moins intenses. C'est « la délivrance ».

■ Après avoir été déposé sur le ventre de sa mère, le nouveau-né est examiné, pesé, mesuré et reçoit les premiers soins.

■ Les os du crâne ne sont pas soudés. Les espaces situés sur le haut du front et à l'arrière du crâne s'appellent les fontanelles. À 18 mois, elles seront toutes les 2 fermées.

■ Certaines anomalies nécessitent un accouchement par césarienne. L'abdomen est incisé sous anesthésie péridurale ou générale et le fœtus est directement retiré de la cavité utérine.

LA PUBERTÉ

- La puberté engendre des changements dans le corps de la fille et du garçon sous l'effet des hormones sexuelles.

- L'hypothalamus et l'hypophyse, situés dans le cerveau, sont responsables du fonctionnement hormonal. La testostérone (hormone mâle) est élaborée dans les testicules alors que les œstrogènes et la progestérone (hormones femelles) le sont dans les ovaires.

- La puberté commence chez la fille entre 9 et 14 ans. Les seins se développent, la pilosité pubienne apparaît avant celle des aisselles.

- Les premières règles se produisent vers 13 ans. Tous les 28 jours et durant environ 5 jours, le sang s'écoule hors du vagin. C'est la couche superficielle interne de l'utérus qui se détache.

La puberté tardive survient après l'âge de 17 ans.

- La durée, la quantité de flux menstruel, les douleurs (tête-abdomen) varient d'une femme à l'autre et peuvent aussi évoluer au cours de sa vie.

- Chez le garçon, la puberté commence vers 11-12 ans. La taille des testicules, du pénis et de la prostate augmente. La pilosité se développe près du pénis, aux aisselles et au visage ensuite.

- Le garçon grandit, s'élargit et la musculature se développe. La voix mue, devient plus grave, le larynx s'élargit.

- Les premières éjaculations ont lieu vers 13-14 ans. Après masturbation ou pendant le sommeil, un liquide laiteux (le sperme) est éjaculé par le pénis.

- La puberté, qui s'achève pour les 2 sexes vers 18 ans, est une période où le jeune est en recherche et souvent en opposition avec le modèle parental.

- Les amis, le groupe vont lui servir de nouveau modèle et c'est en leur présence qu'il partagera son vécu sentimental, sur eux qu'il calquera son comportement, son langage, sa façon de s'habiller, etc.

LA SEXUALITÉ

- La mise en place hormonale durant la puberté s'accompagne de transformations physiques mais aussi d'une attirance faite d'émotions, de désir.

- La sexualité n'a pas uniquement un rôle reproducteur. C'est également une manière de communiquer son amour, son désir et de partager son intimité et le plaisir que procure le contact des corps.

- La sexualité est un ensemble de relations qui ne se limite pas seulement à l'acte sexuel. La masturbation, les caresses et baisers sont des expériences faisant partie de la sexualité.

- Apprendre à connaître son corps, notamment par le biais de la masturbation, permet d'explorer le plaisir et de se préparer à des relations sexuelles épanouies.

- La masturbation est, contrairement à ce que certaines cultures en ont dit pendant longtemps, une activité sexuelle normale, ne comportant aucun risque sur le plan médical.

- Les relations sexuelles doivent se dérouler entre 2 personnes consentantes, qui se respectent et se font confiance.

- Au cours des premières relations sexuelles, l'hymen de la femme se rompt. On dit qu'elle perd sa virginité. Autrefois, la femme devait être vierge jusqu'au mariage.

- Une relation sexuelle peut toujours engendrer, y compris la première fois, une grossesse si aucun moyen contraceptif n'a été utilisé.

- L'acte sexuel suppose une excitation qui se traduit chez l'homme par l'érection du pénis et chez la femme par la dilatation et la lubrification du vagin.

- L'orgasme est une jouissance forte déclenchée par l'éjaculation chez l'homme et par la stimulation du clitoris ou des mouvements de la verge dans le vagin chez la femme.

L'activité cardiaque augmente au cours du rapport sexuel.

LES MALADIES

- Les maladies infectieuses sont provoquées par un germe que le système immunitaire n'a pas pu arrêter.

- Le germe peut être un virus, une bactérie, un parasite ou un champignon qui s'est introduit dans le corps par voie sanguine, digestive, sexuelle, respiratoire ou cutanée.

- Les virus sont des micro-organismes qui ne se reproduisent qu'à l'intérieur d'une cellule, chaque virus attaquant un type de cellule. Ils sont à l'origine de maladies comme la grippe, la rougeole, la rage, l'herpès, l'hépatite, le sida, etc.

Le Français Louis Pasteur réalise la première vaccination contre la rage en 1885.

- La vaccination utilisée en prévention de ces maladies consiste en l'injection du virus sous une forme qui ne peut plus déclencher la maladie mais peut stimuler les défenses immunitaires de l'individu.

- Les bactéries peuvent se développer à l'extérieur de la cellule (eau, air…) et à l'intérieur de l'organisme, dans le tube digestif par exemple.

- Les parasites peuvent être transmis à l'homme par un insecte. Dans le cas du paludisme ou de la fièvre jaune, c'est la piqûre d'un moustique qui va introduire le parasite dans le sang.

- On soigne les maladies infectieuses notamment à l'aide d'antibiotiques. Le premier antibiotique, la pénicilline, est découvert en 1928 par Fleming. Elle est administrée à des hommes dès 1940.

- Les maladies non infectieuses ne sont pas transmissibles. Ce ne sont ni les bactéries, virus ou parasites qui sont en cause, mais des carences alimentaires, un environnement pollué, des famines…

- Les maladies génétiques sont dues à un gène dégradé ou absent. Parfois ce sont les chromosomes qui sont en surnombre (trisomie 21) ou en défaut.

- Les grandes épidémies comme la peste noire au XIVe siècle engendrèrent la disparition d'un tiers de la population européenne en 3 ans. Les mauvaises conditions de vie et d'hygiène ont facilité la transmission de la maladie.

Tétracyline, antibiotique.

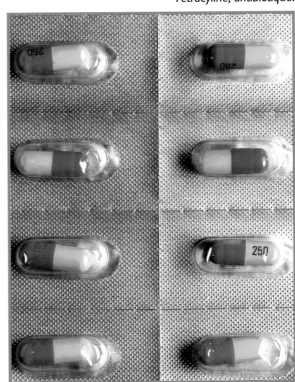

LE CANCER ET LE SIDA

■ Le cancer est une tumeur maligne qui envahit et détruit les tissus sans que ce processus soit contrôlable. Une tumeur est dite bénigne lorsqu'elle reste localisée à une cellule.

Dans le monde, le nombre de personnes infectées du virus du sida dépasse les 40 millions.

■ Les cellules cancéreuses peuvent migrer vers un autre organe. Les métastases sont des cellules malignes qui peuvent pénétrer dans les ganglions lymphatiques ou dans le sang par les vaisseaux.

■ L'apparition d'un cancer peut être favorisée par un facteur héréditaire, une exposition à des rayonnements (U.V., radioactivité), le tabagisme, une alimentation trop riche en graisse, l'alcoolisme, certains virus.

■ Le dépistage joue un rôle important puisqu'un cancer détecté précocement a plus de chance d'être guéri.

■ Les traitements peuvent incorporer la chirurgie, la chimiothérapie (traitements médicamenteux), la radiothérapie (radiations ionisantes) et parmi les nouvelles thérapies : la destruction par laser des tumeurs superficielles, la thérapie génique (relative aux gènes).

■ Le sida (syndrome d'immunodéficience acquise) est une maladie infectieuse provoquée par le virus HIV. Il s'attaque au système immunitaire qui est anéanti suite à la perte des globules blancs.

■ Il se transmet par le sang et le sperme et entraîne l'apparition d'infections graves, de cancers.

■ La prévention suppose l'usage de préservatifs pendant les rapports sexuels, l'utilisation de seringues propres chez les toxicomanes et le contrôle du sang transfusé.

■ Un individu porteur du virus est qualifié de séropositif. S'il peut ne pas développer la maladie, il peut en revanche la transmettre. Une mère porteuse du virus peut contaminer son enfant pendant la grossesse ou l'allaitement.

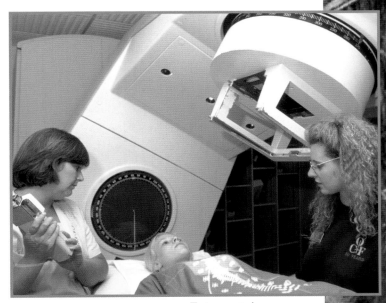

Traitement du cancer.

■ Le médicament le plus utilisé dans le traitement du sida est l'AZT qui empêche le virus de se multiplier. Le coût des traitements les rend inaccessibles aux pays en voie de développement alors que ceux-ci sont particulièrement touchés par la maladie.

119

LA GÉNÉTIQUE

■ Les parents transmettent à leurs enfants des caractéristiques physiques et biochimiques. La génétique étudie la façon dont les gènes se transmettent et s'expriment au travers des générations.

■ C'est au cœur de la cellule que se trouve l'ADN, responsable de la conservation et de la transmission des informations indispensables au développement d'un organisme.

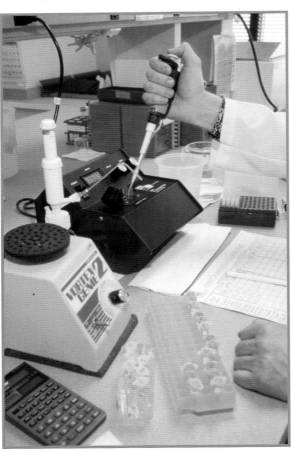
Préparation d'échantillons d'ADN humain pour analyse.

■ L'ADN ressemble à une échelle spiralée. Chaque chaîne de cette molécule est constituée de **3** éléments : un phosphate, un sucre (désoxyribose) et une base azotée.

■ Lorsqu'une cellule se divise, l'ADN se sépare en 2 brins. Chaque base (barreau de l'échelle) va s'associer avec une base libre qui se trouve en face d'elle pour former 2 nouvelles hélices d'ADN.

■ Les chromosomes sont des bâtonnets d'ADN présents dans le noyau de chaque cellule du corps qui contient 23 paires de chromosomes. Lors de la reproduction et de la division d'une cellule, les chromosomes transportent l'ADN.

■ Les chromosomes sexuels sont définis par la paire XX. Si le spermatozoïde qui féconde l'ovule est porteur d'un chromosome X, l'enfant sera une fille. S'il est porteur d'un chromosome Y, ce sera un garçon.

■ Les gènes se trouvent sur les chromosomes. Petite unité d'ADN, le gène détermine les caractéristiques héréditaires comme, entre autres, la couleur des yeux et leur forme.

■ Chaque parent lègue un gène. Si un gène dominant est associé à un gène récessif, c'est le gène dominant qui sera représenté. Si 2 gènes récessifs sont couplés, ils deviennent effectifs.

■ Le code génétique, qui comporte les instructions contenues dans l'ADN, peut être lu (caryotype) et on peut ainsi repérer les erreurs qui sont à la base des anomalies génétiques.

■ Le clonage consiste à créer une copie d'un organisme vivant à partir de l'ADN. Le noyau d'une cellule est prélevé et transféré dans une autre cellule (sans noyau) qui va se développer à partir du nouveau noyau reçu.

L'HISTOIRE DE LA MÉDECINE

- Dans les civilisations préhelléniques le prêtre et le médecin sont souvent une même personne. La maladie est perçue comme une punition ou la résultante de l'emprise du corps par des « démons », un dieu ou un mort.

- Le représentant le plus illustre de la médecine grecque est Hippocrate (-460/-377), considéré comme le père de la médecine moderne. Il proclame 3 principes : la maladie est un accident de la nature ; la médecine est un savoir indépendant et le médecin doit être distinct du prêtre. Claude Galien (131-201) élabore une théorie des tempéraments associés aux humeurs* et établit les premières descriptions anatomiques du corps humain.

- Au Moyen Âge, la médecine de Galien est un véritable dogme. Toute contestation de ses théories est considérée comme une hérésie et punie du bûcher.

- À la Renaissance, André Vésale (1514-1564), père de l'anatomie moderne, constate que certaines descriptions anatomiques de Galien décrivent non pas l'être humain, mais le singe. Il favorise le développement de la chirurgie ainsi que le Français Ambroise Paré (1509-1590).

- Au XVIIe siècle, William Harvey (1578-1657) étudie le sens du courant sanguin dans les vaisseaux et établit que le cœur est le moteur de la circulation. L'essor du microscope donne accès à l'infiniment petit. Vers 1665, Hooke emploie le terme de cellules.

- Au XVIIIe siècle, on recherche de nouvelles théories pour expliquer le fonctionnement du corps et l'origine des maladies qui sont classées par symptômes. L'anatomie et la physiologie se développent et les premières maternités sont créées. La chirurgie obtient un statut identique à la médecine. Jenner (1749-1823) invente le vaccin contre la variole.

- Au début du XIXe siècle, on confronte l'examen clinique et les données de l'autopsie : la médecine devient scientifique. Claude Bernard (1813-1878) fonde les bases de la recherche biologique ; Louis Pasteur (1822-1895) découvre le rôle des microbes et met au point le vaccin contre la rage en 1885.

- La fin du XIXe siècle voit le développement des examens en laboratoires (cultures) et la découverte du sphygmomètre*, de l'électrocardiogramme, de la seringue et des pinces hémostatiques qui limitent les hémorragies. On isole les micro-organismes responsables des maladies infectieuses.

- En chirurgie, la douleur est abolie grâce à l'anesthésie. Des mesures d'antisepsie* et d'asepsie* préviennent les infections : le lavage des mains, le port de gants et la stérilisation des instruments.

- Au XXe siècle, les traitements font des progrès spectaculaires : Hoffmann avec l'aspirine (1899) ; Banting avec l'insuline dans le traitement du diabète (1921) ; Fleming avec le premier antibiotique (1928) grâce à sa découverte de la pénicilline. De nombreux vaccins sont mis au point : la rougeole, l'hépatite B, la grippe…

121

LA MÉDECINE CLASSIQUE

- Les maladies ont été attribuées pendant longtemps à l'intervention de démons. Le corps du malade était habité par un esprit étranger qu'il fallait chasser. Les soins consistaient en rituels, sortilèges et potions. Des prêtres ou des sorciers agissaient comme « médecins ».

- Hippocrate, médecin grec (460-377 avant J.-C.), est considéré comme le père de la médecine. Sa pratique est fondée notamment sur l'observation clinique. Son texte, le *Serment*, est encore proclamé aujourd'hui dans les facultés de médecine.

- Le médecin fait un diagnostic suite à la description des symptômes par le patient et à l'examen clinique. Lorsque la maladie est définie, il établit une prescription ou des examens complémentaires.

- Les prélèvements de sang, d'urine, de selles aident à l'établissement du diagnostic. Les échantillons sont transmis à un laboratoire où ils sont analysés.

Le chirurgien français, Ambroise Paré, fut le premier à ligaturer les membres amputés. Avant on cautérisait à l'huile bouillante.

- Les médecins spécialisés ont une connaissance approfondie dans les branches comme : la dermatologie, l'ophtalmologie, la psychiatrie, la gynécologie, etc.

- La chirurgie, pratiquée depuis le IIIe siècle avant J.-C., a pu progresser grâce aux connaissances anatomiques. Les transplantations d'organes, notamment celle du cœur, sont un exemple de la formidable avancée de la chirurgie.

- L'imagerie médicale permet la visualisation approfondie du corps. Aide au diagnostic ou à l'intervention, ces méthodes utilisent les rayonnements ou l'optique (radiologie, endoscopie, radioscopie, tomographie…).

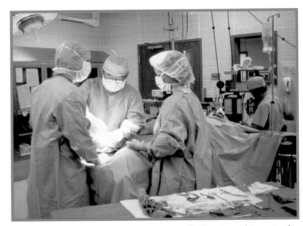

Opération chirurgicale.

- Les médecines parallèles approchent le patient dans sa globalité et non pas dans ses organes distincts comme le fait la médecine classique.

- L'homéopathie incite l'organisme à réagir en lui administrant une substance végétale, minérale ou organique fortement diluée. Ce qui provoque des symptômes semblables à ceux de la maladie à combattre.

- L'acupuncture, médecine chinoise très ancienne, utilise des aiguilles pour rééquilibrer l'énergie qui circule le long des méridiens (voir « Les médecines douces »).

LES MÉDECINES DOUCES

- Les médecines douces proposent une approche globale, profonde et unique de chaque individu. Elles cherchent le sens des symptômes qui apparaissent à un moment donné dans la vie du patient.

En Chine, en 2000 av. J.-C., il existait déjà un traité des plantes médicinales.

- La maladie est considérée comme un déséquilibre engendré par le stress, l'environnement, la manière de vivre ou de s'alimenter.

- Les médecines holistiques* tentent de rétablir un équilibre de santé en agissant sur les facteurs spirituels, environ-nementaux, sociaux, émotionnels.

- La médecine traditionnelle se penchera sur les organes de façon distincte en mettant en cause bactéries et virus.

- L'homéopathie, utilisée pour soigner depuis 1796, se base sur la notion de similitude. Par administration fortement diluée d'une substance végétale, minérale ou organique, on provoque chez le patient sain des symptômes semblables à ceux de la maladie à combattre.

- Le corps est poussé à réagir et à se rééquilibrer. Il est sollicité dans sa force de guérison spontanée et naturelle.

- L'acupuncture est une médecine ancestrale d'origine chinoise. Le corps est parcouru de lignes d'énergie, de méridiens. En agissant sur certains points correspondants à un organe ou une fonction, on peut ralentir ou activer cette énergie.

- La phytothérapie, utilisée depuis des millénaires partout dans le monde, fait appel au pouvoir de guérison des plantes. On utilise les différentes parties de la plante pour préparer des infusions, des huiles essentielles, des extraits secs en gélule, des lotions…

Plantes utilisées en médecine.

- L'ostéopathie, dont la théorie a été formulée pour la première fois en 1874, a recours à des manipulations du corps musculo-squelettique. Il y aurait un lien entre une articulation (lien entre 2 organes en ostéopathie) déficiente et l'apparition de symptômes, de maladie.

- La réflexologie se base sur l'étude des flux d'énergie vitale qui arrivent jusqu'aux pieds. La plante des pieds est massée en chaque point correspondant à un organe.

FLEMING, WATSON ET CRICK

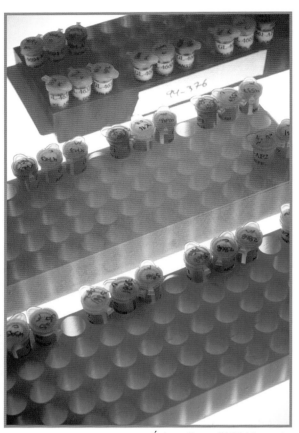

Échantillons d'ADN humain.

- Alexander Fleming (1881-1955) est un médecin britannique qui découvrit la pénicilline (du nom du champignon pénicillium), en 1928.

- Il constata par hasard l'activité de ce dérivé de champignon. Des moisissures avaient détruit des bactéries mises en culture dans une boîte.

- La preuve de l'efficacité de la pénicilline envers des bactéries pathogènes (qui peuvent provoquer une maladie) fut d'abord établie in vitro avant d'être administrée à des hommes.

- En 1940, Howard Florey (1898-1968) et Ernst Chain (1906-1979), 2 chercheurs britanniques, prolongèrent les travaux de Fleming. Ils réussirent à isoler et purifier la substance active de la moisissure.

- La production de pénicilline va permettre, dès 1945, de lutter contre des maladies infectieuses responsables d'un taux de mortalité élevé. C'est le début des traitements par « antibiotiques ».

- La pénicilline est efficace contre des germes à l'origine de maladies telles que la scarlatine, le tétanos, la syphilis, les septicémies, les méningites.

- En 1945 Howard Florey, Ernst Chain et Alexander Fleming partagent le prix Nobel de médecine.

- En 1953, James Watson (1928-), biologiste américain et Francis Crick (1916-2004), physicien britannique, découvrent la structure en double hélice de l'ADN qui porte les informations génétiques d'une génération à l'autre par les chromosomes qui la constituent.

- Ils tentent de comprendre comment les composants chimiques de cette supermolécule se combinent dans l'espace. L'analyse aux rayons X permet de voir l'enroulement des 2 chaînes l'une autour de l'autre.

- Watson et Crick ont reçu le prix Nobel de physiologie en 1962 pour leurs recherches sur l'ADN.

Alexander Fleming est anobli par George VI en juillet 1944 et devient Sir Alexander Fleming.

GREGOR JOHANN MENDEL

- Gregor Johann Mendel naît le 22 juillet 1822 en Silésie dans une famille de paysans pauvres. Après 2 années d'études préparatoires à l'université, Mendel bénéficie de l'appui d'un professeur pour entrer au monastère de Brno (en République tchèque).

- Il est ordonné prêtre en 1848 et étudie les sciences naturelles pendant son temps libre. Il enseigne les matières scientifiques dans les collèges et lycées de Brno.

C'est 16 ans après sa mort, en 1900, que les scientifiques confirment la validité des théories de Mendel.

- Mendel part à Vienne de 1851 à 1853 pour suivre les cours à l'institut de physique de Christian Doppler. Il y étudie, en plus des matières obligatoires, la botanique, la physiologie végétale et suit même un enseignement de physique expérimentale.

- Revenu à Brno, Mendel se consacre à l'enseignement et à son jardin expérimental dans lequel il va réaliser des expériences sur l'hybridation des petits pois.

- Il croise 2 variétés de pois, dont l'une présente des graines lisses et l'autre des graines ridées. Il s'aperçoit que les hybrides descendants du croisement des 2 variétés sont tous identiques et présentent des graines lisses.

- La saison suivante, il sème les graines hybrides lisses et obtient 3/4 de graines lisses et 1/4 de graines ridées. Il constate que le caractère ridé était donc resté à l'état latent et réapparaît à la seconde génération (première loi de Mendel).

- La deuxième loi de Mendel porte sur la transmission des caractères qui se fait de manière indépendante. Si on combine des variétés ayant chacune 2 caractères, par exemple pois lisses et jaunes avec pois verts et ridés, on obtiendra 4 types de graines.

- Après 10 années de travaux, Mendel a posé les bases théoriques de la génétique et de l'hérédité modernes.

- Les nouvelles théories de Mendel n'ont pas su s'imposer face à celle qui régnait à l'époque : l'hérédité par mélange. Il ne pouvait pas s'appuyer sur la connaissance du support de l'hérédité, les chromosomes.

- Élu supérieur du couvent, Mendel doit se consacrer à sa nouvelle charge et abandonne la recherche en 1870. Il se passionne pour la météorologie jusqu'à sa mort, en 1884.

ANDRÉ VÉSALE

■ André Vésale, fils de l'apothicaire de Charles Quint, naît à Bruxelles le 31 décembre 1514. En 1530, il entame des études à l'université de Louvain et poursuit ses études à l'école de médecine de Paris en 1533.

■ Il rentre à Louvain en 1537 et y passe sa thèse de doctorat. Il se rend ensuite à l'université de Padoue, qui est à l'époque l'école de médecine la plus réputée d'Europe, qui lui offre un poste de lecteur en chirurgie.

■ Passionné d'anatomie, il va pratiquer la dissection qui fut très réglementée par l'Église jusqu'au XVIe siècle.

■ Léonard de Vinci (1412-1519) était fasciné par le corps humain et avait réalisé de magnifiques dessins et études anatomiques. Ces planches ne seront rendues publiques qu'aux XIXe et XXe siècles.

■ Vésale confronte ses découvertes avec celles de Galien (vers 131-vers 201 après J.-C.), médecin grec de l'Antiquité dont les observations anatomiques étaient très estimées à son époque et à la Renaissance.

■ Un certain nombre d'observations de Galien, fondées sur des dissections d'animaux, se révèlent inexactes. L'ouvrage qu'André Vésale publie en 1543, *De humani corporis fabrica*, démontrera ces erreurs.

■ Ce traité marque le début de l'anatomie moderne. Les 7 volumes comportent 663 pages et sont richement illustrés par Calcar, élève de Titien. Ils expliquent le fonctionnement du cœur, du système nerveux, décrivent les organes, les os, les articulations…

■ Ces révélations provoquent polémiques et vives critiques de la part de ceux qui y voient un manque de respect envers les Anciens.

■ Les déchaînements des adeptes de Galien l'écœurent. En 1546, il abandonne l'étude de l'anatomie et devient le médecin personnel de Charles Quint. Lorsque celui-ci abdiquera, il sera au service de son fils, Philippe II d'Espagne. Pour le reste de sa vie, il deviendra le médecin des grands.

■ Pour échapper à des problèmes judiciaires, il quitte Madrid en 1563 et effectue un pèlerinage à Jérusalem. Lors du voyage de retour son bateau fait naufrage, il mourra d'épuisement sur les côtes de l'île grecque de Zante, le 2 octobre 1564.

André Vésale est l'un des premiers à pratiquer la dissection du corps humain.

LOUIS PASTEUR

- Louis Pasteur (1822-1895), biologiste et chimiste français, s'est intéressé plus particulièrement aux micro-organismes. Il prouva que les maladies infectieuses chez l'homme et les animaux sont dues à des micro-organismes : les bactéries.

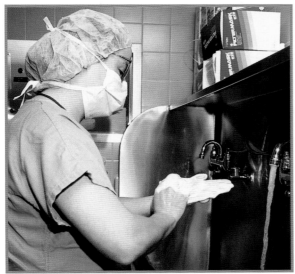

Infirmière se brossant les mains avant une opération chirurgicale.

- Il identifie 3 espèces de bactéries : le streptocoque, le staphylocoque et le pneumocoque. Il établit les grands principes de l'asepsie (méthode préventive qui empêche les infections). Le taux de mortalité, à la suite d'opérations chirurgicales ou d'accouchements, sera considérablement réduit.

- Son intérêt pour l'industrie apportera des solutions comme la pasteurisation. Cette technique permet de réduire le niveau de contamination de certains produits alimentaires (lait, crème, bière, jus de fruits, etc.) grâce à un chauffage de quelques minutes entre 55 et 60 °C en l'absence d'air.

- Il se penchera aussi sur le problème de l'acidification du vin et de la bière. Certaines cellules permettent une fermentation, d'autres la font échouer. Ce sont les levures, micro-organismes, qui sont à la base de la fermentation.

- Son intervention dans l'industrie du ver à soie permit de comprendre que la maladie qui affectait le ver à soie était due à un parasite et qu'il fallait séparer les œufs sains des œufs malades.

- Pasteur démontra que les micro-organismes naissent de germes déjà présents dans l'air. Il contredit ainsi la théorie de la génération spontanée.

- Pasteur découvre qu'en injectant dans l'organisme des bacilles responsables de la maladie, on l'immunise contre celle-ci. Il lutta ainsi contre la maladie du charbon qui tuait les moutons.

- En 1885, il sauva de la rage un jeune garçon, mordu par un chien enragé. Il lui injecta une forme atténuée du virus et la stimulation du système immunitaire permit la guérison et la preuve du principe de la vaccination.

- Les maladies comme la tuberculose, la variole, le choléra sont dues à des agents pathogènes (qui peuvent causer une maladie), des microbes dont on peut prévenir l'apparition grâce à la vaccination.

- L'Institut Pasteur fut créé en 1887. On y continue la recherche et l'enseignement sur les maladies infectieuses entamés par Louis Pasteur, dont le corps repose dans la crypte de l'Institut.

LES TECHNOLOGIES ET INVENTIONS

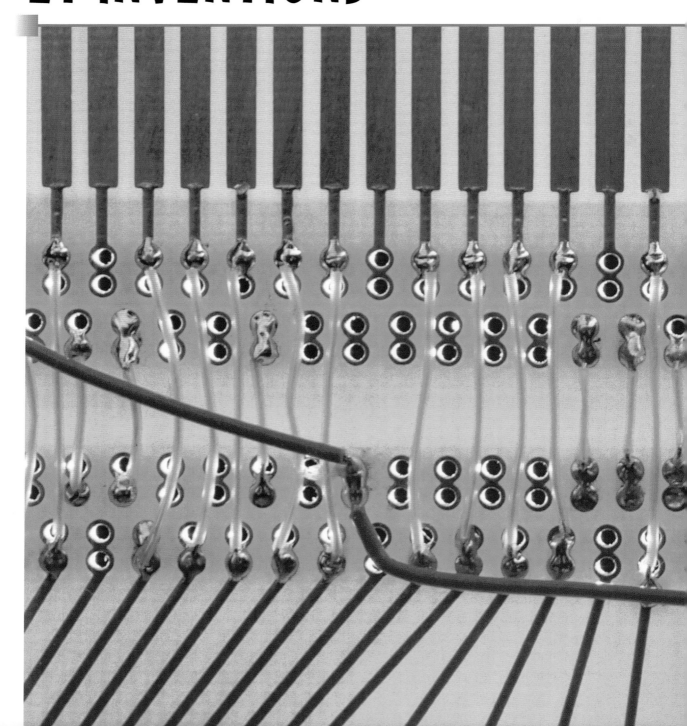

Dans les actes de notre vie quotidienne, nous utilisons de plus en plus les technologies et inventions, qu'elles soient récentes (l'ordinateur, le téléphone mobile,...) ou plus anciennes (la télévision, la radio,...). Dans ce chapitre, nous te proposons de découvrir bon nombre d'entre elles et de mieux comprendre leur origine et leur mode de fonctionnement.

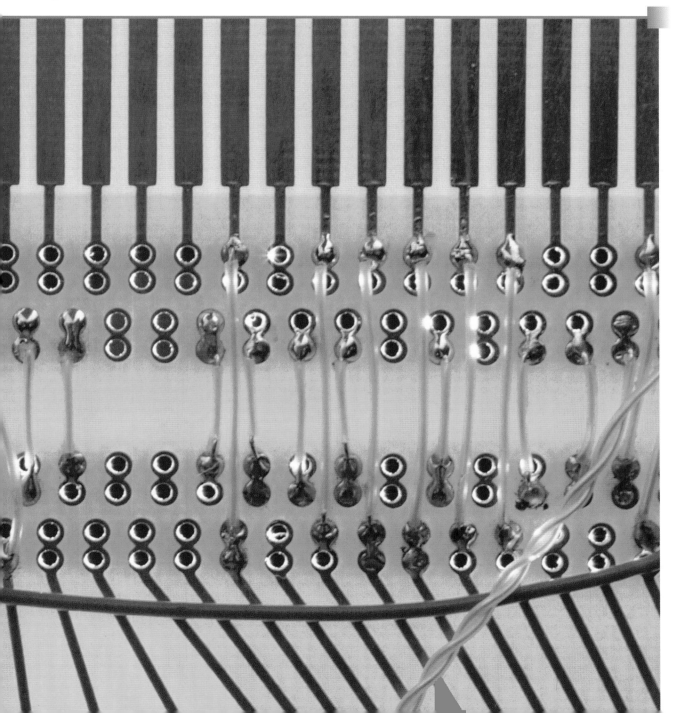

L'ORDINATEUR

■ L'ordinateur permet de traiter l'information de manière automatique, universelle et programmable.

■ Un ordinateur possède 5 éléments : l'unité centrale, les unités d'entrée, les unités de stockage, les unités de sortie et le bus.

■ L'unité centrale comprend le processeur qui traite les opérations arithmétiques et logiques. Il contrôle l'ensemble du système.

■ Les unités d'entrée servent à faire parvenir des données à l'unité centrale. Ce sont le clavier, la souris, le crayon optique, le scanneur ou la caméra numérique.

La mémoire morte de l'ordinateur ne s'efface jamais.

■ Les unités de stockage permettent de conserver les données. Elles sont permanentes lorsqu'elles se trouvent dans la mémoire morte. Ce sont tous les programmes indispensables au démarrage et aux procédures d'entrées et de sorties. La mémoire vive garde les données temporaires du travail en cours. Ce contenu est modifiable.

■ Les données peuvent être stockées sur disquette, CD-ROM, bande magnétique ou sur le disque dur. Ces supports ont des capacités de stockage différentes évaluées en octets (bases composées de 8 caractères binaires utilisées dans les langages machines).

■ Les unités de sortie permettent de visualiser les manipulations des données. Ce sont le terminal à écran vidéo, le clavier et le moniteur (écran) ainsi que l'imprimante.

■ Le bus sert à véhiculer l'information d'un composant à l'autre dans l'ordinateur. Il est supervisé par le microprocesseur.

■ Le système d'exploitation est un logiciel permanent qui permet d'exécuter les tâches commandées par l'utilisateur : imprimer, copier, déplacer des informations, ouvrir un programme, etc.

■ C'est en 1834 que le Britannique Charles Babbage imagine une machine à calculer analytique. Faute de moyens technologiques, elle ne fut jamais réalisée, mais son concepteur est néanmoins considéré comme l'inventeur de l'informatique.

Vue microscopique du processeur d'un ordinateur.

INTERNET

- En 1960, Internet, qui s'appelle alors Arpanet, est développé par l'armée américaine. Créé pour des besoins d'échange d'informations, le système relie les ordinateurs pour former un réseau.

- C'est en 1980 qu'Internet quitte l'usage strictement militaire et commence à être utilisé par la communauté scientifique et universitaire.

- Internet est un réseau d'ordinateurs reliés entre eux par des lignes téléphoniques et communiquant grâce à un ensemble de langues officielles (langage informatique).

- Il y a d'une part les ordinateurs des utilisateurs finaux et d'autre part les ordinateurs relais appelés aussi « serveurs » qui font office d'intermédiaires.

- Pour se connecter, on passe par un fournisseur qui va permettre aux données de transiter à travers le monde et de s'afficher sous forme de textes, de photos, de sons, sur chaque ordinateur relié au réseau.

- Cette connexion se fait par le biais d'un modem qui convertit les données en signal électrique alternatif envoyé ensuite via la ligne téléphonique.

- World Wide Web traduit littéralement par « toile d'araignée mondiale » permet depuis 1993 d'accéder à un ensemble de pages, fichiers multimédias, textes et autres.

- Les logiciels autorisant la visualisation de ces pages et l'interaction sur le web sont appelés « navigateurs » ou « browsers » ou « butineurs ».

- Le courrier électronique consiste à échanger du courrier avec d'autres utilisateurs par le biais d'un logiciel de messagerie.

- Le courrier transite dans le réseau jusqu'à un ordinateur serveur de messagerie qui stocke les messages jusqu'au moment où le destinataire se connecte au réseau.

Pour passer d'un ordinateur à un autre, l'information emprunte des fibres optiques, des câbles ou des satellites.

LE TÉLÉPHONE ET LE TÉLÉCOPIEUR

■ Un premier système de transmission de la voix fut imaginé par un inventeur français, Charles Bourseul, en 1854.

■ C'est Alexander Graham Bell, inventeur américain d'origine écossaise, qui mit au point le premier téléphone capable de transmettre la voix humaine tout au long d'un câble électrique.

■ En 1877, ce téléphone était composé d'un émetteur, d'un récepteur et d'un fil qui assurait la connexion.

■ Les ondes sonores font vibrer un diaphragme dont la membrane est faite de tissu et de métal. Ces vibrations occasionnent un courant électrique dans une bobine en fil de fer en rapport avec les oscillations du diaphragme.

Graham Bell a déposé son brevet d'invention du téléphone 2 heures avant son rival Elisha Gray.

■ Un câble permet au courant d'arriver à une station de réception, ou écouteur, dont la membrane vibre également et reproduit le son de la voix.

■ La voix était à peine audible avec les premiers téléphones. En 1877, on introduit un microphone à charbon qui permet d'amplifier le volume.

■ L'appel était entendu grâce à une sonnette électrique. Les sonneries électroniques n'apparaissent que bien plus tard.

■ Les téléphones ne possédaient pas de cadran : le numéro était formé par l'intermédiaire d'une opératrice qui assurait la liaison avec l'autre abonné.

■ Aujourd'hui, les téléphones possèdent un clavier à touches. Lorsqu'on les enfonce, elles envoient une séquence originale d'impulsions électriques au central qui transmet automatiquement l'appel au correspondant.

■ La télécopie est un système qui permet la transmission de copies de documents par la ligne téléphonique. Le document est analysé par un faisceau lumineux et l'info est envoyée sous forme de signaux électriques. La réception du modèle se fait de façon synchronisée. Le fax en est un exemple concret.

LE TÉLÉPHONE MOBILE

Satellite en orbite.

- Le téléphone mobile fonctionne en utilisant les ondes radio contrairement au téléphone fixe qui est relié à un central téléphonique par des fils.

- Il est utilisable quasiment partout grâce au réseau constitué de nombreux relais répartis dans le pays. La liaison est possible par le raccordement de ces relais au réseau classique.

- Un téléphone mobile repère sans cesse le relais capable de l'identifier et de transmettre à tout moment un appel. En mode de veille, le téléphone mobile consomme donc de l'énergie.

- Le téléphone mobile est aussi appelé téléphone cellulaire, car les relais ou stations radioélectriques couvrent une petite zone appelée « cellule ».

- Les relais sont connectés aux opérateurs par fibres optiques ou par satellite.

- Les fibres optiques sont de fines tiges de verre qui transmettent l'information sous forme lumineuse. Les ondes lumineuses ont de hautes fréquences qui conviennent particulièrement au transport de l'information d'un signal. Plus la fréquence est haute, plus la capacité de transmission sera grande.

- Les satellites de télécommunication qui se trouvent en orbite autour de la planète relaient les appels sous forme d'ondes courtes et renvoient le signal amplifié à la station réceptrice sur la Terre.

Les premières communications téléphoniques par satellite datent de 1962.

- La communication par le réseau satellite permet la transmission d'appels dans des zones non desservies par des réseaux terrestres.

- Les fonctions des téléphones mobiles ne cessent de s'élargir. La connexion Internet, l'envoi de courrier électronique et de photos ainsi que l'accès à des services d'informations très diversifiés font du téléphone mobile un outil multimédia interactif.

- On s'interroge sur l'influence d'une utilisation à long terme du téléphone mobile sur la santé. L'OMS (Organisation mondiale de la santé) mène une enquête afin d'identifier son éventuelle nocivité.

133

LE DÉVELOPPEMENT DE LA RADIO

- En 1883, Heinrich Hertz (1857-1894), physicien allemand, produit des décharges électriques qui sont réceptionnées dans une autre pièce sous forme de petites étincelles au bout d'un fil de cuivre replié. Le premier récepteur d'ondes hertziennes est né.

- En 1887, ses expériences prouvent que les ondes électromagnétiques se déplacent à la vitesse de la lumière.

- Il constate que les étincelles sont plus fortes lorsqu'elles sont exposées à la lumière ultraviolette. C'est l'effet photoélectrique expliqué par Albert Einstein 18 ans plus tard.

- Heinrich Hertz, mort à 37 ans, ne saura pas que toutes ses expériences autour d'un émetteur et d'un récepteur aboutiront au développement du télégraphe et de la radio.

- C'est un physicien français, Édouard Branly (1844-1940), qui permet la réception de signaux télégraphiques sans fil en 1890.

- Il impressionne, sur une longueur de 30 mètres, un tube radioconducteur avec des ondes émises par un appareil hertzien. Le premier détecteur d'ondes électromagnétiques est créé.

- L'ingénieur russe A.-S. Popov (1859-1906) ajoute à des appareils sans fil une antenne verticale permettant d'envoyer des messages en code Morse. Les ondes hertziennes sont mises en pratique.

Radiotélescope.

- En Italie, Guglielmo Marconi (1874-1937) travaille sur le rôle de la prise de terre et la hauteur de l'antenne. Ses expériences se succèdent et aboutissent en 1901 à l'envoi d'un message transatlantique. Celui-ci parcourra 3 400 km.

- Son procédé est largement utilisé par les bateaux qui communiquent par radio avec la côte. Ses travaux sont à plusieurs reprises récompensés et il reçoit le prix Nobel de physique en 1909.

- Abondamment employée à des fins militaires pendant la Première Guerre mondiale, la TSF (Télégraphie sans fil), ancêtre de notre radio actuelle, ne sera utilisée par les organismes publics diffuseurs de programmes qu'à partir des années 1920.

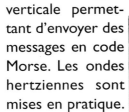

LA TÉLÉVISION

- La télévision permet la transmission d'images au départ d'ondes diffusées par des émetteurs, des satellites ou des câbles.

- Les câbles sont supportés par des pylônes ou enterrés. Ils se retrouvent aussi au fond des océans pour assurer une transmission internationale.

- À partir de 1960, le réseau par câbles est à la base de la diversification des programmes.

- En 1962, le satellite de télécommunications expérimental Telstar permet la transmission transatlantique d'images télévisées. Aujourd'hui ce sont les satellites artificiels qui rendent la transmission possible à l'échelle planétaire.

- Le système de transmission est comparable à celui d'une radio (voir « Le développement de la radio »). Au centre du téléviseur se trouve le tube cathodique. À sa base, un canon produit des électrons*. Les électrons passent dans 3 faisceaux de couleurs (rouge, bleu, vert) spécialement définies pour l'informatique et qui permettent après mélange la restitution de toutes les couleurs.

- Les faisceaux d'électrons traversent une grille à fentes et balayent l'écran qui devient alors phosphorescent (lumineux). Les pastilles de phosphore scintillent en rouge, vert ou bleu suivant l'intensité des faisceaux.

En 1982, le plus petit téléviseur (30,5 mm) est mis au point par la société japonaise SEIKO.

- Les premiers postes de télévision, datant des années 1920, émettaient des images en noir et blanc. C'est en 1950 que les premiers téléviseurs couleur apparurent aux États-Unis.

- Les émissions télévisées sont conçues en studio et en extérieur. Les journaux télévisés alternent les séquences en studio (avec un présentateur ou une présentatrice) et les reportages filmés en décor naturel.

- Plusieurs personnes interviennent lors de la préparation et la diffusion d'une émission. Le présentateur lit les nouvelles à l'aide d'un prompteur (petit écran placé sous la caméra et qui affiche le texte).

- Le cadreur manipule la caméra, le monteur assemble et copie sur une bande les meilleures séquences, l'ingénieur du son veille à la qualité du son et le « mixe ». Le réalisateur dirige l'équipe et décide de la présentation de l'émission.

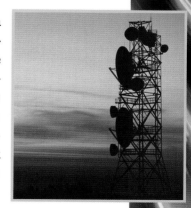

Tour de télécommunications.

LE CINÉMA

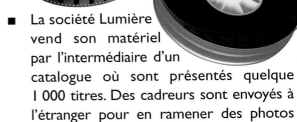

Pellicule de film.

- Thomas Alva Edison (1847-1931) invente, en 1888, le kinétoscope. Ce système cinématographique ne permet qu'à un seul spectateur de visualiser des photographies qui défilent rapidement pour donner une impression de mouvement.

Cinéma.

- Étienne Jules Marey, médecin français (1830-1904), invente en 1892 la chronophotographie (analyse du mouvement par photographies répétées). Cela lui permet d'étudier les rythmes de locomotion des animaux et de l'homme. Il filme à très grande vitesse des mouvements qui procurent des images lentes à la projection.

Les premiers oscars du cinéma américain sont décernés en 1929.

- En 1895, les frères Lumière inventent le cinématographe. C'est à la fois un appareil capable de fixer les images sur la pellicule et de les projeter sur un grand écran. Les films ont une durée de 30 à 50 secondes.

- La première projection publique a lieu à Paris dans un café en décembre 1895. Le film s'appelle : « La Sortie des usines Lumière ».

- La société Lumière vend son matériel par l'intermédiaire d'un catalogue où sont présentés quelque 1 000 titres. Des cadreurs sont envoyés à l'étranger pour en ramener des photos inédites.

- Les films sont « muets », mais un pianiste présent dans la salle improvise pendant la projection. Les films sont en noir et blanc ; la couleur n'apparaîtra qu'au siècle suivant.

- Un bonimenteur explique le déroulement des images pour combler les lacunes du montage très élémentaire. Il se fera plus tard traducteur, adaptant les histoires en fonction du public.

- Georges Méliès (1861-1938) ayant eu connaissance du procédé des frères Lumière va l'exploiter génialement. Ses films sont fantastiques, poétiques, mystérieux. Ils reflètent son expérience de magicien et d'illusionniste.

- En 1897, il fonde sa propre société de production Star Film et construit le premier studio de cinéma vitré dans sa propriété de Montreuil. Il tourne entre 1896 et 1913 des centaines de films exceptionnels. Le *Voyage dans la Lune* est un de ses chefs-d'œuvre.

- C'est aux États-Unis que les films sonorisés feront leur apparition en 1927. Si certains redoutent le pouvoir écrasant du son sur l'image, d'autres pensent qu'il va les servir.

LA VIDÉO

- La vidéo permet d'enregistrer des sons et des images fixes ou mobiles et de les retransmettre sur écran.

- La caméra reçoit des signaux électroniques qui sont enregistrés sur un support magnétique et qui sont restitués par un récepteur de télévision convertissant les signaux en images et en sons.

- La bande magnétique peut être lue immédiatement, sans traitement préalable, contrairement au film cinéma.

- Le Caméscope est léger, portable et facile d'utilisation. Un objectif sert à cadrer la scène à filmer, un zoom permet de régler la distance avec le sujet et il suffit d'enfoncer la touche « enregistrer ».

- Les cassettes utilisées dans le caméscope (inventé en 1983 par la firme Sanyo au Japon) sont petites, elles ont une largeur de 8 mm et permettent 2 heures d'enregistrement.

- Les signaux enregistrés sur ces supports sont directement lisibles sur un récepteur de télévision ou peuvent être enregistrés sur une vidéocassette lue par l'intermédiaire d'un magnétoscope.

- Dans le magnétoscope, la bande magnétique logée dans la vidéocassette est chargée de signaux électroniques. Ces signaux passent devant la tête vidéo qui les reconvertit en signaux vidéo. Le son est traité séparément de l'image.

- Les lecteurs de vidéodisques ou DVD (Digital Video Disk) peuvent lire les signaux vidéo inscrits à la surface du disque à l'aide d'un rayon laser.

Le DVD fut lancé en 1996 suite à un accord entre Philips et Sony.

- Les DVD peuvent stocker un nombre important de données traduites en code numérique. Ces disques peuvent contenir films, jeux ou être simplement lus. Vierges, ils servent à copier des images ou des sons et certains sont réinscriptibles.

- La vidéo sert aussi de système de surveillance dans les banques, magasins, stades afin d'identifier des fauteurs de troubles ou des malfaiteurs.

L'APPAREIL PHOTOGRAPHIQUE

- L'appareil photographique a été inventé en 1898 par George Eastman, inventeur américain, fondateur de la maison Kodak. Il est constitué d'une boîte noire comprenant un objectif, un diaphragme, un déclencheur, un obturateur et un viseur.

- L'objectif, à l'avant du boîtier, est composé de lentilles optiques en verre. L'image varie en fonction du type d'objectif utilisé. Il peut être fixe ou amovible. Il permet au photographe de choisir la distance quant au  sujet photographié et de régler la mise au point.

- Le diaphragme, disque opaque situé derrière l'objectif, règle la quantité de lumière qui entre dans l'appareil. Son ouverture plus ou moins grande est indiquée symboliquement par la lettre « f » plus un chiffre.

- L'obturateur empêche la lumière d'entrer en dehors du bref moment d'exposition. Il est composé de lamelles qui s'ouvrent pour libérer l'objectif et se referment une fois la photo prise.

- Le viseur sert à voir la scène qui va être photographiée.

Le 1er appareil photographique jetable apparaît en 1986.

- La pellicule est une surface photosensible protégée de la lumière par un étui et qui va garder la trace du sujet sous forme chimique.

- L'image n'apparaît qu'au développement, après divers traitements de la pellicule. Elle va être transformée en négatif qui sera lui-même placé dans un agrandisseur. Une image agrandie ou réduite est projetée sur une surface sensible.

- Les appareils numériques développés dans les années 1990 n'utilisent plus de pellicule mais une électrode qui émet un signal électrique. Ce signal contient les informations concernant l'image qui sont alors enregistrées sur une carte mémoire.

- La carte mémoire est lue par un ordinateur et l'image peut être retravaillée avec des logiciels spécifiques.

- Les premières photographies sont réalisées en 1826 par Nicéphore Niépce. Les frères Lumière inventent les plaques photographiques couleurs en 1903.

LE MICROSCOPE

- Le microscope permet l'observation de ce qui à l'œil nu passerait totalement inaperçu.

- Les premiers microscopes dits « simples » fonctionnent comme une loupe. Ils utilisent une lentille convexe (bombée vers l'extérieur) que l'on change en fonction du degré de grossissement souhaité.

- Les microscopes optiques ou « composés » sont équipés de 2 lentilles dont l'une est rapprochée de l'objet et l'autre de l'œil. Son pouvoir grossissant a permis l'étude de la cellule.

Le microscope électronique atteint un pouvoir grossissant de 300 000 fois.

- Le microscope optique est composé d'un support muni d'une platine finement percée pour que la lumière passe. Un miroir, placé sous la platine, réfléchit la lumière sur l'échantillon. L'échantillon est généralement glissé entre 2 plaques de verre.

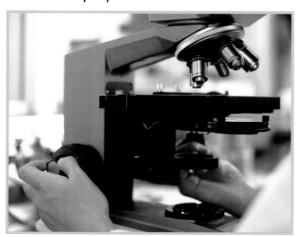

- La mise au point se fait en éloignant plus ou moins le tube du microscope par rapport à la platine.

- Le microscope électronique utilise à la fois des ondes et des électrons. La petite longueur d'ondes des électrons permet d'observer des structures infiniment plus petites que la lumière simple ne l'autorise.

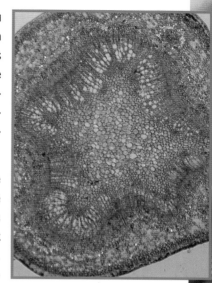

Vue d'une cellule au microscope.

- Dans le microscope électronique, l'échantillon à analyser est bombardé d'électrons*. Ce qui permet de produire une image agrandie.

- Les lentilles conventionnelles sont remplacées par des lentilles* magnétiques qui vont concentrer les électrons.

- Le microscope électronique possède une chambre sous vide au rôle très important. Sans elle, les électrons seraient dispersés sous l'effet des molécules* d'air. Les images sont enregistrées et affichées sur un moniteur.

- Les microscopes à balayage permettent, en association avec un traitement informatique, d'obtenir une image de l'échantillon en 3 dimensions.

LES ROBOTS

- Les robots sont programmés pour remplir diverses fonctions dans des environnements difficiles pour l'homme.

Bras robotisé dans l'industrie pharmaceutique.

- Principalement utilisés dans l'industrie, ils assument des tâches répétitives, notamment dans les chaînes de fabrication et de montage.

- Les robots industriels sont munis d'articulations et de bras télescopiques qui leur permettent de reproduire les gestes humains.

Les scientifiques du nucléaire utilisent des robots pour manipuler des substances radioactives.

- Les robots remplacent avantageusement l'homme lors d'opérations risquées comme le déminage ou la manipulation de produits nocifs.

- Ils sont souvent utilisés dans des missions d'exploration de l'espace. En 1976, les sondes Vikings, télécommandées depuis la Terre, ont été envoyées sur Mars (voir « Sondes »).

- Lunokhod, robot explorateur est arrivé sur la Lune grâce à la sonde spatiale « Luna 17 » en 1970. Ce véhicule automatisé et téléguidé depuis la Terre se déplaça équipé d'une caméra et de batteries solaires pendant 10 jours lunaires.

- Les robots simples exécutent les tâches par programmation informatique. Leur mission est précise, répétitive. Des robots plus « savants » copient les mouvements qu'un opérateur exécute sur un exemple identique. Les interventions sont mémorisées et reproduites automatiquement par le robot.

- Les robots d'intelligence supérieure ont des capacités de reconnaissance vocale ainsi que plus d'autonomie.

Robot d'exploration de Mars.

- L'épave du Titanic qui avait sombré en 1912 a été explorée par un robot submersible, capable de descendre à 4 000 m de profondeur. Équipé de caméras vidéo, le robot est câblé à un sous-marin dont l'équipage contrôle ses déplacements.

- Les recherches sur le fonctionnement du cerveau et les progrès en mathématiques vont déboucher sur une nouvelle discipline : l'intelligence artificielle. Des mathématiciens, informaticiens et physiciens testent les correspondances possibles entre la machine et l'homme.

LE LASER

- Le laser produit un faisceau de lumière où ondes et photons (particules du champ électromagnétique) ont la même phase et la même fréquence. Ce rayon est directionnel et intense sur une longue distance.

- Le laser est composé d'un amplificateur, solide, liquide ou gazeux, qui est alimenté en énergie électrique. Les atomes du milieu amplificateur pompent l'énergie et la transforment en ondes de lumière cohérente.

- Deux miroirs en vis-à-vis se réfléchissent la lumière qui se densifie jusqu'à ce qu'elle sorte sous forme de rayon laser par une petite ouverture à l'extrémité du dispositif.

- Les applications du laser concernent plusieurs domaines. Il est utilisé en industrie, en médecine, dans les télécommunications, en art et en sciences.

- Le rayon laser a permis de mesurer au centimètre près la distance Terre-Lune. C'est ainsi que l'on a pu constater que la Lune s'éloigne lentement de notre planète.

Chirurgie au laser.

- La grande précision du faisceau laser permet un usage précieux en chirurgie pour des opérations délicates comme un décollement de la rétine ou pour cautériser des vaisseaux sanguins.

Laboratoire laser.

- En industrie, sa puissance s'applique sur des petites surfaces pour percer, découper, polir les matières les plus dures comme le diamant.

L'hologramme gravé au laser sur les cartes bancaires et de crédit empêche ainsi toute falsification.

- Il est également utilisé en art où ses effets lumineux sont exploités sur scène lors de concerts et des spectacles.

- Les lasers de faible puissance sont utilisés pour la lecture des informations stockées sur CD et disques optiques ou pour graver.

- L'hologramme n'est autre que 2 faisceaux lasers qui se croisent pour restituer en 3 dimensions une image photographique.

LE RADAR ET LE SONAR

■ Le radar est un appareil de détection qui diffuse des ondes électromagnétiques. Lorsque ces ondes atteignent un objet, elles se réfléchissent sur celui-ci et sont renvoyées sous forme d'écho.

Service de prévision de la météo.

■ Émetteur et récepteur sont localisés au même endroit. C'est par l'intermédiaire d'une antenne que les ondes sont envoyées puis que l'écho est capté et amplifié. Il est ensuite visualisé sur un écran.

■ Le radar permet une identification précise de l'objet ou cible. Il donne des informations sur sa taille, sa forme, sa vitesse, sa position et sa direction.

■ Le mot « radar » a été utilisé pour la première fois pendant la Seconde Guerre mondiale. Il avait alors un usage strictement militaire.

Le radar est utilisé par les astronomes pour cartographier la surface des planètes.

■ Ses applications actuelles couvrent les domaines de la météorologie, des télécommunications, du contrôle du trafic aérien, de la navigation, de l'exploration de l'espace et du contrôle routier.

■ Le sonar envoie des ondes ultrasonores qui se diffusent dans l'eau et se réfléchissent sur le fond marin ou sur des objets.

■ L'émetteur est placé sur la coque du bateau et l'écho renvoyé permet de localiser des bancs de poissons, des épaves, des sous-marins.

■ Le calcul de la durée du trajet aller-retour « onde-écho » permet de connaître la distance de l'objet. L'écho apparaît sur un écran en tant que forme ou s'entend comme « bips » sonores.

■ Les dauphins utilisent un système de sonar en analysant l'écho renvoyé par leurs cris suraigus pour repérer une proie ou s'orienter.

■ À l'échographie prénatale, on obtient une image du fœtus à l'aide d'une sonde munie d'un cristal qui produit des ultrasons lorsqu'il reçoit une impulsion électrique. Le cristal réceptionne l'écho de la même façon que le sonar.

Radar sur un navire de guerre américain.

LE MOTEUR À EXPLOSION

- Jusqu'en 1876, les moteurs fonctionnent à la vapeur. En Allemagne, Nikolaus August Otto (1832-1891) va révolutionner les transports en inventant le moteur à explosion.

- Un moteur est constitué d'une boîte étanche creusée de cylindres dans lesquels montent de manière étanche des pistons métalliques. Ce va-et-vient entraîne une manivelle (vilebrequin) qui communique son mouvement à l'arbre de transmission et celui-ci transmet sa rotation aux roues motrices.

- Le moteur à combustion interne peut comporter de 2 à 28 cylindres, 4 étant le nombre le plus courant. La combustion se déroule tour à tour dans chacun des cylindres.

- Ce moteur est également appelé « à 4 temps » car le cycle de fonctionnement se fait en 4 étapes : admission, compression, explosion et échappement.

- Lors de l'admission, le mélange air-essence entre dans le cylindre par la soupape ouverte et le piston descend.

- La soupape se ferme et le piston remonte provoquant ainsi la compression du carburant et de l'air.

Piston d'automobile.

- Le système d'allumage composé de bougies produit une étincelle suite à la compression et déclenche la combustion du carburant.

- Après explosion et retour du piston vers le bas, la soupape d'échappement s'ouvre et le piston remonte de nouveau pour évacuer les gaz brûlés hors du cylindre.

- Les gaz résiduels sont canalisés vers le pot d'échappement, puis évacués dans l'atmosphère. Ce cycle se poursuit plusieurs milliers de fois par minute.

- Le moteur diesel, conçu par Rudolf Christian Karl Diesel, ingénieur allemand, est un moteur sans système d'allumage et sans bougies ; l'inflammation du carburant a lieu lorsque celui-ci est injecté dans les cylindres. L'air déjà présent et fortement comprimé provoque la combustion du gazole*.

Moteur d'une automobile.

Les générateurs électriques et les véhicules qui effectuent beaucoup de kilomètres utilisent souvent le moteur diesel.

LES CANAUX

Barge sur un canal en Hollande.

■ Les canaux forment un réseau de voies navigables. Ces constructions humaines servent au transport des marchandises, à l'irrigation, aux loisirs.

■ Les canaux peu profonds sont utilisés par des péniches pour le transport à l'intérieur des terres alors que certains plus profonds peuvent accueillir des navires de haute mer.

■ Le canal de Suez et le canal de Panamá sont des canaux accessibles aux navires. En reliant des mers et des océans, ils permettent de raccourcir le temps de navigation.

Le canal de Panamá fut achevé en 1914 et coûta environ 387 millions de dollars.

■ Le Français Ferdinand de Lesseps fut le promoteur du percement du canal de Suez qu'il inaugura le 17 novembre 1869. Long de 160 km, il relie la mer Méditerranée à la mer Rouge tandis que le canal de Panamá (79,6 km) joint l'océan Pacifique à l'océan Atlantique.

■ Le Grand Canal de Chine, creusé au VIe siècle avant J.-C., dont la construction se termina en 1327 après J.-C., est toujours en service.

■ Une écluse sert à passer d'un tronçon du canal à l'autre en assurant le même niveau d'eau qu'en aval* ou en amont* de manière à ce que le bateau franchisse les dénivellations.

■ Lorsque le bateau entre dans le sas, un système de vannes et de portes permet de faire baisser ou monter le niveau de l'eau.

■ Le premier canal à écluses a été réalisé par Léonard de Vinci au début du XVIe siècle.

■ Les péniches, bateaux étroits à fond plat, autrefois halées par des chevaux, ont été remplacées par des péniches à moteur.

■ Elles ont une grande capacité de chargement et après avoir transporté essentiellement de la nourriture, elles ont permis le transport des minerais durant la révolution industrielle.

Le canal de Panamá.

LES BARRAGES

- Le barrage est une construction artificielle agencée en travers d'un cours d'eau. Les barrages modernes répondent aux besoins accrus en électricité et sont en liaison avec des centrales hydro-électriques.

- Si le barrage répond à des besoins de première nécessité pour des pays en voie de développement, il peut également être aménagé en base nautique et favorise ainsi la pratique des sports et loisirs aquatiques.

- En Égypte, vers 4000 avant J.-C., on détourna le Nil en vue de construire la ville de Memphis (capitale sous l'Ancien Empire). Les barrages construits en terre dans l'Antiquité fonctionnaient pour irriguer les terres et approvisionner les populations en eau.

- Les Romains construisent des barrages pour aménager des réserves d'eau, maîtriser les crues et préserver les sols. Construits au IIe siècle après J.-C., certains de ces ouvrages sont encore en service.

- Les techniques de construction des barrages sont diversifiées. La réalisation doit prendre en compte l'apport moyen en eau, le relief et la nature de la roche.

- Le barrage « voûte » convient aux vallées étroites et aux canyons. L'eau est repoussée vers les flancs de la vallée sur lesquels le barrage s'appuie.

- Le barrage « poids » a une base solide, en béton ou en terre, qui résiste à la pression de l'eau grâce à son poids. La paroi de béton garantit l'étanchéité.

- Le barrage « à contreforts » consiste en une dalle de béton renforcée en aval par des contreforts parallèles au cours d'eau et reliés par des voûtes légères.

Lors de la construction du barrage d'Assouan en Égypte, le temple d'Abou Simbel fut entièrement démonté et reconstruit.

- L'apparition d'un barrage n'est pas sans effet sur l'environnement. Des terres sont submergées en amont alors que d'autres s'assèchent en aval. L'équilibre de la faune aquatique est également menacé.

- Le barrage d'Assouan en Égypte est un ouvrage gigantesque. Le lac artificiel qui en résulte, le lac Nasser, fait 480 km de longueur et 16 km de largeur.

Barrage hydroélectrique.

LES PONTS

- Le pont facilite le franchissement d'un cours d'eau, d'une route, d'un relief, d'un carrefour. Il permet de rallier un point à un autre en évitant des détours.

- Le pont joue le même rôle qu'autrefois les lianes ou rondins de bois jetés en travers du cours d'eau.

- Les Romains bâtissent des ponts en bois, en pierre et en maçonnerie dès le IIe siècle avant J.-C. Certains de ces ponts sont encore visibles aujourd'hui.

- Au Moyen Âge, la technique de l'arc brisé remplace l'arc en plein cintre plus compliqué car plus précis. Les ponts peuvent être habités. Le Ponte Vecchio à Florence, construit en 1350, fut la résidence des ducs de Toscane.

- À la Renaissance, les ponts vont se diversifier. Cette variété correspond aux recherches sur les structures et les poussées.

- Le premier pont en fonte est construit en Angleterre entre 1775 et 1779. Son édification est possible grâce à la découverte, en 1709, de la production du fer en brûlant du coke dans un haut fourneau.

Pont du 25 avril à Lisbonne, Portugal.

Le Ponte Vecchio, Florence, Italie.

- Le pont sera d'un type particulier en fonction du lieu et de son usage. Le pont sur arches permet de larges voies navigables et les arches sont très résistantes. Le pont qui a la plus longue arche fixe en acier (305 m de longueur) se trouve dans l'État de New York et traverse la rivière Niagara.

Les ponts-levis étaient les premiers ponts mobiles qui enjambaient les douves du château.

- Le pont cantilever construit en acier est très résistant à la traction. Ce type de pont possède plusieurs appuis qui soutiennent des poutres et se combinent avec des treillis en acier.

- Le pont suspendu est celui qui a la portée la plus grande grâce aux câbles d'acier. Le plus haut pont suspendu se trouve au Colorado à 321 m au-dessus de la rivière Arkansas.

- Le pont mobile comme le Tower Bridge à Londres possède des poutres basculantes qui permettent le passage des bateaux.

LES TUNNELS

- À l'origine, les tunnels ont été réalisés pour pouvoir franchir les montagnes et permettre la circulation ferroviaire ou automobile de manière sûre et rapide.

- Ces galeries constituent maintenant aussi un réseau pour le métro et le transport maritime.

- La réalisation d'un tunnel et les méthodes pour le creuser dépendent de la nature de la roche et de la profondeur prévue.

- Dans le cas de roches métamorphiques et volcaniques, on fore une série de trous à l'aide de marteaux perforateurs pneumatiques. Des cartouches d'explosifs sont déposées dans les trous ainsi qu'un détonateur électrique.

- La mise à feu est simultanée. Le tunnel prend forme, la roche fragmentée peut être transportée et les débris dégagés.

- Le perçage d'un tunnel dans la roche sédimentaire se fait soit avec des marteaux-piqueurs alternatifs soit avec des engins de chantier.

Tunnel, Honolulu, Hawaï.

- Le tunnel sous-marin est creusé avec un tunnelier. Cet engin, muni d'une tête de forage avance lentement, débite la roche et évacue les décombres.

Le plus long tunnel ferroviaire du monde est celui de Seikan au Japon : 53,85 km de longueur.

Tunnel dans les montagnes, Bouzies, France.

- Le tunnel sous la Manche a une longueur de 51 km, mais son parcours sous-marin est le plus long au monde : 28 km. Il relie la Grande-Bretagne à la France en moins de 3 heures. Le trajet se fait en T.G.V. (train à grande vitesse) et les voitures comme les camions sont transportés sur des navettes.

- Le projet d'un tunnel sous la Manche avait été proposé en 1751 par un ingénieur français : Nicolas Desmarets. Le chantier commença en janvier 1988 et le tunnel fut inauguré en 1994 (voir « Le tunnel sous la Manche »).

- Le plus long tunnel routier du monde est le Saint-Gothard en Suisse : 16,9 km.

147

LE TUNNEL SOUS LA MANCHE

- Depuis 1994, un tunnel ferroviaire, long de 51 km, relie les gares de Coquelles (France) et de Folkestone (Grande-Bretagne). L'île de Grande-Bretagne est à présent rattachée au continent.

- L'idée d'une liaison ferroviaire a été proposée pour la première fois en 1751 par un géologue et physicien français : Nicolas Desmarets. D'autres projets seront soumis puis abandonnés pour raisons de guerres ou de finances.

- En 1988, le tunnel est creusé dans le calcaire conjointement à partir de l'Angleterre et de la France. Les tunneliers (voir « Tunnels ») percent les galeries et la craie est évacuée par wagonnets et tapis roulant.

- La roche est broyée et mélangée à de l'eau pour qu'elle soit suffisamment liquide pour être pompée et acheminée par des tuyaux.

- Pour travailler à l'abri des infiltrations d'eau, les Français ont creusé un puits de 65 m de profondeur et c'est à partir de cet abri en béton que le creusement des tunnels a été possible.

- Les parois des galeries sont recouvertes de béton armé en forme d'anneaux. Le travail est effectué à 100 m sous la surface de la mer par environ 10 000 ouvriers.

- Il y a 3 tunnels dont 2 accueillent les trains dans un sens et dans l'autre. Au milieu, un tunnel de service permet l'entretien et assure une voie de secours en cas d'accident.

- Les voitures et camions peuvent à présent être transportés par des navettes ferroviaires circulant sous la Manche à 130 km/h. Le trajet sous la mer dure 35 minutes.

Un train Eurostar comporte 766 places, soit une capacité équivalente à 2 Boeings 747.

- Des compagnies ferroviaires utilisent l'accès au tunnel moyennant paiement. C'est le cas d'Eurostar qui est exploité par la Belgique (SNCB), la France (SNCF) et la Grande-Bretagne (Eurostar UK).

- Ce chantier, qui aura duré au total 6 ans, permet aux trains Eurostar d'effectuer le trajet Paris/Londres en 2 h 35 min.

T.G.V.

148

LA GRANDE MURAILLE DE CHINE

- La Grande Muraille de Chine est une fortification qui se déroule sur 6 700 km le long des frontières nord et nord-ouest de la Chine.

- Sa construction a eu lieu il y a plus de 2 000 ans pour protéger le nord des attaques barbares. Le mur les repoussera efficacement pendant 500 ans.

- C'est l'empereur Qin Shi Huangdi (221-210 avant J.-C.) qui souhaita un rempart continu en lieu et place des murs d'États. Il voulait ainsi centraliser et unifier un empire qui était jusqu'alors composé d'États féodaux.

- La construction de la Grande Muraille mobilisa plus de 300 000 hommes sous son règne. Le chantier se poursuivit sous plusieurs dynasties (Han, Sui, Ming) et des centaines de milliers d'hommes y laissèrent leur vie.

La Grande Muraille de Chine est la plus longue construction humaine jamais réalisée.

- Le terrain sur lequel a été édifiée la Grande Muraille est composé de pics, de gorges ; ce qui a nécessité la construction de marches à plusieurs endroits.

- Des tours de guet sont présentes tous les 200 m sur la Grande Muraille et des tours de feux d'alarme se dressent le long de la frontière. Les sentinelles tiraient des coups de fusil qui alertaient Pékin en quelques heures.

- Après la chute de la dynastie Han, le mur devint de moins en moins infranchissable et les Mongols de Gengis Khan le traversèrent en 1211.

- À l'origine, la Muraille était faite de terre. Elle fut consolidée par des ajouts de pierres et de briques sous la dynastie des Ming.

- La Muraille s'est effondrée par endroits ou a été démantelée par des paysans qui avaient besoin de briques pour construire leur maison. Il n'en reste aujourd'hui, à certains endroits, que des vestiges.

- La légende raconte que la Muraille peut être vue de la Lune. Sa présence est effectivement révélée mais après bien des agrandissements et un examen minutieux des photos satellites !

L'IMPRIMERIE

- En Europe et pendant tout le Moyen Âge, les manuscrits sont écrits et illustrés à la main. En Chine, depuis le IIe siècle, des livres sont imprimés à l'aide de blocs de bois gravés.

- Les toutes premières impressions connues sont celles réalisées avec des sceaux et des tampons utilisés dans l'Antiquité comme signatures ou symboles.

- Vers 1450, Johannes Gutenberg (1400-1468) invente, à Strasbourg, les caractères mobiles en plomb réutilisables et la presse à bras qui vont permettre la reproduction en série.

- Au XIXe siècle, les progrès réalisés en ce qui concerne des presses ont permis la production rapide et massive de journaux quotidiens.

Ancienne bible illustrée.

Les Chinois ont inventé le papier vers 105 après J.-C., mais ils en garderont le secret pendant 6 siècles.

- L'imprimerie a depuis subi de profondes modifications. L'utilisation de l'informatique permet un traitement accéléré et quasiment sans limite des textes et des illustrations.

- Les étapes menant à la réalisation d'un support imprimé sont : la composition des textes, l'assemblage de ceux-ci avec des illustrations, la réalisation de films à partir de fichiers numériques, l'impression et la reliure.

- La quadrichromie permet l'impression en couleurs à partir des 3 couleurs primaires (le cyan, le magenta et le jaune) auxquelles on ajoute le noir. Il y a un film par couleur et les encres sont appliquées les unes après les autres.

- L'offset est le procédé d'impression à plat le plus courant et le moins onéreux, fondé sur le principe lithographique : répulsion des encres grasses et de l'eau. Une plaque en zinc est recouverte d'une matière photosensible. Les formes sont reportées sur la plaque en l'exposant à travers un film.

- Les plaques sont enroulées sur les cylindres de la presse. Les surfaces imprimantes retiennent l'encre grasse tandis que les surfaces non imprimantes sont humidifiées pour rester vierges.

- L'encre est reportée sur le papier ou tout autre matière par l'intermédiaire d'un cylindre en caoutchouc : le blanchet.

Équipement d'imprimerie.

L'ÉVOLUTION DES MOYENS DE TRANSPORT

- La nécessité de se déplacer, de créer des chemins dans le paysage existe depuis la préhistoire. La découverte du métal puis du bronze entraîne le développement des échanges commerciaux donc des voies de communication.

Locomotive des années 1880.

- Le cheval permet à l'homme de se déplacer plus rapidement et plus loin ; de chasser, de transporter des biens. Il faut attendre le XIe siècle pour qu'un changement dans le mode d'attelage et de ferrure* accélère les déplacements.

- L'invention de la roue en Mésopotamie (vers 3000 avant J.-C.) va bouleverser les transports. À l'origine, pleine et en bois, elle évolue et en 2000 avant J.-C. elle est munie de rayons.

- Le transport par voie d'eau est varié : barques, bateaux, radeaux acheminent les marchandises de plus en plus nombreuses.

- Le développement des routes en Gaule se fait grâce aux Romains. La majorité d'entre elles sont composées de terre battue et de gravier. Les plus importantes sont dallées et d'une largeur qui permet à 3 chars de circuler de front.

- Le transport du courrier nécessite la mise en place de relais. Au XVIe siècle, les courriers à cheval des banques parcourent 200 km par jour !

- Les rois et la noblesse se déplacent en carrosse, l'ancêtre de la diligence qui apparut fin du XVIe siècle. Ces voitures, de formes et de tailles diverses, étaient tirées par des chevaux changés à chaque relais.

- Au XIXe siècle, les moyens de transport se perfectionnent. Les omnibus, la draisienne* puis le vélocipède ainsi que la locomotive et le bateau à vapeur font leur apparition.

- La vapeur sera remplacée par le moteur diesel en 1896 et par l'électricité. L'automobile, elle, ne cesse de se développer depuis l'invention du moteur à explosion (1876).

- Au XXe siècle, la vitesse de déplacement s'accélère. Au début du siècle (1927), Lindbergh rallie New York à Paris en 33h30 min. En 1989, la même distance est parcourue par le Concorde en 2h59 min 40 s.

Concorde.

Les pneus en caoutchouc pour amortir les chocs de la route n'apparaissent qu'après 1890.

L'AUTOMOBILE ET LE CAMION

- L'automobile est un véhicule pourvu d'un habitacle, d'un moteur et d'un coffre à bagages, conçu pour transporter de 2 à 6 personnes.

- C'est à partir du XVII\ siècle que l'on tente de remplacer les chevaux par un véhicule à moteur. De 1820 à 1840, les véhicules équipés d'un moteur à vapeur rencontrent beaucoup de succès.

- Dans les années 1890, les premières voitures qui possèdent un moteur à combustion interne (le moteur à explosion) ont l'allure de calèches.

- Aux États-Unis et à partir de 1908, la voiture fut mise à la portée d'un plus grand nombre grâce à Henry Ford et à sa fabrication en série (la Ford T). En Europe, il faudra attendre 1939 pour que la voiture soit plus accessible (Volkswagen).

Ford T de 1919.

- Le plomb, jadis ajouté à l'essence pour son pouvoir antidétonant, est refoulé dans l'atmosphère par les gaz d'échappement et est nocif pour la santé. Dans les années 1970, une essence sans plomb a été mise sur le marché.

- Les voitures actuelles sont équipées d'un pot catalytique qui débarrasse les gaz d'échappement du monoxyde de carbone* et autres polluants.

- La voiture est de plus en plus automatisée. Certains véhicules peuvent  avoir un ordinateur de bord qui affiche un itinéraire, suggère un autre trajet en cas d'encombrement, maintient un écart de sécurité avec le véhicule roulant devant.

- L'airbag est un dispositif qui protège en cas d'accident. Un coussin gonflé se déploie rapidement devant et sur les côtés des occupants de la voiture en cas de choc.

- Les premiers camions apparus dans les années 1890 fonctionnent à la vapeur. Elle sera remplacée par les moteurs diesel au gazole. Leur forme varie en fonction de leur utilisation ; ils sont parfois composés de 2 pièces : le tracteur et la semi-remorque.

- Les longues distances parcourues par les camionneurs depuis les années 1960 ont entraîné l'ajout dans la cabine d'une couchette, d'un coin toilette et parfois d'un téléviseur.

La vitesse maximale de la Ford T était de 68 km/h.

LES VÉLOS ET LES MOTOS

■ Dans les années 1850, l'engin pourvu d'une grande roue avant sur laquelle est fixée une paire de manivelles en fer s'appelle « vélocipède ».

■ En 1869, il va se transformer en bicyclette lorsqu'il sera doté de pneus en caoutchouc fixés sur une jante en acier. Cette bicyclette est plus confortable que son ancêtre muni d'une bande de roulement en fer !

■ La bicyclette va baisser de taille, ce qui la rend plus sûre et le diamètre des roues avant et arrière est presque équivalent en 1880.

■ Le Français Édouard Michelin invente en 1891 le pneu démontable et réparable en cas de crevaison.

■ Les bicyclettes actuelles, qu'elles soient destinées à la course, à la route ou au tout-terrain sont toutes composées des mêmes éléments : selle, dérailleur, cadre, freins, pédales, pneus. Seuls le poids, la largeur des pneus, la forme plus ou moins profilée, le nombre de vitesses varient.

■ La moto est propulsée par un moteur à essence tout comme la voiture. Les 2 roues, le cadre et le guidon la rapprochent cependant du vélo.

■ La moto n'est stable que quand elle roule. C'est la force centrifuge qui la redresse. Le conducteur est obligé de redresser sans cesse l'inclinaison de sa moto. Ce mouvement devient plus visible à basse allure.

■ Le tableau de bord comporte un compte-tours, l'indication d'allumage des feux et un compteur de vitesse. La mise en route se fait grâce à un démarreur électrique.

■ Conduire une moto nécessite un permis différent selon les cm^3 et le port du casque est obligatoire.

Pour prendre un virage, le pilote d'une moto tourne le guidon et penche la moto.

■ Si la moto se glisse avec facilité entre les automobilistes, cet avantage comporte aussi un danger qu'il ne faut pas ignorer. Le motard dispose de moins de sécurité et de protection que l'automobiliste.

Cyclisme, poursuite individuelle.

LES TRAINS

- Au XVIIᵉ siècle, le chemin de fer est uniquement consacré au transport du charbon de la mine vers la mer ou le fleuve. Les wagons sont en bois et tirés par des chevaux.

- La découverte de la locomotive à vapeur en 1803 est une révolution dans l'histoire des transports. C'est le début du chemin de fer où la vapeur dominera pendant près d'un siècle.

Les rails des voies ferrées sont soudés par longue section pour que les trains roulent sans à-coups.

- En 1829, une locomotive à vapeur (The Rocket) conçue par Georges Stephenson, ingénieur anglais, atteint une vitesse record de 47 km/h.

- La découverte majeure de la transformation de la houille en coke, puis en fer après le passage dans les hauts fourneaux, va permettre la construction des rails qui doivent supporter des charges et des vitesses de plus en plus élevées.

- La Grande-Bretagne, premier pays à s'industrialiser construit sa première voie ferrée en 1825. Elle est destinée au transport du charbon. La première ligne pour voyageurs sera opérationnelle en 1830. Les premiers voyages en train sont inconfortables. Les voyageurs sont enfumés par la vapeur.

- Les voies ferrées sur lesquelles circulent les locomotives à vapeur sont construites en terrain plat car celles-ci ne peuvent gravir de fortes pentes. Cela entraîne la réalisation d'ouvrages comme les ponts et les tunnels.

- Le Belge Georges Nagelmackers (1845-1905) crée en 1872 la « Compagnie internationale des wagons-lits ». Les deux premières lignes relient Ostende-Brindisi et Paris-Vienne. En 1883, l'Orient-Express voit le jour. La ligne comporte des wagons-lits mais aussi des wagons-restaurants.

- La locomotive électrique, apparue en 1912, prélève le courant sur un câble rigide suspendu au-dessus de la voie.

- Le premier train à grande vitesse circula au Japon en 1964 entre Osaka et Tokyo. C'est le Tokaido Shinkansen, se déplaçant à des vitesses supérieures à 200 km/h. Le T.G.V. français, inauguré en 1981, relie les grandes villes européennes à une vitesse de croisière supérieure à 250 km/h.

- Des projets de trains à lévitation magnétique sont expérimentés en Allemagne et au Japon. Ce système utilise des électroaimants qui soulèvent le train. La vitesse atteinte est de plus de 500 km/h.

T.G.V. vers Bordeaux, France.

LES BATEAUX

- Les bateaux sont constitués d'une coque flottante dont la forme détermine la vitesse et l'adaptation au tangage et au roulis. Un moteur diesel fournit l'énergie nécessaire à la mise en route des hélices placées sous la poupe, à l'arrière du bateau.

- Le bateau flotte grâce à la poussée de l'eau vers le haut, ce qui permet de neutraliser la poussée que la coque exerce dans l'eau.

Porte-conteneurs.

- Le terme de bateau est utilisé pour des petits bâtiments alors que les navires transportent plus de passagers et des cargaisons plus lourdes.

- Les ancêtres des navires furent la pirogue, le canoë et les radeaux, tous construits à base de matériaux végétaux ou animaux.

- Il y a 3 000 ans, les Phéniciens, premiers grands navigateurs, sillonnent la Méditerranée avec des bateaux à voiles chargés de marchandises.

- Les Vikings sont d'habiles navigateurs. Ils font de longues traversées à bord des drakkars, longs d'une vingtaine de mètres et munis d'une quinzaine de paires d'avirons.

- Vers 1830, on traverse l'Atlantique sur des bateaux à vapeur en bois pourvus de roues à aubes et de mâts. Vitesse maximale atteinte : 17 km/h.

Aujourd'hui un porte-conteneurs rallie Le Havre à New York en 4 jours et 4 heures.

- L'invention de l'hélice, l'évolution des moteurs et des chaudières permirent de naviguer moins chargé en combustible et sans souci de ravitaillements fréquents.

- À la fin du XIXe siècle, l'invention du moteur à combustion interne, dont le moteur diesel, fut décisive dans la construction des navires qui devinrent beaucoup plus performants.

- Les bateaux servent autant au commerce (pétroliers, cargos, transbordeurs) qu'à la pêche (chalutiers, thoniers, barques), à des fins militaires (torpilleurs, porte-avions, dragueurs de mines) ou aux loisirs (voiliers, dériveurs, canots à moteur).

Felouques sur le Nil, Égypte.

LES SOUS-MARINS

- Le sous-marin est un bâtiment capable de se déplacer sous l'eau. Invisible, il a été longtemps utilisé exclusivement à des fins militaires.

- Le premier sous-marin était un tonneau de bois dont la forme ovoïde est à l'origine de son nom : Turtle (la Tortue). Conçu en 1776 par un inventeur américain, David Bushnell, il avançait grâce à 2 hélices actionnées manuellement.

- Le premier sous-marin à bénéficier d'une propulsion mécanique est fabriqué en France en 1888. Le Gymnote, qui fonctionne à l'électricité, est capable de rester 4 heures sous l'eau.

- Équipés de moteurs à essence puis de moteurs diesel, les sous-marins deviennent de plus en plus efficaces grâce à l'ajout de périscopes* et de torpilles.

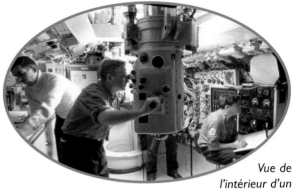

Vue de l'intérieur d'un sous-marin américain.

- Certains sous-marins transportent des missiles nucléaires de moyenne ou de longue portée qui peuvent effectuer des tirs très précis.

- Une coque très solide, en acier, entoure le sous-marin et abrite des caissons qui mettent l'équipage à l'abri de la pression des profondeurs.

- La coque est équipée de part et d'autre de ballasts (réservoirs de plongée du navire). Lorsque le sous-marin doit descendre, les valves des ballasts s'ouvrent et ceux-ci se remplissent d'eau.

- La remontée du sous-marin s'effectue de manière inverse : l'air chasse l'eau des ballasts dont les valves s'ouvrent. Le sous-marin peut flotter comme n'importe quel navire.

Le premier sous-marin à propulsion nucléaire, le Nautilus, est lancé aux États-Unis, en 1954.

- Les 2 guerres mondiales entraînent des mises au point en matière de détection (sonar) et d'attaque de navires ennemis.

- Les moteurs des sous-marins fonctionnent grâce à l'énergie nucléaire depuis les années 1950. Ce mode de propulsion prolonge la durée d'immersion du sous-marin de manière presque illimitée.

LES BALLONS ET LES DIRIGEABLES

Ballons en vol.

- Le ballon peut s'élever car il contient de l'air chaud ou un gaz plus léger que l'air. Sa trajectoire va dépendre des vents puisqu'il n'est pas gouverné.

- Les frères Joseph et Étienne Montgolfier, inventeurs français, élaborèrent les premiers ballons à air chaud en 1783. Leurs montgolfières étaient faites de papier et de toile.

- Les ballons à gaz contenant de l'hélium* ou de l'hydrogène* sont utilisés à des fins scientifiques. Les instruments de mesure qu'ils emportent donnent des informations météorologiques et observent des phénomènes physiques.

- Les données recueillies sont transmises par radio au sol ou vers des satellites*.

- Le ballon à air chaud est utilisé pour les loisirs. L'air est chauffé avec un brûleur à gaz et l'enveloppe du ballon se gonfle progressivement. L'équipage, installé dans une nacelle, envoie de l'air chaud quand le ballon doit s'élever.

- Le dirigeable peut être dirigé grâce aux gouvernails situés à l'avant et à l'arrière tandis que 2 hélices entraînées par des moteurs le propulsent.

- Les premiers dirigeables étaient souples. Leur enveloppe en tissu gardait sa forme grâce à la pression du gaz. La nacelle était suspendue par des cordes.

- Les dirigeables rigides sont composés d'une enveloppe à armature et sont alimentés par des ballonnets d'hélium ou d'hydrogène.

- C'est l'industriel allemand, Ferdinand von Zeppelin, qui donna son nom aux dirigeables rigides. Le premier zeppelin fut essayé en 1900 au-dessus du lac de Constance mais ils furent surtout utilisés durant la Première Guerre mondiale.

Dirigeable.

- Vu le nombre d'accidents liés à l'explosion de l'hydrogène ou les conditions climatiques extrêmes qui rendaient les dirigeables ingouvernables, ils sont actuellement gonflés à l'hélium.

LES AVIONS

Biplan Stearman de 1929.

■ Le 17 décembre 1903, aux États-Unis, les frères Wright effectuent un premier vol soutenu motorisé pendant 12 secondes. Leur avion, le Flyer, est un biplan (deux paires d'ailes) pourvu d'un moteur à essence qui volera sur une distance de 36 mètres.

■ Le premier vol reconnu est celui d'Alberto Santos-Dumont. Il effectue à Paris, en 1906, un vol de 21 secondes sur environ 220 mètres à bord de son biplan, le 14 bis. Il se dirige aisément grâce à un système de commande qui faisait défaut au Flyer.

■ La performance extraordinaire de l'époque réside dans la traversée de la Manche par Louis Blériot en 1909. Il relia Calais à Douvres à bord d'un monoplan (une paire d'ailes) en 37 minutes et à une vitesse d'environ 40 km/h.

■ Le deuxième exploit de l'histoire de l'aviation revient au pilote américain Charles Lindbergh qui réalise, en mai 1927, la première traversée de l'Atlantique en solitaire et sans escale. Le vol à bord du « Spirit of St Louis » dura 33h30 min de New York au Bourget.

■ La première ligne d'aviation civile relie Paris à Londres en 1919.

■ L'avion, engin plus lourd que l'air, peut voler grâce à 2 forces : une force motrice et une force de sustentation. Il est propulsé en l'air par un moteur et il s'y maintient grâce à la portance qui compense son poids.

■ Le profil de l'aile, plus long dans sa partie supérieure et légèrement concave vers le bas, entraîne une pression de l'air plus forte au-dessus et une poussée vers le haut. C'est la portance.

■ Les matériaux utilisés pour la construction d'un avion sont très légers et résistants comme l'aluminium, le titane ou des matériaux composites.

■ En 1947, un capitaine de l'armée de l'air américaine franchit le mur du son. Il atteint la vitesse de 1 120 km/h c'est-à-dire 1,06 fois la vitesse du son.

■ Le Concorde atteint lui, 2 100 km/h, 2 fois la vitesse du son. Il est exploité à partir de 1976 et traverse l'Atlantique 2 fois plus vite que les autres avions. Depuis le 25 juillet 2000, un terrible accident a cloué le Concorde au sol.

La pression de l'air diminue avec l'altitude. On injecte de l'air comprimé dans l'avion afin que les passagers puissent respirer normalement.

LES HÉLICOPTÈRES

- Un hélicoptère est capable de voler latéralement, à reculons, de s'élever ou de descendre à la verticale ainsi que de rester en vol stationnaire.

- Il est constitué d'une hélice ou rotor. Cet axe vertical est muni de 2 pales contrôlables individuellement.

Hélicoptère Sikorsky S-76.

- Un deuxième rotor, plus petit, se trouve à l'arrière et évite à la carlingue (partie où se trouve le poste de pilotage) de tourner en sens inverse du rotor principal.

- Le pilote d'hélicoptère dispose de 3 commandes : la commande de pas collectif agit sur la portance des pales (voir « Les avions ») ; la commande de pas cyclique intervient sur l'orientation des pales ; le palonnier opère le changement de direction.

- L'hélicoptère peut décoller et atterrir sur un périmètre réduit. Il est utile dans les situations d'urgence et dans des lieux difficilement accessibles.

- Lorsqu'il ne peut pas se poser, on descend l'échelle de cordes qui permet de hisser, à l'aide d'un treuil, la victime équipée d'un harnais.

- Les toits des hôpitaux peuvent parfaitement accueillir un hélicoptère qui amène un blessé.

- Il est utilisé dans le domaine militaire pour transporter du matériel et des personnes dans des zones de déploiement. Les hélicoptères de combat sont équipés de roquettes et de mitrailleuses.

- On fait appel à des hélicoptères pour surveiller des feux de forêt, pour la pulvérisation d'insecticides dans les champs ou encore pour la distribution de courrier.

- Les déplacements sont limités par le coût élevé en carburant dû à l'importante dépense en énergie exigée par la sustentation (maintien en équilibre d'un appareil qui se déplace sans contact avec le sol).

Igor Sikorsky, aéronaute d'origine russe, inventa l'hélicoptère en 1931. Il sera commercialisé en 1942.

Cockpit d'un hélicoptère Sea King.

LES SCIENCES

Dans notre monde moderne, les sciences sont en constante évolution et leurs applications se retrouvent de plus en plus dans notre vie quotidienne. Dans ce chapitre, nous traiterons plus particulièrement de la chimie, de la physique et des mathématiques en abordant leurs principales subdivisions dans un contexte éducatif et historique.

LA CHIMIE : ORIGINE ET DÉFINITIONS

- La chimie est une science expérimentale qui étudie les propriétés de la matière et ses transformations.

- La chimie se divise en 3 branches : la chimie générale, la chimie descriptive et la chimie analytique.

- La chimie générale étudie la structure et les propriétés des constituants microscopiques de la matière (atomes* et molécules*), ainsi que les mécanismes qui mènent aux réactions chimiques.

- La chimie descriptive tente de décrire l'ensemble des substances chimiques et les réactions dans lesquelles elles sont impliquées. Elle se compose de la chimie organique et de la chimie minérale.

- La chimie analytique a pour objectifs de mettre en évidence les différentes substances présentes dans un mélange, de séparer ces substances les unes des autres et d'analyser la structure des substances isolées.

- Les lois de la chimie, énoncées suite aux nombreuses observations expérimentales réalisées, nous permettent de mieux comprendre la structure et le fonctionnement du monde, vivant et minéral, qui nous entoure.

- La chimie, comme la physique, tire ses bases de l'Antiquité grecque, où l'on se rend compte de l'importance de l'eau et de l'air. Rapidement, 4 éléments essentiels sont isolés : la terre, l'eau, l'air et le feu. La matière apparaît composée d'un grand nombre d'éléments indivisibles : les atomes.

- Jusqu'au XVIIe siècle, la chimie n'est constituée que d'une somme d'observations réalisées par les alchimistes lors de leurs tentatives de transformer les métaux ordinaires en or.

- La chimie devient une véritable science au XVIIIe siècle, suite aux travaux de l'Anglais Robert Boyle (1627-1691) sur les propriétés des gaz, puis du Français Antoine Laurent de Lavoisier (1743-1794) sur les phénomènes de combustion liés à la présence de l'oxygène. Ce dernier est également à la base de la définition actuelle de l'élément chimique (substance qui ne peut être décomposée par des moyens chimiques). Il établit le principe de conservation de la matière.

- Grâce aux recherches de Lavoisier, la chimie connaît d'importants progrès aux XVIII et XIXe siècles. En effet, les travaux du Français Joseph Louis Proust (1754-1826), du Britannique John Dalton (1766-1844), du Français Louis Joseph Gay-Lussac (1778-1850), de l'Italien Amadeo Avogadro (1776-1856), du Français Marcelin Berthelot (1827-1907) et du Russe Dmitri Mendeleïev (1834-1904) développent la méthode scientifique appliquée à la chimie. Le XXe siècle débute par la découverte de la radioactivité et voit se développer des techniques d'analyse chimique de plus en plus précises telles la spectrométrie (ensemble des techniques permettant l'étude du rayonnement des atomes) et la chromatographie (méthode d'analyse chimique et de purification des constituants d'un mélange).

LA CHIMIE STRUCTURELLE

- La matière est constituée d'un grand nombre d'éléments différents présents sous la forme d'atomes.

- On définit un atome comme étant la plus petite et indivisible quantité d'un élément.

- L'atome est constitué d'un noyau autour duquel gravitent des électrons.

- Le noyau est lui-même constitué de particules : les nucléons. Chaque noyau est composé de 2 types de nucléons : les protons et les neutrons.

- Chaque élément chimique est caractérisé par le nombre de protons, de neutrons et d'électrons présents dans ses atomes. Ce nombre détermine la masse et le diamètre de l'atome. Le plus léger de tous les atomes est l'atome d'hydrogène composé de 1 proton et 0 neutron, donc de 1 nucléon.

- Tous les éléments connus ont été classés dans un tableau appelé « tableau périodique des éléments » (conçu par le chimiste russe Mendeleïev). Les éléments y sont rangés horizontalement par ordre croissant de masse et verticalement en fonction de leurs propriétés chimiques.

- Un atome est caractérisé par son numéro atomique symbolisé par Z (égal au nombre de ses protons et de ses électrons) et par sa masse atomique notée A (égale à la somme du nombre de ses protons et du nombre de ses neutrons).

- Des atomes d'un même élément peuvent contenir des nombres différents de neutrons, bien que présentant le même nombre de protons et d'électrons et possédant donc des propriétés chimiques identiques. L'élément hydrogène, par exemple, peut se retrouver sous 3 formes naturelles. La première est l'hydrogène ordinaire de masse atomique 1 et dont le noyau contient 1 proton. La seconde est le deutérium de masse atomique 2 dont le noyau contient 1 proton et 1 neutron. La troisième est le tritium de masse atomique 3 dont le noyau contient 1 proton et 2 neutrons. Ces différentes formes d'un même élément chimique sont appelées « isotopes ».

- La masse atomique indiquée dans le tableau périodique des éléments n'est jamais un nombre entier, car elle représente la masse atomique moyenne qui tient compte de tous les isotopes de l'élément et de leurs proportions respectives. Par exemple, le chlore naturel, de masse atomique 35,547, contient 76 % de chlore 35 et 24 % de chlore 37. En effet, la masse atomique du chlore renseignée par le tableau périodique de Mendeleëv est la moyenne pondérée de la masse de ces 2 isotopes.

- Les atomes peuvent se lier entre eux pour former des assemblages atomiques appelés molécules. Celles-ci peuvent être constituées de plusieurs atomes du même élément (par exemple la molécule O_2 composée de 2 atomes d'oxygène) ou d'atomes d'éléments différents (par exemple la molécule d'eau H_2O composée de 2 atomes d'hydrogène liés à 1 atome d'oxygène).

163

LA CHIMIE DE L'EAU

- L'eau pure est un liquide inodore et insipide (sans goût).

- Sous une pression atmosphérique normale (760 mm de mercure), la température de congélation de l'eau est de 0 °C et sa température d'ébullition est de 100 °C.

- Outre l'eau à la surface de la Terre et la glace des glaciers, l'eau est l'un des principaux composants de l'atmosphère et des organismes vivants (elle constitue de 50 à 90 % de leur masse). L'eau est donc indispensable à la vie.

- Les philosophes de l'Antiquité considéraient déjà l'eau comme élément de base de toutes les substances liquides.

- En 1781, Henry Cavendish parvient à produire de l'eau en faisant exploser un mélange d'hydrogène et d'air. En 1783, Antoine Laurent de Lavoisier postule que l'eau n'est pas un élément, mais bien un composé d'oxygène et d'hydrogène.

- C'est en 1804 que les travaux conjoints de Louis Joseph Gay-Lussac et d'Alexander von Humboldt montrent que l'eau est constituée de 2 volumes d'hydrogène pour 1 volume d'oxygène.

- En effet, la formule chimique de l'eau est H_2O, composée de 1 atome d'oxygène sur lequel sont fixés 2 atomes d'hydrogène.

- Ces 3 atomes présentent une structure spatiale qui induit la formation de 2 pôles électriques : 1 pôle négatif sur l'oxygène et 1 pôle positif entre les 2 atomes d'hydrogène. Cette structure confère à l'eau un caractère polaire : elle s'associe avec de nombreux composés, eux aussi polaires, et les dissout. Pour cette raison, l'eau est un solvant polaire.

- Les charges électriques présentes au sein d'une molécule d'eau interagissent avec les charges présentes sur les molécules d'eau voisines (attraction électrostatique). Ces interactions portent le nom de pont hydrogène et sont responsables de l'état liquide de l'eau à température ambiante.

- De plus, de nombreuses réactions chimiques se déroulent en solution dans l'eau : on parle de réaction en milieu aqueux. L'eau permet de dissoudre de nombreux corps solides, elle se fixe à certains sels pour former des hydrates et elle réagit avec des oxydes pour produire des acides. Elle joue également un rôle de catalyseur* dans de nombreuses réactions chimiques.

LA CHIMIE MINÉRALE

- La chimie minérale est un domaine de la chimie qui s'intéresse aux propriétés de tous les éléments chimiques et de leurs composés, à l'exception des hydrocarbures (composés de carbone et d'hydrogène) et de leurs dérivés constituant les molécules dites « organiques ».

- Les premières recherches menées en chimie minérale ont consisté à étudier des minéraux dans le but d'en extraire les différentes substances.

- Ces recherches ont permis de classer les substances minérales en 2 grandes familles : les corps simples et les corps composés.

- Les corps simples sont des substances constituées d'un seul et même élément (une barre de fer Fe, un tuyau en plomb Pb…).

- Les corps composés sont constitués de plusieurs éléments différents que l'on retrouve dans leur formule (l'eau H_2O, le sulfate de sodium Na_2SO_4, l'hydroxyde d'ammonium NH_4OH…).

- Les nombreux éléments qui constituent les corps simples et les corps composés se répartissent en éléments métalliques et non métalliques.

- Les éléments non métalliques (l'azote N, l'oxygène O, le soufre S, le chlore Cl…) ont fortement tendance à arracher à un autre atome un ou plusieurs électrons : ils sont dits « électronégatifs ».

- Les métaux, par contre, ont plutôt tendance à céder un ou plusieurs électrons : ce sont des éléments « électropositifs » (le fer Fe, le plomb Pb, le cuivre Cu, le zinc Zn…).

- Les corps composés de 2 éléments différents contiennent généralement 1 élément métallique (placé à l'avant de la formule chimique) et 1 élément non métallique (placé après le métal dans la formule chimique), par exemple le chlorure de sodium NaCl. Si le corps ne contient pas d'élément métallique, c'est l'élément le moins électronégatif qui se place à l'avant de la formule, comme l'ammoniac NH_3.

- La nomenclature des composés minéraux a été définie en 1960 par l'Union internationale de chimie pure et appliquée (UICPA). Les corps composés minéraux sont désignés en nommant d'abord l'élément le plus électronégatif, généralement un non-métal. Par exemple, le composé de formule KCl est le chlorure de potassium, H_2S est appelé sulfure d'hydrogène et CaO est l'oxyde de calcium.

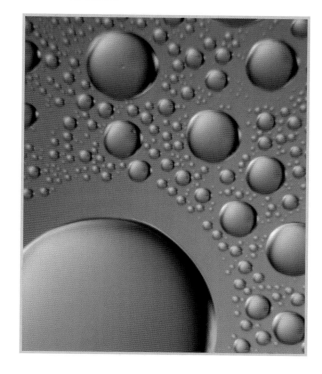

LA CHIMIE ORGANIQUE

- Dans un premier temps, la chimie organique étudie les substances constituant les organismes vivants (protéines, graisses, sucres...) ou provenant de la décomposition de matière vivante (pétrole...). Ces substances sont appelées substances organiques.

- Les substances organiques naturelles se classent en plusieurs familles : le pétrole et ses constituants, les protéines, les glucides, les lipides, les hormones, les vitamines, les parfums et les arômes naturels, les fibres textiles naturelles...

- Au début du XIXe siècle, les premières molécules organiques artificielles sont synthétisées. À partir de molécules minérales, Wöhler produit de l'urée* en 1828. L'acide acétique* est synthétisé par Kolbe et Melsens en 1845. En 1856, Berthelot produit de l'éthanol* et de l'acide formique*.

Peintures pour automobiles.

- Les synthèses organiques de substances naturelles vont se multiplier. De nombreuses molécules sont produites artificiellement : la glycérine, la vanilline, la caféine, la nicotine, le cholestérol...

- De nombreuses substances organiques synthétisées n'existent pas dans la nature (les matières plastiques, les détergents, les peintures, les fibres textiles synthétiques, de nombreux médicaments, des colorants, des insecticides...).

- Les molécules organiques ont une structure caractéristique : elles sont composées d'atomes de carbone sur lesquels viennent se fixer d'autres éléments non métalliques (l'hydrogène H, l'oxygène O, l'azote N, le soufre S...) et métalliques (le sodium Na, le potassium K, le magnésium Mg, le zinc Zn...).

- L'atome de carbone participe toujours à 4 liaisons dans les molécules organiques. Les atomes de carbone peuvent facilement se lier entre eux pour former de longues chaînes carbonées ou des cycles d'atomes de carbone.

- Les atomes de carbone sont unis entre eux par des liaisons simples dans les molécules dites « saturées » ou par des liaisons doubles ou triples dans les molécules dites « insaturées ».

- L'Union internationale de chimie pure et appliquée (IUCPA) a créé une nomenclature spécifique aux composés organiques. Cette nomenclature tient compte du nombre de carbone qui constitue la molécule, du type de liaison entre ces atomes de carbone, ainsi que des différents groupements d'atomes fixés sur la chaîne carbonée.

- Ces groupements d'atomes, ou groupes fonctionnels, procurent aux molécules qui les portent des propriétés caractéristiques permettant de distinguer diverses familles organiques. Les hydrocarbures (constituées uniquement de carbone et d'hydrogène), les alcools, les acides organiques, les esters, les aldéhydes, les cétones, les éthers, les amines, les amides et les nitriles.

LA CHIMIE THERMODYNAMIQUE

- La chimie thermodynamique étudie les relations entre les transformations d'énergie et les transformations de matières qui les accompagnent.

- Ces transformations ont lieu pendant les changements d'état de la matière ou lors de réactions chimiques.

- Nous savons, par exemple, que pour faire passer de l'eau de l'état liquide à l'état de vapeur, il faut chauffer l'eau jusqu'à sa température d'ébullition, soit 100 °C.

- De même, de l'éther liquide placé sur la main va rapidement se volatiliser sous forme de vapeur d'éther. Pour passer de l'état liquide à l'état de vapeur, l'éther absorbe de la chaleur. L'éther utilise la chaleur de la main pour se volatiliser, d'où le refroidissement local de la main à l'endroit du contact.

- De nombreuses réactions chimiques produisent ou absorbent de la chaleur. Par exemple, la combustion du gaz naturel (le méthane) en présence d'oxygène libère de la chaleur (récupérée, entre autres, pour chauffer de l'eau). Une telle réaction est dite « exothermique ».

- Il existe aussi des réactions « endothermiques » : tentons de dissoudre un sel, du chlorate de potassium, dans de l'eau à température ambiante. Nous constatons que la température de l'eau chute rapidement, car la dissolution du chlorate de potassium a consommé de l'énergie sous la forme d'énergie calorifique (la chaleur présente dans l'eau).

- Enfin, certaines réactions ne s'accompagnent pas d'une variation de température : elles sont dites « athermiques ».

- Les informations apportées par la chimie thermodynamique nous permettent de déterminer les conditions optimales nécessaires à la bonne marche d'une réaction chimique (température, pression, volume et masse).

- La chimie thermodynamique est fondée sur un petit nombre de principes tirés de résultats expérimentaux. Un de ceux-ci est celui de la conservation de l'énergie : lorsqu'un corps chaud est mis au contact d'un corps plus froid, on assiste à l'égalisation des températures de chaque corps. Le corps chaud a transféré une partie de son énergie au corps froid. Dans cet exemple, l'énergie ainsi transférée est de la chaleur (énergie calorifique). La quantité de chaleur présente dans les 2 corps de départ est la même que celle présente dans les 2 corps après transfert. Il n'y a donc pas eu apparition ou disparition d'énergie pendant le processus.

Usine de gaz naturel.

- Les exemples précédents décrivent des transferts de chaleur d'un corps à un autre, mais l'énergie produite ou consommée lors d'une réaction chimique n'est pas toujours de l'énergie calorifique. Elle peut aussi être de l'énergie électrique (production d'un courant électrique), lumineuse (production de lumière), mécanique (contraction musculaire, souffle d'une explosion) ou chimique (énergie enfermée dans les molécules).

LA CHIMIE INDUSTRIELLE

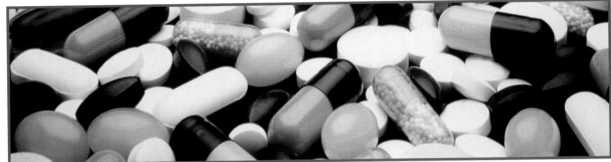

Médicaments.

- La fonction des industries chimiques est de fabriquer des produits chimiques qui répondent à nos besoins.

- On distingue les industries qui fabriquent des produits de base (industries de chimie lourde) et les industries qui utilisent ces produits de base pour fabriquer des produits finis directement utilisables (industries de chimie fine).

- De nombreuses et anciennes civilisations (Mésopotamie, Égypte, Chine…) ont très tôt mis au point des procédés d'extraction et de traitement des métaux (or, cuivre…) ainsi que la production de divers alliages, tel le bronze (alliage de cuivre et d'étain) par exemple. À cette période apparaît également l'industrie du verre. On peut retrouver des objets en verre datant de 2 000 ans avant J.-C.

- Le Moyen Âge voit l'invention du moulin à eau qui apporte la puissance mécanique nécessaire au développement de l'industrie agroalimentaire (meules à grains, à bière ou à huile) ainsi que du soufflet de forge et du haut-fourneau qui font progresser la métallurgie.

- Au début du XIXᵉ siècle se développent les entreprises textiles et sidérurgiques grâce à l'utilisation du charbon comme combustible. En vue d'augmenter la ren-tabilité des réactions chimiques, on améliore les techniques utilisées : par exemple, la soude (carbonate de sodium) est produite par une nouvelle technique appelée le procédé Solvay.

- La production industrielle de médicaments (comme l'aspirine), de parfums et de colorants connaît un rapide essor au début du XXᵉ siècle.

- La première moitié du XXᵉ siècle voit se développer de nouvelles techniques industrielles de synthèse, entre autres celles de l'ammoniac* ou du Nylon.

- Après la Seconde Guerre mondiale, les industries pétrochimiques diversifient leurs activités : production de produits pharmaceutiques, de matières plastiques, de détergents, de pesticides, de peintures…

- Pour optimaliser leur rendement, les industries chimiques ont de plus en plus recours aux catalyseurs*, substances qui augmentent la vitesse des réactions chimiques.

- Les développements les plus récents des procédés industriels consistent en l'utilisation des enzymes* comme catalyseurs spécifiques dans de nombreuses synthèses chimiques.

LA CHIMIE DU FER

- Le fer (du latin *ferrum*) est un métal blanc argenté de symbole Fe, mou, malléable (pouvant être plié) et ductile (pouvant être étiré en fils).

- Il peut être facilement magnétisé à la température ordinaire, mais difficilement lorsqu'il est chauffé. Ses propriétés magnétiques disparaissent vers 800 °C.

- Le fer pur se retrouve en peu d'endroits du globe, par exemple à l'ouest du Groenland. Il est contenu également dans les météorites. En revanche, le fer est un constituant de nombreux composés chimiques. Il est récolté sous la forme de minerais de fer, comme l'hématite, la goethite, la magnétite, la sidérite et la pyrite.

- Le fer est aussi l'un des constituants de l'hémoglobine, protéine présente dans les globules rouges, dont le rôle est le transport de l'oxygène et du gaz carbonique dans le corps.

- Le fer est chimiquement très réactif : il se combine, par exemple, avec les halogènes (fluor, chlore, brome, iode), le soufre, le phosphore et le carbone. Le fer est soluble dans la plupart des acides dilués, et peut subir une combustion, en présence d'oxygène, pour former un oxyde, la magnétite, de formule Fe_3O_4.

- Le fer pur est utilisé dans la production de feuilles de fer galvanisées et d'électroaimants. En médecine, le fer est administré à des patients qui souffrent d'anémie (nombre trop faible de globules rouges dans le sang).

- Exposé à de l'air humide, le fer est oxydé en formant un oxyde hydraté ($Fe_2O_3 + H_2O$), brun rougeâtre et lamellaire, la rouille. Cette réaction s'appelle la corrosion.

- Le fer peut subir le forgeage : il est chauffé au rouge, puis écrasé ou pressé, ce qui rend le fer forgé plus solide, plus ductile en augmentant sa résistance à la fatigue et aux chocs.

Production d'un tuyau en acier.

- L'acier est constitué de fer contenant 0,1 à 1,5 % de carbone. L'acier présente les mêmes propriétés que le fer, mais peut subir la « trempe », c'est-à-dire être trempé par immersion dans un liquide froid après avoir été chauffé au rouge, ce qui lui confère une plus grande dureté (acier trempé). L'acier est utilisé pour fabriquer des objets très durs (couteaux, marteaux, armes…) et/ou présentant une grande élasticité (ressorts…).

- La fonte est constituée de fer renfermant 2 à 5 % de carbone, avec généralement du silicium, du soufre, du phosphore et du manganèse. Elle peut être moulée pour réaliser des objets, telles des casseroles ou des grilles. La fonte intervient également dans la fabrication de l'acier.

LA CHIMIE DU PÉTROLE

- Le pétrole s'est formé sous la surface de la Terre, il y a plusieurs millions d'années, à la suite de la sédimentation* d'organismes marins.

- Au fil du temps, et sous l'action de la pression et de la température, ces sédiments se sont transformés en molécules plus simples, constituées de carbone et d'hydrogène, appelés les hydrocarbures.

- Le pétrole, substance liquide de couleur très foncée, est un mélange de nombreux hydrocarbures différents.

- Ces hydrocarbures peuvent être séparés par une méthode de distillation. Le pétrole brut est préchauffé à 400 °C, puis envoyé dans une tour de raffinage où les hydrocarbures vont être isolés en fonction de leur masse.

- Le raffinage du pétrole permet de récupérer des gaz (méthane, propane, butane), des essences, du kérosène, du mazout, des huiles minérales, du bitume et du goudron…

Usine de raffinage de pétrole.

- Certains constituants du pétrole sont utilisés comme matière première dans la production de médicaments, de matières plastiques, de fibres synthétiques, de peintures, de détergents et du caoutchouc artificiel.

- Suivant son lieu d'origine, le pétrole peut contenir des composés du soufre. Quand ils sont brûlés (dans les essences de voitures par exemple), ces composés développent des gaz polluants qui au contact de la pluie forment les pluies acides, en partie responsables de la déforestation et de la corrosion des métaux.

- La loi impose donc une limite à la quantité de soufre contenu dans les hydrocarbures, ce qui implique des opérations coûteuses de désulfuration pour les producteurs.

- Par rapport à la demande mondiale, le pétrole offre trop peu d'hydrocarbures légers (utilisés en industrie ou comme carburants) et trop d'hydrocarbures lourds (goudrons, bitumes…). Le craquage est un procédé industriel qui permet de casser des grosses molécules d'hydrocarbures en molécules plus légères afin d'obtenir plus d'hydrocarbures légers.

- Les essences qui proviennent directement de la distillation du pétrole brut présentent des indices d'octane* peu élevés (entre 40 et 80). Ces essences, qui sont responsables d'une usure prématurée du moteur ainsi que d'une perte de puissance, vont subir une transformation appelée « reformage » qui leur permet d'atteindre un indice d'octane plus élevé.

LA CHIMIE DES POUDRES ET DES EXPLOSIFS

- Un explosif est une substance chimique qui se décompose en libérant en un temps très court des gaz à très haute température.

- Les explosifs sont utilisés pour l'extraction dans les carrières, dans la démolition, dans les feux d'artifice, comme propulseurs de missiles et de fusées et dans les bombes et les mines.

- Le premier explosif utilisé est la poudre noire, mélange constitué par 75 % de nitrate de potassium (salpêtre), 15 % de charbon de bois et 10 % de soufre. Bien que sa formule apparaisse dans des ouvrages du XIIIe siècle, elle aurait été découverte par les Chinois pour intervenir dans la fabrication des feux d'artifice.

- La poudre noire est remplacée par les nitrates de cellulose et la nitroglycérine, découverts en 1847. Par la suite, les nitrates, les composés nitrés, les fulminates et les azotures sont les principaux explosifs utilisés. Les explosifs actuels se composent d'hexogène (RDX) ou de pentrite (PETN).

- La pyrotechnie, discipline qui réalise les feux d'artifice et les effets lumineux, sonores ou fumigènes, utilise aussi les explosifs. Les feux d'artifice sont constitués d'une substance explosive (poudre noire ou autre) à laquelle sont ajoutés des composés métalliques responsables des différentes couleurs.

- Les explosifs qui se décomposent les moins rapidement sont appelés « poudres » (car ils ont remplacé la poudre noire) et subissent une déflagration*.

- Les explosifs qui ont une vitesse de décomposition très rapide sont appelés « explosifs détonants », car ils subissent une détonation*, qui se propage sous la forme d'une onde de choc. C'est le cas du trinitrotoluène, (TNT) ou de la nitroglycérine.

Feux d'artifice.

- La nitroglycérine est un explosif très puissant, mais terriblement sensible aux chocs et donc très dangereux à utiliser. On stabilise la nitroglycérine en la mélangeant à une substance inerte et poreuse, comme de la sciure. Ce mélange constitue la dynamite, mise au point par Alfred Nobel en 1846.

- En revanche, le trinitrotoluène présente une grande résistance aux chocs et peut être manipulé avec plus de sécurité.

- Pour provoquer l'explosion, c'est-à-dire la décomposition de la substance explosive, il faut lui transmettre de l'énergie, sous la forme d'une élévation de température, d'un courant électrique ou d'un choc mécanique.

LA PHYSIQUE : ORIGINE ET DÉFINITIONS

- Initialement science qui étudie la « nature » au sens large, la physique repose sur l'observation directe des phénomènes naturels.

- Les physiciens tentent de formuler des lois, des théories, des principes généraux en nombre aussi restreint que possible pour expliquer et prévoir les phénomènes naturels.

- Durant des siècles, les connaissances scientifiques ne reposaient sur aucune base expérimentale. Le premier grand physicien de l'Antiquité qui allie la pratique à ses théories est Archimède (287-212 av. J.-C.). Archimède explique le principe des leviers, énonce la loi de l'hydrostatique* (« principe d'Archimède ») et invente des dispositifs mécaniques telles la vis sans fin (« vis d'Archimède ») ou la poulie.

- Bien qu'un certain nombre de faits nouveaux aient été observés durant le Moyen Âge, aucune véritable tentative de compréhension de ces phénomènes n'y fut menée. La physique ne prend donc son essor véritable qu'après la Renaissance, quand l'observation directe des phénomènes naturels est privilégiée et que l'utilisation de l'outil mathématique devient courante.

- En 1543, Copernic publie son traité d'astronomie dans lequel il propose que les planètes tournent autour du Soleil.

- En 1609, Galilée construit un télescope et observe les phases de Vénus. L'usage des mathématiques lui permet d'énoncer la loi de la chute des corps.

- Une avancée significative est réalisée par Newton (1642-1727) qui exprime des lois simples et générales permettant de décrire le mouvement des corps dans l'espace et sur la Terre (loi de la gravitation universelle), rendant l'homme apte à prévoir ces différents phénomènes (phases de la Lune, marées…).

- Les lois de Newton, qui avaient été partiellement pressenties par Galilée (1564-1642), servirent de base à toutes les études suivantes de mécanique, qui culminèrent à la fin du XVIIIe siècle et au début du XIXe avec les travaux de Lagrange, Laplace, Hamilton et Jacobi.

- Le XVIIIe siècle est aussi marqué par le développement de l'électrostatique (Coulomb, Franklin…), alors que le XIXe siècle voit la naissance de l'électromagnétisme (Ampère, Faraday, Maxwell), de la pile électrique (Volta), de la dynamo (Gramme), du téléphone (Bell) et de l'éclairage électrique (Edison).

- Le premier tiers du XXe siècle voit naître 2 théories qui vont bouleverser les concepts de la physique classique : la mécanique quantique (Planck) et la théorie de la relativité (Einstein), qui vont toutes deux mener à l'essor de la physique nucléaire.

A l'arrivée au pouvoir d'Hitler en 1933, Einstein doit quitter l'Allemagne. Il s'installera à Princeton aux États-Unis.

LA MÉCANIQUE GÉNÉRALE

- La mécanique générale étudie le mouvement des corps et les forces auxquelles ces corps sont soumis. Cette définition concerne la mécanique classique. Elle comporte 3 domaines : la statique, la cinématique et la dynamique.

- La statique étudie les forces qui peuvent s'exercer sur un objet en équilibre. La cinématique étudie uniquement les mouvements sans tenir compte de leurs causes. La dynamique étudie les mouvements d'un corps sous l'action des forces auxquelles il peut être soumis.

- La notion de force est liée à l'effort musculaire fourni, par exemple, pour lancer une pierre. Elle est généralement caractérisée par son point d'application, sa direction et son sens. L'unité de force est le newton (N).

- Le mouvement d'un objet sous l'action de forces est soumis à 3 principes énoncés par Isaac Newton en 1686 : le principe d'inertie, le principe fondamental de la dynamique et le principe de l'action et de la réaction.

- Le principe d'inertie définit que si la somme des forces qui s'applique à un corps est nulle, ce corps est immobile ou animé d'un mouvement rectiligne uniforme.

- Le principe fondamental de la dynamique relie l'accélération d'un objet aux forces qui lui sont appliquées. Un newton est la force nécessaire à une masse de 1 kg pour atteindre une accélération de 1 m/s^2.

- Le principe de l'action et de la réaction énonce qu'un corps qui exerce une force sur un autre subit en retour une force de même intensité et direction mais de sens opposé (exemple de 2 enfants en patins à roulettes, l'un pousse l'autre et est entraîné dans la direction opposée).

- La vitesse d'un objet en mouvement est le rapport de la distance parcourue par l'objet sur sa durée de déplacement.. L'unité de vitesse peut être le km/h, le km/s ou le m/s.

Les astronautes à bord de la navette spatiale en orbite autour de la Terre sont en état d'apesanteur.

- Un objet peut se déplacer à vitesse constante ou variable. Dans ce dernier cas, la vitesse peut augmenter ou diminuer au cours du temps. On parlera alors respectivement d'accélération ou de décélération.

- Prenons l'exemple d'un objet qui subit une chute libre, c'est-à-dire dans le vide. Nous remarquons que sa vitesse de chute augmente avec le temps. Ce qui signifie que l'objet est soumis à la force de pesanteur qui se définit comme l'attraction mutuelle entre 2 corps dépendant de leur masse* et de la distance qui les sépare. Suite à ce phénomène appelé gravitation, l'objet subit une accélération verticale (g) égale à 9,81 m/s^2.

L'OPTIQUE

- L'optique s'intéresse à la propagation et au comportement de la lumière.

- L'optique géométrique s'intéresse à la propagation, la réflexion et la réfraction de la lumière ; l'optique ondulatoire ou physique étudie le comportement de la lumière : son émission, sa composition, son absorption et sa propagation.

- Si un rayon de lumière se propage dans l'air et touche un milieu homogène*, une partie de la lumière est réfléchie : c'est la réflexion.

- Il existe 2 types de réflexions : la réflexion diffuse est produite par une surface irrégulière et ne produit pas d'image discernable : elle nous permet de voir le monde qui nous entoure. La réflexion spéculaire est causée par une surface lisse (miroir) et donne une image discernable d'un objet.

- La partie non-réfléchie de la lumière pénètre dans le milieu homogène et l'angle de propagation du rayon lumineux est modifié : c'est la réfraction.

Les lentilles concaves sont utilisées pour corriger la myopie, alors que l'hypermétropie* nécessite le port de lentilles convexes.

- Nous utilisons tous les jours des miroirs pour réfléchir la lumière de manière à obtenir une image. Il existe 3 types de miroirs : le miroir plan, le miroir concave et le miroir convexe. Le miroir plan n'est pas courbé. L'image qu'il nous renvoie est inversée (gauche-droite) et a une grandeur identique à l'objet.

- Le miroir concave est un miroir courbe qui apparaît creusé lorsqu'on le regarde de face, il restitue une image plus grande que l'objet et concentre la lumière. Il est utilisé dans les télescopes, les lampes de poche, les phares d'automobiles. Le miroir convexe, apparaît bombé et est utilisé pour son grand champ de vision. On l'utilise comme rétroviseur du côté passager dans les automobiles.

- En optique ondulatoire la lumière est un rayonnement électromagnétique qui oscille très rapidement. La fréquence d'oscillation détermine la couleur du rayonnement. La lumière normale est composée de toutes les fréquences de lumières visibles et invisibles. Lorsqu'elle traverse un prisme*, il est possible de la décomposer en tous ses constituants. L'image obtenue forme un arc-en-ciel.

- Le laser et les fibres optiques sont 2 applications de l'optique. Le laser amplifie la lumière et la concentre en un fin faisceau. Il est utilisé dans les imprimantes ou dans les lecteurs DVD, en chirurgie de l'oeil (opération de la rétine) et en télécommunications.

- Les fibres optiques sont de fines tiges en verre ou en matières plastiques qui permettent à la lumière de se réfléchir totalement sur les parois internes de la gaine et de se propager sur de longues distances. En télécommunications on les utilise avec le laser comme source lumineuse et en médecine pour les examens cliniques internes (endoscopie).

L'ÉLECTRICITÉ

- L'électricité représente l'ensemble des phénomènes produits par des charges électriques au repos ou en mouvement.

- Frottons une latte en plastique contre notre pull : la latte va s'électriser. Des électrons passent des atomes de la laine du pull vers la surface de la latte. Celle-ci acquiert une charge électrique négative et peut alors exercer une influence électrostatique sur ce qui l'entoure. Les atomes de la laine, qui ont perdu des électrons, acquièrent une charge électrique positive.

- Une charge positive attire une charge négative, alors que 2 charges électriques de même signe se repoussent. Les forces d'attraction et de répulsion engendrées par des charges électriques furent mesurées par Charles de Coulomb en 1785, qui laissa son nom à l'unité de charge électrique, le coulomb (C).

- À la fin du XVIIIe siècle, les Italiens Luigi Galvani et Alessandro Volta découvrent qu'un courant électrique peut être produit par le mouvement des charges électriques. En 1800, Volta construit la première pile électrique portant 2 bornes de potentiels opposés, 1 borne positive et 1 borne négative. En son honneur, l'unité de différence de potentiel est appelée le volt (V).

- En 1820, le Français André Marie Ampère énonce les premières formules de l'électromagnétisme suite à l'observation qu'un courant électrique crée autour de lui un champ magnétique*. Il laisse son nom à l'unité de courant électrique, l'ampère (A).

- En 1831, Michael Faraday montre qu'un courant électrique circulant dans une bobine* engendre l'apparition d'un courant électrique dans une bobine voisine. Il s'agit de l'induction électro-magnétique.

- En 1879, Thomas Edison invente l'ampoule électrique à incandescence*. En 1882, il crée à New York la première centrale électrique de courant continu du monde.

- En 1888, le courant continu est remplacé par du courant alternatif, plus pratique à utiliser, suite à l'apparition des premiers générateurs de courant alternatif créés par Nikola Tesla. En 1895, 2 de ces générateurs sont installés dans la centrale hydroélectrique des chutes du Niagara.

- Au XXe siècle, l'électronique se développe et connaît un énorme succès suite à ses multiples applications en télécommunications où des signaux électriques sont transformés en signaux audio (radio, téléphone) ou vidéo (télé-viseurs), en microscopie (microscope électronique) et en informatique.

- Actuellement, l'électricité est produite par des turbines hydrauliques, à vapeur, à gaz, ou éoliennes* qui produisent du courant électrique par le déplacement d'une bobine dans un champ magnétique. Les piles voltaïques géné-rent une tension électrique suite à une réaction électrochimique et les piles photovoltaïques produisent l'électricité par action directe de la lumière (énergie solaire).

LA RADIOACTIVITÉ

- La radioactivité est la transformation d'un atome avec une émission de rayonnements. On peut observer 2 types de radioactivité : la radioactivité naturelle lorsque les noyaux qui en sont la source ont été synthétisés dans la nature (rayonnements cosmiques, uranium…) et la radioactivité artificielle lorsque les isotopes sont synthétisés par l'homme (réacteurs nucléaires).

- À la fin du XIXe siècle la physique classique est en crise. En effet, ses lois sont inadaptées à la description du monde microscopique et des remises en causes fondamentales vont devoir être effectuées.

- Fin 1895, Wilhelm Röntgen, physicien allemand, découvre les rayons X. En 1896, le Français, Henri Becquerel démontre les propriétés de rayonnement de l'uranium. En 1897, le Britannique J. J. Thomson identifie l'électron qui est un des constituants de tous les atomes.

- En 1898, les Français Pierre et Marie Curie découvrent le radium et le polonium, de nouveaux éléments particulièrement actifs en ce qui concerne l'émission de rayonnement. Ils créent ainsi le terme de « radioactivité ».

- Toutes ces découvertes vont amener E. Rutherford à énoncer, en 1911, l'existence d'un noyau, chargé positivement au centre de l'atome. N. Bohr modélise l'atome et permet de jeter les bases de la physique atomique (de l'atome) et de la physique nucléaire (du noyau) qui débouchera, dans les années 1930, sur la physique des particules.

- Ces disciplines se développeront grâce aux nouvelles lois de mécanique relativiste d'Einstein, qui régit le mouvement des corps très rapides, et de la mécanique quantique qui régit le mouvement des infiniment petits.

- En 1932, J. Chadwick, représente le noyau comme un ensemble de protons et de neutrons. En 1934, Frédéric Joliot et Irène Curie bombardent une feuille d'aluminium avec des particules alpha et obtiennent du phosphore radioactif. Ils découvrent la radioactivité artificielle. En 1939, à Berlin, O. Hahn et F. Strassmann découvrent la fission de l'atome.

- À partir de 1945, le développement des accélérateurs de particules, appareils qui permettent de réaliser des collisions de hautes énergies entre particules, a permis d'étudier la structure nucléaire de façon intensive.

- En 1964, Gell-Mann et Zweig émettent l'hypothèse de l'existence de 6 quarks, sous-structures des protons et des neutrons. En 1995, le dernier quark a été mis en évidence aux États-Unis.

- La radioactivité faible fait partie de notre vie quotidienne : en escaladant les sommets, en prenant l'avion, en stérilisant des aliments, en subissant des examens radiologiques…

LE MAGNÉTISME

■ Le magnétisme est déjà décrit par les Grecs, les Romains et les Chinois qui constatent le caractère naturellement magnétique d'un minerai d'oxyde de fer, la magnétite. Au XIᵉ siècle, les Arabes appliquent cette propriété pour réaliser les premières boussoles utilisées en navigation.

■ Un aimant est un corps qui attire le fer et ses dérivés. Plaçons un aimant sur de la limaille de fer : la limaille va être principalement attirée par les 2 extrémités de l'aimant appelées pôles.

■ En 1600, William Gilbert décrit la Terre comme un aimant géant présentant 2 pôles magnétiques, un pôle nord et un pôle sud. Une aiguille aimantée placée sur un axe vertical s'oriente de manière à présenter l'une de ses 2 extrémités vers le pôle nord terrestre. Pour cette raison, cette extrémité est appelée le pôle nord de l'aimant et l'autre le pôle sud.

■ Les pôles exercent une action l'un sur l'autre. Approchons les pôles de 2 aimants : nous constatons que 2 pôles identiques se repoussent, alors qu'un pôle nord et un pôle sud s'attirent.

■ Une aiguille aimantée s'oriente aux alentours d'un aimant, sous l'action de forces induites par la présence des 2 pôles magnétiques. Cette région de l'espace dans laquelle une aiguille aimantée est soumise à des forces est appelée champ magnétique.

■ Le fer et les éléments appartenant à la famille des lanthanides (le lanthane, le cérium…) sont des substances naturellement magnétiques.

■ Des objets en fer, en nickel ou en cobalt, sans propriétés magnétiques, peuvent être aimantés s'ils sont placés dans un champ magnétique. Cette aimantation par influence disparaît quand on éloigne l'objet du champ magnétique.

■ Nous pouvons créer 2 pôles magnétiques en faisant circuler du courant électrique dans une bobine de fil électrique appelée un solénoïde. Un champ électrique se forme dans et autour du solénoïde et 2 pôles magnétiques apparaissent aux 2 extrémités du solénoïde.

■ Si on place une barre de fer dans le solénoïde, elle s'aimante dès que le courant électrique circule dans le solénoïde et se désaimante quand on coupe le courant. Ce montage constitue un électroaimant. Les électroaimants sont utilisés dans les relais électriques, mais aussi dans les freins électromagnétiques des trains, trams ou métro.

■ En 1871, le Belge Zénobe Gramme présente le premier modèle de générateur de courant électrique : la dynamo. Elle fonctionne grâce au principe de l'électromagnétisme : un anneau de fer, entouré d'une bobine de fil électrique, tourne sur lui-même entre les 2 pôles d'un aimant. Ce mouvement induit l'apparition d'un courant électrique dans la bobine.

LA GRAVITATION

- Les corps sont soumis à une attraction mutuelle. Ce phénomène est appelé l'attraction gravitationnelle ou plus simplement la gravitation.

- La loi de la gravitation est énoncée en 1684 par le physicien anglais Isaac Newton et nous indique que la force gravitationnelle dépend de la masse des corps et de la distance qui les sépare.

- Lorsque l'on parle de la force gravitationnelle entre la Terre et les corps à proximité, les termes « gravité » ou « pesanteur » peuvent aussi être employés.

- L'intensité de la force de gravitation qui s'exerce sur un objet varie en fonction de l'endroit du globe où il se trouve : en effet, la force de gravitation dépend de la force d'attraction terrestre et de la force centrifuge due à la rotation de la Terre.

- La force centrifuge étant plus importante à l'équateur, la force gravitationnelle y est donc moins forte. Par contre, la force centrifuge est inexistante aux pôles, ce qui élève l'intensité de la force gravitationnelle.

- La valeur de la force de gravité, ou pesanteur, est généralement mesurée par l'accélération d'un objet en chute libre, à la surface de la Terre. Cette valeur, appelée « accélération de la pesanteur » est symbolisée par « g » (Newton/kg ou m/s^2) et s'élève à 9,7799 m/s^2 à l'équateur, pour 9,83 m/s^2 aux pôles.

- De plus, g varie avec l'altitude : plus on s'éloigne de la Terre, moins l'attraction terrestre est forte. Un objet placé à une altitude de 6 400 km subit une attraction de pesanteur 4 fois moindre.

- Comme la Terre n'est pas une sphère parfaite, mais est aplatie au niveau des pôles, sa surface n'est pas partout à la même distance de son centre. On constate que la valeur de g croît légèrement avec la latitude, c'est-à-dire en se déplaçant de l'équateur vers un pôle.

Chaque planète présente une intensité gravitationnelle propre, liée à sa masse. Le poids d'un objet est différent sur chacune des planètes du système solaire.

- La valeur moyenne de g est de 9,80665 m/s^2 ou N/kg, ce qui implique qu'une masse de 1 kg aura, sur Terre, un poids de 9,8 N. Sur la Lune, la pesanteur est 6 fois moins grande que sur Terre (une masse de 1 kg a un poids de 1,6 N), alors que sur Jupiter une masse de 1 kg a un poids de 25,9 N.

- Alors que la masse d'un corps ne varie pas, le poids apparaît donc comme relatif et dépend du lieu où se situe l'objet.

LA MÉCANIQUE QUANTIQUE

- La théorie quantique, énoncée en 1900 par le physicien allemand Max Planck, pallie les limitations de la mécanique de Newton et représente le fondement de toute la physique moderne.

- À la fin du XIXᵉ siècle, de nombreuses observations confirment la théorie ondulatoire de la lumière qui la décrit comme une onde électromagnétique. D'autres observations mènent au développement d'une seconde théorie, la théorie corpusculaire, qui la décrit composée d'un flux de particules. Comment relier ces 2 théories ?

- En 1900, un premier pas vers la résolution de ce problème est l'introduction par Max Planck (prix Nobel de physique en 1918) de la notion de quantum, minuscule particule d'énergie.

- Un rayonnement énergétique qui frappe la surface d'un métal voit l'énergie d'une partie de ses photons* absorbée par les électrons des atomes métalliques. Si l'énergie absorbée par un électron est suffisamment intense, celui-ci peut quitter sa couche électronique, acquérir de l'énergie cinétique (mouvement) et créer un courant électrique.

- Ce phénomène est appelé l'effet photoélectrique et fut expliqué en 1905 par Albert Einstein (prix Nobel de physique en 1921) à partir de la théorie du quantum de Planck.

- En 1913, le physicien danois Niels Bohr postule que les électrons d'un atome se déplacent autour du noyau sur des orbites placées à des distances déterminées du noyau et qu'un électron qui passe d'une orbite à une autre absorbe de l'énergie (il s'éloigne du noyau) ou émet de l'énergie (il se rapproche du noyau).

- En 1924, le physicien français Louis de Broglie suggère que des particules matérielles peuvent aussi présenter des propriétés ondulatoires. En effet, un faisceau d'électrons venant frapper la surface d'un solide cristallin est dévié comme le serait une onde.

- La mécanique quantique nous permet de comprendre la structure véritable de l'atome, qui n'apparaît plus comme un noyau entouré d'un nuage d'électrons, mais entouré par une série d'ondes représentant chacune une orbite (le lieu des points où la probabilité de rencontrer un électron est maximale).

- Cette théorie a permis de mieux comprendre les problèmes importants de la physique et a amélioré la compréhension de la structure de la matière en fournissant une base théorique pour le développement de nouveaux domaines (la supraconductivité, la physique nucléaire et des particules élémentaires).

- Dans l'avenir, les apports de la mécanique quantique permettront de développer la théorie des champs unifiée qui est valable pour les 4 types d'interactions au sein de la matière : les interactions fortes entre les protons et les neutrons dans le noyau de l'atome ; les interactions électromagnétiques entre le noyau et les électrons ; les interactions faibles et l'interaction gravitationnelle.

LES MATHÉMATIQUES : ORIGINE ET DÉFINITIONS

■ Les mathématiques sont définies comme la science des rapports des quantités, des modèles de structure et d'espace.

■ Elle aborde, entre autres, des questions d'ordre et de grandeur.

■ Les mathématiques utilisent comme méthodes générales l'analyse et la synthèse.

■ Aujourd'hui les mathématiques jouent un rôle essentiel dans la compréhension et la maîtrise du monde qui nous entoure, qu'il s'agisse de construire des machines, de gérer une activité commerciale ou financière, etc.

Les mathématiques apparaissent déjà dans les civilisations babylonienne et égyptienne.

■ Les quantités et les structures peuvent être considérées en elles-mêmes ; on parle alors de mathématiques pures. Si elles sont considérées dans d'autres domaines scientifiques auxquels elles s'appliquent, on parlera alors de mathématiques appliquées.

■ La succession des instants (le nombre) naît de la loi formelle de la quantité appliquée au temps. Si on l'applique à l'espace, elle donne la conception de la conjonction des points ou de l'étendue.

■ Le nombre et l'étendue donnent naissance à 2 branches distinctes des mathématiques pures. La première est la science des nombres ou l'algorithmie qui se subdivise en arithmétique (qui considère les nombres en particulier) et l'algèbre (qui considère les nombres en général). La seconde est la géométrie, qui est la science de l'étendue.

■ D'autres matières font également partie des mathématiques pures. Pour l'algorithmie : le calcul différentiel, le calcul intégral (qui sont des outils pour la physique, la mécanique et l'électricité) et le calcul des probabilités. Pour la géométrie : la géométrie descriptive (qui consiste en dessins) et la géométrie analytique (qui consiste en équations).

■ Les mathématiques appliquées s'intéressent à l'application du savoir mathématique aux autres domaines scientifiques : la théorie de l'information, la théorie des jeux, les probabilités, les statistiques, les mathématiques financières, l'actuariat (application de la statistique et du calcul des probabilités aux opérations de finance et d'assurance), les mathématiques de l'ingénierie, l'informatique…

■ Les méthodes mathématiques sont alors appliquées à la résolution d'un problème particulier en utilisant un modèle mathématique.

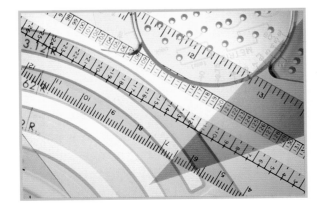

L'ALGÈBRE

- L'algèbre fait partie des mathématiques pures. Son objet est de résoudre d'une manière générale les questions relatives aux nombres au moyen des relations que l'on peut établir entre les quantités connues et inconnues.

- On utilise les lettres de l'alphabet, qui désignent les grandeurs sur lesquelles on doit raisonner et des caractères particuliers, appelés signes algébriques, qui permettent d'effectuer les opérations sur ces grandeurs. Les premières lettres de l'alphabet sont réservées aux quantités connues et les dernières lettres x, y, z aux quantités inconnues.

- À la fin du XVᵉ, début du XVIᵉ siècle, en Italie, à l'université de Bologne, Luca Pacioli (1445-1510) résout les équations du second degré. Il figure l'inconnue et son carré, la somme de l'inconnue et de son carré égale un nombre donné.

- Au XVIᵉ siècle, Michael Stifel (1486-1567), moine augustin allemand, introduit des lettres pour représenter des inconnues. Robert Recorde (1510-1558), professeur à Londres et à Oxford, introduit le signe = pour représenter l'égalité.

- François Viète (1540-1603), avocat au Parlement de Paris et mathématicien amateur, introduit la véritable algèbre où les nombres sont remplacés par des lettres aussi bien pour les inconnues que pour les connues. Il mène à la notion de formule générale et permet ainsi de résoudre tous les problèmes d'un même type. En 1799, Karl Friedrich Gauss (1777-1855) énonce le théorème fondamental de l'algèbre : le nombre de solutions d'une équation algébrique est égal au degré de celle-ci.

- Le XIXᵉ siècle voit un renouveau de l'algèbre. Niels Henrik Abel, Norvégien (1802-1829), démontre l'impossibilité de la solution générale de l'équation du cinquième degré. L'algèbre supérieure se développe dans 2 directions : la théorie des formes et celle des groupes.

- On appelle forme une fonction homogène de plusieurs variables indépendantes. Le Britannique Arthur Cayley (1821-1895) trouve les déterminants et les matrices (tableaux de nombres possédant des propriétés).

- La théorie des groupes, développée par le mathématicien français Évariste Galois (1811-1832), est l'étude des symétries au sein des équations algébriques : si on permute les variables d'une équation, leur valeur reste identique.

- D'autre part, la représentation géométrique des nombres complexes (dont la formule est $z = a + bi$, a et b étant des nombres réels et i un nombre imaginaire) permet d'extraire des racines négatives des équations mathématiques. Hermann Grassmann (1809-1877) et William Rowan Hamilton (1805-1865) émettent les règles du calcul vectoriel* et résolvent des problèmes à n dimensions.

- De nos jours, l'algèbre moderne évolue constamment, notamment grâce à la création de nouvelles structures abstraites et à la topologie*.

LA GÉOMÉTRIE

- La géométrie fait partie des mathématiques pures. Elle étudie les relations entre les points, les droites, les courbes, les surfaces et les volumes de l'espace réel.

- Dans l'Antiquité, Archimède effectue les premiers essais de géométrie sphérique.

- À la Renaissance, Léonard de Vinci développe les 3 problèmes de la quadrature du cercle, de la duplication du cube et de la trisection de l'angle.

- Au XVIe siècle, la théorie des coniques, branche particulière de la géométrie, se développe. Johannes Kepler démontre que les planètes décrivent des orbites elliptiques : dénomination du foyer, considération de la parabole comme cas limite d'une ellipse. Claude Mydorge (1585-1647) dans son grand traité sur les coniques, établit les propriétés de l'ellipse, l'hyperbole et la parabole.

> **Lorsqu'un avion se déplace en suivant le chemin le plus court, il suit une portion de grand cercle et non pas une ligne droite.**

- Gérard Desargues (1591-1661), ingénieur et architecte, est le créateur de la géométrie pure. Il applique la perspective à la géométrie et en particulier aux coniques. Il considère tout conique comme projection d'un cercle et étend diverses propriétés du cercle à ces courbes.

- René Descartes (1596-1650) souhaite réduire la solution de tous les problèmes algébriques et tous les problèmes de résolution d'équations à quelques procédures standards. Il distingue les courbes géométriques et mécaniques mais se restreint aux courbes géométriques où les 2 coordonnées sont reliées par 1 équation algébrique. Il crée ainsi la méthode de représentation des fonctions et l'analyse infinitésimale.

- Pierre de Fermat (1601-1665), conseiller au Parlement, par son théorème étudie la notion spécifique d'une courbe par son équation.

- Au milieu du XVIIIe siècle, Leonhard Euler (1707-1783) traite de la géométrie analytique tant du plan que de l'espace. Il y donne la classification, toujours actuelle, des coniques et des quadriques ainsi que des courbes algébriques d'ordres 3 et 4. En géométrie infinitésimale, on lui doit des recherches sur les géodésiques*, sur les surfaces minimales ainsi que la première étude de la courbure d'une surface.

- Gaspard Monge (1746-1818) fonde la géométrie descriptive. Il crée également les théories les plus importantes de la géométrie analytique à 3 dimensions : tous les mouvements concevables dans l'espace doivent pouvoir être transcris en équations et toute opération analytique doit se représenter par un déplacement d'ordre géométrique. Il est fondateur d'école : tous les géomètres du XIXe siècle seront plus ou moins ses disciples.

- La géométrie est utilisée dans de nombreux domaines aussi bien scientifiques que dans la vie courante.

LA TRIGONOMÉTRIE

- La trigonométrie étudie les relations entre les côtés et les angles des triangles et les propriétés des fonctions trigonométriques. On distingue la trigonométrie plane (triangles du plan) de la trigonométrie sphérique (triangles situés à la surface d'une sphère). Il nous est donc possible d'établir des relations entre les côtés et les angles d'un triangle.

- La trigonométrie plane étudie les angles qui peuvent être représentés par une valeur algébrique et qui se mesurent en degrés (°) ou en radians (rad). On associe 4 fonctions trigonométriques à un angle : le sinus, le cosinus, la tangente et la cotangente qui toutes dépendent de l'amplitude de l'angle.

- La trigonométrie sphérique étudie les angles des triangles sphériques formés par les arcs de grands cercles d'une sphère. Le triangle possède 3 côtés courbes a, b, c et 3 angles associés A, B, C. Pour déterminer les éléments d'un triangle sphérique, il suffit de connaître 3 de ces éléments. Il existe de nombreuses formules qui relient tous ces paramètres.

- Il y a plus de 2 000 ans, les Égyptiens créent la trigonométrie, qui est utilisée par les astronomes et les ingénieurs dans la construction des pyramides. Au II⁰ siècle avant J.-C., les Grecs la développent : Hipparque d'Alexandrie calcule pour un angle donné la longueur de la corde sous-tendue et 300 ans plus tard Ptolémée publie la première table trigonométrique (table des sinus, cosinus et tangentes des angles).

- À la fin du Xᵉ siècle, les mathématiciens arabes définissent 6 lignes trigonométriques. Ces découvertes ne seront connues des Européens qu'au XVᵉ siècle.

- Au XVIᵉ siècle, le sinus sous sa forme actuelle est défini par l'astronome allemand Rheticus. Le Français François Viète (1540-1603) est le créateur du calcul trigonométrique. Son traité des sections angulaires contient la plupart de nos formules de trigonométrie plane, il développe la trigonométrie sphérique et établit des recueils de tables trigonométriques.

On utilise la trigonométrie pour calculer, par exemple, la largeur d'un grand lac.

- À la même époque, l'Écossais John Napier (1550-1617), dont le nom fut francisé en Neper, invente les logarithmes (fonction du nombre) destinés à simplifier les calculs de trigonométrie sphériques.

- Au XVIIᵉ siècle, Descartes (1596-1650), démontre que l'utilisation du sinus permet de calculer la déviation d'un rayon lumineux passant d'un milieu à un autre (réfraction de la lumière).

- Les règles à calcul et les tables furent utilisées pour le calcul des logarithmes jusqu'à l'introduction des calculatrices de poche dans les années 1970.

- De nos jours, la trigonométrie est utilisée, entre autres, sur les chantiers pour mesurer des angles et des distances et par les géomètres dans les relevés topographiques.

L'ANALYSE MATHÉMATIQUE

- L'analyse mathématique étudie les fonctions par les méthodes du calcul différentiel ou infinitésimal.

- Pierre de Fermat (1601-1665), conseiller au Parlement et mathématicien amateur, est un précurseur du calcul infinitésimal (variations infiniment petites des fonctions) et un des fondateurs de la théorie des nombres.

- En cette fin de XVIIe siècle, les mathématiques connaissent un bouleversement inouï. Les infiniment petits font une apparition éclatante et vont désormais régner en maîtres. L'Allemand Gottfried Wilhelm Leibniz (1646-1716) et l'Anglais Isaac Newton (1642-1727) partagent la gloire d'avoir fondé le calcul différentiel ou infinitésimal.

- Leibniz est l'auteur des règles du calcul différentiel et de notations dont les avantages sont nombreux. Il introduit le signe d'intégration $\int$ et donne les éléments du calcul différentiel, et établit également les éléments du calcul intégral. Une nouvelle branche des mathématiques est créée : l'analyse mathématique. Ses progrès aux XVIIIe et XIXe siècles seront très importants.

- Jacques Bernoulli (1654-1705) est un des pionniers du calcul intégral. En 1698, un travail de géométrie et de calcul différentiel l'amène à des notions très exactes sur la fonction exponentielle et son rapport avec le logarithme : il est le véritable fondateur du calcul exponentiel. Il introduit les nombres, si importants en analyse, auxquels on a donné son nom.

- Le premier traité de calcul différentiel est publié en 1696 par un Français, Guillaume de L'Hospital. Grâce à lui cette science est passée dans le domaine public et tous les savants ont pu en connaître les principes et en étudier les applications.

- Au début du XVIIIe siècle, Leonhard Euler (1707-1783) traite de l'étude générale des fonctions exponentielles, trigonométriques, logarithmiques, des développements en série et en produits finis. Pour la première fois, les liens étroits entre fonctions exponentielles et fonctions circulaires sont mis en évidence grâce à l'intervention d'une variable imaginaire.

- Joseph-Louis Lagrange (1736-1813) introduit les méthodes de l'analyse en géométrie.

- Au XIXe siècle, Augustin Louis Cauchy (1789-1857) publie son œuvre capitale en analyse infinitésimale où il propose des raisonnements rigoureux. Il montre l'importance des notions de continuité d'une fonction ou de convergence. Il précise aussi la notion d'intégrale définie et fonde la théorie des fonctions de la variable complexe au moyen de l'intégrale de Cauchy.

- De nombreux problèmes peuvent être résolus grâce aux dérivées : dans le domaine des télécommunications, elles permettent de calculer le rayonnement de toutes les antennes, la progression des ondes dans l'air, dans le cuivre, la propagation de la lumière dans l'air et dans les fibres optiques…

LES STATISTIQUES

- Les statistiques font partie des mathématiques et ont pour objet la collecte, le traitement et l'analyse de données numériques relatives à un ensemble d'objets, d'individus ou d'éléments. C'est un précieux outil pour expérimenter des projets, la gestion des sociétés ou encore pour aider à la prise de décisions. Elles s'effectuent en 4 étapes : la définition et la collecte des données, leur présentation sous forme de tableaux, leur analyse et la comparaison avec les lois statistiques connues.

- En Chine, 2 000 ans avant J.-C., les résultats des productions agricoles sont déjà analysés. Les Égyptiens organisent le recensement de leur population. En 555 avant J.-C., à Rome, a lieu le Ier recensement à grande échelle de l'histoire.

- Très peu de recensements seront effectués durant le Moyen Âge. Au VIIIe siècle, sous Charlemagne, des relevés de propriétés ecclésiastiques ont lieu. Au début du XVIe siècle, l'Angleterre tient un registre des décès et des naissances.

- Au XIXe siècle, Adolphe Quételet, statisticien belge, organise le premier congrès international de statistiques. De nos jours, le statisticien interprète l'information et s'appuie sur les statistiques et sur la théorie des probabilités pour vérifier la fiabilité des conclusions statistiques.

- Le Ier problème du statisticien est de définir la nature et la quantité des données à récolter. Ensuite il commence son recensement par sondage, par mesures ou par échantillonnage.

- Les données sont classées et rangées au sein de tableaux afin de permettre une analyse et une interprétation directe. Cette représentation graphique va dégager des effectifs, nombre d'éléments de type identique.

- Si le nombre de données est trop élevé pour être représenté graphiquement, le statisticien va les répartir en groupes appelés classes. On utilisera dans ce cas un histogramme constitué d'une série de rectangles dont les bases sont égales à l'amplitude des classes et dont les hauteurs reflètent les effectifs de chaque classe.

- Le travail d'analyse peut alors commencer : il s'agira de calculer un nombre qui résumera à lui seul toutes les données. Cette mesure qui correspond le mieux à la tendance centrale s'appelle la moyenne.

- Le statisticien peut être confronté à la dispersion de données. Il cherche à s'assurer que les mesures sont étroitement regroupées autour de la moyenne et utilise l'écart type. S'il est faible, les valeurs sont regroupées autour de la moyenne, s'il est important elles sont très dispersées.

- Le statisticien s'est aperçu que de nombreux ensembles de mesures présentaient le même type de distribution. Cela lui a permis de concevoir des modèles mathématiques reflétant des lois statistiques récurrentes.

LES PROBABILITÉS

- L'objet de la théorie des probabilités est l'analyse mathématique de phénomènes, appelés aléatoires, dans lesquels le hasard intervient.

- Ces phénomènes se reproduisent maintes fois dans des conditions identiques et se déroulent chaque fois différemment de sorte que le résultat change d'une fois à l'autre de manière imprévisible. Par exemple : le temps de passage d'un bus, le jeu de lancer de dés…

- L'expérience démontre qu'à l'observation d'un grand nombre de phénomènes aléatoires on y décèle des lois tout à fait déterminées et stables qui régissent les résultats. Cette stabilité légitime l'utilisation d'une modélisation mathématique. La théorie des probabilités va essayer de modéliser de façon abstraite tous ces types de situations aléatoires.

- Au XVIᵉ siècle, Girolamo Cardano (1501-1576) publie la première étude scientifique sur le jeu de dés.

- Au XVIIᵉ siècle, Pierre de Fermat (1601-1665) dans une correspondance avec Blaise Pascal (1623-1662) crée avec celui-ci le calcul des probabilités. Fermat utilise l'analyse combinatoire (méthodes qui permettent de compter les objets) et le principe des probabilités composées. Christiaan Huygens (1629-1695) compose le premier traité complet sur le calcul des probabilités et Jacques Bernoulli (1654-1705) expose et précise la notion de probabilité.

- Au XVIIIᵉ siècle, Pierre-Simon Laplace (1749-1827) effectue des recherches sur l'approximation des fonctions de très grands nombres qui se présentent à chaque instant en calcul des probabilités.

- C'est essentiellement au XIXᵉ siècle que la notion de probabilité s'est développée. Siméon Denis Poisson (1781-1840) introduit sa distribution dans laquelle il décrit qu'un hasard se produit dans un temps ou espace sous condition que la probabilité de l'événement soit très petite mais que le nombre d'essais soit très grand.

- Au XXᵉ siècle, Andréï Kolmogorov (1903-1987) formalise la théorie des probabilités sous forme axiomatique (vérités admises sans démonstrations et sur lesquelles se fonde un raisonnement). L'expression mathématique ainsi donnée aux concepts leurs confère une clarté et une maniabilité beaucoup plus grande.

- À l'heure actuelle la modélisation par des processus aléatoires intervient dans de nombreux domaines scientifiques.

- On peut par exemple modéliser les réseaux de télécommunications ou l'évolution du taux d'occupation d'une ligne dans un central téléphonique.

Les probabilités sont utilisées pour déterminer le lieu où se trouvent les électrons autour d'un noyau atomique.

LA RECHERCHE OPÉRATIONNELLE

- La recherche opérationnelle est une discipline qui a pour but d'aider le gestionnaire à prendre des décisions dans des situations complexes grâce à l'utilisation de méthodes scientifiques et en particulier de modèles mathématiques.

- La recherche opérationnelle est née avec la Seconde Guerre mondiale. En effet, en 1940 l'état-major anglais fait appel à Patrick Blackett pour résoudre certains problèmes (implantation optimale de radars sous surveillance). Le terme « opérationnelle » provient de sa première application aux opérations militaires.

- Le but de la résolution d'un problème de recherche opérationnelle est l'aide à la décision. Sur base des outils mathématiques : la statistique et la théorie des probabilités elle crée un modèle du problème qui sera traité à l'aide de l'outil informatique et analyse son résultat. Cette analyse fournira l'aide à la décision.

- Un modèle mathématique est une représentation d'un fragment de la réalité.

- Un bon modèle est un compromis entre précision et simplicité. Dans la pratique, les modèles trop complexes sont souvent rejetés. Ils doivent fournir un éclairage sur le problème à résoudre.

- L'analyse de problèmes par modélisation mathématique offre de nombreux bénéfices. Elle permet d'effectuer des simulations et de commettre des erreurs sur papier ou sur écran plutôt qu'en réalité ; elle oblige le décideur à formuler avec précision le problème auquel il est confronté.

- Il existe plusieurs types de problèmes auxquels le décideur peut être confronté. Les problèmes combinatoires : un grand nombre de solutions admissibles parmi lesquelles on cherche une solution optimale (par exemple, où installer 5 centres de distribution parmi 30 sites possibles afin que les coûts de transport entre ces centres et les clients soient réduits au minimum).

Le contrôle des stocks s'effectue grâce à la recherche opérationnelle.

- Les problèmes aléatoires : trouver une solution optimale face à un problème posé en termes incertains (comme l'installation de guichets dans un bureau de poste où le temps d'attente serait limité à 15 minutes au maximum).

- Les problèmes concurrentiels : trouver une solution optimale à un problème interdépendant avec d'autres facteurs (comme fixer une politique de prix dont les résultats seront liés à celles prises par les concurrents).

- La recherche opérationnelle a des applications en gestion, en politique électorale, en biologie moléculaire, en planification de production, en ingénierie, en logistique, en informatique…

LES RELIGIONS, MYTHOLOGIES ET PHILOSOPHIES

L'homme, en quête d'une place dans le monde et d'un lien avec l'au-delà, a développé des croyances (fondées sur des textes sacrés ou des traditions orales). Au travers de son histoire, l'humanité a ainsi créé des systèmes religieux qui reflètent la diversité des cultures et des civilisations. Nous proposons d'analyser ces pratiques afin de mieux comprendre nos différences et nos ressemblances.

LE CHRISTIANISME

- Les chrétiens croient en l'existence de Jésus-Christ, Fils de Dieu, né en Palestine alors que ses parents Marie et Joseph se rendaient à Bethléem pour le recensement. Sa venue sur Terre, ses souffrances, sa mort et sa résurrection sauvent les croyants de leurs péchés.

- Le christianisme ne devint une religion officielle qu'en 394 après J.-C. Auparavant les chrétiens étaient persécutés car le fait de ne pas honorer les dieux romains et de ne pas identifier l'empereur comme dieu était passible de mort.

- La Bible, livre sacré, est composée de l'Ancien et du Nouveau Testament. Celui-ci inclut les 4 évangiles, les Actes des Apôtres, les Épîtres et l'Apocalypse.

- Les 4 évangiles racontent la vie du Christ. Les évangiles écrits par Matthieu, Marc et Luc sont appelés synoptiques (vues d'ensemble) car se ressemblant. Celui de Jean est différent.

- Les 12 apôtres ont été choisis par Jésus afin de prêcher la Bonne Nouvelle de par le monde. À savoir que Jésus est le Messie, qu'il est mort et ressuscité pour sauver les hommes.

- Les fêtes sont des moments de commémoration de la vie du Christ. Pâques rappelle la résurrection de Jésus 3 jours après le Vendredi saint qui, lui, commémore la crucifixion.

- La date de naissance du Christ est incertaine, mais on fête sa venue à Noël, le 25 décembre. La crèche disposée au bas du sapin décoré représente l'étable ou la grotte dans laquelle il serait né entre l'an 6 et l'an 4 avant notre ère.

- Les catholiques pratiquent des rituels appelés sacrements, qui sont au nombre de 7. Parmi ceux-ci, le baptême permet de rejoindre la communauté chrétienne. L'eau versée sur la tête des enfants efface le péché originel.

- Le sacrement du mariage représente l'union entre le Christ et son Église. L'eucharistie (le plus important des 7 sacrements) rappelle le dernier repas de Jésus avec ses disciples au cours duquel le pain et le vin furent assimilés à son corps et son sang.

- Il existe 3 Églises chrétiennes : l'Église catholique, dont le pape est l'autorité suprême ; l'Église orthodoxe, qui n'a pas de lien avec le Saint-Siège de Rome mais qui reconnaît les 7 sacrements et l'Église primitive ; l'Église protestante qui se base sur les Saintes Écritures et non sur l'interprétation qui en est faite et reconnaît 2 sacrements : le baptême et l'eucharistie.

L'ÉGLISE ORTHODOXE

- L'Église orthodoxe a partagé une doctrine commune avec l'Église romaine jusqu'au moment où celle-ci fit un ajout : le filioque (le Saint-Esprit procède du Père « et du Fils ») à la formule du Credo*.

- Cet ajout, jugé hérétique, détermina l'Église orthodoxe à évoluer hors de l'influence de Rome et de la papauté.

- Chaque Église orthodoxe est indépendante et dirigée par un évêque appelé patriarche.

- Les hommes mariés peuvent devenir prêtres (popes), mais les évêques sont choisis parmi les moines célibataires.

- Le rôle de l'art et des images religieuses est très important. Les figures de Dieu, de la Vierge et des saints représentés sur les icônes sont vénérées puisqu'elles offrent la possibilité d'une communion directe.

- Les orthodoxes pratiquent les 7 sacrements identiques à ceux de l'Église romaine : baptême, confirmation, eucharistie, extrême-onction, mariage, ordre, pénitence.

- Le chant occupe une place essentielle durant les liturgies*. Aucun instrument n'accompagne ces hymnes.

- L'Église orthodoxe, bien qu'implantée un peu partout dans le monde, regroupe un grand nombre de fidèles en Méditerranée orientale, surtout en Grèce et en Europe de l'Est.

Certaines icônes recevaient parfois un revêtement en métal précieux, en or ou en argent doré.

- Le mont Athos, en Grèce, appelé aussi « Sainte Montagne » est une république administrée par les moines qui vivent complètement isolés dans les 20 monastères répartis sur le site.

- Il exite 2 techniques de peintures, héritées de l'Antiquité, d'icônes : l'encaustique et la détrempe. Aux VIe et VIIe siècles on utilise l'encaustique qui consiste à mélanger les pigments colorés à la cire chauffée. À partir du VIIe siècle on utilise la détrempe : les pigments colorés sont alors mélangés à l'eau et liés à l'œuf. Cette technique comporte plusieurs étapes : la préparation du support en bois, la mise en place de la composition, la pose du fond d'or, l'exécution de la couche picturale avec addition éventuelle d'inscriptions et enfin l'application d'un vernis de protection.

LE PROTESTANTISME

- Le protestantisme naquit au XVIe siècle lorsque la tentative de réforme au sein de l'Église catholique échoua. L'Église était critiquée pour ses abus et des protestations s'élevaient contre ses traditions.

- Le rachat de son salut suite aux péchés commis se faisait à cette époque moyennant un don d'argent, c'est ce qu'on appelait « les indulgences ». Pour Martin Luther (1483-1546), moine et théologien allemand, cette pratique est inadmissible.

- Martin Luther signe sa rupture avec l'Église catholique romaine. Il est excommunié par le pape et banni pour son refus de reconnaître l'autorité de l'Église. Il traduit la Bible en allemand, diffuse ses idées et organise l'Église luthérienne.

- Pour les protestants, la foi en Dieu permet au croyant d'être sauvé. La Bible est la seule autorité et non le Pape.

- Luther affirme que la grâce est accordée par Dieu indépendamment du mérite du croyant. Le croyant ignore si cette grâce divine de la foi lui est accordée.

- Jean Calvin (1509-1564), théologien français, est encore plus radical. Il bannit le culte des images, des saints et de la Vierge. Selon lui, Dieu choisit et prédestine certaines personnes à vivre dans la foi de façon définitive alors que les autres sont condamnées au péché. La foi et l'aptitude aux bonnes œuvres permettent au croyant de savoir s'il est élu.

- L'apparition de l'imprimerie permet de diffuser la Bible dans différentes langues ainsi que des pamphlets religieux.

Cathédrale de Mayence, Allemagne.

- Les sacrements reconnus par les protestants sont le baptême et l'eucharistie, mais l'extrême-onction* et le mariage sont admis.

- Le culte est sobre, le pasteur est un laïc* formé aux fonctions religieuses, qui peut se marier.

- Les femmes peuvent également devenir pasteur.

LE JUDAÏSME

- Vers 1800 avant J.-C., Abraham et son clan partent s'installer dans la terre de Canaan (la Terre promise de Palestine). Une alliance est alors conclue entre Dieu, Abraham et sa descendance. Abraham, Isaac et Jacob sont les patriarches du judaïsme, première religion monothéiste. Ils vénèrent un seul Dieu ou Yahvé.

- Vers 1260 avant J.-C., les Hébreux devenus esclaves en Égypte sont emmenés par Moïse vers la « Terre promise ». L'Exode durera 40 ans. Au cours de la traversée du désert, sur le mont Sinaï, Dieu fait don de la Loi à Moïse (en particulier les dix commandements gravés sur des tablettes de pierre).

- Le Temple de Jérusalem, achevé en 957 avant J.-C. par Salomon et détruit à 2 reprises, abritait l'Arche d'Alliance qui contenait les Tables de la Loi. Le mur des Lamentations est le seul vestige du Temple ; c'est un lieu sacré de pèlerinage.

- Les Juifs considèrent leur relation avec Dieu comme unique. Ils sont le peuple élu et Israël est la Terre promise. Ils attendent la venue du Messie annoncée dans l'Ancien Testament.

- La Bible hébraïque est constituée de 24 livres. Les 5 livres de la Torah (la Loi) énoncent les commandements que les Juifs doivent respecter. La mise par écrit des enseignements de la Torah orale constitue le Talmud (« enseignement »).

- La synagogue est le lieu de culte de la communauté juive et le rabbin y officie comme chef spirituel. Les Juifs se rendent à la synagogue le samedi, jour de Shabbat qui rappelle le jour de repos de Dieu après la création.

- Yom Kippour, jour du Grand Pardon, est une fête essentielle dans l'année. Jour de jeûne, de prière continue, de reconnaissance des péchés et de pardon des offenses.

- Les Juifs observent un certain nombre de rites alimentaires. La nourriture doit être casher*, pure. Ces règles sont édictées dans la Torah et sont suivies strictement par les Juifs orthodoxes.

- Dans la semaine de son 13e anniversaire, le jeune garçon juif fait sa bar-mitsva, qui marque son entrée dans la communauté religieuse des adultes.

- La dispersion du peuple juif dans le monde s'appelle la diaspora. Depuis 588 avant J.-C., date à laquelle la Judée, Jérusalem et le Temple de Salomon furent détruits, les Juifs vécurent hors de l'État d'Israël jusqu'à sa création en 1948.

Mur des Lamentations, Jérusalem, Israël.

L'ISLAM

- Mahomet (570-632) est, selon les musulmans, le prophète élu par Dieu pour prêcher une nouvelle religion : l'islam (soumission à Dieu).

- Lors d'une de ses retraites aux environs de La Mecque, le Coran lui est révélé par fragments par l'intermédiaire de l'ange Gabriel. Ces révélations deviendront les psalmodies* de toute la communauté musulmane.

- Mahomet prêchera à La Mecque (Arabie saoudite) dès 612, pendant 10 ans, dans une atmosphère hostile. Il partira pour Médine où s'établira la première communauté musulmane. Il y meurt en 632.

- L'islam est fondé sur le Coran, livre sacré, contenant les paroles que Dieu aurait dictées à Mahomet. Les jeunes enfants mémorisent et récitent les sourates (chapitres) du Coran.

- Avant d'entrer dans la mosquée, lieu de culte, le croyant se purifie par des ablutions aux fontaines situées dans la cour.

- Le muezzin* lance l'appel à la prière depuis le minaret 5 fois par jour. Le fidèle, le corps couvert, prie agenouillé sur un tapis orienté vers La Mecque en tout lieu et le vendredi midi uniquement à la mosquée.

- Tous les musulmans* qui en ont les moyens se doivent d'accomplir une fois dans leur vie le grand pèlerinage (hadjdj) à La Mecque le 7 du dernier mois de l'année musulmane. Un mouton est sacrifié dans les familles en signe d'union avec les pèlerins et en mémoire du sacrifice d'Abraham.

- Le jeûne du ramadan (le 9e mois lunaire de l'année islamique) se déroule du lever au coucher du soleil et commémore le moment où Mahomet reçut les premières révélations. Il se clôture par la « nuit du destin », synonyme de réjouissances en famille, avec les voisins et les amis.

- Une des fêtes les plus importantes est Id al-Adha qui rappelle qu'Abraham*, après avoir attendu 100 ans pour voir naître son fils Isaac, l'offrit en sacrifice à Dieu qui le lui demandait.

- Le djihad est, à l'origine, l'effort de toute la communauté pour propager et défendre l'islam. Cet effort peut aussi être individuel pour lutter contre les mauvais penchants de son âme. Aujourd'hui, il est souvent utilisé comme effort soutenu par les armes dans le but de convertir les infidèles.

Mosquée de Qurum, Oman.

L'HINDOUISME

- L'hindouisme est la plus ancienne religion. Le dieu absolu, Brahman, est personnifié dans 3 dieux : Brahma (la création), Shiva (la destruction et de la transformation) et Vishnou (la conservation de l'Univers créé).

- Brahma a 4 têtes et 4 bras dont les mains tiennent souvent les Veda (livres sacrés rédigés en sanskrit*). Shiva danse dans un cercle enflammé qui représente le Samsara*. Vishnou est bienfaisant, protecteur et gère toute chose dans l'Univers. Il s'incarne, entre autres, en Rama et Krishna.

- À la source de la spiritualité hindoue, se trouvent les livres sacrés. Ils enseignent la conduite à suivre. Les écritures contenues dans les Veda (vers 1200 avant J.-C.) sont lues par les brahmanes (prêtres et enseignants).

- Les Upanishad, écrits plus tardivement (vers 900 avant J.-C.) sont des discussions philosophiques sur le sens de la vie et de l'Univers.

- Le Mahabharata réunit les légendes qui racontent la venue des dieux sur Terre. Elles sont racontées dans un poème long d'environ 120 000 versets. Réciter ou écouter ses vers purifie.

- L'autre épopée importante est Ramayana. Elle raconte la vie de Rama et le dévouement de son fidèle serviteur : le dieu singe Hanuman.

- Selon les hindous, après la mort, l'âme voyage vers une autre forme (animal, personne, plante). Pour être délivré du cycle des réincarnations* et entrer dans l'Absolu, c'est-à-dire rejoindre Brahman,

les adeptes ont plusieurs voies dont celle du rituel, de la dévotion, de la connaissance, des bonnes œuvres.

- La vie quotidienne est sacralisée. Chaque maison possède un autel domestique représentant une ou plusieurs divinités. Offrandes, bougies, encens sont disposés près du sanctuaire.

- Le Gange est le fleuve sacré de l'Inde, ses eaux sont supposées laver le pèlerin de ses péchés. Sur les rives, on installe des bûchers funéraires et les cendres sont dispersées dans le fleuve.

Peinture d'Hanuman, le dieu singe.

- Le temple hindou peut être comparé à l'homme et à l'Univers. Il est sacré car il est la demeure des dieux. Les hindous s'y rendent pour fêter les dieux, effectuer des offrandes, des dévotions et pratiquer la lecture des textes sacrés.

LE BOUDDHISME

- À l'origine du bouddhisme, il y a un être éveillé, le Bouddha qui n'est pas un dieu mais un initiateur pour une expérience que chaque être humain peut tenter.

- Vers 560 avant J.-C. naît en Inde Siddharta Gautama. Fils de roi, il est confiné au palais. Lors d'une fugue, il entrevoit la souffrance, la tristesse, la mort et le détachement.

Festival bouddhiste, Viêt Nam du Sud.

- Sa vie austère sera désormais basée sur la spiritualité. C'est au cours d'une méditation sous un figuier qu'il atteint l'éveil et devient le Bouddha (l'Éveillé).

- Son enseignement est « la voie du milieu », voie de sagesse qui reconnaît que la souffrance découle de nos désirs. Se détacher d'eux permet d'échapper à la douleur et au cycle des réincarnations.

- À 80 ans, il meurt entouré de ses disciples qui aideront à diffuser rapidement son message. Les moments de sa vie sont commémorés lors des fêtes bouddhistes.

- Les rituels sont simples, ils se pratiquent dans les temples et dans les maisons. On honore une statue représentant Bouddha. On dispose autour de lui des offrandes de fleurs, de fruits, des bougies et de l'encens.

- Les moines consacrent leur vie à l'enseignement du Bouddha. Ils vivent d'une manière dépouillée dans les monastères et se nourrissent grâce à l'aumône reçue.

- Il existe 3 formes de bouddhisme : le bouddhisme theravada ou « petit véhicule ». Le plus fidèle à l'enseignement de Bouddha, il est pratiqué au Sri Lanka, au Myanmar, en Thaïlande, au Cambodge, en Indonésie, au Viêt Nam et au Laos.

- Le bouddhisme mahayana ou « grand véhicule » s'adapte à toutes les religions en proposant comme idéal le bodhisattva, le saint qui retarde son accession au nirvana* afin d'aider l'humanité souffrante. Il est présent en Chine, en Corée, au Japon, au Tibet et au Népal.

- Le bouddhisme vajrayana ou tantrique dont le chef spirituel est le dalaï-lama, exilé en Inde depuis l'invasion du Tibet par les Chinois en 1959. Les lamas ou moines tibétains utilisent les mantras (répétition inlassable de formules sacrées) et un mandala* comme support visuel de méditation.

Bouddha en marbre, Mandalay, Myanmar.

LES SECTES

- Le terme secte a pour origine latine secta, de sequi "suivre". La secte suppose donc que l'adepte abandonne le monde dans lequel il vivait pour suivre un guide, un gourou, qui détient seul la formule du salut. Il diffuse le message seul ou aidé d'une hiérachie strictement triée. Il formule les règles, édicte les lois et distribue punitions et gratifications.

- Certaines sectes se sont constituées en opposition avec une religion dominante. Les Témoins de Jéhovah, les Adventistes et les Mormons sont issus de la religion protestante. Ils basent leur enseignement sur la fin des temps. Ils interprètent la Bible et prennent l'Apocalypse à la lettre. Ils prévoient la fin de notre civilisation et insistent sur le paradis qui suivra. Les évangélistes, eux, sont de la religion chrétienne.

- Il y a une grande diversité de mouvements et si certains travaillent avec zèle à la conversion de nouveaux adeptes, d'autres vivent complètement repliés sur eux-mêmes.

- Des groupes peuvent mettre en péril la santé physique et psychologique des adeptes en proposant des pratiques inhabituelles : jeûne, refus de transfusion sanguine, privation de sommeil…

- Des personnes fragilisées par les événements de la vie peuvent se laisser séduire par les promesses faites par les sectes du point de vue de l'épanouissement personnel, de la vie de groupe ou de la spiritualité.

- Les adeptes développent une dépendance vis-à-vis du milieu de la secte qui les rend inaptes à se réintégrer. Ils perdent quelquefois toute autonomie financière en versant la totalité de leur salaire à la secte. Des détournements et captations de biens peuvent également se produire.

- Dans les sectes contemporaines, l'adepte se trouve souvent isolé de sa famille et de la société. Ces ruptures familiales et ces replis sur soi-même permettent au leader de la secte d'exercer toute son autorité.

Le chanteur américain Prince est membre des Témoins de Jéhovah.

- Les pouvoirs publics ont de réelles difficultés à juger quelles sont les sectes nuisibles et condamnables. Des associations de défense aident les familles et les anciens adeptes à porter plainte, ce qui entraîne parfois l'intervention de la police et de la justice.

- En octobre 1994, 53 membres de l'Ordre du Temple Solaire mirent fin à leurs jours au Québec et en Suisse.

- L'Église de Scientologie, le Mouvement raëlien, l'association pour l'unification du christianisme mondial (secte Moon) sont quelques sectes reconnues.

197

LA MYTHOLOGIE ÉGYPTIENNE

- Selon les Égyptiens, le dieu Geb (la Terre) se serait accouplé avec la déesse Nout (le Ciel). Après leur séparation par leur père Shou, le dieu de l'Atmosphère, Nout resta en haut et Geb en bas. Ainsi serait né l'Univers.

- Les Égyptiens honorent de nombreux dieux dont Rê, le dieu-soleil qui a créé le monde, les dieux et les hommes et est le père des Pharaons. Il a l'aspect d'un homme à tête de faucon et est coiffé d'un disque solaire.

- Les dieux égyptiens ont souvent un corps humain et une tête animale, ils sont anthropomorphes. Hathor (déesse du Ciel) a la tête d'une vache, Thot (patron des scribes* et des magiciens) celle d'un ibis et Anubis (patron des embaumeurs) celle d'un chacal.

- Anubis qui embauma le premier corps, celui d'Osiris tué par son frère Seth, devint le dieu de l'embaumement et le souverain du royaume des morts. Il pèse l'âme des morts qui doit être plus légère qu'une plume d'autruche.

- Les morts comparaissent ensuite devant Osiris dans la Chambre des Deux Vérités. Le dieu des morts juge le ka (l'âme) et décide s'il peut rejoindre les champs d'Ialou (vie terrestre idéalisée) ou s'il sera dévoré.

- Pour assurer tout le confort dans cette deuxième vie céleste, divers objets étaient placés dans la tombe du défunt.

- La momification permet à l'union de l'âme (ka) et du corps de subsister. Le corps embaumé est placé dans un sarcophage décoré d'images des dieux.

- Des statuettes à l'image du défunt sont placées dans la tombe pour remplacer le corps au cas où la momie serait détruite.

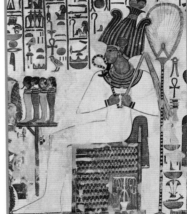

Le dieu Osiris.

- Le Livre des Morts, déposé auprès du défunt doit l'aider à surmonter les dangers de son voyage dans l'au-delà.

- Aménophis IV, qui régna sous le nom d'Akhenaton, souhaita garder Aton (Rê) comme dieu unique et interdit tous les autres, mais le polythéisme reprit après sa mort.

Anubis achevant la momification d'un mort.

LES PYRAMIDES D'ÉGYPTE

■ Les pyramides égyptiennes sont les tombeaux des pharaons et de leurs proches. Elles sont érigées à partir d'environ 2660 avant J.-C. (Ancien Empire). Elles sont situées sur la rive gauche du Nil , où le soleil se couche.

■ Les premières pyramides sont en forme d'escaliers, ce sont les pyramides à degrés. La pyramide de Djoser à Saqqarah construite par Imhotep, vers 2780 avant J.-C., est considérée comme la première construction égyptienne faite de pierres.

■ Les pyramides de Gizeh, au nombre de 3, sont les seules parmi les Sept Merveilles du monde à avoir subsisté. À ce jour, 80 pyramides ont été découvertes sur le territoire égyptien et il en existe 100 au Soudan.

■ La pyramide de Kheops est la plus grande. Elle culminait à 147 m (137 m actuellement).

La pyramide de Kheops.

■ La première opération de construction consistait à niveler le sol afin qu'il soit parfaitement plat. Ensuite, on posait les premières assises de pierres à même le roc.

■ Dans les carrières, les ouvriers cassaient des blocs de pierre et y perçaient des trous dans lesquels ils plaçaient des morceaux de bois. Arrosé, le bois se dilatait et la roche éclatait. Sur place, 5 hommes enlevaient les aspérités au maillet* ou au ciseau afin de répondre aux demandes de l'architecte.

■ Les blocs de pierre équarris étaient amenés sur le site par bateau via le Nil. Pour la mise en place des blocs de pierre, qui pouvaient peser jusqu'à 2,5 tonnes, des rampes d'acheminement

Pyramide à degrés de Saqqarah.

étaient édifiées à l'aide de remblai* et de briques. Elles étaient recouvertes de limon du Nil qui, mouillé, devenait glissant et permettait de tirer les blocs sur des sortes de traîneaux jusqu'à l'endroit de la construction.

■ Les rampes de construction étaient placées perpendiculairement à un côté de la pyramide. Elles devenaient plus hautes à mesure que la construction se développait.

■ Le noyau des pyramides était appareillé sans mortier. Les joints entre les blocs étaient bourrés d'éclats de pierre.

■ L'intérieur de la pyramide abrite la chambre funéraire. Une série de labyrinthes, de fausses portes et de dalles lourdes est censée en compliquer l'accès. Cela n'a pas empêché le pillage des tombes depuis l'Antiquité.

LA MYTHOLOGIE GRECQUE

- La mythologie grecque est un ensemble de mythes et de légendes transmises oralement depuis l'âge du bronze et transcrites au VIIe siècle avant J.-C. Homère les décrit dans l'*Iliade* et l'*Odyssée*, et Hésiode dans *La Théogonie*.

Le Parthénon, Athènes, Grèce.

- Les Grecs adorent plusieurs dieux qui ont l'apparence et les sentiments des humains ; ils sont polythéistes.

- Selon la mythologie, les dieux immortels vivent sur l'Olympe qui est la plus haute montagne de Grèce. Ils règnent dans le ciel mais aussi sur la Terre et dans la mer. De leur union naissent des héros : Héraclès, Jason, Achille, Œdipe…

- Achille, dont l'histoire est racontée dans l'*Iliade*, est plongé, par sa mère, dans le Styx pour le rendre immortel. Seul son talon par lequel elle le tenait ne fut pas immergé. Achille mourut à la guerre de Troie, tué par Pâris qui l'atteint d'une flèche au talon.

- Héraclès (Hercule en latin), héros grec né des amours de Zeus avec une mortelle, Alcmène, subit la haine de l'épouse de Zeus, Héra. Pour le punir, elle imagine 12 épreuves, les célèbres « travaux d'Hercule ».

- Les Grecs se rendaient sur certains lieux sacrés, comme à Delphes, pour consulter l'oracle. Apollon y délivre ses conseils par l'intermédiaire d'une prêtresse : la pythie.

- Zeus est honoré tous les 4 ans à Olympie par des jeux athlétiques : les Jeux olympiques. Les premiers jeux datent de 776 avant J.-C. et auront lieu jusqu'en 394 après J.-C.

- Les citoyens élèvent des temples dédiés au culte des dieux. À Athènes, le Parthénon, temple le plus important de l'Acropole, est dédié à Athéna, patronne de la ville et déesse de la sagesse et de la guerre.

Sculpture d'Athéna, Musée du Louvre, Paris.

- Dionysos, dieu du vin, est accompagné de satyres (mi-hommes, mi-boucs) qui poursuivent les nymphes (esprits de la nature) représentées par de belles jeunes filles.

- La déesse Perséphone et le dieu Hadès règnent sur les Enfers. Le dieu Hermès conduit les âmes vers le Styx, le fleuve des Enfers. L'ayant passé, le mort est jugé et va soit au paradis (les champs Élysées) soit en enfer (le gouffre du Tartare).

LA MYTHOLOGIE ROMAINE

- Les Romains ont assimilé une partie importante de la mythologie grecque et ont vénéré de nombreux dieux et déesses jusqu'à ce que le catholicisme devint la religion officielle de l'Empire romain en 394 après J.-C.

- Seuls les noms différencient certains dieux grecs et romains : Aphrodite, déesse de l'amour pour les Grecs, est appelée Vénus par les Romains ; Poséidon, dieu de la mer, devient Neptune chez les Romains.

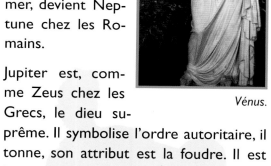

Vénus.

- Jupiter est, comme Zeus chez les Grecs, le dieu suprême. Il symbolise l'ordre autoritaire, il tonne, son attribut est la foudre. Il est honoré dans le grand temple sur la colline du Capitole à Rome.

- Les dieux sont soit d'origine romaine, soit des divinités nouvelles acquises lors des conquêtes. Dans le panthéon* romain, 30 dieux sont honorés lors de cérémonies particulières et figurent au calendrier.

- Ces dieux et déesses personnifiés sont honorés afin qu'ils assurent la protection des Romains. Des offrandes sont effectuées sous forme de sacrifices d'animaux sur les autels disposés devant les temples.

- Des liquides, huile, lait, vin, sont versés sur les foyers de l'autel à l'aide d'une coupe à libations. La fumée dégagée monte aux cieux pour contenter les dieux.

- Les Romains essayent de connaître la volonté des dieux au travers de signes. Les augures* tirent leurs présages* après avoir observé la façon dont les poulets sacrés mangent.

- L'étude des organes des animaux sacrifiés, et plus particulièrement du foie, permet aussi de lire la volonté divine.

- Le Panthéon, dont la construction fut achevée à Rome en 138 après J.-C., est un édifice consacré à toutes les divinités. C'est un élément de première importance dans l'architecture antique romaine.

- Les Romains vénèrent aussi des dieux étrangers comme Isis, la déesse égyptienne mère par excellence, ou Mithra, le dieu perse distributeur de l'énergie vitale, représenté sous la forme d'un héros égorgeant un taureau.

Éros puni par Vénus.

201

LES CRÉATURES MYTHIQUES

- Le monstre du loch Ness, « Nessie » commence à faire parler de lui à partir de la première moitié du XXe siècle. En 1934, le journal *Daily Mail* publia un cliché du monstre pris par le chirurgien londonien Robert Kenneth Wilson.

- Au fil des années, Nessie acquit une représentation différente. Son image de plésiosaure, un reptile au cou de cygne datant de l'ère secondaire, est exploitée à des fins commerciales.

- Les documents récoltés depuis 1934 n'ont pas grande valeur scientifique et le balayage acoustique avec un sonar n'a rien révélé d'autre que des bancs de poissons.

- Nessie est apparentée aux chevaux d'eau, aux kelpies* qui sont présents dans le folklore écossais, irlandais, scandinave et estonien.

- La licorne a été autrefois considérée comme un animal ayant existé. Elle a les caractéristiques d'un cheval possédant en plus une corne spiralée sur le front et parfois une barbiche.

- Au XVIIe siècle on identifie des fossiles comme étant des restes de licornes. Ces fossiles seront exploités en pharmacopée* puisque l'on attribue à la corne un pouvoir de guérison.

- Les fossiles se sont avérés être des défenses de narvals, mais l'existence de la licorne attestée par les récits de la Bible ne pouvait à l'époque être remise en cause.

- Le yéti, déformation du tibétain *meti* (l'ours brun de l'Himalaya) vivrait dans les forêts de rhododendrons dans les vallées de l'Himalaya.

- Les cryptozoologues* pensent que le yéti serait un singe anthropoïde, une sorte d'orang-outan à la bipédie accentuée par la traversée des pentes enneigées.

- Il mesure entre 1,40 m et 1,70 m et sa tête pointue le fait ressembler à un gorille mâle. Son régime alimentaire est celui d'un omnivore.

LES LIEUX ÉNIGMATIQUES

- L'Atlantide a été située en divers endroits du monde. Elle a été tour à tour assimilée à la Crète, à l'île de Malte, à Cadix (Espagne), à la chaîne de l'Atlas.

- Les seules mentions de cette île apparaissent dans les dialogues de Platon appelés le *Timée* et le *Critias* (355 avant J.-C.). Platon localise l'île par rapport aux colonnes d'Hercule qui correspondent depuis l'Antiquité à l'actuel endroit dénommé *détroit de Gibraltar*.

- Pour la plupart des scientifiques, l'Atlantide est un mythe. Pour d'autres, cette civilisation puissante, telle que l'a décrite Platon, aurait bien pu exister et aurait pu influencer d'autres civilisations connues.

- Le triangle des Bermudes englobe une zone entre la pointe de la Floride, Porto Rico et les Bermudes. La zone est réputée dangereuse et de nombreux navires et avions qui l'ont traversée auraient été portés disparus et ce depuis le milieu du XIXe siècle.

- De multiples hypothèses ont été avancées : perturbations magnétiques, rayons mortels, trou spatio-temporel… Plus rationnellement, la zone a un climat difficile et est traversée par le courant du Gulf Stream dont la puissance expliquerait la dérive des débris des catastrophes loin du lieu en question.

- Sur l'île de Pâques, se dressent environ 600 statues (les moaïs) gigantesques en pierre volcanique érigées par les Pascuans (habitants de l'île). L'île fut découverte par l'amiral hollandais Jacob Roggeveen qui y accosta le dimanche de Pâques 1722.

- Les moaïs sont érigés sur des plates-formes, les ahus, construites avec des blocs de pierre. Elles abritaient des chambres funéraires où les ossements étaient entreposés.

- Plusieurs explications sont avancées quant à la fonction des moaïs qui représentent les chefs ou les personnalités importantes des tribus.

Moaïs, Ahu Akivi, île de Pâques.

- Ils personnifiaient le culte des ancêtres de chaque tribu et transmettaient le mana, le pouvoir, l'énergie nécessaire à la survie du clan. Le terme « moaï » signifie « lieu de sépulture ou de sommeil ». Les statues sont dressées le long de la côte et ont les yeux tournés vers l'intérieur.

- Les plus grandes pouvant atteindre 20 m de hauteur, on se pose encore la question du transport de ces géants pouvant peser jusqu'à 60 tonnes.

LA PHILOSOPHIE ANTIQUE

- La philosophie apparaît sous forme de déductions vers le VIe siècle avant J.-C. Elle se développe en Asie Mineure (Ionie) où Thalès de Milet fonde l'école ionienne.

- Il explique la création de l'Univers (cosmos) et de tous les éléments qui le constituent à partir d'un élément unique : l'eau. Anaximène évoque l'air et Héraclite le feu. Tous s'efforcent de donner une explication logique et globale aux multiples phénomènes de l'Univers.

- Pour Pythagore, mathématicien et philosophe, l'âme est immortelle et le corps est une tombe, une prison où l'âme est enfermée de par les fautes antérieures. Il explique le cosmos par la combinaison des nombres.

- La philosophie devient plus matérialiste avec les atomistes (Leucippe, Démocrite) pour qui les êtres et les choses sont des combinaisons d'atomes et leur diversité s'explique par l'existence de leur contraire : le vide.

- Les sophistes (Ve siècle avant J.-C.), Protagoras et Gorgias, placent l'homme au centre de leur réflexion. Ils développent l'art de la rhétorique* qu'ils enseignent aux jeunes Athéniens désireux de faire une carrière politique, de maîtriser le langage et l'art de la persuasion.

- Socrate (469-399 avant J.-C.), connu grâce à son disciple Platon, étudie l'homme, c'est-à-dire la nature humaine en général et l'être humain en particulier.

- Socrate a fait sienne la formule « Connais-toi toi-même » prise dans le sens de savoir discerner ce qui est bien de ce qui est mal. Sa recherche a pour but exclusif le domaine moral et il y définit les grandes notions morales comme la justice, le bien, le courage…

- Il utilise la « maïeutique » ou « art d'accoucher les esprits ». Il questionne de façon assidue son interlocuteur et lui fait découvrir ce qu'il pensait méconnaître.

- Platon (428-348 avant J.-C.) croit en l'immortalité de l'âme et en sa réincarnation. Dans ses dialogues, son but est de faire remonter à la conscience le souvenir des Idées* qui permettent la connaissance de la réalité vraie car les objets du monde réel ne sont que des ombres.

- Aristote (384-322 avant J.-C.), disciple de Platon pendant 20 ans, affirme que tout objet réel est un composé de forme et de matière.

Statue d'Aristote, Stayira, Grèce.

LA PHILOSOPHIE DU MOYEN ÂGE ET DE LA RENAISSANCE

- Durant la période du Moyen Âge à la Renaissance, la philosophie est le fait de théologiens* qui associent l'enseignement des textes sacrés chrétiens à celui de la philosophie grecque et romaine.

- Saint Augustin (354-430), vu comme père de la philosophie chrétienne, tente d'accorder la raison défendue par les Grecs et le christianisme. Dans ses *Confessions*, il raconte son parcours spirituel.

- Adepte de la philosophie platonicienne, sa recherche a pour objet la connaissance de Dieu et de l'âme. Pour atteindre Dieu, il nous faut découvrir l'essence véritable de notre être.

- Le devenir de l'humanité est dirigé par la recherche du bonheur. Ce bonheur ne peut être égoïste ; l'homme doit réaliser sa perfection en participant à l'amour de Dieu : l'amour charité.

- Le penseur fondamental du Moyen Âge est saint Thomas d'Aquin (1225-1274). Au XIXe siècle, l'Église catholique choisira son œuvre pour fonder le dogme* chrétien. Son oeuvre, *Somme de théologie*, deviendra la référence intellectuelle pour les 2 siècles à venir.

- Son système de pensée incorpore les philosophies d'Aristote et de saint Augustin. Foi et raison émanent de Dieu, elles ne peuvent se contredire, tout comme la philosophie et la théologie* : la philosophie part des choses créées pour atteindre Dieu et la théologie prend Dieu comme point de départ.

- Jean Pic de la Mirandole (1463-1494), humaniste et philosophe italien, publia en 1486 à Rome les 900 thèses qu'il souhaitait soutenir publiquement. Ces thèses étaient empruntées aux savoirs les plus disparates. Dans un premier temps autorisée, la discussion fut interdite et ses thèses déclarées fausses.

- Il soutint que l'homme, créature de Dieu, était au centre de l'Univers et avait le pouvoir de se modeler lui-même et de diriger sa destinée.

- Cette nouvelle autonomie et individualisme sont incarnés par Michel Eyquem de Montaigne (1533-1592), philosophe et écrivain français. Ses *Essais*, ne sont pas uniquement une autobiographie mais on y trouve également des considérations sur la politique, la religion et l'histoire. Il souligne l'arbitraire et la contingence des lois et des coutumes pour conclure que chacun doit respecter les lois de son pays. Il en est de même pour la religion : Dieu étant incompréhensible, seule la réalité sociale de la religion importe. Il défend aussi une éducation moderne où les facultés de l'enfant doivent être développées sans s'embarrasser de connaissances inutiles. Il est le premier à dénoncer les agissements des Espagnols dans le Nouveau Monde.

- Montaigne est humaniste mais il est considéré comme précurseur du scepticisme*. Pour lui la raison semble impuissante à connaître et ceci malgré l'orgueil humain. Il tient surtout à conserver sa personnalité propre ; elle est l'objet principical de son étude.

LA PHILOSOPHIE DU XVIIe ET DU XVIIIe SIÈCLE

- Au XVIIe siècle, on perçoit l'Univers par les mathématiques et l'expérimentation. Les savants et les philosophes ouvrent le monde à l'homme qui progresse dans une relative liberté de pensée et d'action.

- Descartes (1596-1650) est le premier philosophe moderne, fondateur du rationalisme* sceptique*. Sa méthode est fondée sur le doute, le libre examen et la rigueur. La vérité ne peut être atteinte que par la seule raison.

- Ce doute général se brise lorsque Descartes se rend compte que puisqu'il doute, il existe. D'où le principe fondateur de sa philosophie : « Je pense donc je suis », énoncé dans *Le Discours de la méthode*.

- Blaise Pascal (1623-1662), scientifique précoce, a marqué la philosophie par ses *Pensées*. Son objectif est de ramener les libertins et les incrédules à la religion catholique. Il ne veut pas communiquer à son lecteur une foi qui ne peut être transmise que par Dieu ou en prouver l'existence par les sciences.

- Il veut vaincre l'indifférence des croyants qui ont perdu le souci de leur propre destin. Il s'en remet au cœur et non à la raison pour accéder à Dieu. Pour lui, la seule histoire prouvée est celle des Saintes Écritures.

- Spinoza (1632-1677), autre grand penseur, est le représentant moderne du panthéisme : tout ce qui existe est une expression de la réalité divine. Dieu est un être impersonnel, non distinct du monde.

- Pour Spinoza, la liberté de penser est fondamentale. Il faut se débarrasser des pensées préconçues, des préjugés, c'est-à-dire de l'ignorance de soi et du monde. La raison est le principe essentiel de la connaissance.

- Le XVIIIe siècle, ou siècle des Lumières, est fortement préoccupé par le problème de la nature et poursuit le combat contre le dogmatisme et l'autorité. Le philosophe continue à utiliser la raison et développe de nouvelles méthodes en vue d'accéder à la vérité.

- Kant (1724-1804) est face au rationalisme de Descartes, qui se fonde sur l'évidence des idées claires et la certitude de l'existence de Dieu, et face à la tradition empirique de Locke et de Hume (1711-1776) pour qui les idées s'élaborent à partir de notre contact sensitif avec le monde extérieur.

Kant menait une vie règlée avec minutie : il se réveillait, été comme hiver, à 4h55 !

- Pour Kant, Dieu est une réalité possible que nous ne pouvons ni connaître ni atteindre. La connaissance est accessible grâce à notre sensibilité, faculté par laquelle nous sommes en contact avec le monde extérieur et à notre entendement* qui donne sens à nos intuitions.

LA PHILOSOPHIE MODERNE ET CONTEMPORAINE

- Hegel (1770-1831), philosophe allemand, défend l'idée d'une rationalité qui permet d'accéder au savoir absolu. L'esprit s'élève à la raison par le travail et la guerre. Par l'art, la religion et la science, il rejoint le savoir absolu.

- Son concept de dialectique historique influencera profondément la philosophie occidentale. La dialectique est la science du mouvement de l'Histoire qui détruit et conserve à la fois ce qu'elle engendre.

- Un bouleversement des valeurs que nous attribuons à l'existence sera introduit par le philosophe allemand Friedrich Nietzsche (1844-1900). Pour lui, « l'essence la plus intime de l'être est la volonté de puissance qui se manifeste dans la créativité, la volonté, l'indépendance du "surhomme" ».

- Celui-ci ne peut adhérer aux valeurs traditionnelles du christianisme qui propose une morale d'esclave diminuant la puissance en incitant l'homme à la pitié, à l'altruisme, à la douceur. L'individu est seul à décider de la valeur morale de ses actes et des actions d'autrui.

- Pour le Danois Kierkegaard (1813-1855), considéré comme le 1er existentialiste, l'être ne se révèle plus dans l'objectivité* de la connaissance mais dans la subjectivité* de l'existence individuelle qui implique le choix et la liberté comme fruits de méditation.

- La phénoménologie (fondation de la philosophie comme science rigoureuse) est une école importante de la philosophie contemporaine. Pour Husserl, philosophe allemand, (1859-1938), il faut s'abstenir de toute interprétation trop rapide du monde et se tourner, sans préjugés, vers ce qui apparaît à la conscience en acceptant l'intuition.

- Merleau-Ponty (1908-1961) désire « revenir aux choses mêmes ». Il préconise de retourner à l'expérience vécue et à la description concrète du réel. Il étudie le rôle du corps dans la perception en tant que centre existentiel et manière d'être au monde.

Jean-Paul Sartre était le chef de file des existentialistes en France.

- Le philosophe et écrivain français Jean Paul Sartre (1905-1980) poursuit la pensée existentialiste. Il y privilégie la liberté absolue de l'homme, l'absence de sens à attendre du monde, l'absence de valeurs universelles et donc la nécessité pour l'homme de s'engager pour donner un sens à sa vie.

- Pour Sartre, Dieu n'existe pas et les hommes n'ont pas d'autre choix que de prendre en main leur destinée à travers les conditions politiques et sociales dans lesquelles ils se trouvent. Il est parfois considéré comme amoral par son refus des valeurs et des règles extérieures.

- De nos jours les philosophes, influencés par les sciences humaines (linguistique, psychanalyse, économie, sociologie, etc.), s'interrogent sur les grandes structures humaines comme le langage, la société, la science, etc.

L'HOMME EN SOCIÉTÉ

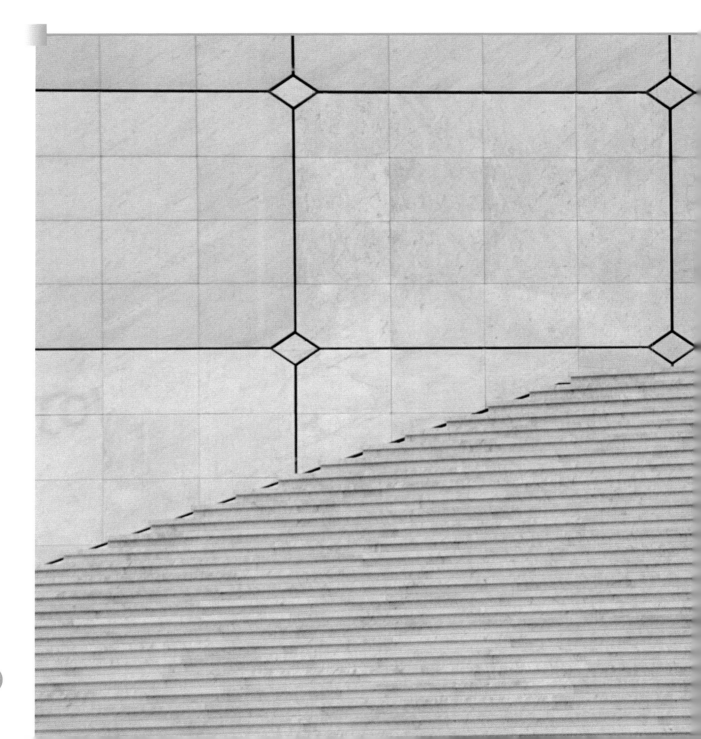

La société humaine se caractérise par des échanges plus ou moins importants et une organisation complexe et variable d'un pays à l'autre. Pour assurer le bien-être de ses citoyens, elle se doit de mettre en œuvre des politiques économiques et sociales, basées sur différentes idéologies, tout en essayant de respecter les droits de l'homme et la justice.

LES THÉORIES POLITIQUES

- Une théorie politique est un concept, une idéologie de base qui, fondée en système et adaptée selon les besoins, sert de projet de société.

- Selon la place accordée à l'État ou à la libre entreprise, les idéologies peuvent être classées à gauche, à l'extrême gauche, à droite, à l'extrême droite ou au centre.

- Le socialisme caractérise à la fois une idéologie, un système d'idées et de valeurs et les mouvements politiques (partis, syndicats) qui ont mis ces idées en pratique.

- Le socialisme est, au départ, une étape de transition vers une société communiste que réalisera notamment l'ex-U.R.S.S., la République populaire de Chine et Cuba.

- Le socialisme est caractérisé par la propriété d'État, la planification centralisée, le plein-emploi, le contrôle du politique sur l'économique.

- Le socialisme combine aujourd'hui une économie mixte composée d'un système d'économie de marché*, de propriété privée et une forte intervention de l'État dans quelques secteurs de la production, de la sécurité sociale et des services publics.

- Le communisme valorise la collectivité, le partage des terres et des richesses. L'État est omniprésent et contrôle tous les services. Les principes et objectifs de la doctrine marxiste sont exposés dans le *Manifeste du parti communiste* (1848).

- Karl Marx (1818-1883) et Friedrich Engels (1820-1895) y parlent de la lutte des classes (bourgeoisie-prolétariat) et mettent en cause l'accroissement des moyens de production comme source de conflits entre les détenteurs du capital et les exécutants. L'égalité entre les hommes doit passer par la propriété collective du capital.

- À la fin des années 1980, de nombreux pays communistes brisent le « rideau de fer ». L'effondrement du communisme permet l'accès d'autres partis au gouvernement, la population est associée à la vie politique, la censure est levée progressivement et l'économie de marché adoptée.

- Le capitalisme*, dans son appellation moderne, est apparu avec la révolution industrielle. Il est caractérisé par la propriété privée, la libre entreprise, la recherche de profit et son accumulation, la valorisation des libertés individuelles.

Le Manifeste du parti communiste fut le 1er écrit du socialisme moderne.

Statue de Karl Marx.

LES TYPES DE GOUVERNEMENT

- La république (du latin *res publica* « chose publique ») est une forme de gouvernement où le pouvoir et la puissance ne sont pas détenus par un seul individu et dans lequel la charge de l'État n'est pas héréditaire.

> **Le Royaume-Uni ne possède pas de Constitution écrite mais des textes considérés comme de valeur constitutionnelle.**

- Le pouvoir est exercé par un président et plusieurs ministres désignés comme représentants des citoyens et ceci pour une durée déterminée.

- La république est un type de gouvernement très courant dans le monde dont le premier exemple moderne remonte à l'indépendance américaine (le 4 juillet 1776).

- En adoptant la Constitution fédérale fondée sur le principe de la séparation des pouvoirs, les États-Unis inauguraient un régime présidentiel. Le chef de l'État est également le chef du gouvernement, qui détient seul le pouvoir exécutif*. Il est conseillé par ses ministres ou collaborateurs.

- Dans le cas du régime parlementaire, en France, le Premier ministre et les membres du gouvernement siègent au Parlement* (l'Assemblée nationale* et le Sénat*). Le pouvoir exécutif, chargé de l'application des lois, est partagé entre le chef de l'État et le Premier ministre.

- Une monarchie (du grec *mono* « seul », *archein* « commander ») est un régime politique dans lequel l'autorité politique est exercée par un seul individu. Le roi ou la reine y tient le rôle de chef d'État.

- La monarchie constitutionnelle inscrit les pouvoirs du roi dans le texte regroupant les principales règles du pays (la Constitution). C'est le peuple qui délègue démocratiquement le pouvoir à ses représentants.

- Le roi n'exerce aucun pouvoir à titre personnel. Ce sont les ministres qui, en contresignant les projets de lois votés par le Parlement et les arrêtés royaux*, en prennent l'entière responsabilité.

- Son pouvoir est aujourd'hui dans bien des cas limité hormis dans certains pays comme l'Arabie saoudite où le roi assume les pleins pouvoirs (législatif, exécutif et judiciaire) et occupe également la fonction de Premier ministre.

La reine Élisabeth II de Grande-Bretagne.

- Une dictature est un gouvernement dans lequel un seul homme ou un groupe d'hommes (parti politique, groupe religieux…) détient le pouvoir absolu. C'est un régime qui s'impose par la force et n'hésite pas à faire usage de violence vis-à-vis de ceux qui s'opposent à lui.

LES RÉGIMES POLITIQUES

- Les différentes formes de régimes politiques sont selon la science politique contemporaine : les démocraties, les régimes autoritaires et les systèmes totalitaires.

- La démocratie, du grec *demos* « peuple » et *kratein* « commander et diriger » est appliquée à Athènes vers la fin du VIᵉ siècle avant J.-C. Tous les citoyens (les hommes libres de + de 18 ans, nés de père et mère athéniens) ont le droit de participer aux prises de décision de la cité.

- La démocratie, dans laquelle l'ensemble des citoyens détient le pouvoir, fonctionne le plus généralement sur un modèle représentatif. Le peuple délègue son pouvoir par l'intermédiaire du vote à ses représentants qui exerceront en son nom les responsabilités gouvernementales.

- Les citoyens sont informés de tous les débats et décisions politiques. Ils ont le droit de les critiquer, d'organiser des pétitions, de manifester.

- La séparation des pouvoirs garantit la protection des lois. Le pouvoir législatif est entre les mains de ceux qui créent et votent les lois ; le pouvoir exécutif est confié à ceux qui les font respecter et exécuter ; le pouvoir judiciaire examine et punit les litiges et les plaintes qui lui sont soumis.

- La dictature est un régime politique autoritaire qui s'oppose à la démocratie en concentrant le pouvoir absolu entre les mains d'une personne ou d'un groupe restreint. Toute opposition au régime est sévèrement réprimée.

- Le dictateur n'est pas élu démocratiquement. Il prend le pouvoir par la force et, pour le garder, il n'hésite pas à bafouer les droits de l'homme.

- Le système totalitaire suppose le contrôle par l'État de toutes les activités de la société civile et de la vie privée. Les citoyens doivent adhérer totalement à l'idéologie de l'État.

Le 29 octobre 1922, Mussolini prend le pouvoir en Italie.

- Dans les années 1920, le fascisme en Italie et, dans les années 1930, le nazisme ou national-socialisme en Allemagne sont des régimes totalitaires anticommunistes. Ils s'appuient sur une police forte et 2 chefs : Adolf Hitler (1889-1945) et Benito Mussolini (1883-1945).

- En 1922, l'U.R.S.S. est sous un régime totalitaire qui repose sur la prépondérance du communisme, la dictature du prolétariat* et le culte de la personnalité de Joseph Staline (1879-1953), maître absolu.

Le Sénat, Washington DC, États-Unis.

LA JUSTICE

- La justice, du latin justitia, est le pouvoir, représenté par les institutions de l'État, chargé de définir, d'appliquer le droit et de se prononcer sur les conflits qui surgissent entre les sujets de droit.

- Elle condamne, sanctionne, impose un ordre et la socialisation des individus. La justice est rendue par un ensemble de juridictions (les tribunaux) qui constituent le pouvoir judiciaire.

- Le droit a plusieurs sources. Le code de Justinien (empereur romain) fut créé au VIe siècle. Il a servi de fondement au Code civil napoléonien et est à la base des lois actuelles dans de nombreux pays européens. Le Code Napoléon ou Code civil français servit de modèle à plusieurs pays.

- Le droit anglais est appliqué dans les pays anglo-saxons (États-Unis, Angleterre, Canada (hors Québec),..) et s'appuie sur la Common Law. Ce système est dominé par la jurisprudence (ensemble des décisions de justice rendues par les tribunaux).

- Dans les États musulmans, le droit s'appuie sur le Coran. La loi civile n'est pas distincte du principe religieux. Ce système de lois, la charia (Voie à suivre), date du Moyen Âge.

- Le droit pénal est l'ensemble des règles juridiques qui permettent à l'État de sanctionner par une peine de prison ou une amende tout citoyen qui a causé des troubles à la société ou aux personnes.

- Les textes de lois sont rassemblés dans le code pénal, propre à chaque pays, qui fixe les peines. Il peut être réformé mais tout changement suppose un acte législatif.

- Le droit civil est la branche du droit qui comprend l'ensemble des règles qui conduisent les rapports entre particuliers. Il peut s'agir de personnes physiques ou morales (sociétés).

La Cour pénale internationale, La Haye, Pays-Bas.

- Le droit international public englobe l'ensemble des règles juridiques déterminant les relations entre les États ainsi qu'avec les autres membres de la société internationale.

- La Cour pénale internationale juge les chefs d'État et les responsables politiques en cas de violation du droit international humanitaire et des droits de l'homme.

Les conflits familiaux, par exemple, sont traités par le droit civil.

213

LES DROITS DE L'HOMME ET DE L'ENFANT

- En 1776, les États-Unis signent la déclaration d'Indépendance qui commence par : « Tous les hommes sont créés égaux, ils sont doués par le Créateur de certains droits inaliénables ; parmi ces droits se trouvent la vie, la liberté et la recherche du bonheur… ».

- Ce texte annonce la Constitution américaine de 1787 qui précisera les droits individuels et sera complétée en 1791 par 10 amendements, désignés sous le nom de « Déclaration des droits ».

- En août 1789, la France s'inspire des idéaux de cette constitution. Influencée par les philosophes des Lumières, elle vote la Déclaration des droits de l'homme et du citoyen (voir La Révolution française).

- L'ONU vote en 1948 une Déclaration universelle des droits de l'homme, inspirée par la déclaration française. Elle est essentiellement morale et ne comporte pas d'obligation juridique.

- Elle est complétée en 1966 par 2 pactes (droits civils et politiques ainsi que droits sociaux, économiques, culturels) et un article énonçant « le droit de tous les peuples à disposer d'eux-mêmes ».

- La Cour européenne des droits de l'homme est créée en 1959 ; c'est une organisation qui veille au respect de la Convention européenne de sauvegarde des droits de l'homme et des libertés fondamentales (1950). Son siège se trouve à Strasbourg.

- Cette convention a été élaborée au sein du Conseil de l'Europe. La Cour peut uniquement rendre un jugement contre un État qui a signé la Convention et qui aurait violé un ou plusieurs droits de celle-ci.

- L'ONU proclame en 1959 la Déclaration des droits de l'enfant. Le texte de la convention (1989) reconnaît que l'enfant doit grandir dans le milieu familial dans un climat de bonheur, d'amour et de compréhension. Cette convention a été signée et ratifiée par 192 pays. Seuls la Somalie et les États-Unis ne l'ont pas encore fait.

- La reconnaissance des droits de l'enfant s'inscrit dans 2 conventions. L'une, internationale, a été publiée en 1990 par les Nations Unies. L'autre, européenne, a été adoptée en 1995 par le Conseil de l'Europe.

- Ces conventions permettent de mieux reconnaître les droits des enfants et des adolescents du point de vue juridique et notamment de lutter contre leur exploitation sous diverses formes, leur implication dans les conflits armés, la prostitution, etc.

LES ONG

- Les ONG (Organisations non gouvernementales) sont des organisations issues de la société civile. Elles sont créées par des personnes privées, en toute indépendance de leur gouvernement.

- Les membres, issus d'États différents, sont bénévoles et agissent dans les secteurs politique, social, scientifique, philosophique, sportif…

- Les ONG, peu nombreuses au début du XXe siècle, exercent aujourd'hui une pression constante sur les gouvernements. Certaines ont acquis un rôle international et participent aux réunions d'organisation mondiales.

- La Croix-Rouge est fondée en 1859 par le Suisse Henri Dunant (prix Nobel en 1901) pour venir au secours des blessés en temps de guerre. La première convention de Genève, signée en 1864, reconnaît son rôle et 12 nations y participent.

- Le drapeau blanc sur lequel est dessinée une croix rouge est le symbole du mouvement adopté lors de cette conférence. Le Croissant-Rouge est utilisé par les pays musulmans.

- Aujourd'hui, la Croix-Rouge participe, en dehors du temps de guerre, à des actions humanitaires et à des secours d'urgence lors de catastrophes.

- Amnesty International est une organisation humanitaire créée en 1961 par un avocat britannique : Peter Benenson. L'emblème d'Amnesty est une bougie entourée d'un fil barbelé. Elle symbolise l'espoir d'une source de lumière toujours présente malgré la détention.

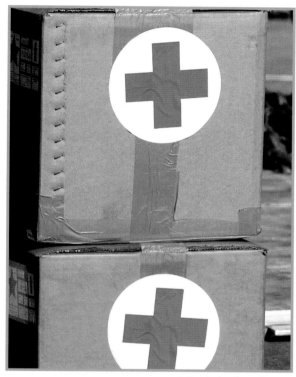

Colis de la Croix-Rouge.

- Ce groupe de pression œuvre pour la libération de tous les prisonniers détenus pour des raisons politiques, quels que soient leur origine ethnique, leur sexe, leur religion, leur langue ou leur opinion.

- L'organisation veille à ce que la Déclaration universelle des droits de l'homme soit respectée. Elle réclame un procès équitable pour tout prisonnier, lutte pour la suppression de la torture et de la peine de mort.

- Parmi les ONG actives dans le domaine humanitaire, on peut citer : Médecins sans frontières et Médecins du monde, Handicap International, l'Armée du Salut. Concernant la protection de la nature : Greenpeace et le WWF (Fonds mondial pour la nature).

215

L'HISTOIRE DE L'ART

Depuis toujours, l'homme ressent le besoin d'exprimer ses émerveillements ou ses tourments intérieurs induits par sa morale, sa hantise de la mort ou les tensions quotidiennes. Par l'art, il a l'impression de participer à l'éternité. Il crée et invente, laissant ainsi des traces de son passage éphémère. Pour ce faire, il utilise les arts visuels (l'architecture, la peinture), la littérature, le théâtre, la musique...

L'architecture, la sculpture et la peinture

- L'architecture, la sculpture et la peinture font partie des arts visuels et ont pour vocation de produire des œuvres de beauté qui apporteront une jouissance esthétique chez les individus.

- L'architecture est l'art de bâtir en élevant des édifices dans un cadre culturel et technique défini. Elle constitue une synthèse entre l'art, la technique et les sciences.

- Dans une optique artistique, ces édifices peuvent répondre à un besoin individuel ou collectif, qui sera considéré aussi bien de façon utilitaire (pour se protéger des éléments) que dans un domaine symbolique (en l'honneur d'un dieu ou comme marque de puissance).

- L'architecture se répartit dans plusieurs domaines en fonction de son usage : religieux (église, temple, mosquée…), habitat (château), culturel (opéra), industriel (usines) et l'urbanisme. D'autre part, elle comporte de nombreuses périodes ou styles qui sont chacun le reflet d'une époque de notre histoire.

- La sculpture est l'art de créer des formes en trois dimensions, et comporte également les reliefs, les assemblages, les installations ou aménagements de l'espace.

- Les matériaux utilisés : l'argile (porcelaine, terre cuite), la pierre (marbre, calcaire, granit), le bois et le métal (bronze, acier, aluminium) sont le reflet de l'évolution technique des connaissances humaines.

- La sculpture moderne et contemporaine a intégré de nouveaux supports tels que le textile, le verre, le sable et des objets recyclables.

- La peinture est l'art d'utiliser des pigments pour tracer sur une surface des images formant un ensemble cohérent porteur de sens.

- Les sujets traités par la peinture peuvent se diviser en 3 grandes catégories : la nature, l'homme et l'objet par lequel il agit sur le réel. On peut classer la peinture en plusieurs genres : la nature morte, le paysage, l'art animalier, le portrait, le portrait de groupe, la peinture d'histoire, l'autoportrait, le nu et la peinture de genre. Au XXe siècle, la distance entre le réel et les images représentées par les artistes va s'accroître jusqu'à l'abstraction et même plus.

- Le pouvoir des images et de la couleur et leurs liens avec le réel constituent l'histoire de la peinture. L'évolution de la peinture suit le développement géographique et chronologique de l'histoire de l'humanité.

L'ART ROMAN

■ L'architecture romane est l'art de bâtir en usage en Occident depuis la fin du Xe siècle au milieu du XIIe siècle. Cet art prédominant est marqué par la ferveur religieuse, le désir de transmettre les valeurs du christianisme romain.

■ Cet art se diffuse particulièrement en France sous l'impulsion des ordres monastiques avant de s'étendre à l'ensemble de la chrétienté occidentale. Les routes qui mènent à Saint-Jacques-de-Compostelle (Espagne) sont jalonnées de nombreuses églises destinées aux pèlerins (Saint-Sernin à Toulouse, Sainte-Foy à Conques, Notre-Dame-la-Grande à Poitiers).

■ Les abbayes sont des centres religieux, intellectuels, économiques et artistiques. Les abbayes de Cluny et de Cîteaux sont à la base du développement des mouvements de réforme religieuse.

■ Un style unique, un esprit commun traverse les différentes réalisations romanes mais des formes locales variées ont surgi, donnant naissance à des écoles (normandes, bourguignognes...).

■ La voûte, qui remplace dès lors le plafond, est une des grandes innovations de l'architecture romane. Ce système de répartition des charges en maçonnerie permet de recouvrir l'espace entre 2 murs parallèles.

■ La voûte en berceau est la plus simple, la voûte d'arête, qui se systématise à partir du XIIe siècle, est constituée par 2 berceaux qui se croisent perpendiculairement.

■ L'apparition de la voûte en croisée d'ogives (croisement des nervures d'une voûte d'arête ou d'ogive) crée un rythme, allège et éclaire un espace, caractérisé auparavant par des piliers massifs et d'épais murs aveugles.

La cathédrale de Durham, Angleterre.

■ La cathédrale de Durham forme un ensemble de maçonnerie sans rupture qui combine l'ogive et la voûte d'arête en plein cintre, ce qui donne à l'ensemble un élan dynamique.

■ La sculpture se joue des contraintes et orne les façades, les chapiteaux, le tympan (espace qui compose le portail). La sculpture illustre par l'image les textes bibliques à peine accessibles à cette époque. Les thèmes sont religieux mais aussi moraux ou profanes.

■ Les peintures ornent les parois et la voûte, les formes sont stylisées, les personnages raides et figés, les couleurs mates et peu nombreuses.

L'ART GOTHIQUE

- Le gothique est le style artistique de l'Occident médiéval qui apparaît au XIIe siècle et se prolonge parfois jusqu'au XVIe siècle. C'est un art architectural dont la cathédrale est l'élément le plus représentatif, mais il est aussi visible dans l'architecture civile (châteaux, hôtels de ville, halles, bourses).

- Ce style apparaît alors que les cités s'organisent, qu'une classe moyenne surgit, s'enrichissant des nombreux échanges commerciaux et que la culture sort des monastères pour se répandre grâce aux premières universités.

- La cathédrale est le symbole de la demeure du Seigneur, elle est une offrande à Dieu, une association de l'humain et du divin. L'élan du fidèle, la recherche de l'illumination est stimulée par la sensation d'un espace illimité, par la verticalité.

- L'architecture gothique est une évolution de l'art roman qui utilisait déjà l'arc brisé et les voûtes d'arête. Il va offrir des variantes et combiner ces éléments avec notamment les arcs-boutants (contreforts extérieurs) qui conduisent jusqu'au sol la poussée due au poids du mur et du toit.

- Les murs intérieurs disparaissent au profit de larges baies qui laissent entrer la lumière à profusion. L'ensemble est harmonieux, les hautes nefs* donnent un rythme aérien.

- L'art du vitrail resplendit dans les cathédrales. La cathédrale de Chartres en possède le plus bel ensemble du XIIe siècle.

- L'art gothique naît en Île-de-France, la cathédrale de Laon (1155-1220) et celle de Notre-Dame de Paris (1163-1250) sont des exemples de l'étape initiale de cet art qui se répandra dans toute l'Europe.

- La période la plus représentative, le gothique rayonnant, s'illustre dans les cathédrales de Chartres, d'Amiens, de Reims. Les rosaces* s'épanouissent et la sculpture offre des personnages plus souriants, plus mobiles et moins dépendants du cadre architectural.

- En peinture, les artistes développent leur sens spatial, tentent une perspective rudimentaire. En Italie, Giotto (v. 1267-1337) peint des scènes réalistes, loin de tout formalisme. Ses fresques* décorent plusieurs chapelles.

- La Flandre connaît une période très créatrice avec entre autres Jan Van Eyck (v. 1390-1411), Roger Van der Weyden (v. 1399-1464), Hugo Van der Goes (v. 1440-1482), appelés aussi les primitifs flamands. Ils introduisent un style nouveau, plus naturaliste, d'une grande expressivité et utilisent des couleurs intenses. Les sujets renvoient toujours au sacré.

Cathédrale de Canterbury, Angleterre.

LA RENAISSANCE

- La Renaissance est une période de renouvellement culturel et artistique qui débute au XVe siècle. On invente la perspective* et on redécouvre l'Antiquité, sa réalité historique, ses formes classiques, les auteurs grecs et latins.

- L'homme, qui était créature de Dieu au Moyen Âge, devient le centre du monde, il est responsable et peut expérimenter les faits de la réalité. La perspective est un moyen de structurer le monde extérieur.

Place et Basilique Saint-Pierre, Vatican.

- Les thèmes ne sont plus exclusivement religieux et le nu, le paysage, la mythologie séduisent une clientèle libérale, attachée aux valeurs terrestres.

- Le corps humain est adopté comme modèle de perfection, on étudie les proportions et le mouvement qui vont permettre harmonie et beauté.

- La Renaissance débute en Italie au XVe siècle. Rome est le centre politique, religieux et culturel de l'Italie. La Basilique Saint-Pierre est conçue par Bramante en 1450. Raphaël en dirigera le chantier et Michel-Ange réalisera les plans de la coupole. Le chantier durera un siècle et demi.

- L'Antiquité est présente dans l'architecture renaissante par les proportions géométriques, l'espace symétrique, simple, clair. Les ordres classiques (dorique*, ionique*, corinthien*) remplacent les piliers gothiques. Les chapiteaux, les frontons réapparaissent.

- Le toit est couvert par des caissons ou des voûtes en berceau et une grande coupole romaine coiffe l'espace central. L'architecture perd sa monumentalité et devient de plus en plus dépouillée, sévère, rigoureuse.

- Michel-Ange (1475-1564) domine génialement ce siècle par son œuvre d'architecte (le Capitole, le dôme de la Basilique Saint-Pierre), de sculpteur (*David, Pietà*, tombeaux des Médicis, *Bacchus…*), de peintre (fresque de la voûte de la chapelle Sixtine, *Sainte Famille*).

- Les autres maîtres de la Renaissance sont en Italie : Raphaël (1483-1520) qui décora de fresques les chambres du palais du Vatican et peignit une série de madones, Léonard de Vinci (1452-1519) qui peignit entre autres *La Joconde*, mais aborda aussi l'optique, la mécanique, la botanique, et Titien (vers 1490-1576) maître à Venise et talentueux portraitiste.

Moïse par Michel-Ange.

- En Allemagne, Albrecht Dürer (1471-1528), dessinateur, peintre, graveur et architecte rappelle Léonard de Vinci. Il se considère créateur à l'égal de Dieu. Son œuvre reflète le conflit entre la foi et la raison.

LE CLASSICISME

■ Au XVIIe siècle, 2 courants se côtoient : le baroque et le classicisme. Le classicisme français prône un idéal de mesure, de raison, de maîtrise tout comme les créateurs de la Renaissance italienne.

■ À Versailles, Louis XIV (1638-1715) utilise l'art pour exalter son pouvoir et son prestige. Il fait agrandir le château par l'architecte Louis Le Vau (1612-1670) en 1661 et Charles Le Brun (1619-1690), premier peintre du roi, dirige les travaux de décoration.

■ Le classicisme s'exprime aussi dans l'art des jardins dont André Le Nôtre (1613-1700) va parfaire le modèle à Versailles. Le jardin à la française est caractérisé par un tracé géométrique, une taille rigoureuse des arbres, la présence de fontaines, de statues.

Le moulin à farine par Claude Le Lorrain.

■ L'homme soumet la nature et maîtrise l'espace ainsi que ses passions. Il en découle une architecture rigoureuse, symétrique, sobre mais solennelle.

■ En peinture, Nicolas Poussin (1594-1665), installé à Rome, puise son inspiration dans le culte antique mais le confronte à l'observation de la vie. Il est la figure majeure du classicisme français.

■ La peinture de Poussin est mesurée, équilibrée, d'un esthétisme intellectualisé. Ce philosophe de la peinture influencera la peinture française de manière durable.

■ Claude Gellée dit « Le Lorrain » (1600-1682) est l'autre artiste du XVIIe français. Ses paysages sont très idéalisés, inspirés de l'Antiquité classique. Il étudie les effets de lumière et utilise des dégradés de tons qui donnent une grande profondeur à ses tableaux.

■ Les compositions amples, ordonnées se retrouvent aussi chez Philippe de Champaigne (1602-1674) dont les peintures ornent couvents et églises. Son utilisation abondante du bleu et du rose le caractérisera. Il est comme Le Brun, membre fondateur de l'Académie de peinture et de sculpture.

■ Les thèmes choisis par les peintres sont souvent historiques, bibliques ou mythologiques. La perspective écarte l'illusionnisme et le dessin est plus important que la couleur. La maîtrise du pinceau procure une surface lisse.

■ Les compositions sont théâtrales et les éléments du tableau s'inscrivent dans une pyramide. Les personnages sont vêtus à l'Antique, ce qui permet le rendu de drapés majestueux.

LE BAROQUE

- Au XVIIᵉ siècle se développe, parallèlement au courant du classicisme, le baroque. Si l'un est mesure et raison, l'autre est effet, mouvement et sentiments.

- Les artistes renient les valeurs de la Renaissance (proportions, équilibre, formes statiques et ordonnées) et utilisent des formes sinueuses, entremêlées, des courbes et contre-courbes, des spirales. Ils font fréquemment usage du trompe-l'œil et d'une profusion d'ornements.

- Le baroque mêle architecture, peinture, sculpture afin d'accroître les effets dramatiques, illusionnistes et provoquer l'émotion des foules.

- C'est un mouvement largement soutenu par l'Église catholique qui voit en cet art puissant un moyen de provoquer la ferveur religieuse.

- Le courant s'organise à Rome vers 1630. Les églises deviennent des espaces surchargés de marbres, stucs*, bronzes dorés. Les fresques ornent plafonds, voûtes et murs.

- Le baldaquin, conçu pour l'autel de Saint-Pierre de Rome par Bernini dit « Bernin » (1598-1680), est composé de colonnes en spirales, de volutes*, d'imitation de draperies frangées. Ce sculpteur est un virtuose du rendu de la chair, des cheveux, du drapé dans le marbre (*Sainte Thérèse en extase*, Fontaine des Quatre-Fleuves).

Fontaine des Quatre-Fleuves par Bernin.

- Le baroque s'épanouit aux Pays-Bas espagnols, à Anvers, devenu lieu principal de commerce d'art. Pierre Paul Rubens (1577-1640) en sera le chef de file.

- Les compositions de ses tableaux s'inscrivent dans une spirale, une diagonale ascensionnelle. Mouvement, raccourcis et torsions caractérisent les personnages. La matière est fluide, les chairs nacrées. Les thèmes sont ceux de la Contre-Réforme* (*Martyre de saint Liévin*) ou de la mythologie (*Le Triomphe de Vénus*).

Hélène Fournent et ses enfants par Pierre Paul Rubens.

- Anthony Van Dyck (1599-1641) est un disciple de Rubens et un portraitiste remarquable. Son art raffiné, élégant le fit choisir par Charles Iᵉʳ comme peintre de cour. Dignité et flatterie caractérisent ses portraits de la famille royale ou d'autres nobles personnages.

- Le Caravage (1570-1610) est à l'origine d'une école appelée « caravagisme » qui se développa tout au long des XVIᵉ et XVIIᵉ siècles. Les peintres espagnols : Diego Vélasquez (1599-1660), Bartolomé Esteban Murillo (1618-1682) et en France : Georges de La Tour (1593-1652) choisissent des sujets de la vie quotidienne. Les personnages aux figures réalistes violemment éclairées sont présentés sur un fond sombre.

LE NÉOCLASSICISME

■ Le rococo triomphe en Europe dans la première moitié du XVIIIe siècle. Cette peinture ornementale, sensuelle, délicate, empreinte de poésie et de lyrisme s'oppose à la peinture académique.

■ Le thème de la fête galante (divertissement mondain en plein air) sera choisi de nombreuses fois par Antoine Watteau (1684-1751), initiateur du rococo en France. La lumière est cristalline, artificielle, les tons nuancés et précieux.

■ À l'opposé de cet art sensuel, le néoclassicisme prône, à partir de 1750, un art dépouillé, serein qui exalte le héros antique.

■ Les fouilles archéologiques d'Herculanum et de Pompéi suscitent l'engouement pour l'Antiquité, incitent les artistes à séjourner à Rome.

■ Les penseurs et encyclopédistes français du siècle des Lumières (Rousseau, Diderot, Voltaire) appuient cet art fondé sur la raison, la logique, la simplicité, la droiture morale.

■ En France, le mouvement entretient aussi le culte de Napoléon, nourrit la doctrine de l'Empire et donnera naissance au style « empire ». Antoine Gros (1771-1835), élève de David, fera le portrait de Bonaparte sur le pont d'Arcole en 1796.

■ Les peintres illustrent des épisodes de l'histoire romaine archaïque, l'épopée d'Homère, les poèmes de Pétrarque, la mythologie. Les arts sont utilisés pour améliorer la moralité publique.

Vénus par Canova (galerie Borghese), Rome, Italie.

■ L'art néoclassique revendique un retour à la nature comme vision idéale du beau. Il honore l'esprit grec fait de liberté, d'amour, du bien, du beau, du vrai.

■ Jacques Louis David (1748-1825) peint des scènes antiques au décor sobre, dépouillé. La lumière est froide, le rendu réaliste. Le dessin l'emporte sur la couleur et la surface du tableau est lisse.

■ Le sculpteur Antonio Canova (1757-1822) illustre également des thèmes mythologiques avec une sensibilité de son temps et une grande délicatesse. Parmi ces plus belles œuvres, *L'Amour et Psyché* évoque le moment où Cupidon ranime Psyché*.

Madame Récamier par Jacques Louis David.

LE ROMANTISME

- Le romantisme est un mouvement artistique et culturel qui caractérise la littérature, le théâtre, la musique et les arts figuratifs à la fin du XVIIIe et dans la première moitié du XIXe siècle.

- Ce mouvement est en rupture avec les idéaux d'ordre, de raison, d'harmonie du néoclassicisme. Les règles et la rationalité disparaissent au profit de la sensibilité fluctuante de l'individu.

- L'artiste ne se réfère plus aux modèles du passé, il s'exprime en dehors de toute pression ou de tout commanditaire. Son art reflète ses opinions sur les événements, traduit ses sentiments et émotions, sa subjectivité, sa vie intérieure.

- Les thèmes sont inspirés par l'histoire moderne, la littérature du Nord et son goût pour le fantastique, le macabre, le mystère, l'occulte. Le paysage est privilégié car il permet d'exprimer la beauté de la nature et une attitude spirituelle.

- Francisco de Goya (1746-1828), grand peintre espagnol, fait des portraits sans concession des membres de la cour de Charles IV pour lequel il travaille. *La Maja desnuda* reflète sa recherche d'une peinture sensuelle.

- En Angleterre, 2 peintres se distinguent comme paysagistes. John Constable (1776-1837) et Joseph Mallord Turner (1775-1851) peignent des paysages avec une grande fluidité dans la touche.

- Turner, plus impulsif, « oublie » le dessin pour se consacrer au rendu atmosphérique de la lumière, aux effets de brume, aux ombres des tempêtes, aux couchers et levers de soleil.

- Le chef de file du mouvement romantique français est Eugène Delacroix (1798-1863). C'est un coloriste de génie qui traduit avec fougue les formes par des contrastes de couleurs. Il réalisa des peintures d'histoire, des tableaux inspirés de l'Orient, des scènes de chasse.

- Théodore Géricault (1791-1824) est l'autre représentant du romantisme français. Admiratif de Rubens, il reprend sa touche empâtée pour peindre des drames (*Le Radeau de la Méduse*). Passionné par le cheval, il peint des courses, des officiers de cavalerie.

Tête de cheval par Théodore Géricault.

Une scène vénitienne par Turner.

- Jean Auguste Dominique Ingres (1780-1867) considéré comme artiste classique qui se réclame de Raphaël, participe au romantisme par ses sujets, les lignes sinueuses de ses nus ou, comme dans le portrait de *Madame de Senonnes*, par le rendu du velours rouge.

LE RÉALISME

- Le réalisme apparaît vers 1830 comme courant littéraire (Zola, Balzac, Maupassant...) et artistique. Il introduit les scènes et mœurs de la vie quotidienne dans l'art.

- Le mouvement ne devient officiel qu'en 1850. Les découvertes scientifiques jouent un rôle dans l'attrait pour une plus grande objectivité.

- L'idéal romantique de passion, d'émotion, d'inspiration imaginaire est délaissé pour une description objective, simple, de la réalité, de la vie quotidienne.

- Le peintre réaliste témoigne de la vie contemporaine, dénonce le dur labeur des paysans, les conditions de vie de la classe ouvrière qui s'est développée suite à l'essor industriel.

- Une nouvelle classe sociale devient commanditaire d'œuvres, c'est la bourgeoisie qui supplante l'Église et l'aristocratie naguère seules acheteuses de tableaux.

- Gustave Courbet (1819-1877) rompt avec la peinture de l'époque et scandalise en exposant ses *Casseurs de pierres*. Il choisit ses sujets parmi la population de la campagne et les décrit avec fidélité et force.

- Afin de se soutenir face au rejet des salons (expositions) officiels organisés par l'État, les peintres s'organisent en groupe, travaillent ensemble dans des ateliers. Ils exposent au salon des « Refusés ».

Le collectionneur d'imprimés par Honoré Daumier.

- Honoré Daumier (1808-1879) décrit les souffrances de la classe ouvrière, critique les gens de justice, les bourgeois au travers de caricatures au tracé rapide, énergique.

- L'école de Barbizon dont fait partie Jean-François Millet (1814-1875) regroupe des peintres paysagistes venus s'installer dans ce petit village en lisière de la forêt de Fontainebleau.

Les glaneuses par Jean-François Millet.

- Ils réalisent des études, des croquis en plein air (sous-bois, arbres, clairières...) avant de les retravailler en atelier. Le dessin est expressif, la pâte épaisse, le geste spontané, plus libre.

L'IMPRESSIONNISME

- L'impressionnisme naît en 1869 en France. Les peintres quittent leur atelier pour peindre à la campagne, au bord de la mer et choisissent comme sujet principal, la lumière.

- Ils peignent ce qui s'offre à leurs yeux ; des scènes de plein air, de bals, de cabarets dans une atmosphère insouciante, souvent gaie.

- Les impressionnistes cherchent à peindre ce qu'ils voient, sans émotion et avec un souci d'objectivité dans leur transcription du monde.

- Les formes précises, les détails disparaissent. La subtile vibration de la lumière et l'atmosphère créent le motif. Les couleurs de l'arc-en-ciel sont utilisées. Elles ne sont pas mélangées sur la palette mais juxtaposées en touches minuscules sur la toile.

- C'est le tableau de Monet, *Impression, soleil levant*, qui est à l'origine du mot « impressionnisme ». Un journaliste avait dit : « Impression… J'en étais sûr… puisque je suis impressionné, il doit y avoir de l'impression là dedans ».

Gare Saint-Lazare par Claude Monet.

- En marge des salons officiels, les impressionnistes rompent avec les règles traditionnelles et organisent des expositions indépendantes, se privant ainsi du moyen habituel d'avoir des commandes. Les visiteurs présents sont attirés par l'extravagance et non pour les qualités artistiques.

- Édouard Manet (1832-1883) est le premier peintre à se tourner vers une peinture moderne, sans préjugés. Il scandalise à plusieurs reprises par son traitement franc des nus réalistes, sans ombre, comme dans *Le Déjeuner sur l'herbe* et *Olympia*.

Un bar aux Folies-Bergère par Édouard Manet.

- Claude Monet (1840-1926) rechercha inlassablement à peindre les sensations visuelles. Il étudia toute sa vie durant les variations atmosphériques. Il fit plusieurs séries (cathédrale de Rouen, meules de foin, Parlement de Londres) d'un même sujet à des heures différentes du jour.

- Edgar Degas (1834-1917), plus fidèle au réalisme et à la ligne, innove par sa composition qui offre une nouvelle vision de l'espace. Son intérêt pour le mouvement le conduira à peindre et sculpter des danseuses, des chevaux.

- Quant à Pierre Auguste Renoir (1841-1919), il peint avec Monet et Manet à Argenteuil. Il donne à ses personnages une teinte générale violette particulière. Cette originalité lui valut du mépris et, comme d'autres impressionnistes, il fut obligé de vendre ses toiles aux enchères.

LE SYMBOLISME

■ Le symbolisme naît en France en 1886 et pénètre bientôt dans toute l'Europe en littérature (Edgar Allan Poe, Émile Verhaeren, Stéphane Mallarmé, Charles Baudelaire).

■ En Angleterre, en 1848, les préra-phaélites (Millais, Hunt, Burne-Jones, Rossetti) prennent pour modèles les peintres de la Renaissance, la perfection de l'art de Raphaël.

■ Ils s'inspirent de la littérature anglaise (Shakespeare), de mythes et légendes du Nord et du Moyen Âge, de la Bible. Leur peinture est lisse, réaliste dans le rendu des physionomies. Le groupe se dissout en 1854 mais leurs idées influenceront le symbolisme.

■ Les symbolistes cherchent à donner for-me à une autre réalité, plus subjective, intérieure, cachée. Ils favorisent le mon-de de l'âme, de l'esprit, de l'imaginaire.

■ Le symbolisme vise moins à représenter des choses qu'à en donner la sensation, l'impression. Le monde réel n'est qu'un reflet d'une réalité supérieure qui peut être atteinte par les symboles, les cor-respondances.

■ Les peintres ne s'intéressent que peu à la technique, ils se préoccupent de l'état d'âme et le rêve, la mélancolie, la soli-tude, la névrose, la mort sont très pré-sents dans leurs œuvres.

■ Le monde de l'âme, intuitif, est accessible par le rêve, la vision, le spiritisme, l'hal-lucination suscitée par les drogues et l'alcool.

■ Pierre Puvis de Chavannes (1824-1898) évoque dans *Doux pays,* 2 des thèmes favoris des symbolistes : la femme, beauté fatale, ensorceleuse, captivante et l'eau.

Femmes de Tahiti par Paul Gauguin.

■ Paul Gauguin (1848-1903), dégagé de l'impressionnisme, réalise à partir de 1886, des compositions où prévalent le rêve, l'inconscient, l'expression subjec-tive de l'artiste. Sa dernière peinture, *D'où venons-nous ? Que sommes-nous ? Où allons-nous ?*, est typiquement symboliste par son allusion aux 3 âges.

■ D'autres peintres ont cherché derrière les apparences. Ce sont : Odilon Redon (1840-1916), Gustave Moreau (1826-1898), Fernand Khnopff (1858-1921), Félicien Rops (1833-1898), Jean Delville (1867-1953) et Vincent Van Gogh (1853-1890).

Salomé dansant (détail) par Gustave Moreau.

L'EXPRESSIONNISME

- L'expressionnisme se manifeste en Allemagne à partir de 1905 avec le groupe « Die Brücke » (le Pont) à Dresde qui compte parmi ses membres Kirchner (1880-1938) et Emil Nolde (1867-1956).

- Die Brücke est dissout en 1913 et « Der Blaue Reiter » (le Cavalier bleu) est fondé à Munich à partir de 1911. Un cavalier qui traverse une toile de Kandinsky devient le symbole du groupe.

- La peinture expressionniste nous parle du malaise de la société d'avant-guerre, elle rejette le souci exclusivement plastique et la représentation de la réalité.

- Les expressionnistes sont en rupture avec l'académisme et les impressionnistes. La peinture est un moyen d'exprimer ses émotions intérieures, la forme correspond au sentiment, elle est aussi spontanée que le geste.

- Les peintres s'intéressent aux arts spontanés, primitifs (sculptures, masques africains, océaniens) et utilisent la gravure sur bois et la linogravure* qui permettent un rendu brut.

- Les couleurs sont violentes, le rouge et le noir sont très présents. La peinture est empâtée, on voit les traces du coup de pinceau brutal de l'artiste et le support est parfois apparent.

- Les formes ont des lignes brisées, anguleuses, les corps et les visages sont déformés pour suggérer le drame. Les artistes comprennent que les formes et les couleurs ont un pouvoir expressif par elles-mêmes.

- Les thèmes évoqués sont mystiques, dramatiques, érotiques. Les peintures parlent des névroses, des souffrances, de la mort.

- Vassily Kandinsky (1866-1944), peintre russe, vit un jour l'extrême beauté d'une de ses toiles posée à l'envers. La couleur y était émotion pure.

Champ de blé aux cyprès par Vincent Van Gogh, précurseur de l'expressionnisme.

- Les peintres du groupe « Der Blaue Reiter », constitué par Vassily Kandinsky, Franz Marc et August Macke, ont produit les premières œuvres abstraites, non figuratives, non représentatives de la réalité.

229

LE FAUVISME

■ Le fauvisme est un mouvement pictural français qui doit son nom au critique Louis Vauxcelles au Salon d'automne à Paris en 1905. Au milieu des toiles aux couleurs stridentes était disposée une statue classique en marbre blanc. Le critique s'exclama : « C'est Donatello parmi les fauves ! ».

■ Le groupe des fauves est composé de Henri Matisse (1869-1954), Albert Marquet (1875-1947), Maurice de Vlaminck (1876-1958), André Derain (1880-1954), Raoul Dufy (1877-1953), Georges Braque (1882-1963), Kees Van Dongen (1877-1968).

■ L'artiste fauve ose la couleur pure et, à la différence de l'impressionniste, il s'écarte de la réalité pour créer sa propre expression. Les fauves s'inscrivent dans la démarche de Gauguin, de Van Gogh, précurseurs du fauvisme.

■ Les formes sont simplifiées, les couleurs pures, lumineuses et parfois violentes sont appliquées en larges aplats. Elles déterminent la composition. Irréelles, elles révèlent un monde intérieur. Ni profondeur, ni volume.

■ Le fauvisme a certaines similitudes avec l'expressionnisme : la force expressive du trait, de la couleur, l'attrait pour les arts océaniens et africains. En revanche, les sujets traités (portraits, nus, scènes au bord de l'eau, fêtes) sont nettement plus paisibles.

■ Henri Matisse, considéré comme chef de file du groupe, utilise une palette sophistiquée, des nuances raffinées qu'il pose en touches espacées, sans dégradés.

■ Dans le chef-d'œuvre *La Joie de vivre*, le dessin est linéaire, les formes radicalement simplifiées. Le travail de Matisse est une quête vers la pureté formelle.

■ Vlaminck, peintre anticonformiste, ami de Derain et influencé par l'œuvre de Van Gogh, produit des peintures au chromatisme* violent. Les tons purs remplacent le dessin.

■ À partir de 1907, le groupe, qui ne s'était jamais constitué en mouvement - les peintres travaillaient par 2 ou par 3 - et n'avait élaboré aucune théorie, se divise. Certains se tourneront vers le cubisme.

■ En Belgique, le fauvisme brabançon, illustré par Ferdinand Schirren (1872-1944) et Rik Wouters (1882-1916) s'épanouit à partir de 1911. La couleur, vibrante, exprime la joie de vivre. Le coup de pinceau franc simplifie les formes.

Le Cheval blanc par Paul Gauguin.

LE CUBISME

- En 1907, Pablo Picasso (1881-1973) sous l'influence de Paul Cézanne, peint *Les Demoiselles d'Avignon*. Proche de l'art africain, l'artiste abandonne la perspective et fragmente les personnages en plan.

Détail des Demoiselles d'Avignon par Picasso.

- Le cubisme (1908-1914) va tenter d'exprimer l'idée de l'objet plutôt que d'en donner une vision. Il rejette toute imitation, détruit puis reconstruit l'objet.

- Les formes de la nature et du corps humain sont géométrisées à l'aide du cylindre, de la sphère, du cône et du cube (d'où le nom de cubisme). Les couleurs sont d'abord sourdes et pâles, ce sont surtout des camaïeux à base d'ocre et de terre.

- Durant la phase appelée « cubisme analytique », Georges Braque (1882-1963) et Picasso peignent des portraits, des natures mortes de manière peu conventionnelle. La forme est taillée par la lumière en facettes multiples.

- Les choses sont peintes non comme nous les voyons mais telles que nous les connaissons, c'est pourquoi de multiples points de vue sont adoptés. Mais le résultat qui en découle est irréaliste.

- La multiplicité des plans rend l'œuvre difficile à lire. Mais l'identification du sujet importe peu, il n'est que prétexte. Quelques signes, mots aident à cerner le sujet ou le contexte.

- À partir de 1911, Picasso et Braque éprouvent la nécessité de renouer avec la réalité. Ils introduisent dans leurs collages différentes textures, des matériaux qui concurrencent la réalité.

- C'est la période du « cubisme synthétique ». Le tableau se transforme en objet. La couleur est à nouveau présente.

- La peinture de Fernand Léger (1881-1955) représente les personnages telles des structures cylindriques. Il joue avec les contrastes des couleurs mais aussi des formes. Passionné de technique, il dédie ses peintures à la modernité, à la civilisation industrielle.

Musée national Fernand Léger, Biot, France.

- Le cubisme eut une vie brève comme le fauvisme puisqu'il ne dura guère que 7 ans, la Première Guerre mondiale mettant fin à l'association Braque-Picasso.

231

LE FUTURISME

- Le futurisme, mouvement artistique et littéraire, est organisé par Filippo Tommaso Marinetti (1876-1944). Il appelle à balayer l'art du passé et à créer un art reflétant le monde moderne.

- Il regroupe autour de lui des poètes et des peintres, dont Umberto Boccioni, Carlo Carrà, Giacomo Balla et Gino Severini.

- Umberto Boccioni écrivit et publia en 1910 le *Manifeste des peintres futuristes* dans lequel il déclare que l'artiste doit représenter le changement, le mouvement, le dynamisme universel.

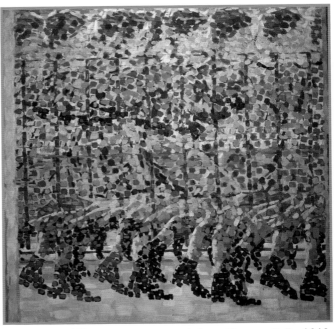

Fillette courant sur un balcon, Giacomo Balla, 1912.

© akg-images

- Ce mouvement, lancé à partir de 1910 en Italie, se rattache au cubisme par ses fragmentations de formes tout en y ajoutant le dynamisme, la vitesse et le mouvement représentatifs de la modernité.

- L'espace n'existe plus, les corps s'interpénètrent et les couleurs sont scintillantes. La peinture est semblable à un tourbillon.

- L'effet de mouvement est rendu par la présentation simultanée d'images décomposées et d'un chromatisme changeant. Giacomo Balla (1871-1958) peint par exemple une jeune fille dotée de plusieurs jambes pour suggérer la course.

- Umberto Boccioni (1882-1916), peintre et sculpteur, élève de Balla, représente dans *Forme unique de continuité dans l'espace* une silhouette d'un homme qui marche. La statue présente les séquences successives du mouvement.

- Picabia (1879-1853) et Marcel Duchamp (1887-1968) peignirent pendant une période dans un style qui dénotait de leur intérêt pour le futurisme. Dans son *Nu descendant un escalier* (1912), Duchamp donne une présentation abstraite du mouvement, le modèle est montré dans des positions successives.

- La Russie se retrouve à son tour bouleversée par la révolution artistique du XXe siècle. Elle reçoit le manifeste de Marinetti et développe une esthétique qui mêle primitivisme et cubisme.

- Le futurisme russe, illustré notamment par Kazimir Malevitch (1878-1935) et Lioubov Popova, est la première partie d'un mouvement appelé « avant-garde russe » et qui aboutira à une forme d'abstraction absolue.

L'ART NOUVEAU

- L'Art nouveau est un style international qui naît en 1890 et se prolonge jusqu'en 1910. Ce style réunifie les arts, car il s'applique aussi bien à l'architecture, à la sculpture, aux arts graphiques, au mobilier, à la céramique qu'à l'art du verre.

- Le nom « Art nouveau » vient d'une galerie parisienne « galerie Bing » qui présentait en 1896 des objets d'Extrême-Orient et des arts contemporains.

- Ce courant est aussi connu sous le nom de « Modern Style » en France, « Jugenstil » en Allemagne et « Tiffany Style » aux États-Unis.

- L'Art nouveau s'inspire des formes de la nature, les lignes sont celles de végétaux stylisés, les motifs évoquent insectes et animaux.

- Les artistes travaillent des matériaux divers : bois, verre, fer forgé, porcelaine, bronze, pierre. L'art se doit de rendre l'utile agréable. Il séduit la bourgeoisie qui le retrouve dans son environnement quotidien.

Sagrada Familia par Gaudi, Barcelone, Espagne.

- Les estampes japonaises, appréciées des impressionnistes, influencent également l'Art nouveau qui s'en inspire pour la fluidité de la ligne, l'évocation de la nature, l'absence de profondeur, de volume.

- L'apparition du fer dans l'architecture permet des constructions hautes, légères, transparentes. Cette architecture de verre et d'acier s'illustre dans la conception de gares, de marchés, de serres…

- À Paris, Hector Guimard (1867-1942) est célèbre pour ses édicules (entrées de métro). La structure est en fonte de fer, les soubassements en pierre et la toiture en verre. Les motifs sont végétaux et l'enseigne « métropolitain » est maintenue par deux tiges qui se terminent par un globe orangé.

Entrée de métro par Hector Guimard, Paris, France.

- En Angleterre, William Morris (1834-1896) déplore la médiocrité engendrée par la production industrielle et valorise l'artisanat. Il fonde le mouvement « Arts and Crafts » et produit dans ses ateliers, en 1861, des papiers peints, des tissus, des vitraux.

- Gustave Klimt (1862-1918), peintre symboliste autrichien est influencé par les mosaïques byzantines de Ravenne. Ses peintures font appel à l'arabesque, aux lignes sinueuses, à un espace sans profondeur. L'effet décoratif est renforcé par l'utilisation de matériaux précieux.

L'ABSTRACTION

■ Avec l'abstraction disparaît la nécessité de représenter le visible, la réalité. Une peinture est abstraite lorsqu'elle n'est pas figurative, lorsque les formes et les couleurs s'organisent selon un langage autonome, sans volonté d'imiter ou de représenter un sujet.

■ Dès 1912, Vassily Kandinsky (1866-1944) ouvre la voie à l'abstraction lyrique en associant couleurs et formes pour exprimer ce qu'il ressent intensément.

■ Sa recherche picturale est liée à une dimension spirituelle. L'œuvre s'élève au-dessus de la réalité matérielle, visible. Il écrira notamment *Du spirituel dans l'art* (1910).

■ L'autre tendance de l'art abstrait correspond à l'abstraction géométrique. Les cubistes avaient déjà décomposé l'objet en fragments abstraits pour en faire ressortir la structure géométrique.

■ En 1913, Kazimir Malevitch (1878-1955), peintre russe, réalise une toile qui représente un carré noir sur fond blanc. C'est le début du suprématisme qui durera jusqu'en 1922. Malevitch exprime la suprématie du sentiment artistique pur, un monde où l'objet est absent.

■ Piet Mondrian (1872-1944), peintre néerlandais, théoricien de l'art abstrait et membre fondateur du groupe De Stijl, découvre le cubisme en 1912.

■ Il dissout progressivement les modèles pour réduire ses compositions à des lignes noires qui cernent des surfaces de couleur primaire (rouge, jaune, bleu) auxquelles il ajoute le noir, le gris et le blanc.

■ L'abstraction lyrique se poursuivra sous le nom « art informel » avec des artistes qui explorent sur de grandes toiles un art gestuel, impulsif, non figuratif.

■ Matière épaisse, projections, éclaboussures, grattages, perforation, exécution rapide, outils divers deviennent inséparables de l'expression de soi au moyen du geste.

■ Hans Hartung (1904-1989) et Pierre Soulages (1919), Henri Michaux (1899-1984), Sam Francis (1923-1994), Georges Mathieu (1921), Jean Dubuffet (1901-1985) font partie de ce courant informel.

Composition II, Piet Mondrian.

LE SURRÉALISME

- Le surréalisme est au départ un mouvement littéraire dont André Breton (1896-1966) est l'initiateur. Poète et théoricien, il exprime ses idées dans le premier *Manifeste du surréalisme* en 1924. À ses côtés, d'autres écrivains comme Louis Aragon, Paul Eluard, René Char, Philippe Soupault.

- Le surréalisme est iconoclaste* et veut libérer l'homme de la morale bourgeoise. L'insolite, le rêve, l'érotisme, l'imaginaire sont utilisés pour s'en affranchir.

- André Breton, familier de la psychanalyse et de Freud, utilise les images symboliques des rêves, les associations de mots, l'état de rêve éveillé comme moyens de création artistique.

- Le procédé de l'écriture automatique est largement utilisé. Il s'agit d'un monologue rapide, sans aucun jugement critique, sans contrôle de la raison pour explorer l'inconscient.

- René Magritte (1898-1967), peintre belge, rejoint le groupe des surréalistes parisiens en 1927. Il peint dans un style réaliste des œuvres qui se présentent comme un ensemble d'images évocatrices du mystère. Les titres étonnent, n'expliquent pas les tableaux.

- Il crée la surprise par des associations inattendues qui font réfléchir le spectateur au sens des images. Le rationnel est perturbé et c'est au spectateur d'interpréter le tableau, car Magritte n'apporte pas de réponse.

- Max Ernst (1891-1976) adhère au surréalisme en 1922. Il développe la technique de frottage sur des surfaces dont il copie la texture à l'aide d'une mine de plomb.

- Il utilise aussi des photomontages, des collages pour traduire avec poésie le monde de l'inconscient.

- Salvador Dali (1904-1989) rejoint le mouvement en 1930. Sa peinture académique, très maîtrisée, représente des images oniriques (qui évoquent le rêve). Il collabora à 2 films de Luis Buñuel, *Un chien andalou* et *L'Âge d'or*.

- Joan Miró (1893-1983) fut considéré comme le plus surréaliste de tous par Breton. Le peintre catalan développe un graphisme guidé par son subconscient, les formes se font signes de femme ou d'oiseau au cours du travail.

Femme et oiseau,
Joan Miró,
Parc de Joan Miró,
Barcelone, Espagne.

235

L'EXPRESSIONNISME ABSTRAIT

- New York accueille durant la Seconde Guerre mondiale des peintres européens. Les peintres américains côtoient ces avant-gardistes (Léger, Mondrian, Ernst, Dali, Chagall…) ainsi que les surréalistes.

- C'est Arshile Gorky (1904-1948) qui fait le rapprochement entre la peinture européenne et celle qui émerge aux États-Unis. Il peint des formes embryonnaires qui flottent dans l'espace de la toile.

- Les peintres new-yorkais, bien que se connaissant, ne sont pas organisés en mouvement. Sans programme commun, ils développent des styles personnels mais adoptent tous des grands formats pour leurs toiles.

- L'« action painting », se traduisant par « peinture d'action », « peinture gestuelle », est caractéristique de l'œuvre de Jackson Pollock (1912-1956), Willem de Kooning (1904-1997), Franz Kline (1910-1962).

- Leur peinture ne représente pas leurs émotions, celles-ci se vivent au moment de l'acte de peindre. Il n'y a pas de signification figurative, seule l'empreinte de la couleur sur la toile et le geste corporel important.

- La technique de Pollock, appelée « dripping », littéralement « gouttage », consiste à répandre la couleur sur la toile au moyen d'une boîte percée de trous par lesquels elle s'écoule.

- Il préférera aussi le bâton, la truelle et le couteau au pinceau. Il intègre des matières tels le sable, le verre pour obtenir une peinture qui laisse des empâtements.

- Les lignes s'enchevêtrent, forment des entrelacs complexes au gré de la danse rituelle de l'artiste autour et sur la toile qui est posée au sol.

- Parmi les expressionnistes abstraits, on peut également citer Robert Motherwell (1915-1991) qui fit une série impressionnante de tableaux en noir et blanc consacrés à la guerre civile espagnole.

- Dans les peintures de Mark Rothko (1903-1970), des formes simples et austères aux contours estompés contrastent avec la vibration lumineuse des couleurs subtiles.

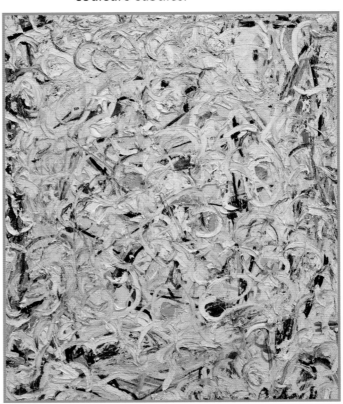

Bruits dans l'herbe : substance luisante, Jackson Pollock, 1946.

LE POP ART, LE MINIMAL ART ET L'ART CONCEPTUEL

- Dans les années 1960, une nouvelle peinture propose de ramener l'art au niveau de la vie quotidienne. Le pop art qui apparaît en Grande-Bretagne et aux États-Unis se veut un art populaire, impersonnel, qui intègre l'imagerie publicitaire, les biens de consommations, la BD…

- Les peintres font des collages, utilisent l'acrylique, la sérigraphie qui permet l'exécution par des assistants. Les couleurs vives rappellent celles des publicités.

- Andy Warhol (1930-1987), issu du monde de la publicité, s'intéresse à ce qui est banal, superficiel. Il regrette de ne pas être une machine (magnétophone, caméra).

- Son œuvre présente des biens de consommation (boîtes de soupe Campbell's, bouteilles de Coca-Cola), des portraits de stars (Marilyn Monroe, Liz Taylor…) sur un mode accumulatif, répétitif.

- Roy Lichtenstein (1923-1997) utilise un graphisme froid pour pasticher l'expressionnisme abstrait et l'art moderne. L'influence des comics (BD américaine) est très visible dans son œuvre.

- En Grande-Bretagne, Richard Hamilton (né en 1922) traite des thèmes de la télévision, de l'automobile, de l'érotisme, des produits en série par des techniques de collages et de photomontages.

- Un autre mouvement artistique d'après-guerre fut le minimal art. Aux États-Unis, ce sont notamment Frank Stella (né en 1936), Sol Lewitt (né en 1928), Barnett Newman (1905-1970) qui le représentent.

- L'art minimaliste veut simplifier à l'extrême, éliminer toute subjectivité. Frank Stella souhaite « qu'on ne voie que ce qu'on voit ». Les couleurs sont limitées à 2 ou 3. Les formes sont élémentaires (trait, point, carré, rectangle…).

- L'art conceptuel réagit au formalisme esthétique de l'art minimal. Les artistes ne se préoccupent plus que de l'idée et de son adaptation sur l'objet d'art. C'est la démarche qui compte et non le produit, le résultat.

- Les œuvres se présentent sous forme de photos, de films, de mots écrits, de mises en scène, d'installations, de schémas. En France, ce courant est représenté par Daniel Buren (colonnes de la cour d'honneur du Palais-Royal à Paris). Aux États-Unis, ce sont Robert Barry, Joseph Kosuth, Denis Oppenheim et à Londres, le groupe Art & Language.

Pince à linge géante par Claes Oldenburg, Philadelphie, États-Unis.

237

La musique

- La musique est source de civilisation. À la préhistoire, elle s'apparente à un rituel sacré, sa fonction magique permet de communiquer avec l'au-delà, les esprits, les morts, les divinités.

- Le rythme naît d'instruments rudimentaires : pierres, morceaux de bois ou d'os entrechoqués, cornes dans lesquelles on souffle, tambours faits de troncs d'arbres creux…

- La musique traditionnelle sacralise le quotidien. Elle est indissociable des cérémonies qui marquent les étapes de la vie, elle accompagne les travaux journaliers. Cette fonction persiste dans les sociétés fidèles aux traditions.

- Les peintures funéraires, les bas-reliefs* des tombeaux nous indiquent que la musique faisait partie des habitudes du peuple de l'Égypte ancienne. Elle accompagne les cérémonies, les banquets, les récoltes… Les instruments sont variés : flûtes, harpe, trompette, lyre, luth.

- Dans l'Antiquité, Pythagore, philosophe et mathématicien grec, analyse les rapports de vibration des sons que donne la division d'une corde tendue. Il démontre que le son n'est que le résultat d'un rapport arithmétique. Son système musical est resté un modèle.

- La musique est, en Europe, à l'époque grégorienne (IIIe au XIe siècle), soumise à la religion, associée à la liturgie*. Les cantiques* et les mélopées* sont chantés de façon très dépouillée.

- Au Moyen Âge apparaît un courant profane. Il s'agit de musique savante exercée par les trouvères et les troubadours et de musique populaire chantée par le peuple.

- La tradition du chant religieux perdure mais s'enrichit de la polyphonie (plusieurs voix) qui vient orner la simplicité grégorienne.

- Le premier système de notation musicale est lié à l'essor de la polyphonie. Les moines commencent dès le IXe siècle à noter la musique pour aider à la mémorisation des hymnes du chant grégorien.

- Après le Moyen Âge, la musique devient art, divertissement. Alors qu'elle obéissait jusqu'ici à des règles éthiques, ce sont à présent des lois esthétiques qui détermineront son histoire.

Égyptiennes jouant de la harpe et du luth, tombe de vizir, Rekhmier, Égypte.

LA MUSIQUE CLASSIQUE

- Les différentes formes instrumentales sont : le concerto, la symphonie et la sonate.

- On commence à parler de concerto, en Italie, dès la fin du XVIIe siècle. Ce fut d'abord un dialogue entre plusieurs solistes et un ensemble instrumental (concerto grosso).

- À partir de 1750, il sera remplacé par le concerto solo où la part confiée au soliste sera de plus en plus importante.

- Le concerto se fonde sur une structure ternaire (qui se compose de 3 éléments rythmiques) : vif, lent, vif. Les instruments solistes sont au départ le violon et le clavier (clavecin).

- De nombreux compositeurs, parmi lesquels Paganini, Brahms, Schumann, Chopin et surtout Mozart (27 concertos), écriront des concertos.

- La symphonie trouve son origine dans la suite de danses pour instruments et dans les ouvertures et intermèdes d'opéras italiens.

- La symphonie classique présente une structure en 4 mouvements : allegro, andante, menuet, presto. Joseph Haydn, qui écrivit 107 symphonies, joua un rôle considérable dans l'enrichissement du genre.

- La musique de chambre (*musica da camera*) était, jusqu'à la fin du XVIIe siècle, une musique exécutée en privé contrairement à la musique « d'église ».

- À partir de 1750, le classicisme viennois développe des quatuors à cordes (2 violons, 1 alto, 1 violoncelle) et des duos : violon, piano. Au XIXe siècle, la musique de chambre est écrite pour des ensembles de 3 à 8 instrumentistes, jouant sans chef d'orchestre.

- La sonate est la forme principale de la musique de chambre, car elle est écrite pour 1 ou 2 instruments. La sonate classique est inaugurée par Jean-Sébastien Bach (clavecin et violon).

LES INSTRUMENTS DE MUSIQUE

■ Les instruments peuvent être apparentés à l'une des 4 grandes familles instrumentales selon la source de vibration.

■ Les cordophones regroupent tous les instruments à cordes. Le son est produit par la vibration d'une corde tendue. C'est le cas de la guitare, de la harpe, du luth, de la cithare dont on pince les cordes.

■ Le violon, le violoncelle, la contrebasse appartiennent au groupe des cordes frottées. Les cordes frappées sont des instruments comme le piano dont le son est dû à la frappe d'un marteau sur une corde.

■ Les aérophones sont des instruments à vent dont le son résulte de la mise en vibration d'une colonne d'air. Ils se répartissent en 2 groupes : les bois (flûte, hautbois, clarinette) et les cuivres (cor, trompette, trombone, saxophone).

> Antonio Stradivari (1644-1737), dit Stradivarius, est le luthier le plus célèbre de tous les temps. Ses violons sont considérés comme les plus beaux au monde et sont encore utilisés aujourd'hui.

■ Les percussions comprennent 2 catégories : les idiophones et les membraphones. Les idiophones ne possèdent pas de caisse de résonance. Le son est produit par le corps de l'instrument (xylophone, cymbale, maracas…).

■ Les membraphones regroupent notamment tambours, batterie et grosse caisse dont le son est produit par la mise en vibration d'une peau.

■ La variété de sons des percussions leur a donné une importance particulière dans les musiques traditionnelles africaines et orientales.

■ Les claviers ne font pas partie de la classification scientifique, car ils ont été pensés pour des instruments électro-acoustiques, à vent (orgue, accordéon), à cordes (clavecin, piano) et des idiophones (célesta, xylophone).

■ Une famille récente s'ajoute aux précédentes, celle des instruments électroniques. Le synthétiseur crée des sons de synthèse qui peuvent être manipulés.

■ L'ordinateur permet de générer, de transformer des sons et aide à la composition.

L'ORCHESTRE

- Un orchestre rassemble un nombre important de musiciens qui jouent ensemble de manière homogène sous la conduite d'un chef d'orchestre.

- L'orchestre classique apparaît à l'époque baroque. Le développement de celui-ci est lié à l'émergence de l'opéra. Un accompagnement instrumental des voix caractérise chaque scène.

- Au XVIIᵉ siècle, l'orchestre, composé d'instruments à cordes, est disposé en longueur de part et d'autre du clavecin. Au XVIIIᵉ siècle, les instruments à vent prennent place d'un côté, les cordes de l'autre.

- Mahler, Ravel, Stravinsky composent pour ces grandes formations. Au début du XXᵉ siècle, l'orchestre comporte environ 100 musiciens.

Concert de l'orchestre d'Hofburg, Vienne, Autriche.

Les instruments qui produisent les sons les plus forts occupent les derniers rangs de l'orchestre.

- L'orchestre ne cessera de s'agrandir, de gagner en puissance. Beethoven introduit les instruments à percussion, les trombones. Berlioz, Wagner, Verdi, Liszt accordent un rôle de plus en plus important aux instruments à vent.

- L'orchestre atteint son plein épanouissement au début du XXᵉ siècle grâce à l'introduction d'instruments nouveaux et aux progrès techniques dans la fabrication des instruments.

- Le chef d'orchestre apparaît en tant que tel au début du XIXᵉ siècle. Ce rôle était précédemment tenu par le premier violon ou le maître de chapelle qui jouait du clavecin.

- Le chef d'orchestre fixe la disposition de l'orchestre. Les premiers et seconds violons sont soit situés à sa gauche, soit répartis des 2 côtés.

- Les bois et les cuivres sont placés face au chef d'orchestre, derrière les cordes. Les percussions prennent place au fond. L'orchestre d'opéra est disposé dans la fosse d'orchestre.

- L'orchestre à cordes qui ne fait usage que de cordes, que ce soit en orchestre de chambre ou en plus grande formation, est l'autre forme d'orchestre courant.

L'ART LYRIQUE

- L'opéra se forme à Florence au tournant des XVIe et XVIIe siècles. Un groupe de musiciens et de poètes veulent restaurer la tragédie antique.

- L'opéra s'imposera avec *Orfeo* de Claudio Monteverdi (1567-1643). Ce compositeur italien utilise habilement les voix pour exprimer les émotions humaines.

- En France, Jean-Baptiste Lully, à la cour de Louis XIV, fonde une école d'opéra et crée de grands opéras-ballets où se relaient danses, chants et intermèdes musicaux d'orchestres. Les mises en scène sont spectaculaires, baroques.

Giuseppe Verdi avait plus de 70 ans lorsqu'il écrivit Othello, son chef-d'œuvre.

- Wolfgang Amadeus Mozart (1756-1791) est l'un des plus grands créateurs lyriques du XVIIIe siècle. Il écrit son premier opéra à l'âge de 12 ans (*Bastien Bastienne*) et n'hésite pas à réunir dans ses œuvres (*La Flûte enchantée*) les diverses influences musicales et théâtrales européennes.

- Ludwig van Beethoven (1770-1827) composa le premier grand opéra allemand. *Fidelio* est une œuvre dédiée à l'amour conjugal, mais est aussi une critique de la tyrannie.

Opéra Aïda de Verdi, théâtre Kirov, St Petersbourg.

- Lorsque Georges Bizet créa *Carmen* en 1875, il reçut à l'époque un accueil peu chaleureux. C'est aujourd'hui l'opéra le plus joué.

- Au XIXe siècle, Verdi (1813-1901) et Wagner (1813-1883) sont 2 grandes figures qui vont marquer l'histoire de l'art lyrique.

- Verdi crée le grand opéra italien tel qu'il est encore joué actuellement. *Aïda, La Traviata, Othello* ont exercé une influence immense.

- Richard Wagner compose de grandes épopées dramatiques inspirées par la mythologie germanique (*Lohengrin*). Il transforme le langage musical en utilisant une écriture qui permet de véhiculer l'inquiétude, le tourment, la passion.

- Les compositeurs modernes (Philip Glass, Karlheinz Stockhausen, Olivier Messiaen...) intègrent à l'opéra d'autres genres de musique que la musique classique (jazz, populaire, contemporaine).

Chanteuse d'opéra.

LE JAZZ

- Le jazz est issu des communautés noires des États-Unis. Il apparaît au début du XXᵉ siècle à la Nouvelle-Orléans et, très vite, l'Europe, enthousiaste, va accueillir ces musiciens influencés par diverses traditions.

- Le jazz combine le blues (inspiré des chants des esclaves dans les plantations), le gospel (chants religieux), le ragtime (musique syncopée pour piano) et les chants populaires.

- Les instruments présents dans les formations de jazz sont la batterie, le piano, la contrebasse accompagnés d'un trompettiste, saxophoniste et parfois d'un chanteur.

- À la base du jazz, se trouve le swing, rythme musical où tension et détente se relaient, à l'image d'une pulsation physique.

La chanteuse américaine Ella Fitzgerald fut l'une des plus grandes chanteuses de jazz de tous les temps.

- Les musiciens de jazz peuvent improviser autour d'un même thème musical (mélodie) en enrichissant et en renouvelant la trame harmonique.

- Le be-bop, apparu dans les années 1940, est initié par Charlie Parker. Ce nouveau style suit un tempo rapide, une complexité dans les harmoniques, qui nécessite de la part des improvisateurs une grande virtuosité.

Jazzman.

- Le cool jazz, adopté par Miles Davis, présente une forme plus retenue, quasi mondaine. Il se développa dans les années 1950, influencé par la musique classique et contemporaine.

- Le free jazz improvise de manière permanente et complètement libre. Miles Davis (1926-1991) va explorer cette voie avec son quintette (orchestre de jazz composé de 5 musiciens) entre 1963 et 1969.

- L'improvisation où le texte est remplacé par des onomatopées et la voix utilisée comme un instrument s'appelle le « scat ». Il a été inventé par Louis Armstrong (1900-1971), trompettiste et chanteur, qui plaça ainsi le soliste au premier plan.

- Les voix dans le jazz chanté essaient de se rapprocher des sonorités des instruments. Billie Holiday (1915-1959) et Ella Fitzgerald (1918-1996) sont 2 grandes chanteuses qui ont su apporter poésie, profondeur et musicalité au jazz.

Orchestre de jazz en concert.

LE ROCK, LA POP ET LA SOUL MUSIC

■ Le rock'n'roll est une musique d'origine afro-américaine qui se développe aux États-Unis dans les années 1950. Elle s'inspire du rhythm and blues, beaucoup plus rythmé que le blues et étoffé par des chanteurs blancs qui y apportent le rythme de la country.

La soul music naît à Détroit (Illinois). La firme de disques Tamla-Motown produit ce nouveau genre musical.

■ Elvis Presley (1935-1977), dit « The King », sera l'idole et le symbole rock de la jeunesse américaine. Le rock'n'roll énergique de ses débuts sera tempéré pour plaire à un public élargi.

■ À partir des années 1960, on parle désormais de rock. Deux groupes anglais, les Beatles (1962-1970) et les Rolling Stones (1963), plus provocateurs, apportent un renouveau au rock.

■ Bob Dylan, auteur et compositeur américain, fut à partir de 1965 le chef de file contestataire, le porte-parole de la jeunesse américaine qui s'oppose, entre autres, à la guerre du Viêt Nam.

■ Dans les années 1970, le rock se nuance sous l'impact de la musique classique, la musique indienne, le jazz, le blues. Ce qui donnera naissance au hard rock, au jazz-rock, au rock progressif, au rock psychédélique (Pink Floyd).

■ La pop music a ses origines dans les folksongs, chansons avec un accompagnement de guitare, banjo, harmonica et qui illustrent la vie quotidienne. Elle triomphe dans les années 1965-1970 et va évoluer en fonction de la mode et des jeunes.

■ Les Beach Boys, les Who, les Beatles et actuellement des groupes comme Pulp, Oasis, Air, sont les représentants de ce genre de musique.

■ La musique pop actuelle est dérivée du rock tout en étant plus riche au niveau des harmonies, elle utilise largement les instruments électroacoustiques.

■ La musique soul va modifier la pop music américaine. Inspirée du gospel (chant religieux des Noirs américains), elle est pleine de ferveur.

■ Les vedettes de la soul music sont : Aretha Franklin, Tina Turner, Stevie Wonder, Marvin Gaye, Otis Redding.

Les Beatles au musée Tussaud, Londres, Angleterre.

LES COURANTS MUSICAUX DES ANNÉES 1970 À NOS JOURS

- Le disco se manifeste dans les années 1970 au travers de musiciens comme les Bee Gees, Donna Summer, Village People, Gloria Gaynor. Son rythme en fait une musique de danse, diffusée dans les discothèques.

- Le succès en 1977 du film *La Fièvre du samedi soir*, de John Badham avec John Travolta, illustre bien l'engouement pour le disco.

- Le reggae, né en Jamaïque dans les années 1960, est diffusé aux États-Unis puis dans le reste du monde par l'intermédiaire de Bob Marley dans les années 1970.

- Le reggae allie une base soul et le gospel à des rythmes jamaïcains et africains. Il est lié à la pensée rastafari, un courant qui établit la terre d'origine des Noirs africains en Éthiopie et a pour messie l'empereur Hailé Sélassié Ier.

Actuellement, une bonne partie de la musique est composée à l'aide d'instruments électroniques.

- La musique punk représente un courant agressif, brutal par des textes anarchistes et une musique fracassante aux rythmes violents.

- Elle est illustrée par les Sex Pistols, groupe fondateur anglais. Le refus des conventions sociales, le nihilisme* est exprimé également par leur tenue vestimentaire.

- Le rap se développe au début des années 1980 aux États-Unis, dans les quartiers noirs de New York. Il se joint à la break dance sur un rythme dynamique.

Orchestre de rock punk.

- Les chanteurs abordent sur un mode parlé des thèmes sérieux, des revendications ou évoquent la vie quotidienne. Le langage est urbain, fait de dialectes, de différentes cultures musicales. Les interprètes de rap français sont : MC Solaar, IAM, NTM.

- La techno, la house et la dance music révolutionnent le XXe siècle. La techno utilise des sons de synthèse et des rythmes très répétitifs. Elle se base sur un battement continu comme le rythme cardiaque.

- Cette musique est choisie pour les raves parties* qui rassemblent des milliers de personnes à la recherche d'un état de transe et lors desquelles de la drogue, comme l'ecstasy*, circule illégalement.

245

La littérature

- À l'origine, le sens du mot « littérature » indique un savoir, s'applique à une personne érudite, cultivée. Elle oppose les gens instruits aux illettrés.

- Avant l'apparition de l'écriture et de l'imprimerie, c'est la littérature orale qui s'intéresse aux récits, aux épopées*. Les conteurs perpétuent la tradition, la mémoire.

- Au Moyen Âge, trouvères* (au nord de la Loire) et troubadours* vont de château en château pour réciter et chanter les poèmes qu'ils ont composés. Cette poésie lyrique s'épanouit à la cour puis de façon itinérante du XIe au XIIIe siècle.

- Les épopées grecques de *L'Iliade* et *L'Odyssée* (vers le IXe siècle avant J.-C.) étaient, avant leur transcription écrite, récitées par des poètes ambulants (les aèdes).

- Les épopées qui relatent des témoignages historiques ou légendaires sont aussi transmises par les druides, les griots (conteurs africains).

- Une bibliothèque est fondée au IVe siècle avant J.-C. à Alexandrie. Les œuvres de l'Antiquité y sont rassemblées et copiées.

- L'apparition de l'écriture, et ensuite de l'imprimerie, permet la vulgarisation de la littérature et va personnaliser l'accès au texte qui était auparavant collectif.

- Au début du XIVe siècle, la littérature désigne un acte créatif. Elle est reconnue comme réalisation d'auteurs et non plus seulement comme un ensemble de textes.

- La littérature moderne véhicule les idées des écrivains à propos de la société, l'expression du vécu humain conjointement à un souci esthétique.

- Les œuvres sont classées par genre selon les sujets ou le style. La poésie, qui fut longtemps le genre favori de l'expression littéraire, est rejointe par le roman, le théâtre…

La liseuse par Jean Honoré Fragonard.

LES CONTES ET LES FABLES

- Les contes populaires sont des récits universels qui ont été perpétués oralement. Ils étaient lus le soir à la veillée, en collectivité.

- Ils nous racontent, sous forme imagée, fictive, les difficultés humaines. On y retrouve des symboles communs à tous les peuples.

- Le conte s'inspire de la mémoire populaire ; il se déroule dans un temps indéfini et un univers imaginaire et fantastique.

- Au XIX\(^e\) siècle, les contes sont rassemblés et publiés. Ainsi, les frères Grimm s'intéressent aux contes populaires allemands. Ils publient en 1812 *Contes d'enfants et du foyer* où l'on retrouve notamment *Blanche-Neige et les Sept Nains*, *Hänsel et Gretel*.

- Au Danemark, Hans Christian Andersen collecte les récits populaires, en invente d'autres. Parmi plus de 100 contes, *Le Vilain Petit Canard*, *La Reine des neiges* et *La Petite Sirène* connurent un succès considérable.

- Les contes des *Mille et Une Nuits*, de diverses origines, seront rassemblés dans un recueil du IX\(^e\) au XIV\(^e\) siècle. Rédigé en arabe, il est traduit en français pour la première fois au début du XVIII\(^e\) siècle.

- Les histoires sont contées par *Schéhérazade*, épouse d'un roi de Perse animé d'un désir de vengeance à l'égard de sa première femme infidèle. Elle sait qu'il veut la tuer et va durant mille et une nuits le tenir en haleine en lui racontant des histoires.

- Charles Perrault (1628-1703) s'inspire de la tradition populaire française au travers des *Contes de ma mère l'Oye*. Ces contes en prose lui feront connaître une notoriété internationale. Il reprendra et adaptera *Cendrillon*, *Le Chat botté*, *La Belle au bois dormant* afin qu'ils soient appréciés par la société de son époque.

- La fable est un récit bref, en prose ou en vers qui met en lumière une morale. Au VI\(^e\) siècle avant J.-C. en Grèce, Ésope aurait écrit des fables ayant pour personnages des animaux. Ce fabuliste inspira de nombreux auteurs grecs et latins et le succès des fables se poursuivit au Moyen Âge.

- On les redécouvre au XVII\(^e\) siècle avec Jean de La Fontaine (1621-1695). Elles mettent en scène des animaux qui, de manière symbolique, démasquent les caractères humains.

Charles Perrault a mis à la mode les contes de fées comme genre littéraire.

LA POÉSIE

- La poésie utilise un langage qui fait appel au rythme, à la musicalité des vers, des rimes* ou à la puissance des images.

- Le langage ordinaire (la prose) permet au lecteur, à l'auditeur, de recevoir des informations alors que la poésie dispense des émotions, un plaisir esthétique.

- La poésie existe dans toutes les cultures et ce depuis l'apparition des premières civilisations. Elle permettait de raconter l'origine du monde et l'histoire fondatrice des peuples.

En 1857, lors de la publication des Fleurs du mal, Charles Baudelaire et son éditeur sont condamnés à des amendes et 6 poèmes devront être retirés.

- Dans l'Antiquité, le poète est doté d'un pouvoir magique, d'une inspiration sacrée. L'histoire d'Orphée, qui envoûte de son chant accompagné de la lyre les êtres vivants et les rochers, nous le rappelle.

- Au début du Moyen Âge, poésie et musique se mêlent ; les trouvères développent les chansons de geste qui décrivent les exploits des chevaliers, les épisodes guerriers (*La Chanson de Roland* ; 1100 après J.-C.).

- Au XIVe siècle apparaît la rhétorique, l'art d'écrire en vers, d'utiliser des accessoires de style, des formes fixes. Le lyrisme* fait place à une perfection formelle.

- Les règles des différentes formes poétiques sont élaborées au XVIIe siècle. La poésie est dépendante de la versification. Cette esthétique se poursuivit durant le siècle suivant. C'est la période classique (Nicolas Boileau, Malherbe).

- Au XVIIIe siècle, les romantiques sont en rupture avec le classicisme trop formel. La passion, l'individualisme, le lyrisme, l'intuition, le génie créateur retrouvent leur importance.

- Le poème en prose apparaît au XIXe siècle avec Aloysius Bertrand. Charles Baudelaire publie *Les Fleurs du mal* (1857) sous la forme de sonnets*, mais les vers écrits transfigurent le réel. Il fonde la poésie moderne.

- Au XXe siècle l'image poétique devient le contenu essentiel. Les poètes surréalistes recourent au rêve, à l'inconscient comme source d'inspiration (André Breton, Louis Aragon).

Femme lisant par Auguste Renoir.

LE ROMAN

- Le roman est une œuvre en prose qui met en scène des personnages réels ou fictifs dans un espace imaginaire mais qui peut-être proche de la réalité.

- Le roman est une forme littéraire qui se diversifie en plusieurs genres : roman de mœurs, social, policier, d'aventures…

- La légende du Roi Arthur écrite à partir du IXe siècle nous décrit la vie des chevaliers, l'amour courtois. Ces thèmes sont abordés par Chrétien de Troyes, un des auteurs du cycle arthurien. Inspirée par la légende, l'œuvre fait aussi part de réflexions.

- Le roman pastoral connaît au XVIIe siècle un grand succès. Les personnages; bergers et bergères discourent sur les élans amoureux dans un cadre bucolique*.

- Le roman de Cervantès, *Don Quichotte de la Manche*, (1605-1615) plonge son héros dans la folie. Don Quichotte, persuadé d'être un chevalier, part à la recherche d'exploits tels qu'ils étaient vécus par les chevaliers du Moyen Âge. Ce roman est considéré comme le premier roman moderne.

- Le roman moderne plonge ses personnages au cœur du réel, les auteurs s'intéressent à la vie intérieure de leurs héros et témoignent de leur quête individuelle.

- Le roman historique qui raconte des événements réels du passé naît avec Walter Scott (1771-1832), écrivain britannique. Ses romans parmi lesquels *Waverley* et *Ivanhoé*, influenceront des écrivains européens dont Victor Hugo mais surtout Balzac.

- Au XIXe siècle le roman social dépeint la société d'une manière réaliste. *Le Rouge et le Noir* de Stendhal publié en 1830 est reconnu comme chef-d'œuvre. Il décrit la société française sous la Restauration.

- Les romans d'analyse s'attachent à décrire le monde intérieur des personnages. Henry James (1843-1916) nous donne à voir dans *Les Ambassadeurs*, les sentiments des personnages confrontés aux contrastes des cultures américaines et européennes.

- Le roman devient une forme mondialement utilisée au XXe siècle. Les catégories s'enrichissent mais la forme traditionnelle du roman est remise en question vers 1950 par certains auteurs du « Nouveau Roman » (Alain Robbe-Grillet, Nathalie Sarraute, Michel Butor…) qui critiquent son réalisme.

LE ROMAN D'AVENTURES

- L'aventure est présente dans la littérature dès l'Antiquité et notamment dans la poésie narrative comme l'*Odyssée* de Homère. Elle l'est également au Moyen Âge avec l'œuvre de Chrétien de Troyes (*Perceval* ou *le Conte du Graal*) et le cycle arthurien.

- Mais c'est au XIXᵉ siècle, à partir des années 1870, que le genre existe en tant que tel et connaît un franc succès. En France, il est représenté par des auteurs comme Jules Verne, *Vingt Mille Lieues sous les mers* ; Alexandre Dumas, *Le Comte de Monte-Cristo*.

- En Grande-Bretagne, Daniel Defoe (1660-1731) s'inspire, pour écrire *Robinson Crusoé*, de l'histoire d'un marin écossais abandonné à la solitude pendant 5 années sur une île au large des côtes du Chili. Defoe est reconnu comme le père du roman d'aventures exotiques.

- Robert Louis Stevenson (1850-1894) est un auteur écossais qui connaîtra un grand succès avec *L'Île au trésor*, célèbre histoire de pirates et de courses au trésor.

- Aux États-Unis, Herman Melville (1819-1891) écrit l'un des plus grands romans d'aventure du XIXᵉ siècle. Le récit de *Moby Dick* évoque la lutte du Capitaine Achab avec une baleine blanche dont il doit se venger.

- Cette poursuite effrénée conduira le bateau et l'équipage au naufrage. Le récit est le symbole d'une quête philosophique où les citations bibliques et mythologiques abondent.

- Le roman d'aventures veut faire découvrir au lecteur des contrées lointaines, ses curiosités et d'autres peuples. Cet attrait pour l'exotisme s'explique par le développement du colonialisme* au XIXᵉ siècle.

- Les conditions d'un roman d'aventures combinent dépaysement et action. Le dépaysement peut aussi être historique, le genre s'inspirant volontiers du Moyen Âge.

- Le héros, désireux de quitter une civilisation trop paisible, à la morale trop contraignante, fuit vers un monde sauvage (terme imputé aux colonies par les Occidentaux du XIXᵉ siècle) où il sera mis à l'épreuve.

- Pour être initié, il aura à lutter contre la faim, la fatigue mais aussi contre ses propres pulsions. Ce héros qui prétend apporter les valeurs occidentales aux autochtones*, est lui-même rejoint par sa propre sauvagerie quand, cerné par le danger, il n'obéit qu'à son seul instinct et tue, trahit, fuit.

En Grande-Bretagne, Jonathan Swift publie en 1724 *Les Voyages de Gulliver*.

LE ROMAN POLICIER

- Le roman policier est un genre littéraire qui a pour thème central le crime. Un policier ou un détective a pour mission de démasquer le criminel au terme d'une enquête pleine de péripéties.

- Le roman à énigmes débute par un crime dont un enquêteur va devoir découvrir le mobile, les modalités, donner des indices et enfin démasquer le coupable à la fin d'une réflexion à laquelle le lecteur s'identifie.

En 1916, Agatha Christie donne naissance au détective belge Hercule Poirot.

- Le roman d'action ou roman noir, d'abord américain, se déroule dans le milieu de la pègre, des bas-fonds de la ville. L'argent, la violence et le sexe sont les principaux ingrédients de cet univers. R. Chandler et le détective Philip Marlowe ou E.S. Gardner et son personnage Perry Mason figurent parmi les auteurs connus.

- L'appellation « roman policier » est apparue à la fin du XIXᵉ siècle, mais on cite souvent Edgar Allan Poe (1809-1849) comme fondateur du genre. Son premier détective, C.A. Dupin, inspirera bien des auteurs.

- L'épanouissement du roman policier commence avec Arthur Conan Doyle et le célèbre Sherlock Holmes (1887-1927) chez qui on retrouve des caractéristiques de Dupin. Sa popularité le destinera à continuer d'exister sous la plume d'autres écrivains.

- Agatha Christie poursuit cet intérêt pour l'énigme et son élucidation au travers de son détective Hercule Poirot. Parmi les nombreuses intrigues adaptées au cinéma ou à la télévision figurent : *Le Crime de l'Orient-Express*, *Dix Petits Nègres* et la série télévisée « *Hercule Poirot* ».

- Le crime en lieu clos est illustré dans *Le Mystère de la chambre jaune* en 1907 par Gaston Leroux. Ses personnages, Chéri-Bibi et Rouletabille connurent un grand succès.

- Georges Simenon met en scène le commissaire Maigret dans ses livres à partir de 1931. Cet auteur belge s'intéressera plus à la psychologie des personnages qu'au déroulement de l'enquête.

- Maigret tente de les comprendre pour élucider l'affaire. L'atmosphère, le milieu, l'état social des personnages deviennent primordiaux.

- La place du héros tenue habituellement par le détective est parfois prise par le criminel qui se révèle capable d'esquiver les embuscades policières. C'est le cas d'Arsène Lupin, de Fantômas, qui incarnent des gentlemen cambrioleurs.

LE ROMAN FANTASTIQUE

■ Le roman fantastique est tradition-nellement peuplé de créatures tels les fantômes, les vampires et divers mons-tres. Le surnaturel est présent dans la littérature fantastique moderne sous forme de rêves, d'états de conscience modifiés, de paranoïa*, de manies.

■ Le fantastique repose sur une tension entre un cadre réel et l'apparition de phénomènes étranges, inquiétants qui vont introduire le doute et le malaise chez le lecteur.

■ C'est à la fin du XVIIIe siècle que ce genre littéraire fait son apparition. Jacques Cazotte en est le précurseur avec *Le Diable amoureux*. Son héros, Alvare, tombe sous le charme d'un diable ayant pris les traits d'une femme.

■ Le roman gothique ou roman noir est un genre populaire qui connut beaucoup de succès au XVIIIe siècle surtout auprès d'un public de femmes.

■ Il met en scène, dans des lieux hantés, un personnage féminin en proie à un homme abusant de son pouvoir. Ann Radeliffe, *Les Mystères d'Udolphe* et Horace Walpole, *Le Château d'Otrante* (1796) sont des auteurs célèbres du genre.

■ Dans *Le Portait de Dorian Gray*, Oscar Wilde nous livre le portrait d'un héros confronté au vieillissement de son image peinte alors que lui-même conserve une jeunesse permanente.

Les ouvrages de Stephen King ont été traduits dans plus de 32 langues.

■ Les *Histoires extraordinaires* d'Edgar Allan Poe (1809-1849) marquèrent aussi le genre. Ces nouvelles regroupées en un recueil et traduites pour la première fois en français par Charles Baudelaire en 1856-57, se déroulent dans des lieux sinistres où la mort rôde en perma-nence.

■ *Le Tour d'écrou* de Henry James (1843-1916) est un grand roman de la lit-térature fantastique. Une histoire d'appa-ritions dans un manoir dont on ne sait si elles sont fantasmées ou réelles. L'atmos-phère est tendue, oppressante.

■ La littérature fantastique actuelle est souvent représentée par Stephen King, auteur anglo-saxon, dont les œuvres seront de nombreuses fois adaptées au cinéma (*La Ligne verte*, *Carrie*).

■ Le vampire, créature dominante de l'uni-vers fantastique, ne cesse de fasciner. À la fin du XIXe siècle, Bram Stocker écrivit *Dracula* inspiré par un seigneur médiéval roumain cruel. En 1978, Anne Rice écrit *Entretien avec un vampire*.

LA SCIENCE-FICTION

- La science-fiction est un genre littéraire qui extrapole sur l'évolution des sciences, des techniques et de l'homme dans un futur plus ou moins lointain.

- Les thèmes abordés couramment sont : l'immortalité, le voyage dans le temps et l'espace, les extraterrestres, les robots, les mutants. Certains apparaissent déjà au début du XIXe siècle dans le roman de Mary Shelley, *Frankenstein ou le Prométhée moderne* (1818).

- Les œuvres de Jules Verne (1828-1905), *Voyage au centre de la Terre*, *De la Terre à la Lune*, *Vingt Mille Lieues sous les mers*, correspondent à la période d'avancée technologique et scientifique du XIXe siècle.

- Jules Verne est considéré, avec H.G. Wells, comme écrivain essentiel et fondateur de la science-fiction.

- H.G. Wells (1866-1946), auteur britannique de *La Machine à explorer le temps*, *La Guerre des mondes*... se questionne sur l'impact des progrès scientifiques pour l'humanité future, non sans pessimisme.

- Le Space Opera, créé en 1941, met en scène des récits de voyages et d'aventures dans l'espace. Les guerres intergalactiques, la rencontre d'autres civilisations et planètes forment la toile de fond de ce genre littéraire qui domine au début du XXe siècle.

- Le courant de la Fantasy fait reposer la fiction sur le mystère, la mythologie, l'univers moyenâgeux et non plus sur la science. *Le Seigneur des anneaux* (1954-1956) de J.R.R. Tolkien illustre bien ce courant.

- La Seconde Guerre mondiale, l'utilisation de la bombe atomique vont influencer les auteurs de science-fiction qui voient violence et autodestruction dans la société future.

- L'évasion, caractéristique principale de tous les récits de science-fiction, est rejointe par la manifestation de la peur de l'évolution future.

L'auteur britannique H.G. Wells a également publié l'un des romans les plus populaires de la science-fiction : *L'homme invisible*.

- René Barjavel (1911-1985), écrivain français, recourt à la science-fiction pour évoquer une société déshumanisée par la technologie. Ses œuvres (*La Nuit des temps*, *Ravage*, *Le Voyageur imprudent*...) reflètent sa méfiance du progrès scientifique et son pessimisme pour l'avenir de l'humanité.

253

Le théâtre

- Les origines du théâtre remontent à la Grèce antique. C'est un bâtiment religieux dominé par un sanctuaire dédié au culte de Dionysos (dieu du vin et de l'ivresse). Il est construit à flanc de colline et les gradins s'étendent autour des comédiens.

- Le théâtre romain apparaît au Ier siècle avant J.-C. Le théâtre antique d'Orange en est un exemple bien conservé. Il comprend des gradins où le public s'installait en fonction de son origine sociale, une scène en bois et un mur de scène orné de marbre, d'or et d'ivoire.

- La « porte royale » est réservée aux acteurs principaux, tandis que les autres entrent sur scène par des tours à étages situées de part et d'autre de la scène.

- Au Moyen Âge, le théâtre aux thèmes religieux se développe sur les parvis des églises. Les pièces s'appellent des « jeux » et sont composées des « miracles » (vie des saints) et des « mystères » (sujets bibliques).

- Lorsque le théâtre s'installe sur la place publique, il se résume à une estrade sur tréteaux autour de laquelle le public circule. Théâtre, musique et danse sont mêlés.

- Les architectures conçues pour les représentations théâtrales apparaissent en Europe à la fin du XVIe siècle. La première salle est construite en Italie en 1580 et avec elle apparaît la notion de décor, de lumière artificielle.

- La Comédie-Française est le plus ancien théâtre au monde. Il fut nommé ainsi en 1680 lors de la fusion de 3 grandes troupes parisiennes.

- Au XVIIIe siècle, la scène est éclairée par des bougies, les risques d'incendie sont importants. Les spectateurs sont debout, sur le parterre ou même sur la scène.

- Une pièce de théâtre est le résultat d'une coopération entre metteur en scène, auteur, acteurs, costumiers, décorateurs et une équipe technique (régisseur, éclairagiste, machinistes).

- Si le théâtre a obéi à une codification stricte du XVIe au XVIIIe siècle, la notion de genre (tragédie, poésie, comédie, dialogue philosophique…) cède à des formes plus ouvertes et les différents arts de la scène peuvent s'entrecroiser.

Théâtre grec.

LES MÉTIERS DU THÉÂTRE

- Le metteur en scène est responsable de l'agencement et de la coordination de tous les éléments scéniques. Il réalise la mise en scène d'écrits (roman, poésie, nouvelle, pièce de théâtre...) en proposant sa vision de la pièce.

- Il dirige les comédiens et choisit la lumière, le son, les costumes, les décors... Le metteur en scène peut créer sa propre compagnie, donner des cours de théâtre.

- Le dramaturge est conseiller littéraire et théâtral ; il assiste et collabore avec le metteur en scène pour transposer le texte à la scène.

- Son travail exige une bonne connaissance de l'histoire du théâtre et des auteurs dramatiques. Il lit les manuscrits, se documente à propos de l'œuvre, l'analyse, l'explique et l'adapte au langage théâtral.

- Le comédien se sert de toutes les techniques vocales, gestuelles, respiratoires pour interpréter son rôle, guidé par le metteur en scène. Il passe des auditions au cours desquelles il lit des extraits de la pièce afin que soient évalués son talent, sa compétence pour le rôle.

- Le régisseur est responsable de la coordination technique de la production et donc de l'équipe technique composée de machinistes, habilleuses, accessoiristes, techniciens du son et électriciens. Il élabore un budget, organise le montage, veille à la sécurité.

- Le décorateur scénographe, choisit, en collaboration avec le metteur en scène, le décor qui respecte l'univers de la pièce. La conception passe par une recherche documentaire, des dessins, des maquettes.

- Le costumier crée les costumes qui vont distinguer les personnages. Il participe aussi parfois à la recherche d'accessoires, perruques, masques, chaussures, maquillage... Il travaille en se conformant à la volonté artistique du metteur en scène.

- Le régisseur son est responsable du matériau sonore qui va participer à l'atmosphère, au rythme de la pièce. Il effectue les réglages sonores avant la pièce et assure le bon déroulement de la bande sonore pendant celle-ci à l'aide de magnétophones, consoles de commandes, enceintes de diffusion...

- Le régisseur lumière conçoit la réalisation lumière du spectacle avec le metteur en scène, le décorateur et met en place tous les moyens électriques nécessaires pour créer l'ambiance.

Auparavant, les décors étaient peints. Aujourd'hui, ils sont presque toujours construits.

255

LA COMÉDIE

■ La comédie est un genre dramatique qui provoque le rire au travers de quiproquos*, d'une intrigue à péripéties multiples, de personnages grotesques.

■ Elle s'éloigne du héros historique et met en scène des personnages familiers, qui prêtent à rire. La comédie n'hésite pas à utiliser des procédés extravagants pour obtenir un dénouement heureux.

■ La comédie a ses origines dans la Grèce antique. En 480 avant J.-C., lors des Dionysies, fêtes vouées à Dionysos, la population se mêle aux satyres* badigeonnés de vin qui l'invectivent. L'humour est débraillé, les injures brutales.

■ La satire politique se développe avec Aristophane, premier auteur grec de comédies. À Rome, Plaute (254-184 avant J.-C.) et Tarence (190-159 avant J.-C.) reprennent les sujets des comédies grecques.

Vaudeville.

■ Au Moyen Âge, siècle de la dramaturgie religieuse, la comédie se joue sous forme de tours, de farces, de diableries dans les foires, les fêtes populaires.

■ Au XVIᵉ siècle, la comédie réapparaît comme genre à part entière en Espagne avec Lope de Vega, en Angleterre avec Shakespeare et en Italie avec la commedia dell'arte.

■ Molière (1622-1673) s'impose en France. Il dépeint des caractères humains autant que la société. Ses liens exceptionnels avec la cour lui permettent de développer une œuvre conséquente.

Le vrai nom de Molière était Jean-Baptiste Poquelin.

■ Marivaux (1688-1763) offre à la comédie sa fine analyse des sentiments, des dialogues subtils. C'est un théâtre d'intrigues mais aussi plein d'émotions, d'intentions moralistes et de critiques sociales.

■ L'opérette mêle avec humour théâtre et opéra. Offenbach (1819-1880) présente au travers de ses œuvres une satire sociale du Second Empire. Dans le vaudeville affiné par Labiche et Feydeau, les situations cocasses et absurdes s'enchaînent, les personnages réagissent de manière inadéquate et provoquent le rire.

■ Dans le théâtre de l'absurde, notamment chez Ionesco (1909-1994), le rire naît de situations insolites, de la perte de sens, de l'humour noir.

LA TRAGÉDIE

*Macbeth
de Shakespeare.*

- La tragédie est née en Grèce vers 535 avant J.-C. et serait d'origine sacrée. Il s'agit d'un chant en l'honneur de Dionysos, le « chant du bouc ».

- C'est un théâtre non réaliste, conventionnel, qui met en scène la société athénienne, qui donne à voir le monde des héros et des dieux. On cherche à provoquer chez le spectateur effroi, pitié et horreur.

- Thepsis serait le premier auteur et acteur tragique. Vers le milieu du VIᵉ siècle avant J.-C., il introduit un acteur qui dialogue avec le chœur.

- Eschyle et Sophocle continueront à insérer des acteurs qui sont masqués afin de pouvoir interpréter plusieurs personnages. Le chœur se réduit, les dialogues parlés et l'action s'amplifient.

- Le théâtre romain adopte les codes grecs, mais les tragédies de Sénèque (4 avant J.-C. - 65 après J.-C.) *Hercule furieux*, *Les Troyennes*, *Phèdre*, *Œdipe*… ont une action modulée et l'unité fait parfois défaut, ce qui n'est pas le cas de la tragédie grecque. Ces tragédies montrent la folie humaine et glorifient la vertu.

- En Angleterre, Shakespeare (1564-1616) renoue avec la tragédie antique pour exprimer désespoir, jalousie, abandon, corruption, trahison. Il écrira entre 1595 et 1606 *Roméo et Juliette*, *Hamlet*, *Othello*, *Macbeth*, *Le Roi Lear*.

- Dans ces drames élisabéthains, les unités de temps et d'action sont outrepassées, des événements analogues s'enchevêtrent, les questions du pouvoir, de l'autorité et de la justice sont posées.

- La tragédie antique et Sénèque sont redécouverts en France au XVIᵉ siècle. La tragédie triomphe au XVIIᵉ siècle avec Racine (1639-1699) et Corneille (1606-1684). Tourments et sacrifices font partie de la condition du héros qui tente de se dépasser.

- Au XXᵉ siècle, la tragédie change de visage. Le théâtre de l'absurde illustré par Eugène Ionesco (*Rhinocéros*), Samuel Beckett (*En attendant Godot*) et Jean Genet (*Haute Surveillance*) reflète l'humeur de l'après-guerre. Les personnages sont névrosés, sans références, ils errent dans un univers menaçant.

Dans les pièces de Shakespeare, tous les rôles de femmes étaient tenus par des hommes, les rôles de jeunes filles étaient tenus par des garçons dont la voix n'avait pas encore mué.

- La tragédie antique continue de servir de modèle culturel au travers de ses thèmes mythiques pour exprimer le monde contemporain.

LE MIME ET LA COMMEDIA DELL'ARTE

■ Le mime est un spectacle au cours duquel les acteurs vont s'exprimer par des mouvements, des attitudes, des mimiques du visage. La parole est exclue de cet art.

■ Le mime est déjà présent dans l'Antiquité où il est lié aux cérémonies rituelles et aux représentations de scènes comiques populaires.

■ C'est à Rome que le genre se perfectionne et devient un art indépendant. Le mime permet de suggérer tout en évitant la censure. Pour cela, il sera considéré comme immoral et interdit par l'Église au Ve siècle.

■ Le mime est à l'origine de beaucoup d'expressions théâtrales en Inde, en Chine, au Japon. Au Moyen Âge, et jusqu'au XVIIIe siècle, le mime est une expression très populaire qui fait partie des attractions foraines.

■ Il va se renouveler au XXe siècle avec Étienne Decroux, qui considère le corps comme outil d'expression à part entière, capable par le mouvement de refléter toutes les émotions.

■ Marcel Marceau (né en 1923) est un élève d'Étienne Decroux. Il crée le personnage de Bip, le clown blanc. Son talent fait de poésie et d'humour est apprécié dans le monde entier.

■ Le mime a considérablement influencé et aidé les acteurs des films muets comme Charlie Chaplin, Buster Keaton, Max Linder.

■ La commedia dell'arte (du métier), comédie italienne très populaire au XVIe siècle, se propage dans toute l'Europe. Les acteurs sont masqués (sauf les amoureux) et costumés de manière à être facilement identifiables par le public.

■ Arlequin, Pantalon, Colombine, Pierrot et Polichinelle sont quelques-uns des « types » présents dans les intrigues où le jeu corporel (mimique, grimace, gesticulation, agilité) l'emporte sur le texte.

Théâtre de pantomime.

■ Les comédiens italiens venus en France au XVIIe siècle, influenceront Molière, qui leur empruntera les personnages types et Marivaux qui leur reprendra le thème du déguisement et du masque fonctionnant comme indice.

Arlequin porte un habit rapiécé de toutes les couleurs, un masque noir et un bâton.

LE THÉÂTRE ORIENTAL

- Le Nô est un drame japonais à caractère sacré qui mêle musique, danse et déclamation. Le répertoire, composé d'environ 250 pièces, se joue depuis la seconde moitié du XIVe siècle. Avant que le genre ne se popularise, le public était celui de l'aristocratie.

- Le spectacle est composé de 5 nôs, joués en alternance avec des farces. Les thèmes abordés par les nôs sont : les dieux, les démons, les guerriers, les fous, l'enseignement bouddhiste.

- Les acteurs, exclusivement masculins, portent des masques et des costumes fabuleux. Ils apparaissent après avoir franchi un pont, lien entre le monde réel et l'au-delà, le présent et le passé.

- Le décor est sobre, l'espace de la scène carré est occupé au fond par une toile décorée d'un pin, symbole de la présence des dieux. Les 3 autres côtés sont ouverts, délimités par des piliers en cèdre.

- Le waki, acteur secondaire s'engage le premier sur scène. Venant de loin, il raconte un drame dont le héros défunt, l'acteur principal (le shite), va revivre l'action pour en être délivré et reposer en paix.

- Le kabuki est un genre théâtral populaire japonais apparu au XVIIe siècle. C'est un spectacle complet qui associe théâtre, musique et danse. Les représentations évoquent des drames en 20 actes, au cours desquels les acteurs exhibent leur talent.

- Les pièces sont jouées dans de grands théâtres pourvus d'une passerelle qui franchit toute la salle et qu'empruntent les acteurs importants.

- Au XVIIIe siècle, le théâtre de marionnettes (bunraku) est à son apogée. Chikamatsu Monzaemon, dramaturge japonais, écrivit pour le théâtre de marionnettes. Il fut déçu de voir ses pièces dénaturées par les acteurs de kabuki.

- Les marionnettistes sont visibles sur scène lors de la manipulation des poupées. Elles sont si grandes qu'elles nécessitent la présence de 3 manipulateurs. Un récitant déclame l'histoire et mime leurs attitudes.

- Au XXe siècle, le théâtre japonais a développé un registre contemporain qui s'inspire de la tradition et reflète l'attirance pour le répertoire occidental.

La danse

- La danse est une succession de mouvements rythmiques du corps dans l'espace. Elle peut exprimer une émotion, une croyance, une coutume, un rite de passage et être un art qui s'épanouit dans la représentation, une distraction sociale, un rite sacré.

- Dès la préhistoire, des représentations rupestres nous montrent des personnages dansants. La danse sacrée, rituelle, est un moyen d'entrer en communication avec les dieux.

- Dans la Grèce antique, la danse est présente dans la vie quotidienne pour honorer les dieux et Dionysos en particulier. À Sparte, la pyrrhique* est dansée au son de la lyre par les hommes en armes en vue de leur entraînement.

- À Rome, la danse perd son raffinement artistique et l'Église la juge décadente. Les Romains, friands des jeux du cirque, développent plutôt la pantomime*.

- Au Moyen Âge, la danse qui se pratiquait jusqu'alors dans les églises, est désapprouvée par le clergé. La caracole est une danse spontanée pratiquée en ronde en se tenant par la main ou par le coude.

- Au XIVe siècle, les danses macabres peintes sur les murs des églises évoquent les complaintes des mourants, incitent à une vie pieuse et rappellent le caractère éphémère de la vie.

- Dans les châteaux et manoirs de la Renaissance, on danse en couple séparé, la bourrée, la gigue, le menuet… On garde la même cavalière toute la soirée.

- Le ballet de cour est le divertissement le plus apprécié aux XVIe et XVIIe siècles. Né en Italie, son succès atteindra tous les monarques d'Europe. La mise en scène est fastueuse, elle célèbre la gloire du roi. Louis XIV apparaît dans le rôle du Roi-Soleil (Ballet royal de la nuit), qui lui laissera son surnom.

- Au XIXe siècle, les danses aristocratiques qui étaient à l'origine des danses paysannes, deviennent avec l'essor de la bourgeoisie des danses de salon. Avec la danse de ballet apparaissent les chaussons à pointes, le tutu, les danseuses étoiles. Un répertoire étendu de ballets romantiques est créé au XIXe siècle en France et en Russie.

- La danse va se diversifier au XXe siècle : classique, jazz, moderne, music hall… Les rythmes venus de l'Amérique séduisent : one-step, tango et ensuite charleston, rumba, java et après la Seconde Guerre mondiale : le rock'n'roll.

LES MÉTIERS DE LA DANSE

- Le danseur interprète l'œuvre que le chorégraphe a créée en y ajoutant sa personnalité, son talent. Le danseur apprend des techniques qu'il doit ensuite complètement intégrer avant d'y ajouter son propre don.

- Les qualités d'un danseur passent par l'endurance, la discipline, la rigueur lors de l'entraînement quotidien et ce dès le plus jeune âge.

- Le métier de danseur suppose de passer des auditions, de partir en tournées, de prendre soin de son corps et de continuer à évoluer avec la volonté de se perfectionner.

Classe de ballet, Edgar Degas.

- Il peut passer un contrat avec une compagnie ou travailler dans une grande institution comme un opéra national ou des ballets internationaux.

- Le chorégraphe compose l'espace, établit les déplacements des danseurs, conçoit et règle les figures.

- C'est le chef d'orchestre du spectacle. Il conduit le projet, donne des orientations à toute l'équipe, collabore avec les danseurs et le personnel administratif.

Le titre de danseur étoile, le plus élevé dans la hiérarchie, est attribué sur nomination à des danseurs d'exception.

- Le chorégraphe est bien souvent danseur au départ. Il peut fonder sa propre compagnie ou en rejoindre une autre en tant que danseur en attendant de pouvoir y travailler comme chorégraphe.

- Plusieurs créateurs travaillent en synergie avec le chorégraphe. Il s'agit du scénographe qui régit les décors, le son et la lumière, des costumiers, des maquilleurs, du corépétiteur qui se charge de la répétition des danseurs et de tous les techniciens.

- Les mouvements de chaque danseur sont décrits dans la partition. Le métier de notateur consiste en la rédaction au moyen de notations et la lecture de ces partitions. Ce travail nécessite des connaissances en mouvement et en danse. Il existe actuellement des logiciels d'écriture chorégraphique.

- Le maître de ballet dont la fonction est apparue au XVIIIe siècle est responsable du spectacle, de la gestion artistique de la compagnie et de l'école de danse.

LA DANSE CLASSIQUE ET LE BALLET

- Le ballet est né à la Renaissance italienne et se développe en France, sous Catherine de Médicis à la fin du XVIe siècle. *Le Ballet comique de la Reine* (1581) est considéré comme le premier ballet de cour.

- C'est au XVIe siècle qu'apparaissent les premiers danseurs professionnels, qui sont aussi parfois chorégraphes ou professeurs.

- L'Académie royale de musique est fondée en 1661 à Paris par Louis XIV. Étant lui-même un danseur passionné, il y intègre une section danse, qui deviendra plus tard l'Opéra de Paris. La technique se codifie, la danse devient l'exclusivité des professionnels masculins.

- Des ballerines rejoignent les danseurs à partir de 1681. Elles sont limitées dans leurs mouvements par de lourdes robes, un corset et portent encore des chaussures ordinaires.

- Pierre Beauchamp (1631-1705) s'impose à la cour comme danseur, chorégraphe et enseignant. Il fut le premier maître de ballet (1672-1687) de l'Académie royale de danse.

- Au XVIIIe siècle, plusieurs grandes villes européennes ouvrent des opéras et des compagnies de ballet sont créées. La Russie va succéder à la France dans l'essor de la danse.

- Le ballet d'action, la danse pantomime veulent inverser une tendance trop décorative de la danse. Ôter les masques, les perruques, les coiffures, les paniers raides pour que le corps puisse s'exprimer, tel est l'objectif du chorégraphe Noverre.

- Le XIXe siècle est synonyme de changements. Le répertoire des ballets romantiques est florissant. Les chaussons à pointes renforcent la notion d'élévation et de verticalité. Le tutu (encore long !) révolutionne le costume.

- En Russie, les ballets impériaux accueillent le danseur et chorégraphe français, Marius Petipa, qui travaillera avec les partitions de Tchaïkovski. *Casse-Noisette*, *Le Lac des cygnes*, *La Belle au bois dormant* sont composés pour le ballet.

- La compagnie des Ballets russes, formée par Diaghilev au début du XXe siècle, trace la voie vers la modernité. Nijinski fait scandale dans *L'Après-midi d'un faune* en 1912. Les ballets font appel aux artistes peintres pour les décors, aux musiciens d'avant-garde.

Pierre Beauchamp publia un ouvrage sur la codification de la danse et définit les 5 positions de base.

- Des danseurs issus des Ballets russes créent leur propre répertoire et émigrent aux États-Unis (comme Balanchine) et à Paris où Serge Lifar ajoute 2 positions néoclassiques à celles de Pierre Beauchamp.

LA DANSE MODERNE ET CONTEMPORAINE

- Les États-Unis disposent au XXᵉ siècle du terrain idéal pour recevoir les premières chorégraphies modernes. L'Europe, encore enracinée dans la tradition du ballet académique, suivra.

- Le chorégraphe, qui est en général aussi le danseur, développe son propre code, son propre langage. La danse est l'expression libre des émotions, de la vie intérieure. Les danseurs explorent toutes les dimensions de l'espace avec leur corps.

- Américaine, Isadora Duncan (1878-1927) danse pieds nus, s'inspire de l'Antiquité et est vêtue d'une simple tunique transparente. Sa danse « libre », qui exprime la nature par le corps, pose les bases de la danse moderne.

- On peut considérer les Américains, Ruth Saint-Denis et son mari Ted Shawn, comme les fondateurs de la danse moderne. Ruth s'intéresse aux danses ethniques* ; l'Asie et l'Égypte l'inspirent.

- Ensemble, ils fondent la compagnie Denisshawn où de nombreux danseurs et chorégraphes du XXᵉ siècle seront formés. Entre autres les Américaines Martha Graham et Doris Humphrey.

- Des systèmes pédagogiques sont créés par les pédagogues français, François Delsarte (1811-1870) et Émile-Jacques Dalcroze (1865-1950). Le premier écrit une théorie de l'expressivité du mouvement humain ; le geste est la traduction de l'âme, son intensité dépend de celle du sentiment.

- Émile-Jacques Dalcroze enseigne l'eurythmie, une méthode musicale qui conçoit le rythme comme expression corporelle. De nombreux danseurs s'en servent comme méthode d'entraînement.

Le Français Maurice Béjart mélange les styles, incorpore le théâtre et utilise des danseurs aux corps athlétiques et puissants.

- Martha Graham (1893-1991) et Doris Humphrey (1895-1958) fondent leurs chorégraphies en s'appuyant sur le rythme spontané de la marche, de la respiration, sur les contractions et les relâchements du corps. La chute rompt avec la nécessité de verticalité de la danse classique.

- Le répertoire des formes s'élargit et combine les genres. Merce Cunningham (né en 1919) révolutionne la danse en la rendant indépendante de la musique et du décor. C'est le danseur et non la narration* qui est le centre de l'œuvre. Il collabore avec le musicien John Cage.

- Les chorégraphes contemporains se dégagent du savoir de la danse moderne, introduisent le multimédia, le happening* et occupent d'autres espaces que la scène.

Le cinéma

- Auguste et Louis Lumière inventent le cinématographe (du grec *kinêma*, *kinêmatos*, « mouvement » et *graphein*, « écrire ») et la première séance publique a lieu à Paris, au Grand Café, en 1895. Ils doutent de l'avenir du procédé et cessent leurs activités 4 années plus tard.

- C'est Georges Méliès (1861-1938), illusionniste*, qui sera le premier réalisateur metteur en scène à saisir toutes les possibilités du cinéma de fiction.

- Au début du XXᵉ siècle, Hollywood, alors faubourg de Los Angeles, est choisi comme lieu de tournage pour ses grands espaces. La demande en films est croissante, les compagnies (Metro Goldwin Mayer, Twentieth Century Fox, Warner Bross...) vont y répondre en tournant à l'extérieur et dans des studios aux décors types.

- C'est à la fin des années 1920 que le cinéma devient sonore. Les micros sont dissimulés dans le décor et la caméra bruyante est cachée dans des cabines.

- Le tournage se fait exclusivement en studio et la voix de certains acteurs déçoit le public. Certains seront contraints d'abandonner leur carrière.

- Ce sont les stars qui font le succès des studios, des majors (grandes compagnies de l'industrie cinématographique), dans les années 1930. Le scénario s'élabore autour d'elles. Du côté féminin, on peut citer : Greta Garbo, Joan Crawford et du côté masculin : Clark Gable et Spencer Tracy.

- En Italie, le néoréalisme décrit sans artifice, sur le mode documentaire, les conditions de vie de la population d'après-guerre. Les rôles sont tenus par des acteurs professionnels et non professionnels.

- Dans les années 1950, l'extraordinaire essor de la télévision entraîne le déclin des studios et des majors. Le cinéma réagit en développant de nouveaux formats (cinémascope, cinérama, panavision) et impose la couleur sur une même pellicule avec l'Eastmancolor.

- La Nouvelle Vague (1958-1962) crée des films peu coûteux à la réalisation. Ils sont tournés dans un esprit de liberté, caméra à l'épaule, dans des décors réels.

- Différentes manifestations consacrent le cinéma ; ce sont les festivals (Cannes, Venise, Berlin...) et les cérémonies de remise des oscars (États-Unis) et des césars (France).

LES MÉTIERS DU CINÉMA

■ Le producteur évalue et réunit les moyens nécessaires à la mise en œuvre du film qu'il choisit sur la base de données artistiques, commerciales et financières. Il lit le synopsis (récit très bref, qui constitue un schéma de scénario), choisit un metteur en scène et supervise le développement du film.

■ Le scénariste rédige l'histoire et la présente sous forme de synopsis. Puis il agence l'intrigue avec précision et fait apparaître les séquences. La continuité dialoguée est la dernière étape où il s'adjoint parfois l'aide d'un dialoguiste.

■ Le metteur en scène ou réalisateur dirige les acteurs et l'équipe technique. Il agit comme un chef d'orchestre depuis l'écriture du scénario au montage en passant par le tournage.

■ Le premier assistant réalisateur établit le plan de travail, il informe l'équipe à propos du tournage (lieux, heures, plans à tourner...). Il repère et s'occupe des aménagements du décor ; il choisit les figurants.

S. Spielberg a fondé, avec G. Lucas, l'industrie hollywoodienne d'aujourd'hui : films à gros budgets, effets spéciaux, produits dérivés...

■ Le scripte est la mémoire du film. Il réalise le minutage de chaque plan, note ce qui se fait au moment du tournage, s'assure que tous les plans ont été tournés, surveille les raccords entre les prises.

■ Le chef opérateur est responsable de l'image, de la lumière et du cadrage. Il choisit le matériel (caméra, pellicule) et dirige l'équipe image (cadreur, photographe de plateau, assistant opérateur, électriciens, machinistes).

■ L'ingénieur du son s'occupe de la bande sonore du film. Il enregistre les dialogues en direct en tenant compte des mouvements de la caméra. Il est assisté par un perchman qui suit les acteurs avec un micro fixé à une perche.

■ Le chef décorateur suggère des décors sous forme de croquis, de maquette. Il dirige la construction des décors qui seront ensuite organisés dans le détail par l'ensemblier et l'accessoiriste.

■ Le maquilleur prépare le visage des acteurs à l'éclairage intense. Il peut vieillir, rajeunir ou enlaidir un visage. Il est chargé de tous les effets spéciaux quant à l'apparence des personnages.

■ Le monteur travaille sur une table de montage qui lui permet de visionner les images et d'écouter les sons. C'est lui qui est responsable des coupes de la pellicule et de la bande son, autrement dit du rythme du film. Le mixeur transpose ensuite le tout sur une bande unique.

265

LE FILM D'AVENTURES

■ L'aventure est présente dans la plupart des films puisqu'ils racontent souvent la vie de personnages aux prises avec une situation imprévue.

■ Le film d'aventures comprend beaucoup d'actions, des combats impressionnants, de la bravoure.

■ Ces films nous plongent dans des contrées exotiques, jungles, déserts, montagnes, océans, îles et abordent des temps différents : Antiquité, épopées bibliques, temps des chevaliers, des pirates...

■ Le héros, masculin, est au cœur de l'histoire. Pour se sortir des situations périlleuses, il doit être fort, beau et courageux. Son désir de justice, ses sentiments de patriotisme ou d'altruisme* l'entraîneront à faire usage de violence.

Johnny Weismuller, le plus célèbre Tarzan du cinéma, fut médaillé d'or sur 100 m nage libre aux Jeux olympiques.

■ Des paysages grandioses servent de cadre aux événements. Ces lieux, souvent inhospitaliers, cachent de nombreux dangers.

■ Le film d'aventures se prête bien aux séries : les *Tarzan* et les *James Bond* en sont un exemple. *Tarzan*, personnage légendaire, connaît des dizaines de versions tournées en studio, en Amérique ou en Afrique.

■ Certains films sont des superproductions qui engagent une multitude de figurants. Ils sont tournés dans des décors sophistiqués et utilisent des effets spéciaux éblouissants comme dans *Jurassik Park*, 1993.

■ Douglas Fairbanks a été un héros téméraire des années 1920. Il exécutait lui-même ses cascades et a incarné Robin des Bois (1922), Zorro, d'Artagnan. Harrison Ford incarne Indiana Jones, héros des années 1980 dans *Les Aventuriers de l'Arche perdue*.

■ Parmi les films d'aventures nautiques, on peut citer : *Les Révoltés du Bounty* (1935), *Vingt Mille Lieues sous les mers* (1954), *Moby Dick* et plus tard *Jaws* (1975).

■ Le film de pirates fait également partie du genre. Spécialités hollywoodiennes dans les années 1930 à 1950, la plupart d'entre eux ont été tournés en studio : *L'Île au trésor* (1934), *L'Aigle des mers* (1940), *Le Capitaine Blood* (1924).

LA COMÉDIE

■ Avant l'apparition du cinéma parlant, le film burlesque présente des situations comiques fondées sur la poursuite, la répétition d'un gag, les catastrophes.

■ Charlie Chaplin, avec *Charlot*, Laurel et Hardy, Buster Keaton font partie des acteurs-réalisateurs comiques qui connurent un grand succès dans les années 1920 et 1930.

■ La comédie américaine, qui se développa entre 1930 et 1960, veut divertir par un comique de situation (Ernst Lubitsch), mais présente aussi des satires de la société américaine, de la petite-bourgeoisie (Franck Capra, Billy Wilder, Joshua Logan).

Acteur imitant Charlie Chaplin.

■ Le maître de la comédie américaine légère, mais non dénuée de finesse, est Ernst Lubitsch (1892-1947), réalisateur de *Haute Pègre* (1932), *Sérénade à trois* (1931) et *Jeux dangereux* (1942).

■ Il évoque les thèmes de l'argent, du pouvoir, du sexe, de manière indirecte, en respectant la censure et les normes sociales.

■ La comédie anglaise offre un humour pince-sans-rire, « l'humour anglais », qui naît d'une situation comique dans un contexte « normal », réaliste ; du sérieux du narrateur face à l'aspect extravagant de l'histoire.

■ Les Monty Python déclenchent le rire avec leurs comédies impertinentes, peu soucieuses de la morale : *Monty Python, sacré Graal* (1975), *La Vie de Brian* (1979) et *Monty Python, le sens de la vie* (1983).

■ La comédie italienne, héritière de la tradition de la commedia dell'arte, fait surgir le comique d'un quotidien tragique. La société italienne est dépeinte avec un regard réaliste et critique.

■ La dérision, la parodie, l'amertume caractérisent la comédie italienne : Ettore Scola, *Drame de la jalousie* (1970) ; Dino Risi, *Les Monstres* (1963) ; Luigi Comencini, *La Grande Pagaille* (1960). Nanni Moretti, cinéaste contemporain, dans un style intimiste et avec des moyens limités, assure la relève : *La Messe est finie* (1986).

Dans le 1er script du *sacré Graal* des Monty Python, Arthur et ses chevaliers trouvaient le Saint-Graal... chez Harrods, magasin généraliste londonien très réputé !

■ Louis de Funès est l'acteur le plus populaire de la comédie française des années 1960 et 1970. Son jeu grimaçant, ses mimiques, sa présence survoltée ont fait le succès des séries des *Gendarmes* et de *Fantômas*.

LE FILM POLICIER

- Le film policier recouvre plusieurs genres dont le film de gangsters, le film noir et le film de détective.

- Dans le film policier, le héros est un policier intègre mais mal dans sa peau et dans sa vie de famille.

- Lors de son enquête, il lui arrive de céder à la corruption (*Les Ripoux* de Claude Zidi). L'inspecteur Harry, joué par Clint Eastwood dans les années 1980, est volontiers insolent face à la loi.

- Dans une Amérique en proie à la crise et à la prohibition* (1919-1933), le gangster apparaît comme une alternative possible à la vie terne et miséreuse des spectateurs. Le cinéma va s'en inspirer.

- Le film de gangsters met en scène un hors-la-loi, un caïd issu d'un milieu simple qui lutte pour réussir et est finalement victime de son ambition. Le milieu de la pègre* inspirera des réalisateurs comme Howard Hawks, *Scarface* et Francis Ford Coppola, *Le Parrain I, II, III*.

- Le film noir a pour héros le détective privé, enquêteur solitaire et ambigu. La menace est omniprésente et le crime peut être le fait d'un homme « ordinaire ». Les scènes nocturnes, les rues désertes, le pessimisme, les femmes dangereuses renforcent l'ambiance.

- Le célèbre privé, Philip Marlowe, héros de l'écrivain américain Raymond Thornton Chandler, est incarné à l'écran par Humphrey Bogart qui joue également dans *Le Faucon maltais* de John Huston (*1941*), modèle du film noir.

- En France, les adaptations de l'écrivain belge Georges Simenon, s'imposent dans les années 1940 avec entre autres, la série des *Maigret*. Jean-Pierre Melville, influencé par le cinéma américain, tournera dans les années 1950 et 1960 *Bob le Flambeur*, *le Doulos*, *le Deuxième Souffle*, *le Samouraï*.

Dans *Psychose* d'Alfred Hitchcock, le sang utilisé pour toutes les scènes de meurtres était composé de... sirop de chocolat.

- Quelques célèbres actrices ont donné corps aux personnages de femmes fatales, mystérieuses et perverses qui dominent les films noirs : Ava Gardner, Rita Hayworth, Lana Tuner...

- Alfred Hitchcock (1899-1980), maître du suspense, ne s'intéresse pas aux enquêtes mais au thème de l'innocent confondu avec le coupable, à la psychanalyse*, au crime qui surgit dans un quotidien banal.

LE FILM DE SCIENCE-FICTION

- Le film de science-fiction nous propose des scénarios impossibles, des créatures irréalistes, une science incontrôlable et une mise en valeur de toutes les techniques de pointe du cinéma.

- Ce genre permet d'explorer le temps et l'espace, de confronter passé, présent et futur, d'exprimer les peurs et les questions d'ordre moral, politique ou philosophique.

- La science-fiction s'inspire de faits réels pour construire son univers : guerres et complots internationaux, risques liés à l'énergie atomique, conquête de l'espace, progrès scientifiques.

- Les thèmes favoris sont : la cité future, le voyage dans le temps et l'espace, l'invasion par les extraterrestres, les conflits intergalactiques, l'horreur atomique, le désordre écologique.

- *Le Voyage dans la Lune*, 1902, est le premier film de science-fiction. Georges Méliès, qui avait une connaissance très étendue de la magie, utilise des trucages étourdissants et s'inspire des œuvres littéraires de Jules Verne.

- Un certain nombre de trucages utilisés par Méliès le sont encore de nos jours. Il s'agit de superpositions, surimpressions, caches, personnages pris à des plans différents, animation de modèles réduits filmés image par image...

- Les trucages des films actuels sont réalisés à l'aide de l'informatique et de l'électronique. Les images virtuelles sont mixées avec des plans de films utilisant des acteurs.

- La trilogie de George Lucas à partir de *La Guerre des étoiles*, qui aborde le thème de guerre interstellaire (1977), est une superproduction riche en effets spéciaux obtenus grâce aux moyens informatiques.

- Le film de Stanley Kubrick, *2001 : L'Odyssée de l'espace* (1968), considéré comme un chef-d'œuvre, vise à montrer la place modeste de l'homme dans l'univers. Il renouvelle le genre : peu de dialogues, ni monstres ni combats.

Dans *La Guerre des étoiles*, George Lucas s'est inspiré de différentes langues. Le mot « Jedi » vient du japonais et la langue des Jawas est du zoulou accéléré.

- Le robot occupe une place prédominante dans bon nombre de films. Créature artificielle née de l'imagination de l'homme, il peut avoir l'aspect d'un cylindre monté sur pied (R2D2 dans *La Guerre des étoiles*) ou être à l'image d'une jeune femme (Maria dans *Metropolis*).

269

LE FILM FANTASTIQUE ET D'ÉPOUVANTE

■ Le film fantastique relate une histoire qui se déroule dans un cadre réel et qui glisse imperceptiblement vers l'extraordinaire. Des phénomènes inexplicables surgissent provoquant angoisse, malaise, interrogation chez le spectateur.

■ Le cinéma fantastique muet apparaît dans les années 1920 en Allemagne. *Nosferatu* de Murnau (1922) ouvrit la porte du terrifique et contribua au mythe des vampires. Tout y est subjectif et l'ambiance malsaine.

■ Les récits fantastiques sont courants dans la littérature du XIXe siècle et ont été adaptés au cinéma : *Frankenstein* est écrit en 1818 par Mary Shelly ; *Dracula* en 1897 par Bram Stocker.

■ *Dracula* traite du thème du vampire, un être non-mort, condamné à boire le sang humain pour survivre.

■ Dans les années 1930, les studios Universal s'emparent de ces héros et les adaptent au grand écran : *Frankenstein* (1931) de James Whale, *Dr Jekyll et Mr. Hyde* (1932) de Mamoulian, *Dracula* (1931) de Tod Browning.

■ Au début des années 1980, *Gremlins* de Joe Dante (1984) et *Mad Max 2* (1982) de George Miller renouvellent le genre. Actuellement, des elfes, des dragons, des fées apparaissent dans *Le Seigneur des Anneaux*, trilogie de J.R.R. Tolkien adaptée à l'écran par Peter Jackson.

■ Le film d'épouvante développe des histoires similaires au fantastique en y ajoutant des effets qui provoquent la terreur chez le spectateur.

■ Le maître du genre est Alfred Hitchcock avec *Les Oiseaux* (1963). Roman Polanski avec *Rosemary's Baby* (1968) décrit les affres d'une jeune femme, devenue la proie d'une secte satanique.

■ *L'Exorciste* de William Friedkin (1973), *La Malédiction* de Richard Donner (1976) et *Carrie* (1976), adaptation d'un roman de Stephen King par Brian de Palma font partie des premiers films à aborder le satanisme.

■ Plus récemment *Scream 1, 2* et *3* de Wes Craven proposent une nouvelle approche du genre dans les années 1990.

Pour *Le Seigneur des Anneaux*, 350 décors furent construits et 19 000 costumes furent créés.

LE FILM D'ANIMATION

- Le procédé de fabrication du dessin animé consiste à filmer image par image des dessins ou des objets correspondants aux phases successives d'un mouvement.

- Ce procédé est identique dans le cinéma d'animation. On anime des objets, des marionnettes, des papiers découpés, des figurines en pâte à modeler, en plastique...

- Segundo de Chamon réalise en 1905 le premier film d'animation utilisant la technique du dessin animé image par image. James Stuart Blackton suivra en 1906 et filmera des marionnettes et des figurines en pâte à modeler.

- En 1908, en France, Emile Cohl réalise des films, des séries (*Fantasmagorie*, *Fantoche*) en utilisant marionnettes et dessins, papiers découpés et poupées.

- Jusqu'en 1914, la méthode est artisanale : les dessins sont réalisés sur du papier. Les personnages ne peuvent pas chevaucher les décors, le dessin est stylisé et épuré.

- Le procédé d'animation sur feuille de papier celluloïd est breveté en 1914 par Earl Hurd et John Bray. Grâce à des « cellulos » transparents, les dessins sont isolés des décors fixes. La réalisation est plus rapide, les films plus longs.

- Otto Messmer associé à Pat Sullivan donnent naissance à la première star du cinéma d'animation *Félix le Chat*.

En 1939, Walt Disney reçut pour *Blanche-Neige et les sept nains* un oscar spécial. Il reçut une statue de taille normale et 7 petites.

- L'invention de Mickey Mouse en 1928 rend Walt Disney célèbre. En 1937, son premier long métrage *Blanche-Neige et les sept nains* nécessite 130 000 dessins. Son travail se structure comme une véritable industrie.

- Les méthodes de Disney sont coûteuses. En Russie (Youri Norstein) et en Tchécoslovaquie (Jiri Trnka), des créateurs réalisent avec des moyens plus modestes des œuvres originales et poétiques.

- Aujourd'hui, photo, dessin, animation et image électronique ont fusionné. En matière de trucages et d'animation, tout est devenu possible.

LES JEUX ET LOISIRS

Les jeux et loisirs, réservés au départ aux classes privilégiées de la population, se sont au fil du temps démocratisés. De nos jours et dans une perspective de réduction du temps de travail et d'une augmentation de nos heures de loisir, nous sommes de plus en plus amenés à pratiquer des activités sportives, culturelles, des jeux classiques ou nés des dernières technologies en vogue.

LES JEUX DE SOCIÉTÉ

- Les jeux de société font appel à la mémoire, au savoir, à l'imagination et à la patience. Les premiers jeux de société étaient des jeux de course. Le gagnant étant le premier à atteindre le but fixé par la règle.

- Le jeu des petits chevaux se joue sur un damier en croix entre 2 et 4 joueurs qui font franchir les pions d'un nombre de cases égal à celui indiqué par le dé.

- Le jeu de go est certainement le jeu le plus ancien connu à ce jour. Il a été inventé en Chine environ 2 000 ans avant J.-C L'Occident en prendra connaissance au XXe siècle.

- Le jeu de go consiste à former des territoires en posant des pions ou des pierres sur un plateau, le go-ban, où sont tracées 19 lignes horizontales et 19 lignes verticales qui forment 361 sections.

- Le jeu d'échecs est aussi un jeu de stratégie où 2 adversaires déplacent 32 pièces (16 blanches et 16 noires) sur un plateau de 64 cases : l'échiquier. Le but du jeu est de mettre le roi adverse « échec et mat », c'est-à-dire dans l'impossibilité de se déplacer sans être pris.

Enfants jouant aux échecs.

- Le jeu d'échecs serait originaire d'Inde. Introduit en Europe par les Arabes, ses règles seront fixées au XVIe siècle.

Jeu de cartes.

- Les cartes à jouer seraient apparues en Extrême-Orient vers le Xe siècle. Elles sont introduites en Occident au XVIe siècle. Jusqu'en 1946, leur fabrication est contrôlée et taxée.

- Les cartes possèdent une face commune et une face qui se distingue par sa couleur (cœur, carreau, pique et trèfle) et par sa valeur (de 1 ou « as » à 10). Les figures représentent un roi, une dame ou un valet.

- Un jeu de cartes classique comporte 52 cartes. La bataille, la belote, le bridge, le rami, le whist, le poker sont les jeux les plus connus.

- Des jeux de lettres et de mots (le Scrabble et les mots croisés) se sont développés au XXe siècle, aux États-Unis. Le mikado date du Moyen Âge et les casse-tête ont été inventés par les Chinois.

Le jeu de go est le jeu favori des moines bouddhistes.

LES JEUX ÉLECTRONIQUES

- Dans les années 1970 les premiers jeux vidéo sont créés, ils sont alors incorporés aux consoles. C'est en 1977 qu'Atari lance la première console à cartouches.

- Les consoles sont soit reliées à l'écran d'un téléviseur, soit portables. En 1989, Nintendo® commercialise le Game Boy qui connaîtra un grand succès avec 2 jeux : Tetris et Pokémon.

- Les miniconsoles portables s'emmènent partout, car elles possèdent leur propre écran à cristaux liquides. Le jeu est introduit sous forme de cartouche. La plupart sont des dérivés des dessins animés.

- Le premier succès du jeu vidéo commence avec *Pong*, édité en 1972 par Atari. Beaucoup de variantes ont été créées depuis, mais la base reste identique : 2 palets permettent de renvoyer un petit carré qui rebondit sur les bords supérieur et inférieur de l'écran.

- Le premier jeu de société à avoir été informatisé est le jeu d'échecs.

- D'autres jeux de société sont aujourd'hui disponibles en version électronique dont les nombreux jeux de cartes, le jeu de dames, le Scrabble, etc.

- Les jeux de plate-forme en 2D ou 3D consistent en un parcours durant lequel le joueur fait évoluer son personnage au travers de chemins semés d'obstacles, de plate-forme en plate-forme, en essayant de lui faire franchir des niveaux, tout en évitant les éléments offensifs.

- Les jeux d'aventures ont un caractère narratif et le joueur interagit dans un environnement, un monde où les personnages se déplacent librement. L'avènement d'Internet permet à plusieurs joueurs connectés en même temps de se retrouver dans le même monde, c'est le jeu en ligne.

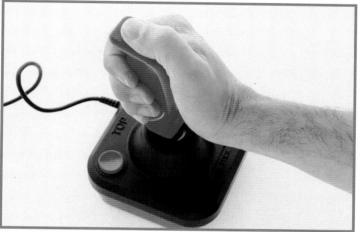

Commande manuelle d'un jeu électronique.

- Les jeux de simulation permettent de conduire virtuellement et avec réalisme, différents types d'engins motorisés (avion, navette spatiale, bateau, moto).

En 1977, Kasparov, champion du monde d'échecs se mesure à un ordinateur, Deep Blue, qui le bat.

- En 1995, une société japonaise lance le Tamagotchi, un jeu électronique qui présente un animal familier virtuel dont il faut s'occuper habilement sous peine de le voir mourir.

LES JEUX DE HASARD

■ Le caractère essentiel des jeux de hasard est l'imprévu avec lequel le joueur doit composer. Le hasard fait partie du jeu.

■ Les jeux de hasard comprennent les jeux d'argent comme les jeux de casino (roulette, baccara…), la loterie, les machines à sous, les jeux de cartes (poker) et les jeux de dés (le 421, poker d'as, le craps, la rafle, le zanzibar).

Machines à sous, Las Vegas, États-Unis.

■ L'origine des jeux de dés est très ancienne. Elle remonte à l'Égypte antique. On jouait également aux dés en Chine et en Inde plusieurs siècles avant J.-C.

■ Les dés sont fabriqués en os, en ivoire, en bois ou en matière plastique. Ils comportent 6 faces avec sur chacune d'entre elles un point creusé (de 1 à 6). Certains jeux nécessitent 2, 3, ou même 5 dés.

■ Le mot loterie vient du latin « lotto » qui signifie « lot » ou destin. Les loteries sont appréciées en Europe aux XVe et XVIIe siècles. Ces loteries permettaient à l'État de soutenir la guerre, de développer des constructions ou de relever les finances publiques.

■ Les jeux instantanés, sous la forme de jeux de grattage, apparaissent il y a environ 30 ans. Ils attirent de plus en plus de joueurs. L'évolution technologique a permis le développement des loteries en ligne.

La capitale mondiale du jeu, Las Vegas, accueille chaque année plus de 30 millions de touristes.

■ Les machines à sous électroniques, appelées aussi « bandits manchots », connaissent un grand succès et ont été introduites dans les casinos afin de les démocratiser.

■ Ces machines affichent, après introduction d'argent, une combinaison de signes qui peut faire gagner une somme d'argent. Lorsque celle-ci est très importante, on parle de jackpot.

■ Le jeu de la roulette est le jeu le plus populaire au casino. Il se joue depuis le XVIIIe siècle.

■ Les joueurs misent de l'argent sur le tapis vert en choisissant un numéro de 0 à 36 et une couleur. Si la bille lancée sur un plateau cylindrique s'arrête sur le numéro et la couleur choisis, le joueur remporte autant de fois sa mise en fonction du pari.

LES LOISIRS

- La notion de loisirs date du XXe siècle. Avant d'être un temps libre consacré à l'épanouissement individuel, le temps de loisir était assimilé à une période festive, rituelle, à laquelle participait toute la communauté.

- Les fêtes célébraient le travail, honoraient les dieux (Jeux olympiques antiques), marquaient un temps de paix. Les Romains, la conquête achevée, s'adonnaient aux loisirs des bains, de la chasse et aux divertissements des spectacles.

- L'avènement des loisirs individuels date du milieu du XIXe siècle. Les voyages et divertissements concernent au départ l'aristocratie*.

- Les premiers congés payés et la diminution du temps de travail hebdomadaire de 48 h à 40 h vont permettre à toutes les couches sociales de participer à la société de loisirs.

- Le secteur des loisirs ne cesse de se diversifier, incitant la population, tous âges et aptitudes confondus, à pratiquer des activités récréatives, sportives, culturelles.

- Les loisirs peuvent avoir pour cadre le lieu de vie quotidien (jardinage, bricolage, lecture, jeux de société, loisirs créatifs et manuels…) ou se vivre à l'extérieur (spectacle, sport, musée, gastronomie, découverte du patrimoine…).

- Le sport est maintenant envisagé pour la santé et le plaisir. Les pratiques sportives douces comme la marche ou le vélo sont privilégiées.

- Les activités accomplies dans un cadre naturel, randonnée pédestre ou équestre, sport de glisse, escalade sont appréciées. Les parcs aquatiques, à thèmes ou d'aventures, renouvellent la piscine classique et les attractions foraines.

- Les loisirs sont aussi électroniques. De plus en plus de familles sont équipées d'une console et/ou d'un ordinateur qui permet de consulter des CD-Rom éducatifs, culturels, scientifiques ou ludiques.

Le premier parc Disneyland ouvrit ses portes en 1955 à Anaheim en Californie.

- L'accès à Internet permet de se renseigner sur les hobbies, les lieux de pratique, les associations et favorise les échanges autour de passions communes (généalogie*, collections, musique…).

L'ESPACE

De tout temps, il a suffi à l'homme de lever les yeux vers le ciel pour s'interroger sur l'Univers mystérieux qui l'entourait. Aujourd'hui, grâce aux diverses avancées tant technologiques que scientifiques, nous pouvons non seulement comprendre mais également partir à la découverte de l'espace, hier encore méconnu. Ensemble, nous te proposons d'effectuer ce grand voyage plein de surprises étonnantes.

L'ASTRONOMIE ANCIENNE

Télescope ancien.

- L'astronomie est une science qui étudie l'espace et les corps célestes.

- C'est au VIIe siècle avant J.-C. que l'astronomie devint une véritable science. Auparavant, les astres étaient notamment associés à des divinités.

- Pour les Grecs, à partir de Platon (427- 347 av. J.-C.), la Terre est ronde mais immobile. Les planètes, la Lune et le Soleil tournent autour de la Terre. Les étoiles sont accrochées à une vaste sphère qui tourne autour de la Terre en un jour.

- Les Arabes ont amélioré les systèmes d'observation et répertorié les étoiles dans des catalogues.

- Au XIIe siècle, le travail de Ptolémée (astronome grec) est répandu à l'étranger et cela incite les astronomes d'Europe occidentale à s'intéresser plus en profondeur à l'astronomie.

- C'est en 1543 que Nicolas Copernic suggère que la Terre et toutes les planètes tournent autour du Soleil. Ses découvertes ne furent guère prises en compte.

- En 1609, Galilée, grâce à une lunette astronomique, découvrit les phases de Vénus, les cratères sur la Lune et les satellites de Jupiter. L'Église, pour qui la Terre devait rester le centre de l'Univers, le menaça de torture.

- Le mouvement des planètes autour du Soleil selon un mouvement elliptique* et non circulaire fut découvert par Kepler au début du XVIIe siècle. Il démontra aussi que leur vitesse est variable.

- Isaac Newton en 1687 démontre l'existence d'une force - la gravité* - entre le Soleil et chacune des planètes.

- Il explique comment la Lune tourne autour de la Terre et comment les planètes obéissent aux lois de Kepler. Ces lois sont publiées en 1609 et 1619.

Pour les anciens Grecs (vers Ve siècle avant J.-C.), la Terre était plate et ressemblait à une « galette ».

L'ASTRONOMIE MODERNE

- Le perfectionnement du télescope* a permis d'étudier avec plus de précision les planètes*, la distance entre les astres* et de découvrir de nouvelles étoiles.

- Le télescope se compose de plusieurs miroirs qui rassemblent la lumière des objets lointains en un même point et en restituent l'image.

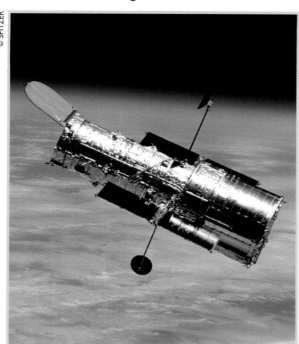

Télescope sirtf - spizez.

- Le télescope spatial Hubble nous a donné de superbes images de galaxies* lointaines.

- L'espace est un lieu idéal pour recueillir des informations sans être gêné par les perturbations de l'atmosphère terrestre.

- Les observatoires, pour la même raison, sont construits en altitude, sur les montagnes, au-dessus de la couverture nuageuse et loin de la lumière des villes.

En 2006, un satellite français part à la découverte de planètes de la même taille que notre Terre.

- Le spectroscope* va permettre de déterminer la composition chimique des astres, la vitesse à laquelle ils se déplacent et la température à leur surface.

- Les satellites* mis en orbite étudient 24 h sur 24 le rayonnement ultraviolet*, les rayons X* et gamma* du Soleil, le rayonnement des étoiles, les caractéristiques électromagnétiques* de l'espace.

- Des données peuvent également être recueillies par un appareil électronique : le CCD*. Petite pastille composée de 100 000 pixels*, elle détecte jusqu'à 70 % de la lumière.

- Les astronomes* actuels utilisent des ordinateurs pour analyser les données plus rapidement qu'ils ne pourraient le faire eux-mêmes.

- Les recherches peuvent porter sur : la formation des galaxies*, les trous noirs*, les quasars*, les nuages interstellaires*, la poussière interplanétaire ou le rayonnement cosmologique.

Téléscope Hubble.

281

L'UNIVERS

Mosaïque aux rayons X de la Voie lactée.

© NASA

- À l'origine, la matière très condensée et chaude était concentrée dans une minuscule région de l'espace.

- Il y a entre 14 et 15 milliards d'années, une explosion gigantesque a fait se dilater et se refroidir l'Univers.

Aujourd'hui nous pouvons visualiser l'Univers dans sa jeunesse alors qu'il n'avait encore que 380 000 ans.

- C'est le Belge Georges Lemaître qui a formulé, en 1927, l'idée selon laquelle une explosion est à l'origine de l'Univers. En 1950, on lui donna le nom de big-bang*.

- La dispersion de la matière est toujours en cours, l'Univers est en expansion* constante. Les galaxies se fuient.

- Quelques secondes après l'explosion, l'expansion se ralentit et des particules apparurent, se combinèrent. Les atomes* d'hélium* et d'hydrogène* se formèrent. Ils sont à l'origine de toute matière.

- Quelques milliards d'années après le big-bang, les galaxies se formèrent suite à la contraction des nuages de gaz. À l'intérieur des galaxies, les étoiles* apparurent.

- La Voie lactée* naît 2 milliards d'années plus tard. Le Soleil, 10 milliards d'années après le big-bang. La formation de la Terre remonte à 4,6 milliards d'années.

- L'évolution de l'Univers est inconnue. Il se pourrait que la dispersion de la matière et l'expansion de l'Univers cessent. Les galaxies se rapprocheraient les unes des autres et l'Univers se contracterait, s'effondrerait sur lui-même. Les températures extrêmement élevées détruiraient même les atomes.

- Suite à ce big-crunch*, il pourrait y avoir une nouvelle explosion et expansion donc un autre big-bang.

- L'Univers pourrait aussi rester en expansion permanente. Il deviendrait de plus en plus vide puisque les galaxies s'éloigneraient les unes des autres sans arrêt. Il ferait de plus en plus froid et les étoiles s'éteindraient.

LES GALAXIES

- Les galaxies sont des ensembles d'étoiles, de gaz et de poussières (matière interstellaire*).

- Notre galaxie, appelée Voie lactée*, contient des centaines de milliards d'étoiles. Le Soleil en est une d'entre elles.

- Notre galaxie est une galaxie parmi beaucoup d'autres. Elle ressemble à une traînée blanche que l'on peut distinguer par un ciel dégagé.

- Il existe plusieurs formes de galaxies : en spirale comme la nôtre (75 % des galaxies) ; en spirale barrée, plus rare ; elliptique, qui ressemble à un ballon de rugby.

- Les autres galaxies en raison de leur forme indistincte sont appelées « irrégulières ».

Un effleurement entre deux galaxies.

- Les galaxies les plus petites mesurent 6 000 années-lumière (57 millions de milliards de kilomètres). Les galaxies les plus grandes ont un diamètre de 150 000 années-lumière*.

- Andromède est une galaxie semblable à la nôtre et la plus proche. Elle se situe à 2,2 millions d'années-lumière.

- L'analyse de la lumière renvoyée par les galaxies a permis de se rendre compte qu'elles s'éloignaient de la Terre.

- L'Univers n'est donc pas immobile ni clos mais en expansion.

- En 1928, l'astrophysicien américain Edwin Hubble a élaboré la loi confirmant la théorie de l'expansion de l'Univers.

Une année-lumière représente 9 500 milliards de kilomètres.

© ESA/NASA/STSci

283

LES PLANÈTES

- Les planètes sont des astres* à l'éclat fixe, contrairement aux étoiles* qui scintillent.

- Elles tournent autour d'une étoile (le Soleil) et autour de leur axe.

Le système solaire (montage).

- Elles circulent autour du Soleil à des vitesses différentes. Les planètes les plus proches tournent le plus vite, les plus lointaines le plus lentement.

- C'est l'attraction gravitationnelle* du Soleil qui maintient les planètes en orbite*.

- Notre système solaire comporte 10 planètes dont 6 sont connues depuis l'Antiquité. Il s'agit de Mercure, Vénus, la Terre, Mars, Jupiter, Saturne. Uranus, Neptune et Pluton ont été découvertes plus récemment. Sedna a été découverte en mars 2004.

- Les planètes géantes*, dont le diamètre est supérieur à celui de la Terre, ont une atmosphère épaisse, gazeuse. C'est le cas de Jupiter, Saturne, Uranus et Neptune. Toutes les quatre possèdent des anneaux* et de nombreux satellites*.

D'autres étoiles sont entourées de disques de poussières. Il devrait exister d'autres planètes au-delà de notre système solaire.

- Ces planètes plus éloignées du Soleil, donc plus froides, sont composées de glaces, de gaz et de poussières.

- Les planètes telluriques* sont rocheuses, proches du Soleil et de petite taille comparées aux géantes. Ce sont : Vénus, Mars, Mercure et la Terre.

- Elles se sont formées à partir des poussières proches du Soleil.

- Pluton, boule rocheuse et glacée, car très éloignée du Soleil, est mal connue et ne ressemble à aucune autre planète.

284

LES SATELLITES

■ On appelle satellite un corps céleste qui gravite sur une orbite* elliptique* autour d'une planète.

■ De nombreuses planètes de notre système solaire possèdent des satellites plus ou moins grands.

Io, satellite de Jupiter.

■ Phobos et Deimos, les deux satellites de Mars sont des astéroïdes* qui suite à une collision auraient croisé Mars. Phobos se situe à 5 987 km et Deimos à 20 074 km de Mars.

■ Jupiter possède pas moins de 16 satellites situés entre 181 000 et 25 millions de km d'elle. Les quatre principaux : Io, Europe, Ganymède et Callisto furent découverts par Galilée en 1610.

■ Parmi ces 4 grands satellites, Io est le plus proche de Jupiter. C'est aussi le corps céleste le plus volcanique connu. Sa surface sulfureuse est recouverte d'éruptions et de lacs volcaniques*. Europe, à la surface blanche et très brillante, est situé à 617 000 km de Jupiter.

■ Avec un diamètre de 5 276 km, Ganymède est le plus gros satellite du système solaire. Sa surface parsemée de taches sombres montre de nombreux impacts de cratères. Callisto, le satellite le plus éloigné de Jupiter présente une surface couverte de cratères de météorites*.

■ Les 18 satellites de Saturne ont été découverts par des sondes* américaines. Ils sont de petite taille. Titan, satellite plus grand que Mercure, présente une atmosphère chargée d'azote* et de méthane*.

■ Uranus possède également 15 satellites. Les 5 plus importants sont : Miranda, Ariel, Umbriel, Titania et Obéron.

■ Huit satellites sont attribués à Neptune dont 6 découverts par la sonde Voyager 2. Triton et Néréide sont les plus connus.

■ Charon, le satellite de Pluton, fut découvert le 22 juin 1978. Avec un diamètre d'environ 1 250 km, il se situe à 17 000 km de Pluton.

La Terre ne possède qu'un seul et unique satellite : la Lune.

Satellite de Saturne.

MERCURE

- Mercure est la planète la plus proche du Soleil, environ 58 millions de kilomètres.

- Le jour, sa température peut approcher les 430 °C. La nuit, elle peut descendre jusqu'à -180 °C.

- Sa période de révolution* autour du Soleil dure 88 jours.

Le Soleil, vu de Mercure, est presque 3 fois plus grand que vu de la Terre.

- Sa période de rotation* sidérale autour de son axe s'effectue en 59 jours.

- Son diamètre est de 4 878 km, il est un peu plus petit que la Terre.

- De nombreux cratères semblables à ceux que l'on peut observer sur la Lune sont visibles à sa surface.

- La taille et la composition du noyau sont proches de celui de la Terre.

- Exposée à la chaleur du Soleil, Mercure, a tout simplement perdu son atmosphère. Ce qui entraîne un contraste important des températures entre la face ensoleillée et la face cachée.

- Une face est toujours éclairée par le Soleil, l'autre est dans la nuit. Sur la face qui se situe à l'ombre, la température est de -180 °C.

- Une observation depuis la Terre, grâce à de puissants télescopes*, a permis d'identifier de vastes plaques de glace dans les régions polaires de Mercure.

Bepi Columbo arrivant à la planète Mercure.

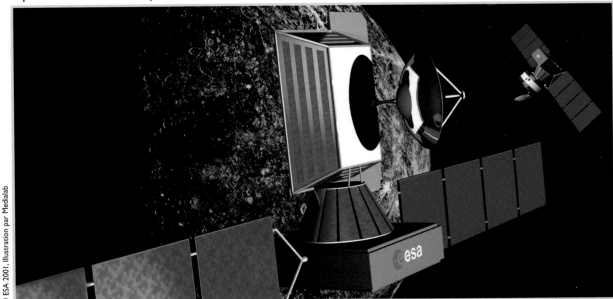

VÉNUS

Cinq vues globales de Vénus.

© NASA/JPL

- Vénus est la planète qui, par ses dimensions (12 104 km) et sa structure, ressemble le plus à notre planète Terre.

- Elle est la deuxième planète la plus proche du Soleil après Mercure.

- Sa période de rotation* sidérale (autour de son axe) est de 243 jours terrestres. Un jour sur Vénus est équivalent à 243 jours sur Terre.

- Sa période de révolution* autour du Soleil s'effectue en 225 jours terrestres. Elle s'effectue en sens rétrograde (d'est en ouest) à l'inverse de toutes les autres planètes du système solaire.

- La pression atmosphérique* est 100 fois plus élevée que sur la Terre.

- La température à la surface de Vénus est de 470 °C le jour, elle peut descendre jusqu'à -170 °C la nuit.

- C'est une planète difficile à observer, car elle est entourée de nuages et son atmosphère* est épaisse et constituée essentiellement de gaz carbonique* (CO_2).

- Vénus est la première planète a avoir été explorée. Depuis 1962, de nombreuses sondes* ont été dirigées vers elle et 98 % de sa surface sont maintenant cartographiés.

- Les images radar* indiquent la présence de montagnes et de volcans en activité ainsi qu'un réseau de cratères météoriques*.

- Sa proximité avec le Soleil aurait engendré un effet de serre*, d'où la rareté de l'eau et de la vapeur d'eau.

L'autre nom de Vénus est « l'étoile du Berger », car très brillante elle est visible lorsque les bergers rentrent leurs moutons.

287

LA TERRE

- La Terre tourne autour du Soleil, comme les 9 autres planètes du système solaire. Elle possède un seul satellite* : la Lune.

- C'est la seule planète du système solaire où la vie a pu se développer. Le climat, la couche protectrice de l'atmosphère* et la présence d'eau la rendent unique.

- La Terre tourne autour de son axe en 23 h 54 min. Sa période de révolution* autour du Soleil est de 365 jours, 6 heures et 9 minutes.

- Son diamètre* est de 12 756 km à l'équateur, 12 718 km aux pôles*. Cette différence est due au fait que la Terre n'est pas une sphère parfaite.

- La Terre est composée de 71 % d'eau. Sa distance avec le Soleil, 150 millions de kilomètres, permet une température idéale pour rendre la présence de l'élément liquide possible.

- La Terre s'est formée il y a 4,6 milliards d'années par une agglomération de matière dans un nuage de poussières et de gaz. Les particules* se sont groupées progressivement pour former la Terre.

- La gravité* a attiré les éléments lourds (fer, nickel) vers le centre et le noyau* s'est formé. Il est situé à 6 378 km de profondeur, la température y est supérieure à 4 000 °C.

- Une croûte recouvre la surface de la Terre. Elle s'est formée après le refroidissement et le bombardement de météorites*.

- Cette croûte s'est transformée et a donné à notre planète son relief varié.

La Terre est la seule planète dont le nom ne provient pas de la mythologie grecque ou romaine.

- Des éruptions volcaniques ont libéré des gaz qui ont formé une atmosphère alors encore privée d'oxygène*. Les vapeurs d'eau dégagées par les éruptions* se sont condensées et ont rempli les creux pour former les océans.

MARS

- Le diamètre* de Mars (6 788 km) correspond à la moitié de celui de la Terre. L'atmosphère de Mars est composée de 95,32 % de gaz carbonique*, de 2,7% d'azote*, de 1,6 % d'argon*, de 0,23 % d'oxygène* et de 0,003 % d'eau.

- Sa période de rotation* sidérale autour de son axe est identique à celle de la Terre. La durée des journées est donc semblable sur Mars et sur Terre.

- Sa période de révolution* autour du Soleil dure 687 jours.

- Les températures varient : de +22 °C en été à -140 °C en hiver.

- Il y a également quatre saisons sur Mars. En automne et en hiver, les régions polaires de la planète se recouvrent de fines calottes* de glace ou de givre*. Au printemps, la calotte recule et la lumière solaire fait s'évaporer le givre.

- Le moment le plus favorable à l'observation de Mars est celui où la planète a son point d'orbite le plus proche du Soleil. Cela a lieu environ tous les quinze ans.

- Sa surface, riche en oxyde de fer, est à l'origine de sa couleur rouge sombre.

- La planète ressemble à un désert froid et venteux. La sonde européenne, Mars Express, a confirmé la présence d'eau sous forme de glace au pôle sud de Mars.

- Le mont Olympus, l'un des plus grands volcans du système solaire (600 km à sa base), se trouve sur Mars. Il n'y a pas de signe d'activité volcanique.

- Mars est, après Vénus, l'astre le plus brillant.

En 1877, on pensait que les canaux aperçus sur Mars étaient la réalisation d'êtres vivants tentant d'irriguer la planète aride.

© ESA

© NASA/JPL

Robot conçu pour l'exploration de Mars

JUPITER

- Jupiter est une planète géante, la plus grande du système solaire*.

- Son diamètre est 11 fois plus grand que celui de la Terre (142 000 km).

- Son noyau rocheux, extrêmement chaud, est de 10 à 20 fois plus lourd que la Terre.

La tache rouge, signe de présence de phosphore, visible à la surface de Jupiter est en fait un ouragan qui dure depuis des milliers d'années.

- Sa période de révolution* autour du Soleil dure 12 ans.

- Elle tourne autour de son axe en plus ou moins 10 heures.

- Ce sont les sondes Voyager 1 et 2 qui ont permis d'identifier sa composition : 75 % d'hydrogène* et 25 % d'hélium*. Les 4 grandes planètes du système solaire sont en effet gazeuses, les autres étant principalement constituées de roches et de métaux.

- Les anneaux* ténus de Jupiter sont constitués de poussières.

- Jupiter est entourée de 16 satellites dont un plus gros que Mercure : Ganymède.

- Ces satellites* sont principalement composés de glace fondue et parsemés de cratères.

- Io, un des satellites de Jupiter, est en activité volcanique intense. Pas moins de 100 volcans ont été dénombrés à sa surface.

Grande tache rouge sur Jupiter.

© NASA

SATURNE

Saturne et deux de ses satellites.

- Planète remarquable pour sa couronne d'anneaux qui s'étend jusqu'à 300 000 km. Ces milliers d'anneaux sont constitués de blocs de glace, de roches et de gaz solidifiés. L'épaisseur des anneaux est égale ou inférieure à 1 km.

- Sa période de révolution* autour du Soleil dure environ 30 ans .

- Saturne tourne autour de son axe en 10 heures.

- Astre également très grand, son diamètre* est de 120 536 km.

- Son composant principal est l'hydrogène.

- Elle possède un champ magnétique* 1 000 fois supérieur à celui de la Terre. Pioneer 2 fut la première sonde* à la visiter en 1979. Les sondes Voyager 1 et 2 l'ont encore étudié par la suite.

- La chaleur dégagée par Saturne dans l'espace est 3 fois supérieure à celle qu'elle reçoit du Soleil.

- La température du cœur de Saturne approche les 15 000 °C.

- Une vingtaine de satellites tournent autour de Saturne. Leur structure est légère et glacée et leur surface criblée de profonds cratères dus à des météorites*.

- Titan, le plus gros des satellites de Saturne, a un diamètre de plus de 5 000 km. Sa surface est peu visible à cause d'une épaisse brume. La température y est de -180 °C. C'est une boule de roches et de gaz gelés entourée d'un manteau d'azote*. C'est un des trois satellites à posséder une atmosphère*.

La planète Saturne est si légère qu'elle flotterait dans un océan à sa dimension !

Saturne par Voyager.

291

URANUS

- Uranus est la troisième planète géante du système solaire*. Son diamètre* est d'environ 52 000 km, 4 fois celui de la Terre.

- C'est une planète froide, éloignée du Soleil et difficile à observer depuis la Terre. Elle est à peine visible à l'œil nu par nuit claire.

Sur Uranus, un jour de 42 ans est suivi d'une nuit de 42 ans !

- Elle a été découverte en 1781 par William Herschel (1738-1822) astronome* britannique, mais ce n'est qu'en 1986 que Voyager 2 nous en donna des vues plus rapprochées et nous fit découvrir 10 de ses 15 satellites*.

- Il lui faut 84 ans pour effectuer sa rotation autour du Soleil.

- Caractéristique propre à la planète : Uranus tourne autour de son axe sur « son côté » et ceci en 17 heures et 12 minutes. On n'explique pas cette particularité.

- Comme pour Neptune, sa couleur bleu-vert indique la présence de méthane*.

- Onze anneaux* sombres et froids l'entourent. C'est le passage de la planète devant une étoile, dont l'éclat diminua, qui fit découvrir la présence des anneaux. Ils sont très étroits et peu épais.

- La découverte des anneaux est importante puisque l'on sait désormais que beaucoup de planètes en possèdent.

- Uranus est entourée d'une couche de nuages froids (-185 °C). Sous les nuages, l'atmosphère* est composée de 83 % d'hydrogène*, de 15 % d'hélium* et de 2 % de méthane*.

- La planète possède 15 satellites, mélange de glace et de roche. Très sombres, on pense qu'ils sont composés de carbone*.

Image de Neptune (devant) et Uranus (au fond).

NEPTUNE

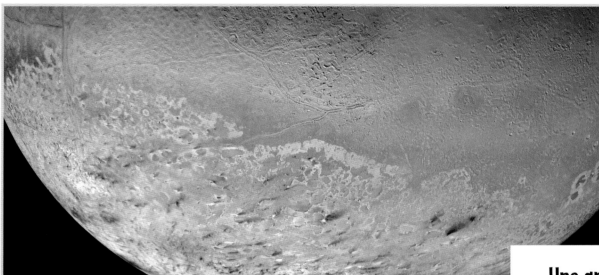

Triton photographié par Voyager 2.

- La plus lointaine des planètes géantes a un diamètre de **49 500 km**, soit presque 4 fois celui de la Terre.

- Cent soixante-cinq années lui sont nécessaires pour effectuer sa rotation autour du Soleil.

- Neptune tourne autour de son axe en 16 heures.

- Une source de chaleur interne serait à l'origine de sa température (-218 °C) équivalente à celle d'Uranus pourtant plus proche du Soleil.

- Sa couleur bleue est due à la présence de méthane*.

- Elle est essentiellement composée d'hydrogène* et d'hélium*.

- De minces anneaux* entourent et tournent indéfiniment autour de Neptune. Ils ont été découverts ainsi que 6 de ses 8 satellites par la sonde Voyager 2 en 1989.

- Son existence a été découverte presque simultanément par trois astronomes* en 1846.

- Triton, un des 8 satellites de Neptune est imposant ! Avec son diamètre de 2 750 km, il est à peine plus petit que la Lune. Les -235 °C qui règnent à sa surface en font le site le plus froid du système solaire.

- À la surface de Triton, on peut voir des geysers*. La matière qu'ils projettent est inconnue.

Une grande tache sombre révèle un gigantesque ouragan dont les vents peuvent atteindre 2 200 km/h !

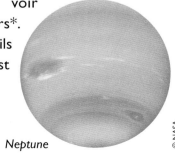

Neptune

© NASA

293

PLUTON

- Pluton se trouve à plus de 6 milliards de kilomètres du Soleil. Jusqu'à la découverte, il y a peu, de la planète Sedna, c'était la planète la plus éloignée du système solaire.

- Son diamètre est réduit : 2 200 km seulement ! Pluton ressemble plus à un satellite* qu'à une planète*. Elle est la plus petite des planètes du système solaire et ses dimensions sont inférieures à celles de la Lune.

- Elle ne peut être observée qu'à travers de grands télescopes*.

Le temps de rotation de Pluton est égal au temps mis par Charon, son satellite, pour tourner autour de Pluton.

- Elle ne fut d'ailleurs découverte qu'en 1930.

- Sa période de révolution* autour du Soleil s'effectue en 249 années.

- Sept jours lui sont nécessaires pour effectuer sa rotation autour de son axe.

- Pluton est une planète particulièrement obscure et froide (-200 °C) avec des calottes de glace aux pôles.

- On pense que la surface de Pluton est couverte de glace, d'ammoniac* et peut-être de cratères.

- Charon, son unique satellite, a été découvert en 1978. Il mesure 1 200 km de diamètre.

Peinture de Pluton par Pat Rawlings.

- Lorsque Charon porte une ombre noire sur la surface de Pluton, cela donne lieu à une éclipse. On a pu en observer entre 1985 et 1991. Le phénomène ne se reproduira toutefois pas avant le XXIIe siècle.

Pluton et son satellite Charon photographiés par Hubble.

LES ÉTOILES

- Les étoiles sont des boules de gaz* chaud et lumineux. Elles tournent sur elles-mêmes très rapidement même si elles semblent fixes.

- Si les étoiles naissent d'un nuage de gaz et de poussières, elles ne deviennent de véritables étoiles que quand leur cœur est très chaud et que les réactions nucléaires commencent.

- Quand la fusion nucléaire est terminée, l'étoile, alors appelée « géante rouge »*, deviendra, selon sa masse initiale, une naine blanche* ou une supergéante* qui explosera en supernova*.

- C'est l'énergie dégagée par la fusion* du noyau qui fait briller les étoiles.

- Les étoiles sont composées d'hydrogène* et d'hélium*.

- Toutes les étoiles émettent une quantité de lumière différente. Mais une étoile plus faible en luminosité peut nous apparaître plus brillante car plus proche de la Terre.

- Le nombre d'étoiles dans la Voie lactée est estimé à plusieurs centaines de milliards, mais seules 8 000 d'entre elles sont visibles à l'œil nu.

- Les étoiles peuvent être classées selon leur luminosité ou selon leur taille.

- Les dessins formés dans le ciel par les étoiles ont reçu des noms d'animaux ou de la mythologie grecque : Pégase, Andromède, Caméléon, Petite Ourse, etc.

- Un trou noir* se forme lorsqu'une étoile supergéante manquant de carburant arrive à la fin de sa vie. L'étoile s'écroule sur elle-même et devient si dense que la lumière ne peut s'en échapper.

La couleur d'une étoile révèle sa température en surface. Les étoiles bleues sont très chaudes, les rouges sont plus froides.

Planètes, étoiles et météorites.

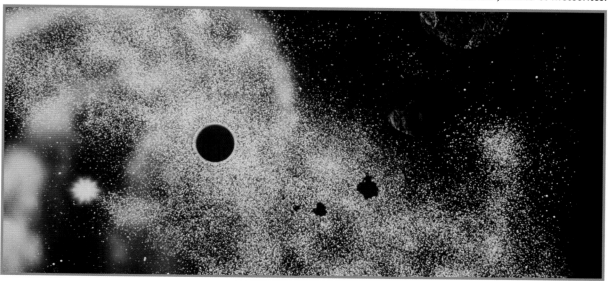

LE SOLEIL

- Le Soleil est une étoile ordinaire née il y a près de 5 milliards d'années. Il appartient à notre galaxie, la Voie lactée*.

- Le Soleil se trouve au centre de notre système solaire, à 149 600 000 km de la Terre.

Une éclipse solaire survient lorsque la Lune se trouve entre la Terre et le Soleil.

- C'est une gigantesque boule de gaz (70 % d'hydrogène*, 28 % d'hélium* et 2 % de métaux divers) qui tourne autour du centre de la galaxie à 220 km/s. Il lui faut 200 millions d'années pour en faire le tour complet.

- Sa période de rotation sidérale se fait en 27 jours (32 jours aux pôles).

- Les réactions nucléaires* au centre du Soleil produisent de l'énergie et le font briller.

- Cette énergie provient de la fusion* de noyaux d'hydrogène en hélium. Elle part du cœur de l'astre vers les zones radiatives* et convectives*. Les gaz chauds, arrivés à la surface, cèdent de l'énergie qui traverse l'atmosphère solaire puis l'espace.

- Le Soleil est l'astre le plus lourd, le plus grand et le plus chaud de notre galaxie. Seize millions de degrés Celsius en son centre !

- Le Soleil est à la moitié de sa vie. Lorsqu'il n'aura plus de carburant, il grossira, deviendra une géante rouge (voir « Étoiles »). La chaleur sur Terre sera insupportable. Son noyau s'effondrera pour devenir une naine blanche.

- Dix planètes tournent autour du Soleil dans le sens inverse des aiguilles d'une montre et à des vitesses différentes.

- C'est la force de gravité* qui maintient les planètes sur leur orbite*. Elles bougent afin de ne pas être absorbées par le Soleil.

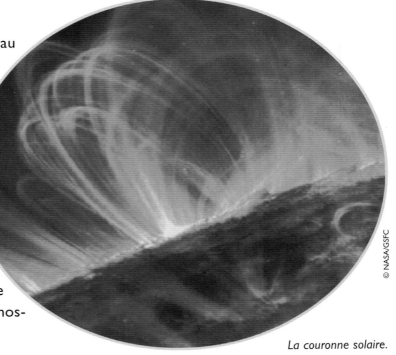

© NASA/GSFC

La couronne solaire.

LA LUNE

Les cratères de la Lune.

- La Lune est le satellite* naturel de la Terre. Elle est située à 384 400 km de notre planète et gravite autour d'elle à une vitesse de 3 700 km/h.

- Avec un diamètre moyen de 3 476 km, elle est 4 fois plus petite que la Terre.

- La Lune met 27 jours, 7 heures et 43 minutes pour faire le tour de la Terre et pour effectuer la rotation sur son axe. C'est la raison pour laquelle nous voyons toujours la même face de la Lune.

- La Lune passe par 4 phases : la nouvelle lune, le premier quartier, la pleine lune, le dernier quartier. Ces phases durent 29 jours 12 heures et 44 minutes.

- La Lune a une masse*, une force d'attraction* gravitationnelle inférieure à la Terre ; un corps y paraît 6 fois plus léger.

- Privée d'atmosphère*, la surface de la Lune est constamment percutée par des météorites* ou des astéroïdes*.

- Le paysage lunaire est composé de cratères et de « mers » lunaires. Il y a aussi des montagnes (8 200 m pour la plus haute) aux sommets arrondis et des crevasses ou failles.

- Deux fois par jour, on assiste aux montées et aux baisses du niveau de la mer qui correspondent aux marées* hautes et basses. Le Soleil attire aussi bien la Terre que la Lune et les marées sont « grandes » quand le Soleil et la Lune sont alignés. Elles sont « petites » lorsqu'ils sont à angle droit.

- En 1969, les astronautes Neil Armstrong et Edwin Aldrin ont été les premiers à marcher sur la Lune.

- Entre 1969 et 1972, plusieurs équipages ont photographié, récolté des échantillons et réalisé diverses expériences.

Sur la Lune, la pesanteur est 6 fois moindre que sur la Terre. Si tu pèses 45 kg sur la Terre, tu ne pèseras que 7,5 kg sur la Lune !

La Lune.

LES COMÈTES ET ASTÉROÏDES

© NASA/USGS

- Les comètes* sont des corps glacés, des amas de neige et de poussières qui gravitent autour du Soleil.

- Très éloignées dans le système solaire*, elles ne sont visibles que lorsqu'elles passent à proximité de la Terre.

- Des gaz et des poussières s'échappent de la comète lorsqu'elle s'approche du Soleil. Il se forme alors un halo* que l'on nomme chevelure.

- Une caractéristique des comètes est leur longue queue constituée d'ions* et qui s'étend sur des centaines de millions de kilomètres.

L'astéroïde Gaspra.

Cérès est le premier astéroïde découvert en 1801. Actuellement plus de 100 000 astéroïdes ont été recensés.

- Il existerait près de mille milliards de comètes dans le système solaire.

- Certaines comètes ont une orbite* qui les ramène périodiquement au centre du système solaire. C'est le cas de la comète de Halley, visible tous les 76 ans. C'est la seule à avoir été observée de près.

- Les astéroïdes* sont de petits corps à la composition variée : rocheux, métalliques ou encore glacés et carbonés.

- Tout comme les planètes, les astéroïdes décrivent une orbite autour du Soleil. C'est entre Mars et Jupiter que se trouve la ceinture d'astéroïdes.

- Le champ de gravité* de Jupiter les aurait empêchés de se constituer en planète.

- Il arrive que certains astéroïdes s'approchent de la Terre, de Vénus ou de Mercure.

La comète Kohoutek.

© NASA

LES MÉTÉORITES

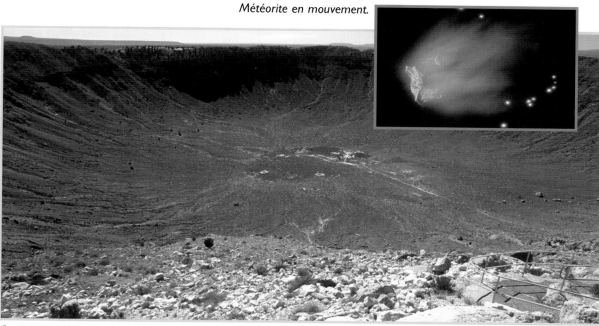

Météorite en mouvement.

Cratère de météorite dans l'Arizona.

- Les météorites sont des particules de matière cosmique, débris de comètes* ou de fragments d'astéroïdes*.

- Seules les plus grosses d'entre elles survivent à la traversée de l'atmosphère* et arrivent sur le sol de la Terre comme des bolides en creusant un cratère* plus ou moins grand.

- À la différence de la Lune ou de Mercure, l'érosion que connaît la Terre empêche de conserver toutes les traces d'impacts de météorites.

- Vingt-cinq mille d'entre elles ont été identifiées.

- Il en tombe régulièrement dans l'eau ou dans des régions désertiques.

- Les météorites classées en famille selon leur composition peuvent être pierreuses (silicate), métalliques (fer, nickel, cobalt) ou les deux (fer et roche).

- Les météorites pierreuses sont les plus courantes. Leur analyse nous fournit des informations sur le système solaire de son origine à nos jours.

- Un certain nombre de météorites proviennent de la Lune et de Mars. Elles se sont détachées de la surface de ces planètes lors d'impacts.

- Les particules les plus petites (météores*), c'est-à-dire entre 0,1 mm et quelques centimètres, brûlent au contact de l'atmosphère. Il se forme alors une étoile filante*.

- La Terre reçoit journellement 100 tonnes de poussières cosmiques issues, entre autres, des météores n'ayant pas résisté à la traversée de l'atmosphère.

La plus grosse météorite a été retrouvée en Namibie en 1920. Elle pèse 60 tonnes.

LES FUSÉES

- Les fusées transportent des satellites* et des sondes*. Une fusée comme Ariane 5 peut contenir jusqu'à 4 satellites et les envoyer sur orbite.

- Le combustible, oxygène* et hydrogène* liquides, occupe la majeure partie de la fusée.

- Les gaz mélangés s'enflamment. Rejetés par le conduit d'échappement, ils poussent la fusée à la verticale.

- Pour entrer dans l'espace, la fusée doit atteindre une vitesse de 28 000 km/h. C'est cette vitesse qui lui permet d'échapper aux lois de la gravité* terrestre et de ne pas retomber sur Terre.

Wernher von Braun, ingénieur américain d'origine allemande, fut le créateur à l'âge de trente ans, de la fusée V2 (utilisée pendant la Seconde Guerre mondiale).

- Chaque étage de la fusée est indépendant. Lorsqu'un étage n'a plus de carburant, le réservoir est largué et l'étage suivant s'allume. Le dernier étage met le satellite sur orbite. La mission est alors terminée.

- Certains étages sont désintégrés dans l'atmosphère*, d'autres retombent au sol.

- Le système de la fusée est à usage unique, contrairement à la navette spatiale qui peut être réutilisée plusieurs fois.

Allumage de la fusée Titan 2.

- Le moment de lancement d'une fusée n'est pas laissé au hasard. Il faut que la position de l'aire de lancement* coïncide avec l'orbite choisie. Le lancement est réussi lorsque la fusée a atteint l'orbite choisie.

- Entre 1957 et 1965, seuls les États-Unis et l'ex-U.R.S.S. étaient capables d'envoyer des missiles* dans l'espace.

- Depuis 1984, l'agence spatiale européenne a également un programme de lancement. Sa base se trouve en Guyane. Plus de la moitié des satellites commerciaux sont mis en orbite par Ariane, lanceur européen.

SONDES ET SATELLITES

- Les satellites sont des engins spatiaux construits en aluminium ou matériaux composites très légers mais très résistants. Ils voyagent dans l'espace mais restent liés à la Terre par l'attraction de la gravité*.

La sonde Voyager.

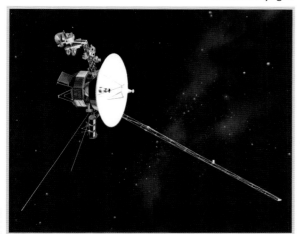

© NASA

- Ils sont placés en orbite* elliptique (cercle aplati) à environ 36 000 km d'altitude au-dessus de l'équateur. Ils tournent à la même vitesse que la Terre en gardant une position fixe par rapport à celle-ci.

- Les satellites sont un moyen de transmettre des informations, communications téléphoniques ou programmes TV d'un continent à l'autre.

- Ils permettent aussi d'observer et de photographier la Terre. Ils informent des pollutions, incendies, récoltes, de l'état des sols, de la couverture nuageuse et des températures.

- L'espionnage militaire était à l'origine une de leur mission principale. Actuellement, ils observent les mouvements de navigation et de troupes militaires.

- Certains satellites sont utilisés pour renouveler des équipages des stations orbitales et les ravitailler. Ils sont alors habités.

- Les sondes sont des objets spatiaux automatisés qui permettent l'étude des planètes, de la Lune, des comètes, du Soleil. Les informations sont ensuite transmises à la Terre.

- La sonde peut être mise en orbite* autour de la planète. Elle peut alors donner des informations précises comme les cartes détaillées de Vénus par la sonde Magellan en 1990.

- Elle peut également atterrir comme ce fut le cas sur Mars, Vénus ou la Lune.

- Certaines sondes sont conçues pour approcher une planète à distance et recueillir des données jusqu'à ce que la sonde s'éloigne de la planète.

Depuis le lancement dans l'espace du satellite Spoutnik par les Russes, le 4 octobre 1954, plus de 5 000 engins ont été expédiés dans l'espace.

Satellite en orbite.

301

LES NAVETTES SPATIALES

La navette spatiale Endeavour quitte la base d'Edwards en Californie fermement amarrée à un des Boeing 747 spécialement équipé par la NASA.

■ La navette est composée d'un orbiteur* et d'un réservoir extérieur auxquels sont reliés deux propulseurs à carburant solide.

■ L'ensemble des éléments décolle. Les propulseurs sont éjectés en premier lieu. Ils seront récupérés et réutilisés. La navette se sépare ensuite de son réservoir.

■ Après sa mission, la navette revient sur Terre en traversant l'atmosphère* à très grande vitesse. Elle se pose au sol comme un planeur et pourra être réutilisée.

Les produits alimentaires destinés à la navette spatiale doivent être conservables pendant une durée minimale de 9 mois.

■ La navette spatiale est conçue pour transporter un équipage de huit personnes au maximum. Elle permet de lancer des satellites ainsi que de les accoster pour les réparer.

■ Le lancement des engins spatiaux se fait à partir d'une base de lancement. Le centre de contrôle au sol suit la navette jusqu'à la fin de sa mission.

■ Les sites de lancement sont répartis sur le globe, mais bon nombre d'entre eux se situent près de l'équateur. C'est là que l'effet de poussée lors du lancement est le plus fort.

■ La première navette a été lancée en 1981.

■ Les États-Unis ont construit 6 navettes spatiales : Columbia, Challenger, Enterprise (navette expérimentale), Discovery, Atlantis et Endeavour.

■ Depuis 1981, Discovery a effectué de nombreux vols réussis. Cependant en 1986, une explosion fait suite au décollage de Challenger. Sept astronautes perdront la vie dans ce lancement raté.

■ Le 1er février 2003, sept membres d'équipage trouvèrent la mort dans l'explosion de la navette Columbia à son retour de mission. Suite à ce terrible incident, toutes les missions projetées ont été reportées à 2005.

LES STATIONS ORBITALES

- Les stations orbitales sont des véhicules spatiaux qui servent de base pour le travail des astronautes.

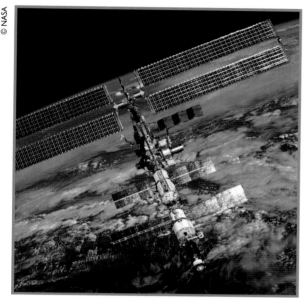
La station spatiale internationale le 20 août 2001.

- Ils peuvent y rester pendant de longues périodes et réaliser des expériences scientifiques et techniques en apesanteur*.

- Les stations sont construites par modules successifs. Plusieurs pays peuvent participer à leur conception. C'est le cas de la station spatiale internationale.

- Seize pays participent à ce projet dont le Canada, l'Europe, les États-Unis et la Fédération de Russie. La mise en orbite* a commencé en novembre 1998 et sa fin est prévue pour avril 2006.

- Les premiers séjours dans une station orbitale datent de 1987. C'était à bord de Mir (station orbitale russe).

- L'assemblage de la station orbitale russe Mir a duré 10 ans. Mise en orbite en 1986, elle mesurait en définitive 33 m de longueur et 30 m de largeur.

- Elle pouvait héberger 6 cosmonautes. Elle est retombée dans l'atmosphère en mars 2001.

- Le projet américain Skylab a été satellisé en 1973 et utilisé par 3 équipes d'astronautes.

- Il a servi à des observations approfondies de la Terre et de l'espace ainsi qu'à des expériences scientifiques.

- Skylab s'est désintégré en 1979 lors de son contact avec l'atmosphère* terrestre.

Le cosmonaute russe Valeri Poliakov détient le record du plus long séjour dans l'espace à bord de Mir : 438 jours 17 heures et 58 minutes !

Le laboratoire spatial en action.

303

LES ASTRONAUTES

- Le terme de cosmonaute est utilisé par les pays de l'ex-U.R.S.S. alors qu'en Europe on parle plutôt de spationaute et en Amérique, d'astronaute.

- La condition physique des astronautes doit être excellente. Ils suivent un entraînement spécial afin de pouvoir vivre en apesanteur*.

- L'équipage se compose d'un commandant, d'un pilote, d'un spécialiste de mission et d'un spécialiste de charge utile (satellite).

- Vivre dans l'espace, c'est effectuer toutes les tâches quotidiennes en apesanteur*. L'astronaute est retenu par des sangles lorsqu'il dort, va aux toilettes, fait ses exercices physiques. Il se déplace à l'intérieur du vaisseau grâce à des poignées fixées le long des parois.

- Les sorties se font équipées d'une combinaison spatiale. Le manque d'oxygène*, les températures extrêmes, les rayonnements solaires et cosmiques* et l'absence de pression lui seraient fatals sans combinaison pressurisée.

- Les repas sont pré-emballés, sous vide, déshydratés, en boîte ou congelés et le plateau repas est fixé à la jambe.

- Les astronautes réparent les satellites ou en lancent de nouveaux, font des expérimentations sur les effets de l'apesanteur sur les êtres vivants. Ils prélèvent des échantillons de roche et de poussières lunaires, mettent en route des expériences scientifiques, prennent des photographies.

- Au cours des premières missions, les astronautes étaient rattachés au vaisseau spatial par un câble de sécurité. Actuellement, c'est en fauteuil volant qu'ils s'éloignent du vaisseau. Les astronautes se sont d'abord déplacés à pied sur la Lune, ensuite en véhicule lunaire.

- Le cosmonaute Iouri Gagarine fut le premier à voyager dans l'espace. En avril 1961, il fit le tour de la Terre dans la capsule Vostok I en 1 h 48 min.

- En juillet 1969, l'astronaute américain Neil Armstrong fut le premier homme à marcher sur la Lune. Edwin Aldrin le rejoignit 15 minutes plus tard.

© NASA

L'astronaute David A. Wolf, en plein travail sur la station internationale.

LES AGENCES SPATIALES

- La NASA est l'organisme responsable du programme spatial américain. Elle a été fondée en 1958, en réponse aux réussites soviétiques dans le domaine spatial.

- Parmi ses premières missions abouties, on peut citer l'envoi d'un Américain dans l'Espace, John Glenn, le 20 février 1962 ; la conquête de la Lune, avec l'arrivée le 20 juillet 1969 d'Apollo XI ; le lancement de la première navette en avril 1981.

- L'agence développe des projets en coopération avec des partenaires internationaux. Alpha est une station orbitale destinée à être habitée en permanence ; elle devrait être opération-nelle en 2006. Les États-Unis, le Japon, le Canada, la Fédération de Russie, le Brésil et onze pays européens participent à sa construction.

- La NASA connut également des échecs. En janvier 86, la navette Challenger explose et en février 2003 c'est au tour de Columbia. Ces catastrophes entraînent la mort des équipages et la suspension des vols de navettes.

- La NASA mène aussi des programmes de recherche dans des domaines variés comme les mathématiques, la chimie, les sciences sociales et une de ses missions est consacrée à la surveillance écologique de la Terre.

- Une dizaine de centres de recherches et d'essais sont répartis sur le territoire des États-Unis. La base de lancement des navettes et sondes est située en Floride, à Cap Canaveral.

- L'agence spatiale européenne (ESA) naît en avril 1975. Elle a pour objectif de favoriser la coopération entre États européens dans la gestion des programmes spatiaux.

- L'agence conduit des missions dans l'étude des comètes* (la sonde Giotto et la comète de Halley en 86) ; l'obser-vation de la Terre, le programme Ariane, les télécommunications (Artemis).

La Nasa emploie plus de 19 000 civils dans son siège central et ses 10 principaux centres. En outre, plus de 40 000 personnes travaillent à proximité des principaux centres.

- L'ESA coopère avec la Fédération de Russie dans le domaine des vols habités; des astronautes de l'ESA ont participé aux vols vers la station MIR. La collaboration s'oriente actuellement sur la station Alpha.

- La sonde Rosetta, à bord de la fusée Ariane, a été lancée en mars 2004 vers la comète Churyumov-Gerasimenko qu'elle atteindra en 2014. Elle survolera deux astéroïdes*, éléments constitutifs du système solaire formé il y a environ 4,6 milliards d'années ; en étudiera la masse, la densité et la composition.

305

LA TERRE ET
LES SOURCES D'ÉNERGIE

Depuis sa création, notre Terre a subi de nombreuses évolutions. L'étude et la compréhension des phénomènes naturels doivent permettre à l'homme de vivre en harmonie et de respecter sa planète. Car l'avenir de l'homme est intimement lié à sa gestion intelligente d'une Terre propre qu'il lèguera aux générations futures.

LA FORMATION DES CONTINENTS

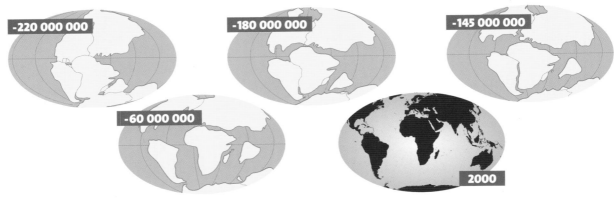

- L'écorce terrestre est constituée de plaques en mouvement. Les continents s'écartent donc les uns par rapport aux autres. C'est la théorie de la tectonique* des plaques*.

L'Europe et l'Amérique du Nord s'écartent de 3 cm par an. Si Christophe Colomb refaisait son voyage aujourd'hui, il devrait parcourir 15 mètres de plus qu'en 1492.

- La constatation de la ressemblance entre la côte de l'Afrique et celle de l'Amérique du Sud ainsi que la découverte de plantes fossiles* semblables fit suggérer que les continents formaient jadis un bloc unique.

- C'est Alfred Wegener, un météorologiste* et géophysicien* allemand, qui avança la théorie de la dérive des continents en 1915. Il ne pouvait toutefois expliquer comment les plaques se déplaçaient.

- À la fin de l'ère primaire (voir « Précambrien et primaire »), les terres ne formaient qu'un seul continent : la Pangée.

- Un océan, Téthys, apparut et sépara cette masse en deux continents : la Laurasie au nord et le Gondwana au sud.

- D'autres mouvements eurent lieu et on répertorie aujourd'hui six grandes plaques : les plaques américaine, africaine, indo-australienne, antarctique, pacifique et la plaque eurasiatique.

- Le mouvement des plaques est dû à la matière sur laquelle elles reposent, le magma*, qui est instable et visqueux.

- Les blocs terrestres continuent à se séparer ou à se réunir. La rencontre des plaques favorise l'émergence des montagnes, leur écartement, l'apparition des océans et des volcans*.

- Le glissement d'une plaque sous une autre engendre séismes* et formation de volcans.

- En Californie, la faille* de San Andreas, d'une longueur approximative de 1 000 km, est née de la rencontre de deux plaques l'une contre l'autre. Cette région est sujette aux séismes.

LE PRÉCAMBRIEN ET L'ÈRE PRIMAIRE

- C'est l'étude des fossiles*, de la nature et du développement des terrains qui va permettre d'établir une échelle des temps géologiques.

- Le précambrien est la première période géologique. On trouve les roches les plus anciennes (plus de 3,85 milliards d'années) dans les boucliers* qui correspondent à l'ossature des continents et notamment au Groenland.

Fossile de crevette.

- La Pangée désigne le supercontinent de la période précambrienne tandis que l'océan qui l'entourait s'appelle la Phantalassa.

- La vie apparaît : algues, vers, éponges, méduses. La présence de plantes et la photosynthèse* va permettre à l'oxygène* de s'accumuler dans l'atmosphère*.

- La période glaciaire, qui a lieu à la fin du précambrien et qui sera suivie d'un réchauffement, favorise l'apparition des espèces à squelette minéral. En revanche, il y a diminution des animaux à corps mous.

- L'ère primaire appelée aussi paléozoïque (de -530 à -245 millions d'années) est caractérisée par la formation de deux grandes chaînes de montagnes et la diversification des espèces vivantes.

- La Pangée va se diviser en continents indépendants. Un nouveau rassemblement engendrera un nouveau supercontinent.

- La Terre va se peupler de plantes et de vertébrés* sortis des eaux peu profondes. Les nageoires de ces amphibiens* se transformeront progressivement en pattes et les branchies en poumons afin de s'adapter à la vie sur Terre.

- Hormis les vertébrés, il y a aussi des vers, des insectes*, des crustacés* dans l'eau et sur terre.

Vers - 320 millions d'années, les premiers reptiles apparaissent sur Terre. Ils ressemblaient à de petits lézards.

- À la fin du primaire, près de 90 % de la faune* et de la flore* disparaîtront. Le bouleversement des habitats dans la nouvelle Pangée, la compétition des espèces qui se trouvent confrontés dans leur diversité, le climat changeant, peuvent en être la cause.

LE SECONDAIRE ET LE TERTIAIRE

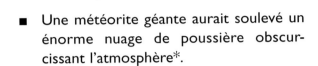

Fossile de fougère.

- Le secondaire ou mésozoïque (vers -245 millions d'années) voit les continents s'éloigner et de nouveaux océans s'ouvrir. Les espèces marines et terrestres se renouvellent.

- En milieu marin, l'ammonite, proche des nautiles* actuels, est l'espèce la plus répandue. Elle va aider dans la datation des sites où l'on trouve des fossiles*.

- Sur Terre, les premiers mammifères* dérivant des reptiles* sont de petite taille et souvent végétariens*. Les premiers oiseaux sont pourvus de plumes, mais aussi d'écailles, de griffes et de dents.

À l'ère tertiaire, l'ancêtre du cheval, à peine plus grand qu'un chien, possédait 5 sabots par patte.

- Les reptiles se développent dans tous les milieux. Certains atteindront des tailles gigantesques : les dinosaures. Les premiers dateraient de -235 millions d'années.

- Les plantes à fleurs apparaissent aux côtés des fougères*, conifères* et prêles. Le pollen* est transporté par les animaux ou le vent et les fleurs attirent de nouveaux insectes*.

- À la fin du secondaire, 60 % des espèces s'éteignent définitivement, dont les dinosaures et les ammonites.

- Une météorite géante aurait soulevé un énorme nuage de poussière obscurcissant l'atmosphère*.

- Au tertiaire ou cénozoïque (de 65 millions d'années à 2 millions d'années avant notre ère), la collision de l'Inde et de l'Eurasie* entraîne la formation des Alpes et de l'Himalaya.

- Les dinosaures ayant disparu, les mammifères se développent et se répandent sur tous les continents. Les espèces de grande taille ou même géantes apparaissent. Chauves-souris, vaches, cerfs, éléphants, cétacés sont toujours présents aujourd'hui.

- Les plus anciens fossiles du genre humain datent d'un peu avant la période tertiaire. Les premiers hominidés différenciés des grands singes sont les australopithèques.

Ammonite.

LE QUATERNAIRE

- À l'ère quaternaire (-1,65 million d'années à nos jours), l'être humain va occuper tous les milieux grâce à son intelligence et à sa faculté d'adaptation.

- L'homme de Néandertal apparaît il y a 150 000 ans. Il est capable de tailler des pierres avec précision et est le premier à enterrer ses morts.

- L'homme de Cro-Magnon apparaît à partir de -100 000 ans et va supplanter tous les autres hommes. C'est notre ancêtre direct. Il joue de la musique et réalise ses premiers chefs-d'œuvre.

- L'homme, contrairement aux grands singes, maîtrise le langage articulé, est capable de fabriquer des outils complexes et est bipède*.

Mammouth.

Les mammouths ne sont pas le symbole d'un environnement glaciaire. Les mammouths européens ont profité d'un climat encore chaud et de savanes herbeuses.

- Tous les changements concernant l'homme se sont produits de manière progressive et les schémas de l'évolution humaine proposés jusqu'à aujourd'hui sont, depuis 1990, contestés.

- Le climat changeant est à la base de périodes glaciaires et interglaciaires. Lors des glaciations, les glaciers s'étendent jusqu'à recouvrir 1/3 des terres. Pendant la période interglaciaire, la fonte des glaces fait monter le niveau de la mer et les terres sont submergées.

- Toundras, steppes, déserts, savanes alternent selon les climats et les zones.

- Des mammifères*, comme le mastodonte, le paresseux terrestre grand comme un éléphant, le tigre à dents de sabre, disparaissent.

- Les rennes vont constituer des troupeaux et servir de gibier.

- Les mammouths font leur apparition il y a 2 millions d'années. Une toison et une laine dense sur une épaisse couche de graisse les protègent du froid. Ils se sont éteints il y a environ 10 000 ans.

Tigre à dents de sabre.

LES MINÉRAUX ET LES ROCHES

Lac Mono en Californie.

- La croûte terrestre est composée de roches qui se sont formées au fil du temps dans différentes conditions.

- L'aspect des roches dépend des minéraux* qui les constituent.

- Il y a trois types de roches : magmatiques, sédimentaires et métamorphiques. La roche magmatique provient du magma* qui, en remontant vers la surface, s'est refroidi et est devenu solide. Ces roches sont dites volcaniques.

> **Le terme « quartz » n'apparut qu'au XVe siècle. Auparavant le quartz était connu sous le nom de cristal de roche.**

- Si la roche s'est formée en profondeur, au sein de la croûte terrestre avant que le magma remonte, on l'appelle « roche plutonique ».

- Les roches sédimentaires sont des fragments de roches érodées par le vent, l'eau, les écarts de température. Ces débris devenus parfois très petits forment du sable ou du grès.

- Les roches métamorphiques naissent de la transformation des roches sédimentaires ou magmatiques. De nouveaux minéraux apparaissent lorsque ces roches sont soumises à une forte pression et à une augmentation de température.

- La plupart des roches sont composées de minéraux qui contiennent de la silice* et de l'oxygène*. Il s'agit par exemple du quartz*, du mica*, des feldspaths* très répandus sur la croûte terrestre.

- On peut reconnaître un minéral en observant sa couleur, sa façon de réfléchir la lumière, de se casser, sa dureté, sa densité et sa réaction aux acides.

- Les minéraux non silicatés sont plus rares. On retrouve dans ce groupe des sels, des oxydes* qui constituent des minerais, les sulfures, les sulfates* et les phosphates*.

- La dureté est la capacité d'un minéral à résister aux rayures. L'échelle de Mohs (minéralogiste* allemand) permet de classer de 1 à 10 les minéraux selon leur dureté. Le talc a une valeur 1 et le diamant, une valeur 10.

Détail de pyrite avec quartz.

LES CRISTAUX ET LES PIERRES

- La roche est faite de minéraux* qui sont eux, constitués de particules* de cristaux.

- Les cristaux ont des formes géométriques avec faces et arêtes. Les formes sont le résultat de la cristallisation* des minéraux.

- La matière est un assemblage d'atomes*. Une répartition périodique d'atomes dans l'espace donne l'état cristallin.

- La distance entre les atomes, les angles entre les faces peuvent varier et donner une infinité de formes, mais on a défini sept systèmes cristallins : quadratique, orthorhombique, hexagonal, rhomboédrique, triclinique, monoclinique, cubique.

Améthyste.

- Les joailliers utilisent des minéraux rares pour créer des bijoux. La taille et le polissage vont révéler la beauté des cristaux bruts.

- Les pierres précieuses sont : le diamant, le saphir, l'émeraude et le rubis.

Pendentif avec améthyste.

- Le diamant, forme minérale du carbone*, est le minéral le plus dur que l'on connaisse. C'est pourquoi il est aussi utilisé dans l'industrie. Il est classé dans le système cubique. La qualité d'un diamant s'apprécie à sa transparence, sa couleur, sa brillance et son éclat.

- L'Inde fut très longtemps le seul pays source de diamants. À l'heure actuelle, c'est l'Afrique du Sud qui en est le plus gros producteur.

- Les pierres fines sont plus courantes, mais ont aussi une grande valeur. Ce sont entre autres : le grenat, l'aigue-marine, la topaze, le jade, le quartz*, la turquoise.

L'émeraude, chez les Aztèques, symbolisait la fertilité ; à Rome elle était la pierre de la déesse Vénus et en Inde elle rend immortel.

- On utilise également des pierres qui ont une origine animale comme le corail rouge, l'ivoire, les perles, la nacre, ou végétale comme l'ambre qui est une résine fossile* des conifères*. Le jais est une variété de charbon d'un noir profond que l'on peut sculpter en objets ou en bijoux.

LES FOSSILES

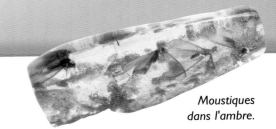

Moustiques dans l'ambre.

- Les fossiles* sont les empreintes d'organismes antérieurs à notre époque et conservés dans les couches du sous-sol. L'étude des fossiles et leur datation permet de comprendre l'évolution des espèces au courant des 500 millions d'années écoulées.

- Les organismes fossilisables (plantes ou animaux) ont des corps durs, ce qui explique la rareté des fossiles de l'époque précambrienne, ère des espèces aux corps mous.

Les microfossiles permettent de dater les couches rocheuses traversées et facilitent la localisation des nappes pétrolières.

- La science qui étudie les fossiles s'appelle la paléontologie. C'est au XVIIIe siècle qu'elle devint la source d'interprétation correcte des fossiles.

- Un organisme, à sa mort, se décompose sous l'action des bactéries*. Occasionnellement, ce processus n'a pas lieu et les parties résistantes, minéralisées, peuvent se conserver longtemps.

- La minéralisation* est le processus le plus courant. Le carbonate de calcium*, souvent sous forme de silice*, se dépose dans les parties poreuses de l'organisme. L'air ne peut alors plus pénétrer et la substance originelle est remplacée par la matière minérale.

- Un moulage se forme lorsque l'organisme laisse sa forme externe imprimée dans le sédiment* (boue, sable).

- Les végétaux* se fossilisent par carbonification, en perdant l'oxygène* et l'azote* qui les composent. Les fougères* fossiles en sont un exemple.

- L'ambre, résine durcie des conifères, garde intacts des insectes ou autres petits organismes.

- Les sols gelés et les glaces ont permis la conservation d'organismes entiers comme les mammouths du quaternaire.

- On trouve des fossiles à l'intérieur des roches sédimentaires ou parfois dans des roches légèrement métamorphisées (voir « Minerais et roches »). Le fossile découvert est soigneusement extrait, emballé, étiqueté avec le nom du lieu et de la strate*.

Ammonite (mollusque fossile).

L'ÉROSION

- L'érosion modifie le relief de la Terre. Les eaux (pluie, mer, rivière), le vent et la glace usent, désagrègent les roches.

- Les matières ou sédiments* résultant de cette usure sont déplacés sur des distances variables et de nouveaux paysages, modelés se créent.

- Les sédiments peuvent aussi se déposer dans un fleuve et ainsi rejoindre l'océan. L'érosion fluviale est importante lorsque le torrent creuse la roche à la recherche d'une trajectoire.

- Les roches offrent plus ou moins de résistance en fonction de leur composition (voir « Minéraux et roches »). Les roches dures nécessitent un ensemble d'actions mécaniques, physiques et chimiques avant d'être désagrégées.

- L'eau, mais aussi les racines des arbres, les algues et les animaux qui creusent leur habitat participent à l'érosion du sol et des roches.

- L'eau devenue légèrement acide* peut se frayer un passage dans la roche, la dissoudre et creuser des galeries qui, lorsqu'elles s'élargissent, donnent naissance à des grottes.

- Le degré d'érosion est lié au climat et il sera moins énergique dans une région au climat tempéré, protégée par la végétation que dans le désert ou sur les plages qui sont affectées par le vent.

- Les alternances de gel et de dégel des régions froides provoquent l'éclatement des roches et des inondations qui charrient d'importantes quantités de débris.

- L'eau est prisonnière des glaciers dans les zones de haute altitude. Ceux-ci glissent le long des pentes, arrachent sur leur passage la roche et façonnent les vallées.

- L'énergie des vagues et des courants marins modifie l'allure des falaises qui constituent les côtes bordant les océans. Les galets et le sable provenant de ces roches forment les plages.

COMPOSITION ET STRUCTURE DE LA TERRE

LA CROÛTE TERRESTRE

LE MANTEAU

LE NOYAU EXTERNE

LE NOYAU INTERNE

- La Terre est composée de trois couches. La sphère, solide, représente les continents et les éléments solides sous les océans.

- L'hydrosphère, liquide, est présente sous forme d'océans, de mers, de lacs, de fleuves et de dépôts souterrains.

- L'atmosphère*, gazeuse, nous isole des radiations et des températures trop élevées ou trop basses.

L'outil informatique permet actuellement de mieux comprendre et de visualiser les irrégularités des structures internes de la Terre.

- Les géologues* identifient la composition chimique de la Terre au travers des extraits de roches. Des puits forés sur une profondeur de 13 km permettent l'exploration des strates* superficielles de l'écorce terrestre.

- L'envoi d'ondes* sismiques artificielles permet de sonder la roche et de déchiffrer la structure interne, profonde de la croûte terrestre.

- La Terre serait composée de trois couches concentriques. La croûte ou écorce terrestre, d'une épaisseur variant de 6 km sous les océans à 70 km sous les continents, est constituée principalement de roches de type granitique.

- Le manteau, divisé en deux parties, est une couche épaisse dont la partie supérieure descend jusqu'à 700 km et la partie inférieure jusqu'à 2 900 km. Il est composé essentiellement de silicates*.

- Le noyau* est la partie centrale de la Terre. Il s'étend dans sa partie externe jusqu'à 5 100 km de profondeur. C'est une zone de matériaux métalliques fondus et liquides dont le mouvement génère le champ magnétique terrestre.

- Le noyau interne ou graine descend à 6 378 km de profondeur. Il est composé de fer (90 %) et de nickel.

- La température de la Terre augmente au fur et à mesure que l'on progresse vers le noyau. Elle dépasse à cet endroit les 4 000 °C.

L'ATMOSPHÈRE

- L'atmosphère* est une épaisse couche de gaz* invisible qui enveloppe la Terre.

- Elle nous fournit l'air que nous respirons et filtre les rayons ultraviolets* du soleil.

- Deux gaz principaux la composent : l'azote* (78 %) et l'oxygène* (21 %). L'oxygène provient des végétaux*. C'est la présence d'oxygène sur la Terre qui a permis à la vie de s'y développer.

- Dans l'atmosphère, on retrouve également du gaz carbonique* et quelques autres gaz en petites quantités.

- Quatre couches superposées composent l'atmosphère. La troposphère est la couche la plus proche de la Terre, elle s'étend en moyenne sur 12 km. C'est dans la troposphère que la vie est possible. Elle est le siège des phénomènes météorologiques qui sont à la base du temps et du climat.

- La stratosphère a une épaisseur de 40 km. C'est une zone calme dans laquelle les avions se déplacent. Elle contient la couche d'ozone.

- La mésosphère est la troisième couche qui s'étend jusqu'à une altitude de 80 km. La température y est de -100 °C.

- La thermosphère est la dernière couche. Illimitée, les températures y sont en constante augmentation, jusqu'à +2 000 °C. Ceci est dû à l'absorption du rayonnement solaire de courte longueur d'onde*.

- La couche d'ozone, présente dans la stratosphère, empêche les rayons ultraviolets de parvenir jusqu'à la surface de la Terre.

- L'utilisation de gaz polluants a ces dernières années perturbé le processus. Des zones ne sont plus protégées et l'on parle de « trous » dans la couche d'ozone.

Vue de la Terre d'un satellite.

L'EAU

- L'eau a déterminé l'apparition de la vie sur Terre. Notre planète est la seule à réunir les conditions de présence de l'eau à l'état liquide.

- L'eau suit un cycle qui, s'il n'est pas perturbé, assure une quantité d'eau constante sur la Terre.

- L'eau s'évapore principalement des océans, mais aussi du sol et, dans une moindre mesure, des êtres vivants.

- Après évaporation*, elle subsiste dans l'atmosphère* quelques jours. L'air humide se condense pour former des gouttelettes d'eau qui, rassemblées, constituent les nuages.

- Ces nuages sont poussés par le vent et les gouttelettes retombent sous forme de précipitations de pluie ou de neige.

- Une partie de l'eau ruisselle et rejoint les rivières, les lacs et les étangs avant d'arriver à l'océan. L'autre partie s'infiltre dans le sol et est soit évaporée, soit absorbée par les racines des végétaux* qui vont en éliminer une certaine quantité par la transpiration des feuilles.

- L'eau qui s'infiltre en profondeur dans le sous-sol regagne les nappes souterraines qui alimentent les eaux de surface.

- Les pluies polluées sont aussi appelées pluies acides, car les gaz* et fumées d'usines transportées par le vent se transforment en nitrates et en sulfates*, puis en acides* lorsqu'ils sont dissous dans les nuages.

- L'eau sur terre est constituée à 97,5 % d'eau salée, les océans couvrant plus de 70 % de la surface terrestre soit 362 millions de km². Le sel qui provient de la transformation des roches est extrait par évaporation* de l'eau de mer.

- L'eau douce et celle des océans sont menacées de pollution par les rejets domestiques, industriels et par l'usage d'engrais et de pesticides* dans l'agriculture.

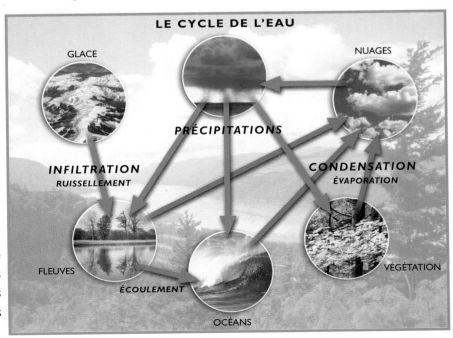

LE CYCLE DE L'EAU

GLACE

NUAGES

PRÉCIPITATIONS

INFILTRATION
RUISSELLEMENT

CONDENSATION
ÉVAPORATION

FLEUVES

VÉGÉTATION

ÉCOULEMENT

OCÉANS

L'AIR

SOLEIL
Les radiations solaires sont piégées par les pigments des feuilles afin de réaliser la photosynthèse.

CHLOROPHYLLE
Ce pigment vert des feuilles permet à la plante de capter l'énergie solaire.

OXYGÈNE
L'eau est puisée par les racines de la plante. Durant la photosynthèse, celle-ci décompose les molécules d'eau et libère de l'oxygène pendant le jour.

GAZ CARBONIQUE
Il est nécessaire à la plante pour la photosynthèse. Il est capté par les pores, les stomates, plus nombreux sur la face intérieure des feuilles.

- L'air est le gaz* respirable et invisible qui constitue l'atmosphère* terrestre.

- Il est vital pour les êtres humains comme pour les plantes et les animaux.

- L'air est composé en volume de 78 % d'azote* et 21 % d'oxygène*. D'autres gaz sont également présents en minorité (argon*, dioxyde de carbone*).

- Pendant la journée, les plantes absorbent le gaz carbonique* ou dioxyde de carbone et rejettent l'oxygène atmosphérique.

- L'azote est un élément essentiel à la croissance des plantes. Elles le puisent dans le sol par leurs racines.

- L'air contient aussi de la vapeur d'eau qui est visible sous forme de gouttelettes lorsqu'elle se refroidit.

- La qualité de l'air est affectée par les polluants. La pollution par le CO_2, due aux combustions de pétrole et de charbon, attaque les arbres. Chez l'homme, elle engendre des irritations respiratoires.

- L'air est composé de molécules* en mouvement. La force qui s'en dégage peut être mesurée ; c'est la pression de l'air.

- L'air chaud se dilate, est moins dense, la pression est plus basse. L'air froid se contracte, la pression augmente.

- Le baromètre permet de prévoir les changements de temps en indiquant la pression atmosphérique*. Elle varie selon la température, l'altitude et l'humidité.

319

LA MÉTÉOROLOGIE

Baromètre.

- La météorologie observe, étudie l'atmosphère* en contact avec la Terre sur une distance de 30 km, dans le but de prévoir l'évolution des conditions atmosphériques.

- Le développement de cette science a pu se faire grâce aux progrès du réseau de communication.

Le premier livre sur la météorologie a été écrit par un Chinois (Nei Tsing Sou Wen) en 3 000 avant J.-C.

- Les stations d'observation fixes ou mobiles (avions, radars, ballons, satellites*...) transmettent les informations aux centres météorologiques qui sont tous reliés à un seul et même réseau.

- Quatre éléments interviennent dans les prévisions météorologiques : la température, le taux d'humidité, la pression et les mouvements de masse atmosphérique.

- Le baromètre mesure la pression atmosphérique*, le thermomètre enregistre la température et l'hygromètre indique le taux d'humidité de l'air.

- Les conditions atmosphériques sont instables dans des régions au climat tempéré (voir « Climat »). Les masses d'air chaud de l'équateur rencontrent les masses d'air froid des régions polaires.

- L'air chaud, plus léger, s'élève au-dessus de l'air froid en enroulant ses masses nuageuses dans le sens des aiguilles d'une montre dans l'hémisphère* Sud et dans le sens inverse dans l'hémisphère Nord. C'est la perturbation*.

- Les navigations aérienne et maritime dépendent étroitement des prévisions météorologiques.

- Les prévisions permettent aussi de donner l'alerte en cas de perturbations extraordinaires (tempête, cyclone, pluie).

- On peut actuellement simuler avec succès le temps pour une durée de 5 jours au maximum. Au-delà de 5 jours, l'écart entre les animations simulées et la réalité à venir s'agrandira de plus en plus.

Ballon météo au large des îles de la Floride.

LE CLIMAT

- Le climat est le temps que l'on enregistre dans une région donnée pendant une longue période. Le climat est fait de caractéristiques stables, contrairement au temps atmosphérique.

- La Terre a connu de nombreuses variations de climat au cours de son histoire.

- Les éléments qui caractérisent un climat sont : la latitude*, l'altitude, la proximité de l'océan.

- La zone intertropicale la plus chaude est située à l'équateur. Les rayons du soleil y tombent à la verticale. Les températures aux pôles* sont plus basses, car les rayons du soleil sont plus obliques.

- L'altitude détermine les températures et les précipitations. La température baisse de 0,5 °C par 100 m. De plus, l'air étant moins chaud en altitude, il retient moins la chaleur. En montant, l'air se refroidit, la vapeur d'eau se condense et il pleut.

- La mer, l'océan régulent la température. Les régions proches bénéficient d'un climat doux et humide.

- Le climat équatorial est un climat chaud et humide toute l'année. Cette combinaison va engendrer une végétation spéciale appelée forêt équatoriale ou forêt vierge.

Il y a 8 000 ans on pouvait nager au Sahara. En effet, il y régnait un climat tropical humide.

- Le climat désertique ne connaît peu ou pas de précipitations. La végétation ne s'y développe pas et l'homme y vit difficilement. Les températures peuvent atteindre 50 °C le jour et redescendre en dessous de 0 °C la nuit.

- Le climat tempéré est caractérisé par les 4 saisons. Ce climat est océanique, méditerranéen, continental ou tempéré froid suivant les régions.

- Le climat polaire se caractérise par des hivers très longs, des températures inférieures à 10 °C, sauf au Groenland et dans l'Antarctique où elles ne dépassent jamais les 0 °C. La végétation y est totalement absente. Ailleurs des mousses, herbes et lichens* forment la toundra.

Un climat tempéré règne sur le lac de Genève.

LES NUAGES

■ Les nuages sont composés de gouttes d'eau sous forme liquide ou solide (glace).

■ Le rayonnement du Soleil sur les océans provoque l'évaporation* de l'eau. Quand l'air se refroidit, la vapeur se condense sous forme de fines gouttelettes. Trop légères pour retomber, elles vont se grouper et former le nuage.

■ Il existe trois types de nuages : les cirrus, les cumulus et les stratus.

Cumulus.

Les gros nuages en forme de choux-fleurs (les cumulus) annoncent en fait le soleil après la pluie.

■ Les cirrus, constitués de glace se trouvent à très haute altitude, où l'air est froid. Ils ressemblent à des filaments et n'occasionnent pas de pluie.

■ Les cumulus sont des nuages qui ressemblent à de grosses masses de coton. Ils se forment lorsque des colonnes d'air chaud montent rapidement, se refroidissent et se condensent. Ils donnent parfois de la pluie.

■ Les stratus sont les nuages les plus bas. Ils annoncent un temps humide.

■ Si les stratus planent au-dessus du sol et diminuent la visibilité à 1 km, on parlera de brouillard.

■ Le brouillard peut se former lorsque l'air humide et chaud arrive au-dessus d'un sol froid.

■ Les nuages peuvent se développer de manière parallèle à la surface de la Terre ou verticalement comme les cumulus ou les cumulonimbus*.

■ Les nuages donnent la pluie qui retourne aux océans ou dans les nappes souterraines.

Cirrus.

LES VENTS

- Les vents correspondent aux déplacements des masses d'air. Ils soufflent des zones de haute pression vers les zones de basse pression.

- Plus l'écart de pression est grand, plus les vents sont forts.

- La force du vent se mesure en degrés (de 0 à 12) sur l'échelle de Beaufort, inventée en 1805 par l'officier de marine britannique Francis Beaufort.

- Les vents de tempêtes sont supérieurs à 90 km/h. Ils peuvent souffler jusqu'à 120 km/h. Ces vents, qui apparaissent suite à une forte diminution de la pression atmosphérique*, peuvent provoquer des catastrophes.

- Les alizés sont des vents qui soufflent à 30° de part et d'autre de l'équateur.

- Le courant-jet est une ceinture située entre 10 et 20 km d'altitude où les vents soufflent jusqu'à 555 km/h. Aujourd'hui les pilotes de ligne l'utilisent pour gagner du temps lors de la traversée de l'Atlantique ; le temps gagné pour aller des États-Unis au continent européen atteint 1h30 comparé au trajet dans l'autre sens.

- Les vents sont en général moins forts dans l'hémisphère* Nord, car ils sont ralentis par le relief. Ce n'est pas le cas de l'hémisphère Sud composé à 90 % d'océans.

- Le mistral et la tramontane sont des vents régionaux, soufflant dans le sud de la France, qui surviennent lorsqu'il y a des différences de pressions.

- Le blizzard est un vent glacial qui souffle sur le Canada et le nord des États-Unis. Il vient de l'Atlantique et apporte neige et glace, immobilisant tout.

- La terre est plus chaude le jour et la mer plus froide. La nuit, le processus s'inverse. Ces différences de pressions entraînent des brises* de mer ou de terre.

LES SAISONS

- Chaque élément du système solaire* effectue une rotation sur lui-même et autour du Soleil. Il en va de même pour la Terre.

- La Terre tourne sur elle-même dans le sens contraire des aiguilles d'une montre en environ 24 heures. Chaque moitié est à son tour exposée puis cachée des rayons du soleil.

Savais-tu que le sapin et la bûche de Noël étaient des traditions païennes ?

- L'axe de rotation de la Terre est incliné (23° 26 min.) par rapport au plan de son orbite*. Si l'axe était perpendiculaire, le jour et la nuit auraient la même longueur, les saisons n'existeraient pas et les pôles* ne seraient jamais éclairés.

- Lorsque le Soleil éclaire l'hémisphère* Nord, les journées y sont plus longues et plus chaudes. Lorsque l'hémisphère est éloigné du Soleil, les journées sont plus courtes et froides.

- Le début de chaque saison est marqué soit par le solstice, soit par l'équinoxe.

- Pendant les équinoxes de printemps et d'automne (21 mars/23 septembre), le Soleil passe par l'équateur. Les deux hémisphères sont éclairés pendant la même durée. Jour et nuit ont une longueur similaire.

- Pendant les solstices d'hiver et d'été (21 décembre/21 juin), le Soleil est très éloigné de l'équateur.

- Le 21 juin, on parle de solstice d'été pour le cercle polaire plongé dans un rayonnement solaire maximal alors qu'à l'extrémité du pôle Sud on observe l'absence de lever du Soleil.

- Le 21 décembre, le solstice d'hiver concerne l'hémisphère Nord tandis que le Soleil ne se couche pas au pôle Sud.

- Chaque pôle reçoit en alternance, pendant six mois, les rayons du Soleil. Lorsque les rayons sont verticaux, l'ensoleillement est maximal dans la zone concernée. Aux pôles, les rayons sont obliques et l'ensoleillement faible.

Les 4 saisons.

LES PRÉCIPITATIONS

■ Les nuages sont formés de cristaux de glace qui s'alourdissent après avoir attiré les microgouttes d'eau. Ils descendent et fondent au contact de l'air chaud.

■ On parle de pluie lorsque les gouttes mesurent plus de 0,5 mm. En dessous, on parle de bruine.

■ La rosée, signe de beau temps, est de la vapeur d'eau transformée en gouttelettes. La température au sol doit être inférieure au point de condensation*.

■ Quand les températures sont inférieures à 0 °C, l'eau se transforme en glace lorsqu'elle touche le sol gelé. C'est le verglas.

■ La neige est le résultat de la fusion* des cristaux de glace qui ne fondent pas au cours de leur descente. La neige peut être poudreuse par grand froid ou fondante et humide.

■ Les flocons tombent lentement, car ils sont très légers. Leur structure hexagonale (qui comporte 6 angles et 6 côtés) laisse des espaces où l'air circule.

■ Lorsque la température au sol est basse, l'humidité de l'air se condense et transforme en givre* les gouttelettes d'eau.

Tempête au-dessus de la mer.

■ La grêle se forme dans les nuages dont la température est de -50 °C à -80 °C. Les grêlons font des allées et venues dans le nuage et grossissent. Ils ont un diamètre* moyen de 1 cm, mais il arrive qu'ils mesurent plusieurs dizaines de centimètres.

■ La rencontre de l'air marin humide et de l'air chaud provoque des pluies violentes qui tombent en été sur l'Inde et le Sud-Est asiatique : c'est la mousson.

Dans la Rome antique, Jupiter était adoré en tant que dieu de la pluie.

■ De fortes pluies peuvent élever le niveau d'un cours d'eau au point de le sortir de son lit. Cette crue est la cause la plus fréquente des inondations.

325

LES ORAGES

■ C'est un cumulus transformé progressivement en énorme cumulonimbus* qui est à l'origine de l'orage. Ce nuage s'étend sur une hauteur d'une dizaine de kilomètres et a un diamètre* de 15 à 25 km.

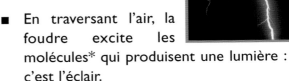

Benjamin Franklin, le célèbre président des États-Unis d'Amérique, est aussi l'inventeur du paratonnerre.

■ La température au sommet du nuage (-20 à -30 °C) entraîne la formation de cristaux de glace tandis qu'à la base, une température supérieure à 0 °C maintient l'eau sous forme de gouttelettes.

■ Les nuages d'orage sont chargés positivement au sommet et négativement à la base. Quand la différence de potentiel électrique entre la base et le sommet est trop importante, il y a décharge ou foudre.

■ La décharge électrique peut aussi avoir lieu entre deux nuages de charges électriques opposées ou entre la base négative du nuage et la charge positive de la surface terrestre.

■ En traversant l'air, la foudre excite les molécules* qui produisent une lumière : c'est l'éclair.

■ La dilatation de l'air très chaud (30 000 °C) jointe à une onde* de choc va engendrer le tonnerre. C'est la manifestation sonore de l'orage.

■ La foudre touche des points élevés. C'est pourquoi on protège les bâtiments à l'aide de paratonnerres qui vont canaliser la décharge électrique vers la terre.

■ Entre 3 000 et 5 000 orages sont en permanence en activité autour de la Terre, engendrant une centaine d'éclairs par seconde !

■ La foudre tue chaque année de nombreuses personnes. Il faut éviter de se tenir sous un arbre ou de porter des objets métalliques qui pourraient jouer le rôle de paratonnerre.

■ Les nuisances sont considérables, allant de la destruction d'édifices, de lignes électriques et téléphoniques, à la détérioration du matériel électronique, plus particulièrement dans les avions (celle-ci étant causée par la perturbation électromagnétique* qui accompagne l'éclair).

LES CYCLONES, TROMBES ET TORNADES

- Le cyclone est une dépression atmosphérique qui se forme au-dessus des eaux chaudes intertropicales.

- Des pluies torrentielles et des vents soufflant jusqu'à 300 km/h caractérisent cette perturbation*.

- La zone centrale, l'œil du cyclone, a une pression atmosphérique* très basse. L'air marin humide, attiré par l'œil se heurte à l'air saturé et chaud de la zone intertropicale. Il est expulsé en altitude et d'énormes murs nuageux se forment.

Ouragan.

- L'intensité des vents diminue lorsque le cyclone a passé les côtes d'un continent. Privé de l'air chaud et humide de la mer, il perd sa force.

- Le cyclone est classé parmi les catastrophes qui engendrent le plus de pertes humaines, de dégâts à l'habitat et aux récoltes.

- Le cyclone porte le nom de typhon dans l'océan Pacifique et d'ouragan* dans les Caraïbes.

- La tornade est un tourbillon de vent violent. C'est la différence de température entre l'air chaud et humide du sol avec l'air froid et sec qui va entraîner l'air chaud en altitude dans un tourbillon.

- Les vents à l'intérieur du tourbillon atteignent une moyenne de 400 km/h. Le tourbillon se déplace de quelques mètres à plusieurs kilomètres, occasionnant d'importants dégâts sur son passage.

- L'apparition de la tornade est subite et donc difficile à prévoir plus de quelques minutes avant son passage.

- Les trombes maritimes sont des tornades qui se forment dans les eaux tropicales. L'eau est aspirée par la tornade et elle est visible grâce à la condensation* des gouttelettes d'eau au centre du tourbillon. Elle se présente sous la forme d'une colonne qui tournoie.

Le terme hurricane a donné en français le nom ouragan et hurricane vient de « hurican », le dieu caraïbe du mal.

Cyclone.

LES TREMBLEMENTS DE TERRE

■ La croûte terrestre est constituée de plaques tectoniques*. Lorsque le mouvement de ces plaques devient important, il entraîne des chocs, des secousses ; c'est le tremblement de terre ou séisme.

Au Japon où les séismes sont très fréquents, les vitres des immeubles sont recouvertes d'un matériau empêchant les morceaux de tomber quand ils se brisent.

■ L'énergie dans ces zones de glissement est libérée, l'écorce terrestre externe se fissure et provoque des vibrations.

■ La quantité d'énergie libérée à l'endroit du foyer se mesure en magnitude* à l'aide de l'échelle de Richter (géophysicien* américain (1900-1985)). Cette échelle comporte dix degrés. La magnitude la plus importante (9,5 sur l'échelle de Richter) a été mesurée lors d'un tremblement de terre au Japon en 1933.

■ Un séisme est dit superficiel lorsqu'il a lieu dans les 100 premiers kilomètres. Les séismes* sont qualifiés de profonds lorsqu'ils se produisent entre 300 et 700 km de profondeur.

■ Le foyer est l'endroit où le séisme prend sa source à l'intérieur de la Terre.

■ L'épicentre est le point qui, à la surface terrestre, se trouve à la verticale du foyer.

■ Les zones les plus fréquemment touchées par les séismes sont situées en bordure des plaques tectoniques, le long des failles* actives comme en Californie, dans la ceinture de feu du Pacifique, de même que dans la zone de collision Inde-Asie.

■ Les ondes* sismiques sont enregistrées à l'aide de sismographes. Ces appareils permettent de fixer la profondeur du foyer et de localiser l'épicentre. Annuellement, de par le monde, on enregistre environ un million de séismes, mais seuls 20 % sont ressentis.

■ Les séismes peuvent avoir lieu sous les océans. Les vagues produites se déplacent à une vitesse de 700 à 800 km/h. En approchant des côtes, elles se transforment en murs d'eau pouvant atteindre 30 m de hauteur. Ce phénomène est appelé « tsunami » en japonais.

■ On ne peut prédire de façon sûre l'arrivée d'un séisme. On peut cependant en réduire les conséquences par des techniques de constructions qui permettent de résister aux déplacements du sol.

LES ÉRUPTIONS VOLCANIQUES

- Tout comme pour les tremblements de terre, c'est le mouvement des plaques tectoniques* qui est à l'origine des éruptions* volcaniques. Ce sont les fractures entre les plaques qui permettent au magma* de remonter.

- Le magma est la matière issue de la roche en fusion*. Le magma se forme entre 15 et 200 km de profondeur dans le manteau de la Terre. Une chambre magmatique est creusée entre quelques centaines de mètres et quelques dizaines de kilomètres de profondeur.

- Le magma est expulsé vers la surface en passant par la cheminée sous la pression des gaz*. Lorsque le magma, débarrassé des gaz, est sorti par le cratère* (orifice de sortie), il prend le nom de lave.

- En fonction de sa nature chimique, le magma sera plus ou moins fluide ou visqueux. Dans ce dernier cas, il remonte lentement, se refroidit et peut obstruer la cheminée jusqu'à ce qu'il explose violemment. Ce type de lave donne au volcan une forme conique.

- La ceinture de feu du Pacifique, au large des côtes de l'Amérique et de l'Asie, est la zone qui rassemble le plus de volcans en activité.

- Le magma fluide donne lieu à des éruptions plus paisibles. Il monte rapidement et se répand en longues coulées qui vont donner au volcan une forme de bouclier surbaissé.

- Les volcans* sont classés en 5 catégories selon la matière qu'ils rejettent et leur forme. Il s'agit des types hawaïen, vulcanien, peléen, plinien et strombolien.

- La température des laves se situe entre 1 000 °C et 2 000 °C. Elles détruisent tout sur leur passage. Cependant, en refroidissant, elles donnent naissance à des terres très fertiles.

- Les nuées ardentes (nuage de gaz, de cendre et de vapeurs d'eau) et les coulées de boue (cendre, terre et blocs entraînés par des précipitations torrentielles) sont les deux causes de mortalité en cas d'éruption.

- Il y a des volcans très actifs et d'autres qui se réveillent après une longue période d'inactivité (parfois plusieurs siècles). Des populations, négligeant le danger potentiel de ces volcans, viennent s'établir sur les pentes particulièrement fertiles.

Lors de l'éruption du Vésuve en 79 après J.-C., la ville de Pompéi a été recouverte d'une couche de cendre d'une épaisseur de 8 m.

LES MERS ET LES OCÉANS

- L'eau occupe une surface considérable sur notre planète : 71 % de la surface globale dont 97,4 % représentent les océans et les mers.

- Sous la poussée du magma*, la croûte terrestre se fissure. Une ouverture se crée, formant progressivement un espace assez grand pour que la mer puisse s'y déposer.

- L'ouverture des océans a provoqué la séparation en continents de ce qui était, il y a 200 millions d'années, une masse unique : la Pangée.

- Les océans se différencient des mers par leur profondeur, leur superficie importante et des rivages bordant différents continents. Ils sont également reliés entre eux.

La Méditerranée perd chaque année près de 1 m d'eau par évaporation.

- Trois océans : l'océan Pacifique, l'océan Atlantique et l'océan Indien, communiquent avec l'océan Arctique au nord et l'océan Austral autour de l'Antarctique.

- Les mers sont de petites parties d'océans. Elles peuvent être extérieures (la Manche) ; continentales (entre deux continents, la mer Méditerranée) et intérieures (entourées de terres et reliées à l'océan par un passage étroit, la mer Noire).

- L'eau de mer est composée de 96,5 % d'eau et de 3,5 % de sels. Certaines mers sont plus salées que d'autres. La présence de sel les rend non potables et inutilisables pour l'irrigation* des sols.

- Les mers sont en mouvement constant. Les vagues et les marées* sont les deux mouvements les plus visibles. C'est la force du vent qui détermine la hauteur des vagues. En période de tempête, elles peuvent dépasser 15 m. Par temps calme, elles sont à peine perceptibles.

- Le flux est le mouvement qui conduit les vagues vers la côte et le reflux correspond au mouvement des vagues vers la mer.

- Les marées sont le résultat de la force centrifuge* terrestre et de la force de l'attraction* lunaire. La différence de niveau entraîné par la marée basse et la marée haute est plus ou moins importante selon les endroits.

LES FONDS MARINS

- Depuis 1953, date de la première plongée (habitée), les explorations scientifiques des fonds marins se sont succédé. Véritable exploit technique, le bathyscaphe, un vaisseau sous-marin est descendu, en 1960, à 10 916 m dans la fosse des Mariannes, l'endroit le plus profond au monde (11 034 m).

- Le sonar envoie des ondes* ultrasonores qui se diffusent dans l'eau et se réfléchissent sur les fonds marins. L'étude de la vitesse de réception des échos permet d'obtenir une image des fonds et d'établir des cartes des océans.

- Le fond marin est divisé en zones. Les plates-formes continentales, qui bordent le littoral riche en faune sous-marine, une pente inclinée, le talus, mène aux profondeurs océaniques moyennes. À ces profondeurs, succède la plaine abyssale.

- Il y a de véritables chaînes de montagnes sous-marines au fond des océans ; ce sont les dorsales océaniques. Leur longueur totale dépasse 60 000 km.

- Dans les fosses sous-marines, on atteint une profondeur équivalente ou supérieure à la hauteur des plus hauts reliefs terrestres. Mont Everest : 8 848 m. Fosse des Mariannes : 11 034 m.

- Les abysses correspondent aux grandes profondeurs où règne une obscurité totale. L'absence de lumière empêche le développement de la végétation. La faune*, qui a parfois la faculté d'émettre de la lumière, se nourrit de déchets organiques des espèces vivant en haute mer.

- À plus de 2 500 m de profondeur, des sources hydrothermales en forme de cheminée produisent une eau sulfurée très chaude (350 °C).

- Une faune diversifiée vit tout autour de ces sources. Elle trouve sa nourriture en partie dans les bactéries* présentes dans l'eau.

- Les fonds sous-marins sont riches en ressources. Une partie seulement peut être exploitée. Il s'agit entre autres du pétrole, de l'or et des diamants.

- Les fonds océaniques sont utilisés pour stocker des déchets parfois très dangereux comme les résidus nucléaires. La pollution risque de modifier profondément les propriétés et les écosystèmes (unité écologique de la mer et des organismes vivants) des océans.

Aujourd'hui, suite à la raréfaction des stocks de poissons de surface, les pêcheries industrielles exploitent les fonds marins jusqu'à une profondeur de 1 000 mètres.

331

LES FLEUVES ET LES RIVIÈRES

- Le fleuve est un cours d'eau puissant qui rassemble les eaux de pluie et celles des affluents (cours d'eau qui se jette dans un autre) pour ensuite atteindre la mer.

- Le point d'origine du fleuve est la source. Le cours supérieur correspond à la partie la plus en amont*. Les eaux puissantes tracent un chemin dans le relief accidenté de la montagne.

- Le cours moyen, partie principale du fleuve, a une pente plus faible, le courant est moins fort et les eaux circulent plus facilement.

- Le cours inférieur est l'endroit où le fleuve se jette à la mer : l'embouchure. La pente est quasi inexistante, les matériaux transportés par le fleuve se sont déposés et des plaines alluviales (constituées des alluvions du fleuve) très fertiles se forment.

> **Quinze pour cent de l'eau qui tombe sur terre ruisselle et rejoint les rivières et les fleuves qui se jettent dans la mer.**

- Il y a deux sortes d'embouchures : le delta, forme triangulaire qui a plusieurs bras, et l'estuaire à la forme longue qui s'élargit en entonnoir.

- Le débit est la quantité d'eau transportée et exprimée en mètres cubes par seconde. Le débit varie en fonction des précipitations, des zones climatiques et des saisons.

- Le régime est le rythme auquel s'écoule un fleuve tout au long de l'année. Il dépend des crues (lorsque le débit est supérieur à la moyenne) et des étiages (quand le débit est inférieur à la moyenne).

- Les deux plus grands fleuves du monde sont le Nil, 6 700 km et l'Amazone, 6 400 km. Ils jouent un rôle très important dans les activités humaines.

- La rivière est un cours d'eau qui rejoint une autre rivière, un fleuve ou un lac. Elle est alimentée par les eaux de pluie ou la fonte des neiges ainsi que par les eaux souterraines.

- Les rivières ont toujours constitué une richesse pour les peuples, mais aussi pour la faune* et la flore*. L'équilibre de ce milieu est fréquemment menacé par la pollution, l'exploitation intensive ou des aménagements divers.

LES LACS

- Les lacs sont des étendues d'eau douce à l'intérieur des terres. L'eau des lacs provient des précipitations, sources, ruisseaux, fleuves ou glaciers ainsi que des nappes souterraines.

- Le niveau d'eau du lac dépend des saisons, des précipitations, de l'évaporation*, ou encore de la quantité d'eau prélevée pour l'irrigation* et l'agriculture.

- Les plus grands lacs, situés en Amérique du Nord, sont d'origine glaciaire. Le déplacement et ensuite le retrait des glaciers ont laissé des dépressions qui ont permis, après la fonte des glaces, la création de lacs.

- Le lac Baïkal, en Sibérie, s'est formé il y a 25 millions d'années dans une dépression tectonique*. Ses rives ne cessent de s'écarter. Ce lac, qui est aussi le plus profond au monde (1 637 m), est une véritable réserve abritant une végétation et des animaux uniques.

- Il y a des lacs d'origine volcanique. Soit le cratère* éteint est envahi d'eau, soit une coulée de lave ayant coupé le chemin d'une rivière permet l'apparition d'un lac.

La mer Caspienne est en fait le plus grand lac du monde. Il se situe vers 28 mètres sous le niveau de la mer.

- Les cinq grands lacs américains (Ontario, Erié, Huron, Michigan, Supérieur) constituent des voies de transport très utilisées. De nombreux détroits et canaux les relient entre eux et ils communiquent avec l'océan Atlantique par le fleuve Saint-Laurent.

- Un lac peut aussi se former suite à un glissement de terrain qui aurait entraîné le blocage d'une vallée. Les glissements de la croûte terrestre provoquent des dépressions dans lesquelles des lacs peuvent prendre place.

- Des lacs artificiels peuvent être construits pour la production d'électricité, l'irrigation des cultures ou le contrôle du débit d'une rivière.

- La mer Caspienne, en Asie, est en réalité un lac qui a une surface de 370 000 km². Le sel que contient son eau est exploité par des usines installées sur ses rives. On y pêche l'esturgeon dont les œufs donnent le caviar.

- Les lacs peuvent aussi servir de base de loisirs et permettre la pratique de sports nautiques.

LES MONTAGNES

- La formation des principaux massifs montagneux s'est faite suite à la rencontre de deux plaques tectoniques*.

- La collision des plaques entre elles a fait apparaître des failles* et des plissements sur les couches de roche.

Si la chaîne de l'Himalaya continue de s'élever de 5 mm par an, elle atteindra dans un million d'années 13 000 m de hauteur.

- Les Alpes sont ainsi nées du rapprochement entre l'Europe et l'Afrique.

- L'Himalaya, ensemble de montagnes les plus élevées du monde, avec entre autres l'Everest (8 848 m), est apparu suite à la collision de la plaque indienne et de la plaque eurasienne.

- L'Himalaya s'étend sur 600 000 km^2 et traverse la Chine, le Népal, l'Inde, le Pakistan et le Bhoutan. Les cols y sont les plus hauts du monde, les glaciers s'élèvent à plus de 3 000 m.

- Les pics, crêtes et vallées constituent la montagne. La chaîne est le plus petit ensemble. Un système montagneux est un ensemble de chaînes. Un massif est fait de plusieurs systèmes et une cordillère — ou arc — est composée de chaînes, de systèmes et de massifs.

- Les pluies, le gel, les différences de température sculptent les roches.

- Les anciennes chaînes de montagnes présentent un relief aplani par l'érosion alors que les montagnes jeunes ont de fortes pentes et des vallées aux versants escarpés.

- Les montagnes influencent le climat en freinant les masses d'air qui circulent en permanence.

- Une montagne est mesurée à partir de l'altitude du sommet par rapport au niveau de la mer.

LES GROTTES

- Les grottes sont des cavités souterraines creusées par les eaux dont la composition chimique a attaqué la roche calcaire.

- Ce sont de vastes réseaux constitués de galeries et de salles dont la taille varie en fonction du niveau des eaux.

- Les grottes peuvent se former de diverses façons : par érosion lorsque le carbonate de calcium* contenu dans l'eau dissout le calcaire qui constitue les sols dans des régions où les pluies sont abondantes.

- Les grottes marines sont le résultat de la force des vagues qui va fissurer la roche et permettre à l'eau de s'infiltrer dans la falaise.

- L'eau de fonte des glaciers et icebergs* va permettre aux grottes glaciaires de se former.

- Lorsque des écoulements de lave en fusion* se répandent sous une couche durcie, ils peuvent donner lieu à des grottes volcaniques.

- Des formations calcaires se créent après évaporation* de l'eau chargée de bicarbonate de calcium. Ce sont les dépôts de calcaire accumulés qui constituent les stalagmites, qui montent du sol et les stalactites, qui pendent du plafond.

- Les grottes abritent une faune* qui s'est adaptée à la vie souterraine en développant un système d'orientation différent des espèces vivant à la lumière du jour. Ils se dirigent en utilisant leurs antennes ou un sonar. Les chauves-souris, présentes par centaines de milliers dans certaines grottes, s'y reposent et hibernent.

- La spéléologie est une science qui permet l'étude, le tracé des eaux souterraines et quelquefois la découverte de richesses archéologiques. Les grottes de Lascaux (France) et d'Altamira (Espagne) abritent des peintures rupestres de la fin du paléolithique (voir « L'art rupestre »).

- Certaines grottes se visitent et des spectacles sons et lumières y sont même parfois organisés.

La plus vaste grotte d'Europe est celle de Lombrives (France). Elle contient une salle d'un volume équivalent à 2 ou 3 fois la cathédrale Notre-Dame de Paris.

335

LES DÉSERTS

- Les déserts sont des régions arides* qui ne reçoivent pas ou peu de précipitations (de 0,5 mm à 250 ou 300 mm) en moyenne annuelle. Les sols sont constitués de sables, de pierres et la végétation est le plus souvent absente. Les vents y sont fréquents, en général en milieu de journée.

- Les températures très élevées pendant la journée (+50 °C) descendent la nuit quelquefois en dessous de 0 °C.

La superficie des déserts ou semi-déserts occupe environ 30 % de la surface totale de la planète.

- Les déserts ne se ressemblent pas. Les déserts subtropicaux comme le Sahara sont très chauds et ensoleillés. La température tombe fortement la nuit. La pluie peut être absente pendant plusieurs années.

- Les déserts littoraux existent grâce aux courants marins frais et humides qui empêchent l'évaporation* de l'eau de mer et par conséquent la pluie. Cet air frais se transforme au contact des températures élevées des continents (désert d'Atacama au Chili).

- Les déserts d'abri se trouvent dans des zones à l'abri des vents humides, derrière de hautes chaînes de montagnes (Amérique du Nord et à l'est de la cordillère* des Andes).

- Les déserts continentaux ne sont pas touchés par les précipitations, car ils sont trop éloignés des océans. L'été, les températures sont de l'ordre de 50 °C, mais les hivers sont rudes et longs avec des températures qui descendent jusqu'à -30 °C (désert de Gobi).

- Les déserts froids sont situés aux hautes latitudes*. Le froid polaire qui gèle l'eau a le même effet que l'absence de celle-ci. Les déserts d'altitude sont les déserts froids qui se trouvent dans les hautes montagnes tropicales.

- Chameaux, scorpions et serpents se sont adaptés au milieu aride et inhospitalier du désert. La plupart des animaux se mettent à l'abri le jour et chassent la nuit.

- La végétation est composée de cactus, de yuccas et de fleurs éphémères qui fleurissent avec la pluie. Les épines des cactus dissuadent les animaux de venir extraire de l'eau.

- Les peuples nomades* rencontrent les peuples sédentaires* dans les oasis où des systèmes ingénieux permettent de conserver l'eau et de cultiver des dattes.

LES FORÊTS

- Les forêts occupent 1/4 de la surface terrestre. Refuges pour bon nombre d'espèces animales et végétales, les forêts varient en fonction de leur situation géographique et climatique.

- La forêt tempérée existe là où le climat change au gré des saisons. Elle est présente en Europe, en Amérique du Nord et en Extrême-Orient.

- Les arbres qui la composent sont des feuillus qui perdent leurs feuilles en automne, ou des conifères*. On distingue la forêt méditerranéenne et la forêt océanique.

- La forêt méditerranéenne est constituée d'arbres à feuilles persistantes étant donné le climat plus aride*.

- La forêt océanique est surtout composée d'arbres à feuilles caduques*, chênes, hêtres et châtaigniers. Les fougères* occupent le sol des sous-bois.

- La forêt tropicale est dense, luxuriante, toujours verte. Le climat y est chaud et humide.

- Les arbres mesurent en moyenne 40 m de hauteur et sont reliés par des lianes. Un bruit incessant témoigne de la présence de nombreuses espèces animales, certaines encore non identifiées.

- Plusieurs centaines de kilomètres carrés de forêt équatoriale ont disparu en Amazonie et en Indonésie suite à la pratique de la terre brûlée*.

- La forêt boréale, ou taïga est située dans l'hémisphère* Nord et est composée de conifères. Les températures y sont très basses et les chutes de neige fréquentes. Les animaux à fourrure sont recherchés et on y rencontre des troupeaux de rennes.

- Les forêts sont menacées par le déboisement, la surexploitation, les pluies acides* (conséquence de la pollution atmosphérique) et les incendies.

LES SAVANES

- La savane occupe 40 % du territoire africain.

- La végétation, typique des climats tropicaux, est constituée de graminées* et d'épineux.

- La savane s'étend en Afrique tropicale et en Amérique du Sud.

- La savane arborée, qui prédomine dans les zones les plus arrosées par les pluies, est composée d'arbres comme le baobab, le karité, le palmier ou l'acacia.

- Pendant la saison des pluies, certaines herbes, comme l'herbe à éléphant, atteignent 5 mètres.

- La savane est le territoire des carnivores, prédateurs des herbivores qui se déplacent en troupeaux. Au crépuscule, les lionnes chassent les zèbres, les antilopes, les girafes, mais ce sont les mâles qui mangent en premier lieu.

- Les charognards* (hyènes, chacals, vautours) se chargent de nettoyer les restes des proies tuées par les félins.

- Les feuilles d'acacia sont la source de nourriture et d'eau des girafes qui peuvent rester jusqu'à un mois sans boire.

- Les incendies provoqués par les orages sont fréquents. Les graminées repoussent vite et certains arbres ont une écorce qui les protège du feu. On dit qu'ils sont pyrophiles.

- Les termites construisent des nids appelés termitières qui peuvent mesurer jusqu'à 8 m de hauteur et avoir une base de 30 m de diamètre*. Les plus grandes sont qualifiées de cathédrales. Ces constructions modèlent le relief et jouent un rôle important dans la formation des sols.

LES PRAIRIES

Herbe bleue.

- La prairie est composée de plantes herbacées* appartenant en majorité à la famille des graminées*. Arbres et buissons sont complètement absents du paysage.

- Les prairies naturelles occupent un espace important dans les régions tempérées comme en Amérique du Nord et du Sud (pampa en Argentine). Elles s'étendent également en Asie, en Afrique du Sud et en Nouvelle-Zélande.

- Dans les prairies d'Amérique du Nord, le bison, présent autrefois, a presque entièrement été exterminé et des bovins l'ont remplacé.

- Des coyotes, des petits rongeurs et des insectes*, comme le criquet, habitent cette plaine herbeuse.

- L'herbe à bison et l'herbe bleue sont les graminées dominantes des prairies américaines. Bien adaptées à la sécheresse de l'Ouest, elles fournissent de la nourriture à la faune*.

- Les prairies des régions humides doivent être entretenues par l'homme pour éviter qu'elles ne retournent à l'état de forêts. Elles sont brûlées et fauchées ; ce sont des prairies semi-naturelles.

- Les prairies ont des sols fertiles, favorables aux cultures. Beaucoup d'entre elles ont été converties en terre à maïs ou à blé. Ce sont les prairies cultivées. Ce changement a provoqué la disparition de végétaux* et d'animaux typiques du milieu de la prairie.

- En Argentine, la pampa couvre environ 700 000 km. Composée jadis de grandes prairies couvertes exclusivement de graminées et de légumineuses sauvages, elle est aujourd'hui consacrée à la culture des céréales et du fourrage (plantes servant à la nourriture du bétail).

- En Afrique du Sud, les herbes fournissent de la nourriture aux zèbres, aux antilopes (springboks, gnous) qui consomment chacun une partie différente de la graminée.

- En Australie, la prairie abrite les kangourous et les émeus, qui sont de grands oiseaux coureurs se nourrissant, entre autres, d'herbe.

La pampa argentine est une zone d'intense exploitation agricole et d'élevage. C'est le pays des «gauchos».

LA TOUNDRA

- La toundra est la végétation des régions arctiques.

- Elle s'étend à l'extrémité de l'hémis-phère* Nord.

Caribou.

- Elle consiste en une plaine composée de mousses, de lichens* et d'arbrisseaux.

- Les pays situés en latitude* extrême ne reçoivent que peu d'heures d'ensoleillement, d'où un froid quasi permanent (de 0 à -50 °C).

- Le climat y est très rude. Les hivers sont longs, les précipitations essentiellement neigeuses. Un vent violent y souffle.

- Le sous-sol est à certains endroits gelé en permanence. C'est le pergélisol*.

- Le pergélisol garde les traces d'espèces disparues depuis des millénaires, comme les mammouths.

- Pendant le bref été, période de dégel, le sol rendu liquide s'effondre et l'allure du paysage est modifiée.

> **Certains lichens rencontrés dans la toundra peuvent être âgés de plus de 100 ans.**

- Cette alternance de gel et de dégel va aussi créer des pingos. Ce sont des buttes coniques à noyau de glace pouvant atteindre 50 m de hauteur et plus de 300 m de diamètre. Ils se forment lorsqu'une poche d'eau gelée se dilate et soulève le sol à la période froide. Quand le noyau de glace fond, le pingo s'affaisse en son centre.

- Les carnivores (qui se nourrissent de chair animale) tels le renard et le lièvre polaire sont présents dans ce paysage. Les troupeaux de rennes (en Eurasie*) et de caribous (Amérique du Nord) exploitent la toundra et y migrent en été.

LES GLACIERS

- Les glaces occupaient pendant le quaternaire (voir «Le Quaternaire») une partie de l'Europe et de l'Amérique. Ensuite, elles se sont limitées aux régions polaires.

- Les glaciations, qui sont des périodes au cours desquelles la Terre s'est refroidie, alternent avec des périodes inter-glaciaires. Quatre glaciations ont été dénombrées dont la plus récente remonte à l'ère quaternaire (1,6 million d'années avant J.-C.).

- Les glaciers se forment dans les régions où les températures sont très basses et où les précipitations tombent sous forme de neige.

- Cette neige permanente s'accumule en couches. Elle forme alors un névé*. La couche inférieure se transforme en glace sous la compression.

- Lorsque la glace a atteint une épaisseur suffisante, elle commence à flotter, à s'étaler pour former un glacier.

- Les blocs de glace qui se détachent lorsque la température est supérieure à 0 °C, ou lorsqu'ils arrivent en contact avec les eaux continentales, s'appellent les icebergs*.

- Les glaciers continentaux, ou inlandsis*, couvrent de façon importante les surfaces de l'Antarctique (12 350 000 km²) et du Groenland (1 726 400 km²).

- Les glaciers, qui peuvent atteindre plus de 3 000 m d'épaisseur en Antarctique, dérivent lentement. Les glaciers des Alpes peuvent dériver de 50 à 800 m par an et jusqu'à 20 km pour l'Alaska.

- Les glaciers alpins se forment dans les montagnes élevées où la neige est éternelle. Ce sont soit des glaciers de cirque, soit des glaciers de vallées ou de piémont.

- Les glaciers érodent puissamment les roches qu'ils arrachent et entraînent dans leur déplacement. Des moraines* se forment là où les débris rocheux se sont accumulés.

> **Les glaciers de l'Himalaya peuvent atteindre une centaine de kilomètres de longueur. Ceux des Alpes moins de 20.**

LA POLLUTION

- Les activités de l'homme modifient l'environnement. Le milieu naturel est profondément touché par les rejets dus à l'industrie, aux moyens de transports, à la production d'énergie, à l'agriculture.

- Les industries chimiques et métallurgiques rejettent des fumées et des gaz*. L'élimination des déchets chimiques non dégradables nécessite des précautions de stockage particulier.

- La circulation automobile intensive et les gaz toxiques qui sont dégagés par les carburants, dont le monoxyde de carbone*, polluent l'atmosphère*.

Du fait de la pollution, la femme risque de contaminer également son enfant lors de l'allaitement.

- Les fumées des centrales nucléaires et les poussières de charbons s'envolent dans l'atmosphère et peuvent y séjourner d'autant plus longtemps qu'ils seront à haute altitude. Les pluies ramènent ces polluants vers la surface terrestre, puis dans les océans.

- Les végétaux* sont particulièrement sensibles au dioxyde de soufre (SO_2) qui est le résultat de la combustion du pétrole et du charbon, et qui détruit la chlorophylle*.

- L'utilisation d'engrais et de pesticides* toxiques dans l'agriculture contamine rivières et nappes souterraines.

- Outre l'air, l'eau et les sols, les êtres vivants sont également touchés. Les substances non biodégradables vont s'accumuler dans des organismes exposés de manière supérieure à la normale.

- Chez l'homme, le SO_2 et les fumées d'échappements des moteurs Diesel* peuvent déclencher des bronchites chroniques et des crises d'asthme.

- Les eaux sont polluées par le déversement des eaux usées domestiques qui raréfient l'oxygène* et empêchent à terme la vie aquatique. Des traces de composés du mercure* sont retrouvées dans l'eau des rivières. Elles proviennent d'usines de blanchiment du papier qui n'ont pas eu recours à l'épuration.

- Les pesticides et engrais contaminent les sols qui, à leur tour, polluent les herbages broutés par les bovins dont le lait et la viande sont consommés par l'homme.

L'EFFET DE SERRE

- L'effet de serre* est un phénomène naturel qui permet de garder une température adéquate à la vie terrestre. L'augmentation de l'effet de serre est, elle, inquiétante et est due à la production de gaz* par l'homme.

- L'essentiel du rayonnement solaire est absorbé par la surface terrestre. Il est transformé en chaleur avant d'être libéré vers l'atmosphère*.

- Les gaz que contient l'atmosphère captent le rayonnement et rediffusent la chaleur vers la surface terrestre. Ces gaz sont présents en petite quantité et le gaz carbonique* (CO_2) est essentiel aux échanges entre les êtres vivants, l'atmosphère et l'espace terrestre.

- L'homme va perturber cet effet de serre naturel par l'utilisation de combustibles (gaz, pétrole, charbon), de CFC (aérosols), de dioxyde d'azote* (engrais).

- La quantité trop importante de gaz ne peut pas être renvoyée dans l'atmosphère. Elle est piégée et va accroître la température globale de la planète.

- Le CO_2 est absorbé par la chlorophylle* des végétaux* ainsi que par les courants océaniques, mais on ne sait pas s'ils pourront capter l'excédent de carbone* indéfiniment.

- Le recul des glaciers, le morcellement de la banquise sont des phénomènes observables depuis le réchauffement de la planète.

- La fonte des glaces du pôle* entraînerait la montée du niveau de la mer ; de nombreuses terres seraient inondées. Les pluies tropicales seraient plus abondantes et le sud de l'Europe serait plus sec.

- Des conférences internationales, comme celles de Kyoto, Montréal et Rio de Janeiro, veulent faire prendre conscience du problème et proposer des actions concrètes.

- Les désaccords entre l'Europe et les États-Unis ne permettent pas toujours de mettre en application les engagements essentiels à la sauvegarde de la planète.

LES ÉNERGIES NOUVELLES

- Les énergies nouvelles ou énergies renouvelables sont en fait pour la plupart des anciennes formes d'énergie qui ont été exploitées jusqu'à la révolution industrielle.

Actuellement, dans de nombreux pays, les gouvernements incitent les habitants à intégrer ces énergies dans la construction ou la rénovation des habitations.

- Elles ont été supplantées par le charbon puis par le pétrole, le gaz et, dans les années 1970, par les centrales nucléaires en réponse à la demande accrue en électricité.

- L'énergie renouvelable est une énergie pouvant être produite à partir d'une ressource naturelle qui ne diminue pas du fait de son utilisation.

- Il peut s'agir de l'hydroélectricité, produite par la force de l'eau ou de la biomasse* dont l'énergie résulte de la combustion ou d'un combustible extrait de déchets animaux ou végétaux*.

- L'énergie éolienne est générée par le vent et l'énergie solaire tire parti du rayonnement solaire. L'énergie géothermique exploite la chaleur de la Terre et l'énergie marémotrice utilise la force des marées*.

- Toutes servent à générer de l'électricité ou à produire des combustibles de la même façon que le gaz, le charbon ou l'énergie nucléaire.

- Ces énergies renouvelables éveillent un intérêt grandissant pour les atouts écologiques et sociaux ainsi qu'en raison de leur coût.

Une éolienne.

- Immédiatement disponibles et ne causant pas de pollution, ces énergies peuvent aussi contribuer à l'amélioration de la situation économique en diminuant les importations et en créant de nouveaux emplois locaux.

- La diminution de l'impact sur l'environnement concerne la baisse des émissions de dioxyde de carbone* responsables de l'effet de serre* et du dioxyde de souffre qui engendre les pluies acides*.

- Certaines sources ne sont pas utilisables en continu puisqu'elles dépendent d'agents physiques comme le soleil ou le vent. On peut prévoir de les associer à des sources permanentes ou de les stocker pour une utilisation ultérieure.

LE CHARBON

- Le charbon provient de la sédimentation de la matière végétale. Les déchets végétaux* enfouis dans le sous-sol se transforment et se fossilisent lentement.

- L'anthracite, le charbon le plus ancien, date de l'ère du carbonifère, cinquième période du paléozoïque (voir « Le précambrien et le primaire »). Composé de 90 % de carbone*, il est brillant, dur et non salissant.

- La houille, abondamment utilisée dans l'industrie, s'est formée plus tard. Elle est salissante, friable et contient 80 % de carbone.

- Le lignite date de l'ère tertiaire (voir « Le secondaire et le tertiaire »). Composé de 60 % de carbone, humide, cassant et peu performant comme combustible.

- La tourbe, trop récente pour être fossilisée, ne brûle que séchée, dégage beaucoup de fumée et peu de chaleur.

Usine de traitement du charbon.

- Le charbon est une source d'énergie considérable. Deux cents ans de consommation peuvent être garantis. De nombreux gisements se trouvent aux États-Unis, en Chine et en Fédération de Russie.

Mine de charbon à ciel ouvert en Australie.

- Dans les mines à ciel ouvert, on dégage les couches de charbon près de la surface. Les veines épaisses, horizontales, peu profondes, s'exploitent rapidement et avec peu de main-d'œuvre, d'où un moindre coût.

- Les mines souterraines sont accessibles par des puits et des galeries. Le charbon est extrait à l'aide de marteaux-piqueurs et d'outils hydrauliques.

- Le charbon fut jusqu'à la Seconde Guerre mondiale la première source d'énergie tant pour l'usage domestique que pour les transports. Actuellement, il est utilisé dans les centrales thermiques* et les cimenteries.

- L'usage du charbon est très polluant et son stockage est contraignant. La possibilité d'un affaissement de galerie ou des problèmes de ventilation font de l'exploitation des mines une activité dangereuse.

Au XIXᵉ siècle, les chevaux tractaient le charbon dans les mines. Ils descendaient dans un filet car il n'y avait pas d'ascenseur.

345

LE PÉTROLE

■ Le pétrole (huile de roche en latin) est un combustible liquide, épais, brun foncé, qui est issu de la décomposition d'organismes marins. Les restes de ces organismes, mêlés à la boue, forment des couches de sédiment* et se fossilisent.

Plate-forme pétrolière.

■ Une roche mère se crée et le gel d'hydrocarbure* qui la compose se fluidifie et remonte à la surface si on ne l'intercepte pas.

En 2020, les réserves mondiales de pétrole, entre autres d'essence, devraient être totalement épuisées !

■ Le pétrole a eu besoin de centaines de millions d'années pour se former. De la fin du cambrien 5 (voir « Précambrien et primaire ») à la fin du miocène (-8 millions d'années avant J.-C.).

■ Le repérage de gisements de pétrole se fait par étapes. Une première étude consiste à délimiter des zones intéressantes par voie aérienne ou imagerie satellite*. On procède ensuite, dans la zone choisie, à l'analyse de roches et de fossiles*.

■ L'exploration sismique consiste à envoyer des ondes* sonores qui, par réflexion, renseignent sur la nature des roches.

■ Le forage est la preuve ultime de la présence de pétrole. Le puits est foré dans la roche grâce au trépan*. Le pétrole remonte spontanément si la pression est suffisante. Quand celle-ci baisse, on met en place un système de pompage.

■ L'exploitation des gisements en mer est possible depuis 1947. Les progrès techniques permettent l'implantation des plates-formes en profondeur.

■ Le pétrole est transporté vers les raffineries par oléoduc (pipeline) ou par bateau. Transformé et raffiné, il servira de carburant, lubrifiant ou de base pour l'industrie chimique.

■ Les dérivés du pétrole sont : les plastiques, les caoutchoucs, le kérosène (carburant des avions), le bitume, l'éthanol (dans les peintures, vernis, parfums) et les essences.

■ Les zones pétrolifères les plus importantes se trouvent au Moyen-Orient (2/3 des réserves), en ex-U.R.S.S. et aux États-Unis.

LE GAZ NATUREL

■ Le gaz naturel est un combustible fossile* gazeux. Comme le pétrole, c'est un mélange d'hydrocarbures*.

■ Le gaz naturel est aussi identifié au pétrole, car il est en partie dissous dans celui-ci et jaillit à la surface lorsqu'on fore un puits (voir « Pétrole »).

■ Cependant, on trouve le gaz naturel indépendamment des puits de pétrole. Son exploration et son exploitation sont identiques aux gisements de pétrole.

■ Les gaz sont différents suivant les zones, mais ils sont principalement composés de méthane*, propane*, butane* et d'un peu d'éthane*.

Gazoduc.

■ Le gaz naturel, abondant et moins polluant que les autres combustibles fossiles, est de plus en plus utilisé comme moyen de chauffage et dans les centrales thermiques*. Il sert aussi de base chimique dans la production d'ammoniac*, de méthanols et d'alcools.

■ On débarrasse le gaz naturel des hydrocarbures (butane, propane) avant de le distribuer aux consommateurs. Ce gaz, dit « sec », se trouve également à l'état naturel.

■ Le butane et le propane, une fois liquéfiés, sont conditionnés en bouteilles. Ils servent aux chauffages, aux cuisinières des personnes non reliées au réseau de distribution du gaz de ville.

Méthanier.

■ L'hélium* permet de gonfler les ballons et alimente les dirigeables.

■ Le transport du gaz se fait par gazoducs. Le gaz doit être comprimé tous les 80 km. Le transport par cette voie peut se faire sur une distance de 4 000 km. Le transport par voie maritime se fait sur des méthaniers*. Cela nécessite de liquéfier à l'embarquement et de regazéifier au débarquement.

■ Les pays riches en gisements de gaz sont l'Amérique du Nord, l'ex-U.R.S.S. et l'Europe occidentale (mer du Nord et Groningue). La demande ne cesse de croître et la production est en constante expansion. Le gaz pourrait devenir la première source d'énergie mondiale.

> Au cours du XIXᵉ siècle, le gaz naturel fut presque uniquement utilisé comme source de lumière.

347

L'ÉNERGIE NUCLÉAIRE

- L'uranium* est le combustible utilisé dans les réacteurs nucléaires. Il ne se trouve pas tel quel mais sous forme d'oxyde ou de complexe de sel dans les minéraux* comme la pechblende.

- La pechblende est un minéral noir qui a une forte densité et cristallise dans le système cubique* (voir « Roches et minéraux »). Pierre et Marie Curie découvrirent, en 1898, sa composition en radium* et polonium*. Ce n'est qu'après 1945 que l'uranium en fut extrait pour la confection de bombes nucléaires.

- Les ressources en minerai d'uranium se trouvent principalement aux États-Unis, en Australie, en Afrique du Sud et au Canada.

- Pour obtenir un dégagement d'énergie, on va provoquer l'éclatement d'un noyau* atomique. C'est la fission nucléaire.

- Les atomes* d'uranium ou de plutonium se cassent sous un bombardement de neutrons* et émettent à leur tour des neutrons que l'on ralentit pour que d'autres atomes d'uranium les capturent et qu'une nouvelle fission ait lieu.

- La centrale nucléaire comprend le réacteur où se font les fissions nucléaires, les générateurs de vapeur dans lesquels la chaleur produite par le réacteur est utilisée pour transformer l'eau en jets de vapeur.

- La vapeur sous pression est transportée vers des turbines* reliées à des générateurs*.

- Les centrales nucléaires et les usines de retraitement des combustibles irradiés rejettent des gaz* radioactifs qui contaminent l'air et les eaux.

- Les déchets nucléaires restent radioactifs pendant des milliers d'années. Ils sont vitrifiés* et stockés dans des centres comme des anciennes mines de sels.

Tours de refroidissement d'une centrale nucléaire.

- En 1986, un réacteur explose dans la centrale nucléaire de Tchernobyl. Le nuage radioactif qui suit l'explosion touche une grande partie de l'Europe. On estime à 1,5 million les personnes contaminées ! Les sols le sont durablement et on observe une augmentation des cancers de la thyroïde chez les enfants d'Ukraine et de Biélorussie.

L'ÉNERGIE HYDRAULIQUE

- L'énergie hydraulique est produite grâce à une chute d'eau d'un niveau élevé à un niveau inférieur.

Barrage hydroélectrique.

- Cette source d'énergie était déjà largement utilisée dans l'Antiquité par les Grecs et les Romains dans les moulins à blé.

- Les centrales hydroélectriques sont souvent construites en contrebas d'un barrage et reliées à un grand réservoir d'eau.

- Le barrage, dont l'objectif est la production d'électricité, doit être situé en hauteur puisque la puissance de l'eau dépend de sa hauteur.

Générateurs au barrage Hoover, Arizona.

- L'eau passe dans des conduits commandés par des vannes qui régulent le débit. Elle sort verticalement après un passage dans des turbines. Un alternateur est placé sur un axe vertical au-dessus de la turbine.

- Les centrales sont qualifiées de haute, moyenne ou basse chute en fonction du site.

- Les centrales de haute chute prennent les eaux naissantes en haute montagne. Le dénivelé peut être de 500 à 1000 mètres. Les centrales de moyenne chute interceptent des cours d'eau importants dans des vallées encaissées.

- Les centrales de basse chute ou « au fil de l'eau » sont souvent construites sur des cours d'eau en plaine. C'est le dénivelé ainsi que le débit constant et élevé qui donnent à l'eau une énergie significative.

- Un quart de l'énergie mondiale produite est de source hydraulique. La Norvège l'utilise massivement : 99 % de l'énergie produite est hydraulique. Viennent ensuite la République démocratique du Congo puis le Brésil.

- Au Québec, le débit et la déclivité* du Saint-Laurent en font une voie maritime idéale pour la production hydro-électrique*.

Depuis 50 ans, 45 000 barrages de plus de 15 mètres de hauteur ont été construits de par le monde.

349

L'ÉNERGIE SOLAIRE

- L'énergie solaire fait partie des énergies renouvelables qui présentent une alternative aux combustibles fossiles* dont les ressources s'épuisent.

- Elle est naturelle, non polluante, mais ne peut s'appliquer partout avec le même succès puisqu'elle dépend notamment des conditions climatiques.

- Elle reste principalement intéressante dans les pays à taux d'ensoleillement élevé. Elle peut aussi être utilisée pour la climatisation.

- Le soleil est une source d'énergie qui peut être captée pour chauffer l'eau à usage sanitaire ou pour le chauffage.

- Les capteurs solaires placés sur le toit des habitations absorbent les rayons du soleil par l'intermédiaire d'une plaque dont une face est noire et comporte des tubes où circule le fluide caloporteur*. Ce fluide (air ou liquide) réchauffe l'eau qui peut être stockée dans un réservoir.

Actuellement, on encourage de plus en plus l'utilisation de l'énergie solaire dans les nouvelles maisons en utilisant l'énergie solaire thermique.

- L'autre face est munie d'une vitre transparente qui va agir comme une serre piégeant le rayonnement de chaleur s'échappant de la plaque.

- Quelques centrales produisent de l'électricité d'origine thermique*. Un jeu de miroirs réfléchit la chaleur sur des chaudières ou sur un four placé en haut d'une tour. La température atteinte peut être de 4 000 °C.

Panneau solaire.

- L'énergie solaire peut aussi être directement convertie en électricité par des méthodes optiques, des dispositifs photovoltaïques*. Elle est utile pour des lieux isolés qui ne sont pas reliés au câblage électrique.

- Les voitures solaires utilisent des photopiles* et atteignent une vitesse maximale de 140 km/h. Leur coût équivaut à celui d'une formule 1 !

- L'utilisation industrielle de l'énergie solaire est rendue difficile en raison du stockage et de l'irrégularité de la source.

L'ÉNERGIE ÉOLIENNE, GÉOTHERMIQUE ET MARÉMOTRICE

- L'énergie du vent était déjà utilisée par le passé, notamment dans les moulins pour le meulage du grain et dans l'irrigation* des terres.

- C'est à la fin du XIXe siècle et au Danemark que les turbines éoliennes répandirent l'électricité.

- L'éolienne est une sorte d'hélice placée en haut d'un mât rotatif et reliée à un générateur* qui va transformer l'énergie en électricité.

- La quantité d'énergie produite dépend de la force du vent. Par temps calme et vent nul, les éoliennes s'arrêtent tout comme par tempête. Le recours à des moyens classiques est alors nécessaire.

- L'énergie éolienne est intéressante du point de vue écologique, car elle ne pollue pas, mais son installation massive peut défigurer le paysage et entraîner des nuisances acoustiques.

- Les sources géothermiques proviennent de la chaleur interne de la Terre. Dans certains sites, l'eau surchauffée s'échappe des couches de la Terre par une fissure et crée en surface une source chaude qui ne s'évapore pas en raison de sa pression.

- Cette énergie est exploitable artificiellement par forage ou pompage. L'eau est utilisable pour produire de l'électricité si elle atteint les 150 °C. En dessous de cette température, on l'utilise pour le chauffage ou l'eau à usage sanitaire.

- L'énergie marémotrice provient de la force des vagues. Elle n'a été que peu exploitée en raison d'échecs successifs, du coût élevé des turbines et des installations de captation de l'eau.

- En France, l'usine marémotrice de la Rance fonctionne depuis 1967. À la marée* montante, l'eau qui va vers l'amont* du fleuve actionne des turbines sur son passage. Quand la marée descend, l'eau est libérée et actionne de nouveau les turbines.

- Cette usine produit 540 millions de kWh chaque année.

> **L'énergie éolienne est désormais la moins chère de toutes les énergies nouvelles existantes.**

Parc d'éoliennes.

351

LA GÉOGRAPHIE

Cette science étudie les reliefs actuels de la surface de la Terre et nous apporte de plus amples informations sur l'activité humaine. Différentes données relatives aux climats, aux populations et aux structures sociales et économiques t'aideront à mieux connaître et comprendre les pays de notre planète, parfois si proches et si différents.

AMÉRIQUE
DU NORD

OCÉAN
ATLANTIQUE

OCÉAN
PACIFIQUE

AMÉRIQUE
CENTRALE

AMÉRIQUE
DU SUD

OCÉAN ARCTIQUE

EUROPE

ASIE

OCÉAN
PACIFIQUE

AFRIQUE

OCÉANIE

OCÉAN
INDIEN

ANTARCTIQUE

L'Europe

ISLANDE
Reykjavik

SUÈDE

FINLANDE
Helsinki

NORVÈGE
Oslo
Stockholm

Tallinn
ESTONIE

FÉDÉRATION DE
RUSSIE

DANEMARK
Copenhague

LETTONIE
Riga

Moscou

LITUANIE
(Fédération
de Russie)
Vilnius

Minsk

ROYAUME-UNI
Dublin
IRLANDE
Londres

PAYS-BAS
Amsterdam
Bruxelles

Berlin

POLOGNE
Varsovie

BIÉLORUSSIE

ALLEMAGNE

Prague
RÉP. TCHÈQUE

Kiev

BELGIQUE
LUX.
Paris

LIECHT.
Berne

Vienne
AUTRICHE
SLOVÉNIE
Ljubljana

SLOVAQUIE
Bratislava
Budapest
HONGRIE
Zagreb
CROATIE
Belgrade

UKRAINE
MOLDAVIE
Chisinau

FRANCE
SUISSE

MONACO
ST-MARIN

ROUMANIE
Bucarest

ANDORRE

VATICAN
Rome

BOSNIE-HERZ.
Sarajevo
SERBIE-
MONTÉNÉGRO

BULGARIE
Sofia
Skopje
MACÉDOINE

PORTUGAL
Lisbonne

Madrid

ESPAGNE

ITALIE
Tirana
ALBANIE

GRÈCE
Athènes

La Valette
MALTE

CHYPRE
Nicosie

LE PORTUGAL

- Le Portugal, bordé par l'océan Atlantique où se trouvent les archipels portugais des Açores et de Madère, a une superficie de 92 080 km² et une population de 10 356 000 habitants.

- Lisbonne est la capitale et la première grande ville portuaire avant Porto. Son port est situé à l'embouchure du Tage, le plus long fleuve de la péninsule ibérique.

- Le relief est montagneux au nord du Tage ; l'altitude dépassant couramment les 1 000 m. Le Centre est vallonné, avec des collines et des petits massifs. Le Sud est constitué de plaines, de plateaux et de lagunes.

Plage de Carvoeira, au nord de Lisbonne.

La tour de Belém à Lisbonne, était à sa construction située en pleine mer. Depuis les sables de la terre l'ont rattrapée.

- La population parle le portugais. Elle vit majoritairement à la campagne ou dans les petites villes. 10 % de la population travaille dans le domaine de l'agriculture.

- Le secteur agricole concerne principalement la viticulture*. Les vignes produisent le porto, le madère et le vinho verde. Les autres produits étant les fruits, les céréales, les olives.

- Le Portugal est le 1er producteur de liège, qui sert à la fabrication de bouchons et de dalles pour sols et murs. Le pays exporte aussi du textile et des chaussures.

- Les Portugais sont grands consommateurs et exportateurs de poissons (morue, sardine, thon).

- Le Portugal connaît avec la Grèce le niveau de vie le plus bas de l'Union européenne dans laquelle il est entré en 1986.

- La situation économique difficile du pays a obligé bon nombre de Portugais à émigrer, principalement vers la France.

Le monument des Découvertes à Lisbonne.

- Le climat méditerranéen du Sud provoque de fréquentes sécheresses alors que le Nord connaît fraîcheur et fortes précipitations à l'ouest.

L'ESPAGNE

- L'Espagne, pays de 504 782 km², est séparé de la France par la chaîne des Pyrénées, bordée au sud-est par la mer Méditerranée et au nord-ouest par l'océan Atlantique.

- La population qui s'élève à 40 281 000 habitants parle dans sa grande majorité l'espagnol, mais aussi le catalan dans le Nord-Est, le galicien dans le Nord-Ouest et le basque dans le Nord.

Plage en Andalousie.

- La capitale, Madrid, est située au centre et à 655 m d'altitude. Son patrimoine culturel attire de nombreux touristes. Le musée du Prado possède de magnifiques collections de peintures espagnoles, flamandes, italiennes.

En 1898, l'Espagne perdit ses dernières colonies d'outre-mer : Cuba, Porto-Rico et les Philippines.

- L'Espagne est un pays montagneux avec au nord, les Pyrénées et les monts Cantabriques. Au centre, la Meseta est un haut plateau aride bordé de montagnes et le Sud est occupé par la chaîne Bétique qui s'étend le long de la Méditerranée.

- Six fleuves parcourent le pays dont le Tage, le Douro et le Guadalquivir, seul navigable sur toute sa longueur.

- Les îles Baléares et Canaries sont des archipels appelés « communauté autonome espagnole » dont l'activité principale est le tourisme en raison du climat doux et stable. L'agriculture est la seconde activité économique.

- L'Espagne est située dans la zone méditerranéenne, mais son relief varié engendre un climat nuancé. Humide et neigeux dans les Pyrénées. Étés chauds, secs et hivers froids dans le Centre. Hivers doux et sécheresse en été dans le Sud.

Plantations d'oliviers.

- Les cultures (céréales, fruits, légumes, lin) sont développées intensivement dans les plaines irriguées par l'Èbre, dans la région de la Catalogne.

- Le secteur industriel est orienté vers le textile, l'automobile, la sidérurgie* et l'agroalimentaire (huile d'olive, conserves de poissons, de fruits).

- L'Espagne a rejoint la Communauté européenne en 1986. Ses industries ont pu se développer, mais le taux de chômage reste un des plus élevés d'Europe (13 %).

LA FRANCE

- La France, troisième plus grand pays d'Europe, a une superficie de 547 026 km². C'est un pays étendu avec une faible densité de population : 109,61 hab./km² en métropole, la population totale (métropole et DOM-TOM) étant de 61 388 000 habitants.

- La France est bordée au sud-est par la Méditerranée, à l'ouest par l'océan Atlantique et au nord-ouest par la Manche.

- La capitale, Paris, est la plus grande ville du pays et compte plus de 2 millions d'habitants. De nombreux touristes la visitent pour ses monuments et ses musées.

- La France est composée de 22 régions divisées en 96 départements. La langue parlée est le français.

Notre-Dame de Paris et la Seine.

- Les terres françaises d'outre-mer comprennent 4 départements (DOM) : Martinique, Guadeloupe, Guyane, La Réunion ; 4 territoires (TOM) : Polynésie française, Nouvelle-Calédonie, Wallis-et-Futuna, les Terres australes et antarctiques françaises et 3 collectivités territoriales : La Corse, Mayotte et Saint-Pierre-et-Miquelon.

- Les paysages sont variés : plaines et plateaux mais aussi massifs anciens comme le Massif central, les Vosges et des montagnes jeunes (Alpes et Pyrénées).

Le Périgord.

- Quatre grands fleuves traversent l'Hexagone : le plus grand est la Loire à l'ouest ; la Seine au nord ; le Rhône à l'est et la Garonne au sud-ouest.

- Le climat est océanique (brumeux, doux, humide), continental (hivers froids, étés chauds) ou méditerranéen (étés chauds et secs, hivers doux) selon les régions.

- La France possède des ressources agricoles (céréales, vignes, fruits...), hydrauliques et touristiques. L'activité industrielle concerne notamment l'automobile, l'aéronautique*, les technologies de pointe.

- La France fait partie de la Communauté européenne depuis 1958.

La longueur de toutes les côtes françaises s'élève à 6 500 km.

LE ROYAUME-UNI

■ Le Royaume-Uni de Grande-Bretagne et d'Irlande du Nord, État insulaire situé au nord-ouest de l'Europe, regroupe l'Angleterre c'est-à-dire le pays de Galles et l'Écosse ainsi que l'Irlande du Nord.

Le château d'Eilian Donan en Écosse.

■ Plusieurs îles, tout en ayant leur autonomie gouvernementale, restent sous contrôle britannique ou dépendantes d'un point de vue défensif ou diplomatique.

■ D'une superficie de 244 046 km² pour une population de 58 790 000 habitants, le Royaume-Uni est très densément peuplé et urbanisé. 90 % de la population vit dans les villes.

Londres est aujourd'hui la plus grande métropole européenne et l'une des 3 plus grandes places financières du monde après New York et Tokyo.

■ Londres est la capitale du Royaume-Uni. La Tamise l'arrose avant de se jeter dans la mer du Nord. Plusieurs ponts l'enjambent, dont le célèbre Tower Bridge. Londres possède de nombreux espaces verts.

■ Le climat est océanique, doux et humide. Les précipitations sont abondantes au nord et à l'ouest.

■ Le nord de l'Angleterre a un relief escarpé dont le point culminant se trouve dans la chaîne Pennine à 978 m. Au sud et à l'est de cette chaîne se situe une région de grandes exploitations agricoles. Le pays de Galles est constitué de moyennes montagnes alors que les côtes du pas de Calais sont formées de falaises crayeuses.

■ Le Royaume-Uni est bordé par la mer du Nord à l'est, l'océan Atlantique et la mer d'Irlande à l'ouest et la Manche au sud.

■ Le tunnel sous la Manche relie Cheriton à Coquelles près de Calais. À la vitesse de 130 km/h, le voyage dure 35 minutes.

■ Entré dans la Communauté européenne en 1973, le Royaume-Uni n'a pas adhéré à la monnaie unique et conserve sa devise : la livre sterling.

■ Le pays est très industrialisé, mais c'est le secteur des services qui fournit actuellement le plus d'emplois. L'agriculture n'emploie qu'une proportion infime de la population.

Big Ben et le palais du Parlement.

L'IRLANDE

Les falaises de Moher, Le Buren.

- L'Irlande est un État insulaire situé dans l'océan Atlantique Nord. Sa superficie est de 70 280 km^2 et sa population s'élève à 3 918 000 habitants.

- En 1921, la partie sud de l'île, auparavant sous domination anglaise, devient indépendante. Vingt-six comtés forment la république d'Irlande. L'Irlande du Nord, composée de six comtés, est maintenue au sein du Royaume-Uni.

- Une vaste plaine fertile où se succèdent lacs et tourbières occupe le Centre. Des monts à l'altitude peu élevée (maximum 1 041 m) se dressent tout autour. Les côtes sont soit plates, régulières et sablonneuses, soit découpées et aux falaises escarpées.

- Le climat irlandais est doux et humide. Les précipitations sont abondantes et les températures peu élevées en été sont sous l'influence océanique.

- Les fleuves et rivières sont nombreux. Le Shannon est le fleuve principal et le plus long des îles britanniques. Il se jette dans l'Atlantique après avoir traversé plusieurs lacs.

- Dublin est la capitale de la république d'Irlande depuis 1922. Elle réunit la plupart des activités économiques et administratives. Ville portuaire, elle est ouverte vers ses voisines proches : France, Angleterre et Écosse.

- La densité de population est très faible : 55,74 hab./km^2. Le taux de natalité élevé ne compense pas encore la perte due à une émigration massive jusque dans les années 1970. L'anglais et le gaélique (irlandais) sont les deux langues parlées et enseignées.

- L'Irlande est un pays très conservateur et 95 % de la population est catholique. Si les divorces sont possibles depuis 1995, la contraception et l'avortement restent des sujets délicats.

- L'Irlande, jadis très pauvre, connaît une croissance économique exceptionnelle favorisée par son entrée dans la Communauté européenne en 1973.

- L'agriculture concerne l'élevage, la culture de céréales et de pommes de terre. La pêche est un secteur en expansion et l'industrie agroalimentaire (whisky, bière, produits laitiers) est une des activités principales.

La distillerie Old Bushmills est la plus ancienne du monde.

LA BELGIQUE

L'Atomium, Bruxelles.

- La Belgique est un petit pays d'une superficie de 30 500 km². Sa population s'élève à 10 373 000 habitants. La capitale, Bruxelles, est le siège de l'Union européenne.

Il existe en Belgique plus de 1 000 types de bières.

- Trois communautés culturelles se côtoient : flamande, francophone et germanophone, qui parlent respectivement le néerlandais, le français et l'allemand.

- Le relief est varié : au nord, les Flandres sont occupées par des plaines auxquelles succèdent les dunes bordant la côte de la mer du Nord. Au sud, le massif des Ardennes est couvert de forêts et creusé par des vallées profondes.

- Le point culminant de la Belgique, le signal de Botrange, est situé à 694 m dans les Hautes Fagnes.

- Deux fleuves navigables parcourent la Belgique : la Meuse et l'Escaut. L'Escaut traverse Anvers, dont le port figure parmi les plus importants d'Europe.

- Le climat est tempéré, doux et humide. L'hiver est froid et souvent enneigé dans les Ardennes. Les précipitations peuvent être abondantes certains mois.

- La Belgique a une forte densité de population : 339,22 hab./km². Les immigrés, présents à raison de 10 %, sont essentiellement des Italiens, des Marocains et des Turcs.

- Les principaux produits de l'agriculture sont : le blé, la pomme de terre, les fruits et les betteraves. L'élevage porcin (des porcs) et bovin (des bœufs) ainsi que la production de produits laitiers sont importants.

- L'extraction de la houille a été longtemps au cœur de l'activité industrielle. Les mines sont aujourd'hui fermées.

- La Belgique fait partie de l'Union européenne depuis 1958. Elle est également membre du Benelux tout comme les Pays-Bas et le Luxembourg.

Maisons à pignons à Bruges.

LES PAYS-BAS

Les jardins du Keukenhof à Haarlem.

- Les Pays-Bas, situés au nord-ouest de l'Europe, ont une superficie de 34 000 km² dont un tiers a été gagné sur la mer du Nord. Le territoire situé en dessous du niveau de la mer, les polders, est protégé des eaux par des digues et un système de drainage.

- Amsterdam est une capitale parcourue par un réseau dense de canaux. Deuxième port du pays relié à la mer du Nord, c'est une ville réputée pour son patrimoine artistique.

- Le pays est très densément peuplé : 432,5 hab./km² pour une population totale de 16 147 000 habitants qui se concentre autour des villes d'Amsterdam et de Rotterdam. Les Pays-Bas ont été une terre d'accueil pour bon nombre d'immigrants.

- L'ensemble du pays est constitué de plaines sablonneuses et de collines. Les côtes sont bordées de dunes qui contribuent à protéger le territoire de l'envahissement par la mer.

- Le climat est océanique, doux et humide. Des vents de tempête viennent frapper les côtes en hiver.

- L'Escaut, la Meuse et le Rhin sont les principaux fleuves des Pays-Bas. La Meuse, qui prend sa source en France, a une longueur de 900 km et est l'un des principaux fleuves navigables d'Europe.

- Rotterdam, le plus grand port d'Europe continentale, est proche de l'embouchure du Rhin.

- L'énergie éolienne (moulins à vent) fut pendant des siècles la principale source d'énergie. Aujourd'hui, le refus du nucléaire a entraîné l'installation de nouveaux moulins à vent.

- Les Pays-Bas exportent beaucoup de produits : fleurs et bulbes, fromages, légumes et viande. Une partie des terres sert aux pâturages, l'autre est consacrée à la culture de fleurs et de légumes.

- L'industrie exploite les gisements importants de gaz naturel et de pétrole extraits en mer du Nord. La construction navale, les secteurs chimique et électronique font également partie du développement florissant de l'industrie.

Le point le plus bas des Pays-Bas se situe en dessous du niveau de la mer à - 6,7m.

LE LUXEMBOURG

- C'est un petit pays de 2 586 km^2 qui jouxte la Belgique, la France et l'Allemagne.

L'église Saint John.

- Le Nord du pays est un plateau très boisé faisant partie des Ardennes. Le point culminant s'élève à 559 m. Le Sud prolonge le plateau lorrain et est occupé par les terres agricoles.

- Le climat est semi-continental avec des hivers froids et des étés doux, pluvieux.

- La population évaluée à 438 000 habitants est constituée d'environ 30 % d'étrangers en provenance de l'Union européenne. Le niveau de vie des habitants est très élevé.

Le Luxembourg fait partie du Benelux avec la Belgique et les Pays-Bas.

- Le luxembourgeois, dialecte allemand, est la langue nationale. Les affaires de la justice sont traitées en français et la presse communique en allemand.

- La capitale, Luxembourg, est le siège de nombreuses institutions européennes : Cour de justice européenne ; Banque européenne d'investissement et Parlement européen (avec Strasbourg).

- L'agriculture concerne principalement la production de vin de Moselle, un vin blanc issu des terres calcaires à l'est du pays. Les pâturages et la culture des céréales occupent le restant des terres.

- L'extraction du minerai de fer a permis jadis au Luxembourg d'avoir une industrie prospère. Le secteur de la métallurgie*, en régression, est supplanté par la chimie, le plastique et l'agro-alimentaire.

- Aujourd'hui, c'est le secteur financier qui est le plus performant. La fiscalité et la discrétion bancaire attirent les capitaux étrangers.

- Le Luxembourg fut un des membres fondateurs de la Communauté euro-péenne en 1958 et sa monnaie est l'euro.

Le château de Vianden.

LA SUISSE

- La Suisse a une superficie de 41 288 km^2 et une population totale de 7 321 000 habitants. La capitale étant Berne, les autres grandes villes sont : Zurich, Bâle, Genève et Constance.

- La ville de Zurich, centre financier, est la plus peuplée. Le niveau de vie des habitants suisses les place au premier rang mondial.

Engrenages de montre.

- Les langues officielles sont : l'allemand (65 % de la population), le français (18,4 %), l'italien (9,08 %) et le romanche (0,8 %).

- Le pays est occupé à 70 % par la chaîne des Alpes. C'est le plus vaste ensemble montagneux européen, l'autre chaîne qui traverse le pays est le Jura.

- La population occupe la zone entre les deux chaînes de montagnes. Cette zone s'étend du lac Léman au lac de Constance. Ces lacs sont les plus grands d'Europe de l'Ouest.

- La Suisse est divisée en 26 régions parcourues par le Rhin, le Rhône, le Tessin et l'Inn.

- Le climat est froid, pluvieux, enneigé dans les zones montagneuses. Les neiges éternelles règnent au-delà de 2 700 m.

- Les tunnels permettent de franchir les Alpes. Parmi les trois tunnels, celui du Saint-Gothard est le plus long du monde (16,32 km).

La Suisse se situe au premier rang mondial des activités financières en chiffre d'affaires par habitant.

- Le tourisme est une des ressources importantes du pays, mais c'est le secteur bancaire qui, en attirant les capitaux étrangers, est devenu la première source de revenu national.

- D'autres ressources sont fournies par l'industrie de l'horlogerie, de la chimie, de la mécanique et de l'alimentation, notamment la fabrication du chocolat.

Le Cervin.

L'ITALIE

- L'Italie, dont la forme rappelle celle d'une botte, a une superficie de 301 225 km². Sa population, qui parle l'italien, s'élève à 56 306 000 habitants. Le pays est entré dans la Communauté européenne en 1958, sa monnaie est l'euro.

Le "Ponte Vecchio" à Florence.

- Bordée par cinq mers, elle comprend plusieurs îles dont la Sardaigne, la Sicile et l'île d'Elbe. La Sicile est la plus grande d'entre elles. L'Etna, situé sur la côte, est le plus haut volcan d'Europe toujours en activité.

L'Italie est le deuxième plus important producteur de vin au monde, juste après la France.

- Rome est la capitale et la plus grande ville d'Italie. La beauté de son patrimoine architectural et historique en fait une ville très visitée. Elle abrite la cité du Vatican, siège de la papauté.

- Venise, la cité aux nombreux canaux et ponts, abrite des chefs-d'œuvre de l'architecture gothique, renaissance et baroque.

- Pompéi, ville située près de Naples au pied du Vésuve, fut totalement ensevelie sous les cendres du volcan en 79 après J.-C. Le bon état de conservation des objets trouvés suite aux fouilles est un témoignage précieux de la vie au Ier siècle après J.-C.

- Le relief est très montagneux : les Alpes, les Dolomites et les monts Apennins occupent 35 % du territoire. Ces massifs ont des sommets atteignant ou dépassant 4 000 m.

- La plaine du Pô, au sud des Alpes, est très fertile et traversée par le fleuve du même nom. L'Arno et le Tibre sont les deux autres grands fleuves qui prennent naissance dans les monts Apennins.

- Le climat est contrasté et varie en fonction des régions. Il règne un climat de montagne dans les Alpes et au sommet des Apennins. Il est semi-continental dans la plaine du Pô et méditerranéen dans le Centre et le Sud.

- La production agricole est centrée sur le blé, les fruits, les olives, les raisins. L'Italie produit aussi une grande variété de fromages.

- L'industrie est dynamique et orientée vers la construction automobile, le textile, l'agroalimentaire, l'acier et les appareils électroménagers.

L'ALLEMAGNE

- L'Allemagne d'une superficie de 357 050 km² a des frontières communes avec 9 pays. Séparée en deux États après la Seconde Guerre mondiale, elle a été réunifiée en 1990.

- Pays le plus peuplé d'Europe, sa population est évaluée à 82 442 000 habitants. L'immigration contrebalance le taux de natalité en baisse constante. Les Turcs, les Italiens, les Grecs, les Polonais et les ex-Yougoslaves constituent des minorités importantes.

Ornement d'enseigne.

- Berlin est redevenue la capitale du pays en 1990. Le mur de Berlin, construit en 1961, matérialisait la coupure entre deux zones : RFA (République fédérale d'Allemagne) et RDA (République démocratique allemande) respectivement sous influence occidentale et soviétique. Il sera détruit en 1989.

- Le Nord est une région de plaines bordée par la mer du Nord et la mer Baltique. Le Centre est constitué de massifs anciens.

- La Forêt-Noire au sud-ouest, très touristique, est couverte de forêts de sapins, de chênes et de hêtres. Le Sud est occupé par les Alpes bavaroises.

- Le Rhin et le Danube sont les deux fleuves navigables qui traversent l'Allemagne. Le Rhin prend naissance dans les Alpes suisses et se jette dans la mer du Nord. Le Danube naît dans la Forêt-Noire et coule vers l'Autriche.

Église bavaroise.

- L'Allemagne du nord et du nord-ouest connaît un climat océanique avec des hivers pluvieux et des étés doux et pluvieux. A l'est du pays, le climat est presque continental caractérisé par des hivers froids et des étés très chauds.

- L'Allemagne a développé des industries chimiques, pharmaceutiques et de machines-outils. La sidérurgie*, l'automobile et les industries de pointe sont des secteurs importants.

- L'agriculture a un rendement très élevé. On pratique l'élevage porcin et bovin, la culture de betteraves, de céréales et de vignes.

- L'Allemagne a été membre fondateur de la Communauté européenne en 1958 et est aujourd'hui la première puissance économique européenne et la troisième puissance mondiale.

L'AUTRICHE

- L'Autriche a un territoire d'une superficie de **83 850 km²** dont les 2/3 sont occupés par les Alpes qui comprennent trois chaînes : les Préalpes du Nord, les Grandes Alpes centrales, les Préalpes du Sud.

- Le pays totalise 8 190 000 habitants et sa capitale, Vienne, est la ville la plus importante. L'OPEP (Organisation des pays exportateurs de pétrole) réside à Vienne.

Homme récoltant des grappes de raisins.

- Le Danube parcourt le pays d'est en ouest et traverse Vienne. La plaine du Danube rassemble la majorité de la population.

- Le climat est continental et variable selon l'altitude. En hiver, l'air qui reste dans les vallées est plus froid que l'air qui circule en altitude.

- La langue principale est l'allemand. Les langues parlées par les minorités sont le roumain, le tchèque, le serbe, l'italien…

- Les forêts en majorité composées de conifères représentent une des ressources principales de l'Autriche. On peut y ajouter l'exploitation des minéraux comme le fer, le cuivre et le plomb.

> **L'Autriche actuelle ne représente plus que 12,5 % du territoire de l'ancien Empire austro-hongrois.**

- L'énergie du pays, fournie par les centrales hydroélectriques, constitue un produit d'exportation vers d'autres pays européens.

- Les produits de l'agriculture sont : les céréales (blé, maïs, avoine, seigle), la pomme de terre et la betterave à sucre. La vigne est cultivée dans la plaine du Danube.

- L'Autriche fait partie de l'Union européenne depuis 1995. Sa monnaie est l'euro.

- Le pays est divisé en neuf provinces. Innsbruck, la capitale de la région du Tyrol, attire beaucoup de touristes tout comme Salzbourg.

Rangée de maisons à Innsbruck.

ANDORRE - MONACO

- Andorre est un petit État de 468 km² situé dans les Pyrénées à la frontière franco-espagnole. Andorre-la-Vieille en est la capitale.

- La population, les Andorrans, compte 66 000 habitants. Ils parlent le catalan, la langue officielle, ou encore le français et l'espagnol. Ils ne paient pas d'impôt et les candidats à la nationalité andorrane sont nombreux.

- Tout en ayant sa propre Constitution depuis 1993, Andorre reste une coprincipauté dont les chefs d'État sont l'évêque d'Urgel et le président de la République française.

- Cette région montagneuse permet la culture dans les vallées et sur les coteaux. L'eau, abondante, est utilisée comme source d'énergie.

- Le tourisme est très développé : ski, climat et magasins vendant des produits détaxés sont quelques-uns des attraits d'Andorre.

Le casino de Monte-Carlo à Monaco.

- Les 31 700 habitants sont pour la plupart des étrangers venus s'établir à Monaco en raison de l'absence d'impôt. Leur langue officielle est le français, le dialecte local étant le ligurien.

- Chaque année, Monaco organise un rallye automobile et un Grand Prix de formule 1.

- Les casinos, dont celui de Monte-Carlo, représentent une ressource importante. Le secteur bancaire, grâce à sa discrétion, en est une autre.

- Les Monégasques ont un niveau de vie très élevé, le taux d'imposition est très bas et il y a beaucoup de candidats à la nationalité. Celle-ci ne s'octroie cependant pas facilement.

Savais-tu que 108 nationalités sont représentées à Monaco ?

Andorre-la-Vieille à Andorre.

- Monaco est une petite principauté de 1,95 km² située dans le Sud-Est de la France. Cette bande rocheuse est divisée en six quartiers.

LE VATICAN - SAINT-MARIN - MALTE

- Le Vatican est le plus petit État souverain du monde. Situé au centre de Rome, il a une superficie de 0,44 km^2 et est occupé par 750 habitants. Sa monnaie est l'euro.

Basilique Saint-Pierre, Vatican, Rome.

- Le pape y a le pouvoir absolu. Il est le chef de l'État et du gouvernement.

- La cité du Vatican possède plusieurs bâtiments prestigieux. La basilique Saint-Pierre est la plus grande église chrétienne. Elle a été conçue, décorée par les plus talentueux artistes de la Renaissance (Raphaël, Michel-Ange, Le Bernin).

- La garde pontificale est composée d'hommes de nationalité suisse depuis le XVe siècle.

La république de Saint-Marin bat sa propre monnaie en euro.

- Saint-Marin est située en Italie, dans la région des Apennins (voir « Italie »). Sa superficie est de 61 km^2 et 27 000 habitants y vivent principalement du tourisme.

- Fondée au IVe siècle, c'est la plus ancienne république d'Europe. Sa Constitution date du XVe siècle.

- La production agricole actuelle concerne les olives, les céréales, le vin et les produits laitiers.

- Malte est un archipel de 316 km^2 situé dans la Méditerranée, au sud de la Sicile. La capitale, La Valette, se trouve sur l'île principale : Malte. Elle est indépendante depuis 1964.

- La population composée de 399 000 habitants parle le maltais, langue officielle proche de l'arabe, mais aussi l'italien et l'anglais.

La baie de Saint Julian à Malte.

- Le tourisme est la source principale de revenus. La construction navale, le textile, la chimie et le plastique sont d'autres activités importantes.

LE LIECHTENSTEIN

- Le Liechtenstein est une petite principauté de 157 km² située entre la Suisse et l'Autriche.

- Le Liechtenstein entretient, depuis la Première Guerre mondiale, des relations étroites avec la Suisse, qui le représente sur le plan diplomatique.

- Le Rhin et ses affluents traversent la majeure partie du pays dont 25 % sont recouverts de forêts. Un massif faisant partie des Alpes compose le Sud du pays.

- Une plaine marécageuse s'étend sur la rive droite du Haut Rhin. À l'est, la haute vallée de la Samina est dominée par des reliefs allant jusque 2 750 m à la frontière suisse et autrichienne.

- Le climat est continental, les hivers y sont doux grâce au voisinage du lac de Constance.

- La capitale, Vaduz, est aussi la ville la plus importante du pays, elle concentre la majorité de la population. Le château princier qui date du début du XVIᵉ siècle domine la ville.

- Le Liechtenstein est une monarchie constitutionnelle érigée en principauté par l'empereur Charles VI. Le prince Hans Adam II en est l'actuel souverain.

- La population, au nombre de 32 000 habitants, parle l'allemand. Son niveau de vie très élevé est favorisé par un régime fiscal avantageux.

- Les produits agricoles sont les céréales, la vigne et les fruits. L'élevage concerne les bovins, les porcs et la volaille.

- Le pays est un centre financier international et de nombreuses sociétés étrangères attirées par les lois bancaires avantageuses s'y sont installées.

Vignobles près de Vaduz.

La monnaie du Liechtenstein est le franc suisse.

L'ISLANDE

- L'Islande est une île volcanique de l'océan Atlantique, qui a une superficie de 103 000 km^2. Elle est située juste en dessous du cercle polaire arctique.

Le volcan Hverjfall.

- Les glaciers et les volcans couvrent la majeure partie du territoire, la zone bâtie ne représentant que 1 %.

- Positionnée sur la dorsale atlantique, chaîne montagneuse sous-marine, l'île connaît de fréquents tremblements de terre sans conséquence grave.

- Près de 200 volcans sont en activité, les coulées de lave rendent inhabitable quasiment 10 % du territoire. En 1996, l'éruption de l'un d'entre eux entraîna la fonte d'un glacier.

- Les régions du Nord connaissent un climat froid, un enneigement important et du brouillard. Le Sud bénéficie d'une douceur plus grande grâce aux courants océaniques (Gulf Stream).

- La population de 277 000 habitants est établie dans les villes du littoral, au sud-ouest et près de la capitale Reykjavik.

- Malgré l'occupation par les Danois jusqu'en 1918, les Islandais ont gardé leur langue, qui a pour origine la langue des Vikings.

- La pêche consitue l'activité principale. La morue et le capelan sont les poissons les plus couramment pêchés. L'Islande a suspendu la chasse à la baleine depuis 1989.

- L'Islande élève un grand nombre d'ovins et produit des quantités importantes de laine.

L' Islande possède le plus grand glacier d'Europe. Il couvre 8 300 km^2.

- L'énergie géothermique dégagée par les sources chaudes naturelles constitue avec l'hydro-électricité une grande richesse. Les sources sont également fréquentées pour des raisons de santé.

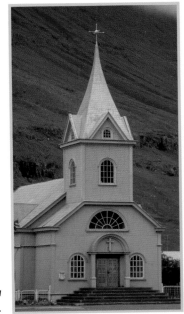

Église à Seydisfjordur.

LA NORVÈGE

- La Norvège s'étire au bord de l'océan Atlantique. Elle est bordée au nord par l'océan glacial Arctique, au sud par la mer du Nord et à l'ouest par la mer de Norvège.

- Sa superficie est de 324 220 km^2. Plusieurs petites îles et archipels des océans glacial Arctique, Atlantique ou Antarctique lui appartiennent.

- Le pays est constitué à 60 % de montagnes. Les côtes s'étendent sur environ 20 000 km et sont modelées par les fjords (voir « Danemark »).

- Le climat est océanique et polaire. Le long des côtes, le Gulf Stream adoucit les températures. Les précipitations sont très importantes, le brouillard fréquent. Le Centre connaît des hivers froids et des étés chauds.

- Un quart du pays est recouvert de forêts. Le Nord est occupé par la toundra où les rennes se nourrissent de mousses et de lichens* (voir « Toundra »).

- La population est estimée à 4 474 000 habitants. L'espérance de vie est, comme en Suède, très élevée. La majorité des habitants s'établissent dans le Sud. Le Nord est habité par les Saamis (Lapons).

- Oslo est la capitale de la Norvège. Cette ville portuaire est située au fond d'un fjord au sud-est du pays. Elle concentre les activités industrielles, cul-turelles et administratives. Riche en musées et en architecture moderne, Oslo attire les touristes.

Maisons à Noresund, Kroendsherad.

- Les terres agricoles représentent 9 % du sol suite au relief montagneux et à la pauvreté du sol. Cultures céréalières et élevage (ovins), occupent ces terres.

- La pêche représente une part importante des exportations et notam-ment le saumon d'élevage dont la Norvège est un des plus grands producteurs.

- Le pays possède d'importants gisements de pétrole et de gaz naturel en mer du Nord. La production d'électricité se fait grâce aux centrales hydro-électriques.

La côte norvégienne.

Savais-tu que 80 % des Norvégiens ont les yeux bleus et les cheveux blonds ?

LA SUÈDE

■ La Suède, pays du Nord de l'Europe, occupe la partie orientale de la Scandinavie aux côtés de la Norvège. Bordée au nord-est par la Finlande, elle en est séparée par le golfe de Botnie.

■ Les îles d'Öland et de Gotland, en mer Baltique, lui appartiennent également. La superficie totale du pays est de 449 960 km^2 pour 8 944 000 d'habitants.

Vue aérienne de Stockholm.

■ Stockholm en est la capitale. C'est un port important situé dans une baie parsemée d'îles reliées par de multiples ponts. La ville joue un rôle prépondérant dans la vie culturelle et économique du pays. Son allure pittoresque l'apparente à Venise.

■ La Fondation Nobel siège à Stockholm. Alfred Nobel, industriel et chimiste suédois (inventeur de la dynamite), a fondé les prix Nobel attribués dans différents domaines (chimie, physique, médecine, sciences économiques, paix).

■ Au nord du pays et au-delà du cercle polaire, s'étend la Laponie où l'on trouve d'importants gisements de minerai de fer. La région est peuplée d'ours, de rennes et de loups.

■ Le centre est montagneux. Tout le long de la frontière norvégienne, s'étendent les Kjølen dont le point culminant atteint 2 117 m. L'Est, bordé par le golfe de Botnie, est constitué de plaines.

■ Le Sud est constitué de plaines et de lacs. Les rives du lac de Vänern accueillent les entreprises du bois.

■ Le climat est rude en hiver, surtout au nord où la neige persiste pendant 6 mois et la nuit près de 2 mois. Au sud, où la neige est présente pendant environ 2 mois, le climat est plus tempéré.

La Suède possède la plus grande mine de fer à ciel ouvert du monde à Kiruna en Laponie.

■ La population parle le suédois et le same (ou samet) en Laponie. L'espérance de vie est la plus élevée du monde : 79 ans.

■ L'industrie forestière constitue une part importante des ressources du pays. La pêche, les productions minières et automobiles sont des secteurs exportateurs.

LA FINLANDE

- La Finlande a une superficie de 337 000 km² dont 1/4 est située au-delà du cercle polaire. Elle est couverte à 70 % de forêts et environ 188 000 lacs occupent la côte et l'intérieur des terres.

- La Russie, à l'est de la Finlande, a reconnu l'indépendance du pays en 1920. Les pays limitrophes, à l'ouest, sont la Suède et la Norvège qui ont en commun le territoire lapon.

- Les côtes sont bordées d'îles et d'îlots. La plus grande, Åland, est située dans la mer Baltique. Avec ses 640 km², elle vit principalement du tourisme, de l'agriculture et de la pêche.

Musée national d'Helsinki.

- Le relief est plus accidenté au nord, le point culminant est de 1 328 m. Le pays à l'est porte les traces de la période glaciaire.

- Le climat est rude. La neige est présente pendant 7 mois en Laponie et environ 5 mois ailleurs. Le Sud connaît un climat tempéré, froid. Les étés sont courts, ensoleillés et frais.

- Dans la région du Nord arctique, l'été dure 73 jours et le soleil ne se couche jamais, il fait clair 24 h sur 24. C'est le soleil de minuit.

La Finlande est surnommée le pays des mille lacs. Une personne les a comptés et il en existe 187 888 !

- Helsinki est la capitale et la plus grande ville de Finlande. Elle est située sur une presqu'île du golfe de Finlande. Le port, pris par les glaces de janvier à mai, reste actif grâce aux brise-glace.

- L'industrie du bois, son exportation et sa transformation (pâte à papier), est au centre de l'économie finlandaise. Un système de canaux reliant les lacs permet de l'acheminer.

- Le sol est riche en minerais (argent, zinc, cuivre, cobalt…) et la métallurgie* est un secteur d'activité important.

- La Finlande est entrée dans l'Union européenne en 1995 et utilise l'euro comme monnaie.

La gare d'Helsinki.

LE DANEMARK

- Le Danemark, situé au nord-ouest de l'Europe, a une superficie de 43 070 km². C'est le plus petit pays de la Scandinavie. Sa population est de 5 330 000 habitants.

- Sa capitale est Copenhague, ville portuaire, industrielle et commerçante. Un tiers de la population danoise y vit.

La petite sirène à Copenhague.

- C'est en l'honneur de Hans Christian Andersen, célèbre conteur pour enfants, que fut érigée la Petite Sirène à l'entrée du port de Copenhague.

- La plus grande superficie du pays s'étend sur la péninsule du Jutland. Les autres îles principales sont : Sjælland, Fionie, Lolland, Falster. Cinq cents autres petites îles sont dispersées dans la mer du Nord et la mer Baltique.

- Le pays est très plat, la côte est bordée de dunes à l'ouest et de fjords à l'est. Seul l'Est comporte quelques collines basses et des plaines fertiles.

- Les fjords sont des vallées creusées par les glaciers pendant les périodes glaciaires et qui ont été envahies par la mer.

- Le climat est doux en été et pluvieux en hiver. Les températures subissent de grands écarts en raison des changements de la direction du vent.

- Même si les secteurs de l'industrie (agroalimentaire, sidérurgie*, tabac...) et des services sont devenus les plus importants, l'agriculture, l'élevage, les produits laitiers et la pêche restent des sources d'exportation très dynamiques.

- Le Danemark a rejoint la Communauté européenne en 1973 et ses principaux partenaires commerciaux sont l'Allemagne et le Royaume-Uni.

- Le Groenland, immense île de plus de 2 000 000 de km², appartient au Danemark, mais est un territoire autonome depuis 1979. Les Inuits y vivent depuis le Xe siècle.

Bateaux amarrés à Copenhague.

L'ESTONIE

Les tours de la vieille ville de Tallinn.

- L'Estonie est un des 3 pays baltes situés au bord du golfe de Finlande et de la mer Baltique, située à l'ouest de la Russie. Sa superficie équivaut à 45 200 km².

- La côte s'étend sur environ 1 160 km et plus de 1 500 îles font partie du territoire. Les deux plus importantes, Saaremaa et Hiiumaa, sont situées entre le golfe de Riga et la mer Baltique.

- L'Estonie est un pays de plaines en grande partie marécageuses et de lacs. Le lac Peïpous couvre 3 500 km² et on y navigue 8 mois par an car il est gelé de décembre à mars. Des forêts de bouleaux et de conifères* constituent l'espace boisé.

- Le climat est maritime sauf à l'intérieur des terres où il est continental.

- L'Estonie était une république occupée par l'ancienne U.R.S.S. Elle a été reconnue indépendante en 1991. La population s'élève à 1 399 000 habitants.

- Les Estoniens qui ne représentaient plus que 2/3 de la population connaissent des conflits ethniques avec les Russes venus s'installer massivement pendant le régime communiste.

Les étrangers résidant en Estonie depuis plus de 2 ans peuvent obtenir la nationalité estonienne.

- Les Estoniens sont proches des Finnois en ce qui concerne la langue et la culture.

- La population vit surtout dans les villes et la capitale Tallinn compte le plus d'habitants. Tartu, à l'est et proche du lac Peïpous, est la seconde grande ville.

- L'industrie, activité première du pays, concerne principalement la métallurgie* et la mécanique. Viennent ensuite l'industrie du bois et du textile.

- L'Estonie a rejoint l'Union européenne le 1er mai 2004.

Le port de Tallinn.

LA LETTONIE

Les tours des 3 plus fameuses églises de Riga (église Dom, église St Pierre et l'église anglicane).

- La Lettonie fait partie des pays baltes. C'est un pays bordé à l'ouest par la mer Baltique et au nord par le golfe de Riga. Il est frontalier avec la Fédération de Russie à l'est, l'Estonie au nord et la Lituanie au sud.

- Le pays a un relief de moyenne altitude composé de plaines marécageuses, de tourbières et de nombreux lacs. Sa superficie est de 64 000 km^2.

- Une rivière traverse le pays et se jette dans le golfe de Riga : la Dvina, qui permet la production hydroélectrique et le transport du bois par flottage.

- La Lettonie connaît des hivers assez froids pendant lesquels tout le pays est recouvert de neige pendant 4 mois. Les étés sont chauds, sauf à l'ouest, soumis au climat océanique.

- Les forêts de bouleaux, de pins, d'épicéas occupent 1/4 du territoire et constituent une richesse économique exploitée par l'industrie du bois.

- L'agriculture est principalement tournée vers l'élevage et les produits laitiers. Le lin, les betteraves et les céréales constituent la majorité des cultures.

- La pêche au hareng et à la morue est un secteur d'activité très important.

- Les Lettons représentent une population de 2 326 000 habitants. Les Russes forment une minorité importante suite à l'intégration du pays dans l'ex-U.R.S.S.

- Un tiers de la population vit à Riga, la capitale. C'est une ville portuaire et industrielle aux activités centrées sur la construction navale, le bois, la production de matériel ferroviaire et l'industrie pharmaceutique.

- La Lettonie est indépendante depuis 1991.

La Lettonie fait partie de l'Union européenne depuis le 1er mai 2004.

LA LITUANIE

- La Lituanie, un des 3 États baltes, est située au sud de la Lettonie et à l'est de la mer Baltique. Elle est limitée au sud et à l'est par la Pologne et la Biélorussie.

L'intérieur d'un terminal pétrolier à Klaïpeda.

© EPA PHOTO / AFI / NORMUNDS MEZINS

- Le pays s'étend sur 65 200 km². Le relief est constitué de plaines, de marais et de petites collines.

- Des milliers de lacs sont répartis sur le territoire. Le fleuve Niémen permet la production hydroélectrique.

- Un climat océanique, hivers doux et étés frais, caractérise l'Ouest alors que l'Est jouit d'un climat plus continental avec des étés chauds et des hivers plus rigoureux.

- La population s'élève à 3 572 000 habitants. Les Lituaniens représentent la majorité de la population. Les Russes sont minoritaires, les Polonais sont également présents.

- Vilnius est la capitale du pays. Située sur la Vilija, affluent du Niémen, la ville a une activité industrielle intense. Le secteur s'étend de la production de machines-outils, machines agricoles, moteurs électriques aux industries textiles et alimentaires.

- D'autres grandes villes comme Kaunas et Klaïpeda concentrent la population.

- Klaïpeda est une ville portuaire très active grâce à la pêche, aux usines de transformation du poisson, mais aussi en raison du passage des produits industriels, entre autres les hydro-carbures* en provenance du Nord de la Russie.

- L'élevage porcin et bovin ainsi que la culture des céréales, du lin et de la pomme de terre sont les activités agricoles qui emploient plus de 20 % de la population active.

- La côte est riche en bois de conifères*. On y trouve donc de l'ambre, une résine fossile. L'ambre, qui a une couleur allant du jaune au brun, est utilisé dans la création de bijoux ou d'objets.

La Lituanie est entrée dans l'Union européenne le 1er mai 2004.

Vue de la vieille ville de Vilnius, la nuit.

© EPA PHOTO / PETRAS MALUKAS

LA POLOGNE

- La Pologne est un des 4 pays d'Europe centrale. Elle est située au sud de la mer Baltique, à l'est de l'Allemagne et au nord de la République tchèque.

Vieille ville de Varsovie.

- Avec une superficie de 312 685 km², la Pologne est un pays de plaines.

- Le Sud offre toutefois un relief montagneux avec la chaîne des Carpates et des Sudètes. Le littoral, le long de la Baltique, est sablonneux et la mer pénètre à l'intérieur des terres et forme des golfes.

La Pologne est un pays plat peu montagneux. En effet, 97 % de sa superficie ne dépasse pas 500 mètres d'altitude.

- Deux fleuves importants traversent le pays : la Vistule, le plus long (1 070 km) et l'Oder (854 km). Tous 2 servent de voies de transport fluvial.

- Le climat de la Pologne est continental, les étés sont chauds et les hivers froids et très enneigés dans les régions montagneuses.

- Varsovie, la capitale, est située au centre du pays. La Vistule la traverse et les espaces verts sont nombreux. Totalement détruite lors de la Seconde Guerre mondiale, la ville a dû être reconstruite. C'est un centre culturel et industriel.

- La population est à 98 % d'origine polonaise. Elle s'élève à 38 623 000 habitants et vit majoritairement dans les régions du Sud et près de Gdansk, grande ville portuaire et industrielle.

- L'agriculture a une part importante dans l'économie polonaise. Le Sud-Ouest est la zone la plus fertile (cultures céréalières, fruits, betteraves, pommes de terre…).

- Le sol est riche en minerais (soufre, argent, anthracite, zinc…). L'industrie est essentiellement lourde et polluante. Certains secteurs tels que la sidérurgie* et les charbonnages sont menacés.

- La Pologne a adhéré à l'Union européenne le 1er mai 2004.

Campagne près de Zakopane et montagnes Tatras.

LA RÉPUBLIQUE TCHÈQUE

- La République tchèque est située en Europe centrale, bordée au sud-ouest par l'Autriche, au sud-est par la Slovaquie, au nord et à l'est par la Pologne et à l'ouest par l'Allemagne. D'une superficie de 78 864 km², elle rassemble la Bohême, la Moravie et la Silésie. La population est estimée à 10 247 000 habitants.

- La Tchécoslovaquie, constituée des républiques tchèques et slovaques, fut dissoute en 1993 et les 2 États devinrent indépendants.

La rivière Vltava à Prague.

- La capitale, Prague, se situe en Bohême. De nombreux ponts enjambent la Vltava, la rivière qui traverse la ville. Riche en musées et monuments, Prague est une des villes d'Europe les plus visitées.

- La République tchèque est entourée de massifs montagneux. Le point culminant se situe à 1 602 m dans les monts des Géants. Au sud-est on trouve les Carpates blanches et au nord-ouest, les monts métallifères.

- Au centre, le bassin de Bohême est un plateau traversé par l'Elbe, fleuve qui prend sa source dans les monts des Géants et se jette dans la mer du Nord.

- La Moravie, région de l'est, possède des basses terres fertiles traversées par la Moravia et ses affluents.

- Les forêts qui couvrent 36 % du territoire procurent du bois. La pollution menace plusieurs d'entre elles.

- La République tchèque produit des céréales, principalement du blé. Le houblon est cultivé pour la fabrication de bières. L'élevage de moutons et de porcs est très important.

Horloge astronomique de l'ancien hôtel de ville de Prague.

- L'industrie concerne le textile, le verre, la porcelaine, la chaussure, la métallurgie* et l'exploitation minière.

- Elle fait partie de l'Union européenne depuis le 1er mai 2004.

Prague accueille annuellement environ 50 millions de visiteurs.

LA SLOVAQUIE

- La Slovaquie est située au sud de la Pologne et au nord de la Hongrie à laquelle elle a été intégrée du Xe au XIXe siècle. Frontalière de la République tchèque à l'ouest, elle en est indépendante depuis 1993.

Le château de Trancin construit au Xe siècle, à l'ouest de la Slovaquie.

- La Slovaquie a une superficie de 49 016 km². C'est un pays montagneux avec au nord la chaîne des Tatras, à l'ouest les Petites Carpates et les Carpates blanches. Au sud se trouvent les hautes Beskides.

- Ces montagnes humides, couvertes d'une forêt épaisse, sont consacrées à l'exploitation du bois (hêtre, chêne, épicéa).

- Les plaines fertiles du Sud sont irriguées par le Danube. On y cultive le blé, l'orge, la betterave sucrière.

- Le climat est continental et humide. L'hiver est rigoureux dans les Carpates où la neige est abondante. Les étés sont chauds.

- La Slovaquie compte 5 403 000 habitants. Les Slovaques forment la majeure partie de la population. Les Hongrois et les Roms (Tziganes) constituent des minorités importantes.

- Bratislava est la capitale de la Slovaquie. Située dans le Sud-Ouest et sur le Danube, c'est un port important et un carrefour commercial. L'activité industrielle s'y développe intensivement.

- La construction d'un barrage fut entamée en collaboration avec la Hongrie sur le Danube dans les années 1980. Les Slovaques terminèrent seuls ce projet.

- Le charbon et plus particulièrement le lignite, est une ressource largement exploitée mais qui pose de graves problèmes d'environnement et de santé. On extrait aussi du cuivre, du fer, du plomb.

La ligne de production des automobiles Volkswagen Polo chez Volkswagen Slovaquie.

- La Slovaquie a intégré l'Union européenne depuis le 1er mai 2004.

LA HONGRIE

- La Hongrie, pays d'Europe centrale, est située au sud de la Slovaquie, à l'ouest de la Roumanie, à l'est de l'Autriche et au nord de la Croatie et de la Slovénie.

Le palais du Parlement hongrois, à Budapest.

- Le Danube traverse le pays du nord au sud. Les plaines s'étendent de part et d'autre du fleuve, irriguées par les nombreux affluents.

- Le Nord du pays possède une zone montagneuse dont le point culminant se situe au mont Kékes à 1 015 m.

- Le plus grand lac d'eau douce d'Europe se trouve en Hongrie. Le lac Balaton a une superficie de 596 km². Une trentaine de cours d'eau l'approvisionnent.

- Le climat est continental, sec, avec des hivers froids et des étés chauds.

- Il y a 10 168 000 habitants en Hongrie. La population vit principalement dans les villes dont Budapest, la capitale.

- Budapest, située au nord et sur le Danube, est un grand port et un centre de communication capital pour le commerce. Buda est située sur la rive droite du Danube et Pest sur la rive gauche. Six ponts joignent les 2 parties de la ville.

- À l'est se trouve la région agricole, dans les plaines fertiles du Danube. Les céréales constituent la part la plus importante de la production. On y cultive aussi la pomme de terre, la betterave sucrière, le tournesol, les fruits (abricot, prune) et la vigne (tokay).

- L'industrie lourde reste l'activité principale et occupe 40 % des actifs. Les minerais exploités sont : le charbon, le lignite et la bauxite. La Hongrie possède aussi du gaz naturel et du pétrole.

- L'après-communisme a permis à la Hongrie d'exporter vers de nouveaux pays. Elle a adhéré à l'Union européenne depuis le 1er mai 2004.

Le pont des Chaînes à Budapest.

Budapest est depuis 1872, la réunion de 2 villes sur les deux rives du Danube : Buda et Pest.

LA ROUMANIE

- La Roumanie est un pays du Sud-Est de l'Europe, bordé par la mer Noire à l'est. D'une superficie de 237 500 km^2, le pays est entouré par l'Ukraine au nord, la Moldavie à l'est, la Serbie-Monténégro et la Hongrie à l'ouest et la Bulgarie au sud.

- La Roumanie émerge lentement des difficultés économiques engendrées par un régime communiste répressif. La dictature subie entre 1965 et 1989, sous Ceausescu, a entraîné le pays dans des situations de crises et de pénuries.

- Le Centre est occupé par la chaîne des Carpates en arc de cercle autour du plateau de la Transylvanie. Le point culminant est situé à 2 543 m, au pic Moldoveanu.

- Une zone de collines succède aux montagnes et les plaines se trouvent sur la périphérie.

L'intégration de la Roumanie dans l'Union européenne est prévue pour 2007.

- La Roumanie connaît des hivers froids et des étés chauds et secs, surtout à l'est, dans les plaines.

- Le delta du Danube, qui se jette dans la mer Noire, est à l'origine de lagunes qui forment des lacs. Le delta abrite de nombreux oiseaux migrateurs, dont les pélicans.

- La Roumanie compte 22 272 000 habitants dont 7 % sont des Hongrois. Les Roms (Tziganes) constituent une minorité importante, sans cesse persécutée.

Le building "Plaza" à Bucarest.

- Bucarest est la capitale et la plus grande ville. Située dans le Sud, sur un affluent du Danube, elle est très peuplée. Les habitants sont logés à la périphérie dans de grands immeubles. L'industrie lourde (métallurgie*, mécanique) prédomine.

- L'agriculture manque d'outillage moderne, mais les terres très fertiles produisent des céréales, du tournesol, des cultures maraîchères. Les pâturages du sommet des Carpates accueillent un important cheptel* de moutons.

- La Roumanie est un pays riche de traditions populaires et folkloriques. L'art de l'icône y est pratiqué depuis le XVe siècle.

LA SERBIE-MONTÉNÉGRO

- La Serbie-Monténégro est située dans les Balkans et couvre une superficie de 102 200 km².

- La Serbie qui couvre la superficie la plus importante est composée d'une région de plaines au nord et d'une zone de montagnes et de collines au sud. Le Monténégro est montagneux et s'étend le long de la côte adriatique.

Le Danube et la forteresse de Golubac.

- Le Danube ainsi que plusieurs rivières et affluents de celui-ci coulent en Serbie-Monténégro. Le lac de Shkodër, à la frontière albanaise, est le plus grand lac des Balkans (370 km²).

- Le climat varie selon les zones. Méditerranéen au sud, il devient continental au centre et au nord. Les régions montagneuses connaissent un climat alpin.

- La population est estimée à 10 663 000 millions d'habitants. Le conflit et la grave crise économique qui sévit depuis les années 1980 ont amené une grande partie de la population à vivre dans la précarité.

- Les Serbes de Bosnie-Herzégovine et de Croatie qui ont fui lors de la guerre sont venus augmenter la population serbe de Serbie-Monténégro, qui est la plus importante du pays. Les autres minorités sont : les Albanais, les Hongrois et les Slaves musulmans.

- Belgrade, ville principale, est la capitale. Grand centre industriel, c'est aussi un port fluvial situé sur le Danube.

- Au Nord, en Voïvodine, on cultive les céréales, la betterave sucrière, la pomme de terre et du chanvre. Le sud fournit des produits de type méditerranéen (olives, figues…).

- L'extraction de divers minerais dont le plomb, le cuivre, le zinc est primordiale dans l'activité économique du pays.

- La Serbie-Monténégro a soutenu l'armée serbe de Bosnie pendant la guerre et a mené une politique d'épuration ethnique au Kosovo. L'ex-président, Slobodan Milosevic, est inculpé pour crimes de guerre et crimes contre l'humanité.

Après l'éclatement de la Yougoslavie, le 4 février 2003, la communauté des États de Serbie et le Monténégro ne font plus qu'une seule nation.

LA BULGARIE

- La Bulgarie, située dans les Balkans, est bordée à l'est par la mer Noire. Le Danube la sépare de la Roumanie et le pays est aussi frontalier avec la Turquie, la Grèce, la Macédoine et la Serbie-Monténégro.

Monastère de Rila.

- La Bulgarie est un pays de plaines et de montagnes dont la superficie totale est de 110 912 km².

- Les deux chaînes de montagnes sont le mont Balkan au nord et le Rhodope au sud, qui marque la frontière avec la Grèce. Le point culminant se situe dans le Rhodope au Musala à 2 925 m.

En 2007, la Bulgarie devrait rejoindre l'Union européenne.

- Les plaines et plateaux sont situés au nord, le long du Danube et au centre, entre les deux zones montagneuses.

- Le climat est continental, hivers froids et étés chauds. Il est plus méditerranéen au sud. Pluies et neiges peuvent être abondantes dans les montagnes.

- Sofia, la capitale située à l'ouest, est le noyau administratif, industriel, commercial et culturel du pays. La ville, détruite en grande partie pendant la Seconde Guerre mondiale, a dû être entièrement restaurée.

- La Bulgarie compte 8 156 000 habitants dont 85 % sont d'origine bulgare. Les Turcs constituent une minorité importante.

- Varna est une ville portuaire dynamique. Ses activités sont industrielles et commerciales. Le tourisme est en plein essor sur le littoral de la mer Noire.

- Le pays fut de 1946 à 1990 dirigé par un gouvernement communiste. L'agriculture était collective et les terres ne redeviendront privées qu'à partir de 1992.

- Les cultures se portent sur les céréales (blé, maïs, tournesol), la vigne, le tabac et les roses qui fournissent de l'essence utilisée en parfumerie. L'élevage de moutons et de chèvres procure des produits laitiers.

Le palais du Parlement bulgare à Sofia.

LA MACÉDOINE

- La Macédoine est un pays d'Europe du Sud, bordée au nord par la Serbie-Monténégro et au sud par la Grèce. La Bulgarie se trouve à l'est et l'Albanie à l'ouest.

- La superficie est de 25 713 km². Le pays a fait partie de la Yougoslavie jusqu'en 1991, date de son indépendance.

- La Macédoine est principalement montagneuse. À l'ouest, une chaîne de montagnes faisant partie des Alpes dinariques avec le point culminant du Korab (2 751 m). À l'est, le massif serbo-macédonien et le Rhodope.

- Un fleuve, le Vardar, coule du nord au sud jusqu'en Grèce où il se jette dans la mer Égée. Deux lacs (Ohrid et Prespa), situés à la frontière albanaise et grecque, sont des pôles touristiques.

- Le climat diffère dans les vallées et dans les montagnes où les hivers sont très froids et les chutes de neige abondantes. La vallée du Vardar bénéficie d'un climat méditerranéen.

- Skopje, la capitale est située au nord. Son activité industrielle concerne notamment la sidérurgie*. C'est aussi un centre commercial pour la production agricole des régions avoisinantes.

- La cohabitation avec la minorité albanaise est difficile. Les revendications nationalistes des Albanais pour une plus grande autonomie et une reconnaissance linguistique ont donné lieu à des conflits violents.

- Le pays compte 2 035 000 habitants. Les Macédoniens sont orthodoxes. Les Albanais ainsi que les Turcs, autre minorité importante, sont musulmans.

Ville d'Ohrid.

© Agence d'information de la Macédoine

- Les vallées et les plaines fertiles permettent des cultures diversifiées et une autosuffisance agricole. Les céréales, les pommes de terre, mais aussi le tabac, le coton, la vigne et les fruits font partie des productions.

Ancien monastère, Ohrid.

- La Macédoine possède un sous-sol riche en minerais (plomb, zinc, cuivre...) et le charbon est une des ressources les plus exploitées. Le pays possède des industries textiles, automobiles et agroalimentaires.

La Macédoine a été admise à l'ONU sous le nom d'Arym.

L'ALBANIE

- L'Albanie est un pays de **28 748** km^2, situé dans les Balkans, qui est bordé à l'ouest par la mer Adriatique. La Serbie-Monténégro se trouve au nord, la Macédoine à l'est et la Grèce au sud.

- Longtemps isolée du monde à cause d'un régime totalitaire, l'Albanie figure parmi les pays les plus pauvres d'Europe. Son équilibre fragile a été bousculé par l'arrivée massive de réfugiés fuyant le conflit serbo-croate.

- Les montagnes qui occupent le Nord, le Centre et le Sud du pays rendent les communications difficiles. Seule la côte adriatique possède des plaines qui doivent être drainées en raison de leur sol marécageux.

- De multiples cours d'eau traversent le pays. Les lacs se situent à la fois en territoires albanais, grec, macédonien.

- Le climat est méditerranéen sur la côte et continental à l'intérieur du pays. Les précipitations sont importantes dans les régions montagneuses du Nord.

- La population est estimée à 3 402 000 habitants. Les minorités existantes sont des Bulgares, des Grecs, des Roms et des Serbes. D'origine rurale, la population devient de plus en plus urbaine.

- Tirana est la capitale de l'Albanie. Elle développe ses activités autour de l'industrie (mécanique, textile, métallurgie*...) et du commerce. Tirana possède les principaux musées et la plus riche bibliothèque du pays.

- L'agriculture se privatise depuis les années 1990 et on cultive la vigne, des fruits, des céréales, des olives, du tabac... L'élevage est centré sur les ovins et les caprins.

- L'Albanie exploite des gisements de pétrole, de chrome, de cuivre, de nickel, de charbon. Elle possède des usines de produits chimiques, sidérurgiques et textiles.

Citadelle à Kruja.

© Maksim Sinemati

- En 1997, de nombreux Albanais ont émigré vers l'Italie espérant ainsi échapper aux conditions de vie misérables de leur pays.

Les forêts recouvrent 32 % du territoire albanais. Les plus denses se trouvent à haute altitude.

LA GRÈCE

- La Grèce est bordée par la Méditerranée au sud, la mer Égée à l'est et la mer Ionienne à l'ouest. Située à l'extrême sud des Balkans, les pays frontaliers sont : l'Albanie au nord-ouest ; la Macédoine et la Bulgarie au nord ; la Turquie au nord-est.

Maison typique à Oia sur l'île de Santorin.

- Plus de 2 000 îles sont réparties dans les mers Ionienne et Égée. D'une superficie de 131 944 km², la Grèce offre un paysage de montagnes (chaîne du Pinde) et de côtes bordées de falaises. Les plaines se trouvent au nord, en Thessalie et en Thrace.

- La Grèce possède de multiples vestiges archéologiques qui témoignent de la vie aux différentes époques (préhistoire, archaïque, romaine, byzantine, ottomane).

- Le climat est contrasté : méditerranéen avec des étés très chauds et secs dans les îles et le Péloponnèse, humide et frais en hiver dans les régions montagneuses. La neige en altitude permet de skier.

- La Grèce compte 10 964 000 habitants. Les Grecs se sont expatriés massivement à l'étranger (États-Unis, Australie, Allemagne) en raison des conditions de vie précaires et des conflits (occupation turque, nazie, dictature des colonels).

- La population est en majorité grecque. Devenue à son tour terre d'immigration, la Grèce doit faire face à la venue souvent illégale d'Albanais et d'immigrés d'Asie et de l'Est de l'Europe.

- Athènes, la capitale, regroupe 1/3 de la population grecque. C'est une ville moderne confrontée à de graves problèmes de pollution.

- L'Acropole est un des sites les plus visités. Elle abrite le Parthénon, temple dédié à la déesse Athéna.

- L'agriculture, limitée à une surface réduite en raison du relief, se concentre sur la production d'olives, de vignes, de tabac, d'oranges…

- Le tourisme constitue une source de revenus importante. Environ 10 millions de touristes viennent chaque année profiter de la beauté du patrimoine et du climat.

Avec ses 2 917 mètres, le mont Olympe est le point culminant de la Grèce. On comprend mieux pourquoi il fut choisi comme demeure légendaire des dieux.

LA FÉDÉRATION DE RUSSIE

- Partagée entre l'Europe et l'Asie, la Fédération de Russie est le plus grand pays du monde avec ses 17 075 400 km^2. Elle est bordée par l'océan glacial Arctique au nord. Reliée par le détroit de Béring à l'océan Pacifique, elle possède des îles aussi bien dans l'océan Pacifique que dans l'océan glacial Arctique.

Cathédrale de Basile-le-Bienheureux à Moscou.

- L'U.R.S.S. (Union des républiques socialistes soviétiques), dissoute en 1991, devint la Fédération de Russie qui comprend 21 républiques.

- La chaîne montagneuse de l'Oural établit une frontière naturelle entre l'Europe et l'Asie. La Russie d'Europe est constituée de plaines, sauf au sud où s'étend le Caucase dont le point culminant est le mont Elbrouz à 5 633 m.

- La Sibérie s'étend sur 13 000 000 km^2 de l'Oural à l'océan Pacifique. Elle est composée de plaines immenses et de bas plateaux. La température peut y descendre jusqu'à -47 °C.

- Le fleuve Amour et la Volga, le plus long fleuve d'Europe (3 530 km), coulent en Russie. Les lacs sont nombreux. Le lac Baïkal est le plus profond du monde (1 637 m) et constitue 1/5 des ressources d'eau douce de la planète.

- Vu l'immensité du territoire, le climat est diversifié. Polaire au nord, continental en Russie d'Europe et dans le Sud-Est, il devient méditerranéen le long de la mer Noire.

- La Sibérie est riche en ressources fossiles (charbon) et en hydrocarbures* (pétrole, gaz naturel). Les autres ressources sont l'or, le minerai de fer, l'uranium, le diamant, le cuivre…

- La Fédération de Russie est le quatrième producteur de céréales au monde et le deuxième pour la pomme de terre. Ces produits sont la base de l'alimentation russe. La pêche constitue, de par l'importance de la flotte et l'accès aux mers et océans, une activité considérable.

- On dénombre 143 955 000 habitants en Fédération de Russie, la majeure partie se trouvant dans la partie ouest. Le pays compte plus d'une centaine de peuples différents. Le russe est parlé par la majorité. Les pratiques religieuses refont surface.

- Moscou, la capitale, est avant tout une ville industrielle. Elle abrite le Kremlin, qui est le siège du gouvernement russe.

L'UKRAINE

- L'Ukraine est, avec ses 603 700 km^2, le deuxième pays le plus vaste d'Europe. Elle est bordée au sud par la mer Noire et la mer d'Azov. L'Ukraine a fait partie de l'U.R.S.S. jusqu'en 1991.

- Pays constitué en majorité de plaines, son relief s'élève dans la zone montagneuse des Carpates qui la sépare de la Roumanie à l'ouest.

- Le Dniepr est le troisième fleuve d'Europe (2 285 km). Il prend sa source près de Moscou et arrose plusieurs villes dont Kiev, la capitale.

- La Crimée est une presqu'île d'une superficie de 25 993 km^2, dont la côte est un lieu de villégiature connu et apprécié. Elle souhaiterait une plus grande indépendance vis-à-vis de l'Ukraine.

- Le climat est méditerranéen dans le Sud, en Crimée et continental ailleurs. Les ports sont souvent pris par les glaces.

- La capitale, Kiev, située au nord, est le centre industriel et culturel. Elle est souvent appelée « la mère des villes russes ».

Plage à Kiev.

- La population, estimée à 47 732 000 habitants, vit surtout à l'est et à l'ouest. Les Ukrainiens constituent la majorité de la population alors que les Russes sont la minorité la plus importante.

Fonderie.

- Le pays possède une agriculture florissante. Il est le 1er producteur mondial de betteraves sucrières. La Crimée produit des vins de qualité. L'élevage, porcin et bovin, est important.

- L'Ukraine est le 1er producteur mondial de manganèse. Celui-ci, ajouté à l'acier, le rend plus résistant. Le charbon, le minerai de fer et l'acier font aussi partie de ses ressources.

- Tchernobyl, ville du centre du pays, fut l'objet en 1986 d'une catastrophe nucléaire due à l'explosion d'un réacteur de sa centrale. On estime à plus d'un million les personnes irradiées.

Le territoire de l'Ukraine est recouvert à 70 % de steppes.

LA BIÉLORUSSIE

- La Biélorussie est un pays de l'est qui fit partie de l'U.R.S.S. et est indépendante depuis 1991. Les pays limitrophes sont : la Pologne à l'ouest, la Fédération de Russie à l'est, l'Ukraine au sud, la Lettonie et la Lituanie au nord.

- Sa superficie de 207 600 km² est occupée par des plaines et des collines de basse altitude. Les marais de Polésie constituent une zone marécageuse. Des forêts de conifères* et de bouleaux couvrent le Nord du pays.

> **La Biélorussie s'appelait autrefois "Russie blanche", le blanc évoquant l'écorce des bouleaux dans la forêt.**

- De nombreux fleuves et rivières traversent la Biélorussie. Le Dniepr permet, grâce aux canaux, un accès aux mers Noire et Baltique.

- Le climat est tempéré et humide, plus froid à la frontière avec la Fédération de Russie.

- La Biélorussie compte 10 391 000 habitants dont 3/4 sont des Biélorusses, les Russes formant une minorité importante. Depuis la Seconde Guerre mondiale, la population s'urbanise.

- Minsk, la capitale, possède de nombreux lieux culturels. Son activité industrielle est tournée vers la construction mécanique, la confection textile et l'agroalimentaire.

- Le secteur agricole a un bon rendement en ce qui concerne la culture de la pomme de terre, des céréales et de la betterave sucrière.

- La Biélorussie, fortement exposée lors de l'accident nucléaire de Tchernobyl, a vu ses sols durablement contaminés. Une augmentation des cancers de la thyroïde est constatée chez les enfants.

- L'industrie élabore des produits chimiques, fabrique des voitures et des textiles. Le pays dépend quasi totalement de l'extérieur en ce qui concerne les ressources minières et énergétiques.

Église à Minsk.

© Rédaction journal "Monolog" / V. Suryagin

- La Biélorussie a multiplié les contacts avec la Fédération de Russie en vue d'établir des échanges économiques. Un accord monétaire a engendré le retour au rouble.

LA MOLDAVIE

- La Moldavie est un petit pays du Sud-Est de l'Europe. Sa superficie est de 33 700 km². Elle est bordée au nord et au sud par l'Ukraine et par la Roumanie à l'ouest.

- La Moldavie est une ancienne république socialiste soviétique. Suite à la chute de l'Union soviétique, la Moldavie a proclamé son indépendance en 1991.

- Le pays a un relief bas, le point culminant se trouvant à **409 m**. Les steppes et les forêts alternent avec les plaines.

- Le climat est continental avec des étés chauds. La mer Noire influence le climat par ses courants maritimes.

- La Moldavie est très densément peuplée (132,4 habitants par km²). La population, estimée à **4 467 000** habitants, habite majoritairement à la campagne. La majorité de la population est constituée par des Roumains.

- Les russophones de Transnitrie, région située à l'est, ont proclamé leur indépendance soutenus par les Russes.

- Une autre minorité souhaiterait plus d'autonomie : les Gagaouzes qui habitent dans le Sud-Ouest du pays. Ils sont chrétiens et parlent une langue proche du turc.

- Chisinau, la capitale, se trouve sur le parcours d'un affluent du Dniestr, fleuve qui prend sa source dans les Carpates. C'est une ville industrielle qui possède une université et des centres de recherche scientifique.

Château-fort de Soroca.

© Editura Prut International

- L'agriculture représente le secteur économique le plus actif. Le climat permet la production de vins. La betterave à sucre, le blé, les fruits, le tabac, le maïs et le tournesol constituent l'ensemble des cultures.

- L'industrie, très peu développée, est tournée vers l'agroalimentaire, le textile, la fabrication de machines agricoles et d'appareils électroménagers.

Deux tiers des frontières de la Moldavie sont enclavées en Ukraine.

L'Asie

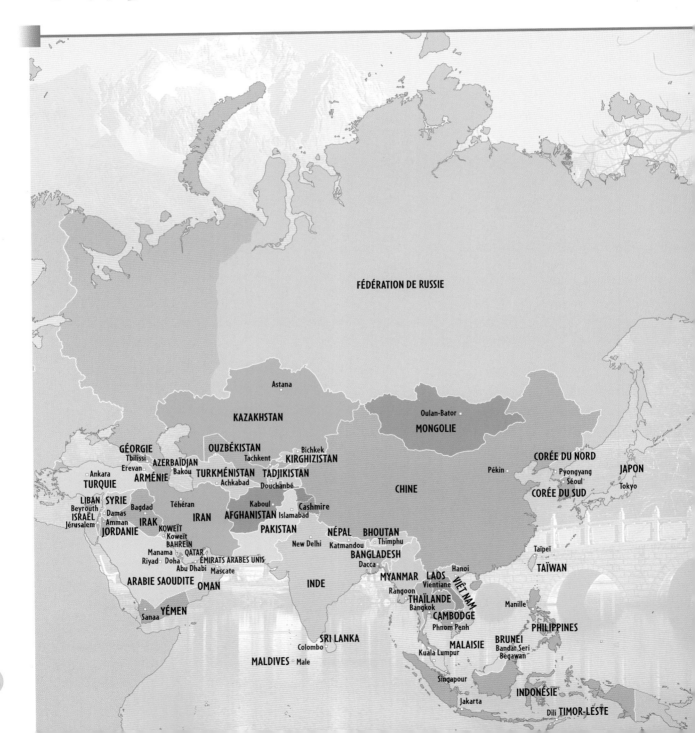

FÉDÉRATION DE RUSSIE

Astana

KAZAKHSTAN

Oulan-Bator
MONGOLIE

GÉORGIE
Tbilissi
Erevan
Ankara
ARMÉNIE
TURQUIE

OUZBÉKISTAN
Tachkent
AZERBAÏDJAN
Bakou
TURKMÉNISTAN
Achkabad

Bichkek
KIRGHIZISTAN

TADJIKISTAN
Douchanbé

Pékin

CORÉE DU NORD
Pyongyang
Séoul
CORÉE DU SUD

JAPON

Tokyo

LIBAN
Beyrouth
ISRAËL
Jérusalem

SYRIE
Damas
Amman
JORDANIE

Bagdad

IRAK

KOWEÏT
Koweït
BAHREÏN
Manama
Riyad

Téhéran

IRAN

Kaboul
AFGHANISTAN
Islamabad

PAKISTAN

QATAR
Doha
ÉMIRATS ARABES UNIS
Abu Dhabi   Mascate

Cashmire

CHINE

Taïpeï

ARABIE SAOUDITE

OMAN

YÉMEN
Sanaa

NÉPAL
New Delhi   Katmandou

INDE

BHOUTAN
Thimphu

BANGLADESH
Dacca

TAÏWAN

Hanoi
MYANMAR   LAOS
Rangoon   Vientiane
THAÏLANDE
Bangkok

VIÊT NAM

Manille

CAMBODGE
Phnom Penh

PHILIPPINES

SRI LANKA
Colombo

MALDIVES   Male

MALAISIE
Kuala Lumpur

BRUNEI
Bandar Seri
Begawan

Singapour

INDONÉSIE
Jakarta

Dili   TIMOR-LESTE

ISRAËL

- L'État d'Israël, créé en 1948, est un pays du Proche-Orient. Ses voisins sont : le Liban et la Syrie, la Jordanie et l'Égypte. Sa superficie totale est de 20 770 km² dont presque la moitié est occupée au sud par le désert de Néguev.

- Le Jourdain, qui alimente le lac de Tibériade et se jette dans la mer Morte, est d'une importance capitale pour l'approvisionnement en eau douce et pour l'irrigation des cultures.

La mer Morte.

- La mer Morte est une mer fermée salée qui sépare Israël de la Jordanie. Située à 395 m en dessous du niveau de la mer, elle est environ six fois plus salée que l'océan et permet aux corps de flotter à sa surface.

- Le climat est chaud et sec en été. En hiver, il est plus froid et pluvieux en montagne, doux sur la côte. Les pluies varient en fonction des régions.

- Jérusalem est la capitale mais elle est non reconnue par la communauté internationale contrairement à Tel Aviv. La partie arabe de la ville se trouve sous la souveraineté d'Israël.

- Jérusalem est un centre de pèlerinage pour trois religions : judaïsme (mur des Lamentations), christianisme (église du Saint-Sépulcre) et islam (dôme du Rocher).

- La population estimée à 6 030 000 habitants est à plus de 80 % constituée de Juifs. Les Arabes représentent la population restante. Israël s'est peuplée au fil des immigrations.

- Les langues officielles sont l'hébreu et l'arabe. Le yiddish, mélange d'allemand et d'hébreu, est parlé par les communautés juives d'Europe orientale.

L'État d'Israël a été créé le 14 mai 1948 suite à une résolution de l'Assemblée générale de l'ONU.

- Les kibboutzim sont des fermes collectives où travail et vie se font en commun. Le modèle du kibboutz repose sur une idéologie socialiste.

- Israël produit principalement des agrumes. L'informatique, l'industrie de pointe et les télécommunications sont des secteurs en expansion.

Le lac de Tibériade.

L'IRAK

- L'Irak se situe de part et d'autre du Tigre et de l'Euphrate, deux fleuves qui baignent la Mésopotamie, ancien foyer d'une civilisation brillante.

- Le pays a une superficie de 434 924 km^2. Les pays frontaliers sont : au nord, la Turquie, au sud, le Koweït. L'Iran est son voisin à l'est, la Syrie et la Jordanie se trouvent à l'ouest et l'Arabie saoudite au sud.

- Une plaine alluviale couvre 94 000 km. Des plateaux steppiques occupent la majeure partie du pays, l'Est et le Nord-Est sont montagneux (chaîne du Zagros).

Le mur du mausolée de Hassan à Karbala.

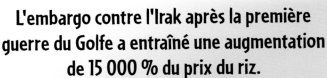
L'embargo contre l'Irak après la première guerre du Golfe a entraîné une augmentation de 15 000 % du prix du riz.

- Le climat est méditerranéen au nord, désertique et aride au sud. Des précipitations de pluie et de neige en montagne sont fréquentes en hiver au nord et au centre.

Gaz naturel en feu.

- Bagdad, la capitale, se situe sur les rives du Tigre. Elle a été considérablement abîmée au fil des guerres. Elle concentre les raffineries de pétrole et les filatures.

- La population irakienne est estimée à 24 002 000 habitants dont la majorité se concentre autour du Tigre et de l'Euphrate.

- Les Arabes constituent le groupe essentiel. Les Kurdes forment une minorité importante, opprimée, implantée au nord-est.

- Le pétrole représente la ressource première de l'Irak qui dispose aussi de gigantesques réserves de gaz.

- Depuis la guerre du Golfe, le pays a subi des sanctions économiques qui ne l'autorisaient plus qu'à importer des aliments et des médicaments en échange de certaines quantités de pétrole.

- L'agriculture s'est fortement développée en Mésopotamie pour pallier le manque d'importations. L'Irak produit des céréales (orge, blé), des agrumes, des dattes, des légumes. Les nomades élèvent le bétail.

L'IRAN

- L'Iran, situé au sud-ouest du continent asiatique, est bordé par l'Afghanistan à l'est et par l'Irak à l'ouest. Ses voisins au nord sont : l'Arménie, l'Azerbaïdjan et le Turkménistan. Au nord-est se trouve la Turquie et à l'est, le Pakistan.

- Ce pays de 1 648 000 km^2 se compose d'un haut plateau central bordé de chaînes de montagnes dont le point culminant se situe à 5 604 m. Deux déserts arides, le Dacht-é Kavir et le Dacht-é Lut occupent le plateau.

- Des plaines fertiles longent la mer Caspienne, riche en esturgeons dont les œufs (caviar) sont appréciés et exportés.

- Le climat est de type continental aride. Il fait très chaud en été et il ne pleut que dans les régions proches de la mer Caspienne. Les hivers sont très rigoureux au nord et à l'ouest.

- La population iranienne est estimée à 65 866 000 habitants dont 10 millions vivent dans la capitale, Téhéran. L'Iran a un taux de natalité très élevé et une politique de contrôle des naissances a déjà été mise en place à deux reprises.

- La majorité de la population est perse, d'origine indo-européenne et parle le persan. Les minorités ethniques sont nombreuses : les Kurdes, les Azéris, les Turkmènes, les Baloutches… 20 % d'entre elles parlent le turc.

- L'islam chiite et la loi islamique imposent des règles de vie strictes. Les femmes ont un rôle traditionnel et portent le tchador.

- L'économie iranienne s'est effondrée suite à la longue guerre qui l'a opposée à l'Irak (1980-1988). La production de pétrole a chuté et les religieux au pouvoir ne favorisent pas la privatisation et la venue d'investisseurs étrangers.

- L'agriculture est céréalière, mais l'Iran exporte aussi des fruits secs (pistaches), des dattes, du thé, des raisins. L'élevage de moutons est important.

- L'art ancestral du tapis en laine, coton ou soie tissé main, représente pour le pays une importante source de revenus.

La tombe de l'iman Reza à Mashhad.

Caravane de nomades et leurs chameaux.

L'ARABIE SAOUDITE

- Ce pays de 2 149 690 km², est entouré par la Jordanie, l'Irak, le Koweït et le Qatar. Les Émirats arabes unis, le Yémen et le sultanat d'Oman sont les pays frontaliers au sud.

Raffinerie de pétrole.

- Le pays est aride, désertique à 98 %. Une plaine étroite longe la mer Rouge.

- Le désert de Rub'al-Khali (« le croissant vide ») abrite des oasis dont Riyad, la capitale. C'est une métropole moderne, un centre financier, commercial, politique et universitaire.

L'Arabie saoudite détient environ le 1/4 des réserves mondiales de pétrole.

- Les étés sont particulièrement chauds dans le Centre et le Nord : +50 °C en moyenne. Les précipitations sont faibles.

- En raison du climat, l'agriculture est restreinte. Les bédouins emmènent chèvres, moutons et chameaux paître d'oasis en oasis.

- La Mecque, lieu de naissance de Mahomet, est la capitale religieuse de l'Islam. Tout musulman a l'obligation de réaliser le pèlerinage à la ville sainte au moins une fois dans sa vie.

- L'Arabie saoudite est l'État le plus riche du golfe et le 1er producteur mondial de pétrole. Son économie s'est diversifiée. La pétrochimie, la sidérurgie* et les produits alimentaires se sont également bien développés.

- La majorité des Saoudiens sont musulmans sunnites. Le pays qui compte environ 20 000 000 d'habitants, accueille pas moins de 3 000 000 d'étrangers, principalement des Égyptiens et des habitants des pays arabes frontaliers.

- Le taux de natalité est élevé. Les femmes conservent un rôle traditionnel conforme à la doctrine islamique et ne sont admises que dans peu de secteurs professionnels (santé, éducation).

- L'Arabie saoudite est une monarchie qui ne possède pas de constitution écrite. Les lois sont émises par le roi et les ministres. Il n'y a pas de partis politiques et toute opposition est formellement interdite.

Paysage désertique.

LA TURQUIE

- La Turquie, située entre l'Europe et l'Asie, est bordée au sud par la Méditerranée, à l'ouest par la mer Égée et au nord par la mer Noire. Sa superficie totale est de 780 576 km^2.

- La région du Nord se compose de plaines agricoles et de collines. Deux chaînes de montagnes occupent le pays : la chaîne Pontique au nord et les monts Taurus au sud.

- L'Anatolie, région la plus vaste, est constituée de plateaux et de massifs volcaniques au centre. L'Est, plus montagneux, culmine à 5 165 m au mont Ararat.

- Le Tigre et l'Euphrate prennent leur source en Turquie. Grâce à leur crue, les civilisations de la Mésopotamie ont pu se développer.

- Le climat est méditerranéen sur le littoral et continental en Anatolie où les étés sont très chauds et les hivers rudes. La région de la mer Noire a un climat plus doux et humide.

- Istanbul a cédé sa place de capitale à Ankara en 1923, mais reste le centre économique de la Turquie. Ankara, seconde ville du pays, a plus une vocation administrative, commerciale et résidentielle.

La Cappadoce en Anatolie centrale.

Détail d'une mosquée.

- Située sur le détroit du Bosphore qui sépare l'Europe de l'Asie et relie la mer Noire à la mer de Marmara, Istanbul, ancienne Byzance puis Constantinople, fut la plus belle cité du Moyen Âge.

- La population, en majorité turque, s'élève à 68 110 000 habitants. L'importante minorité kurde est en quête de reconnaissance et d'un État autonome. Les soulèvements du peuple kurde ont été très sévèrement réprimés.

- La Turquie reste un pays rural. Elle produit des céréales, de la betterave à sucre, du thé, des olives et des tomates.

- La richesse minière est importante mais sous-exploitée (chrome, lignite, bauxite). L'industrie textile, notamment la fabrication de mohair à partir des chèvres angoras, est bien développée.

L'AFGHANISTAN

- L'Afghanistan est un pays d'Asie centrale, situé entre le Tadjikistan, l'Ouzbékistan et le Turkménistan au nord ; la République populaire de Chine au nord-est ; le Pakistan à l'est et au sud ; l'Iran à l'ouest. Sa superficie est de 647 497 km².

- C'est un pays montagneux, rude. L'Hindu Kuch est la principale chaîne de montagnes. Ses sommets les plus hauts atteignent plus de 7 000 m.

- Les plaines, représentant 1/4 de la superficie, sont des vallées fertiles au nord et des plaines arides au sud.

- Le climat varie en fonction des saisons, des régions et de l'altitude. L'été dans le Nord peut être très chaud (+49 °C), les hivers froids et fortement enneigés. Dans le Sud, le climat est aride.

Les produits sont amenés au marché, frontière Iran-Afghanistan.

La population afghane est à 80 % rurale.

- La population est estimée à 28 708 000 habitants, mais ce chiffre est à prendre avec réserve suite à l'émigration massive vers l'Iran et le Pakistan en décembre 1979 lors de l'invasion soviétique.

- Les ethnies sont nombreuses, les Patchouns constituant la moitié de la population. Les Tadjiks sont les deuxièmes représentants.

- La capitale, Kaboul, est prise par les talibans en 1996. La population est soumise à la rigoureuse loi islamique. Les événements du 11 septembre décident l'armée américaine, alliée avec les opposants de l'« Alliance du Nord », à la délivrer en 2001.

- L'Afghanistan possède des ressources en minerais (fer, cuivre, chrome, uranium, argent, or), du gaz naturel et du charbon.

- Toutes ces réserves ont été faiblement exploitées à cause de la guerre.

- Les Afghans vivent de l'agriculture (blé, riz, fruits, légumes) et fonctionnent en autosuffisance en temps de paix. L'élevage du mouton fournit de la viande, mais aussi de la laine et des peaux qui sont en partie exportées.

L'INDE

■ L'Inde est située au sud du continent asiatique dont elle se distingue pour former un sous-continent. Bordée à l'ouest par la mer d'Oman et au sud par l'océan Indien, le pays est frontalier du Pakistan, du Népal, du Bhoutan, du Bangladesh et du Myanmar (ex-Birmanie). Sa superficie de 3 287 590 km² est occupée au nord par la chaîne de l'Himalaya.

■ Une vaste plaine baignée par le Gange et l'Indus s'étend au sud de la chaîne himalayenne. Les Ghâts occidentaux et orientaux, deux chaînes d'altitude moyenne, occupent l'Est et l'Ouest à la pointe de l'Inde. Le climat est tropical au sud. La saison sèche est suivie par la mousson.

■ Le Gange prend sa source dans l'Himalaya. C'est un fleuve sacré au bord duquel les hindous se livrent à des ablutions purificatrices. Le Brahmapoutre fertilise la plaine de l'Assam.

■ L'Inde compte plus d'un milliard d'habitants, ce qui en fait le second pays le plus peuplé au monde. De nombreuses ethnies, religions, langues se côtoient, ce qui donne lieu à des conflits, notamment entre musulmans et hindous.

Le Tadj Mahall à Agra.

■ L'hindouisme est la religion pratiquée par 85 % des Indiens. Les musulmans, nombreux au Cachemire, représentent 12 % de la population. Les chrétiens dans le Sud, les sikhs au Pendjab, les bouddhistes et les jaïnistes constituent les autres minorités.

■ Le système de castes établissait un ordre social qui distinguait les tâches manuelles des tâches intellectuelles et empêchait les Indiens d'exercer le métier de leur choix et de se marier avec une personne d'une autre caste.

Les hindous pensent que la mort sur les berges du Gange assure leur salut.

■ New Delhi est la capitale de l'Inde depuis 1931. Bombay est la ville la plus peuplée et la plus importante sur le plan commercial et industriel.

■ On cultive principalement du riz mais également du blé, du millet ou du maïs. Le thé, les bananes, le coton et les épices sont largement exportés.

■ L'Inde possède un grand nombre de bovins, mais la consommation des vaches est interdite en raison de leur caractère sacré. Seul leur lait peut être consommé.

■ L'industrie a pris de l'importance. Le textile et l'agroalimentaire sont destinés à l'exportation, mais l'électronique, la métallurgie* et la pétrochimie se développent.

LA RÉPUBLIQUE POPULAIRE DE CHINE

- La République populaire de Chine est bordée par 3 mers et est frontalière de 14 pays. Elle s'étend sur 9 600 000 km² et inclut 5 000 îles dont Taïwan, la plus grande (36 000 km²).

- Les montagnes occupent plus de 80 % du territoire. Le relief s'abaisse dès que l'on progresse vers l'est. La région des plaines et des vallées constitue 15 % du pays et concentre la majorité de la population.

Pièce d'eau du dragon noir à Yunnan, Lijiany.

- La République populaire de Chine possède les plus hautes montagnes du monde. L'Himalaya s'étend sur la partie sud du Tibet. Le mont Everest (8 846 m) est le point culminant du monde.

- Le Yang tsé-Kiang, est le plus long fleuve d'Asie (6 100 km). Navigable, il permet le transport et le développement de la vie économique, mais il est aussi la cause d'inondations catastrophiques.

- Le climat est aride au nord et à l'ouest. Il est montagneux au Tibet et tropical sur la côte pacifique. La mousson d'été apporte de fortes pluies sur la moitié est du pays et les cyclones sont fréquents.

- On estime la population chinoise à 1 295 330 000 d'habitants, concentrés dans le Centre et dans l'Est. Depuis 1970, la limitation des naissances encourage les familles à n'avoir qu'un seul enfant. Les Han représentent 94 % des Chinois.

- Le mandarin est la langue officielle. La langue écrite comporte jusqu'à 50 000 caractères.

- Le Parti communiste chinois a longtemps banni les pratiques religieuses. Aujourd'hui, les rites liés au confucianisme sont autorisés.

- La Chine se situe au 1er rang mondial pour la production de riz, de coton et de soie. Les autres cultures concernent les fruits et légumes, les oléagineux, le tabac, le thé. La pisciculture (élevage des poissons) est très développée, principalement l'élevage de carpes. Les ressources et l'exploitation minières sont considérables et l'industrie lourde est un secteur fort développé.

- La main-d'œuvre à bon marché constitue une opportunité pour les entreprises étrangères. La fabrication de textile, de jouets, d'appareils électroniques s'effectue à des prix très concurrentiels.

LE JAPON

- Quatre îles principales et des milliers d'îlots constituent l'archipel du Japon qui est entouré par les mers : de Chine orientale au sud, du Japon à l'ouest, d'Okhotsk au nord et l'océan Pacifique à l'est.

- La montagne recouvre les 3/4 du territoire qui a une superficie totale de 377 750 km². Le mont Fuji Yama est avec ses 3 776 m le point culminant. Ce volcan éteint est considéré par les Japonais comme un lieu sacré.

- Les plaines sont étroites et souvent envahies par l'eau. Un système de digues existe comme dans les polders (voir « Les Pays-Bas »).

Le Japon est la deuxième puissance économique du monde.

- Honshu est l'île principale. Deux chaînes de montagnes s'y trouvent : les monts Hida et Echigo. Le mont Asama est le plus grand volcan encore en activité. L'île a subi plusieurs tremblements de terre.

- Hokkaido est la deuxième plus grande île. Elle connaît des hivers très rigoureux. Le territoire est couvert de forêts, de montagnes et de volcans. L'île fournit l'essentiel de la production laitière du Japon.

Des éventails dans une boutique de Tokyo.

- Vu l'étendue de l'archipel, le climat y est très contrasté. Au nord, l'hiver persiste pendant quatre mois alors que le Sud connaît un climat subtropical avec une mousson. Le Japon est régulièrement touché par des typhons et des séismes. Parmi les 250 volcans, une trentaine sont encore en activité.

- Les Japonais vivent essentiellement dans les villes. Tokyo, la capitale, recense 30 millions d'habitants. La circulation y est difficile et la pollution importante.

- Le shintoïsme et le bouddhisme sont les deux religions pratiquées au Japon. Le shintoïste honore les dieux ou esprits (kamis) par la prière et les offrandes de nourriture.

Le Pavillon d'or à Kyoto.

- La riziculture occupe un peu plus de la 1/2 des terres cultivées. Le Japon produit environ 14 millions de tonnes de riz par an. Le coton, la soie, le thé sont produits dans le Sud. La pêche est l'un des secteurs industriels les plus importants. Les Japonais consomment beaucoup de poissons et d'algues.

- Le Japon est le 1er constructeur automobile mondial et exporte massivement divers appareils électroniques tels que des téléviseurs, des consoles, des ordinateurs…

L'Amérique

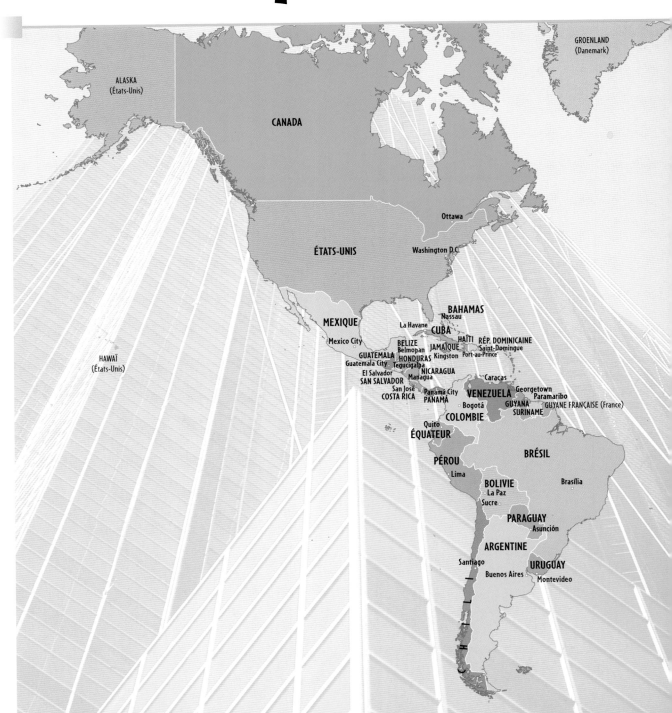

GROENLAND
(Danemark)

ALASKA
(États-Unis)

CANADA

Ottawa

ÉTATS-UNIS

Washington D.C.

HAWAÏ
(États-Unis)

BAHAMAS
Nassau
MEXIQUE
La Havane
CUBA
Mexico City
BELIZE
HAÏTI
RÉP. DOMINICAINE
Belmopan
JAMAÏQUE
Saint-Domingue
GUATEMALA
HONDURAS
Kingston
Port-au-Prince
Guatemala City
Tegucigalpa
El Salvador
NICARAGUA
SAN SALVADOR
Managua
Caracas
San José
Panamá City
VENEZUELA
Georgetown
Paramaribo
COSTA RICA
PANAMÁ
GUYANA
GUYANE FRANÇAISE (France)
Bogotá
SURINAME
COLOMBIE
Quito
ÉQUATEUR
BRÉSIL
PÉROU
Lima
BOLIVIE
Brasília
La Paz
Sucre
PARAGUAY
Asunción
ARGENTINE
Santiago
URUGUAY
Buenos Aires
Montevideo

LES ÉTATS-UNIS

- Les États-Unis d'Amérique sont bordés à l'est par l'océan Atlantique, à l'ouest par l'océan Pacifique et au sud par le golfe du Mexique. La superficie de 9 363 123 km² comprend l'Alaska à l'extrême nord-ouest et Hawaï dans l'océan Pacifique.

- Le relief diversifié comporte des chaînes montagneuses, les Appalaches et les montagnes Rocheuses ; des grandes plaines fertiles au centre et des régions désertiques (désert de Sonora dans l'Arizona, Death Valley).

- Le climat, très varié, peut être tropical (côte du golfe du Mexique, Hawaï), désertique (+57 °C dans la vallée de la Mort), sec (Grandes Plaines) ou continental (Nord-Est, Centre-Est). Des cyclones dévastent régulièrement les côtes du Sud-Est (Floride).

- Le Mississippi (3 780 km) parcourt les États-Unis du nord au sud. Deux autres grands fleuves traversent l'ouest : le Rio Grande et le Colorado. Les chutes du Niagara dans la région des Grands Lacs franchissent 51 m de hauteur avec un débit de 5,5 millions de litres par seconde. Elles attirent des millions de visiteurs chaque année.

- La population, estimée à 290 810 000 d'habitants, place les États-Unis au 3e rang mondial. Des immigrants venus d'Europe ont été à l'origine de son peuplement. La majorité blanche est en diminution. Les communautés asiatiques et hispaniques s'accroissent.

Le Grand Canyon, Arizona.

- La minorité la plus représentée est celle des Noirs américains, jadis esclaves dans les plantations de coton et de tabac. Les Amérindiens, dont les Navajos, occupent le Sud-Ouest (Arizona).

- Les États-Unis comportent 50 États. La ville la plus peuplée est New York. Washington est la capitale fédérale où réside le président (Maison Blanche).

- Les États-Unis sont aujourd'hui la 1ere puissance économique mondiale.

- Les grandes exploitations développent une agriculture intensive (1er producteur de céréales) et diversifiée. Fruits, légumes, vigne et coton en Californie ; fruits tropicaux et canne à sucre en Floride et à Hawaï.

- Le sous-sol est très riche en énergies fossiles (pétrole, gaz, uranium, charbon), mais la consommation élevée en énergie des Américains les oblige à importer des hydrocarbures*.

L'espagnol est la seconde langue la plus parlée par la population américaine.

LE CANADA

- Le Canada forme avec les États-Unis et le Mexique le continent nord-américain. Il est bordé par trois océans : l'océan Glacial Arctique, l'Atlantique et le Pacifique. La superficie du Canada est de 9 976 139 km^2.

- Les Rocheuses occupent la côte ouest. Elles ont 80 millions d'années.

Le Canada possède le plus long littoral du monde : 202 080 km.

- À l'est, s'étend une région de plaines cultivées et de grands lacs (Ontario, Michigan, Supérieur...) qui, reliés entre eux, forment un réseau de transport très utilisé.

- Le Saint-Laurent, long de 3 782 km, traverse les grands lacs et se jette dans l'océan Atlantique. Cette voie maritime permet le commerce entre le Canada et les États-Unis.

Exploitation des bois et forêts au Québec.

- Les territoires du Nord-Ouest forment depuis 1999 une région autonome occupée par les Inuits.

- La baie d'Hudson, située au centre, est majoritairement habitée par des Indiens d'Amérique et des Inuits qui vivent de la chasse et de la pêche.

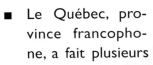

Le Parlement à Victoria et totem.

- Le Québec, province francophone, a fait plusieurs tentatives d'autonomie. 81 % de la population y parlent le français. Le Québec est, avec l'Ontario, le cœur industriel canadien.

- Le climat est varié. Le froid arctique se prolonge dans les régions du Nord alors que le Sud bénéficie d'un climat plus doux. Le blizzard, un vent froid accompagné de chutes de neige, sévit fréquemment. La neige est présente sur la majeure partie du pays pendant environ cinq mois.

- La population (31 500 000 habitants) est urbaine à 80 %. Les villes importantes sont : Toronto, Montréal et Vancouver. Elles sont toutes situées à la frontière avec les États-Unis. Ottawa est la capitale du Canada.

- La culture du blé prédomine. Le Canada est le 1er exportateur de céréales. Tabac, lin, fruits, légumes, sirop d'érable sont également produits. Le bois constitue la principale ressource du pays. Le sol est riche en minerais (zinc, cuivre, cobalt, or...), en pétrole et en gaz.

LE MEXIQUE

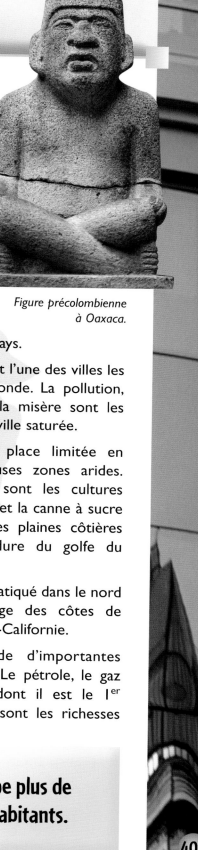

- Le Mexique a une superficie de 1 967 183 km². Il est bordé au nord par les États-Unis et au sud par les pays d'Amérique centrale.

- Un plateau au centre entoure deux chaînes de montagne : la Sierra Madre occidentale le long de la côte Pacifique et la Sierra Madre orientale près du golfe du Mexique. La Sierra méridionale aux paysages désertiques se situe au sud.

Tulum.

- Les plaines côtières et le Sud connaissent un climat tropical avec une saison des pluies alors que le Nord est aride et très sec. La sécheresse est présente dans la majeure partie du Mexique.

- La population, dont une grande partie a émigré clandestinement aux États-Unis, compte 97 484 000 habitants. La majorité d'entre eux sont métis (Espagnols-Amérindiens) et 30 % sont des Indiens.

- Les Indiens sont les descendants des peuples mayas et aztèques. Les sites archéologiques témoignent de la richesse de ces anciennes civilisations.

- Le tourisme constitue une source de revenus importante pour le pays.

Figure précolombienne à Oaxaca.

- Mexico, la capitale, est l'une des villes les plus peuplées du monde. La pollution, la surpopulation et la misère sont les conséquences d'une ville saturée.

- L'agriculture a une place limitée en raison des nombreuses zones arides. Le blé et le maïs sont les cultures principales. Le coton et la canne à sucre sont cultivés dans les plaines côtières et le café en bordure du golfe du Mexique.

- L'élevage bovin est pratiqué dans le nord et la pêche au large des côtes de la presqu'île de Basse-Californie.

- Le Mexique possède d'importantes ressources minières. Le pétrole, le gaz naturel et l'argent, dont il est le 1er producteur mondial, sont les richesses du pays.

Mexico regroupe plus de 20 millions d'habitants.

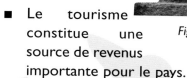

LE GUATEMALA

- Le Guatemala, pays d'Amérique centrale, est bordé à l'ouest par l'océan Pacifique et à l'est par la mer des Caraïbes. Sa superficie est de 108 890 km². Les pays frontaliers sont : le Mexique, le Honduras, le Belize et le Salvador.

- C'est un pays montagneux au sud. La Sierra Madre, d'origine volcanique, culmine au Tajumulco (4 220 m). On dénombre dans cette région une quarantaine de volcans dont certains sont encore en activité.

- Le Nord du Guatemala est occupé par un plateau calcaire dont une partie est couverte par une forêt tropicale très dense.

- Le climat tropical des plaines en bordure des côtes permet la culture du café, des bananes, du coton et de la canne à sucre. Le Guatemala est un pays qui vit essentiellement de l'agriculture et dont la population est à 60 % rurale.

Le Guatemala est le pays le plus peuplé d'Amérique centrale.

- Le Nord, le Centre et l'Ouest sont les zones les plus peuplées. La population s'élève à 11 987 000 habitants. Les Guatémaltèques parlent l'espagnol, mais aussi le yucatèque, une des vingtaines de langues indiennes.

- Les Indiens, d'origine maya, vivent dans les montagnes sur des terres peu fertiles. Les métis vivent principalement dans les villes.

- Les inégalités entre les 2 communautés sont nombreuses et des crimes ont été commis envers les Indiens et les paysans tout au long d'une guerre civile qui a duré 36 ans.

Le lac Atitlan.

- Ciudad Guatemala est la capitale et la plus grande ville. Elle concentre, ainsi que les régions voisines, la plupart des industries (agroalimentaire, textile, pharmaceutique…). Elle a été plusieurs fois dévastée par des séismes.

- Tikal est un site archéologique situé au nord qui fut le foyer de la civilisation maya. Ce grand centre cérémonial a été érigé au VIIIᵉ siècle. Six temples-pyramides, dont certains atteignent 60 m de hauteur, s'élèvent dans la forêt tropicale.

- Les forêts du Guatemala fournissent d'importantes ressources de bois pour la fabrication de meubles. L'huile et le chiclé (ingrédient élastique du chewing-gum) sont également recueillis.

LE HONDURAS

- La république du Honduras est bordée par la mer des Caraïbes au nord et par l'océan Pacifique au sud. Les pays limitrophes sont : le Nicaragua, le Salvador et le Guatemala. La superficie est de 112 090 km².

Le secteur primaire emploie 58 % de la population active.

- Un système montagneux d'origine volcanique traverse le pays d'est en ouest. Les terres basses sont situées au sud où elles forment une plaine le long de la côte pacifique et de grandes vallées fertiles bordent la mer des Caraïbes.

- Des îles, situées dans le golfe du Honduras et dans la mer des Caraïbes, font également partie du territoire.

- Le climat est de type équatorial, mais les températures sont plus fraîches dans les terres. Les températures moyennes s'échelonnent entre 20 et 26 °C. La saison des pluies s'étend de mai à octobre.

Ruines mayas à Copan.

Église de type espagnol à Copan.

- La population, estimée à 6 597 000 habitants, est constituée à 90 % de métis et de quelques groupes d'Amérindiens (Mosquitos, Payas, Sumos). Les Noirs habitent principalement la côte nord. La langue officielle est l'espagnol.

- La croissance démographique élevée ne facilite pas le développement du pays qui reste un des plus pauvres d'Amérique latine. La plupart des Honduriens travaillent dans l'agriculture.

- La capitale, Tegucigalpa, à 980 m d'altitude, rassemble la majorité de la population. La ville a été touchée par le passage du cyclone Mitch, en 1998. L'activité industrielle (textile, tabac, brasserie…) y est concentrée ainsi que les écoles et une université.

- Les principales productions agricoles sont le café et les bananes. Le coton, le riz, le sucre, l'huile de palme et les haricots sont avec les produits laitiers et les crustacés les produits essentiels.

- Le bois (pin, ébène, acajou) est exporté. Le Honduras a un fort potentiel touristique encore inexploité.

- Les États-Unis sont le partenaire commercial le plus important, mais le pays entretient également des relations commerciales avec l'Allemagne, le Canada et le Japon. L'établissement de zones franches* a permis d'accroître les investissements et de créer des emplois.

411

LE PANAMÁ

- Le Panamá est un pays d'Amérique centrale bordé à l'ouest par le Costa Rica, à l'est par la Colombie et sa superficie est de 75 517 km². La mer des Caraïbes au nord est reliée à l'océan Pacifique au sud par le canal de Panamá.

- C'est un pays montagneux dont le plus haut sommet culmine à 3 478 m. La côte est composée de terres basses. Une zone de plaines et de collines se situe entre les deux chaînes de montagnes.

- Le climat est chaud et humide, la moyenne annuelle est de 26 °C sur la côte nord. La saison des pluies s'étale entre avril et décembre.

- Le littoral bas est bordé de mangroves tandis que la savane prédomine dans les plaines. L'Est du pays (versant Caraïbes) est couvert d'une forêt vierge tropicale luxuriante.

- La population est estimée à 2 821 000 habitants. Les 3/4 sont issus du métissage indien et européen, ou africain et européen. Les Cunas, les Chocós et les Guyamis sont des Amérindiens de souche.

- La ville de Panamá, la capitale, a été fondée en 1519. C'est un centre industriel et commercial important.

Le canal de Panamá.

- La zone du canal est la plus importante pour l'économie. Le canal long de 80 km et large de 90 à 300 m, est inauguré en août 1914. Il permet aux États-Unis de rejoindre les côtes est et ouest sans contourner l'Amérique du Sud. Panamá ne jouit de sa souveraineté sur la zone que depuis janvier 2000.

- Sur le plan des cultures, la banane, cultivée le long du littoral, la canne à sucre, le riz, le maïs et le café sont les principales productions. La pays exporte des crevettes.

- Colón, deuxième zone franche mondiale, permet l'importation et l'exportation de marchandises sans paiement de taxes.

- Le système de pavillon de complaisance attire des navires étrangers qui adoptent la nationalité panaméenne pour échapper au fisc de leur pays.

CUBA

- Cuba est l'île la plus vaste des Caraïbes. Sa superficie de 110 861 km² comprend plusieurs archipels autour de l'île centrale. Cuba est située au sud des États-Unis, à l'est du Mexique et de Haïti et au nord de la Jamaïque.

- Le relief est relativement plat sauf au centre et au sud-est où il est montagneux (Sierra Maestra). Les plaines argileuses et les plateaux calcaires constituent 80 % de la superficie.

- La côte, très découpée de golfes et de baies, présente au sud des récifs coralliens.

- L'île a un climat tropical et est fréquemment touchée par des cyclones. Les températures moyennes varient de 22 °C en hiver à 25 °C en été. La saison des pluies s'étend de mai à octobre.

La canne à sucre occupe le tiers de la surface cultivée du pays.

- La population est estimée à 11 140 000 habitants. La majorité est d'origine espagnole, les autres groupes étant soit des métis soit des noirs.

- La diversité ethnique de Cuba s'explique par le mélange d'hispaniques, descendants des colons espagnols ; de Noirs et d'Indiens du Mexique descendants d'esclaves et de Chinois venus travailler en 1849. Le trafic d'esclaves commença en 1563 et ne se termina qu'en 1886.

Cigarier, Cayo Largo.

- Le niveau de vie est faible. L'embargo total des États-Unis depuis 1960 a restreint les échanges commerciaux aux pays soviétiques. L'effondrement du communisme a privé Cuba de cette aide et notamment du pétrole.

- La Havane est la capitale et le plus grand port de l'île. C'est une ville culturelle qui possède un beau patrimoine architectural. Son activité industrielle est tournée vers la fabrication de cigares, le textile, la distillerie (rhum).

- L'agriculture, contrôlée par l'État, manque de diversification et entraîne des pénuries alimentaires. La canne à sucre figure à la première place des cultures. Le riz, les agrumes, les fruits tropicaux, le café et le tabac sont d'autres productions.

- Une nouvelle ouverture à des investissements privés étrangers et une constante augmentation du nombre de touristes devraient amener une issue favorable au déficit cubain.

413

LA COLOMBIE

- La Colombie est bordée par la mer des Caraïbes au nord et par l'océan Pacifique à l'ouest. Les pays voisins sont : le Venezuela et le Brésil à l'est ; le Pérou et l'Équateur au sud ; le Panamá à l'ouest.

- Le territoire s'étend sur 1 141 748 km^2 et est parcouru du nord au sud par la cordillère des Andes.

- Les vallées de Magdalena et de Cauca occupent l'espace entre les chaînes montagneuses. À l'est, se trouvent des plaines peu peuplées, baignées par les affluents de l'Amazone et couvertes au sud de forêts tropicales.

- Le climat est aride sur la côte caraïbe et dans les vallées, équatorial dans les plaines de l'Est et très froid au-delà de 3 000 m. La côte pacifique connaît de nombreuses précipitations.

- La population, très urbanisée, s'élève à 43 835 000 habitants. La région des Andes est très peuplée. Les Colombiens sont pour la plupart des métis, descendants des conquistadores espagnols mariés à des Amérindiennes.

- Bogotá, la capitale, se situe dans les Andes à 2 600 m d'altitude. C'est une ville industrielle et commerciale aux différences sociales très marquées. Une partie de la population y vit en dessous du seuil de pauvreté.

La Colombie est le deuxième producteur mondial de café, après le Brésil.

Pendentif du musée de l'or de Bogotá.

- La Colombie est le deuxième pays exportateur de café au monde. Le café se cultive dans les régions chaudes et humides de la cordillère des Andes, entre 900 m et 1 800 m. Les autres cultures concernent la banane, la canne à sucre, le maïs, le coton, le riz.

- Les émeraudes extraites dans les mines de la cordillère orientale placent la Colombie au 1er rang de producteur mondial. Le pays extrait aussi l'or, le platine et le pétrole.

- L'industrie textile est une tradition. Les autres secteurs en expansion sont : le raffinage du pétrole, l'agroalimentaire, les produits chimiques.

- Le pays souffre de la présence de cartels, groupes très puissants qui gèrent le commerce illégal de la cocaïne qui rapporte chaque année 5 milliards de dollars au pays.

Cathédrale de Bogotá.

LE VENEZUELA

- Le Venezuela, pays d'Amérique du Sud, est bordé par la mer des Caraïbes au nord, par la Colombie à l'ouest et au sud-ouest, par le Brésil au sud et par le Guyana à l'est.

- Environ 70 îles, au large, font également partie du Venezuela qui a une superficie totale de 912 050 km².

- Les Vénézuéliens, soit 24 655 000 habitants, vivent en majorité dans les villes et les régions côtières du Nord ainsi que dans les hautes terres.

- Malgré le haut rendement des produits pétroliers, près de la moitié de la population vit dans la misère.

Tepui, montagne au sommet aplati, le long de l'Orénoque.

- Le Centre est occupé par la plaine du bassin de l'Orénoque. Le Sud fait place au massif des Guyanes. Au nord, les hautes terres sont dans le prolongement des Andes colombiennes. Le pic Bolívar y culmine à 5 007 m.

- L'Orénoque traverse les 4/5 du pays. Il prend sa source dans le massif guyanais et s'étend sur 2 360 km. La chute d'eau la plus haute du monde, Le Salto Angel, 979 m, se trouve sur un de ses affluents.

- Le climat de type équatorial est tempéré par l'altitude. Les précipitations sont importantes dans les Llanos (plaine alluviale centrale) et dans le massif des Guyanes alors que les plaines côtières au nord sont plus arides. Saison sèche et saison humide alternent sauf dans la région de la forêt tropicale où il pleut toute l'année.

- Caracas, la capitale est une métropole moderne qui regroupe commerces et industries en périphérie. Des bidonvilles situés sur les collines avoisinantes contrastent avec la richesse du centre-ville.

- L'économie du Venezuela repose sur le pétrole dont les gisements se trouvent dans la région de Maracaibo, sur la rive gauche de l'Orénoque.

Le Venezuela est un des membres fondateurs de l'OPEP (Organisation des pays exportateurs de pétrole).

- Le Venezuela cultive la canne à sucre, le café, le manioc, les oranges. Le produit de la pêche constitue une ressource importante.

LE BRÉSIL

La plage de Copacabana à Rio.

- Le Brésil couvre avec ses 8 511 965 km² la moitié de la superficie de l'Amérique du Sud. C'est le cinquième plus grand pays au monde. Il est bordé à l'est et au nord par l'océan Atlantique.

- La forêt tropicale du bassin de l'Amazone s'étend sur presque la moitié du territoire. Découverte en 1500, elle n'a pas encore été totalement explorée. Ses sols sont très fertiles, sa faune et sa flore d'une exceptionnelle diversité.

- L'Amazone avec ses 6 500 km est le deuxième plus long fleuve du monde après le Nil. Il se jette dans l'océan Atlantique où son delta atteint une largeur de 100 km.

- Le Sud est une région de hauts plateaux entourés de chaînes de montagnes. Les déserts s'étendent sur environ 30 % du territoire.

Le Brésil est le plus grand État d'Amérique du Sud.

- Le climat tropical prédomine au nord ; le Sud connaissant des températures hivernales négatives. La région des hauts plateaux (Sud-Est) est tempérée à subtropicale.

- La population, 174 449 000 habitants, vit pour les 3/4 dans les villes du Sud-Est (São Paulo, Rio de Janeiro, Porto Alegre). La majorité est blanche, d'origine européenne. Le reste de la population est métissée ou noire.

- Brasilia est la capitale. C'est une ville moderne, construite en 1950. Son plan s'inspire de la forme d'un oiseau.

- Rio de Janeiro est le centre culturel du pays. Située sur la côte, entourée de forêts tropicales et de montagnes, elle attire le tourisme et son carnaval est connu dans le monde entier.

Parade de carnaval.

- Le Brésil est le premier exportateur de café au monde. Il se place parmi les premiers producteurs de canne à sucre, d'orange et de cacao. L'élevage ovin et bovin sont très importants. Les terres agricoles ne représentent que 10 % du sol. C'est pourquoi la déforestation se poursuit.

- Le pays connaît, depuis 1979, une « ruée vers l'or ». Le fer et l'étain sont également produits en grande quantité.

L'ÉQUATEUR

- L'Équateur est un pays du nord-ouest de l'Amérique du Sud, bordé par la Colombie au nord-ouest, le Pérou à l'est et au sud et par l'océan Pacifique à l'ouest. Sa superficie est de 272 045 km².

- La côte comprend une plaine littorale et une chaîne de faible altitude. Elle longe la cordillère des Andes et couvre toute la longueur du pays sur une superficie de 70 000 km², elle y regroupe 30 % de la population.

- La Sierra comprend la cordillère occidentale et orientale séparées par « le couloir andin ».

- L'Oriente est la partie amazonienne de l'Équateur. Elle occupe plus de la moitié du territoire.

- L'archipel des Galápagos appartient à l'Équateur. Il est situé à environ 965 km à l'ouest du continent et comprend 6 îles principales et une douzaine d'îles plus petites. L'archipel couvre 7 812 km² et compte environ 10 000 habitants.

- La température moyenne sur la côte est de 22 °C. L'hiver dure de décembre à mai et l'été de juin à décembre. Dans la Sierra, l'hiver dure d'octobre à mai avec une température annuelle moyenne qui varie de 12 à 18 °C.

- La population s'élève à 13 184 000 habitants. La Sierra et les grandes villes comme Quito et Guayaquil comptent environ 60 % de la population. On distingue 4 groupes ethniques : les Indiens, les métis, les créoles et les Noirs appelés Afro-Équatoriens.

- Quito est la capitale de l'Équateur. Elle est située à 2 800 m d'altitude. Elle a été déclarée par l'UNESO patrimoine culturel de l'humanité.

L'unité monétaire de l'Équateur est le sucre, nom donné en hommage à José de Sucre, héros national.

- La langue prédominante est l'espagnol, reconnue comme langue officielle, de même que le quechua.

- Le pétrole représente 30 % des exportations totales de l'Équateur. L'Équateur est le 1er producteur mondial de thon et le second de la crevette d'élevage. De grandes plantations côtières de fruits tropicaux en font le 1er exportateur mondial de bananes. Le cacao et la culture des fleurs attirent de nouveaux investissements. L'intérêt écologique des Galápagos et de la région amazonienne draîne de nombreux touristes.

Les Andes.

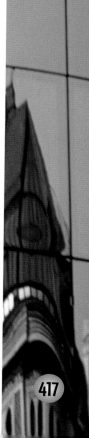

LE PÉROU

- Le Pérou est un pays d'Amérique latine, bordé au nord par l'Équateur et la Colombie, à l'est par le Brésil, au sud-est par la Bolivie et au sud par le Chili. Il est ouvert sur l'océan Pacifique à l'ouest. Sa superficie est de 1 285 215 km^2.

Les ruines de Machu Picchu.

- Le territoire se compose d'une côte étroite, de la cordillère des Andes et au nord-est de la forêt amazonienne.

- La côte connaît un climat sec et des températures fraîches. Dans les Andes, le climat varie en fonction des versants et des saisons. Les terres amazoniennes sont chaudes et humides.

Le train des Andes est le plus élevé au monde. Il franchit 4 781 mètres !

- La forêt tropicale, humide et chaude, est composée d'une grande variété de fleurs, d'arbres immenses (arbres à caoutchouc, palmiers géants), de lianes.

- L'aménagement du territoire, le déboisement et l'exploitation des ressources de la forêt amazonienne ont provoqué la perte de 15 % de sa surface totale.

- La population du Pérou est estimée à 28 410 000 habitants. La moitié vit dans les Andes et 10 % de la population vivent dans la forêt amazonienne. Les Amérindiens qui représentent presque 50 % de la population sont les descendants des Incas (Quechuas et Aymaras).

- Lima, la capitale, regroupe la majorité des Péruviens. C'est un grand centre industriel, commercial et administratif. Les bidonvilles qui entourent Lima témoignent de la misère d'une population dont les 3/4 sont sans travail.

- La cordillère des Andes recèle de merveilleux vestiges de l'Empire inca. Les ruines de Machu Picchu ont été accessibles à partir de 1940.

- Le groupe révolutionnaire du Sentier lumineux mène une guérilla depuis les années 1970 pour imposer au Pérou un régime inspiré par Staline et Mao Tsé-Toung. Moins actif actuellement ses activités freinent le développement touristique.

- L'économie du Pérou repose sur des réserves d'argent, de plomb, de cuivre, de fer, de pétrole. La culture de la coca reste une ressource importante.

Femme, enfant et lama près de Cuzco.

LA BOLIVIE

- La Bolivie est un pays enclavé, de 1 098 581 km², situé en Amérique du Sud et dont les pays frontaliers sont : le Pérou et le Chili à l'ouest, le Brésil au nord et à l'est, le Paraguay et l'Argentine au sud.

- L'Altiplano, situé à 3 500 m d'altitude, est un haut plateau entre deux chaînes de la cordillère des Andes qui traverse tout le pays. On y élève des troupeaux de lamas et d'alpagas. La majorité de la population y vit malgré un climat froid et venteux.

Cathédrale de San Francisco à La Paz.

- Le lac Titicaca draine l'Altiplano. C'est le plus haut lac navigable au monde. Situé à 3 812 m, il couvre 8 340 km² et comporte 36 îles.

- Les vallées au sud et à l'est de l'Altiplano sont fertiles et le climat y est agréable. Au sud-est se trouve une plaine alluviale, le Chaco, qui est peu habitée et aride.

- Le climat est très diversifié. La saison des pluies s'étend de novembre à mars et provoque des inondations dans l'Altiplano. En montagne, les neiges sont éternelles au-dessus de 4 800 m.

- La population, estimée à 8 587 000 habitants, est majoritairement indienne. Les Quechuas et les Aymaras maintiennent leurs traditions. La Bolivie est un pays pauvre et très endetté. Sa population connaît de fortes inégalités sociales.

- L'espagnol est la langue officielle. Le quechua, la langue des Incas, ou l'aymara, la langue de l'Altiplano, sont également utilisées.

- Les deux villes principales sont : Sucre, capitale constitutionnelle, commerciale et industrielle et La Paz, capitale gouvernementale, politique et culturelle.

- L'économie de la Bolivie repose sur les réserves d'étain, d'argent, de zinc et de cuivre. Le rendement du gaz et du pétrole est en augmentation.

- Les Boliviens cultivent l'orge, la pomme de terre, le maïs, le blé, le coton, le café. La culture de la coca reste la plus rémunératrice pour le pays.

L'agriculture est la première activité de l'économie bolivienne.

LE CHILI

- Le Chili a la forme d'une étroite bande côtière dont la largeur moyenne est de 200 km. Sa superficie est de 756 950 km². Les pays frontaliers sont : le Pérou au nord ; la Bolivie et l'Argentine à l'est.

Parc national de Torres del Paine en Patagonie.

- Le pays est situé entre l'océan Pacifique et la cordillère des Andes.

L'île de Pâques dans le Pacifique Sud appartient au Chili.

- Le cap Horn, situé à l'extrême sud, était jusqu'en 1616 un passage infranchissable pour les navigateurs en raison des courants forts et des icebergs.

- La présence du nord au sud de la cordillère des Andes fait du Chili un pays montagneux où certains sommets toujours enneigés dépassent 6 000 m. L'Aconcagua, un volcan en activité occasionnelle, culmine à 6 959 m.

- Au nord, s'étend le grand désert aride d'Atacama, riche en minerais et nitrates. C'est un des endroits les plus secs de la planète. La vallée centrale est la zone la plus peuplée. C'est une région fertile au climat méditerranéen.

- Le climat est très diversifié en raison de l'étirement du pays. Le Nord est aride, le Centre méditerranéen et le Sud très pluvieux.

- Les Chiliens, au nombre de 15 666 000 habitants, sont essentiellement des métis issus de mariages entre Espagnols et Amérindiens. Les Mapuches ont longtemps résisté aux Espagnols et défendu leurs traditions.

- Le climat de la vallée centrale permet la viticulture*. Le Chili exporte du vin dans le monde entier. Les fruits (cerises, pêches, prunes, abricots…) sont largement cultivés ainsi que le blé, la pomme de terre, le maïs, la tomate.

- La pêche se pratique tout le long de la côte pacifique.

- Le Chili est le 1er producteur mondial de cuivre. Ses gisements représentent 20 % des réserves actuellement connues.

Le volcan Villarica à Pucon.

L'ARGENTINE

Ushuaia.

- L'Argentine est, par sa superficie, le deuxième pays d'Amérique du Sud. Il étend ses 2 766 889 km² de la cordillère des Andes à l'océan Atlantique. Elle partage avec le Chili le territoire de la Terre de Feu. Les îles Malouines, propriété des Anglais, sont revendiquées depuis 1820.

- Les prairies de la Pampa consacrées à l'élevage s'étendent au nord-est et couvrent 20 % du territoire. La partie ouest est occupée par la cordillère des Andes qui forme la frontière avec le Chili. Au sud, la Patagonie est un désert froid fait de plateaux arides.

- Le Paraná est le principal cours d'eau. À l'est, à la frontière avec le Brésil, se trouvent les chutes d'Iguaçu dont certaines atteignent 90 m de hauteur.

- Le climat varié est humide et tempéré dans le Centre et à l'Est, subtropical au Nord et froid dans le Sud.

- Les Argentins, au nombre de 36 224 000 habitants, sont d'origine européenne (espagnole et italienne). Buenos-Aires, la capitale, accueille un Argentin sur 3 et est située sur le littoral atlantique.

- Le tango, danse nationale populaire originaire des banlieues, s'est répandue dans le monde entier.

- Les céréales (maïs, blé, sorgho, soja, arachide, tournesol) sont produites dans les régions de la Pampa. L'Argentine se situe au quatrième rang mondial pour la production de vins.

- L'élevage de bovins est très important, l'Argentine est un grand exportateur de viande et les ovins, élevés en Patagonie, permettent la production de laine.

- La construction automobile et l'industrie chimique se développent également.

Les chutes d'Iguaçu.

- L'Argentine dispose de ressources minières importantes inexploitées. Les gisements de pétrole en Patagonie et les ressources de gaz suffisent amplement aux besoins intérieurs.

Ushuaia, la ville la plus australe du monde, se trouve en Argentine.

L'Afrique

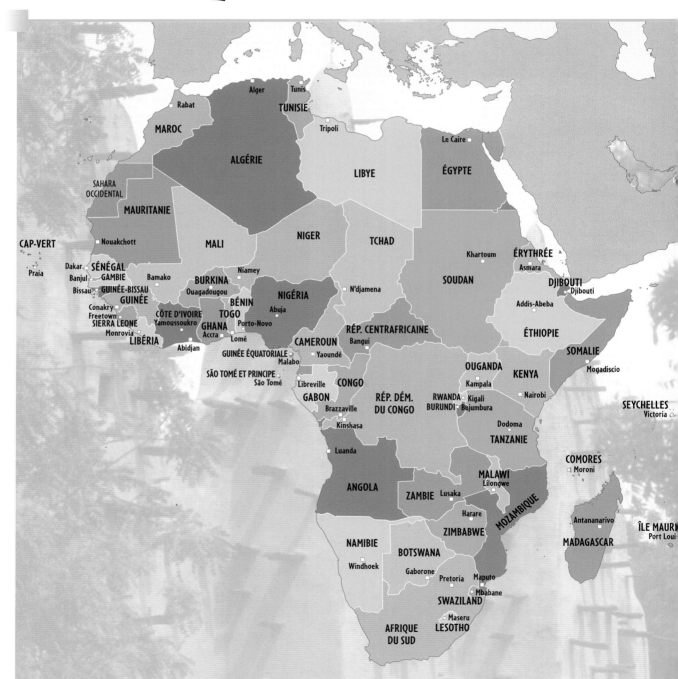

MAROC

Rabat

Alger

Tunis

TUNISIE

Tripoli

Le Caire

ALGÉRIE

LIBYE

ÉGYPTE

SAHARA
OCCIDENTAL

MAURITANIE

CAP-VERT

Nouakchott

MALI

NIGER

TCHAD

Khartoum

ÉRYTHRÉE

Asmara

Praia

Dakar

SÉNÉGAL

Banjul

GAMBIE

Bamako

Niamey

BURKINA

Bissau

GUINÉE-BISSAU

Ouagadougou

NIGÉRIA

N'djamena

SOUDAN

DJIBOUTI

Djibouti

Conakry

GUINÉE

BÉNIN

Abuja

Addis-Abeba

Freetown

CÔTE D'IVOIRE

TOGO

SIERRA LEONE

Yamoussoukro

GHANA

Porto-Novo

RÉP. CENTRAFRICAINE

ÉTHIOPIE

Monrovia

Accra

Lomé

LIBÉRIA

Abidjan

CAMEROUN

Bangui

GUINÉE ÉQUATORIALE

Yaoundé

SOMALIE

Malabo

Mogadiscio

SÃO TOMÉ ET PRINCIPE

Libreville

CONGO

OUGANDA

KENYA

São Tomé

GABON

RÉP. DÉM.
DU CONGO

Kampala

SEYCHELLES

Brazzaville

RWANDA

Kigali

Nairobi

Victoria

BURUNDI

Bujumbura

Kinshasa

Dodoma

Luanda

TANZANIE

COMORES

Moroni

MALAWI

Lilongwe

ANGOLA

ZAMBIE

Lusaka

MOZAMBIQUE

Antananarivo

ÎLE MAURI
Port Loui

Harare

ZIMBABWE

MADAGASCAR

NAMIBIE

BOTSWANA

Windhoek

Gaborone

Maputo

Pretoria

Mbabane

SWAZILAND

Maseru

AFRIQUE
DU SUD

LESOTHO

LE MAROC

- Le Maroc est un des 53 pays qui constituent le continent africain. Il est bordé par la Méditerranée au nord et par l'océan Atlantique à l'ouest. Les pays frontaliers sont : la Mauritanie au sud et l'Algérie à l'est.

- La superficie du pays est de 450 000 km^2 excepté le Sahara continental (266 000 km^2) restitué en 1976 au Maroc et à la Mauritanie. Les Sahraouis revendiquent leur indépendance.

- Le Nord du Maroc est montagneux. Les chaînes de l'Atlas et du Riff s'étendent d'est en ouest tandis que le Sud est désertique.

- Grâce au climat méditérranéen, les plaines côtières sont très fertiles. À l'intérieur du pays les étés sont chauds et les hivers frais, surtout dans l'Atlas.

- La population au nombre de 30 206 000 habitants, d'origine berbère, est devenue très métissée. À partir du VIIIe siècle, elle fut islamisée. Beaucoup de Marocains ont émigré vers la France, la Belgique, l'Italie.

- L'arabe est la langue officielle, mais le berbère est également parlé et enseigné à l'école primaire.

Les gorges du Todra.

- La capitale, Rabat, est située sur la côte atlantique. La ville est industrielle, commerciale et touristique. Casablanca, proche de Rabat, est une des plus grandes villes du Maghreb (ensemble des pays du nord-ouest de l'Afrique).

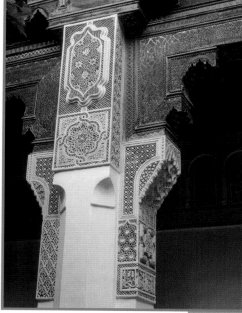

Détail d'une porte menant aux jardins d'un palais marocain.

- L'économie marocaine est fondée sur l'agriculture. Les céréales, la vigne, les oliviers, les dattiers et les agrumes sont les produits principaux. L'élevage d'ovins est très important.

Le Maroc possède les 3/4 des réserves mondiales de phosphates*.

- Le phosphate, extrait des mines situées dans le Sahara occidental, est exporté à partir du port de Casablanca. L'industrie produit des textiles, des matériaux de construction, du vin…

- Le très riche artisanat fournit des articles en cuir, des tapis aux couleurs vives et des céramiques.

423

LA TUNISIE

- La Tunisie est un petit pays d'Afrique du Nord de 163 610 km^2, bordé par la Méditerranée et voisin de l'Algérie et de la Libye.

- La dorsale tunisienne donne un caractère montagneux au littoral. Les 3/4 des Tunisiens, au nombre de 9 925 000, habitent dans cette région.

- Le Sud steppique comporte le désert du Sahara qui représente 40 % de la superficie du pays.

- Les Tunisiens sont d'origine berbère, mais parlent l'arabe et le français qui est la langue d'enseignement à l'université. De 1881 à 1955, la Tunisie fut sous protectorat français.

La marina de Port El Kantaoui.

- Tunis, la capitale, abrite une ville ancienne (la médina), entourée de remparts et de portes. Les souks occupent les ruelles sinueuses. On y trouve tous les produits artisanaux (poterie, tannerie, orfèvrerie).

Plus de la moitié de la population tunisienne vit dans les villes.

- La ville moderne est le centre culturel et celui des affaires. La banlieue est industrielle (textile, ciment) et en partie occupée par les bidonvilles.

- Dans le Nord, la culture du blé et de l'orge prédomine mais la Tunisie produit également des olives, des agrumes et des dattes récoltées dans les oasis du Sud.

- La Tunisie a d'importants gisements de pétrole et surtout de phosphate dans le sud du pays.

- L'industrie textile est florissante et exporte facilement grâce aux bas salaires. Les secteurs de la métallurgie* et de la sidérurgie* ont plus de difficultés à se maintenir à une place compétitive.

- La Tunisie est un pays fréquemment visité et le tourisme constitue une part importante des investissements.

Porte de médina.

L'ÉGYPTE

- L'Égypte est un pays d'Afrique orientale. Il est bordé par la mer Méditerranée au nord et la mer Rouge à l'est. Seulement 3,5 % de la superficie totale (1 001 449 km^2) est habitable.

- La vallée du Nil est une longue bande de terre fertile où se concentre l'essentiel de la population. Le reste du pays est constitué de déserts arides : désert de Libye à l'ouest, désert arabique sur la rive est du Nil et le désert de Nubie au sud.

Les jeunes de moins de 15 ans représentent 36 % de la population.

- La mer Rouge est très chaude et salée. Son nom provient d'une algue qui colore parfois la surface des eaux. Elle se divise en deux bras : le golfe de Suez et le golfe d'Akaba qui entourent la presqu'île du Sinaï.

- Le canal de Suez, ouvert à la navigation depuis 1869, permet de relier la mer Rouge à la mer Méditerranée. Il facilite les voyages entre l'Europe et l'Asie en évitant de contourner l'Afrique.

- Le haut barrage d'Assouan, inauguré en 1968, forme avec le lac Nasser un des plus grands réservoirs d'eau du monde. Sa construction a nécessité le déplacement du temple d'Abou Simbel, reconstruit 40 mètres plus haut.

Détail du temple d'Abou Simbel.

- Le climat égyptien est tropical et humide. Dans le désert, les températures peuvent atteindre +45 °C en journée et descendre jusqu'à +5 °C la nuit.

- La population égyptienne est la plus dense des pays arabes : 74 719 000 habitants. Le Caire, la capitale, en compte environ 9 millions.

- Les Égyptiens sont musulmans. Une minorité chrétienne copte regroupe 7 millions de personnes.

- Les célèbres pyramides de Khéops, Khéphren et Mykérinos se trouvent sur le plateau de Gizeh au nord. La pureté des proportions de Khéops a permis aux pyramides d'Égypte d'appartenir aux Sept Merveilles du monde.

- L'Égypte possède un haut rendement de terres cultivables grâce à leur irrigation permanente. Le coton et les dattes sont aussi largement exportés.

Felouques au nord d'Assouan.

L'ÉTHIOPIE

- L'Éthiopie est un État d'Afrique orientale enclavé entre le Kenya, l'Érythrée, la Somalie, le Soudan et Djibouti. Sa superficie est de 1 122 000 km^2.

- Le pays est constitué d'un vaste plateau coupé par la dépression tectonique de la Rift Valley. Les coulées de lave ont rendu le sol fertile et de nombreux lacs salés se sont formés.

- Le relief est accidenté, avec de fortes dénivellations dues à la présence de canyons et de massifs volcaniques.

- Le climat tropical humide est tempéré par l'altitude. Plus on monte, plus les terres sont froides et les pluies abondantes. Les températures moyennes s'échelonnent entre 16 et 27 °C.

- La population composée de nombreux groupes ethniques est de 66 558 000 habitants. Les Amharas et les Tigréens habitent les hauts plateaux, les Oromos sont établis dans le sud et les Danakils au nord-est.

- La religion est chrétienne orthodoxe et l'Église est rattachée à l'Église copte d'Alexandrie. L'islam est également adopté et les pratiques traditionnelles (danse, astrologie, divination) ainsi que l'animisme* sont très présents.

- Les famines à répétition subies par l'Éthiopie sont dues aux fréquentes périodes de sécheresse et à la guerre qui entraînent des déplacements de population.

- Addis-Abeba, la capitale, est au centre des régions les plus densément peuplées. Traditionnelle et moderne, c'est une grande ville possédant un des marchés les plus étendus d'Afrique, le Mercator.

- L'agriculture est développée dans les plateaux du Centre et les plaines de l'Ouest. On y cultive des céréales, des légumineuses, des oléagineux. Le cheptel bovin est le plus important d'Afrique. Les chameliers nomades élèvent chèvres et moutons dans l'Est.

L'Éthiopie fut colonisée par l'Italie de 1936 à 1941.

- Le café, denrée naguère la plus exportée, subit la chute des prix et les producteurs se tournent plutôt vers la culture du khat, plante narcotique, qui se vend plus cher et demande moins de travail que le caféier.

LA RÉPUBLIQUE DÉMOCRATIQUE DU CONGO

- La République démocratique du Congo, située en Afrique centrale, a comme pays frontaliers : le Soudan et la République centrafricaine au nord ; le Congo à l'ouest ; le Rwanda, la Tanzanie, le Burundi, l'Ouganda à l'est ; l'Angola et la Zambie au sud.

- La République démocratique du Congo s'étend sur 2 345 000 km² et est ouverte au sud-ouest sur l'Atlantique au niveau de l'estuaire du fleuve Congo (4 375 km). L'explorateur anglo-américain, Stanley, le descendit en 1876 sur 2 575 km.

- Le bassin du fleuve Congo, ou Zaïre, correspond à la majeure partie du pays. De part et d'autre de ce bassin, s'élèvent des plateaux et des plaines inondables.

La production de diamants industriels classe le pays au premier rang mondial.

- Quelques montagnes isolées prolongent ces plateaux, ce sont le Ruwenzori (5 119 m), le massif des Virunga et les monts Mitumba à la frontière avec la Tanzanie.

- Le lac Tanganyika à l'est couvre 32 900 km² ; c'est le deuxième lac d'eau douce le plus profond du monde.

- Le climat de la République démocratique du Congo est équatorial et humide. Le bassin central est humide ; au nord et au sud les saisons sèches et humides alternent. À l'est, le climat est alpin.

- La population de la République démocratique du Congo est estimée à 56 625 000 habitants. Elle se compose de nombreuses ethnies. Les Balubas au centre-sud et les Kongos dans le Bas-Congo représentent 30 % de la population. Les Pygmées vivent dans les forêts du nord-est.

- La plus grande ville et capitale, Kinshasa, ancienne Léopoldville, est

Gros plan d'un diamant.

très peuplée. Les violences et les pillages des années 1990 ont dégradé la ville et paupérisé la population.

- Le pays possède des ressources minières importantes (cuivre, cobalt, diamant, pétrole, or, argent), mais la mauvaise gestion économique et la corruption ont entraîné endettement et hyperinflation.

- Le café, le manioc, le maïs, l'arachide, le caoutchouc, le coton et le cacao sont les principales productions agricoles.

Le lac Kivu.

427

LE KENYA

- Le Kenya, pays d'Afrique équatoriale, partage ses frontières avec la Somalie à l'est, la Tanzanie au sud, l'Ouganda à l'ouest, le Soudan et l'Éthiopie au nord. Il est bordé par l'océan Indien à l'est.

- Sa superficie couvre 582 646 km^2 et s'organise autour de la Rift Valley. Le Kenya est traversé en son centre par l'équateur.

La forêt naturelle du mont Kenya fait partie du patrimoine mondial de l'UNESCO.

- Le Kenya possède de vastes plaines agricoles à l'est. Le Nord est composé d'un large plateau aride ; le Centre et l'Ouest sont montagneux et volcaniques. Le mont Kenya culmine à 5 199 m.

- Le climat est désertique au nord de l'équateur. Les 2 saisons de pluie concernent principalement le littoral et les régions d'altitude (lac Victoria).

- La côte bordée de plages et de récifs coralliens, les parcs nationaux et les réserves attirent les touristes et représentent une source importante de revenus.

Fermes dans l'ouest du Kenya.

- Ces parcs, au nombre de onze, abritent une grande diversité d'animaux dont certains, en voie de disparition, sont censés être protégés du braconnage.

Jeune femme Massaï.

- La population, estimée à 31 639 000 habitants, est pluriethnique. Les plus nombreux habitants sont d'origine bantoue (les Kikuyus, les Kambas et les Luos). Les Massaïs ne représentent que 1,6 % de la population. Des Indiens, Arabes et Européens forment aussi des minorités. La langue officielle est le swahili.

- Les rites initiatiques sont largement pratiqués ainsi que le recours aux sorciers. Les traditions se transmettent par le chant et les danses.

- Nairobi est la capitale du Kenya. C'est une ville prospère fondée en 1890 par les Britanniques. Elle est le foyer économique, politique et culturel du pays. La banlieue est industrielle (métallurgie*, textile et produits alimentaires).

- Les Kenyans vivent de l'agriculture. Le maïs est la culture principale. La canne à sucre, les ananas, les noix de coco, le sisal, le café sont les cultures commerciales.

L'AFRIQUE DU SUD

- L'Afrique du Sud est bordée au nord par la Namibie, le Botswana, le Mozambique, le Zimbabwe et le Swaziland. Ses côtes sont baignées par l'océan Atlantique à l'ouest et par l'océan Indien à l'est.

- Le territoire de 1 221 037 km² présente une grande diversité. Un vaste plateau central occupé par la savane se relève pour former le grand escarpement, qui donne au sud-est la chaîne montagneuse du Drakensberg.

- Le cap de Bonne-Espérance, à la pointe sud-ouest de l'Afrique du Sud, a été découvert en 1488 par Bartolomeu Dias et a été franchi par Vasco de Gama en 1497. Ce qui lui permit de relier pour la première fois par voie maritime l'Europe à l'Inde.

- Le climat est tropical, chaud et humide hormis dans la région du Cap où il est méditerranéen et propice à la viticulture et à la culture d'agrumes. Le climat est désertique dans les déserts du Namib et du Kalahari.

Manchots du Cap.

- La population estimée à 45 455 000 habitants est composée aux 3/4 de la communauté noire. Les Zoulous constituent l'ethnie la plus importante. Les autres groupes comprennent des Européens (13,6 %), des Asiatiques et des métis.

- Les Blancs sont des Afrikaners, descendants des colons hollandais, allemands et français. Les anglophones descendent des colons britanniques.

Mine d'or.

- L'afrikaans est parlé par les Afrikaners et les métis. Neuf langues bantoues sont parlées par les Noirs.

- Le Cap est la capitale législative alors que Pretoria est la capitale administrative et le siège du gouvernement. Le Cap est une ville portuaire, industrielle et balnéaire.

- Première puissance économique du continent africain, l'Afrique du Sud possède un sous-sol très riche en or, diamants (région de Kimberley), uranium, cuivre et charbon.

- L'Afrique du Sud a été très marquée par l'apartheid, politique de séparation des Blancs et des Noirs qui n'a été abolie qu'en 1990. Les Noirs continuent de vivre dans les townships, ghettos noirs, transformés en cités-dortoirs éloignées des quartiers résidentiels des Blancs.

L'Océanie

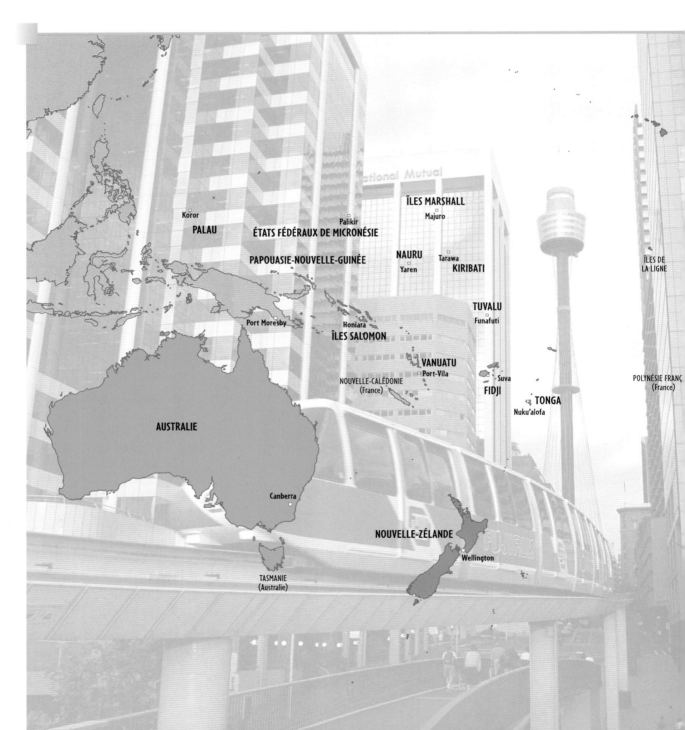

Koror
PALAU

ÎLES MARSHALL
Majuro

Palikir
ÉTATS FÉDÉRAUX DE MICRONÉSIE

PAPOUASIE-NOUVELLE-GUINÉE

NAURU
Yaren

Tarawa
KIRIBATI

ÎLES DE
LA LIGNE

TUVALU
Funafuti

Port Moresby

Honiara
ÎLES SALOMON

VANUATU
Port-Vila

NOUVELLE-CALÉDONIE
(France)

Suva

FIDJI

TONGA
Nuku'alofa

POLYNÉSIE FRANÇ
(France)

AUSTRALIE

Canberra

NOUVELLE-ZÉLANDE

Wellington

TASMANIE
(Australie)

L'AUSTRALIE

- L'Australie est un continent aride et très isolé. Il est entouré par l'océan Indien à l'ouest et l'océan Pacifique à l'est. Avec ses 7 682 000 km², il est le sixième pays du monde.

- Habité uniquement par des Aborigènes jusqu'en 1787, l'Australie, d'abord utilisée comme pénitencier par les Britanniques, verra les colonies s'établirent peu à peu sur la côte.

- L'Australie est composée à 47 % de déserts. La population est établie dans les plaines côtières. La cordillère australienne longe la côte est et culmine à 2 228 m.

- La Grande Barrière de corail qui borde la côte nord-est dans l'océan Pacifique est l'ensemble corallien le plus vaste du monde : 210 000 km². Ces récifs sont protégés et figurent sur la liste du patrimoine mondial.

La vallée de l'Arc-en-ciel dans le Nord.

- Le climat est méditerranéen dans le Sud et tropical dans le Nord. Dans les zones désertiques, les températures dépassent souvent 40 °C en journée. L'Est et l'Ouest jouissent d'un climat tempéré.

- Le pays dispose d'importantes ressources minières (fer, diamants, or, charbon, bauxite) et des gisements de pétrole, de gaz naturel et d'uranium.

- La population est de 19 694 000 habitants d'origine européenne. Beaucoup de personnes ont émigré en Australie après la Seconde Guerre mondiale. Les Asiatiques constituent également une communauté importante.

Plage dans le Queensland.

- La capitale de l'Australie est Canberra, mais Sydney est la plus grande ville du pays.

- L'Australie est le 1er producteur mondial de laine. Les moutons mérinos procurent une laine fine de grande qualité. Les bœufs sont élevés au nord dans de vastes exploitations semblables aux ranchs américains.

- La culture céréalière, dont celle du blé, est très mécanisée et intensive. Le climat est propice à la culture de fruits et de la vigne.

Le mot « kangourou » signifie « je ne comprends pas » en langage aborigène.

LA NOUVELLE-ZÉLANDE

- La Nouvelle-Zélande est un pays d'Océanie composé de deux îles principales et de plusieurs petites îles dans l'océan Pacifique. L'ensemble du territoire couvre 268 676 km².

James Cook, capitaine de la marine britannique, foula le sol néo-zélandais en 1769.

- L'île du Sud est traversée par les Alpes néo-zélandaises dont les sommets culminent à plus de 3 000 m. C'est la région la plus froide d'Océanie. À l'est s'étendent de grandes plaines fertiles consacrées à l'élevage de moutons et à la culture céréalière.

- L'île du Nord abrite la majorité de la population. Des volcans en activité, des geysers, des sources d'eau chaude, des montagnes et des plaines constituent le paysage de l'île. Au nord, les côtes sont bordées de plages.

La baie Duvauchelle, île du Nord.

- Les rivières, difficilement navigables, fournissent l'énergie hydroélectrique. La Nouvelle-Zélande possède, en outre, des gisements de charbon et de gaz naturel.

- Les chutes de Sutherland, hautes de 580 m, sont les cinquièmes du monde.

- La Nouvelle-Zélande a un climat tempéré et humide qui permet au cheptel bovin et ovin de profiter de riches pâturages.

- La population de la Nouvelle-Zélande est de 3 778 000 habitants. Les Maoris sont les premiers arrivants sur l'île et ce n'est qu'au XIXe siècle que les colons britanniques, s'installent dans l'île ; 80 % de la population actuelle descend de ces colons.

Le mont Ruapehu, volcan dans le parc national du Tongariro.

- Wellington, dans l'île du Nord, est la capitale, mais Auckland est la plus grande ville et le centre industriel du pays.

- L'important élevage de bœufs et de moutons est exploité tant pour sa viande que pour son lait ou son cuir. La Nouvelle-Zélande est un des principaux exportateurs de ces produits.

- L'économie est principalement agricole, mais les industries textiles, électroniques et agroalimentaires se développent.

LES ÎLES DU PACIFIQUE

■ Polynésie peut être traduit par « îles nombreuses ». Ces îles sont réparties dans l'océan Pacifique, certaines étant habitées, d'autres non. Il s'agit de Kiribati, Tuvalu, Tonga, Samoa-Occidentales et 7 possessions étrangères.

■ La Polynésie française, territoire français d'outre-mer, comporte 7 îles. Parmi celles-ci : Tahiti, les îles Marquises, Mururoa.

■ Des volcans ou des coraux sont à l'origine de ces îles. Elles peuvent être montagneuses et s'appellent alors îles hautes, ou îles basses lorsqu'elles entourent un lagon.

■ Le climat est tropical, chaud et humide. Les cyclones, appelés typhons dans l'ouest du Pacifique, sont des vents de tempête très violents. Ils surgissent à la fin de l'été et au début de l'automne.

Sur leurs cartes maritimes, les anciens Polynésiens indiquaient les courants par des brindilles et les îles par des coquillages.

■ Les cocotiers qui bordent certaines plages sont une ressource dont toutes les parties sont exploitées. La chair est mangée et fournit de l'huile (coprah). La sève fermentée permet d'obtenir du vin de palme et les feuilles servent à fabriquer différents objets.

■ L'arbre à pain permet également de multiples utilisations : confection de desserts, de pains avec les fruits, de vêtements avec son écorce et d'embarcations avec son bois.

Mouréa en Polynésie française.

■ Le tourisme constitue pour la plupart des îles habitées une source de revenus essentielle, mais certaines dépendent de l'aide internationale.

■ L'économie repose sur la culture de la vanille, du manioc, de la banane, de la noix de coco et de la pêche.

■ Les langues polynésiennes au nombre approximatif de 24 ont des grammaires assez semblables mais des vocabulaires différents. Parmi les plus connues : le maori, le tahitien, le tongan et l'hawaiien.

■ Le Pacifique a servi de lieu d'expérimentation à des tirs nucléaires. Ces essais ont dégradé des récifs de corail et déplacé des populations. Un traité international les interdit désormais.

L'ARCTIQUE

- L'Arctique est un océan recouvert par la banquise et entouré par le Groenland, le Canada, l'Alaska et la Sibérie.

- L'océan glacial Arctique a une superficie de 14 089 600 km². La surface de la banquise varie avec les saisons. En été, la glace, qui a une épaisseur moyenne de 1,50 m à 3 m, fond en surface, la banquise se divise.

Glacier, Île de Baffin.

- Un glacier se forme suite à l'accumulation de neige. Il bouge lentement et se casse lorsqu'il arrive à la mer.

- Les icebergs sont des fragments de glaciers. Ils sont dangereux car seul 1/8 de leur surface est visible. C'est ainsi que le Titanic fit naufrage en avril 1912.

- La nuit dure 6 mois aux pôles. L'aurore boréale, grande traînée multicolore dans le ciel, est observable lors de ces nuits d'hiver.

- Différents groupes peuplent les régions de l'Arctique. Les Inuits, les Amérindiens, les Aléoutes peuplent les zones arctiques de l'Amérique du Nord tandis que les Lakoutes, les Komi et les Toungouzes vivent dans les territoires russes.

- Le mode de vie des Inuits a beaucoup évolué lors du XXe siècle. Si certains sont encore nomades, la plupart ont choisi la sédentarisation.

- Les Inuits nomades se déplacent en traîneau tiré par des chiens ou en motoneige. Les vêtements traditionnels sont en peau et en fourrure.

- Le phoque, le caribou, l'ours polaire, le renard leur fournissent tout le nécessaire pour se vêtir, se nourrir, se loger et se chauffer.

- Le Groenland avec un superficie de 2 175 600 km², fait partie du territoire arctique et a une autonomie interne vis-à-vis du Danemark depuis 1979. Ses 56 300 habitants vivent de la chasse, de la pêche et du commerce de peaux.

Les Inuits de l'ouest de l'Arctique canadien s'appelent des « Inuvialuits » ce qui signifie « les vrais êtres humains ».

L'ANTARCTIQUE

■ Le continent de l'Antarctique n'a été découvert qu'en 1880 en raison de son isolement et des conditions climatiques extrêmes. Le continent représente 90 % des réserves d'eau douce de la Terre. Sa superficie totale est de 13 millions de km².

■ Quelques navigateurs approchèrent le continent au XVIIᵉ siècle, mais les expéditions terrestres ne débutèrent qu'au début du XXᵉ siècle. La première expédition scientifique eut lieu en 1897.

■ Alors que plusieurs expéditions connurent des fins tragiques, Amundsen fut le premier dans cette course à atteindre le pôle Sud en 1911.

■ La calotte glaciaire qui recouvre en permanence le continent a une épaisseur supérieure à 2 000 m. Les températures oscillent entre -10 °C et -89 °C. Les vents peuvent atteindre 300 km/h.

L'Antarctique a été déclaré « réserve naturelle consacrée à la paix et à la science ».

■ Le mont Erebus sur l'île de Ross est un volcan en activité qui culmine à 3 794 m d'altitude.

■ Les mers, banquises et baies portent les noms des explorateurs qui les ont découvertes : mer de Ross, d'Amundsen, de Weddell, banquise Shackleton…

■ La faune, peu nombreuse en raison du climat extrême, ne comporte aucun vertébré terrestre. En revanche, les baleines, les phoques et les manchots empereurs peuplent le continent.

Manchots empereurs.

■ L'Antarctique a suscité de nombreuses revendications territoriales et convoitises pour les ressources de son sous-sol.

■ Le traité de l'Antarctique signé en 1959 prévoit d'organiser la coopération pour l'exploration scientifique et interdit toute revendication territoriale. Depuis 1991, s'y sont ajoutées l'interdiction d'exploiter le sous-sol pour une durée de 50 ans, la protection de l'environnement et la démilitarisation du continent.

■ Le travail de recherche des équipes scientifiques a des applications en médecine, biologie, astronomie, climatologie…

LES GRANDS EXPLORATEURS

Statue de Christophe Colomb.

- Marco Polo (vers 1254-id. 1324) voyagea avec son père et son oncle, des commerçants, jusqu'en Chine. Il écrivit Le Livre des merveilles du monde dans lequel il décrit les coutumes et religions des peuples de l'Inde.

- Vasco de Gama (1469-1524), navigateur portugais, atteignit les Indes en 1497 en contournant l'Afrique du Sud et en passant par le cap de Bonne-Espérance. Il fonda des comptoirs portugais sur les côtes africaines et favorisa les échanges entre l'Europe et l'Orient.

- Christophe Colomb (1451-1506), navigateur d'origine italienne, fit 4 voyages au cours desquels il découvrit les Antilles et l'Amérique centrale. C'était un navigateur d'exception qui trouva les meilleurs trajets à l'aide d'une seule boussole.

> **L'océan à l'équateur était si calme que Fernand de Magellan l'appela le « Pacifique ».**

- James Cook (1728-1779), navigateur anglais, permit grâce à ses trois expéditions de mieux connaître l'océan Pacifique. En 1770, il fut le premier Européen à débarquer et à conquérir l'Australie. Il franchit trois fois le cercle polaire.

- David Livingstone (1813-1873), médecin missionnaire écossais, fut un grand explorateur de l'Afrique centrale et australe. Il découvrit le cours du Zambèze et les chutes Victoria en 1855.

- Fernand de Magellan (vers 1480-1521) est le premier navigateur portugais qui navigua dans l'océan Pacifique en partant d'Espagne et en traversant l'océan Atlantique. Il voulait ainsi ouvrir la voie vers l'archipel des Moluques en Asie, centre de production des épices.

- Deux vaisseaux atteignirent les Moluques et un seul revint trois ans plus tard accomplissant ainsi la première circumnavigation (voyage maritime autour du globe).

- Robert Edwin Peary (1856-1920) est le premier explorateur américain à avoir atteint le pôle Nord en 1909 avec une équipe de 5 personnes. Il apprit les méthodes de survie utilisées par les Inuits.

- Roald Amundsen (1872-1928) est un explorateur norvégien qui atteignit le premier le pôle Sud en 1911.

- Il effectua également un vol de 70 heures au-dessus du pôle Nord.

L'Amerigo Vespucci et son gréement*.

LES MÉTIERS DE LA GÉOGRAPHIE

- L'ethnologue étudie la manière dont les populations s'organisent socialement. Il s'intéresse à leur langue, leur économie, leur religion.

- Le volcanologue observe, étudie les différents types d'éruptions. Il procède à des mesures donnant des indications sur la reprise d'activité éventuelle du volcan.

- Le démographe réalise des études statistiques des populations. Il relève le nombre d'habitants, le taux de natalité, de mortalité, de fécondité (nombre d'enfants par femme) et l'espérance de vie.

- Le cartographe établit des cartes. Il se base sur les mesures scientifiques des latitudes, longitudes, l'apport de l'informatique et des satellites.

La première société de géographie fut fondée en France en 1821.

- Le climatologue étudie les conditions climatiques dans les différentes régions du monde pendant une longue période. À partir de ses observations, il définit le climat de chaque zone.

- L'océanologue observe la surface et les fonds marins grâce à divers engins capables de sonder les profondeurs. Les informations reçues par les satellites, radars, bouées l'aident à établir une carte des courants, de la topographie et de la faune marine.

- Le géologue s'intéresse aux origines de la Terre, à sa structure. Il extrait des échantillons de roche et étudie les minéraux pour comprendre l'évolution de la Terre.

- Le géophysicien applique les méthodes de la physique pour ausculter le sol. Ses domaines peuvent être le génie civil (qualité des terrains), le géomagnétisme (étude du champ magnétique de la Terre), la prospection pétrolière (conseil et amélioration des sondages, forages).

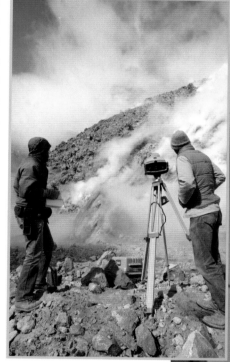

Scientifiques mesurant le dôme de lave du Mont St Hélène au Canada.

- Le biogéographe étudie la vie à la surface du globe par analyse de la répartition des êtres vivants, car c'est l'organisation des communautés humaines qui donnent des paysages différents que l'on appelle « formations ».

- Le géomaticien accomplit des tâches liées à la récolte, gestion et mise à jour des données à références spatiales qui sont utilisés en agriculture, en urbanisme, dans le domaine minier ou forestier.

LES ORGANISATIONS INTERNATIONALES

- Les organisations internationales sont des associations qui regroupent les États dans une grande diversité de champs d'activités. Elles couvrent les secteurs politique, économique, culturel, scientifique, militaire et social.

- Ces associations d'États qui coopèrent multilatéralement sont constituées par une charte, un statut. Elles possèdent une personnalité juridique propre.

La Suisse est un des derniers États à avoir intégré l'ONU.

- Les organisations internationales disposent de fonctionnaires en charge des travaux et de l'administration. Ils dépendent de l'organisation et non de leur gouvernement.

- Les hauts fonctionnaires jouissent du statut diplomatique qui sous-entend : immunité, inviolabilité, privilèges fiscaux et douaniers.

- L'ONU (Organisation des Nations Unies), créée en 1945, a pour mission de maintenir la paix et la sécurité internationale.

- Elle a également pour objectif de réaliser la coopération internationale en résolvant les problèmes internationaux. Elle encourage le respect des droits de l'homme et coordonne les efforts des nations.

- Parmi la trentaine d'organes apparentés à l'ONU, l'OMS (Organisation mondiale de la santé) coordonne les programmes liés aux problèmes de santé et tente d'apporter aux populations, le niveau de santé le plus élevé possible.

- Le FMI (Fonds monétaire international) facilite la coopération monétaire, la stabilité financière internationale et accorde des aides aux pays en difficulté.

- L'OMC (Organisation mondiale du commerce) a succédé au GATT (accord général sur les tarifs douaniers et le commerce) en 1995, permettant au libre échange de s'élargir à d'autres domaines, de régler les désaccords commerciaux et de sanctionner si besoin en est.

- L'OCDE (Organisation de coopération et de développement économiques) est un organisme affecté au développement économique de ses membres (30), tous respectueux de la démocratie et de l'économie de marché. Elle conseille afin de maintenir la compétitivité des secteurs économiques principaux.

Casque bleu et drapeau de l'ONU.

L'OTAN

- L'OTAN (Organisation du traité de l'Atlantique Nord) est fondée suite à la Seconde Guerre mondiale, en 1949.

L'avion Awacs utilisé par l'OTAN.

- Cette organisation a été créée sur l'initiative des États-Unis pour résister à la menace soviétique.

- Elle a pour objectif de protéger les pays membres de l'Alliance qui sont par ordre d'arrivée : les États-Unis, le Canada, la France, le Royaume-Uni, l'Italie, la Belgique, les Pays-Bas, le Luxembourg, le Danemark, la Norvège, l'Islande, le Portugal, la Grèce, la Turquie, l'Allemagne, l'Espagne, la Hongrie, la Pologne, la République tchèque et 7 nouveaux membres : la Bulgarie, l'Estonie, la Lettonie, la Lithuanie, la Roumanie, la Slovaquie et la Slovénie.

Les langues officielles de l'OTAN sont l'anglais et le français.

- L'OTAN privilégie la solution pacifique aux problèmes. Elle aide à maintenir la sécurité et la stabilité des pays membres et assure leur défense en cas d'agression.

- Dépourvue à l'origine de structure militaire, l'OTAN va en ressentir la nécessité suite à la guerre de Corée.

- Entre 1950 et 1960, l'OTAN, dominée par les Américains, garantira la sécurité de l'Europe d'un point de vue militaire. La France se retirera de cette structure militaire en 1966.

- L'OTAN fut le cadre de nombreuses discussions menées par les États-Unis qui s'opposaient au pacte de Varsovie, créé en 1955 et qui unissait l'Union soviétique aux pays de l'Est.

- La fin du pacte de Varsovie permit d'englober les anciens pays communistes d'Europe de l'Est dans le conseil de coopération nord-atlantique. Un jour, peut-être, rejoindront-ils l'OTAN.

- Dans les années 1990 suite à la disparition de l'Union soviétique, l'OTAN va se consacrer à la gestion de conflits comme celui de la Yougoslavie.

- L'OTAN s'ouvre aux pays de l'Est et coopère avec la Russie dans le cadre du conseil OTAN-Russie créé en 1997.

Le drapeau de l'OTAN.

L'UNION EUROPÉENNE

- Après la guerre, la France et l'Allemagne vont mettre en commun leurs industries du charbon et de l'acier. La CECA, fondée en 1951, est le signe d'une volonté de paix durable et de coopération.

- Le souci de résister à la menace soviétique et le développement économique et social de l'Europe vont contribuer à l'unification des pays.

- En 1957, le traité de Rome institue la CEE (Communauté économique européenne). La Belgique, la France, l'Allemagne, l'Italie, le Luxembourg et les Pays-Bas sont les membres fondateurs.

- Le traité de Maastricht, signé en 1991, engage l'Europe à coopérer dans de multiples domaines dont celui de l'économie. La voie est ouverte au marché unique et à la libre circulation des biens et des personnes.

- En 2002, une monnaie unique, l'euro, est mise en circulation dans 11 États de l'UE (Union européenne). L'Allemagne, l'Autriche, la Belgique, l'Espagne, le Portugal, la Grèce, la Finlande, l'Irlande, l'Italie, le Luxembourg et les Pays-Bas sont dans la zone euro. La Suède, le Danemark et le Royaume-Uni ont gardé leur monnaie nationale.

- Un nouvel élargissement de l'UE s'est réalisé le 1er mai 2004 vers 10 pays de l'Est ainsi que pour Malte, Chypre (partie grecque de l'île).

- Quatre institutions composent l'UE. Le conseil des ministres, composé des représentants des gouvernements, est l'organe de décision. Il siège à Bruxelles et au Luxembourg.

- La Commission, élue pour une durée de 5 ans, rassemble 30 commissaires dont un président, choisis par les gouvernements des États membres. Elle émet des propositions et des projets de réglementation au conseil.

- Le Parlement siège à Strasbourg et regroupe 786 députés élus par les citoyens européens pour une durée de 5 ans. Il donne son avis sur les propositions de la Commission, contrôle son action et arrête le budget.

Drapeau européen.

- La Cour de justice précise, complète l'élaboration du droit communautaire. Composée de 25 juges et 8 avocats généraux qui siègent à Luxembourg, elle joue aussi le rôle d'un tribunal administratif.

L'ONU

- L'ONU a été créée en juin 1945 à San Fransisco par les pays en guerre contre l'Allemagne afin d'éviter de nouveaux conflits et de maintenir la paix.

- L'ONU est ouverte à tous les États du monde, ses membres sont tous égaux et disposent d'une voix à l'assemblée générale. Les réunions de celle-ci se déroulent à New York.

Un soldat de l'ONU en Croatie.

- Fondée pour gérer l'ordre international, l'ONU a eu difficile à accomplir sa tâche lors de la guerre froide entre Américains et Soviétiques.

- Durant les années 1950 à 1960, l'ONU sera le défenseur des pays du tiers monde en phase de décolonisation. L'organisation n'interviendra pas dans de nombreux conflits (guerre du Viêt Nam, conflits israëlo-palestinien…).

- La chute du mur de Berlin, qui clôture la guerre froide, redonne à l'ONU son rôle de défenseur de la sécurité et du droit international.

- Le conseil de sécurité envoie, pour le maintien de la paix, les Casques bleus partout où des guerres ont lieu.

- Les Casques bleus, soldats issus de différents pays, vont aider sous le commandement de l'ONU à rétablir et à garantir la paix et la sécurité dans les zones en conflit.

Le bâtiment de l'ONU à New York.

- L'ONU tente également d'apporter des solutions à des problèmes qui touchent plus d'un État comme le sida, les mouvements de populations, l'environnement…

- Afin d'être aidée dans ses tâches, l'ONU consulte des organisations spécialisées qu'elle a créées ou des institutions indépendantes.

- Le conseil de sécurité est le centre de toutes les décisions définitives. Il est composé de 15 membres dont 5 sont permanents. Ce sont la Chine, la France, la Grande-Bretagne, la Fédération de Russie et les États-Unis.

Les États membres de l'ONU sont au nombre de 191.

L'UNESCO

- L'Organisation des Nations Unies pour l'éducation, la science et la culture est née au lendemain de la Seconde Guerre mondiale avec pour objectif de construire la paix dans l'esprit des hommes.

Le château de Versailles, inscrit sur la liste du patrimoine mondial de l'UNESCO.

- Elle aide les États membres à développer leurs capacités humaines et institutionnelles dans les domaines de l'éducation, la science, la culture et la communication.

- Le 16 novembre 1945, 37 États fondateurs signent l'acte constitutif et en 1946, 20 États le ratifient. L'acte peut alors entrer en vigueur. Actuellement, l'Unesco compte 90 États membres et 6 membres associés.

La Grande Muraille de Chine fait partie de la liste du patrimoine mondial depuis 1987.

- L'éducation, un droit fondamental pour tous, est une mission prioritaire pour l'Unesco. Elle propose aux pays concernés et demandeurs une aide technique ciblée en fonction des besoins spécifiques.

- Sa première tâche a été de rendre l'éducation primaire obligatoire et universelle pour tous. Elle souhaite augmenter le taux d'alphabétisation des adultes, améliorer l'accès à l'école et la rendre accessible tant aux filles qu'aux garçons.

- L'Unesco contribue à la sauvegarde de sites exceptionnels. La convention de protection du patrimoine mondial est adoptée en 1972 et actuellement 812 sites naturels, culturels et du patrimoine oral figurent sur la liste.

- Elle encourage le dialogue entre les cultures et les civilisations afin que la diversité culturelle soit préservée.

- L'Organisation développe des programmes de recherche pour comprendre et gérer les ressources de la Terre. Elle accorde une attention toute particulière à l'eau.

La cathédrale de Florence, dont le centre historique est inscrit sur la liste du patrimoine mondial de l'Unesco.

- L'Unesco propose des formations aux technologies de l'information et de la communication. Elle défend la liberté d'expression et de la presse.

- Dans les domaines des sciences sociales et humaines, elle lutte pour l'éradication de la pauvreté, contre la discrimination et l'intolérance.

L'UNICEF

■ Le Fonds d'urgence des Nations Unies pour l'enfance est une agence de l'ONU créée en 1946 pour protéger la vie des enfants du monde entier. Son siège est situé à New York.

La chanteuse Shakira Mabarak est ambassadrice itinérante de l'UNICEF.

■ L'Unicef est présent dans 162 pays, zones et territoires. Son travail est déterminé par la Convention internationale relative aux droits de l'enfant.

■ Cette convention a été ratifiée en 1990 par tous les États de la planète hormis les États-Unis et la Somalie.

■ Quatre grands principes composent la convention : l'intérêt supérieur de l'enfant, la non-discrimination, le droit à la survie et à la protection, le droit à l'expression et à la participation.

Le quartier général des Nations Unies à New York.

■ Il n'y a pas de procédure pénale en cas de non-respect mais les États s'engagent à faire un rapport tous les 5 ans et la première fois, 2 ans après la ratification.

Mère et enfant attendant la nourriture au centre de l'Unicef.

■ Les droits des enfants sont mis à mal tous les jours. Des millions d'enfants souffrent de malnutrition, sont privés de scolarité, sont victimes des guerres et exploités au travail.

■ Chaque année, 10 millions d'enfants meurent de maladies et d'affections, plus de 100 millions ne vont toujours pas à l'école (surtout des filles), 150 millions souffrent de malnutrition et 13 millions sont des orphelins du sida.

■ L'Unicef agit dans 5 domaines qui devraient assurer un meilleur départ dans la vie, une éducation et un environnement sain et sûr pour le développement des enfants.

■ Ces domaines sont : le développement du jeune enfant, la vaccination, l'éducation de base des filles, la lutte contre le virus HIV (sida), la protection des enfants contre l'exploitation et les mauvais traitements.

■ L'Unicef est soutenue par des ambassadeurs bénévoles qui sont souvent des célébrités afin d'informer le grand public de son action.

L'HISTOIRE

En ce début de troisième millénaire, grâce aux médias, l'histoire du monde nous est accessible à la seconde. Nombre de ces évènements puisent leurs sources dans notre histoire universelle. C'est pourquoi nous te proposons un voyage dans notre passé collectif, de l'origine de l'homme à aujourd'hui. Nous espérons qu'il t'aidera à prendre conscience du chemin parcouru et à comprendre les problématiques actuelles.

- 235 millions d'années Les dinosaures	**- 4 millions d'années** Les Austrolopithèques	**- 2,5 à –1,5 millions d'an.** Homo habilis	**- 1 million d'années** Homo erectus	**- 200 000 à – 15 000** Homo sapiens sapiens

PRÉHISTOIRE

- 2000 Mayas Calendrier de 365 jours	**- 1520** Dynastie chinoise des Shang	**- 1250** Règne Ramsès II	**- 776** Grèce Jeux olympiques	**- 753** Fondation de Rome

ANTIQUITÉ

79 Destruction de Pompéi par le Vésuve	**476** Chute de l'empire romain d'Occident	**481** Clovis roi des Francs	**486** Bataille de Soissons	**736** Victoire de Charles Martel sur les Arabes à Poitiers

ANTIQUITÉ   MOYEN ÂGE

1337 Début de la guerre de Cent Ans	**1431** Mort de Jeanne d'Arc sur un bûcher à Rouen	**1440** Invention de l'imprimerie par Gutenberg	**1456** Impression de la 1re bible	**1492** Découverte de l'Amérique par Christophe Colomb

MOYEN ÂGE

1654 Louis XIV roi de France	**1662** Molière L'École des femmes	**1668** 1er recueil des Fables de la Fontaine	**1685** Révocation de l'Édit de Nantes	**1687** Newton Principes mathématiques

XVIIe SIÈCLE

1789 Prise de la Bastille	**1791** Droit à l'instruction pour tous en France	**1794** Décapitation de Lavoisier	**1799-1804** Consulat	**1804** Sacre de Napoléon Bonaparte

XVIIIe SIÈCLE   XIXe SIÈCLE

1870 Empires coloniaux européens	**1870** IIIe République française	**1871** Création de l'empire allemand	**1914-1918** Première Guerre mondiale	**1917** Révolution russe

XIXe SIÈCLE   XXe SIÈCLE

1939 Franco en Espagne	**1942** Bataille de Stalingrad	**1944** Débarquement des alliés en Normandie	**1945** Conférence de Yalta	**1945** Bombardement d'Hiroshima et de Nagasaki

XXe SIÈCLE

1954-1962 Guerre d'Algérie	**1965** Révolution culturelle en Chine	**1967** Guerre des Six-Jours	**1973** Fin de la guerre du Viêt Nam	**1980-1988** Guerre Iran-Irak

XXe SIÈCLE

- 150 000 à - 30 000	- 2950	- 2780	- 2590	- 2000
Homme de Néandertal	Sumer Écriture cunéiforme	Premières pyramides	Pyramide de Khéops 147 m de hauteur	Olmèques

PRÉHISTOIRE **ANTIQUITÉ**

- 605	- 539	- 427	- 200	0
Nabuchodonosor II roi de Babylone	Fin de Babylone	Naissance de Platon	Entrée des Germains dans l'empire romain	Naissance de Jésus

ANTIQUITÉ

800	987	1050	1095	1204
Charlemagne empereur des Romains	Hugues Capet roi des Francs	Vikings	Prise de Jérusalem par les croisés	Prise de Constantinople par les croisés

MOYEN ÂGE

1504	1520	1528	1542	1633
Léonard de Vinci La Joconde	Excommunication de Luther par l'Église	Henri IV Édit de Nantes	Copernic Héliocentrisme	Condamnation de Galilée par l'Inquisition

RENAISSANCE **XVIIe SIÈCLE**

1690	1734	1776	1781	1787
John Locke Du gouvernement civil	Voltaire Lettres philosophiques	Déclaration d'Indépendance des États-Unis d'Amérique	Diderot Encyclopédie	Constitution américaine

XVIIe SIÈCLE **XVIIIe SIÈCLE**

1814	1821	1850	1861	1865
Louis XVIII	Mort de Napoléon Bonaparte	Début de la révolution industrielle en Europe	Début de la guerre de Sécession aux États-Unis	Assassinat d'Abraham Lincoln

XIXe SIÈCLE

1919	1921	1922	1933	1939
Traité de Versailles	Mao Zedong fonde le Parti communiste chinois	Staline secrétaire général du Parti communiste	Hitler chancelier en Allemagne	Début de la 2e Guerre mondiale suite à l'invasion de la Pologne par Hitler

XXe SIÈCLE

1947	1948	1949	1949	1954
Plan Marshall	Création de l'État d'Israël	Proclamation de la République populaire de Chine par Mao	Création de l'OTAN	Bataille de Diên Biên Phu

XXe SIÈCLE

1990	1996	2001	2003
Invasion du Koweït par l'Irak	Opération "Raisins de la colère" menée par Israël	Destruction des 2 tours du World Trade Center à New York par des terroristes	Bombardement de Bagdad

XXe SIÈCLE **XXIe SIÈCLE**

La préhistoire

- La préhistoire correspond à la période qui s'étend des origines de l'homme (il y a plus de 2 millions d'années) à l'invention de l'écriture (vers - 3300 avant J.-C.).

- Deux grandes périodes caractérisent la préhistoire : le paléolithique et le néolithique.

Cercle de mégalithes de Callanish, île de Lewis, Écosse.

- Le paléolithique est lui-même subdivisé en trois périodes. Au paléolithique inférieur, l'Homo habilis est nomade, il ramasse, collecte et cueille ce que la nature lui offre. Ses outils rudimentaires lui permettent de chasser et de dépecer le gibier.

- L'Homo erectus apparaît vers -1,5 million d'années. Son habitat est plus structuré, il sait utiliser le feu. Il se répand en Afrique, en Asie et en Europe.

- L'homme de Tautavel, dont le crâne a été découvert dans les Pyrénées-Orientales (grotte ou « caune » de l'Arago), est daté de - 450 000 avant J.-C.

- Le paléolithique moyen est la période où vécut l'homme de Neandertal (- 150 000 à - 30 000). Il est le premier homme à enterrer ses morts. Il vit et chasse en groupe, construit des huttes de peaux et se nourrit de viande.

- Le paléolithique supérieur voit se développer des cultures différentes caractérisées par le nom du site qui a permis leur identification (aurignacien, gravettien, solutréen, magdalénien).

- Les hommes du paléolithique supérieur chassent le bison, le renne, le mammouth. Ils peignent et gravent ces animaux sur les parois des grottes et des abris sous roche.

- Ils inventent des armes composées d'une longue pointe en os dans laquelle vient se fixer une lamelle de silex.

- Au néolithique, l'homme nomade se tourne vers la vie sédentaire et se concentre dans des villages. Il subvient à ses besoins grâce à l'agriculture et à la domestication des animaux. La céramique et le tissage apparaissent.

L'HOMME PRÉHISTORIQUE

- Il y a 4 millions d'années apparaissent les premiers primates bipèdes : les australopithèques. Ils atteignent à peine 1 mètre, ont un cerveau de 500 cm^3 et de longs bras. La face est large et proéminente.

- En 1974, on reconstitue en Afrique (Éthiopie), le premier squelette d'un jeune australopithèque. Lucy aurait vécu il y a plus de 3,3 millions d'années.

Cerfs et rennes, Grotte de Lascaux, Dordogne, France.

- On distingue deux espèces d'australopithèques : les robustes et les graciles dont dérive sans doute l'homme. Ils sont bipèdes, mais aussi capables de grimper dans les arbres pour se nourrir.

- Le premier vrai homme à pouvoir être considéré comme notre ancêtre est apparu il y a 2,5 à 1,5 millions d'années. Homo habilis fut découvert dans la région de la Rift Valley.

- Sa capacité cérébrale s'est développée et lui permet de fabriquer des outils. Il fend des galets et utilise le tranchant des silex ainsi créés pour découper la peau des animaux.

- Le développement du cerveau aboutit 1 million d'années plus tard à l'apparition d'Homo erectus. Il va développer les outils bifaces (taillés des 2 côtés) pour effectuer plusieurs tâches.

- L'Homo erectus va quitter l'Afrique vers 1 million d'années avant J.-C. pour se répandre en Europe et en Asie. Cette période s'appelle l'âge de la pierre ou paléolithique.

- L'homme de Néandertal vécut de 150 000 à environ 30 000 ans avant J.-C. en Europe et au Proche-Orient. Il est le premier exemplaire d'Homo sapiens.

- Les Néandertaliens sont les premiers hominidés* à enterrer les morts avec leurs outils et parures dans des sépultures. Cette lignée d'hommes se serait éteinte sans engendrer de descendance.

- L'Homo sapiens sapiens, originaire d'Afrique ou du Proche-Orient, serait apparu vers 200 000 à 150 000 ans avant J.-C. L'homme de Cro-Magnon va développer l'art des cavernes et perfectionner la taille du silex pour aboutir à des outils de plus en plus précis.

Lucy, notre ancêtre, doit son nom à la chanson « Lucy in the sky with diamonds » des Beatles.

LE NÉOLITHIQUE

- Le néolithique ou âge de la pierre polie se développe en Europe de - 7500 à - 2000 avant J.-C. C'est la fin d'une époque glaciaire et le radoucissement du climat permet la culture du blé, de l'orge et la naissance de l'élevage.

- Les premiers foyers de civilisation néolithiques sont apparus en Palestine et en Mésopotamie puis en Afrique du Nord. En Asie et en Europe ensuite.

La poterie apparaît pour pouvoir conserver les denrées.

- Jéricho, situé dans la vallée du Jourdain, est un des plus anciens villages (vers - 8000 avant J.-C.) entouré d'un rempart de pierres et d'un fossé qui protègent les maisons en brique crue.

- La civilisation de chasseurs-cueilleurs devient celle d'éleveurs-agriculteurs. Les outils s'améliorent considérablement.

- Les peuples se sédentarisent et des villages sont créés. Différentes techniques, selon les zones géographiques, vont permettre la construction d'abris en pierre, en bois, en terre.

- Au néolithique, le besoin accru en bois pour les constructions entraîne le déboisement des forêts auxquelles succèdent les champs.

- Le blé cultivé est coupé à l'aide d'une faucille en bois et en silex. Les gerbes sont battues pour faire tomber le grain qui est broyé sur des pierres pour obtenir de la farine.

Couteau en silex, âge de la pierre.

- Les mégalithes (dolmens, menhirs) sont des monuments constitués de grandes pierres dressées, groupées ou alignées. Si on sait qu'ils avaient une fonction religieuse, en revanche on ignore tout de la technique utilisée pour les ériger.

- Leur disposition est en étroite relation avec l'orientation du soleil et sans doute liée au culte de celui-ci.

- De nombreux sites mégalithiques sont situés le long de l'Atlantique. On peut citer Carnac en France (Bretagne) et Stonehenge en Angleterre. On en trouve aussi au Portugal et en Scandinavie.

Site mégalithique de Stonehenge, Angleterre.

L'HABITAT

- Au paléolithique, l'homme se déplace en fonction des besoins de la chasse ou du rythme des saisons. La grotte n'est pas, comme on le pense habituellement, le seul abri de l'homme préhistorique.

Les grottes de Lascaux (Dordogne) ne sont aujourd'hui plus accessibles aux touristes.

- L'Homo habilis construisit des abris en pierre et l'Homo erectus savait assembler des branchages pour confectionner des huttes.

- C'est le climat des périodes de glaciation qui va pousser l'homme à trouver refuge dans des grottes.

- Un foyer entretenu à l'entrée de la grotte permet de se réchauffer, d'écarter les bêtes sauvages et aurait contribué au développement de la vie sociale.

- Des cabanes recouvertes de peaux sont construites à l'intérieur des grottes afin de mieux s'isoler du froid.

- Dans la dernière période du paléolithique, des huttes plus élaborées sont construites avec de nombreux os de mammouths. L'Europe de l'Est est, à ce moment-là, une vaste steppe dénuée d'arbres.

- Les grottes servent d'abris, mais aussi de sépultures*. Les morts sont enterrés au fond de celles-ci, entourés d'outils et vêtus de leur parure.

- La grotte est éclairée par le feu, mais aussi par des torches dont on a pu prouver l'existence grâce aux traces de suie qu'elles ont laissées. Des petites lampes en pierre dans lesquelles brûle de la graisse d'origine animale sont également utilisées.

- Les parois sont ornées de peintures représentant le plus souvent des animaux, plus rarement l'homme, et de gravures. Quelquefois, de simples empreintes de mains couvrent les parois.

- De nombreux sites ont été découverts. Parmi les grottes les plus connues en Europe occidentale, on peut citer : la grotte d'Altamira en Espagne, les grottes de Lascaux, Chauvet et Niaux en France.

Habitation préhistorique, Fahan, Irlande.

LE FEU

- Les premières traces d'utilisation du feu datent de - 650 000 ans avant J.-C. C'est l'Homo erectus qui va apprivoiser le feu et en faire un usage domestique régulier à la fin de son évolution.

- L'homme apprendra à alimenter le feu naturel qui doit constamment être surveillé.

- Il s'écoulera beaucoup de temps avant que l'homme ne puisse produire lui-même le feu. En attendant, l'Homo erectus conserve le feu en transportant les braises dans une coupe d'argile séchée.

- C'est la chaleur dégagée par la friction d'un bâton de bois sur un autre, et qui va enflammer des herbes sèches, qui sera à l'origine du premier feu produit par l'homme.

- L'autre méthode d'allumage consistera à percuter deux morceaux de silex jusqu'à ce que des étincelles jaillissent et mettent le feu à des brindilles sèches.

- Le feu est une découverte fondamentale pour l'homme. Il lui permettra de survivre aux périodes de glaciation, de se défendre contre les animaux sauvages, d'acquérir une hygiène alimentaire en cuisant sa viande plutôt qu'en la mangeant crue.

Reconstitution de la préparation du pain, âge du fer, Danemark.

- Le feu fut utilisé comme méthode de chasse. Armés de branches enflammées, les hommes pourchassent l'animal qui, pris de panique et acculé, devient une proie plus facile à combattre à coups de lances.

- C'est une source de lumière qui lui permet de poursuivre ses activités à la tombée de la nuit et d'éclairer des lieux privés de la lumière solaire.

- Le feu est utilisé tel un outil pour fendre des blocs de pierre ou des bois de cervidés*. Il peut aussi durcir les pointes de lance et modifier les nuances des colorants (ocres) utilisés dans la peinture des parois.

- L'os, l'ivoire, le silex chauffés deviennent plus flexibles et se soumettent facilement à des modifications de forme.

L'homme fera d'abord connaissance avec le feu allumé par la foudre.

L'ART RUPESTRE

- Les premières réalisations de peintures pariétales, c'est-à-dire sur des parois rocheuses, remontent à 33 000 ans avant J.-C. Elles vont se perpétuer pendant 25 000 ans.

- Des milliers de sites ont été découverts en Europe, mais aussi en Australie, en Amérique, en Sibérie et en Afrique.

- Au paléolithique, cet art orne généralement le fond des grottes, mais l'art rupestre concerne aussi les gravures retrouvées sur des roches en plein air.

- C'est l'Homo sapiens sapiens qui est à l'origine de ces créations. Plusieurs suppositions ont été faites sur la signification de ces peintures, mais elles restent en grande partie énigmatiques.

- Les représentations seraient symboliques. L'homme aurait choisi des formes, des symboles pour représenter des mythes*.

- Les grottes parfois difficilement accessibles et inhabitées auraient pu servir à des initiations. L'acoustique, très particulière en certains endroits, était peut-être utilisée lors des rituels ou cérémonies.

- L'art pariétal représente des animaux réalistes ou imaginaires (bisons, chevaux, cerfs, ours, licornes...), des hommes et des signes abstraits.

- L'art mobilier qui concerne des petits objets représente plus souvent l'humain. On a retrouvé de nombreuses « Vénus », statuettes gravées dans la pierre ou l'ivoire aux formes féminines généreuses qui signifient la fécondité.

- Les os, les bois des cervidés, les coquillages, les dents sont utilisés comme supports à la création de parures ou pour la gravure.

À ce jour et dans le monde, plus de 200 grottes préhistoriques ornées de peintures ont été découvertes.

- Les peintures sont réalisées à l'aide des mains essentiellement. Le pigment rouge (oxyde de fer) et noir (charbon, manganèse) est mélangé à du talc et à un liant (graisse végétale ou animale) pour pouvoir être appliqué sur les parois.

Charge de bison, grotte d'Altamira, Espagne.

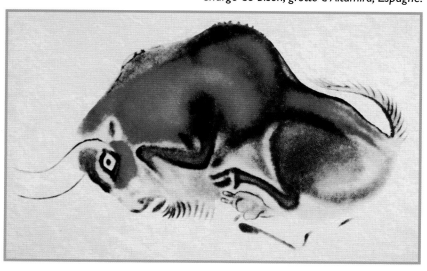

L'ÂGE DU BRONZE

- En 3000 avant J.-C. en Mésopotamie, les hommes vont commencer à utiliser le bronze au lieu de la pierre pour fabriquer des bijoux, des outils, des armes, des objets de culte.

- En Europe, l'âge du bronze commence vers 2000 avant J.-C. Il précède l'âge du fer qui débutera vers 800 avant J.-C. Le cuivre et l'or étaient martelés et furent utilisés avant le bronze qui, lui, était coulé.

Char solaire, âge du bronze.

- Les métallurgistes découvrent qu'en ajoutant de l'étain (10 %) en fusion au cuivre, ils obtiennent du bronze. Ce métal présente alors une grande résistance.

- Le minerai extrait est porté à très haute température (800 °C) pour en libérer le métal qui est récolté dans un creuset en pierre.

- Le bronze liquide est versé dans un moule en pierre. Lorsque le bronze est refroidi et durci, le moule ouvert révèle l'objet qui est aiguisé par la suite si besoin.

- Le bronze peut être coulé en lingot dans des moules géométriques. Ces lingots faisaient l'objet d'échanges commerciaux et des civilisations s'enrichirent de ce nouveau commerce.

- À l'âge du bronze, le culte religieux mégalithique (voir « Le néolithique ») se poursuit, mais les sépultures* sont souvent réservées aux riches commerçants du métal.

- Les gravures rupestres, très nombreuses, sont en relation avec les différents cultes, dont celui du Soleil, de l'eau, de la fertilité, du taureau. La Scandinavie, les Alpes-de-Haute-Provence en France, le Val Carmonica en Italie sont des lieux d'une grande richesse en art rupestre.

- L'habitat est constitué de petites maisons en pierre, en bois ou en torchis (terre argileuse, mélangée avec de la paille hachée ou du foin). Les villages sont d'abord entourés par des haies, des murs, des palissades avant d'être fortifiés.

- L'agriculture et l'élevage se développent. La chasse et la pêche complètent le menu de céréales, de légumineuses et de fruits.

Hache.

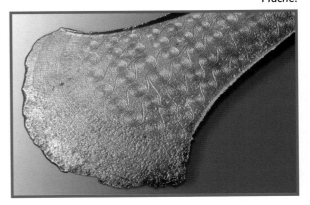

L'ÂGE DU FER

Reconstitution des activités agricoles à l'âge du fer, Danemark.

- L'âge du fer, qui suit l'âge du bronze, commença vers 750 avant J.-C. en Europe, mais l'utilisation du fer était déjà présente en Grèce à partir de 1000 avant J.-C.

- Le fer, contrairement au bronze, provient de minerais faciles à trouver. Le métal obtenu après la fonte du minerai à 1 535 °C est plus résistant que le bronze. Il sera d'abord utilisé pour fabriquer des armes avant de servir à la réalisation d'objets quotidiens.

La société est désormais dominée par les guerriers.

- Les opérations nécessaires pour obtenir les barres de fer prennent environ 6 heures. Il fallait d'énormes quantités de charbon de bois pour alimenter le four.

- On divise l'âge du fer en deux périodes, la culture de Hallstatt (nécropole* découverte près de Salzbourg) et celle de La Tène (site archéologique en Suisse).

- À l'âge du fer, les villages sont fortifiés et construits sur des sites dont la hauteur constitue un moyen de défense.

- L'alimentation est composée des produits de l'agriculture et de l'élevage, y compris des animaux domestiques comme le chien et le cheval. Les réserves de nourriture sont mises à l'abri dans des greniers sur pilotis ou dans des puits fermés avec de l'argile.

- Les parures faites de métaux précieux, la vannerie, le tissage, le travail du bois et du verre constituent un artisanat florissant.

- L'âge du fer est aussi celui du commerce entre Celtes et Méditerranéens. C'est à cette époque que la monnaie grecque est introduite en Europe (350 avant J.-C.).

- L'influence celte se marqua aussi dans les pratiques funéraires. Après incinération, on déposait les cendres du défunt dans une urne. Cette forme d'enterrement est dite des « champs d'urnes ».

- Les princes ont des demeures funéraires luxueuses. Dans des chambres tapissées, le corps est entouré de quantité d'objets précieux et du char d'apparat.

L'Antiquité

- La civilisation de l'Égypte ancienne débute en 3000 avant J.-C. sur les rives du Nil. Cette civilisation dure près de 3 000 ans. Le gouvernement stable des pharaons favorisa l'épanouissement de l'économie et de la culture.

- L'Empire babylonien atteint son apogée en 1730 avant J.-C. sous Hammourabi qui conquiert la Mésopotamie. Il rédige un code du droit coutumier gravé en écriture cunéiforme (formée de signes en clous) sur des stèles (monuments en un seul bloc) de basalte.

- Les Babyloniens sont érudits en sciences, surtout en astronomie. Sous Nabucho-donosor, Babylone resplendit ; d'après les écrits grecs, on lui attribue une des Sept Merveilles du monde : les jardins suspendus. En 539 avant J.-C., Babylone est conquise par les Perses.

- L'histoire de la Grèce antique peut être divisée en quatre périodes : mycénienne (guerre de Troie), archaïque (Homère, premiers Jeux olympiques, système monétaire), classique (guerres médiques, rayonnement d'Athènes) et hellénistique (conquête de l'Empire perse).

- Les modèles artistiques, scientifiques, intellectuels grecs seront légués à l'Europe occidentale par l'intermédiaire des Romains qui ont conquis la Grèce.

- La démocratie apparaît en Grèce dès le Ve siècle avant J.-C. La cité d'Athènes est dirigée par les citoyens masculins hormis les étrangers.

- Alexandre le Grand (356-323 avant J.-C.) conquiert tout l'Empire perse en 4 ans. À sa mort, c'est tout l'immense empire macédonien qui disparaît.

- La civilisation romaine a fortement influencé nos systèmes juridiques et législatifs (droit romain) ; notre langue (le latin est à l'origine de la plupart des langues européennes) ; notre littérature.

- Jules César (100-44 avant J.-C.), général et homme de lettres, conquiert la Gaule, réforme le calendrier et les lois. Il mène une politique opportuniste et sa puissance est quasi absolue.

- Le monde méditerranéen unifié par les Romains est bouleversé par l'expansion de l'islam qui va le couper en 2. L'Empire d'Occident est submergé par l'invasion des barbares et disparaît en 476.

LES OLMÈQUES ET LES MAYAS

Ancien calendrier maya, Cancun, Mexique.

- Les premiers occupants d'Amérique du Nord y arrivent à l'époque paléolithique. Ils franchissent l'isthme (langue de terre resserrée entre 2 mers ou 2 golfes réunissant 2 terres) qui relie l'Asie à l'Alaska et descendent progressivement vers les grandes plaines du Sud.

Les Mayas ont créé un calendrier solaire de 365 jours.

- La civilisation des Olmèques (de - 2000 à - 500 avant J.-C.) est la plus ancienne connue en Amérique centrale. Au milieu de la forêt vierge, la vie s'organise dans des centres cérémoniels composés de temples, de cours et de plates-formes.

- Les Olmèques sculptent de gigantesques têtes dans la pierre (basalte). Acheminées sans doute par voie d'eau, elles sont disposées au pied des pyramides.

- La pyramide à degrés, en terre battue, se termine par une plate-forme où s'élève un sanctuaire en bois couvert de chaume.

- Les Olmèques utilisent des signes hiéroglyphiques*, l'arithmétique et inventent un calendrier qui divise l'année en mois de 20 jours.

- Les Mayas (de - 2000 à 850 après J.-C.) établissent des cités dans les terres arides du Yucatan et dans la forêt vierge des Guatemala, Belize, une partie du Salvador et Honduras actuels.

- Les sites découverts au XIXᵉ siècle sont d'imposants et majestueux centres cérémoniels érigés dans la pierre. Des pyramides, des palais, des tours d'observation astronomique et des autels dormaient sous l'épais manteau de la végétation.

- Les Mayas cultivent le maïs mais aussi le coton, le cacao et sont apiculteurs*. Ils utilisent l'or, le cuivre, l'argent et le jade pour confectionner de prestigieuses parures.

- Ce sont de remarquables astronomes et mathématiciens malgré la simplicité de leurs outils. Ils possèdent deux calendriers très précis et créent un système d'écriture hiéroglyphique*.

- C'est au cours du IXᵉ siècle de notre ère que se termine la période classique de cette civilisation qui a disparu sans que l'on puisse avancer de causes précises.

Ruines mayas, Tikal, Guatemala.

LA MÉSOPOTAMIE

Lion de la déesse Ishtar, mosaïque, Babylone, Irak.

- Le mot « Mésopotamie » signifie « le pays entre deux fleuves ». Les terres sont bordées par le Tigre et l'Euphrate qui y déposent lors des crues un limon fertile.

- Vers 3500 avant J.-C., les Sumériens, un peuple de paysans éleveurs, s'y installent. Ils creusent des canaux pour assurer l'irrigation et construisent des digues pour éviter les inondations.

L'écriture cunéiforme est la plus ancienne écriture connue.

- La boue du fleuve leur sert à fabriquer des briques et l'argile est utilisée pour la poterie et les tablettes qui sont le support d'écriture des scribes.

- L'écriture cunéiforme, « en forme de coins » permet de tenir des registres concernant les récoltes et les mouvements des marchandises.

- Les Mésopotamiens sont polythéistes (qui croient en plusieurs dieux). Parmi leurs nombreux dieux, Ea (dieu des eaux) et Ishtar (déesse du ciel et de la fertilité) sont très importants.

- Pour les vénérer, ils élèvent de hautes pyramides à étages au sommet desquelles se trouve le sanctuaire : la ziggourat, lien entre ciel et terre.

- Les villes, entourées de remparts, sont gouvernées par des rois et des reines. Certaines deviendront de puissantes « cités-États » : Our, Ourouk, Lagash en font partie.

- Les Sumériens sont des précurseurs en matière de connaissances scientifiques (mathématiques, astronomie). Les écoles, à proximité des temples, enseignent l'écriture et la lecture de textes religieux, littéraires et scientifiques.

- Les villes, rivales, sont souvent en guerre. La Mésopotamie est envahie à de nombreuses reprises et les conquérants se succèdent.

- Vers 1760 avant J.-C., Sumer et Akkad font partie de l'Empire babylonien sous le règne d'Hammourabi. Les Assyriens, sous la conduite d'Assourbanipal (669-631 avant J.-C.) s'emparent à leur tour de la Mésopotamie.

Porte d'Ishtar, Babylone, Irak.

LA CHINE ANCIENNE

- La civilisation chinoise est la première d'Extrême-Orient. C'est dans la vallée du fleuve Jaune qu'une communauté agricole s'établit vers 5000 avant J.-C. et cultive le millet, l'orge.

- La première dynastie est celle des Shang (XVIIIe-XIIe siècle avant J.-C.). Les souverains sont des intermédiaires entre les dieux et la Terre. Les cités se développent et la société est féodale (roi, nobles, paysans, esclaves).

Les Chinois ont inventé le feu d'artifice, le papier, l'écluse et la poudre à canon.

- Les découvertes faites lors des fouilles ont révélé un artisanat du bronze particulièrement brillant. La qualité et la sophistication des différents objets (vases, armes, trépieds…), parfois moulés en plusieurs parties, en attestent.

- L'écriture est proche des pictogrammes*, elle se compose, sous la dynastie des Shang, de 3 000 signes.

- Le règne de la dynastie Zhou s'étend du XIIe au IIIe siècle avant J.-C. La noblesse a une place prépondérante dans un royaume si grand qu'il est difficile pour les souverains d'y établir un pouvoir central.

- Les techniques (charrues) et les sciences (tables de multiplication) se développent, la population s'accroît et une classe de commerçants apparaît.

- C'est à la fin du règne des Zhou et dans un contexte de luttes entre États que Confucius développe sa philosophie. Sa pensée qui consistait en une société idéale, fondée sur l'exemple de la vertu personnelle de ses dirigeants, influença durablement l'État chinois.

- En 221 avant J.-C., la dynastie des Qin (à l'origine du mot « Chine ») soumet tous les royaumes chinois. Sous Quin Shi Huangdi, premier empereur, l'administration est centralisée, la culture, l'écriture et la monnaie sont unifiées. Les livres confucéens sont brûlés.

- Il entame la construction de la Grande Muraille (voir « La Grande Muraille de Chine ») et étend son royaume. Sa politique tyrannique le rend impopulaire.

- Sa sépulture, retrouvée en 1974, abritait une armée en terre cuite de 7 000 soldats grandeur nature. Ils avaient pour mission de protéger et d'accompagner l'empereur vers l'au-delà.

Tombe du 1er empereur de Chine, armée de terre cuite, Xi'an.

L'ÉGYPTE ANCIENNE

- Il y a 5 000 ans, l'Égypte fut une civilisation rayonnante pendant près de 3 millénaires. Quatre périodes vont se succéder : la période prédynastique, l'Ancien Empire, le Moyen Empire et le Nouvel Empire.

- Ménès unifiera sous son règne, durant la première période, la Basse-Égypte et la Haute-Égypte. Sous l'Ancien Empire, l'Égypte, isolée et à l'abri des invasions, est sous l'autorité divine et centrale du pharaon. Les premières pyramides sont construites (vers 2780 avant J.-C.).

Il fallait 70 jours pour préparer une momie.

- Thèbes devient la capitale sous le Moyen Empire. Le dieu Amon-Rê, dieu-soleil, est vénéré. Les arts s'épanouissent mais un peuple asiatique, les Hyksos, envahit la Basse-Égypte.

- Sous le Nouvel Empire, l'Égypte, devenue une grande puissance militaire, s'étend en Syrie et en Palestine. C'est l'époque brillante d'Aménophis III, d'Akhénaton et de Ramsès II. En 525 avant J.-C., les Perses mettent un terme à l'indépendance de l'Égypte.

- Le déchiffrement des hiéroglyphes permit de mieux connaître la culture égyptienne. Ce système d'écriture complexe, fait de symboles, était réservé aux textes sacrés ou officiels ainsi qu'aux inscriptions sur les tombes. Ce travail est dévolu aux scribes.

- Le pharaon, considéré comme un dieu vivant par le peuple, se trouve à la tête de la pyramide sociale. Viennent ensuite les hauts fonctionnaires et le clergé, puis les artisans et enfin les paysans.

- Les Égyptiens croient en une vie au-delà de la mort. Afin de conserver intact le corps de leurs défunts, ils le momifient. Embaumé et entouré de bandelettes, le corps est déposé dans un sarcophage richement décoré.

- Le Nil coule au cœur de l'Égypte. Grâce à ses crues et au limon fertile qu'il dépose sur ses rives, les paysans égyptiens bénéficient de 2 récoltes par an. Le fleuve est aussi une voie de communication essentielle entre le Nord et le Sud de l'Égypte.

- Les pyramides, dernières demeures des pharaons, sont érigées avec des blocs de calcaire. Le sarcophage est déposé dans la chambre mortuaire au fond d'une galerie murée. De fausses chambres et corridors sont prévus pour dissuader les pilleurs de tombe. Les pyramides de Gizeh, toujours debout, figurent parmi les sept merveilles du monde.

Le sphinx, Le Caire, Égypte.

LA GRÈCE ANTIQUE

Le Parthénon, Athènes.

- C'est à l'âge du bronze, vers 2000 avant J.-C., en Crète, que la première civilisation grecque se développa. Elle se répandit dans tout le bassin méditerranéen jusqu'en Égypte. Des palais ornés de fresques évoquant le culte de la fertilité au travers de la déesse mère et du taureau sont construits (palais de Cnossos).

- Les Mycéniens, originaires sans doute d'Asie Mineure, arrivés en Grèce à la fin de l'âge du bronze (vers 1600-1200 avant J.-C.), organisèrent plusieurs royaumes. Ils sont commerçants, guerriers et c'est peut-être Agamemnon, roi de Mycènes, qui fut à l'origine de l'expédition qui détruisit Troie vers 1250 avant J.-C.

Pythagore créa la table de multiplication et le système décimal.

- Homère, poète grec du VIIe ou VIIIe siècle avant J.-C., serait l'auteur de *L'Iliade* et de *L'Odyssée*. C'est dans *L'Iliade* qu'est contée la guerre de Troie. Ulysse imagine de pénétrer et de s'emparer de la ville à l'aide d'un cheval de bois où sont dissimulés des guerriers grecs.

- La cité (polis) se développa à la période archaïque au VIIIe siècle avant J.-C. Elle est constituée de villages ou a parfois la taille d'une ville. Elle s'organise autour de citoyens-soldats. À cette période, les Grecs s'installent et diffusent leur culture sur tout le pourtour méditerranéen.

- Chaque cité est protégée par une divinité. Le citoyen lui rend hommage dans le temple édifié sur le site de l'acropole. Les dieux résident, selon la croyance grecque, au mont Olympe. Chaque dieu est uni soit au ciel, soit à la terre ou à la mer et a une tâche particulière. Zeus (« le rayonnant ») est le père des dieux et le protecteur des hommes.

- Athènes et Sparte sont les cités dominantes entre le VIIIe et le VIe siècle avant J.-C. Athènes établit les bases de la démocratie ; l'assemblée donne, à celui qui jouit du statut de citoyen, le droit de vote.

- À Sparte, les jeunes gens sont éduqués afin de devenir des athlètes performants et les garçons sont entraînés dès l'âge de 7 ans à devenir soldat.

- Les deux villes vont s'opposer dans la guerre du Péloponnèse de 431 à 404 avant J.-C. La fin de la domination spartiate date de 371 avant J.-C.

- Thèbes devient la cité principale. Les autres cités réagissent et plusieurs guerres s'ensuivent. Les Macédoniens du Nord de la Grèce, avec Philippe II à leur tête, en profitent pour étendre leur domination sur l'ensemble du pays.

- Philippe II est assassiné en 336 avant J.-C. Son fils Alexandre le Grand lui succède. Il écrase Thèbes qui se rebellait et part à la conquête de la Perse. Il crée un vaste empire de l'Adriatique à l'Indus. Il meurt à Babylone à 33 ans.

461

LA ROME ANTIQUE

- La ville de Rome a été fondée, selon la légende, sur le mont Palatin (une des 7 collines de Rome) en 753 avant J.-C. par Romulus et Remus.

Le forum romain, Rome.

- Rome mit fin au pouvoir étrusque en place depuis 750 avant J.-C. et envahit une partie de l'Italie. Elle sera gouvernée par des rois jusqu'en 510 avant J.-C., après quoi, elle deviendra une république.

- En 27 avant J.-C., l'État passe sous la souveraineté d'un empereur et ce jusqu'en 467 après J.-C. Auguste, Tibère, Caligula, Claude Ier et Néron sont quelques empereurs célèbres.

- Les Romains se rencontrent, se détendent dans les bains publics ; les thermes. Ces bains sont composés d'un vestiaire, d'une salle d'eau chaude, d'eau tiède et froide ainsi que d'un bain de vapeur. Les aqueducs fournissent l'eau.

- L'amphithéâtre est un lieu de spectacle où se déroulent les combats de gladiateurs. Les gradins du Colisée à Rome pouvaient recevoir jusqu'à 50 000 spectateurs.

- Les gladiateurs sont des esclaves ou des prisonniers asservis à une discipline et à un entraînement impitoyables. Ils combattent armés, entre eux ou contre des fauves.

- Le latin est la langue de la Rome antique. Avec l'extension de l'Empire romain, elle deviendra la langue principale en Europe occidentale. Le latin atteint sa plus belle expression dans les poèmes de Virgile, d'Ovide, d'Horace…

- Deux mille ans après leur invention, les chiffres romains (I, II, III, IV…) sont toujours utilisés même si le système actuel de numérotation se réfère aux chiffres arabes (1, 2, 3, 4…).

- La nécessité de lois applicables à tous les citoyens d'un État centralisé amena l'empereur Justinien à écrire un code qui est à la base du code civil de la plupart des pays d'Europe.

- Au IVe siècle, les tribus barbares venues de Germanie et d'Asie assiègent Rome. En 395, l'Empire se scinde en deux. L'Empire d'Occident sera gouverné depuis Rome et l'Empire d'Orient aura Constantinople pour capitale. En 476, c'est la chute de l'Empire romain d'Occident. L'Empire romain d'Orient perdurera sous le nom d'Empire byzantin jusqu'en 1453.

Le Colisée, Rome.

L'EMPIRE PERSE

- Les Mèdes et les Perses sont deux tribus nomades installées au nord de l'Empire assyrien au VIIe siècle avant J.-C.

- Cyrus le Grand accède au trône en 550 avant J.-C. et conquiert la Médie et la Lydie. Il prit ensuite Babylone et fonda l'Empire perse achéménide.

- Son fils et successeur, Cambyse, élargit encore le territoire par la conquête de l'Égypte en 525 avant J.-C.

- Sous Darius Ier, l'immense Empire s'étend jusqu'à l'Indus, l'Afghanistan et aux frontières de l'Europe à l'ouest. Il est divisé en 20 provinces (satrapies) reliées par un réseau routier, parcouru par des messagers de la poste royale.

- Darius le Grand fait construire un canal du Nil à la mer Rouge et entame l'édification de Persépolis (en grec : cité des Perses), une cité si audacieuse qu'elle ne sera pas achevée au moment de sa destruction par les Grecs en 330 avant J.-C.

- Les Perses tolèrent les coutumes et religions locales, leur propre religion s'appuyant sur le zoroastrisme. Dans cet enseignement, l'homme a le choix entre l'archange du Bien ou du Mal. Celui qui respectera l'enseignement connaîtra le bonheur éternel.

- Les Perses entrent en conflit avec les Grecs lors des guerres médiques au début du Ve siècle avant J.-C. Les 2 premières attaques perses se soldent par un échec et Darius le Grand meurt lors de la préparation de la troisième expédition.

Persépolis, Iran.

- L'Empire perse est assailli par les Égyptiens, aidés des Grecs. La dynastie achéménide est brisée par Alexandre le Grand qui bat les troupes de Darius III en 334 avant J.-C.

Alexandre le Grand reçut une éducation exceptionnelle avec Aristote pour maître.

- À la mort d'Alexandre, Séleucos Ier se rend maître du reste de l'ancien Empire qui renaîtra pourtant à partir de 226 avant J.-C. sous les Sassanides, nouvelle dynastie fondée par Ardachêr Ier.

- La Perse est envahie par les Arabes en 637 de notre ère. Le zoroastrisme disparaît au profit de l'islam.

Le Moyen Âge

- Le Moyen Âge est la période de l'histoire européenne comprise entre 476 (chute de l'Empire romain d'Occident) et 1492 (découverte de l'Amérique par Christophe Colomb).

- Les invasions barbares (Francs et Germains) provoquent la chute de l'Empire romain d'Occident et la fusion des peuples germaniques avec la population romanisée.

- Les villes d'Occident déclinent : le commerce, les institutions municipales et les voies de communication sont laissées à l'abandon.

- Un empereur, Charlemagne (742-814), roi des Francs, constitue le vaste empire carolingien et généralise un système d'éducation et une législation. Les arts s'épanouissent à nouveau.

- L'Empire est morcelé en trois parties en 843 et ces nouveaux États doivent faire face à une deuxième vague d'invasions : Normands ou Vikings, Bulgares et Hongrois déferlent sur l'Occident au Xe siècle.

- La féodalité est le modèle d'organisation sociale, politique et économique qui va régir les rapports sociaux jusqu'à la fin du Moyen Âge.

- Entre le Xe et le XIIIe siècle, la population augmente considérablement. L'économie agricole se développe, les forêts sont déboisées pour faire place aux champs et les techniques progressent.

- Au Moyen Âge, seuls les pèlerins en route vers Rome ou Saint-Jacques-de-Compostelle, les chevaliers, certains hommes d'Église et des marchands se déplacent hors des villages.

- Au XIVe siècle, l'Europe souffre de famine. La population va brusquement chuter à cause de l'épidémie de peste noire apportée par les navires génois. En Europe, 1/3 de la population disparaît.

- L'État féodal laisse la place à un État moderne. Les trois catégories sociales comprennent : le clergé, la noblesse et la bourgeoisie. Leurs droits sont définis par une charte des privilèges qui empêche le souverain d'accroître ses pouvoirs.

LES CELTES

Croix celtique, île de Mull, Écosse.

- La première civilisation celtique, à la période dite de Hallstatt, de - 750 à - 475 avant J.-C. (voir « L'âge du fer »), est présente en Europe centrale. Cette civilisation va développer ses territoires et occupera la Gaule, l'Espagne, l'Italie, les Balkans et les îles britanniques en 400 avant J.-C.

- Au IIIe siècle avant J.-C., les Celtes construisent, sur les hauteurs, des oppidums, camps fortifiés au centre desquels se trouvent des huttes protégées par des fossés et des remparts.

- La société est divisée en classes : la noblesse guerrière qui dirige les tribus, les fermiers qui ont un rôle très important dans cette société rurale, les esclaves, les artisans et les druides.

- Les druides sont des hommes sacrés. Ils conseillent les chefs de tribus, rendent la justice, dirigent les rites pendant les cérémonies religieuses. Ils sont herboristes et devins ; ils tirent des présages* du vol des oiseaux et des entrailles des animaux.

- Le gui est sacré. Lorsque les druides le cueillent dans les chênes qui en portent, ils croient à la présence d'un dieu dans l'arbre.

- L'artisan celte exprime son art au travers du travail du métal (or, bronze, fer). Il fabrique de magnifiques boucliers, des bijoux, du mobilier, des statuettes religieuses.

- Les tribus croient aux esprits et en une multitude de dieux : Cernunnos est le dieu solaire aux ramures de cerf ; Epona, la déesse protectrice des juments et des poulains ; Ognos, le dieu de la guerre… Des animaux comme le cochon ou le sanglier sont sacrés.

- Les bardes (ou poètes) détiennent une tradition littéraire orale très riche.

- Les mythes, contes et légendes sont nombreux ; la légende du roi Arthur en fait partie.

Pour devenir druide, il fallait suivre des études pendant 25 ans.

- Au IIIe siècle avant J.-C., les Celtes prennent la Macédoine et la Thessalie en Grèce et certains arrivent jusqu'en Asie Mineure. Au début du Moyen Âge, les territoires celtes sont conquis par les Germains.

LES GERMAINS

- Les Germains, d'origine scandinave, se déplacèrent au IIe siècle avant J.-C. vers l'Allemagne du Nord.

- Parmi les tribus germaniques, les Cimbres et les Teutons voulaient progresser vers la Méditerranée, ils envahirent la Gaule à la fin du IIe siècle avant J.-C.

- L'armée romaine dut leur faire face à plusieurs reprises. Afin d'éviter tout risque d'invasion, Trajan, empereur romain en 98, fit ériger en guise de frontière une muraille défensive composée de fossés, de tours de guet et de camps militaires.

- La conquête de l'Empire romain d'Occident par les tribus germaniques appelées aussi « barbares » aboutit au mélange des peuples. Durant le Ve siècle, des alliances entre Romains et Goths ou Francs se firent. Ces tribus se convertirent au catholicisme.

Les Goths furent les premiers à piller Rome.

- Les Goths furent les premiers à être christianisés. Les Goths s'opposèrent pendant près d'un siècle aux empereurs romains. Cette tribu, originaire de l'île du Gotland en Suède se divisa vers 370 en deux groupes : les Ostrogoths (les Goths de l'Est) et les Wisigoths (les Goths de l'Ouest).

- Les Wisigoths, en désaccord avec le pouvoir romain, dévastèrent Rome en 409, conquirent la Gaule méridionale, l'Espagne et le Portugal.

Statue de l'empereur Trajan.

- Les Ostrogoths durent combattre aux côtés des Huns, peuple asiatique d'origine turco-mongole qui envahit la Gaule en 451 et avait pour roi Attila surnommé « le fléau de Dieu ».

- En 493, Théodoric Ier le Grand, roi des Ostrogoths, se posa en héritier de l'Empire romain d'Occident. En 33 ans, il conquit de nombreux territoires dont l'Italie.

- Les Francs, également d'origine germanique, s'installèrent dans les provinces romaines vers 253. Clovis, roi des Francs de 481 à 511, s'attaqua à la Gaule. Il prit Soissons puis l'ensemble de la Gaule.

- Paris devient la capitale de ce royaume mérovingien fondé par Clovis. Les cultures des populations germaniques et gallo-romaines vont se rencontrer et fusionner.

LES VIKINGS

Cimetière viking, Danemark.

- L'Europe, dès la fin du VIIIe siècle et jusqu'au XIe siècle, fut l'objet d'invasions par les Normands ou Vikings « guerriers de la mer ». Ils viennent de Scandinavie et traversent les océans en pillant les côtes.

- Ils naviguent habilement à bord de leurs drakkars, construits tout en longueur et étroitesse pour être plus rapides. Ces bateaux sont équipés de voiles et d'avirons. Des navires plus larges, les knörrs, sont utilisés pour le transport des marchandises.

- Si les Vikings ont une réputation de guerriers et de pillards, ce sont aussi des marchands qui échangent des fourrures d'ours, de loup, de l'ivoire de morse contre des denrées et des étoffes d'Occident et de la Méditerranée. Ils ouvrent ainsi de nouvelles routes, installent des comptoirs et des colonies.

- Les Vikings sont polythéistes* et leur mythologie* est organisée autour de 3 divinités : Odin (le dieu principal), Thor (son fils), dieu du tonnerre (dont on retrouve le nom dans le mot thursday, le jour de Thor : jeudi) et Freyr, dieu de la fertilité et des récoltes (dont on retrouve le nom dans le mot friday : vendredi).

Bague viking en or.

- Des Danois vont déferler dans les villes de l'Empire carolingien (Rouen, Hambourg, Paris...) et vont s'installer en Normandie en 911, où ils se convertissent au catholicisme.

- Les Vikings iront jusqu'en Islande et au Groenland d'où ils s'élanceront pour découvrir, bien avant Christophe Colomb, l'Amérique du Nord. Leif Eriksson, fils d'Erik le Rouge, aborda à Terre-Neuve qu'il baptisa « Vinland » (pays du vin) vers l'an 1000.

- Les Vikings vont soumettre l'Angleterre, la Sicile, s'emparer de l'Écosse et établir des villes commerciales en Irlande.

- Au XIe siècle, l'Empire du roi Canut II s'étend au Danemark, à la Norvège, au sud de la Suède et à l'Angleterre. Les Danois et les Anglais sont reconnus égaux devant la loi.

- L'art viking peut se découvrir au travers de l'orfèvrerie* qui est très raffinée. Les motifs sont soit animaliers, soit mythologiques. Les médaillons, épingles, bagues, bracelets sont en or ou en argent. Les colliers sont finement tressés.

Le drakkar, dont la proue était ornée d'une tête de dragon, vient de « drak» qui signifie dragon en viking.

- Les princes sont ensevelis dans des vaisseaux ornés de sculptures animales et équipés de biens comme des épées, des haches, des chariots... Les formes sont originales et élégantes.

LA FÉODALITÉ

Château de Carcasonne, France.

- La féodalité est une organisation politique, économique et sociale qui dirige la société médiévale en Europe et dans certaines parties de l'Asie.

- Le roi détient les terres. Il délègue à ses compagnons (comitis en latin, comtes) la surveillance d'une portion de territoire. En échange, les nobles peuvent jouir des revenus des terres reçues en dépôt.

- Ce seigneur dominant concède ses terres appelées aussi fiefs à un vassal qui permet à des paysans d'y travailler.

- Les paysans cultivent les terres dont ils reçoivent une partie des récoltes pour leurs besoins. En échange, ils versent une redevance aux chevaliers vassaux. Leur fidélité est aussi quelquefois récompensée par des cadeaux.

- L'union d'un seigneur à un vassal suppose des droits et des obligations de part et d'autre. Le seigneur donne sa protection, son conseil et son assistance militaire.

- Les vassaux doivent payer une taxe au roi qui l'utilise pour financer une armée professionnelle. La féodalité repose donc sur un système pyramidal de services, d'engagements, de relais.

- Au XIᵉ siècle, le fief devient héréditaire pour la lignée du vassal qui transmet l'engagement envers le suzerain de génération en génération.

- Les paysans qui travaillent sur les terres d'un seigneur sont appelés « serfs ». Les serfs, contrairement aux esclaves, ne peuvent être vendus et jouissent de la protection de leur seigneur sous forme d'aide alimentaire et de défense contre les pillards.

- Au XIIᵉ siècle, les rois reprennent plus de pouvoir. Les vassaux sont obligés de combattre gratuitement 40 jours par an. Il arrive que des fiefs soient repris et l'héritier d'un fief est tenu de payer des droits de succession.

Chaque famille de paysans dispose de son propre potager.

- La Révolution française fait éclater les droits seigneuriaux dans la nuit du 10 août 1789. Les privilèges de la noblesse et de l'Église, l'écrasement des paysans sous les impôts, la nature autoritaire et le caractère sacré du roi sont remis en cause.

Portrait d'un roi à l'époque féodale.

LES CHÂTEAUX FORTS ET LES CHEVALIERS

- Le premier château fort est une butte en terre au sommet de laquelle est construite une tour en bois.

- Aux XIe et XIIe siècles, cette tour peut faire partie d'un ensemble qui comprend également une pièce résidentielle, une cuisine et une chapelle.

- Lors de l'invasion de l'Angleterre par les Normands (voir « Les Vikings »), ceux-ci élèvent rapidement une tour, des bâtiments dans la cour et fortifient l'ensemble en l'entourant d'une palissade.

- Au XIIe siècle, les tours et les enceintes autrefois construites en bois font place à la maçonnerie. Plus défensif car résistant au feu, ce nouveau type de château possède aussi des murailles épaisses qui permettent autant de résister que d'attaquer.

Château de Bodiam, Sussex, Angleterre.

- Les mâchicoulis sont des ouvertures au sommet de la muraille qui permettent d'observer et de projeter des objets et des matières sur l'ennemi, par exemple de l'huile bouillante.

- Des tours s'élèvent à chaque angle et au milieu des façades. Tour de prison, tour du roi, tour d'entrepôt, chapelle… chacune a sa fonction.

- Le lieu principal est la grande salle située à l'intérieur des remparts. Lieu à la fois de réunion et de fête, le seigneur reçoit et festoie autour d'une longue table.

- Le chevalier du Moyen Âge est un guerrier, d'origine aussi bien paysanne que noble, qui combat à cheval au service du roi. Il doit appliquer le code de l'honneur, c'est-à-dire être loyal, courtois, généreux et protéger les faibles.

- La chevalerie est un métier d'armes qui nécessite un apprentissage. Le jeune garçon sert d'abord de page à un chevalier, après quoi, à la puberté, il devient écuyer et apprend l'art du combat et les règles de la chevalerie auprès de son maître. Vers 21 ans, il est adoubé et reçoit des armes et une armure.

- Les tournois sont des mises en scène de batailles au cours desquelles les chevaliers s'affrontent. Ils sont reconnaissables grâce aux armoiries* dessinées sur leur équipement et sur celui de leur cheval.

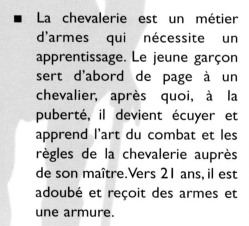

Chevalier, reconstitution médiévale.

Les armoiries ont été inventées pour reconnaître les chevaliers en armure sur les champs de bataille.

LES FRANCS

- Lors de la chute de l'Empire romain d'Occident, les territoires anciennement romains sont conquis par les peuples barbares. Les Francs, venus des rives du Rhin, forment une tribu germanique puissante sous la conduite de leur roi Clovis Ier (v. 465-511).

- Les rois francs mérovingiens sont appelés « rois fainéants » car ce sont en réalité les maires des palais (un par royaume) qui se chargent de l'administration. Ces fonctionnaires aristocrates détiennent l'autorité.

- Pépin le Bref, fils et successeur de Charles Martel comme maire de palais, convainc le pape de la supériorité du pouvoir sur le titre. Il devient roi des Francs en 751.

- Pépin le Bref et son fils Charlemagne (742-814) conquièrent de nouveaux territoires et arrêtent les Lombards qui veulent s'emparer de Rome.

Roi franc.

Les territoires de Charlemagne couvraient un million de km^2.

- Le jour de Noël 800, Charlemagne est couronné empereur à Rome par le pape Léon III, qui reconnaît en lui un protecteur. L'Empire chrétien d'Occident est restauré.

- Charlemagne est un souverain puissant, conquérant, qui réorganise l'Empire en comtés. Les comtés sont régulièrement inspectés par des envoyés de l'empereur.

- Charlemagne établit un gouvernement fixe à Aix-la-Chapelle. Une école, au sein du palais, forme les clercs* et les laïcs*. Les futurs comtes y sont éduqués.

- La cour impériale accueille des savants ; des livres sont écrits et enluminés*. L'Occident connaît un renouveau culturel grâce à Charlemagne.

- À sa mort, son fils, Louis le Pieux, doit faire face à la reprise des invasions. Les Vikings s'installent dans les îles britanniques et attaquent la Gaule ; les Hongrois anéantissent l'Allemagne.

- En 887, le dernier empereur carolingien, Charles le Gros, est déposé après avoir tenté une dernière réunification.

L'EMPIRE MUSULMAN

- Au VIIᵉ siècle après J.-C., la foi islamique révélée au prophète Mahomet se répand dans l'Empire musulman qui va de la vallée de l'Indus à l'Espagne.

- L'Empire musulman est gouverné par les successeurs de Mahomet : les califes. Ils conquièrent l'Empire perse et une grande partie de l'Empire byzantin. Ils se montrent tolérants vis-à-vis des autres religions.

- Les princes font construire des palais somptueux, des mosquées et des universités. L'algèbre et le zéro apparaissent, l'astrolabe (instrument dont on se servait pour déterminer la hauteur des astres au-dessus de l'horizon) est perfectionné.

- L'islam a deux écoles : sunnite et chiite. Le califat omeyade (661-750) installe sa capitale à Damas (Syrie). Les dirigeants sont tyranniques et l'islam est réservé aux Arabes.

- En 711, les musulmans maures venus d'Afrique du Nord combattent les Wisigoths en Espagne et sont freinés dans leur progression vers le nord par les Francs.

Dôme du Rocher, mosquée d'Omar, VIIᵉ siècle, Jérusalem.

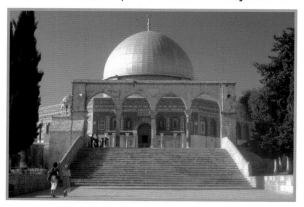

- La dynastie omeyade, installée à Cordoue, y règne jusqu'en 1031. Écoles, bibliothèques, universités,... Cordoue devient un centre intellectuel et artistique où l'art hispano-mauresque s'épanouit.

La cour des myrthes, Alhambra, Grenade, Espagne.

- Les Abassides (750-1258) prennent le pouvoir de force et transfèrent la capitale à Bagdad. Sous cette dynastie l'Empire connaît un magnifique essor économique, intellectuel et religieux.

- La ville de Bagdad, située en Mésopotamie, est construite en 762. Elle prospère jusqu'à devenir la plus grande ville du monde sous le règne du calife Haroun al-Rachid, le calife des *contes des Mille et Une Nuits* (766-809).

La religion islamique interdit les portraits d'êtres humains.

- La fin de l'Empire abasside est provoquée par l'invasion des Mongols, au XIIIᵉ siècle, qui pillèrent Bagdad en 1258.

- La dynastie des Fatamides, chiites, se réclame des descendants de Fatima (fille de Mahomet). Le Caire est leur capitale. Ils sont vaincus par Saladin, sultan d'Égypte en 1171.

471

LES CROISADES

- À la fin du XIᵉ siècle, les pèlerins chrétiens qui se rendent à Jérusalem connaissent des difficultés à cause de la présence musulmane dans le Proche-Orient arabe et byzantin et de la prise de Jérusalem par les Turcs.

- La première croisade est destinée à reprendre Jérusalem des mains des infidèles. L'appel à la croisade du pape Urbain II, en novembre 1095, connaît un immense succès.

> **La croix du croisé sur son épaule signifiait que le Seigneur lui assurait le royaume des cieux.**

- Les barons chevaliers, mais aussi les paysans et les simples citadins, veulent s'engager. Ces derniers, moins bien équipés, ne pourront faire face aux combattants turcs, les Seldjoukides.

- À l'issue de la première croisade et de la prise de Jérusalem en 1099, 4 États latins sont fondés : le royaume de Jérusalem, la principauté d'Antioche, le comté d'Édesse et le comté de Tripoli. Ils sont défendus par des ordres monastiques militaires comme ceux des Templiers, des Teutoniques, des Hospitaliers.

- Au fil des croisades, les Francs s'emparent de plusieurs villes en Terre sainte mais, en 1130, les musulmans se rebellent contre les excès des Francs. L'idée de guerre sainte ou de djihad est présente.

- La deuxième croisade fut un échec. Les musulmans, regroupés autour de Saladin, s'emparent de Jérusalem en 1187 et de la plupart des forteresses croisées.

- La troisième croisade organisée par les rois d'Angleterre, de France et du Saint Empire germanique aboutit à la reprise de quelques villes et à un accord qui permet aux chrétiens de revenir en pèlerinage à Jérusalem.

- Les autres croisades, huit au total, furent une succession de territoires repris et perdus de nouveau. La dernière forteresse croisée (Saint-Jean-d'Acre) est prise en 1291 par les musulmans.

- Les croisades permirent au commerce entre la Méditerranée et l'Orient de se développer. Des techniques de construction, des connaissances scientifiques s'échangèrent.

Mosaïque de l'entrée triomphale des croisés à Séville.

- Ces croisades suscitèrent un sentiment de revanche chez les musulmans qui mènera à la prise de Constantinople en 1453 et à une domination ottomane sur l'Europe jusqu'au XVIᵉ siècle.

L'EMPIRE BYZANTIN

- En 395, lorsque l'Empire romain se scinde en 2, l'Empire d'Orient devient byzantin. Constantinople, autrefois Byzance et rebaptisée par Constantin, en devient la capitale de 395 à 1453.

- Constantinople hérite de la culture hellénique de Byzance qui était une colonie grecque. C'est alors la plus belle cité du Moyen Âge. Elle va résister à l'expansion musulmane jusqu'en 1453.

- Située sur le Bosphore, entre l'Asie et l'Europe, sa position lui a valu d'être assiégée à de nombreuses reprises. Les colonies étrangères, dont les Italiens, viennent s'y installer en raison de l'intense activité commerciale.

- L'Église chrétienne, qui unifie les deux empires, va connaître une séparation en 1054 : le schisme* d'Orient. Les orthodoxes (Église byzantine) se séparent des catholiques (papauté de Rome).

- Les orthodoxes vénèrent les représentations de la vie de Jésus, de la Vierge, des saints sous forme d'icônes. Leurs adversaires, les iconoclastes, condamnent la vénération des images ; ce qui donne lieu à des querelles internes sanglantes.

- Le règne de l'empereur Justinien (527-565) favorisera l'épanouissement de l'art byzantin dont Ravenne (Italie) est le centre. Il fit construire la basilique Sainte-Sophie à Constantinople. La lumière qui pénètre dans l'édifice fait étinceler le marbre et les mosaïques.

Intérieur de la basilique Sainte-Sophie, Istanbul.

- Les icônes chatoyantes, délicates et les miniatures peintes sur papyrus ou parchemin se retrouvent dans tous les monastères de Russie, de l'ex-Yougoslavie, de Grèce, d'Italie, de France et de Macédoine.

- En 1204, Constantinople est saccagée par les croisés. Cette quatrième croisade est conduite par le pape Innocent III qui imposera un Empire latin d'Orient jusqu'en 1261.

- Constantinople est prise par les Turcs ottomans en 1453. Ses édifices religieux sont transformés afin de refléter la culture turque et islamique.

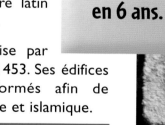

La basilique Sainte-Sophie fut construite en 6 ans.

Mosaïque, basilique Sainte-Sophie, Istanbul.

LA GUERRE DE CENT ANS

Portrait d'Édouard III d'Angleterre.

- À la fin du Moyen Âge (1337-1453), débute un conflit entre les Anglais et les Français, entrecoupé de multiples trêves, que l'histoire retiendra sous le nom de guerre de Cent Ans.

- Le duché de Guyenne (Aquitaine), qui appartenait aux Anglais suite au mariage d'Aliénor d'Aquitaine avec Henri II Plantagenêt, leur est confisqué par le roi de France en 1337. Les hostilités entre Édouard III d'Angleterre et Philippe VI de Valois (roi de France) sont engagées.

La peste noire fit en Europe environ 25 millions de victimes.

- Édouard III s'autoproclame roi de France. Les Anglais vont remporter plusieurs victoires, d'abord dans le port flamand de l'Écluse en aval de Bruges. Le 24 juin 1340, la flotte française est détruite. Ensuite à Crécy-en-Ponthieu (entre Amiens et l'embouchure de la Somme) en 1346 et enfin à Calais où la ville capitule le 13 août 1347 après 11 mois de siège.

- L'apparition de la peste noire rallongera une trêve qui durera pratiquement dix ans. Cette épidémie causée par la puce du rat ravagera le monde.

- Originaire d'Asie, la maladie arrive dans les ports de la Méditerranée où accostent des bateaux transportant des rats. La maladie, perçue comme un fléau de Dieu, renforce la croyance des chrétiens. Des fanatiques parcourent les rues en se flagellant pour se repentir.

- Les Anglais reprennent les attaques sous la conduite du fils d'Édouard III, le Prince Noir, surnommé ainsi à cause de la couleur de son armure. Le 19 septembre 1356, ils gagnent la bataille de Poitiers au cours de laquelle Jean II le Bon est fait prisonnier.

- Les Français réussissent à reprendre plusieurs territoires grâce à Du Guesclin nommé connétable (chef suprême de l'armée) par Charles V.

- Sous le règne de Charles VI, les crises de folie de celui-ci et la guerre civile entre Bourguignons et Armagnacs affaiblissent le royaume de France.

- Jeanne d'Arc, obéissant à des voix célestes, va conduire l'armée de Charles VII à la victoire en délivrant Orléans. Grâce à elle, Charles VII, déshérité par sa mère, est sacré à Reims. Les Bourguignons la capturent et la livrent aux Anglais. Considérée comme hérétique, elle sera brûlée sur le bûcher à Rouen en 1431.

Statue de Jeanne d'Arc, Paris, France.

- Les Français reconquirent la Normandie et la Guyenne en 1453. Calais restera aux mains des Anglais jusqu'en 1458.

PERSONNAGES CÉLÈBRES

- Arthur est, selon la légende, le roi des Anglais qui au VIe siècle a résisté aux envahisseurs anglo-saxons. Il épouse Guenièvre et s'entoure des chevaliers de la Table ronde (Lancelot, Perceval…) pour accomplir des missions difficiles.

- Ses aventures sont racontées dans le « cycle arthurien », écrit à partir du XIe siècle en plusieurs langues. Les récits, adaptés de façon différente, circulèrent à travers toute l'Europe.

- Clovis Ier (465-511) succéda à son père Childéric en 481 comme chef de tribu des Francs Saliens. Après avoir fait égorger Syargus, dernier représen- tant de la puis- sance romaine en Gaule, il étendit sa domination jus- qu'à la Loire.

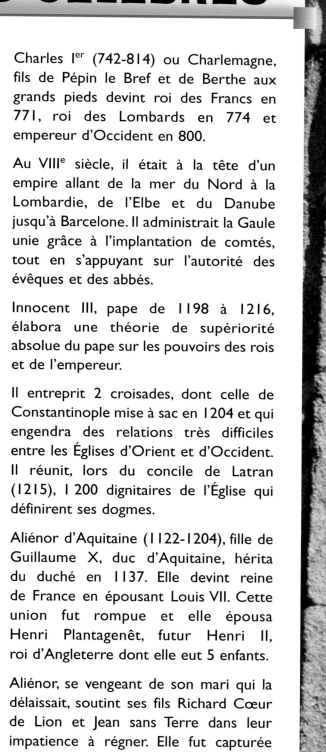

Statue de Richard Coeur de Lion, roi d'Angleterre.

- Pour se distinguer des autres barbares, s'assurer du soutien du clergé, des populations gallo-romaines et de la papauté, Clovis se fit baptiser à Reims avec 3 000 guerriers francs entre 496 et 499.

Charlemagne ne savait pas écrire mais lisait le latin et le grec.

- Charles Ier (742-814) ou Charlemagne, fils de Pépin le Bref et de Berthe aux grands pieds devint roi des Francs en 771, roi des Lombards en 774 et empereur d'Occident en 800.

- Au VIIIe siècle, il était à la tête d'un empire allant de la mer du Nord à la Lombardie, de l'Elbe et du Danube jusqu'à Barcelone. Il administrait la Gaule unie grâce à l'implantation de comtés, tout en s'appuyant sur l'autorité des évêques et des abbés.

- Innocent III, pape de 1198 à 1216, élabora une théorie de supériorité absolue du pape sur les pouvoirs des rois et de l'empereur.

- Il entreprit 2 croisades, dont celle de Constantinople mise à sac en 1204 et qui engendra des relations très difficiles entre les Églises d'Orient et d'Occident. Il réunit, lors du concile de Latran (1215), 1 200 dignitaires de l'Église qui définirent ses dogmes.

- Aliénor d'Aquitaine (1122-1204), fille de Guillaume X, duc d'Aquitaine, hérita du duché en 1137. Elle devint reine de France en épousant Louis VII. Cette union fut rompue et elle épousa Henri Plantagenêt, futur Henri II, roi d'Angleterre dont elle eut 5 enfants.

- Aliénor, se vengeant de son mari qui la délaissait, soutint ses fils Richard Cœur de Lion et Jean sans Terre dans leur impatience à régner. Elle fut capturée et jetée en prison dans le château de Chinon d'où elle ne ressortit qu'à la mort de son mari.

La Renaissance

- La Renaissance et la pensée humaniste naissent en Italie au XIVe siècle. On redécouvre l'Antiquité, ses artistes, ses penseurs. On s'intéresse aux civilisations grecques et romaines.

- La pensée humaniste remet en question les croyances du Moyen Âge. L'homme et la vie terrestre sont au centre des valeurs, il peut décider de sa destinée.

- Le corps humain intéresse les artistes qui vont le peindre et le sculpter en y trouvant un idéal de beauté. Ils feront ainsi également évoluer les connaissances anatomiques.

- Les grands artistes de la Renaissance comme Michel-Ange, Léonard de Vinci, Dürer sont soutenus par des mécènes, personnes issues de la noblesse et qui vont leur commander des œuvres.

- Galilée, physicien et astronome italien, confirme la théorie de Copernic selon laquelle la Terre est mobile et tourne autour du Soleil. Cette pensée s'oppose à Aristote et Ptolémée qui imaginaient une terre immobile.

- Les explorations de Vasco de Gama et de Fernand de Magellan élargissent les connaissances en géographie. Christophe Colomb cherche de nouvelles routes vers l'Inde.

- Érasme, grand humaniste hollandais, traduit et commente le Nouveau Testament. Il critique la corruption et les superstitions de l'Église. Il souhaite un culte plus simple et plus proche des évangiles.

- La découverte de l'imprimerie est un événement majeur pour la circulation des idées. En 1456, Gutenberg, imprimeur allemand, publie une Bible grâce aux caractères mobiles en plomb.

- Dans le domaine des arts, la découverte de la perspective permet de représenter un espace sur une surface plane qui donne l'illusion de la troisième dimension.

- L'invention des armes à feu et de la poudre à canon engendre des attaques plus destructrices que la cavalerie et les archers du Moyen Âge.

L'AMÉRIQUE

Vue du site inca de Machu Picchu, Pérou.

- Au XVe siècle, de nombreuses expéditions menées par les Espagnols et les Portugais aboutirent à la découverte du nouveau continent appelé alors par erreur les Indes occidentales.

- Les conquistadores sont des aventuriers attirés par les richesses de ces nouveaux territoires. Ils conquirent les empires maya, aztèque et inca en quelques années.

- Au Mexique, les Aztèques réalisent des statues religieuses monumentales, leurs masques sont incrustés de pierres précieuses et leurs manuscrits remarquablement enluminés.

- En 1525, l'empire inca s'étend sur le Pérou et une partie des pays voisins : Colombie, Équateur, Argentine, Chili, Bolivie.

- Les Incas vénèrent le dieu Soleil, érigent des temples et des palais et, lors de cérémonies, procèdent à des sacrifices rituels d'animaux ou d'humains.

- La colonisation de l'Amérique engendre la traite des esclaves. Dans un premier temps, ce sont les indigènes* que les Espagnols et les Portugais obligent à cultiver les terres.

- Les conditions pénibles et les maladies apportées par les Européens leur sont fatales. Des esclaves africains les remplacent. On estime à environ 13 millions le nombre d'Africains vendus comme esclaves.

- Le culte indigène est remplacé par le catholicisme. Les jésuites fondent des missions et construisent des églises baroques en pleine forêt vierge. Ils tentent de protéger les Indiens contre les colons espagnols.

- En 1770, les jésuites sont chassés et les Indiens sont soit tués, soit exploités comme esclaves.

Mosaïque représentant des conquistadores espagnols.

- Les Français et les Anglais explorent l'Amérique du Nord. Les colonies anglaises, 13 au total, se développent rapidement. À la fin du XVIIIe siècle, ces colonies se révoltent et proclament leur indépendance, en 1776. Cela encouragea l'Amérique du Sud à faire de même vis-à-vis de l'occupant espagnol.

Les Aztèques fondèrent la ville de Mexico (Tenochtitlán).

477

LA DIFFUSION DES IDÉES

■ La découverte du papier en Europe entre le XIe et le XIIe siècle joue un rôle fondamental dans la diffusion des écrits, des idées. Les Chinois l'avaient inventé en 105 après J.-C. mais en avaient gardé le secret.

■ Ce nouveau support remplace le papyrus utilisé avant l'ère chrétienne et le parchemin (IIe au IVe siècle) constitué de peaux sur lesquelles on peut écrire recto verso mais qui reste un support très coûteux et fastidieux à préparer.

Mosaïque représentant Gutenberg.

■ Gutenberg, un orfèvre allemand, va compléter la découverte du papier par celle des caractères métalliques mobiles et le perfectionnement de la presse à papier, ce qui permet de répondre à la demande grandissante de livres.

■ Le premier livre, la Bible, sera imprimé à Mayence, au bord du Rhin par Gutenberg entre 1452 et 1454 et diffusée à environ 180 exemplaires.

■ Un nouveau métier fait son apparition : imprimeur. Grâce à eux, les chefs-d'œuvre de l'Antiquité ainsi que des grammaires et des traductions diverses vont pouvoir être diffusés.

■ Le caractère romain est utilisé pour les textes antiques alors que le gothique sert aux textes juridiques, religieux. Un imprimeur italien invente le caractère italique qui rappelle l'écriture des manuscrits.

■ La plupart des livres sont imprimés en latin, la langue des érudits, mais les traductions en langue courante sont de plus en plus nombreuses.

■ L'imprimerie permet aux humanistes de répandre leurs idées. Elle contribue à l'expansion des sciences et des théories de la Réforme (mouvement religieux du XVIe siècle qui fonda le protestantisme et voulait ramener la religion chrétienne à sa forme primitive).

■ L'imprimerie inquiète le pouvoir religieux et laïc* qui y voit un danger de diffusion de nouvelles idéologies et une transformation des mœurs.

■ Les collèges et académies répandent largement les courants de la pensée humaniste alors que les universités sont plus traditionalistes et réservées quant aux nouvelles théories.

Grâce à Gutenberg, on estime qu'à la fin du XVe siècle, de 15 à 20 millions de livres avaient été imprimés.

LES RÉFORMES RELIGIEUSES

- L'Église catholique est très critiquée à la fin du Moyen Âge. Les abus de pouvoir des papes et leur richesse considérable scandalisent.

- Martin Luther (1483-1546) est le premier théologien à dénoncer certaines pratiques. Il reconnaît l'autorité des Saintes Écritures mais refuse le caractère sacré des prêtres.

Statue de Martin Luther à Hesse, Allemagne.

- Excommunié par le pape et expulsé de l'Empire romain germanique, il continua sous la protection de princes allemands à traduire la Bible, en allemand, qui devint ainsi accessible à tous les fidèles.

- Des contestations par rapport à la diffusion du luthéranisme entraînent des conflits militaires et politiques dans et entre les puissances. La réforme protestante n'aboutira jamais à l'unité.

- La corruption de l'Église est aussi dénoncée en France. Jean Calvin (1509-1564), adepte des thèses de Luther, est encore plus radical. Il bannit le culte des images, des saints et de la Vierge. Il devra se réfugier en Suisse pour fuir les représailles du roi et de la justice.

- En Angleterre, Henri VIII souhaite une Église indépendante de Rome ; il devient ainsi le chef suprême de l'Église d'Angleterre. Les catholiques sont réprimés, les monastères fermés.

- En réaction, l'Église catholique va redéfinir ses valeurs lors du concile de Trente qui durera de 1545 à 1563.

- Les jésuites, dont la Compagnie de Jésus est fondée par Ignace de Loyola, se mettent au service de l'enseignement de la foi catholique. Ils poursuivent leur tâche d'évangélisation dans les missions.

- Les réformes protestantes et catholiques entraînent le développement de la classe moyenne puisque la noblesse féodale et le haut clergé sont privés de leurs richesses.

Henry VIII

Portrait d'Henri VIII, roi d'Angleterre.

- Les écoles fondées en Suisse, en Angleterre et en Allemagne permettent à l'instruction de progresser. En science politique, le prince est au service de la raison d'État et non plus de son intérêt propre.

Les protestants n'acceptent que 2 sacrements : le baptême et la communion.

LES GUERRES DE RELIGION

■ Les guerres de religion ensanglantent la France entre 1562 et 1598. Cette lutte oppose protestants et catholiques pour le contrôle politique de l'État.

Miniature de Henri II et son épouse Catherine de Médicis par François Clouet.

© akg-images

■ En France, sous le règne d'Henri II (1547-1559), le calvinisme fait de nombreux adeptes malgré la détermination du roi à enrayer ce mouvement.

■ À sa mort accidentelle, son épouse, Catherine de Médicis devint régente. Le massacre de la Saint-Barthélemy (23-24 août 1572), perpétré à son instigation et celle des Guises, aboutit à l'assassinat de plus de 3 000 protestants.

■ Les calvinistes, parmi lesquels se retrouvent de nombreux nobles et bourgeois commerçants, sont aussi appelés « huguenots » par les catholiques.

■ Cette doctrine est dirigée par la puissante famille des Bourbons alors que les catholiques sont menés par les Guises, autre grande famille princière.

■ En Espagne, Philippe II est un ardent défenseur des catholiques et soutient la lutte de la France contre les protestants. Le souverain doit affronter, lui aussi, la montée du calvinisme dans les grandes villes des Pays-Bas.

■ L'Angleterre, calviniste, est gouvernée par Élisabeth Ire. Les Espagnols, envisagent une opération militaire, dans le but de la détrôner et de rétablir le catholicisme en Angleterre.

■ Leur flotte de combat, l'Invincible Armada, est défaite dans la Manche en 1558 par la flotte anglaise plus importante.

■ En France, Henri III n'ayant pas d'héritier, la succession au trône par Henri de Bourbon, roi de Navarre se précise. Henri III reconnaît celui-ci comme son successeur avant de mourir, assassiné, en 1589.

■ En 1593, Henri de Bourbon, devenu le roi Henri IV, se convertit au catholicisme. Il met un terme aux guerres de religion en signant l'édit de Nantes (1598). Les protestants retrouvent la liberté de conscience et de culte ainsi que l'accès aux postes publics.

L'Invincible Armada espagnole comportait environ 130 vaisseaux et 30 000 hommes.

PENSER L'ÉTAT

- En Europe, à la Renaissance, le pouvoir politique est une monarchie de droit divin, le roi est directement investi par Dieu.

- Au XVe siècle, la notion d'État apparaît. Elle découle de l'autorité royale sur tous ses sujets et sur l'ensemble du territoire.

- Les États vont développer leurs pouvoirs pour maîtriser leurs territoires nationaux et coloniaux ; ils créent des armées.

Portrait de Laurent de Médicis par Domenico Ghirlandaio.

- Des publications politiques voient le jour. Machiavel (1469-1527), humaniste italien, étudie, dans son livre *Le Prince* (1513), l'exercice du pouvoir. Il explique comment se l'approprier et comment le maintenir. Il le dédicaça à Laurent de Médicis qui n'en tint pas compte.

- Machiavel prône un État pragmatique, détaché de la morale et de la religion, ayant parfois recours au mensonge ou à la force en vue d'apporter le bien général. Cette attitude diffère profondément de la pensée médiévale.

Le 1er ouvrage de science politique a été écrit par Machiavel.

- Thomas More (1478-1535) est un humaniste anglais chrétien qui luttera sans relâche pour la foi catholique. Son ouvrage, *Utopie* (1516), décrit un modèle de société, de gouvernement dans un lieu imaginaire où règnent tolérance et paix civile. C'est une critique de la société européenne.

- Il y défend l'idée que la propriété privée est source de malheur et qu'il faut l'abolir. Le devoir du prince est de se consacrer au peuple et ensuite à son bonheur personnel.

- Enfin, chacun, exerce librement le culte de son choix et dispose de temps libre pour se cultiver et s'adonner aux loisirs.

- À la Renaissance, on soulève le problème de la liberté politique, des limites de la souveraineté et de la nature de l'État.

- La Boétie (1530-1563), écrivain français, tente de découvrir les raisons de la servitude humaine. Il conclut que la résolution à ne plus servir entraîne la liberté.

Le XVIIᵉ siècle

- Les Espagnols et les Portugais, premiers exploitants des richesses du Nouveau Monde, sont à présent concurrencés par les Hollandais, les Français et les Anglais.

- Les premières colonies sont fondées en Amérique du Nord par les Anglais, les Hollandais et les Suédois.

- Les Pays-Bas possèdent la première puissance maritime d'Europe. Ils conquièrent les Indes et fondent en 1602 la Compagnie hollandaise des Indes orientales qui leur donne le monopole commercial en Chine, au Japon, en Indonésie, en Iran, aux Indes…

- En Angleterre, la « Glorieuse Révolution » (1689) mène à l'établissement d'une monarchie constitutionnelle qui remplace la monarchie héréditaire de droit divin.

- La guerre de Trente Ans est un conflit politique et religieux qui dévaste l'Europe entre 1618 et 1648. Catholiques et protestants manifestent leur rivalité au sein de l'Empire germanique. La France entre en guerre contre les Habsbourgs. Les traités de Westphalie marquent la fin de la guerre.

- En 1661, Louis XIV, roi de France, établit une monarchie absolue de droit divin. Il construit le château de Versailles qui devient le symbole du pouvoir.

Chambre de Louis XIV, château de Versailles, France.

- Molière, Perrault, Racine collaborent aux fêtes de Versailles et à la gloire du roi, mais La Fontaine, qui dénonce les injustices de l'époque, est maintenu à l'écart de la cour.

- Lully (1632-1687) introduit l'opéra en France. Il écrit la musique des ballets de la cour. Ses thèmes s'inspirent de la mythologie* et mêlent la danse, le chant, les instruments et des décors mobiles.

- L'œuvre de René Descartes (1596-1650), savant et philosophe français, illustre le triomphe de la « raison ». Pour Descartes, le sujet est source de la connaissance : « Je pense donc je suis. »

- L'art baroque exalte la foi catholique, réaffirme le dogme dans une Europe victime des tensions religieuses. Le Bernin (1598-1680), artiste baroque italien, mit son talent au service de la papauté romaine.

LA CRISE DE L'ÉTAT

- En Angleterre, en 1660, après la mort de Cromwell (1599-1658), la république cède la place à la monarchie. Charles II (1630-1685) est appelé sur le trône et devient roi d'Angleterre, d'Écosse et d'Irlande.

- Charles II est ennemi du parlementarisme et défenseur d'une monarchie de droit divin. Son règne sera synonyme d'intolérance religieuse.

Statue du roi Charles II d'Angleterre, Worcester.

- Il conclut avec Louis XIV, roi de France, une alliance qui implique sa conversion au catholicisme et sa collaboration dans la guerre menée contre les Provinces-Unies. Il pourra compter sur une aide financière et militaire de la France.

- Les protestants et le Parlement craignent un retour de l'absolutisme et du catholicisme d'autant plus que le roi maîtrise le Parlement par la corruption, les manigances et l'intimidation.

- Son frère et successeur, Jacques II (1633-1701), veut rétablir une monarchie catholique et se passer du Parlement. Il accorde la liberté de culte aux catholiques.

- En 1688, le Parlement se livre à la « Glorieuse Révolution ». Il appelle en protection Guillaume III d'Orange-Nassau (1672-1702), prince protestant. Au débarquement de celui-ci, Jacques II fuit en France.

- Seuls, les non-catholiques sont libres de culte. La royauté dynastique est gardée et un régime parlementaire s'organise alors que, dans les autres pays d'Europe, le souverain a toujours les pleins pouvoirs.

- La révolution se fait aussi dans la réflexion politique. Grotius (1583-1645), philosophe et juriste hollandais, est le premier à plaider pour le droit naturel. C'est la défense du droit des personnes contre l'arbitraire* de l'absolutisme.

- Le droit naturel découle de la nature sociable de l'homme et est donc immuable*. Par contre le droit volontaire tire sa source de la volonté humaine ou divine. Donc, dans l'État, le droit volontaire doit s'harmoniser avec le droit naturel.

Les bases du droit international ont été fondées au XVIIᵉ siècle.

- John Locke (1632-1704), philosophe anglais, suscitera, par ses théories, la « Glorieuse Révolution ». Selon lui, l'État social n'est pas naturel, il s'agit d'un pacte entre personnes qui agissent ensemble pour exécuter les lois naturelles. L'État doit tempérer son pouvoir et permettre l'enrichissement individuel.

Statue de Cromwell, hall de l'abbaye de Westminster, Angleterre.

LOUIS XIV

- Louis XIV (1638-1715), roi à moins de 5 ans, sera éduqué et initié à la politique par Mazarin, parrain du roi, cardinal et principal ministre. En juin 1654, il est sacré roi de France à Reims, il est le représentant de Dieu sur terre. Le roi concentre tous les pouvoirs et se confond avec l'État, lui désobéir est un péché.

- Après la mort de Mazarin, en 1661, Louis XIV établit une monarchie absolue de droit divin. Il conserve cependant les ministres et intendants qu'il place à la tête des ministères décisifs.

Louis XIV a eu le plus long règne de tous les rois de France. Il a régné 54 ans !

- La noblesse traditionnelle d'épée est rejointe par une noblesse de robe qui admet des bourgeois enrichis parmi lesquels le roi choisit ses ministres et intendants.

- Les paysans, majoritaires, sont écrasés par les impôts et, en l'absence de réserves, le peuple souffre de disette lorsque la récolte est mauvaise.

- Louis XIV est hostile au protestantisme. L'édit de Nantes, signé par Henri IV et qui accordait la liberté de culte aux protestants, est annulé. Les huguenots (protestants) sont obligés de fuir.

- La France mène une politique économique mercantiliste*. En développant de grandes compagnies de commerce, en réduisant les importations, en créant des manufactures royales, le pays accroît son indépendance.

- Le roi protège les gens de lettres comme Molière, Racine, Boileau, Bossuet. Grand collectionneur d'art, il sera le mécène de nombreux artistes. Il embellit Paris, crée de multiples académies.

- En 1662, il choisit le soleil pour emblème, car il est Apollon, dieu de la paix et des arts mais est aussi l'astre qui donne vie à toutes choses. D'où son nom de « Roi-Soleil ». La vie à la cour est joyeuse, le roi aime les jeux, le théâtre, les ballets, la musique.

- Le 6 mai 1682, Louis XIV installe la cour à Versailles pour centraliser pouvoir et administration et régner en despote absolu. La propriété est agrandie et embellie ; les jardins, aménagés par Le Nôtre, servent de décors aux fêtes somptueuses.

- Parmi les entreprises militaires de Louis XIV, la guerre de Succession d'Espagne (1701-1713) fut ruineuse mais aboutit à l'avènement au trône d'Espagne de Philippe V, son petit-fils. La fin du règne de Louis XIV est marquée par 2 famines et la mort de ses héritiers directs. Le roi, atteint de gangrène, s'éteint à 76 ans.

Château de Versailles vu du parterre d'eau, France.

LA RÉVOLUTION SCIENTIFIQUE

- En Europe, au XVIIe siècle, une science moderne, qui utilise l'expérimentation plutôt que les principes métaphysiques comme source de connaissances, fait son apparition.

- L'Italien Galilée (1564-1642) fait partie de ces savants à l'origine de la révolution scientifique. Il confirme la thèse de Copernic de la rotation de la Terre autour du Soleil ainsi que celle des autres planètes.

- Il invente un télescope qui lui permet d'observer les montagnes et cratères de la Lune, la Voie lactée et les satellites de Jupiter. Il fera le récit de ses observations en 1610 dans *Le Messager céleste*.

- Les théories et ouvrages de Galilée sont fortement critiqués par les philosophes de son époque et l'Église. Les premiers continuent à soutenir Aristote qui prétendait qu'il ne pouvait y avoir plus de corps célestes que ceux connus par les Anciens.

Isaac Newton fut le 1er à comprendre le phénomène des marées.

- Quant à l'Église, elle voit son dogme remis en cause et sanctionne l'attitude provocatrice de Galilée en l'obligeant à renier ses opinions lors de son procès en 1633.

- Galilée meurt après avoir publié *Discours et démonstrations mathématiques concernant deux nouvelles sciences*, ouvrage qui ouvrira la voie à la mécanique moderne et aux recherches de Newton. Il n'a été réhabilité par l'Église qu'en 1992.

© akg-images

« Galilée devant le tribunal de l'Inquisition »,
lithographie d'après la fresque de Nicolo Barabino.

- Isaac Newton (1642-1727), savant anglais, va également révolutionner la pensée scientifique par ses théories sur la gravitation universelle et ses recherches sur la composition de la lumière.

- Newton enseigne les mathématiques à l'université de Cambridge et publie en 1687 *Principes mathématiques de la philosophie naturelle*. Cet ouvrage est une étape primordiale dans l'histoire de la science et couronne Newton.

- La théorie qui y est défendue est que tous les corps subissent les effets d'une force nommée gravité. Ainsi la quasi-immobilité du Soleil est due à sa grande masse et c'est pourquoi les planètes tournent autour de lui.

- Newton abandonne l'explication mécanique des phénomènes pour entrer dans un processus de mathématisation sur lequel se fonderont les grands savants européens à partir de 1730.

Le XVIIIᵉ siècle

- Le XVIIIᵉ siècle, communément nommé le siècle des Lumières, veut sortir l'homme des ténèbres, de l'ignorance, de la tyrannie, du dogmatisme* pour entrer dans les lumières de la raison, de la science.

- Les progrès scientifiques encouragent à croire que l'on peut tout expliquer par l'expérience et l'observation et qu'il est possible d'améliorer la nature humaine par la connaissance et l'éducation.

- L'homme du XVIIIᵉ siècle avait déjà une liberté relative de pensée et d'action mais il est encore soumis à l'autorité et à la tradition. Il ira progressivement vers plus d'individualisme.

- Ce siècle est révolutionnaire tant sur le plan social, économique qu'intellectuel et politique. La voie du libéralisme économique s'ouvre et la classe bourgeoise devient la plus importante.

- Les royaumes (sauf la France) sont gouvernés par des despotes* éclairés qui, loin d'être des démocrates*, tentent cependant d'appliquer certaines théories libérales et encouragent les savants et les artistes.

- L'Église est violemment critiquée, car son dogmatisme* est perçu comme un obstacle au libre exercice de la raison, au progrès de l'humanité et donc à son bonheur. Les penseurs vont cependant, pour la plupart, continuer de croire en l'existence de Dieu.

- L'idéal du siècle des Lumières est porté par les philosophes. Toute personne cultivée défendant et diffusant l'idéal de raison, de tolérance et d'humanité postule au titre de philosophe.

- Le français remplace le latin et la diffusion de la philosophie des Lumières dans toute l'Europe, où les classes supérieures utilisent cette langue, en est facilitée.

- De nombreuses publications voient le jour (encyclopédies, romans, revues, journaux) et on débat dans les salons littéraires, les académies, les loges maçonniques*.

- Cet esprit de liberté qui anime le XVIIIᵉ siècle engendrera la déclaration d'indépendance des États-Unis, l'effondrement de l'Ancien Régime, la Révolution française et la création de l'État de droit.

L'ESSOR INTELLECTUEL

- Le XVIIIᵉ siècle est caractérisé par « l'esprit de liberté qui souffle partout » disait Diderot (1713-1784), ce penseur français à qui l'on doit *l'Encyclopédie*, une œuvre gigantesque qui glorifie la liberté et accuse le fanatisme* et l'absolutisme.

Portrait de la marquise de Pompadour par Maurice Quentin de la Tour.

- *L'Encyclopédie* ou *Dictionnaire raisonné des sciences, des arts et des métiers* avait pour but d'instruire le grand public des progrès des sciences et des techniques et ce, dans un ordre alphabétique.

- Diderot se renseigne auprès des corps de métiers sur les outils et les pièces qu'ils utilisent avant de publier des planches les décrivant avec une extrême précision. Ce rétablissement des arts mécaniques témoigne de la domination de l'homme sur la nature.

- Diderot et son collaborateur d'Alembert (mathématicien) profitent de l'écriture de cet ouvrage pour critiquer habilement les institutions politiques, religieuses et changer les façons de penser.

- Les jésuites s'opposeront de manière virulente à sa publication ; Diderot doit beaucoup au soutien de Mme de Pompadour et de Malesherbes, responsable du contrôle des publications, qui lui ont évité la censure.

- Diderot et d'Alembert s'entourent d'auteurs modernes, d'illustres scientifiques comme Montesquieu, Voltaire, Rousseau, Buffon, Turgot…

- La collaboration de ces brillants esprits permit la publication de 17 volumes de textes (72 000 articles) et 11 volumes de planches.

- Voltaire (1694-1778) est l'un des fameux auteurs de ce siècle. Ses essais et contes philosophiques reflètent son combat pour la liberté de pensée.

Les musiciens allemands Bach et Haendel sont nés la même année, en 1685.

- Ses *Lettres philosophiques* révèlent « l'esprit des Lumières ». Voltaire y fait une comparaison des philosophies et des systèmes politiques français et anglais qui lui vaudra des menaces d'arrestation.

- Il mène plusieurs combats contre l'intolérance, le fanatisme, la religion chrétienne dogmatique. Ces idées le rendront célèbre pendant la Révolution française.

L'ÉVOLUTION SCIENTIFIQUE

- Au XVIIIe siècle, l'activité scientifique est en plein essor, le public suit les inventions avec enthousiasme et se passionne pour les questions scientifiques.

- L'Académie royale des sciences de Paris est créée en 1666 par Colbert. Louis XIV lui accordera sa protection et un règlement.

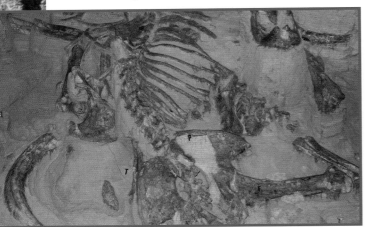

Squelette de mammouth fossilisé.

- Lavoisier, d'Alembert, les Cassini, Buffon et des étrangers comme Newton et Leibniz siègent à l'assemblée de l'Académie royale des sciences de Paris.

- Le Français Georges-Louis Leclerc, comte de Buffon (1707-1788), est mathématicien, inventeur et naturaliste. Il s'intéresse aux animaux, aux minéraux, aux origines de la Terre qu'il évalue vieille de 75 000 ans et à l'évolution de l'homme.

- Il esquisse dans son *Histoire naturelle* (1749) une théorie de l'évolution du monde vivant, mais son ouvrage comprend de nombreuses erreurs et il subit les attaques de ses confrères ainsi que des ecclésiastiques.

- Antoine Laurent de Lavoisier (1743-1794), savant français, est considéré comme un des créateurs de la chimie moderne. Il identifie l'oxygène et l'azote et met en évidence la composition de l'air.

- Il met en place une nouvelle nomenclature chimique qui distingue les corps simples et composés. Lavoisier est l'auteur de la fameuse loi : « Rien ne se perd, rien ne se crée, tout se transforme ».

- Carl von Linné (1707-1778) est un médecin naturaliste suédois qui a classé chaque espèce sous deux noms : le premier, en latin, correspond au genre et le second à l'espèce. Cette classification est encore utilisée aujourd'hui par les biologistes.

- Georges Cuvier (1769-1835), naturaliste français, est le fondateur de la paléontologie* et un spécialiste de l'anatomie comparée. Il classe les grands groupes d'animaux et montre que les formes anatomiques d'un organisme sont interdépendantes (exemple : un animal à sabots est toujours herbivore, ruminant et sa dentition est usée).

- Les Italiens Cassini sont astronomes de père en fils. Jean-Dominique (1625-1712) est appelé en France par Colbert pour occuper le nouveau poste de directeur de l'Observatoire de Paris. Il découvre deux satellites de Saturne.

Le médecin anglais Edward Jenner invente la vaccination en 1796.

LA RÉVOLUTION AMÉRICAINE

■ Les Anglais se rendent en Amérique à la fin du XVIe siècle. Ils repoussent progressivement les Français, les Hollandais et les Suédois hors du territoire.

■ La victoire des Anglais sur les Français à l'issue de la guerre de Sept Ans leur assure la prédominance en Amérique du Nord où ils ont établi 13 colonies.

■ L'Angleterre, endettée par la guerre, décide d'augmenter les taxes fiscales et prélève de l'argent sur les exportations et importations sans avoir consulté les assemblées locales des colonies.

■ Les colons protestent contre l'inégalité des droits avec la métropole et veulent être représentés au Parlement de Londres. Les premières émeutes ont lieu en 1773 à Boston où des cargaisons de thé de la Compagnie des Indes sont jetées à la mer.

Signature de la déclaration d'Indépendance des États-Unis d'Amérique, tableau de John Trumbell.

■ En 1774, un premier congrès se réunit à Philadelphie et les colonies décident de boycotter le commerce avec l'Angleterre. Des milices américaines se forment avec à leur tête George Washington (1732-1799).

■ Une première bataille remportée par les colons américains a lieu en juin 1775 (bataille de Lexington) et le 4 juillet 1776 les 13 colonies proclament leur indépendance.

■ La déclaration d'Indépendance des États-Unis prévoit un gouvernement fondé sur un contrat social qui lie le peuple et ses représentants et prévoit un droit de révolte envers ce même gouvernement si celui-ci ne protège pas les droits naturels du peuple.

Les 13 bandes du drapeau américain symbolisent les 13 États fondateurs.

■ Benjamin Franklin (1706-1790), homme de science et politicien, sera un des artisans de cette indépendance. Envoyé comme émissaire américain à Paris, il y signera une alliance avec Louis XVI en février 1778.

■ Le soutien français, dont les troupes sont dirigées par La Fayette, permettra la victoire finale et la signature du traité de Versailles (1783) par lequel la Grande-Bretagne reconnaît l'indépendance des États-Unis.

■ Une constitution est publiée le 17 septembre 1787 à Philadelphie. Elle contient le principe de séparation des pouvoirs entre l'État fédéral et les États fédérés. En 1789, George Washington devient le premier président des États-Unis.

LA RÉVOLUTION FRANÇAISE

- La France va vivre, entre 1789 et 1799, des années de bouleversements sociaux et politiques. Le régime est toujours fondé sur une société de type féodal qui écrase les paysans sous les impôts et octroie des privilèges aux nobles et au haut clergé.

Retour de Louis XVI à Paris après la fuite vers Varennes, gouache anonyme.

- Le roi garde le pouvoir absolu malgré certaines réformes. Louis XVI doit faire face à une crise financière, agricole et industrielle, mais la pression des aristocrates qui défendent leurs privilèges est forte.

- Les bourgeois prennent conscience de leur pouvoir économique et souhaitent avoir un rôle politique afin de libéraliser l'économie.

- La crise oblige le roi à réunir les états généraux. Une Assemblée nationale constituante est proclamée par le tiers état (bourgeois, paysans et artisans), rejoint ensuite par le clergé et la noblesse.

- Le 14 juillet 1789, la Bastille est prise par le peuple parisien. Les paysans, armés, se révoltent contre la noblesse. L'assemblée vote, en urgence, l'abolition de tous les privilèges. C'est la fin de l'Ancien Régime.

- On prévoit une Déclaration des droits de l'homme et du citoyen dans la future constitution qui peut se résumer par « Liberté, Égalité, Fraternité ».

- Le roi tente de fuir avec sa famille, mais sera arrêté et suspendu pendant 2 mois. La Constitution de 1791 établit une monarchie constitutionnelle censitaire : le droit de vote exclut les non-propriétaires terriens.

- L'Assemblée législative ne peut éviter la guerre entre la France et l'Autriche. Les victoires françaises permettent la proclamation de la première république en septembre 1792. La Convention vote la condamnation à mort de Louis XVI, qui sera guillotiné en janvier 1793.

- Les montagnards* (Robespierre, Marat, Danton, Saint-Just) instaurent la Terreur. Des milliers de personnes suspectées de sympathie pour les contre-révolutionnaires sont guillotinées. Des indulgents*, parmi lesquels Danton, le sont également. Les montagnards seront arrêtés et Robespierre est exécuté en juillet 1794.

- La Révolution française fait disparaître les privilèges féodaux des nobles. Tous les citoyens sont désormais égaux devant la loi et l'impôt ; les richesses sont réparties, l'Église et l'État séparés.

La devise de la France : « Liberté, Égalité, Fraternité » est issue de la Révolution française.

L'AVÈNEMENT DE L'ÉTAT DE DROIT

- La Révolution française aboutit à l'affirmation de droits tels que chaque démocratie, chaque État moderne le prévoit.

- La Déclaration des droits de l'homme et du citoyen fait entrer ceux-ci dans les faits, ils fondent l'État.

- Les droits revendiqués par les philosophes des Lumières, liberté, égalité, propriété, sûreté sont légalisés.

- Les penseurs comme Rousseau et Montesquieu ont ouvert la voie aux législateurs de la Révolution qui sont animés par la même recherche de politique de la raison.

- La grande idée du XVIIIe siècle, c'est celle du contrat social. La loi est l'expression de ce contrat et représente la légitimité de la volonté générale contre le désordre arbitraire des volontés particulières.

- L'homme obéissant à la loi n'obéit qu'à lui-même et il est ainsi libre. Le bonheur public dépendant de la loi est un élément capital de la Déclaration.

Les impôts sont répartis et proportionnels à la fortune.

- La suppression des droits féodaux autorise l'accession à la propriété terrienne. La libre concurrence permet l'action individuelle et l'égalité civile devant la loi annule les privilèges, les justices privées.

- L'État devient laïc, les biens de l'Église passent du clergé à l'État. L'administration est unifiée et les postes sont octroyés en fonction des compétences.

© akg-images

Jean-Jacques Rousseau,
par Maurice Quentin de Latour.

- Les institutions sont remodelées juridiquement et politiquement. La France est découpée en 83 départements.

- Le droit d'instruction commun à tous les Français devient officiel (1791). L'instruction publique est gratuite, elle a pour tâche d'éduquer, de transformer. « Elle donne à la nation une existence morale, intellectuelle. » (Romme, président du Comité d'instruction publique en 1792).

Le XIXe siècle

■ Au XIXe siècle, les grandes puissances européennes rivalisent dans la conquête de territoires lointains. La révolution industrielle est à la recherche de nouveaux marchés et de matières premières.

Ancienne machine à vapeur, Blairgowie, Angleterre.

■ L'essor de l'industrie est possible grâce à l'invention de la machine à vapeur, au développement de la métallurgie*, des mines de charbon et des moyens de transport.

■ Le développement industriel provoque l'exode rural et l'émergence de nouvelles classes : bourgeoise, moyenne et ouvrière.

■ Le travail en usine est harassant, les salaires trop bas. Les femmes et les enfants travaillent dès leur plus jeune âge. L'ouvrier est logé près de l'usine dans des conditions précaires.

■ Le syndicalisme apparaît d'abord en Angleterre. Les droits d'association et de grève sont obtenus en 1880. Karl Marx (1818-1883), philosophe allemand, incite à une révolution du prolétariat* et à l'abolition du capitalisme*.

■ En France, le décret du 27 avril 1848 abolit définitivement l'esclavage, 250 000 esclaves sont libérés dans les colonies. Le Brésil n'y mettra un terme qu'en 1888.

■ Les États-Unis règlent la question de l'esclavage au terme d'une guerre de 4 ans : la guerre de Sécession. Ils se dotent d'une constitution en décembre 1865.

■ Les Français choisissent avec le général Bonaparte une autorité centrale forte. La voie vers la démocratie ouverte par la Révolution est interrompue.

■ La guerre de l'opium oppose la Chine et la Grande-Bretagne entre 1839 et 1842. Les Anglais défient les interdictions de l'empereur et font importer en Chine de l'opium.

■ La conquête de l'Ouest prend toute son ampleur en Amérique, la fièvre de l'or pousse les prospecteurs vers de nouveaux territoires et ils en chassent les Indiens, qui seront par la suite parqués dans des réserves.

LES EMPIRES COLONIAUX

Détail du monument des Navigateurs, Lisbonne, Portugal.

- Les premiers à se lancer dans l'aventure coloniale sont les Espagnols et les Portugais, qui organisent dès le XIVe siècle des expéditions en Afrique puis dans le Nouveau Monde.

- Ils sont rejoints par d'autres nations européennes qui veulent asseoir leur puissance et affirmer la supériorité de la race blanche. Le christianisme sert de prétexte pour conduire en esclavage les populations indiennes d'Amérique.

- À partir de 1870, à la nécessité de trouver de nouvelles ressources et de civiliser ces « barbares », s'ajoute le besoin de points d'ancrage maritimes pour assurer le commerce mondial.

- La France conquiert l'Algérie en 1830, instaure des protectorats* en Tunisie et au Maroc, puis s'installe en Afrique noire et soumet l'Indochine et Madagascar.

- La Grande-Bretagne, qui dominait une grande partie de l'Amérique, conquiert les Indes, le Canada, l'Égypte, l'Australie, la Nouvelle-Zélande, Singapour et s'établit également en Afrique noire.

- Des territoires sont conquis dans l'unique but d'empêcher d'autres puissances impériales de s'en emparer.

- Stanley (1841-1904) explore le Congo et, mandaté par Léopold II, roi des Belges, y fonde de nombreux comptoirs. En 1885 à Berlin, la France et le Portugal voient s'envoler leurs revendications sur le Congo. La souveraineté du roi Léopold II y est reconnue.

- L'Allemagne fait la conquête, plus tardivement, du Cameroun et du Togo en 1884, alors que l'Italie se contente de la Libye prise aux Turcs après avoir tenté en vain de s'approprier l'Éthiopie.

- Des expositions coloniales seront organisées au début du XXe siècle pour démontrer le rayonnement des puissances européennes à l'étranger. Des pavillons, illustrant le style des différentes régions conquises, sont présentés aux visiteurs.

- On fait appel aux esclaves pour exploiter les richesses des colonies. Ils travaillent dans les plantations de canne à sucre, de café, de coton, de riz... L'esclavage est aboli dans les colonies britanniques en 1833. Les esclaves, sujets français, sont libres en 1848.

Maison coloniale, Mont Vernon, Virginie, États-Unis.

LA RÉVOLUTION INDUSTRIELLE

- Le changement des techniques de production commence en Grande-Bretagne à la fin du XVIIIe siècle. L'utilisation de la vapeur comme source d'énergie est à la base de la fabrication de nouvelles machines qui permettent un rendement plus élevé.

- C'est vers 1850 que toute l'Europe est touchée par la révolution industrielle. Les usines se regroupent et les populations migrent vers ces nouvelles zones urbaines.

Ancienne locomotive à vapeur.

- Les conditions de travail en usine sont pénibles : journée de 15 heures, pas de jour de repos, licenciement en cas de protestation... Les ouvriers sont exploités pour leur force de travail. Les enfants travaillent dans les usines et les mines.

En 1841, en France, les enfants de moins de 8 ans travaillaient 8 heures par jour.

- Il faudra attendre le milieu du siècle pour que les revendications ouvrières soient entendues et qu'une législation du travail protège les ouvriers.

- La bourgeoisie, propriétaire des manufactures et fabriques, profite largement de la révolution industrielle ; le capitalisme* industriel et financier est né.

- Les inventions se multiplient : la locomotive à vapeur, le métier à tisser automatique, la dynamo, la pile électrique, le moteur à explosion et le chemin de fer.

- La production accrue de fer permet la fabrication de ponts, mais aussi d'objets, d'outils. De nouveaux produits comme le savon, les allumettes et les engrais apparaissent.

- Les découvertes dans le domaine de la chimie, des mathématiques, de l'astronomie et de la médecine se multiplient. Elles engendrent une meilleure qualité de vie, la population, mieux nourrie et soignée, double en 100 ans.

- De nouveaux courants de pensée naissent. Le socialisme lutte contre l'exploitation des ouvriers et contre les propriétaires capitalistes qui sont seuls à en tirer profit. Les socialistes veulent collectiviser les usines, créer des syndicats, des partis.

- Les libéraux pensent, contrairement aux socialistes, que le parcours d'un individu dépend de ses capacités, de ses choix et non pas du milieu dans lequel il naît.

Tracteur de 1895.

NAPOLÉON BONAPARTE

Napoléon sur le champ de bataille de Wagram (6 juillet 1809), par Horace Vernet.

- Napoléon Bonaparte (1769-1821) naît à Ajaccio, fait des études militaires en France et est nommé commandant en chef de l'armée intérieure en 1795. Devenu général en chef de l'armée d'Italie, il se bat contre les Autrichiens et leurs alliés. Il fonde la République Cisalpine (futur royaume d'Italie).

- Il conquiert l'Égypte, dominée par les Ottomans, afin de couper la route des Indes aux Anglais. Il supprime le système féodal qui a cours en Égypte.

L'armée napoléonienne créa un service d'aide et de soins aux blessés.

- Bonaparte revient par surprise en France où il s'empare du pouvoir suite à un coup d'État le 9 novembre 1799. Il devient premier consul à vie du nouveau régime : le Consulat (1799-1804).

- Bonaparte réorganise l'administration, les finances : il crée le franc, réforme le droit (Code civil) et crée des lycées.

- En 1800, il bat les Autrichiens à Marengo. Le Rhin devient la frontière orientale de la France qui n'avait plus connu la paix depuis 1792.

- En décembre 1804, Bonaparte est sacré empereur des Français sous le nom de Napoléon Ier. Il soumet l'Europe, mais conserve un ennemi de taille sur mer : l'Angleterre toute-puissante avec son commerce transatlantique.

- Napoléon renonce à envahir l'Angleterre suite à sa défaite à Trafalgar. Il remporte une première grande victoire à Austerlitz en 1805 sur les armées russes et autrichiennes.

- Après la guerre d'Espagne, la Grande Armée envahit la Russie en 1812. La politique russe de la terre brûlée* et le terrible hiver obligent les troupes de Napoléon à battre en retraite.

- Partout en Europe, des réactions s'élèvent contre Napoléon. Les maréchaux refusent de combattre ; Napoléon est exilé à l'île d'Elbe d'où il s'échappera en 1815.

- Il lance une dernière attaque à Waterloo, où il est fait prisonnier par les Anglais. Exilé à Sainte-Hélène dans l'Atlantique Sud, il y mourra en mai 1821.

Le général Bonaparte à la bataille d'Arcole (17 novembre 1797), par Antoine-Jean Gros.

LES RÉVOLUTIONS

- La première moitié du XIXᵉ siècle est marquée par les révolutions et les nationalismes européens. La Belgique accède à l'indépendance en 1830 alors qu'elle forme avec les Pays-Bas un royaume dirigé par Guillaume Iᵉʳ d'Orange.

- La Grèce acquiert son indépendance en 1832 à la suite de 10 ans de luttes sanglantes contre la domination turque.

- La monarchie est restaurée en France suite à la défaite de Napoléon Iᵉʳ. Louis XVIII règne, de 1814 à 1824, avec modération jusqu'à sa mort. L'ultraroyalisme de son frère Charles X, qui régnera de 1824 à 1830, provoque des manifestations dans Paris, puis la révolution de 1830 pour l'instauration d'une république démocratique.

- La bourgeoisie, méfiante, préfère conduire le duc d'Orléans sur le trône sous le nom de Louis-Philippe Iᵉʳ. Il manque de souplesse et la France, qui prospère sous son règne, connaît un soulèvement en 1848.

- Louis-Philippe est renversé, la IIᵉ République est proclamée. L'esclavage dans les colonies françaises est aboli durant cette brève Deuxième République (1848-1851).

- La Révolution française donne l'impulsion à d'autres peuples d'Europe qui souhaitent liberté et démocratie. La noblesse et la classe moyenne souhaitent des gouvernements constitutionnels et les ouvriers luttent contre le capitalisme*. Tous appellent à l'unité nationale.

- L'Italie, dominée par l'Autriche et morcelée en petits États, aura un territoire unifié en 1870 sous le régime de Victor-Emmanuel Iᵉʳ, roi d'Italie.

Monument à Victor-Emmanuel Iᵉʳ, Rome, Italie.

- L'unité allemande est organisée par la Prusse qui chasse Danois, Autrichiens et Français. En 1871, l'empire allemand est proclamé avec à sa tête le roi de Prusse Guillaume Iᵉʳ.

- Un nouvel empire naît en France en 1852 suite à l'élection de Charles Louis Napoléon Bonaparte (futur Napoléon III et neveu de Napoléon Iᵉʳ). C'est une période de grand essor économique pour la France.

- En 1870, les défaites de Napoléon III face aux Prussiens le font abdiquer. La IIIᵉ République est instaurée, la France quitte définitivement le modèle monarchique et connaît la stabilité démocratique.

En Amérique latine, l'Argentine est le 1ᵉʳ pays à accéder à l'indépendance (1816).

LA GUERRE DE SÉCESSION

- La guerre de Sécession opposa les États-Unis du Nord (l'Union) aux 11 États du Sud (la Confédération). Cette guerre va diviser les États-Unis pendant 4 ans et occasionner la perte de 620 000 hommes.

- Le Nord est industrialisé et protectionniste alors que le Sud est agricole et grand exportateur de coton et de tabac vers l'Europe ; il dépend du Nord pour les services et les produits manufacturés.

Reconstitution d'un combat de cavalerie durant la guerre de Sécession dans le comté de Louisa, Virginie, États-Unis.

- À ces intérêts opposés, s'ajoute la question de l'esclavage. Les riches familles, propriétaires de plantations dans le Sud, emploient des esclaves noirs et défendent ce système alors que le Nord souhaite l'abolir.

- Plusieurs compromis ont retardé l'éclatement du conflit jusqu'à l'élection en 1860 d'Abraham Lincoln (1809-1865), président adversaire de l'esclavagisme.

- Les États du Sud réagissent en s'unissant pour former les États confédérés du Sud avec Jefferson Davis (1808-1889) comme président. Lincoln déclare la sécession illégale, la guerre civile est inéluctable.

- L'Union est mieux pourvue en effectifs, budgets militaires et possède une marine imposante. Sa population s'élève à 22 millions d'habitants. Le Sud comporte 9 millions d'habitants dont 1/3 sont des esclaves noirs ; il dispose de moins de ressources, mais les hommes recrutés sont expérimentés.

- Le Nord, persuadé de sa supériorité, doit pourtant faire face à de nombreuses pertes. Les conflits se déroulent dans le Sud et l'armée sudiste est encouragée par la population.

- Des combats navals mettent en œuvre, pour la première fois dans l'histoire, des navires cuirassés*. L'artillerie a, elle aussi, progressé et les tirs automatiques se substituent à la cavalerie.

- Les troupes sudistes finissent par capituler en avril 1865. Le président Lincoln, qui vient d'être réélu, est assassiné le 14 avril 1865.

- L'esclavage est aboli sur l'ensemble du territoire des États-Unis en décembre 1865. Quatre millions de Noirs sont libérés, mais sont toujours privés de droits sociaux et politiques.

Reconstitution d'une batterie d'artillerie durant la guerre de Sécession, Manassas, Virginie, États-Unis.

Le XXᵉ siècle

- La Première Guerre mondiale (1914-1918) est une conséquence directe de la rivalité des nations européennes, de l'escalade militaire et du système des alliances qui implique l'intervention auprès de chaque allié en cas de conflit. En 1917, des émeutes populaires provoquent l'abdication du tsar Nicolas II en Russie. Lénine dirige les bolcheviques et s'inspire de Karl Marx.

- L'entre-deux-guerres correspond à un progrès social pour les populations d'Europe. L'espérance de vie augmente grâce aux soins médicaux et à l'hygiène alimentaire.

- Les années 30 seront synonymes de crise économique, politique et morale. Le krach boursier de Wall Street en 1929 se répercute à l'ensemble du monde. La misère et le chômage réapparaissent entraînant la fascination pour l'extrême droite fascisante.

- Des États européens se soumettent à des régimes dictatoriaux. Hitler accède au pouvoir en Allemagne en 1933. Le pays se réarme, les systèmes d'alliance sont remis en question. L'invasion de la Pologne en 1939 par Hitler oblige l'entrée en guerre des Français et des Anglais. Ce conflit sera accompagné de génocides atroces et bouleversera l'ordre du monde.

- Les États-Unis utilisent la bombe atomique contre le Japon en 1945 et mettent ainsi fin à la Seconde Guerre mondiale.

- Après la Seconde Guerre mondiale, le mouvement de décolonisation s'accélère.

- L'État d'Israël, créé en 1948, connaît de nombreux affrontements entre Juifs et Arabes. Un processus de paix associant tous les participants au conflit est signé en 1994. La situation reste conflictuelle.

- En Union Soviétique, le communisme s'effondre et perd son contrôle sur l'Europe de l'Est. L'Allemagne est réunifiée, le mur de Berlin tombe en 1989.

- De 1991 à 1995, la Bosnie-Herzégovine, en guerre, oblige les forces de l'ONU à intervenir. L'OTAN agit également lorsque la Serbie tente de supprimer la population albanaise du Kosovo.

- L'envahissement du Koweït par l'Irak en août 1990, déclenche la première guerre du Golfe. Le pays est libéré par les États-Unis, perçus à ce moment comme les « gendarmes du monde ».

LA PREMIÈRE GUERRE MONDIALE

- Ce conflit oppose de 1914 à 1918 les alliés de la Triple-Entente (Français, Russes, Britanniques) aux empires austro-hongrois et allemand.

- Pour la première fois dans l'histoire, la guerre va mobiliser tous les continents. Dans les Balkans, de vives tensions opposent Autrichiens et Russes qui mènent des politiques impérialistes.

Biplan Jenny, Première Guerre mondiale.

- En juin 1914, l'archiduc François-Ferdinand d'Autriche est assassiné à Sarajevo par un nationaliste serbe. Ce sera le prétexte déclencheur de la guerre.

- L'Autriche-Hongrie déclare la guerre à la Serbie, suivie par l'Allemagne. La Russie s'allie avec la France, qui rêve de revanche depuis l'annexion de l'Alsace-Lorraine par l'Allemagne.

Pendant la Première Guerre mondiale, les femmes travaillaient dans les usines d'armement.

- L'Angleterre est obligée de prendre position lorsque la Belgique est envahie par les Allemands qui ne respectent pas sa neutralité.

- Les femmes remplacent les hommes mobilisés par la guerre. Elles accèdent à des rôles jamais tenus auparavant.

- La Première Guerre mondiale est aussi appelée « guerre des tranchées », car il s'agit d'une guerre de position où les soldats demeurent retranchés dans des lignes parallèles creusées sur une profondeur de 2 mètres environ. L'assaut était lancé vers la première ligne ennemie qui, si elle était vaincue, devenait la première ligne des vainqueurs.

- La guerre, qui monopolise toutes les forces de la société, est destructrice. On estime à plus de 8 millions les pertes humaines civiles et militaires.

- La Russie, sans contact avec les Alliés et en proie à une révolution menée contre le tsar Nicolas II, signe un traité de paix avec l'Allemagne en 1918.

- Les Alliés, appuyés par des troupes américaines toutes fraîches, pénètrent les lignes allemandes en août 1918. Une révolution éclate à Berlin, Guillaume II abdique et l'armistice est signé le 11 novembre 1918. Le traité de Versailles est signé le 28 juin 1919 et la France récupère l'Alsace-Lorraine.

Lieutenant anglais, grenadier, uniforme régulier, 1917.

LA RÉVOLUTION RUSSE

- En février 1917, alors que la Première Guerre mondiale mobilise le monde entier, la Russie, dirigée par le tsar Nicolas II, se révolte suite à l'incompétence et à la tyrannie du régime.

- Ouvriers et paysans subissent misère, famines et maladies. Des grèves sont organisées, les ouvriers occupent la rue.

- Nicolas II abdique en mars sous la pression populaire et celle de la douma (parlement russe). Un gouvernement provisoire est mis en place. Les républicains partagent le pouvoir avec les soviets (conseils d'ouvriers et de paysans).

Le vrai nom de Lénine était Vladimir Ilitch Oulianov.

- En juillet, les bolcheviques* du mouvement social-démocrate dirigé par Lénine tentent de faire tomber le gouvernement avec l'appui des soviets. Cette tentative est réprimée, Lénine est obligé de s'exiler.

- Lénine (1870-1924) étudie et adhère aux théories de Karl Marx (1818-1883), qui défend l'idée d'une société communiste sans classes. Lénine pense qu'une révolution permettrait de supprimer le capitalisme.

- De retour en Russie, il organise une insurrection (révolution d'Octobre) et prend le pouvoir. Toutes les terres deviennent propriétés d'État et sont partagées, gérées par les soviets de paysans.

- La Russie signe, en 1918, le traité de paix avec l'Allemagne qui met fin à sa participation à la Première Guerre mondiale. En juillet, le tsar et sa famille sont exécutés.

- De 1918 à la fin de 1920, la Russie est en proie à une guerre civile. Les bolcheviques devenus le Parti communiste russe (les rouges) répriment toute opposition. Les anticommunistes (les blancs) sont vaincus par l'Armée rouge dirigée par Trotski.

- Les révoltes des paysans, marins et ouvriers, affamés et malades, sont réprimées rapidement par Lénine qui lance une politique de redressement économique, la NEP, pour réformer le pays.

- En 1922, Staline devient secrétaire général du Parti communiste. L'Union soviétique devient l'U.R.S.S. (l'Union des Républiques Socialistes Soviétiques) et est constituée de toutes les nationalités de l'ancien empire russe.

Statue de Lénine.

LA RÉVOLUTION CHINOISE

- Le dernier empereur de Chine est déposé en 1908. Sun Yat-sen lance un mouvement républicain et prend le pouvoir en 1911. Le premier président, Yuan Shikai est élu en 1912. Il tente de garder tous les pouvoirs. Le parti de Sun Yat-sen, le Guomindang, essaie de réagir, mais Yuan Shikai interdit le parti et Sun Yat-sen est expulsé et se réfugie au Japon.

- À la mort du président, ce sont les gouverneurs qui prennent le pouvoir localement.

- Les Chinois, présents aux côtés des Alliés en 1917, espèrent l'appui des États-Unis pour les protéger du colonialisme japonais, mais ceux-ci ne répondent pas positivement à cet espoir. Déçus, les Chinois vont se tourner vers l'Union soviétique et la philosophie marxiste-léniniste (voir « La Révolution russe »).

- Le Guomindang (parti nationaliste) gouverne en Chine du Sud après la Première Guerre mondiale. Il est reconnu par l'Union soviétique. Jiang Jieshi (Tchang Kaï-chek) prend la direction du parti à la mort de Sun Yat-sen et exclut en 1927, dans le sang, tous les communistes du parti.

- La faction clandestine communiste fondée par Mao mobilise une armée de paysans. Entre 1934 et 1935, Mao se déplace du sud, où il s'était établi, vers le nord avec 100 000 paysans. Seuls 8 000 parviendront au terme de cette Longue Marche.

- Mao Zedong (1893-1976) est un des principaux fondateurs du Parti communiste chinois (1921) et de la République populaire de Chine (1949). Il redistribue les terres, veut donner un fort pouvoir d'achat aux paysans et lutte contre la bureaucratie.

- La lutte contre le Japon rallie momentanément communistes et nationalistes. La guérilla communiste plus efficace que les nationalistes entraîne la capitulation du Japon en 1945.

Portrait de Mao Zedong.

- Les communistes prennent le pouvoir sur Jiang Jieshi et créent la République populaire de Chine dont Mao devient président. Les nationalistes se replient à Taïwan.

- Mao tente d'instaurer la collectivisation dans tous les aspects de la vie quotidienne. C'est un échec qui déclenche une famine et la mort de plusieurs millions de Chinois.

- La Révolution culturelle prolétarienne (1965) est lancée par Mao pour reprendre le pouvoir. De 1966 à 1976, les étudiants, organisés en gardes rouges et soutenus par l'armée, s'attaquent aux intellectuels, artistes, bourgeois, universitaires et éliminent les dirigeants. Les conflits entre maoïstes et antimaoïstes sont sanglants. Mao sort victorieux de cette révolution.

LA MONTÉE DES TOTALITARISMES

- Le contexte économique et social difficile des années 1930 profite au communisme et au fascisme. Le chômage est massif et les partis d'extrême droite en profitent pour proposer des États forts.

- Les régimes démocratiques s'effacent ou disparaissent au profit des régimes totalitaires, qui répriment violemment toute opposition et suppriment les libertés individuelles.

- En U.R.S.S., Staline succède à Lénine et règne en maître absolu. Il mène l'U.R.S.S. au rang de grande puissance industrielle, mais affame et terrorise le peuple.

Franco sera le Caudillo, Mussolini le Duce et Hitler le Führer. Ces 3 termes signifient « guide ».

- Des millions de Soviétiques sont déportés dans des camps de travail forcé : les goulags. Soljenitsyne, écrivain soviétique, évoque cette terreur dans *L'Archipel du Goulag* (1973).

- L'Espagne connaît 4 années de guerre civile opposant les républicains de gauche au général Franco, qui sortira vainqueur et imposera une dictature en 1939.

- En Italie, Mussolini impose un régime fasciste, totalitaire et violent fondé sur le culte de la personnalité. Il est proche d'Hitler, rêve d'un empire colonial et soutient le général Franco.

- En Allemagne, Hitler profite de la crise économique pour désigner les Juifs et les communistes comme coupables. Il accède en 1933 au poste de chancelier, prend le titre de Führer et mène, avec le parti nazi, une politique ultranationaliste et raciste. Il est soutenu par une police redoutable (la Gestapo).

Buste d'Adolf Hitler.

- En 1935, l'Allemagne devint officiellement antisémite en promulguant les lois de Nuremberg qui enlevèrent aux Juifs la citoyenneté allemande et la totalité de leurs droits civiques.

- Au Portugal, le régime parlementaire est renversé et une dictature est imposée par le général Carmona. Le droit de grève est supprimé et toute opposition au régime réprimée. L'Église, l'armée et les grands propriétaires sont les piliers du régime.

- Une dictature est aussi instaurée en Grèce par Metaxas, qui prend le pouvoir en 1936. Il interdit les partis, censure la presse et poursuit les opposants.

Mannequin d'un officier nazi, musée canadien de la guerre.

LA SECONDE GUERRE MONDIALE

- L'Allemagne, qui veut dominer l'Europe, envahit la Pologne en 1939, entraînant la France et l'Angleterre dans une guerre qui sera très meurtrière : 40 à 60 millions de morts civils et militaires. À ces chiffres doivent s'ajouter 35 millions de blessés et plus de 3 millions de disparus.

- L'Allemagne occupe la France, puis dès 1941 la Norvège, le Danemark, la Belgique, le Luxembourg, les Pays-Bas et les Balkans (ex-Yougoslavie-Grèce).

Camp d'Auschwitz, Pologne.

- En juin 1941, elle envahit l'U.R.S.S., mais devra reculer en 1942 lors de la défaite de Stalingrad.

- L'attaque de la base navale américaine de Pearl Harbor par les Japonais, alliés à l'Allemagne, déclenche l'entrée en guerre des États-Unis aux côtés des Alliés.

- En 1942, les Allemands et les Italiens affrontent les troupes britanniques sous le commandement du général Montgomery en Égypte à El-Alamein. Les Britanniques en sortent victorieux.

- Les troupes alliées débarquent en Italie en 1943 et provoquent la chute du régime fasciste. Mussolini capitule.

- Les nazis organisent la déportation de millions de Juifs et de Tziganes dans des camps de concentration où 6 millions d'entre eux trouveront la mort dans les chambres à gaz ou par manque de soins et de nourriture.

- Les nombreux raids organisés sur les villes britanniques obligent la population à se réfugier dans des abris souterrains pendant les bombardements. Dans les pays occupés, certaines personnes résistent aux Allemands. Elles cachent des Juifs, écrivent et distribuent des tracts, assurent le ravitaillement des maquisards dans la clandestinité, et ce au péril de leur vie.

- En juin 1944, les forces alliées débarquent sur les plages de Normandie, ouvrant ainsi un nouveau front. En août, Paris est libérée. Berlin tombe aux mains des Russes en avril 1945 ; Hitler se suicide. L'Allemagne capitule, des criminels nazis sont jugés à Nuremberg.

Tank américain Sherman, Seconde Guerre mondiale.

- Les États-Unis utilisent la bombe atomique pour mettre fin à la guerre dans le Pacifique. Hiroshima puis Nagasaki en subissent, en août 1945, les terribles conséquences : 130 000 victimes à Hiroshima et 80 000 à Nagasaki.

LA GUERRE FROIDE

Le mur de Berlin détruit en 1989.

- En 1945, après la victoire des Alliés (États-Unis, Royaume-Uni, U.R.S.S.) et la capitulation de l'Allemagne nazie, des divergences entre Staline et les pays de l'Ouest éclatent au grand jour.

- La conférence de Yalta en février 1945 réunit Roosevelt, Churchill et Staline. Ils y débattent du partage de l'Europe et du sort de l'Allemagne.

- L'U.R.S.S. a la main mise sur l'Europe centrale et orientale. L'Europe est séparée en 2 blocs : communiste d'une part et capitaliste de l'autre. Winston Churchill dira : « Un rideau de fer est tombé sur le front russe ».

- En 1947, les États-Unis proposent un plan pour aider au redressement économique de l'Europe (le plan Marshall). Il est accepté par les pays de l'Ouest et rejeté par le bloc soviétique.

- La ville de Berlin est divisée en RDA et RFA, Berlin-Est devenant la capitale socialiste de la RDA et Berlin-Ouest, un avant-poste de l'Occident.

- Pour faire face à la menace soviétique, les pays de l'Ouest et les États-Unis créent l'Organisation du traité de l'Atlantique Nord (OTAN) en 1949.

- L'Union soviétique constitue, en riposte à l'entrée de l'Allemagne dans l'OTAN, le pacte de Varsovie en mai 1955. Le pacte est un système d'alliance entre 8 États du bloc communiste.

- En 1950, la Corée du Nord, communiste, envahit le Sud (pro-américain). L'U.R.S.S. et la Chine soutiennent le Nord et affrontent les Américains.

- Une période de détente s'installe après la crise de Cuba, provoquée par la livraison d'armes nucléaires par les Soviétiques. La course à l'armement nucléaire est limitée par des conventions sans pour autant empêcher l'intervention des grandes puissances en dehors de l'Europe.

Roosevelt fut élu 4 fois président des États-Unis.

- La guerre froide s'achève par la dissolution de l'U.R.S.S. (1991), l'effondrement des régimes communistes de l'Est déjà annoncé par la chute du mur de Berlin en 1989 et la réunification des 2 Allemagnes en 1990.

LA GUERRE DU VIÊT NAM

- La guerre d'Indochine (1946-1954) doit être imputée au désaccord entre le Viêt-minh (Front de l'indépendance du Viêt Nam) et la France sur la question d'indépendance du Viêt Nam.

- En 1954, les Français qui voulaient reconquérir leur ancienne colonie (Cochinchine) doivent capituler lors de l'attaque de Diên Biên Phu dans le nord du Viêt Nam.

- La conférence de Genève établit le partage du Viêt Nam en 2 zones suivant le 17e parallèle. Des élections sont prévues en 1956 afin de réunifier le pays.

Hélicoptère apache américain.

- Le Viêt Nam du Nord (capitale Hanoi) est une république communiste soutenue par la Chine et l'U.R.S.S. Le Viêt Nam du Sud (capitale Saigon) est une république soutenue par les États-Unis.

- L'accord de paix de Genève, qui n'avait pas été signé par les États-Unis ni par Saigon, ne dura pas. À partir de 1957, le régime autoritaire de Ngô Dinh Diêm, soutenu militairement et économiquement par les États-Unis, suscite de nombreuses oppositions.

- Les Viêt-cong, communistes, déclenchent une lutte armée, organisent des maquis. Cette insurrection du Sud est soutenue par le parti communiste. Le front national de libération du Viêt Nam du Sud est créé.

- Après l'exécution de Diêm en 1963 et la progression de la guérilla communiste, les États-Unis décident d'intervenir militairement dès 1964. Malgré les bombardements aériens massifs, l'usage de défoliants et de napalm, les Viêt-cong et le Viêt Nam du Nord résistent.

- Cinq ans après le début du conflit, qui avait déjà fait de nombreuses victimes, l'opinion américaine manifeste son désaccord, un mouvement pacifiste est créé.

- Des négociations de paix en cours depuis 1968 aboutirent en janvier 1973 à un accord des États-Unis, du Viêt Nam du Sud et du Viêt Nam du Nord sur la fin de la guerre.

- L'armée populaire nord-vietnamienne poursuit la guerre en s'emparant de Saigon en 1975. Suite au régime répressif et aux difficultés économiques, les Vietnamiens émigrent massivement (boat people).

Rivière Yan, province de Ha Son, Viêt Nam du Nord.

505

LES GRANDS CONFLITS ARMÉS DU XXe SIÈCLE

- La guerre de Corée eut lieu de 1950 à 1953 et mit en présence les forces du Nord communiste, soutenues par la Chine et celles du Sud capitaliste, soutenues par les États-Unis.

Le général de Gaulle.

- Le 25 juin 1950 les Nord-Coréens prennent Séoul et se dirigent vers le Sud. Les États-Unis et de nombreux pays interviennent aux côtés de la Corée du Sud. Au cours de l'hiver 1950-1951 leurs troupes entrent en Corée du Nord et s'approchent de la Chine.

- Par surprise la Chine intervient et envoie 500 000 hommes pour soutenir la Corée du Nord. Après 3 ans de conflit et 1 million de morts, les 2 Corées signent un armistice le 27 juillet 1953.

- L'Algérie est une colonie française avec 1,5 million de colons ou « pieds-noirs » qui occupent les postes administratifs importants. Une guerre va l'opposer à la France de 1954 à 1962.

- Au bout de 8 années de guérilla, de terrorisme, de tortures, le général de Gaulle proclame, en septembre 1959, le droit des Algériens à l'autodétermination*. En 1962, la France reconnaît l'indépendance de son ancienne colonie.

- Les relations conflictuelles, qui opposent depuis 1948 Israël aux États arabes voisins, engendreront plusieurs guerres. La première (1948-1949) se solde par une extension des territoires israéliens notamment sur Jérusalem-Ouest.

- En 1956, Israël est en guerre contre l'Égypte dans le Sinaï. En 1967, la guerre des Six-Jours lui permet de conquérir le Sinaï égyptien, la Cisjordanie, le Golan syrien et Jérusalem-Est. L'implantation des colonies juives dans les territoires occupés commence.

- Lors de la guerre du Kippour en 1973, les Israéliens repoussent avec succès les Égyptiens et leurs alliés syriens qui ont pris position dans le Sinaï. Les accords de Camp David, signés en 1978 par les 2 pays, sous l'égide du président américain Jimmy Carter, engagent Israël à restituer le Sinaï.

- Au Rwanda, le 6 avril 1994 l'avion du président Habyarimana s'écrase. Les milices des extrémistes hutus massacrent de 500 000 à 1 million de tutsis et de hutus modérés. Le Front patriotique rwandais (FPR) dirigé par Paul Kagamé conquiert le pays et prend le pouvoir.

- Les troupes françaises relayées par l'ONU créent dans le sud-ouest du pays une zone humanitaire sûre. Les Rwandais, fuyant l'avancée du FPR, s'y réfugient par centaines de milliers. Depuis 1995 un tribunal international installé à Arusha (Tanzanie) s'efforce de juger les responsables de ce génocide.

Les troupes israéliennes observent l'accord de dégagement dans le secteur Israël-Syrie.

LES GUERRES DU GOLFE

- La première guerre du golfe oppose l'Irak de Saddam Hussein à l'Iran de l'imam Khomeiny de 1980 à 1988. L'offensive de Saddam Hussein s'inscrit dans sa lutte contre l'intégrisme* chiite.

- Il redoute l'influence de l'intégrisme du régime de Khomeiny sur les musulmans chiites de son pays. Il est soutenu par les États-Unis et l'Europe, qui craignent l'islamisme, par l'U.R.S.S. et par les monarchies arabes du golfe.

- C'est une guerre de position, longue et meurtrière, qui laissera les 2 pays exsangues et se solde par un retour au statu quo et un renforcement des dictatures irakienne et iranienne.

- La deuxième guerre du golfe concerne l'annexion du Koweït par Saddam Hussein. Suite à la première guerre, le Koweït a accru sa production de pétrole, baissant de ce fait le prix du baril et trahissant ainsi la coopération des pays producteurs (OPEP).

La première guerre du golfe fera 1,2 million de victimes.

- Le fait que l'émir du Koweït ne veuille pas résilier une partie de la dette que l'Irak a contractée à son égard lors de la guerre contre l'Iran augmente encore l'hostilité de Saddam Hussein.

- Bagdad n'admet pas les frontières du Koweït tracées par les Britanniques et accuse également le Koweït de voler, depuis 1980, le pétrole irakien de la zone frontalière.

- L'Irak envahit le Koweït le 2 août 1990. L'agression est condamnée par l'ONU et une coalition internationale, qui réunit 28 pays, est constituée. L'Irak est contraint, après les offensives aériennes (Tempête du désert) et terrestres de la coalition, de libérer le Koweït en février 1991. Cette guerre éclair aura utilisé des armes sophistiquées issues des technologies de pointe.

Service de sécurité aux abords des aéroports durant la première guerre du golfe.

- À l'issue de cette guerre, l'Irak doit accepter les contrôles de l'ONU et détruire toutes ses armes non conventionnelles. Le pays subit en outre un embargo économique ; seul l'embargo* sur le pétrole est de temps à autre levé pour des raisons humanitaires.

- Le 17 mars 2003, dans son discours à la nation américaine, M. Bush lance un ultimatum à Saddam Hussein et à ses fils : ils doivent quitter le pays dans les 48 heures sous peine de s'exposer à une guerre qui sera lancée par les États-Unis. L'ultimatum est rejeté par Bagdad.

- Le 20 mars 2003, les bombardements américains sur Bagdad commencent. C'est le début de la troisième guerre du golfe. Le régime de Saddam Hussein tombe en avril et celui-ci est capturé en décembre 2003.

LA VIE ÉCONOMIQUE

Au fil du temps, l'homme a organisé la production, la distribution et la consommation des ressources et des biens qui l'entourent. Il a donc inventé l'économie qu'il a ensuite appliquée à l'ensemble de la société. La compréhension de ces différents processus s'avère d'une importance capitale pour tous ceux qui souhaitent prendre conscience des enjeux de la mondialisation.

Le secteur primaire

- Colin Grant Clark, Britannique, est l'un des premiers économistes à avoir proposé, en 1940, un modèle qui distingue secteurs primaire, secondaire et tertiaire.

- Le secteur primaire comprend les activités liées à l'extraction et à l'exploitation directe de ressources naturelles.

- Ces matières premières sont issues de l'agriculture, de l'élevage, de la pêche, de l'exploitation forestière (sylviculture) et de l'exploitation minière. Elles sont récupérées, transformées dans les autres secteurs.

- Les secteurs ont de plus en plus tendance à s'entremêler ; l'agriculture est fortement mécanisée et le secteur tertiaire (services) est présent dans toutes les activités.

- Travailler dans n'importe lequel de ces secteurs nécessite à présent un très bon niveau de formation, une instruction régulière et un savoir beaucoup plus large.

- L'ensemble des biens que nous consommons sont élaborés grâce aux matières premières. Ces matières peuvent être organiques, végétales ou minérales.

Champ de foin.

- L'extraction des matières minérales (aluminium, fer, étain, or, charbon, pétrole…) est suivie par un procédé de transformation avant que ces matières ne puissent être employées par l'industrie.

- Les matières premières apportées par l'agriculture et l'élevage approvisionnent principalement le secteur de l'industrie alimentaire, mais également le secteur de l'industrie textile qui va utiliser les fibres textiles naturelles (laine, lin, coton, fourrures).

- Le secteur primaire a été pendant longtemps la base de l'économie, mais la mécanisation et la concentration des exploitations agricoles diminuent le nombre de travailleurs de ce secteur.

- Il est aujourd'hui supplanté par les secteurs secondaires et tertiaires devenus à leur tour les piliers économiques.

L'AGRICULTURE

- L'agriculture est l'ensemble des activités économiques ayant pour objet la production de matières premières utiles à l'homme. Cette production est issue de l'exploitation de la terre, de la mer, des lacs et rivières ainsi que des forêts et des animaux.

- L'agriculture apparaît au Proche-Orient et se diffuse ensuite vers la Méditerranée entre 6000 et 2000 ans avant notre ère.

Bottes de foin en Carinthie, Autriche.

- L'apparition de l'agriculture suppose la domestication des animaux et va de pair avec la sédentarisation des hommes.

- L'insuffisance de la cueillette par rapport à l'augmentation de la population est l'élément fondamental de l'apparition de l'agriculture.

- On distingue l'agriculture qui concerne uniquement les végétaux de l'élevage qui a trait aux animaux.

- Il existe plusieurs espèces végétales : les céréales (blé, maïs, orge, mil, sorgho…) ; les racines et tubercules (pomme de terre, manioc, patate douce, igname) ; les fruits et légumes ; les plantes saccharifères (betterave, canne à sucre) ; les oléagineux (soja, colza, tournesol, arachide, coton).

- Les systèmes de production agricole peuvent varier. L'agriculture intensive utilise les engrais chimiques, les herbicides, insecticides, fongicides* ainsi que du matériel agricole de pointe afin d'obtenir des rendements maximaux.

> **L'agriculture biologique utilise le fumier et les déchets biologiques pour enrichir le sol.**

- Ce type d'agriculture a des répercussions néfastes sur l'environnement (pollution des eaux, érosion des sols, appauvrissement et parfois extinction de certaines espèces animales). Elle est aussi à l'origine de crises alimentaires telles que la maladie de Creutzfeldt-Jakob, le poulet à la dioxine, le bœuf aux hormones…

- L'agriculture raisonnée veut réduire la quantité de produits de synthèse afin de diminuer l'impact sur l'environnement, mais cette retenue ne signifie pas la suppression de ces produits.

- L'agriculture biologique est un système de production qui exclut l'usage d'engrais, de régulateurs de croissance, d'additifs aux aliments du bétail ou d'antibiotiques.

Exploitation agricole au Canada.

LA PÊCHE

Chalutier, mer du Nord.

- La pêche est un secteur économique productif qui concerne aussi bien les petites pêches que la pêche industrielle. Le nombre d'heures passées loin des côtes détermine le type de pêche.

- La pêche côtière ne concerne plus que certaines populations pour qui cette exploitation se résume à une activité de subsistance. Ce sont les chaluts* de pleine eau ou de fond qui aujourd'hui tirent parti de la richesse des fonds marins et ont industrialisé cette activité.

- L'océan Pacifique fournit 2/3 du tonnage de poissons pêchés dans le monde. L'océan Atlantique suit, avec un peu plus du quart des prises ; l'océan Indien est troisième.

- La croissance de la population et des besoins de nourrir celle-ci est à la base de l'augmentation de l'exploitation maritime, facilitée par l'apparition de techniques modernes.

- Le sonar, qui équipe actuellement la plupart des navires de pêche, permet, grâce aux ondes ultrasonores, de détecter les bancs de poissons et d'identifier les espèces. Des systèmes de navigation sophistiqués complètent cet équipement.

- Les navires-usines capables de rester en mer pendant plusieurs semaines sont dotés de frigos qui permettent de congeler les prises à bord.

- Une taille inadéquate des filets entraînant la capture de jeunes individus, la difficulté d'instaurer des zones et des quotas* de pêche qui soient respectés par les pêcheurs sont des éléments qui entraînent un déséquilibre écologique.

- Lorsque les quantités pêchées excèdent la reproduction des poissons, les ressources que l'on croyait inépuisables se raréfient et les prises plafonnent. Une gestion incluant le devoir de protéger les ressources s'avère indispensable.

- L'aquaculture (élevage d'espèces aquatiques en vue de leur commercialisation) est une façon de gérer la production qui s'est bien développée. Elle se pratique en eau marine et concerne les saumons, bars, dorades, turbots, mulets, huîtres, moules.

- En eau douce, on parle de pisciculture et ce sont les truites, carpes, brochets, gardons et écrevisses qui sont concernés.

Prise de poissons à bord d'un chalutier.

L'ÉLEVAGE

■ Après une longue période de chasse et de cueillette, l'homme change son mode de subsistance au néolithique et commence à domestiquer des animaux. Ils vont lui fournir de la nourriture (viande, œufs, lait), mais aussi des vêtements (laine, cuir, fourrures).

■ Des animaux sont élevés pour leur force de travail et la consommation de viande reste exceptionnelle pour la majorité de la population jusqu'à la deuxième moitié du XIXe siècle.

■ L'augmentation de la population urbaine et l'essor industriel accroissent la demande en viande. Dans les pays industrialisés, les animaux, de fournisseurs d'énergie, vont devenir fournisseurs de produits alimentaires.

■ Le perfectionnement de la zootechnie a favorisé cet essor. Cette discipline travaille à l'amélioration génétique, à la gestion des troupeaux et à l'alimentation.

■ Les types d'élevage sont diversifiés. L'élevage extensif prévoit des pâturages où les animaux paissent en liberté. Il est favorisé dans les pays disposant de grands espaces verts.

■ L'élevage intensif est un modèle apporté par les États-Unis et qui cantonne les animaux dans un espace restreint, parfois couvert où ils dépendent entièrement de l'éleveur pour leur alimentation.

■ Cette alimentation est en grande partie composée de céréales, de tourteaux (résidus d'extraction de l'huile des plantes oléagineuses) et de compléments alimentaires constitués de farines animales.

■ Les farines (FVO), produites à base d'os de ruminants passés à l'équarrissage (abattage et dépeçage d'animaux impropres à la consommation) et ensuite chauffés, sont à l'origine de la crise de l'ESB ou encéphalopathie spongiforme bovine (maladie de la « vache folle ») dont le premier cas est détecté en 1996.

Berger et son troupeau, Nouvelle-Zélande.

■ La volaille est élevée hors sol lorsque l'élevage se fait en batteries. Les poules sont maintenues en cage et alimentées avec une nourriture extérieure à l'exploitation.

■ La France est le premier producteur européen de viande bovine et de volailles. L'Allemagne est en tête de l'élevage porcin et le Royaume-Uni est le principal producteur d'ovins.

Les œufs pondus par les poules élevées en batteries, sont collectés directement après la ponte.

Le secteur secondaire

- Le secteur secondaire, ou secteur industriel, transforme les ressources primaires, agit sur les matières pour en faire des biens manufacturés*.

- Le développement de ce secteur a été rendu possible grâce à celui des techniques et la révolution industrielle.

- La machine à vapeur deviendra à partir de 1785, l'un des agents essentiels de l'industrialisation puisqu'elle sera la source d'énergie principale.

- L'ordre de développement des secteurs a été assez semblable dans tous les pays industrialisés bien que différé dans le temps. Le secteur textile fut le premier, suivi par le charbonnage, la sidérurgie*, la mécanique, le secteur pétrolier, l'automobile et ensuite la chimie et l'aluminium.

Réservoir à pétrole.

- L'industrie est constituée d'entreprises réparties en catégories selon leur taille et leur nature.

- Les industries peuvent être répertoriées en fonction de la nature du produit conçu. Les industries de base ou industries lourdes, fabriquent des produits dans le secteur de la métallurgie*, la sidérurgie, la chimie.

- Les industries de biens d'équipement fournissent les produits nécessaires au fonctionnement d'autres entreprises (construction de machines, chemin de fer, aéronautique, robotique…).

- Les industries de biens de consommation vont approvisionner le consommateur. Ce sont les secteurs agroalimentaire, textile, pharmaceutique, cosmétique…

- Le secteur secondaire, tout comme le secteur primaire, a été grandement touché par la crise, à cause des 2 chocs pétroliers, d'une baisse de la productivité et du pouvoir d'achat des consommateurs. Ce secteur, de plus en plus robotisé, réduit l'embauche.

- L'Europe a principalement développé, ces dernières décennies, les secteurs technologiques comme l'aéronautique, l'aérospatiale, l'électronique et la robotique.

L'INDUSTRIE LOURDE

- La métallurgie est l'ensemble des techniques d'extraction des métaux et de leurs minerais. Il s'agit d'élaborer et de purifier des alliages, de les transformer et de les mettre en forme pour obtenir un produit fini.

Fonderie.

- Le traitement métallurgique consiste à séparer le métal de sa gangue (substance qui entoure un minerai à l'état naturel) et de le purifier afin d'obtenir un métal pur, brut.

- Le choix du procédé de purification ou de réduction du métal dépend de sa nature (fer, cuivre, plomb...). La fusion est un procédé courant, réalisé en haut fourneau.

La chimie « lourde » élabore des détergents, des engrais et des goudrons.

- La combustion du coke libère du monoxyde de carbone qui, mis en contact avec le métal, transforme celui-ci en liquide et le sépare des autres produits qui flottent au-dessus de lui.

- La métallurgie intervient dans de nombreux secteurs économiques.

- La métallurgie du fer (sidérurgie) a été un élément central pour la révolution industrielle à partir du XVIIIe siècle (construction d'ouvrages d'art, chemin de fer, construction navale).

- L'acier, en tête de la production, est suivi par l'aluminium, exploité pour sa légèreté et sa résistance dans les domaines de l'aéronautique, l'automobile, l'emballage, le bâtiment ou l'électroménager.

- L'industrie chimique emploie des produits organiques dérivés du pétrole et du gaz naturel. Ils sont exploités par la pétrochimie pour produire des matières plastiques, des pesticides, des fibres synthétiques...

- Les matières premières utilisées par la pétrochimie sont les hydrocarbures non saturés (éthylène, propylène, acétylène...). Ils sont obtenus par craquage du pétrole, un procédé qui fractionne les molécules des hydrocarbures saturés en molécules plus petites.

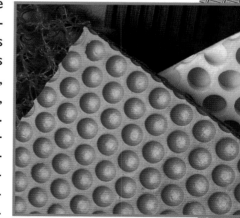

Moules en plastique.

- La chimie dite « fine » est présente dans le domaine de la santé, de la cosmétologie, de la parfumerie, du textile, de l'agroalimentaire.

LE TEXTILE

- L'industrie textile utilise des fibres naturelles ou synthétiques afin de produire par tissage ou tricotage des produits pour l'habillement, l'ameublement ou l'industrie.

- Les fibres naturelles, produites par les plantes, sont fournies par les cultivateurs de lin, de coton, de jute, de chanvre. Les fibres animales proviennent, elles, du mouton, de la chèvre, du lapin, du bombyx (ver du mûrier qui produit la soie).

Cocons de vers à soie.

- Les fibres synthétiques, mises au point à partir des années 1930 (Nylon) sont élaborées par les chimistes. Elles offrent toutes une grande résistance et peuvent être filées de manière à obtenir un fil très fin.

Les métiers à tisser industriels actuels produisent des milliers de mètres de tissus par jour.

- La fibre est nettoyée, calibrée, blanchie, parfois teinte, avant d'être envoyée à la filature où elle sera transformée en fil de longueur continue, solide.

- La teinture est choisie en fonction des caractéristiques chimiques de la fibre textile. Les teintures sont actuellement presque toutes synthétiques. Le tissu peut aussi être teint « en pièce », après tissage.

- Le fil est ensuite tricoté ou tissé. Le tissage est réalisé sur un métier devenu complètement automatisé. La navette volante (1733) et le métier mécanique (début XIXe siècle) furent 2 des inventions essentielles pour l'avancée de la production textile.

- Après tissage, la pièce de tissu est lavée et parfois préparée à recevoir une impression (dessin) ou des traitements qui vont influencer son apparence et son toucher.

- Dans les pays industrialisés, les sociétés textiles ont dû faire face à la concurrence des pays du Moyen-Orient d'abord et du reste de l'Asie ensuite.

- La délocalisation des sociétés textiles, outre l'objectif d'agrandir leur marché, s'explique aussi par l'attrait des bas salaires pratiqués dans ces pays.

- La main-d'œuvre de ce secteur est souvent constituée d'enfants. L'Organisation internationale du travail (OIT) a développé une campagne « Vêtements Propres » qui veut amener les distributeurs et les marques à signer un code de conduite dans lequel est incluse une clause interdisant le travail des enfants.

Bobines de fil de coton, filature.

LE BOIS

- La production du bois comporte plusieurs activités : l'exploitation forestière qui comprend l'abattage, le sciage et le lambrissage*.

Stockage de bois, Allemagne.

- Les produits issus de l'exploitation du bois concernent les domaines de la construction (portes, fenêtres, poutres, charpentes, parquets...), de l'emballage (caisses), de la manutention (palettes), de l'industrie du papier-carton (pâte à bois) et de l'industrie chimique (cellulose).

Le teck sert à fabriquer les ponts des bateaux car il résiste au contact de l'eau et du sel.

- Le bois d'œuvre est le bois pouvant être scié sur la longueur pour en faire des planches. Ce bois est pris dans la meilleure partie de l'arbre, entre la cime et la base.

- Pour être exploité en menuiserie, le bois doit posséder la surface la plus lisse possible. Il est principalement utilisé dans la fabrication d'armoires, d'escaliers et de revêtements muraux.

- Le bois d'industrie est composé des résidus transformés en copeaux pour produire des panneaux de particules (agglomérés) ou du papier.

- L'exploitation forestière engendre des résidus qui peuvent être déchiquetés et utilisés en plaquette comme combustible dans des chaufferies.

- Une autre partie est commercialisée sous forme de bûches qui sont utilisées dans les cheminées, les poêles, les chaudières...

- La demande croissante en ressources d'énergie a un impact important sur l'environnement. Le bois, qui représente 75 % de l'énergie consommée dans les pays les plus pauvres, remplace avantageusement les combustibles fossiles plus polluants et moins accessibles à tous.

- Le bois représente une source d'énergie renouvelable intéressante à condition d'accompagner l'abattage d'un reboisement systématique.

Bûcherons au travail.

- Certaines forêts tropicales et boréales sont surexploitées et il faudrait tenir compte des dépenses nécessaires à la reforestation dans le coût de production obtenu par les ressources du bois.

LE VERRE

Usine de cristal de Waterford, république d'Irlande.

- Le verre consiste en un mélange complexe de silice issue du sable ou du quartz, d'oxyde de sodium (carbonate) et de chaux ou de dolomie qui stabilisent le mélange. Des déchets de verre broyés sont aussi incorporés pour accélérer le processus de fusion.

- La silice et les autres matières sont fondues à très haute température (1 300 à 1 500 °C). Le processus de fusion est une suite de réactions chimiques et physiques qui permet de former la matière vitreuse.

Une bouteille en verre met 4 000 ans pour se dégrader dans la nature.

- Le verre est refroidi et mis en forme lorsque sa température atteint entre 800 et 1 200 °C. Le procédé de soufflage, autrefois artisanal, peut être tout à fait automatisé.

- Des traitements permettent d'agir sur les propriétés du verre afin qu'il soit antireflet, opaque, anti-feu, blindé, isolant, coloré…

- La coloration du verre se fait en ajoutant des sels métalliques. Les sels de cobalt pour la couleur bleue, les sels de fer ou de chrome pour la couleur verte par exemple.

- Les applications du verre se sont fort diversifiées. Depuis la simple perle colorée utilisée comme bijou à la fibre optique, les moyens de fabrication ont connu de multiples développements.

- La production est aujourd'hui répartie en 8 secteurs : le verre d'emballage, le verre plat, la verrerie domestique, le verre technique, les fibres de verre, la laine minérale (laine de verre, laine de roche), les fibres céramiques (plaques de cuisson, prothèses dentaires), les frittes (produits vitrifiés qui se présentent sous forme de paillettes ou de poudre).

- La production de verre plat utilise le procédé de flottage. Le verre en fusion est versé sur une surface d'étain liquide et forme une bande de verre continu sous l'influence de la pesanteur et de la tension superficielle.

- Le verre creux est obtenu par soufflage et pressage. Les fibres de verre résultent de l'étirage du verre fondu jusqu'à ce qu'il ait atteint un diamètre de 15 millionièmes de mètre. Elles peuvent alors être tissées et être utilisées dans les textiles ou servir d'isolants électriques, thermiques ou acoustiques.

Câble en fibres optiques.

LA HAUTE TECHNOLOGIE

- Les produits de haute technologie constituent plus de 60 % des produits manufacturés dans les pays de l'OCDE (Organisation de coopération et de développement économiques). C'est un secteur en forte croissance dans les pays à haut niveau de développement.

- Les industries de haute technologie sont celles de l'informatique, l'électronique, la télématique, la télécommunication, la bureautique, l'aéronautique et l'aérospatiale, la robotique, la domotique et l'industrie pharmaceutique.

- Ces industries, comme celle des TIC (technologies de l'information et de la communication), obtiennent 45 % de leur chiffre d'affaires en exportant massivement.

- Les nouvelles technologies de l'information permettent aux entreprises de réduire leurs coûts et d'élargir leurs activités à de nouveaux secteurs et produits.

- Le domaine des télécommunications connaît des changements technologiques rapides. Il a un impact significatif sur le développement économique et sur l'emploi. C'est pourquoi les pays en voie de développement se consacrent de plus en plus à sa mise en œuvre et à son accès pour tous.

- La domotique regroupe tous les équipements de la maison au sein de systèmes qui communiquent entre eux. La domotique gère : chauffage, éclairage, vidéo, hi-fi, télévision, téléphone, alarme, qui s'adaptent à notre rythme de vie et à nos habitudes.

- La bureautique est l'ensemble des techniques et moyens qui permet d'automatiser les activités de bureau dans le domaine du traitement et de la communication des informations.

- L'apparition des ordinateurs, traitements de texte, tableurs, bases de données, messageries électroniques, photocopieurs, imprimantes, calculatrices a fortement changé l'organisation du travail.

Tour de télécommunications.

- L'industrie de l'aérospatiale se consacre à la fabrication d'engins spatiaux (navettes, satellites…) et d'engins aériens (avions, hélicoptères).

Le marché mondial de la robotique est dominé par les États-Unis et le Japon.

- La robotique est largement utilisée dans les usines de montage à la chaîne (automobile par exemple). Les machines automatisées permettent d'effectuer des tâches dans des environnements nuisibles à l'homme, d'améliorer les procédés de fabrication, d'accroître le rendement.

Le secteur tertiaire

- Le secteur tertiaire regroupe toutes les activités qui ne sont ni agricoles ni industrielles, c'est-à-dire toutes celles qui produisent des services et non des biens.

- Ces activités peuvent être très diverses. Elles englobent le commerce, la banque, les transports, les assurances, le tourisme, les administrations publiques, la santé, l'éducation, l'art, la recherche, les télécommunications.

- Le tertiaire réunit des activités qui requièrent des niveaux de compétence très différents. Aussi parle-t-on de niveau « quaternaire » pour désigner les activités hautement qualifiées comme la communication, l'information, l'enseignement, l'informatique.

- Ce secteur est devenu prédominant dans les pays développés. Les entreprises, tout comme les ménages, multiplient les demandes de services. On parle de tertiarisation de l'économie.

- Les industries investissent dans les services en développant notamment des campagnes publicitaires, des formations professionnelles continues, l'informatique et la gestion.

- Les entreprises industrielles proposent aussi des services lors de la vente de biens. Il s'agit entre autres de livraison, de service après-vente, de e-commerce.

- Le service public, qui occupe une part importante d'activités dans le secteur tertiaire, regroupe l'ensemble des administrations, les services publics commerciaux, sociaux ou professionnels.

- Le tourisme est une activité croissante du secteur qui doit son développement à la hausse des niveaux de vie, à l'augmentation des heures de loisir et aux déplacements à une échelle mondiale.

- Le tourisme d'affaires s'est particulièrement développé avec les congrès, les séminaires et salons ainsi que les voyages organisés pour l'entreprise.

- On peut distinguer le service marchand, pendant lequel un échange entre un acheteur et un vendeur se solde par un coût, du service non marchand proposé par l'État lui-même ou par des organismes qu'il subventionne.

Matériel utilisé dans la recherche pharmaceutique.

LE COMMERCE

- Le commerce est une activité économique fondée sur un échange de marchandises ou de services qui répond à la demande des consommateurs.

- Cet échange peut se faire sur un plan national (le commerce intérieur) ou sur un plan international, le commerce extérieur. Les commerçants veillent à ce qu'un équilibre existe entre l'offre et la demande.

- Le développement du commerce remonte à l'Antiquité, mais c'est au Moyen Âge et dans les grandes foires marchandes qu'il connaît un véritable essor. L'usage de la monnaie est général, mais le troc subsiste.

- Des règles professionnelles sont mises en place, le droit commercial, né en Italie, gagne l'Europe et provoque l'apparition de la lettre de change.

- Le commerce international s'organise à la fin du Moyen Âge à partir des Pays-Bas d'une part (commerce du drap) et des villes italiennes d'autre part (commerce des épices).

Les États-Unis sont le 1er pays importateur et exportateur de marchandises dans le monde.

- Les grandes compagnies marchandes (comme la Compagnie française des Indes orientales), fondées aux XVIIe et XVIIIe siècles, sont les ancêtres de nos entreprises actuelles. Elles avaient l'exclusivité du commerce des produits de leurs possessions.

- Le GATT (General Agreement on Tariffs and Trade) est un traité signé en 1947 par 23 nations pour négocier les échanges commerciaux entre elles. Ce traité a pour but d'abaisser les tarifs douaniers, d'instaurer un code de bonne conduite et de réduire les obstacles au commerce.

Hommes d'affaires.

- L'OMC (Organisation mondiale du commerce) est une organisation internationale créée en 1995 et qui a incorporé l'accord du GATT. Elle administre les échanges internationaux, règle les différends commerciaux, encourage le libre-échange.

- C'est l'ensemble des États membres, au nombre de 147, qui prend les décisions importantes et négocie les accords qui concernent les marchandises, les services et la propriété intellectuelle.

- Le commerce équitable vise à soutenir des populations locales de pays en voie de développement en assurant aux partenaires des conditions d'échange justes.

521

LA PUBLICITÉ

Grand prix de motocross.

- La publicité a pour objectif de faire connaître un produit, un service qu'une entreprise souhaite vendre. Elle peut, pour cette action de communication, choisir entre différents supports : presse, radio, télévision, cinéma, affichage, Internet.

- L'apparition de la publicité et son développement sont liés aux découvertes technologiques de la révolution industrielle, à une production accrue et variée. Les affiches extérieures, la presse, ont été les premiers supports, rejoints ensuite par la radio puis par la télévision.

La publicité mensongère ou médisante envers la concurrence est interdite.

- L'affiche publicitaire permit à certains artistes, dans la première moitié du XXᵉ siècle, de hisser ce support au rang des beaux-arts de la rue. Parmi ceux-ci : Toulouse-Lautrec, Mucha, Cheret, Capiello.

- La création publicitaire combine les mots, en général des formules concises, claires, percutantes appelées « slogans », avec des images et du son (musique, dialogue).

- La publicité hors média passe par les promotions sur le lieu de vente, les annuaires, les salons professionnels, les événements (partenariat, sponsoring), le marketing direct (vente par correspondance) et les relations publiques.

- Le succès de la publicité par Internet sous forme de bandeaux interactifs se confirme.

- La publicité est réglementée par des lois. Celles-ci interdisent, par exemple, la publicité en faveur du tabac ou régissent les conditions de diffusion publicitaire pour l'alcool.

- Les entreprises qui souhaitent promouvoir leurs produits font appel à des agences de publicité qui mettent en place les meilleures stratégies pour optimiser la campagne.

- Pour toucher le public cible, l'agence recherche quels aspects du produit ou du service sont intéressants pour le consommateur et quels doivent être les moyens publicitaires. L'étude de marché (sondage) permet de mieux connaître les acheteurs potentiels.

- La publicité finance les médias et conditionne de ce fait la programmation, qui en souffre parfois sur le plan esthétique. La télévision reste le média privilégié pour couvrir un large public.

Piccadilly Circus, Londres, Angleterre.

522

LES BANQUES

- Les banques sont des institutions qui offrent des services financiers aux entreprises et aux particuliers. Les épargnants y déposent leur argent sur un compte et perçoivent des intérêts sur cette somme. Les banques accordent des prêts et perçoivent à leur tour des intérêts.

- L'origine des banques remonte à 2 000 ans avant J.-C. À Babylone, dans les temples, on prête et dépose des marchandises (céréales).

- Dans l'Empire romain, les banquiers consentent à des prêts en échange du paiement d'un intérêt. Cette pratique se généralisera au Moyen Âge.

- Les risques liés au transfert de fonds par route conduisent à la création de la lettre de paiement suivie et généralisée au XIIIe siècle par la lettre de change.

Billet en circulation dans la zone euro.

- La lettre de change est une reconnaissance de dette rédigée par un homme d'affaires et qui donne l'ordre au débiteur* de s'acquitter du versement d'une somme envers une personne (le bénéficiaire).

- La notion d'enrichissement individuel, mais aussi national, apparaît à la Renaissance. Elle s'oppose à la morale de l'Église qui condamne tout profit.

- Le FMI (Fonds monétaire international) est créé en 1944 pour soutenir l'Europe de l'après-guerre.

Quartiers généraux des banques de Hong Kong et Shanghai, Hong Kong.

- Le FMI débute ses activités en 1947 avec pour objectifs de stabiliser les taux de change*, de promouvoir la coopération monétaire internationale, de faciliter l'expansion et l'accroissement harmonieux du commerce international et de mettre temporairement à la disposition des États membres, en difficulté, des ressources moyennant garanties.

- L'organisme regroupe 183 États membres qui fournissent par leur quote-part les ressources du FMI. Les États reçoivent un nombre de voix proportionnelles à cette quote-part et un plafond d'accès aux ressources financières.

- La Banque mondiale, créée en 1944, est également une institution financière internationale, dont le principal objectif est de lutter contre la pauvreté.

La Banque mondiale développe aussi des projets d'éducation et de santé.

LA SANTÉ

- C'est au XIXᵉ siècle que l'État s'occupa, dans les pays industriels, des problèmes de santé publique qui dépendait auparavant de la charité. Les secours s'organisaient par le biais de la religion.

Médecin et sa patiente à l'hôpital.

- Les organismes chargés de la santé sont les prestataires de services de santé et les assurances maladie, les représentants des professionnels de la santé et les syndicats, les ONG (Organisations non gouvernementales) responsables de santé publique, les associations de patients et l'industrie impliquée dans le domaine de la santé.

- Le système de sécurité sociale finance, grâce aux cotisations patronales et salariales, les hôpitaux et les prestations des professionnels de la santé.

- Chaque individu est ainsi protégé et profite de soins ou d'indemnités en cas d'incapacité de travail pour raison de santé.

- Ce système doit actuellement faire face à des problèmes financiers dus en grande partie à l'augmentation incessante des dépenses de santé et de la consommation de médicaments.

- Si les populations des pays industrialisés ont un accès facile aux soins courants, il n'en est pas de même pour les pays pauvres toujours aussi sensibles aux épidémies.

- L'OMS (Organisation mondiale de la santé) dépend de l'organisation des Nations unies et siège à Genève. Elle a été fondée en 1948 afin d'amener, selon sa constitution, tous les peuples « au niveau de santé le plus élevé possible ».

- Sa constitution définit la santé comme « un état de complet bien-être physique, mental et social ». Pour réaliser cet objectif, l'OMS forme et informe sur les pathologies*, les mesures sanitaires, le planning familial, la nutrition…

- L'OMS possède 6 sièges régionaux (Europe, Asie du Sud-Est, Méditerranée orientale, Afrique, Amérique, Pacifique occidental).

- L'Union européenne a inscrit la santé dans ses priorités et définit 3 objectifs dans son programme : l'amélioration des connaissances et de l'information, la réaction rapide et coordonnée face aux menaces de santé, la promotion de la santé et la prévention des maladies.

Boîte à pilules et médicaments.

L'ENSEIGNEMENT

- L'enseignement permet la transmission des connaissances, traditions et valeurs essentielles à l'élaboration et à l'organisation d'une vie sociale.

- L'Égypte, la Chine et l'Inde avaient déjà développé l'instruction avant l'ère chrétienne. En Grèce, dans l'Antiquité, les écoles instruisent et forment l'homme et le citoyen.

- Les Romains organisent la scolarité en 3 niveaux et ouvrent des écoles dans tout l'Empire. Au Moyen Âge, on crée des écoles où l'on forme des clercs pour l'Église. L'administration scolaire est sous l'autorité de l'évêque.

- Les premières universités sont fondées à partir du XIIe siècle et s'organisent en facultés (art, droit, médecine, théologie). C'est à la Renaissance que de petites écoles publiques sont ouvertes et que les collèges sont créés.

La devise de l'Unicef est : « pour chaque enfant : santé, éducation, égalité et protection ».

- Les jésuites, ordre religieux catholique, dispensent une éducation gratuite et organisent l'enseignement par niveau. L'enseignement est principalement littéraire. Les filles fréquentent de plus en plus l'école gérée par des religieuses.

- C'est au XVIIIe siècle que l'enseignement des sciences prend son essor. Les enfants des classes pauvres sont pris en compte et l'enseignement commence à s'individualiser.

- Jules Ferry (1832-1893) organise en France un enseignement primaire, obligatoire et laïque* gratuit pour les enfants des 2 sexes de 6 à 13 ans.

Classe d'école secondaire, leçon de physique, Angleterre.

- La plupart des enfants seront scolarisés, au niveau élémentaire à la fin du XIXe siècle dans les pays industrialisés. L'obligation scolaire de 6 à 16/18 ans est devenue la règle, du moins dans les pays développés, au XXe siècle.

- Aujourd'hui, selon l'Unicef, 130 millions d'enfants, dont 60 % de filles, n'ont pas accès à l'enseignement primaire dans les pays en développement.

- L'enseignement à distance est devenu un nouveau secteur de l'enseignement. Il permet l'apprentissage par Internet sans partage de lieu et/ou de temps de la part de l'élève et de son professeur.

525

LE TOURISME

Le mot tourisme vient de l'anglais *tourism* formé sur le mot *tour*, pris au sens de « voyage circulaire ». Dans l'Antiquité, les citoyens grecs et romains les plus nantis se déplacent vers les villes d'eau pour les cures thermales.

Touristes à la pyramide du Louvre, Paris, France.

Au Moyen Âge, les pèlerinages incitent les chrétiens à prendre la route et, au XVIIIe siècle, les jeunes aristocrates sillonnent l'Europe pour parfaire leur éducation. On parle alors de « Grand Tour ».

Les villes italiennes (Pompéi, Herculanum, Rome) sont très appréciées, notamment pour les découvertes archéologiques que l'on peut y faire. Les artistes s'y rendent depuis le XVIe siècle pour se former et y rencontrer leurs confrères.

C'est au XIXe siècle, et grâce à l'apparition du chemin de fer, que le tourisme moderne se développa. Le premier voyage fut organisé par Thomas Cook en 1841, en Angleterre. Celui-ci crée 10 ans plus tard la première agence de voyage. Au départ, seules les personnes issues de classes aisées s'y adressent.

Le tourisme va se diversifier et proposer des voyages d'agrément, d'affaires, des cures thermales. Cette industrie est développée par les Britanniques qui créeront aussi les sports d'hiver.

L'expansion du tourisme depuis la Seconde Guerre mondiale s'explique, entre autres, par l'amélioration du niveau de vie, l'augmentation du temps libre et l'allongement de la durée de vie.

Les bénéficiaires de ce secteur, aujourd'hui à la première place des activités économiques, sont les pays du Nord qui organisent et accueillent prioritairement les touristes (Europe, États-Unis).

Pour les pays en voie de développement, le tourisme constitue une rentrée de devises étrangères et une source d'emplois, mais il produit aussi des perturbations sur le plan humain et environnemental.

En 2004, la France avec 75 millions de visiteurs étrangers est la 1re destination mondiale.

Le tourisme équitable, l'écotourisme sont des formes nouvelles qui valorisent un tourisme qui a un impact minimal sur l'environnement et se réalise au profit des populations concernées.

L'OMT (Organisation mondiale du tourisme) est créée en 1974 et devient, en 1977, une institution associée aux Nations Unies. En septembre 2004, ses membres représentent 143 États.

LES MÉDIAS

- Les médias sont des outils de communication privilégiés (télévision, presse, radio) qui diffusent des informations dans la société, auprès de l'audience (auditeur, spectateur).

Le journal britannique « The Sun » et son homologue allemand « Bild » sont les plus diffusés en Europe.

- À Rome, dans l'Antiquité, l'information était communiquée sous forme d'affichettes collées aux murs, les « acta diurna ». Ces faits du jour relataient les combats des gladiateurs, les victoires et défaites militaires, les mariages et les décès.

- C'est en mai 1631 que Théophraste Renaudot crée le premier journal français : La Gazette. Cet hebdomadaire de cour, que Richelieu soutient et utilise comme instrument de propagande, publie des communiqués officiels et des nouvelles de l'étranger.

- La libre communication des pensées et des opinions est reconnue à partir de 1789 dans la Déclaration des droits de l'homme et du citoyen. Cette liberté est inexistante dans les pays totalitaires qui appliquent la censure*.

- L'apparition, au début du XXe siècle, de la radio puis de la télévision concurrence fortement la presse écrite. Aujourd'hui, les nouveaux modes de diffusion de l'information (par exemple Internet et les journaux en ligne) révolutionnent le secteur.

- Cette diversification des moyens de diffusion et de communication est le résultat de l'afflux des techniques (informatique, télécommunication, audiovisuel, multimédia).

- Les groupes de communication deviennent des entreprises multimédias qui investissent dans les médias classiques (radio, presse, télévision), mais aussi dans le secteur des télécommunications (réseau télé, Internet), du cinéma, de l'édition et de la presse.

- La télévision s'intègre aussi dans les réseaux multimédias. Elle devient support pour jeux électroniques, récepteur audio et peut être reliée à Internet. L'industrie du numérique sera l'axe commun des transformations.

- La publicité est un revenu essentiel pour la presse, la radio et la télévision, surtout pour les chaînes privées qui en dépendent presque exclusivement.

- La redevance est la ressource principale du service public de radio/télévision. Chaque personne qui possède un poste s'en acquitte annuellement.

Studio d'enregistrement à la télévision.

LES SPORTS

Depuis la création des Jeux olympiques antiques, les sports ont fort évolué. Les sportifs modernes reculent toujours plus les limites de leurs performances. Ils sont devenus de vrais professionnels. De nombreux spécialistes (entraîneurs, kinés, médecins,...) interviennent dans leur préparation physique. Nous te proposons un tour d'horizon des divers sports qui s'offrent à toi.

L'ATHLÉTISME

- L'athlétisme regroupe 2 types d'épreuves : les courses (plat et obstacles) et les concours partagés en lancers et sauts. Les épreuves combinées associent courses, sauts et lancers. Il s'agit du décathlon comprenant 10 épreuves pour les hommes et de l'heptathlon comprenant 7 épreuves pour les femmes.

En 1960, aux Jeux olympiques de Rome, l'Éthiopien Abebe Bikila courut et remporta le marathon pieds nus.

- Les courses de plat vont de 100 m à 10 000 m : les courses de sprint se déroulent en couloirs sur 100 m, 200 m et 400 m. Les courses de demi-fond sur 800 m (en couloirs décalés sur les premiers 100 m) et 1 500 m, de même que le mile (en ligne). Les courses de fond sur 5 000 m et 10 000 m.

- Les courses de haies se déroulent sur 100 m ou 400 m pour les femmes ; sur 110 m ou 400 m pour les hommes. Dix haies, hautes ou basses, suivant la distance, doivent être franchies.

- Le steeple est une course réservée aux hommes qui se déroule sur 3 000 m et comprend des haies et une rivière de 3,36 m de largeur à franchir 7 fois.

- Les courses de relais se disputent sur 4 x 100 m ou 4 x 400 m. Chaque équipe est formée de 4 athlètes qui se passent un tube lisse : le témoin.

- Il y a 4 catégories de sauts : le saut en hauteur, en longueur, le triple saut et la perche. Les sauts en hauteur et à la perche comprennent 3 essais et une augmentation progressive de la hauteur de la barre.

- L'athlète qui pratique le triple saut (trois bonds successifs) ou le saut en longueur (un seul bond) a droit à 6 essais. Le meilleur saut est enregistré.

- Les lanceurs utilisent le poids, le disque, le marteau ou le javelot. Les 3 premiers s'effectuent à partir d'un cercle alors que le javelot exige une course d'élan limitée par une ligne de lancer.

- Le lanceur du disque effectue plusieurs rotations rapides sur lui-même avant la propulsion du disque qui pèse de 1 à 2 kg.

- Le marteau est une sphère métallique (de 7,260 kg au minimum) suspendue à un câble d'acier. Le lancer s'exécute à partir d'une cage grillagée en forme de U.

5 000 m dames, qualification, Jeux olympiques d'Atlanta 1996.

LA GYMNASTIQUE

Gymnastique féminine, exercice au sol.

- La gymnastique féminine et masculine comporte des épreuves aux agrès (appareils utilisés pour divers exercices de gymnatique). Le sol et le saut de cheval sont pratiqués par les femmes et les hommes tandis que la poutre et les barres asymétriques sont exclusivement féminines.

- Les hommes exécutent des exercices aux barres parallèles, au cheval d'arçon, aux anneaux et à la barre fixe. Celle-ci permet des tours et retours et comporte une partie volante avec lâcher des mains.

- L'épreuve au sol se déroule sur un tapis dans un temps déterminé et comporte un ensemble d'exercices rythmés associant acrobatie et équilibre.

- Le cheval de saut est franchi après une course d'élan (entre 18 et 25 m) et pose des mains sur l'engin. Des voltiges peuvent être réalisées sur le cheval.

- L'exercice aux barres parallèles est marqué par une série d'élans au-dessus et en dessous des barres avec des moments de suspension, de changement de face et de lâcher des 2 mains.

- Le cheval d'arçon est un agrès qui nécessite souplesse, vitesse et force. Le gymnaste exécute des mouvements jambes serrées ou en ciseaux au-dessus du cheval et à un rythme soutenu.

- L'exercice aux anneaux exige force et souplesse dans des mouvements qui alternent élan et maintien entre 2 cordes qui doivent bouger le moins possible.

- La poutre est un agrès étroit (10 cm) sur lequel la gymnaste enchaîne des sauts, des mouvements d'équilibre et de souplesse.

- Les barres asymétriques comportent 2 barres parallèles à des hauteurs différentes et entre lesquelles la gymnaste effectue des mouvements en appui ou en suspension.

- La gymnastique rythmique, est une pratique uniquement féminine. Les gymnastes évoluent en musique et utilisent tour à tour le ballon, le cerceau, la corde, les massues, le ruban.

Gymnastique féminine, exercice à la poutre.

En 1976, à Montréal, la gymnaste roumaine Nadia Comaneci fut la 1ʳᵉ à se voir attribuer le score parfait de 10.

531

LA NATATION

- Il existe 4 styles de nages : le crawl ou nage libre, la brasse, le dos et le papillon. Les épreuves se pratiquent sur des distances allant de 50 à 1 500 m.

Compétition de water-polo.

- Les compétitions sont organisées en piscines olympiques qui mesurent 50 m. Le bassin est partagé en 8 couloirs équipés de plots de départ. Un chronomètre électronique est enclenché à chaque virage du nageur.

- La brasse se pratique sur le ventre. Les mouvements des bras et des jambes sont simultanés. Les bras sont projetés en avant puis ramenés en arrière latéralement. Les jambes propulsent le nageur en un mouvement proche de la détente de la grenouille.

- Le crawl est la nage la plus rapide. Elle se nage sur le ventre, le mouvement des bras et des jambes est alternatif. La respiration se fait par la bouche, l'inspiration ayant lieu lorsque la tête sort de l'eau au passage du bras.

- Le dos est un crawl exécuté sur le dos. Le battement des jambes se fait dans un plan vertical et les bras sortent alternativement. Les bras perpendiculaires au corps sont ramenés à tour de rôle vers l'arrière de la tête.

- Pour le papillon, le nageur repose sur le ventre, les bras sont projetés ensemble au-dessus de l'eau puis ramenés simultanément vers l'arrière. Les jambes jointes effectuent un battement synchrone.

- La traversée de la Manche constitue l'épreuve la plus longue (32 km). Elle se déroule entre le cap Gris-Nez et Douvres.

- La basse température de l'eau oblige les nageurs à s'enduire de lanoline. Le record pour l'aller France-Angleterre est de 8h5 min (1988).

- Deux épreuves de plongeon sont intégrées aux Jeux olympiques : le tremplin (3 m) et le haut vol (10 m). Le plongeon peut s'effectuer droit, groupé ou carpé…

- Le water-polo se joue en 2 équipes de 7 joueurs chacune. Le ballon, tenu d'une seule main, doit rester à la surface de l'eau et être amené vers le but adverse. Les compétitions se déroulent en 4 périodes de 7 minutes.

L'Australienne Dawn Fraser gagna la médaille d'or aux 100 m crawl sur 3 olympiades : Melbourne, Rome et Tokyo.

LE CYCLISME

- Le cyclisme sur route comporte des courses dites « classiques » qui se déroulent en 1 jour et des courses par étapes qui s'étalent sur plusieurs jours.

- Le Tour de France, course très populaire, a lieu chaque année au mois de juillet et s'étale sur 20 jours. Il nécessite de la part des coureurs des qualités de grimpeur et de sprinteur (course contre la montre).

Cyclisme sur route, course classique.

- Le premier Tour de France a été disputé en 1903 sur une distance de 2 428 km. Cette course couvre actuellement entre 3 500 et 4 000 km.

Avec ses 525 victoires en compétition, le cycliste belge Eddy Merckx a été surnommé le « cannibale ».

- Le cyclisme sur piste se pratique en plein air ou dans un vélodrome. Les épreuves sont : la course de vitesse, les courses au point, le kilomètre contre la montre, la poursuite individuelle ou par équipes.

- La poursuite confronte 2 coureurs placés à l'opposé l'un de l'autre sur un circuit. Il s'agit de rejoindre l'adversaire ou de réduire la distance qui les séparait au départ.

- Le keirin est une épreuve où les concurrents sont placés en file indienne selon un tirage au sort et sont entraînés par un cyclomoteur qui s'écarte lors du sprint final.

- Les courses de cyclo-cross ont lieu en hiver, à la campagne et sur des terrains accidentés et souvent boueux. La course à pied est pratiquée, vélo sur l'épaule, lorsque le terrain devient impraticable.

- Les épreuves de V.T.T. (vélo tout-terrain) nécessitent un vélo aux pneus crantés (entailles dans les pneus destinées à s'accrocher à la route), à la fourche télescopique et à guidon large. Les courses sont : la descente et le cross-country.

- L'amélioration des matériaux utilisés pour la fabrication des vélos (matériaux composites, roues pleines) et des équipements est constante.

- Le cyclisme est très touché par le dopage pratiqué pour améliorer les performances. Les contrôles sont systématiques et un coureur peut être exclu s'il n'a pas respecté la législation en vigueur.

Cyclisme sur piste, la poursuite par équipes.

LES SPORTS MÉCANIQUES

- Le championnat du monde de formule 1 existe depuis 1950. Il se déroule en plusieurs grands prix (+/-20) qui ont lieu partout dans le monde. Deux classements sont prévus, l'un concernant les constructeurs, l'autre les pilotes.

- Des points sont accordés aux 6 premiers, compte tenu des places obtenues. Le nombre de points accumulés pendant une saison détermine le champion du monde.

- L'ordre de départ est défini par le temps obtenu par les coureurs aux séances d'essai. Une course de formule 1 n'excède pas 2 heures et la distance à parcourir est d'environ 300 km.

- Les compétions de motocyclisme regroupent des courses de vitesse sur circuit, des rallyes, des courses d'endurance.

- Le championnat du monde permet d'élire le meilleur pilote dans une catégorie : 125 cm^3, 250 cm^3 et 500 cm^3 ainsi que le side-car. Lors de chaque grand prix, des points sont attribués aux 15 premiers.

- Le motocross est une course de vitesse sur un terrain accidenté et boueux alors que le trial est une épreuve où adresse et équilibre priment sur la vitesse. Le coureur ne peut pas poser le pied à terre sur un terrain naturel très accidenté.

Départ des 24 Heures du Mans moto.

- Les voitures de formule 1 sont des monoplaces légères, très rapides mais réglementées du point de vue du châssis et du moteur.

- Les rallyes sont des épreuves sur routes et sur pistes. Les voitures de rallye sont des voitures de série qui ont été améliorées. Les concurrents doivent respecter le temps imposé pour relier les différents postes de contrôle.

- Les 24 Heures du Mans sont une course d'endurance sur circuit. Deux pilotes se relaient pendant 24 heures au volant de voitures qui doivent être rapides et fiables.

- Le karting est un sport qui utilise en compétition des voitures de course miniatures puisque celles-ci atteignent une vitesse de 240 km/h. Les karts sont équipés de moteurs de 250 cm^3.

Jacques Villeneuve au Grand Prix de Cleveland.

LES SPORTS DE BALLON

Joueurs de football.

- Le football oppose 2 équipes de 11 joueurs pendant 2 périodes de 45 minutes avec une mi-temps de 15 minutes. Deux prolongations de 15 minutes sont prévues en cas d'égalité.

- Seul le gardien de but a le droit de toucher le ballon avec ses mains, uniquement dans la surface de réparation. Les autres joueurs utilisent pieds et tête pour parvenir à mettre le ballon dans le but opposé.

- Des sanctions sous forme de carton jaune (avertissement) ou rouge (exclusion) sont données par l'arbitre en cas de faute.

- Le rugby confronte 2 équipes de 15 joueurs pendant 2 périodes de 40 minutes séparées par une mi-temps de 5 minutes. Les joueurs tentent, en courant ballon en mains et en se faisant des passes, de marquer en envoyant le ballon ovale entre les poteaux de but.

- Le basket-ball se joue en salle et oppose 2 équipes de 5 joueurs pendant 4 périodes de 10 ou 12 minutes. Les joueurs vont tenter d'envoyer le ballon dans le panier situé dans le camp adverse.

- Le ballon doit rebondir à chaque pas de course du joueur et un tir au panier doit être exécuté au minimum toutes les 24 secondes.

- Le handball met 2 équipes en présence. Chacune d'elle est composée de 6 joueurs et d'un gardien de but. Un match comporte 2 mi-temps de 30 minutes. L'objectif est de marquer le plus grand nombre de buts contre l'équipe adverse. Pour ce faire, ils peuvent utiliser n'importe quelle partie du corps sauf la partie inférieure de la jambe.

Le joueur brésilien Pelé a marqué 1 281 buts au cours de sa carrière.

- Le volley-ball nécessite 2 équipes de 6 joueurs. Chaque équipe essaie de mettre la balle dans le camp adverse à l'aide des mains. Le ballon est envoyé au-dessus du filet après un maximum de 3 passes au sein de l'équipe.

- Le football américain se joue par équipe de 11 joueurs. Une partie dure 4 périodes de 15 minutes. Les points seront marqués grâce à des touch-downs (balle déposée derrière la ligne de but adverse) ou des coups de pieds au but.

- La finale du championnat professionnel de football américain, le Super-bowl, est regardée dans le monde entier par plus de 100 millions de spectateurs.

Joueurs de rugby.

LES SPORTS DE BALLE

- Le squash est un sport qui oppose 2 joueurs dans une salle fermée sur 4 côtés. Les joueurs envoient alternativement la balle en caoutchouc à l'aide d'une raquette sur le mur frontal. La balle ne peut toucher le sol plus d'une fois, les 4 murs peuvent être utilisés.

- Le tennis de table est un sport de salle qui se pratique en simple ou en double. Le jeu consiste à renvoyer une balle en celluloïd au-dessus d'un filet central de 15,24 cm de hauteur.

- Les petites raquettes sont en bois recouvert de caoutchouc. Le point est gagné lorsque l'adversaire rate le service, ne peut renvoyer la balle, l'envoie dans le filet ou hors de la table.

- Le tennis est un sport qui se joue à 2 ou à 4 sur un court intérieur ou extérieur. Le terrain peut être en terre battue, en gazon, en ciment ou en synthétique. Il est partagé en 2 par un filet situé à 91 cm de hauteur au centre.

- Le jeu consiste à frapper la balle à l'aide d'une raquette au-dessus du filet, dans le camp adverse. La première balle doit être livrée dans le carré de service.

- Un match de tennis se joue en 2 manches gagnantes chez les femmes, 3 chez les hommes. Le joueur qui ne renvoie pas la balle avant son second rebond, l'envoie dans le filet ou hors du cours perd le point. Une manche ou set comporte 6 jeux. En cas d'égalité à 6 jeux partout, les joueurs entament un tie-break en 7 points. Le premier qui atteint 7 points avec 2 points d'écart a gagné le set.

- Le base-ball se joue entre 2 équipes de 9 joueurs. Les équipes jouent alternativement en attaque et en défense. Le seul joueur de l'équipe adverse présent sur le terrain est le batteur. Une partie se déroule en 9 manches et peut durer 2 heures.

Compétition de tennis.

- Le golf se joue sur un parcours de 18 trous. Celui-ci mesure entre 6 000 et 6 500 mètres. Le but du jeu consiste à envoyer la balle dans les différents trous en un minimum de coups.

- Le par est le nombre de coups nécessaires à un joueur confirmé pour un trou (3 à 5 selon la difficulté). Le par du terrain de golf est la somme du nombre de coups réalisés pour tous les trous.

- Le hockey sur gazon met en présence 2 équipes de 11 joueurs qui s'affrontent en 2 périodes de 35 minutes. Pour pouvoir marquer un but, il faut se trouver dans le demi-cercle. Les gardiens peuvent jouer la balle au pied mais uniquement dans le demi-cercle.

L'ÉQUITATION

Saut d'obstacles.

- L'équitation est un sport de loisir et de compétition. Le saut d'obstacles, le dressage et le concours complet sont des disciplines olympiques.

- Le saut d'obstacles consiste à accomplir un parcours chronométré en franchissant des obstacles de formes et de tailles différentes. Un refus, un obstacle renversé, une chute, un dépassement de temps sont pénalisés.

- Le dressage comporte une succession de figures à réaliser en un temps donné. Les allures, le tact, l'obéissance du cheval, l'élégance du couple cavalier/cheval sont cotés par le jury.

- Le concours complet se déroule en plusieurs jours. Il associe le saut d'obstacles au dressage et à un parcours de fond sur un terrain accidenté. Le cheval doit avoir des qualités d'endurance, d'attention et de maniabilité.

- Les courses hippiques sont disputées sur des hippodromes. Il y a des courses de plat au galop qui se courent sur des distances allant de 800 à 4 000 m, des courses d'obstacles (haies, steeple-chases, cross) sur des distances de 2 800 à 6 500 m.

- Les courses de trot sont en général des courses où le cheval est attelé mais il peut aussi être monté. Le cheval qui prend une autre allure que le trot est disqualifié.

- Le cheval est monté par un jockey qui doit être le plus léger possible et mesurer moins de 1,70 m. Il travaille pour un ou plusieurs propriétaires.

- Les chevaux de course sont pour la plupart des pur-sang anglais. Leur carrière s'échelonne sur 3 à 10 ans suivant le type de courses. Les meilleurs d'entre eux sont destinés ensuite à la reproduction.

Le Néo-Zélandais Mark James Todd, est le seul cavalier à avoir remporté 2 fois le concours complet aux Jeux olympiques.

- Le polo se joue en équipes de 2 à 4 joueurs. Le but est d'envoyer, à l'aide d'un maillet tenu dans la main droite, une balle de bois dans le but adverse.

- Le horse-ball consiste à se lancer un ballon semblable à un ballon de foot, mais équipé de sangles, et à le faire passer au travers d'un panier métallique. Ce jeu requiert 2 équipes de 4 cavaliers et se déroule en 2 parties de 10 minutes.

Course hippique.

537

LES SPORTS DE COMBAT

- La boxe est un sport qui se déroule sur un ring délimité par des cordes. Le combat engage 2 amateurs ou professionnels en respectivement 3 reprises de 2 minutes et 6, 10, 12 ou 15 reprises de 3 minutes. La fin d'un round est signalée par un coup de gong.

- Les boxeurs concourent dans une catégorie définie par leur poids. Les juges attribuent des points en fonction des coups et le vainqueur est celui qui en totalise le plus à la fin du combat.

- Les boxeurs combattent avec les poings munis de gants dont le poids est réglementé. Si à la suite d'un knock-down (chute au tapis), le boxeur ne se relève pas après 10 secondes, il est déclaré K.-O.

- Les combats d'escrime ont lieu sur une piste à l'aide de 3 armes : le fleuret, l'épée et le sabre. Les combats se déroulent en 5 touches (points) d'une durée globale de 6 minutes.

Combat de judo en poids moyens.

- Les touches doivent être portées avec la pointe de l'épée sur tout le corps ; avec le tranchant, le dos, la pointe et le plat du sabre sur le tronc, tête et bras compris. Le fleuret n'autorise que les touches avec la pointe et sur le tronc uniquement.

- Les arts martiaux ont leur origine en Extrême-Orient, au Japon principalement. Ce sont des disciplines physiques autant que spirituelles. Les arts martiaux peuvent se pratiquer à mains nues ou utiliser des armes très diversifiées.

Combat d'escrime.

- Le judo (ju-souplesse, do-voie) consiste à céder à la force de son adversaire pour le déstabiliser et triompher en utilisant le moins d'énergie possible.

- Le combat dure de 4 à 5 minutes et se clôture aux points ou par ippon lorsque l'adversaire ne se relève pas après 30 secondes.

- Le karaté (signifiant vide) utilise le tranchant des mains et les pieds pour porter des coups fictifs sur la partie supérieure et moyenne du corps de l'adversaire.

- Le sumo, à l'origine combat pour apaiser les dieux, est un art national au Japon. Les sumotoris, qui pèsent plus de 130 kg, cherchent, après un rituel, à faire sortir leur adversaire du dohyo (cercle de combat).

LES SPORTS NAUTIQUES

- La propulsion d'un voilier est assurée par les voiles qui transforment l'énergie cinétique du vent. Les différentes épreuves sont : la régate, la course transocéanique, la course en haute mer et les courses circumterrestres (autour du monde).

- Les courses transocéaniques se déroulent en solitaire, en double ou en équipage. La Route du rhum est la plus célèbre, les skippers attendent les meilleures conditions météorologiques avant de prendre le départ.

- Le tour du monde en solitaire sans escale peut être organisé en équipage ou en solitaire. D'est en ouest et à l'envers contre vents et courants ou à l'endroit, en multicoque ou monocoque.

- La régate est une épreuve de base qui s'applique aux dériveurs et se déroule près des côtes. La célèbre épreuve de la Coupe de l'America voit s'affronter le challenger et l'actuel détenteur de la coupe.

- La planche à voile se dirige au moyen de la voilure que tient à la main le véliplanchiste. Les compétitions comprennent des régates et le funboard aux figures spectaculaires.

Course de kayak.

- Le ski nautique se pratique sur 2 skis ou 1 ski lors des compétitions de slaloms. Le skieur est tiré par un bateau à moteur et effectue des figures, slaloms ou sauts à partir d'un tremplin.

- L'aviron se pratique dans des bassins aménagés, en individuel ou en équipe et sur une distance

Régate.

de 2 000 m en compétition. Les bateaux armés en pointe disposent d'un aviron par rameur, les embarcations de couple ont 2 rames actionnées chacune par une main du rameur.

Le Britannique Steven Redgrave est le seul rameur à avoir remporté 5 médailles d'or lors de 5 Jeux olympiques consécutifs.

- Le canoë peut comporter 1 ou 2 places. Le canoéiste est à genoux et dispose d'une pagaie simple. Les épreuves se déroulent en eaux calmes et en eaux vives (slaloms et descentes de rivière).

- Le kayak possède de 1 à 4 places. Le kayakiste est en position assise et possède une double pagaie. Les compétitions se déroulent en eaux vives, calmes ou en mer.

- La course en ligne a lieu sur un lac ou retenue d'eau d'un fleuve. Les concurrents s'élancent à l'intérieur de 9 couloirs parallèles sur une distance de 200, 500 ou 1 000 m.

LES SPORTS D'HIVER

■ Le ski alpin est un sport qui, en compétition, comporte la descente où le skieur recherche une vitesse maximale ; le slalom (spécial, géant et le super-géant) au cours duquel il doit franchir des portes sur un parcours dénivelé et le combiné alpin qui associe descente, slalom spécial et géant.

Ski alpin, slalom géant.

■ Le saut à ski s'effectue à partir d'un tremplin placé en bout de pente abrupte. Le jury note le style et la distance franchie.

■ Le ski nordique comprend le ski de fond, dont l'épreuve s'étend sur une distance de 5 à 90 km pour les marathons, et le biathlon qui combine ski de fond et tir à la carabine. Le combiné nordique associe ski de fond et saut.

C'est un Norvégien, Sondre Norheim, qui inventa en 1868 des fixations qui permettaient de diriger les skis.

■ La luge est une discipline olympique depuis 1964. Le concurrent est allongé sur le dos dans une luge monoplace ou biplace. Il la manœuvre à l'aide de ses jambes ou de ses épaules. La piste, d'une longueur de 1 000 m possède divers virages.

■ Le bobsleigh est un sport spectaculaire qui se pratique à 2 ou à 4 dans une sorte de traîneau muni d'un volant dont la partie avant est recouverte d'un carénage (carrosserie aérodynamique). La vitesse oscille entre 100 et 115 km/h.

■ Le patinage artistique comporte une épreuve par couple, une épreuve de danse et une épreuve individuelle. Celle-ci est divisée en un programme court (sauts, pirouettes) et un programme libre qui donnent lieu à une note technique et une note artistique.

■ Le patinage de vitesse se déroule en plein air sur une piste d'une longueur de 400 m divisée en 2 couloirs. Les patineurs courent par 2 contre la montre en changeant de couloir à chaque tour.

■ Le hockey sur glace se joue sur une patinoire, en équipe de 6 joueurs qui s'affrontent lors de 3 périodes de jeu de 20 minutes chacune. Les buts sont marqués par des tirs sur le palet (disque de caoutchouc) à l'aide d'une crosse.

■ Les concurrents sont protégés par un équipement spécial qui comprend casque, jambières, gants, culotte épaisse et casque muni d'une protection faciale pour le gardien de but.

■ Les Jeux olympiques d'hiver sont organisés tous les 4 ans. Les Jeux qui se sont déroulés en 2002 à Salt Lake City (États-Unis) ont regroupé 15 disciplines.

Patinage artistique.

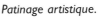

LES SPORTS AÉRIENS

- La pratique du vol libre s'applique au deltaplane et au parapente. Tous deux sont équipés de voiles et n'utilisent pas d'énergie artificielle.

- Le deltaplane est composé d'un triangle à partir duquel le pilote, en position horizontale, manœuvre à l'aide des mouvements de son corps.

- L'aile comporte une voile de 13 à 18 m², fixée au cadre en aluminium. La recherche des courants ascendants permet au pilote de rester en altitude plusieurs heures.

- Le décollage du deltaplane se fait le plus souvent en haut d'une colline, d'une montagne après une course face au vent sur une pente assez forte.

- Le parapente est une activité de loisir qui permet de voler pendant plusieurs heures grâce à une aile particulière. Le pilote sanglé dans un harnais est relié à la voile par des câbles.

- Le parapente se dirige grâce aux 2 élévateurs formés par les câbles reliés à la sangle et aux 2 freins.

- L'envol est possible à partir de fortes pentes, la pratique de ce sport a le plus souvent lieu en montagne.

- Les parachutistes réalisent la chute libre, équipés d'un harnais muni d'un sac en toile qu'ils ouvrent grâce à une poignée. La voilure peut alors se déployer.

- Lors de l'épreuve de précision d'atterrissage, le parachutiste doit, après un saut de 700 m en individuel, toucher un disque de 5 cm de diamètre au milieu d'une cible.

Parapente.

- Le vol relatif implique que 4, 8 ou 16 personnes réalisent des figures imposées pendant la chute libre à une altitude moyenne de 3 000 m. La voile-contact s'exécute par groupe, parachutes ouverts entre 2 000 et 2 500 m.

LES SPORTS EXTRÊMES

- Toujours en recherche de sensations nouvelles et de dépassement de soi, l'homme moderne invente ou transforme des disciplines sportives afin qu'elles deviennent de véritables exploits.

- Le saut à l'élastique ou benjii, à l'origine rite de passage pour les adolescents de l'île de la Pentecôte en Océanie, consiste à sauter dans le vide depuis un pont, une grue…

Kayak freestyle.

- Les chevilles du sauteur sont entourées d'un harnais auquel sont fixés des élastiques. Le saut peut être accompagné d'acrobaties, de vrille.

- Le kitesurf utilise le cerf-volant et l'énergie du vent comme force de traction sur divers éléments (sable, mer, neige). Le surfer ajoute à cette glisse des sauts et des figures.

- Le roller acrobatique se pratique en rue où il utilise tous les obstacles urbains ou dans les roller-parks qui offrent des structures artificielles.

- Les figures (tricks) peuvent être spectaculaires, parfois aériennes et s'effectuent sur un tube combiné à des parties plates. Le bord de la rampe est recouvert de métal sur lequel on peut également glisser.

- Le kayak freestyle est une discipline qui a adapté la forme du kayak de façon à pouvoir surfer sur la vague. Il se pratique en eau vive et utilise la force, la rapidité et les reliefs du courant pour accomplir des figures acrobatiques.

- Le windsurf est la pratique de la planche à voile. Il s'agit de se tenir debout sur un flotteur ou une planche et de contrôler le tout à l'aide de son centre de l'équilibre et de son poids. Il faut transmettre les forces de la voile à la planche. Il y a 5 épreuves : les vagues, la race, le slalom, le speed et le freestyle.

- Le bicross est un sport cycliste qui se pratique sur une piste composée de creux et de bosses que les coureurs amortissent ou franchissent. Les vélos sont petits, sans changements de vitesse et très solides. Les sauts effectués atteignent 15 m de longueur et plus de 3 m de hauteur.

Windsurf.

LES JEUX OLYMPIQUES

Le drapeau olympique.

- Les premiers Jeux dits « olympiques » se sont déroulés en Grèce en 776 av. J.-C. Il s'agissait d'une seule épreuve, une course de 192,27 m à laquelle participaient 20 coureurs de front.

- Les Jeux seront progressivement complétés par le lancer du disque et du javelot, le pentathlon, la course de fond, la lutte et les courses de chars.

- La période des Jeux correspondait à une trêve militaire et était l'occasion de rendre hommage aux dieux. La première journée était entièrement consacrée aux prières et aux offrandes dans le temple dédié à Zeus.

- Pierre de Coubertin est reconnu comme initiateur des Jeux olympiques modernes. En 1894, il proposa d'organiser les premiers Jeux à Athènes afin de rétablir la tradition de la Grèce antique. Il sera président du CIO (Comité international olympique) pendant 30 ans.

- Les Jeux olympiques modernes sont organisés tous les 4 ans (olympiades) depuis 1896. Pendant environ 2 semaines, diverses épreuves rassemblent des athlètes du monde entier.

- Les 5 anneaux présents sur le drapeau blanc des Jeux symbolisent l'union des 5 continents. Le bleu pour l'Europe ; le jaune pour l'Asie ; le noir pour l'Afrique ; le vert pour l'Océanie et le rouge pour l'Amérique.

- La flamme qui brûle pendant toute la durée des Jeux provient d'Olympie (Grèce) et est acheminée par relais jusqu'à la ville qui a été désignée 7 ans auparavant comme organisatrice des Jeux.

- Trente-quatre disciplines sont actuellement inscrites aux Jeux d'été. Le taekwondo, le trampoline et le triathlon sont les dernières arrivées.

La flamme olympique.

- Les médailles d'or, d'argent et de bronze récompensent les 3 premiers lauréats. L'hymne national du pays d'origine du vainqueur est joué lors de la remise des médailles et les drapeaux des 3 pays sont hissés.

- Les Jeux olympiques d'hiver, qui rassemblent 15 disciplines de neige et de glace, sont organisés tous les 4 ans depuis 1924.

GLOSSAIRE

ABRAHAM : patriarche biblique originaire d'Our, il s'établit avec son clan en Palestine. Ancêtre des peuples juif et arabe par ses fils Isaac et Ismaël.

ACIDE ACÉTIQUE (CH3COOH) : acide du vinaigre, liquide corrosif, incolore, d'odeur suffocante.

ACIDE AMINÉ : corps possédant les 2 fonctions amine et acide. L'une des 20 substances organiques naturelles qui servent de structures aux protéines.

ACIDE FORMIQUE (HCOOH) : liquide incolore, piquant et corrosif qui existe à l'état naturel dans l'organisme des fourmis rouges, dans les orties et certains liquides biologiques (urine, sang).

AÉRONAUTIQUE : technique de la construction des appareils de locomotion aérienne.

AFFÛT : système de chasse où l'animal se camoufle, surveille attentivement sa proie et l'attaque en un seul bond.

AIRE DE LANCEMENT : plate-forme où les équipements nécessaires à la construction et au lancement d'un engin spatial sont réunis.

ALTRUISME : disposition à s'intéresser et à se dévouer à autrui.

ALVÉOLE : sac terminal des subdivisions bronchiques.

AMMONIAC : combinaison gazeuse d'azote et d'hydrogène à l'odeur suffocante.

AMONT : partie d'un cours d'eau comprise entre sa source et un point.

AMPHIBIEN : vertébré à la peau nue, humide, couverte de glandes à sécrétion visqueuse.

ANIMISME : attitude qui consiste à attribuer aux choses une âme identique à l'âme humaine.

ANNEAU : ceinture de fragments solides entourant certaines planètes.

ANNÉE-LUMIÈRE : distance parcourue par la lumière dans le vide interstellaire en une année.

ANTIGÈNE : molécule étrangère à l'organisme, qui déclenche une réaction immunitaire caractérisée par la production d'anticorps.

ANTISEPSIE : au XIXe siècle, introduction d'un ensemble des méthodes destinées à prévenir ou combattre l'infection en détruisant les microbes qui existent à la surface ou à l'intérieur du corps humain, par exemple le lavage des mains des médecins avec une solution de chlorure de chaux.

APESANTEUR : annulation ou affaiblissement du champ de gravité (dans les engins spatiaux les astronautes sont en état d'apesanteur).

APICULTEUR : personne qui élève des abeilles.

ARBITRAIRE : qui procède d'un libre choix.

ARGON (Ar) : gaz inodore et incolore de la famille des gaz rares.

ARIDE : dépourvu d'humidité.

ARISTOCRATIE : ensemble des nobles.

ARMOIRIES : ensemble des emblèmes symboliques qui distinguent une famille noble ou une collectivité.

ARRÊTÉ ROYAL : décision écrite prise par le roi qui comprend en général plusieurs articles et qui a force de loi.

ASEPSIE : au XIXe siècle, introduction d'une méthode préventive qui s'oppose aux infections médicales en empêchant l'introduction de microbes dans l'organisme, par exemple l'usage des gants en caoutchouc.

ASSEMBLÉE NATIONALE : en France, assemblée législative faisant partie du Parlement dans un régime démocratique à 2 assemblées législatives. Ses membres, les députés, sont élus au suffrage universel.

ASTÉROÏDE : petite planète du système solaire.

ASTRE : corps céleste visible à l'œil nu ou à l'aide d'un instrument d'observation du ciel.

ASTRONOME : spécialiste de l'étude des astres.

ATMOSPHÈRE : couche d'air entourant la Terre et d'autres corps célestes.

ATOME : la plus petite partie des corps chimiques qui composent l'Univers en se combinant les uns avec les autres.

ATTRACTION : force qui attire les corps matériels entre eux.

ATTRACTION GRAVITATIONNELLE : relatif à l'attraction des corps vers le centre de la Terre.

AUGURE : dans l'Antiquité, prêtre chargé d'observer certains signes (éclairs et tonnerre, vol, nourriture et chants d'oiseaux, etc.) afin d'en tirer les présages.

AUTOCHTONE : qui est né où il habite, qui n'est pas venu par immigration et n'est pas de passage.

AUTODÉTERMINATION : détermination du statut politique d'un pays par ses habitants.

AUTOTOMIE : mutilation réflexe d'une partie du corps chez certains animaux pour échapper à un danger, ou au cours d'un phénomène de régénération.

AVAL : partie inférieure d'un cours d'eau, côté vers lequel il descend.

AZOTE : gaz inodore et incolore présent dans les 4/5 de l'atmosphère.

BACTÉRIE : être vivant de très petite taille formé d'une seule cellule présent au sol, dans l'eau ou sur les organismes vivants.

BAS-RELIEF : ouvrage de sculpture en faible saillie sur un fond uni.

BIG-BANG : théorie selon laquelle l'Univers a son origine dans une formidable explosion.

BIG-CRUNCH : théorie selon laquelle l'Univers se contracterait jusqu'à devenir extrêmement petit, dense et chaud.

BIOMASSE : masse de matière vivante, animale ou végétale présente sur une surface donnée du globe terrestre.

BIPÈDE : qui marche sur 2 pieds.

BOLCHEVIQUE : membre de la fraction du Parti ouvrier social-démocrate russe qui suivit Lénine en 1903.

BOUCLIER : bloc continental datant de plus de 2 milliards d'années.

BRISE : vent peu violent.

BUCOLIQUE : qui évoque un cadre de simplicité rustique.

BUTANE (C_4H_{10}) : hydrocarbure gazeux et liquéfiable utilisé comme combustible.

CADUC : qui touche à sa fin.

CALCIUM (Ca) : métal blanc très abondant dans la croûte terrestre et les corps vivants.

CALCUL VECTORIEL : ensemble des règles de calcul dans un espace vectoriel.

CALOPORTEUR : qui évacue la chaleur d'une machine thermique.

CALOTTE : couche de glace, très épaisse, qui recouvre tout le relief des régions polaires.

CANTIQUE : chant d'action de grâces consacré à la gloire de Dieu.

CAPITALISME : régime économique et social fondé sur la primauté des capitaux privés.

CARBONE (C) : élément chimique très répandu dans la nature, constituant principal des êtres vivants.

CARNASSIER : qui se nourrit de viande, de chair crue.

CARNIVORE : qui se nourrit d'animaux, de chair animale.

CASHER : préparé rituellement et dont la consommation est autorisée par la loi juive.

CATALYSEUR : substance qui provoque une accélération d'une réaction chimique.

CCD (Charge Coupled Device) : type de capteur photosensible utilisé dans les caméscopes, scanneurs et appareils de photos numériques pour convertir la lumière entrante en signaux électriques et obtenir une meilleure reproduction de la couleur et une haute définition de l'image.

CENSURE : examen des publications, spectacles et œuvres littéraires, exigé par le pouvoir, avant d'en autoriser ou d'en interdire la diffusion.

CENTRALE THERMIQUE : usine qui produit du courant électrique à partir de la combustion du charbon, gaz ou pétrole.

CENTRIFUGE : force qui entraîne un élément mobile à l'extérieur de sa trajectoire.

CERVIDÉ : famille des mammifères ongulés dont les mâles portent des bois.

CHALUT : filet de pêche en forme d'entonnoir qui racle les fonds marins et est attaché à l'arrière d'un bateau.

CHAMP MAGNÉTIQUE : espace limité doué de propriétés d'aimantation (attirance du fer).

CHAROGNARD : animal qui se nourrit de cadavres d'animaux.

CHEPTEL : ensemble des troupeaux.

CHLOROPHYLLE : matière colorante verte des plantes qui joue un rôle essentiel dans la photosynthèse.

CHROMATISME : ensemble de couleurs (coloration).

CLERC : celui qui est entré dans l'état ecclésiastique par réception de la tonsure.

COLONIAL : caractéristique d'une population d'organismes semblables issus du même individu par bourgeonnement, vivant en étroite relation.

COLONIALISME : système d'expansion dans lequel un pays domine un pays étranger (souvent moins développé) et le contrôle dans ses propres intérêts.

COMÈTE : astre voyageant dans le système solaire et qui à l'approche du Soleil s'échauffe et se vaporise.

CONDENSATION : passage d'un corps de la phase gazeuse aux phases liquide ou solide.

CONIFÈRE : arbre à feuilles persistantes en forme d'aiguilles.

CONTRE-RÉFORME : mouvement de réforme dans l'Église catholique au XVIe siècle en réaction à la Réforme protestante. Elle eut pour étape principale le Concile de Trente (1545-1563).

CORDILLÈRE : chaîne de montagnes en Amérique.

CORINTHIEN : ordre d'architecture grecque dont le chapiteau est orné de 2 rangs de feuilles d'acanthe entre lesquelles s'élèvent des volutes. La colonne a 24 cannelures (traits verticaux de la colonne) et 18 rayons (divisions horizontales) mais pas de base.

CORNÉE : partie transparente du globe de l'œil.

CRATÈRE : dépression dans la partie supérieure du volcan d'où s'échappent des matières en fusion.

CRATÈRE MÉTÉORIQUE : vaste trou naturel causé par la chute de météorites.

CREDO : symbole des apôtres, « je crois » en latin, qui contient les articles fondamentaux de la foi catholique.

CRISTALLIN : lentille biconvexe placée en arrière de la pupille, le plus important des milieux transparents de l'œil.

CRISTALLISATION : passage d'un corps à l'état de cristaux.

CRUSTACÉS : classe d'animaux aquatiques dont le corps est recouvert d'une carapace calcaire et qui possèdent 5 paires de pattes.

CRYPTOZOOLOGUE : zoologue qui tente d'étudier objectivement le cas des animaux seulement connus par des témoignages, des pièces anatomiques ou des photographies de valeur contestable (homme des neiges, monstres divers…).

CUIRASSÉ : navire de guerre de gros tonnage, fortement blindé et armé d'artillerie lourde.

CUMULONIMBUS : masse nuageuse épaisse à base sombre et sommet bourgeonnant.

DÉBITEUR : personne qui doit de l'argent à une autre.

DÉCLIVITÉ : état de ce qui est en pente.

DÉFLAGRATION : combustion vive d'un corps accompagné d'explosion et de projection de matières enflammées.

DÉMOCRATE : partisan de la doctrine politique selon laquelle la souveraineté doit appartenir à l'ensemble des citoyens.

DESPOTE : souverain qui gouverne avec une autorité absolue ou arbitraire.

DÉTONATION : mécanisme par lequel certaines explosions se propagent à de très grandes vitesses (onde explosive).

DIAMÈTRE : ligne droite qui passe par le centre d'un cercle ou d'une sphère.

DIESEL : moteur à combustion interne dans lequel l'allumage est obtenu par compression.

DIURNE : qui se produit le jour.

DOGMATISME : caractère des croyances (religieuses, philosophiques) qui s'appuie sur un point de doctrine établi ou considéré comme une vérité incontestable.

DOGME : croyance établie ou considérée comme vérité fondamentale et incontestable dans une religion ou une école philosophique.

DORIQUE : ordre d'architecture grecque dont le chapiteau est formé de disques évasés surmontés de plaques carrées. La colonne a de 16 à 20 cannelures (traits verticaux de la colonne) et 16 rayons (divisions horizontales) mais pas de base.

DRAISIENNE : ancêtre de la bicyclette dont les 2 roues étaient reliées par une pièce de bois sur laquelle on montait à califourchon et que l'on faisait avancer par l'action alternative des pieds sur le sol.

ÉCONOMIE DE MARCHÉ : doctrine économique qui prône la libre entreprise, la libre concurrence et le libre jeu des initiatives individuelles. Elle préconise également la liberté du travail et des échanges.

ECSTASY : drogue euphorisante, composée d'un mélange d'amphétamine, d'hallucinogène et d'anesthésique vétérinaire, qui incite à un comportement sans inhibitions.

EFFET DE SERRE : phénomène de rétention de la chaleur dans l'atmosphère.

ÉLECTROMAGNÉTIQUE : phénomène physique relatif aux mouvements électriques.

ÉLECTRON : particule chargée négativement qui est un élément constitutif de l'atome.

ELLIPTIQUE : en forme d'ovale.

EMBARGO : mesure de contrainte prise à l'encontre d'un pays et qui interdit l'exportation d'un ou plusieurs types de marchandises vers ce pays.

ENLUMINÉ : ornement de lettres peintes ou de miniatures d'anciens manuscrits ou de livres religieux.

ENTENDEMENT : pour Kant, c'est la faculté qui relie les sensations grâce aux catégories (instruments de liaison permettant d'unifier le sensible). Il y a 12 catégories (l'unité, la possibilité, la totalité, etc.).

ENZYME : substance protéique qui accélère une réaction.

ÉOLIENNE : qui est mû par le vent.

ÉPOPÉE : long poème où le merveilleux se mêle au vrai, la légende à l'histoire, et dont le but est de célébrer un héros ou un grand fait : *L'Odyssée*, *La Chanson de Roland*.

ÉRUPTION : jaillissement de matières volcaniques.

ÉTHANE (C_2H_6) : gaz combustible, un des constituants du gaz naturel.

ÉTHANOL : alcool éthylique d'origine végétale utilisé comme carburant (blé, betterave…).

ETHNIQUE : relatif à un ensemble d'individus rapprochés par un certain nombre de caractères de civilisation, dont la communauté de langue et de culture.

ÉTOILE FILANTE : météorite qui laisse un trait de lumière lors de son passage dans l'atmosphère.

EURASIE : nom donné à l'ensemble formé de l'Europe et de l'Asie.

ÉVAPORATION : transformation d'un liquide en vapeur.

EXPANSION : théorie de l'éloignement des galaxies basée sur les lois de la relativité.

EXTRÊME-ONCTION : sacrement de l'Église destiné aux fidèles en péril de mort. Le prêtre administre l'extrême-onction au moyen d'onctions d'huile d'olive (saintes huiles) et de paroles utilisées dans les rituels.

FAILLE : fracture de l'écorce terrestre.

FANATISME : foi exclusive en une doctrine, religion, cause accompagnée d'un zèle absolu pour la défendre.

FANON : lamelles cornées dont est garnie la mâchoire supérieure de la baleine et qui remplacent ses dents.

FAUNE : ensemble des animaux d'une région ou d'un milieu déterminés.

FELDSPATH : constituant essentiel des roches magmatiques et métamorphiques.

FERRURE : opération par laquelle on ferre un cheval.

FLORE : ensemble des espèces végétales croissant dans une région spécifique.

FOLLICULE : petite formation arrondie au sein d'un tissu, d'un organe, délimitant une cavité ou une structure particulière.

FONGICIDE : qui détruit les champignons parasites.

FOSSILE : conservation principalement dans les roches d'espèces végétales ou animales disparues.

FOUGÈRE : plante à feuilles découpées enroulées en crosse en début de développement.

FRAYÈRE : lieu de reproduction des saumons.

FRESQUE : peinture murale utilisant des couleurs délayées à l'eau sur un enduit de mortier frais.

FRUGIVORE : qui se nourrit exclusivement de fruits, pollen ou de nectar de fleurs.

FUSION : passage d'un corps solide à un corps liquide sous l'action de la chaleur.

GALAXIE : énorme ensemble d'étoiles.

GAZ : substance que l'on ne peut toucher, qui n'est ni liquide ni solide.

GAZ CARBONIQUE (CO_2) : gaz incolore et incombustible, mélange de carbone et d'oxygène.

GAZOLE : combustible issu de la distillation du pétrole, utilisé comme carburant dans les moteurs Diesel.

GÉANTE ROUGE : étoile géante rouge lumineuse qui semble près de la fin de sa vie.

GÉNÉALOGIE : science qui a pour objet la recherche de l'origine et de la filiation des familles.

GÉNÉRATEUR : machine convertissant en énergie électrique une autre forme d'énergie.

GÉNOCIDE : destruction méthodique d'un groupe ethnique.

GÉODÉSIQUE : relatif à la science qui a pour objet l'étude de la forme, des dimensions et du champ de gravitation de la Terre.

GÉOLOGUE : scientifique spécialisé dans l'étude de la Terre.

GÉOPHYSICIEN : scientifique spécialisé dans l'étude de la Terre en utilisant les méthodes de la physique.

GEYSER : source d'eau chaude jaillissant naturellement du sol.

GIVRE : couche fine de glace apparaissant sur une surface froide.

GRAMINÉE : plante dont les feuilles, généralement linéaires, présentent à leur base une gaine qui enveloppe la tige et dont les fleurs sont réunies en épis (blé, maïs…).

GRAVITÉ : phénomène par lequel un corps est attiré vers le centre de la Terre.

GRÉEMENT : ensemble des objets et appareils nécessaires à la propulsion et à la manœuvre des navires à voiles.

HALO : anneau ou arc lumineux entourant la Lune et le Soleil.

HAPPENING : spectacle où la part d'imprévu et de spontanéité est importante.

HÉLIUM (He) : gaz très léger, ininflammable, rare dans l'atmosphère (utilisé pour gonfler les dirigeables).

HÉMISPHÈRE : moitié du globe terrestre.

HERBACÉE : plante de la nature des herbes.

HERBIVORE : qui se nourrit exclusivement d'herbe.

HERMAPHRODISME : caractère d'un organisme capable de produire aussi bien des cellules mâles que femelles.

HIÉROGLYPHIQUE : en forme de hiéroglyphe (dessin de l'ancienne écriture égyptienne).

HOLISTIQUE : médecines qui considèrent l'homme comme un tout indivisible qui ne peut être expliqué par ses composantes considérées séparément.

HOMINIDÉ : famille de primates qui comprend l'homme et ses ancêtres.

HOMOGÈNE : milieu composé d'éléments semblables et qui forme un tout cohérent.

HORMONE : substance chimique élaborée par un groupe de cellules ou un organe, et qui exerce une action spécifique sur un autre tissu ou organe.

HUMEURS : pour Galien, la santé de l'esprit et du corps dépend du jeu équilibré des 4 humeurs du corps : le sang, la lymphe, la bile jaune et la bile noire qui correspondent aux 4 éléments de l'Univers : le feu, l'air, la terre et l'eau. Il en déduit 4 tempéraments : le bilieux (chaud et sec), l'atrabilaire (froid et sec), le flegmatique (froid et humide) et le sanguin (chaud et humide).

HYDROCARBURE : composé organique contenant du carbone et de l'hydrogène.

HYDROÉLECTRIQUE : relatif à la production d'électricité par l'énergie hydraulique, au moyen de turbines.

HYDROGÈNE (H) : le gaz le plus léger et le plus simple, inflammable, incolore et inodore. Il entre dans la composition de l'eau (H_2O).

HYDROSTATIQUE : science qui étudie les conditions d'équilibre des liquides, le principe d'Archimède est une des lois de l'hydrostatique.

HYPERMÉTROPIE : état de l'œil qui ne permet pas de distinguer avec netteté les objets très rapprochés.

ICEBERG : masse de glace flottante, détachée d'un glacier polaire.

ICONOCLASTE : qui est hostile aux traditions et cherche à les détruire et à les faire disparaître.

IDÉES : pour Platon, ce qu'on ne voit pas de la chose mais qui rend compte du visible et en fonde la visibilité (des ballons renvoient à l'idée de sphère, des actes courageux à l'idée de courage).

IMAGE RADAR : image reçue par un faisceau d'ondes électromagnétiques très courtes.

IMMUABLE : qui reste identique à soi-même, qui ne peut éprouver aucun changement.

INCANDESCENCE : éclairage par un filament rendu lumineux suite à une chaleur intense.

INDIGÈNE : qui est né dans le pays dont il est question.

INDULGENT : partisan du modérantisme durant la Révolution française et hostile aux excès de la Terreur.

INLANDSIS : calotte glaciaire.

INSECTE : petit animal invertébré dont le corps est composé de 3 parties bien distinctes (la tête, le thorax et l'abdomen) et qui a 3 paires de pattes.

INSECTIVORE : qui se nourrit exclusivement d'insectes.

INSULINE : hormone sécrétée par le pancréas et qui active l'utilisation du glucose dans l'organisme.

INTÉGRISME : attitude de croyants qui refusent toute évolution.

ION : atome ou molécule qui a acquis ou perdu un ou plusieurs électrons.

IONIQUE : ordre d'architecture grecque dont le chapiteau est orné de grandes volutes qui reposent sur une ceinture de motifs décoratifs. La colonne a 24 cannelures (traits verticaux de la colonne) et 18 rayons (divisions horizontales) et une base.

IRRIGATION : arrosement artificiel des terres en déviant les eaux douces.

KELPIES : chevaux sauvages marchant sur les eaux dans les légendes écossaises, irlandaises, scandinaves et estoniennes.

KRILL : ensemble des organismes (en général de très petite taille) qui vivent en suspension dans l'eau de mer dont se nourrissent les baleines à fanons.

LAC VOLCANIQUE : lac qui fait partie ou provient d'un volcan.

LACTIQUE (ACIDE) : acide-alcool formé par fermentation de sucres dans les cellules d'organismes supérieurs limités en oxygène.

LAÏC : qui n'a pas d'appartenance religieuse.

LAITANCE : matière blanchâtre, molle, constituée par le sperme des poissons.

LAMBRISSAGE : profilage et rainurage du bois.

LATITUDE : distance angulaire à l'équateur d'un point du globe terrestre.

LENTILLE : dispositif (de forme quelconque) qui modifie la convergence d'un rayonnement.

LICHEN : végétal très résistant à la sécheresse, au froid et au chaud.

LINOGRAVURE : procédé de gravure utilisant le linoléum (lino) comme support.

LITURGIE : dans la religion chrétienne, culte public et officiel institué par l'Église.

LYMPHE : liquide organique incolore ou ambré d'une composition semblable au plasma sanguin, il circule dans les vaisseaux lymphatiques du corps humain.

LYRISME : style élevé de l'auteur inspiré.

MAÇONNIQUE : relatif à la franc-maçonnerie (organisation initiatique à caractère philosophique qui se consacre à la recherche de la vérité, à l'amélioration de l'homme et de la société).

MAGMA : liquide visqueux de + 600 °C qui constitue le manteau terrestre ou qui provient de la fusion des roches enfouies.

MAGNITUDE : énergie totale d'un séisme mesurée suivant une échelle préétablie (Richter).

MAILLET : outil ou instrument fait d'une masse dure emmanchée en son milieu et qui sert à frapper ou enfoncer.

MAMMIFÈRE : classe de vertébrés dont la femelle nourrit ses petits avec le lait de ses mamelles. Ils sont souvent recouverts de poils et ont le sang chaud.

MANDALA : dessin représentant l'Univers de façon géométrique et symbolique dans le bouddhisme.

MANUFACTURÉ : issu de la transformation industrielle des matières premières.

MARÉE : mouvement journalier de la mer dont le niveau monte ou descend suite à l'attraction solaire ou lunaire.

MASSE : quantité de matière d'un corps, rapport constant qui existe entre les forces appliquées au corps et les accélérations correspondantes.

MÉLOPÉE : passage chanté dans la musique religieuse.

MERCANTILISTE : qui fonde la richesse des États sur l'accumulation des réserves en or et en argent.

MERCURE (Hg) : métal blanc très brillant qui se présente sous forme liquide à température ordinaire (utilisé dans certains thermomètres).

MÉTALLURGIE : ensemble des industries et des techniques qui assurent la fabrication des métaux.

MÉTÉORE : fragment de corps céleste qui tombe sur la Terre ou sur un astre quelconque.

MÉTÉOROLOGISTE : scientifique qui étudie les phénomènes atmosphériques.

MÉTHANE (CH_4) : gaz incolore, inodore et inflammable formant un mélange explosif avec l'air.

MÉTHANIER : navire qui transporte des gaz à l'état liquide.

MÉTHANOL (CH_3OH) : extrait des goudrons de bois ou préparé synthétiquement et utilisé comme solvants, combustibles (antigel pour voitures, résines…).

MICA : constituant des roches volcaniques.

MINÉRAL : constituant de l'écorce terrestre.

MINÉRALISATION : transformation d'une substance organique en substance minérale.

MINÉRALOGISTE : scientifique qui étudie les minéraux qui constituent l'écorce terrestre.

MISSILE : engin explosif autopropulsé et téléguidé à charge classique ou nucléaire.

MOLÉCULE : groupe de plus de 2 atomes liés entre eux par des liaisons fortes.

MONOXYDE DE CARBONE (CO) : gaz formé par la combinaison d'un atome de carbone et d'un atome d'oxygène. Il est très dangereux car inflammable, très toxique et inodore.

MONTAGNARD : député membre de la Montagne qui pendant la Révolution française siégeait sur les gradins les plus élevés de la Convention.

MORAINE : accumulation de débris entraînés puis abandonnés par les glaciers.

MOUVEMENT ELLIPTIQUE : mouvement de forme ovale.

MUEZZIN : mot turc signifiant « qui appelle à la prière », fonctionnaire religieux musulman attaché à une mosquée et dont la fonction consiste à appeler du minaret les fidèles à la prière.

MUSULMAN : adepte de l'islam.

MYTHE : récit fabuleux, transmis par tradition, qui met en scène des êtres symboliques représentant les forces de la nature.

MYTHOLOGIE : ensemble des mythes, légendes propres à un peuple, à une civilisation ou à une religion.

NAINE BLANCHE : étoile dont la température en surface est relativement élevée et dont le diamètre est faible.

NARRATION : exposé écrit et détaillé d'une suite de faits, dans une forme littéraire.

NAUTILE : mollusque le plus évolué d'un type ancien.

NÉCROPOLE : vaste cimetière antique de caractère monumental.

NEF : partie d'une église comprise entre le portail et le chœur dans le sens de la longueur, où se tiennent les fidèles.

NEUTRON : particule sans charge constituant les atomes.

NÉVÉ : masse de neige durcie en haute montagne, qui alimente parfois un glacier.

NIHILISME : idéologie qui refuse toute contrainte sociale et qui prône la recherche de la liberté totale.

NIRVANA : dans le bouddhisme, fin du désir humain qui entraîne la fin du cycle des naissances et des morts, état de sérénité suprême.

NOMADE : groupe humain en déplacement et qui n'a pas d'habitation fixe.

NOYAU : partie centrale du globe terrestre ou d'un atome.

NUAGE INTERSTELLAIRE : amas de matières situées entre les étoiles.

OBJECTIVITÉ : qualité de ce qui est exempt de partialité ou de préjugés.

OCTANE (INDICE D') : échelle conventionnelle caractérisant le pouvoir antidétonant d'un carburant.

ODONATE : pourvu de dents.

ONDE : vibration dans l'espace.

ORBITE : trajectoire courbe d'un corps céleste autour d'un autre corps céleste.

ORBITEUR : engin spatial qui suit une trajectoire en forme d'orbite.

ORFÈVRERIE : art, métier, commerce du fabricant d'objets en métaux précieux ou en cuivre, étain, alliage.

OURAGAN : cyclone tropical de la zone des Caraïbes et de l'Atlantique Nord.

OVOVIVIPARE : animaux qui sont ovipares mais dont les œufs éclosent à l'intérieur du corps maternel.

OXYDE : composé qui résulte de la combinaison d'un élément avec l'oxygène.

OXYDÉ : augmentation de la teneur en oxygène d'un corps (le fer s'oxyde et rouille rapidement au contact de l'air et de l'eau).

OXYGÈNE (O) : gaz invisible et inodore qui constitue 1/5 de l'atmosphère de la Terre et est indispensable à la vie.

PALÉONTOLOGIE : science des êtres vivants ayant existé au cours des temps géologiques, fondée sur l'étude des fossiles.

PANTHÉON : ensemble des divinités d'une mythologie ou d'une religion polythéiste.

PANTOMIME : dans l'Antiquité, art de s'exprimer par la danse, le geste, la mimique, sans recourir au langage.

PARANOÏA : troubles de la personnalité (orgueil démesuré, susceptibilité excessive, fausseté du jugement avec tendances aux interprétations) qui engendrent un délire et des réactions d'agressivité.

PARLEMENT : nom donné à l'assemblée ou aux chambres qui détiennent le pouvoir législatif (qui fait les lois) dans les pays à gouvernement représentatif.

PARTICULE : très petite partie, infime quantité d'un corps ou de matière.

PATHOLOGIE : science qui a pour objet l'étude des maladies et des effets qu'elles provoquent.

PÈGRE : sorte d'association des voleurs et des escrocs.

PERGÉLISOL : dans les régions arctiques, sols gelés en permanence et absolument imperméables.

PÉRIODE DE RÉVOLUTION : durée du mouvement orbital d'un corps céleste autour d'un autre de masse supérieure.

PÉRIODE DE ROTATION : durée de la rotation complète d'un astre autour de son axe.

PÉRIODE GÉOLOGIQUE : chacune des grandes divisions des ères géologiques.

PÉRISCOPE : instrument d'optique formé de lentilles et de prismes permettant de voir par-dessus un obstacle.

PERSPECTIVE : art de représenter les objets ou les personnages sur une surface plane, de telle sorte que leur représentation coïncide avec la perception visuelle qu'on peut en avoir, tenant compte de leur position dans l'espace par rapport à l'œil de l'observateur.

PERTURBATION : mouvement violent dans l'atmosphère.

PESTICIDE : produit chimique utilisé contre les parasites animaux et végétaux des cultures.

PHARMACOPÉE : ensemble des médicaments.

PHOSPHATE : sel de l'acide phosphorique.

PHOTON : particule non chargée, de masse nulle, se déplaçant à la vitesse de la lumière et transportant de l'énergie. La lumière est un flux de photons.

PHOTOPILE : appareil transformant la lumière en courant électrique (batterie solaire dans les engins spatiaux).

PHOTOSYNTHÈSE : fabrication de sucres par les plantes à partir de l'eau des sels minéraux, du gaz carbonique et du soleil captés par les feuilles.

PHOTOVOLTAÏQUE : qui effectue directement la conversion de l'énergie lumineuse en énergie électrique.

PICTOGRAMME : dessin figuratif stylisé qui fonctionne comme un signe d'une langue écrite.

PISCIVORE : qui se nourrit ordinairement de poissons.

PIXEL : plus petit élément d'une image enregistrée par système informatique et pouvant être transmis.

PLANÈTE : astre gravitant autour d'une étoile.

PLANÈTE GÉANTE : planète dont le diamètre est supérieur à celui de la Terre.

PÔLE : chacun des 2 points de la surface terrestre formant les extrémités de l'axe de rotation de la Terre.

POLLEN : poussière colorée constituée de grains microscopiques produits par les étamines des plantes à fleurs.

POLONIUM (Po) : élément atomique, produit de désintégration du radium (découvert par Pierre et Marie Curie).

POLYTHÉISTE : personne qui croit en plusieurs dieux.

POUVOIR EXÉCUTIF : pouvoir détenu dans une démocratie libérale par le gouvernement et qui concerne l'exécution et la mise en œuvre des lois.

PRÉSAGE : signe d'après lequel on croit prévoir l'avenir.

PRESSION ATMOSPHÉRIQUE : pression exercée par l'atmosphère en un lieu donné et mesurée avec le baromètre.

PRISME : en optique, bloc de matériau transparent dont 2 faces au moins sont planes et non parallèles.

PROHIBITION : aux États-Unis de 1919 à 1933, période pendant laquelle il était interdit d'importer, de fabriquer, de vendre de l'alcool.

PROLÉTARIAT : classe sociale comprenant les personnes qui n'ont pour vivre que les revenus de leur travail, qui exercent un travail manuel et dont le niveau de vie est bas.

PROPANE (C_3H_8) : hydrocarbure, gaz inflammable, extrait du gaz naturel.

PROTECTORAT : régime juridique par lequel un État exerce un contrôle sur un autre, spécialement en ce qui concerne ses relations extérieures et sa sécurité.

PROTÉINE : molécule qui produit des acides aminés et entre pour une forte proportion dans la constitution des êtres vivants.

PSALMODIE : art, manière de chanter, de dire les psaumes.

PSYCHANALYSE : ensemble des théories de Freud et de ses disciples concernant la vie psychique consciente et inconsciente.

PSYCHÉ : jeune fille d'une grande beauté de la mythologie grecque qui fut aimée d'Éros. Une nuit, elle alluma une lampe pour voir le visage d'Éros et désobéit au dieu qui lui avait interdit de voir son visage. Éros la quitta, et elle ne le retrouva qu'à l'issue de nombreuses aventures.

PYRRHIQUE : danse guerrière simulant un combat en armes, très à l'honneur à Sparte et en Crète.

QUARTZ : élément constitutif des roches et de la plupart des sables. Il est caractérisé par une grande dureté.

QUASAR : astre très lumineux source d'ondes hertziennes.

QUIPROQUO : méprise qui fait qu'on prend une chose ou une personne pour une autre.

QUOTA : quantité ou pourcentage déterminé.

RADIUM (Ra) : élément radioactif de la famille de l'uranium.

RAMEAU : petite branche d'arbre.

RATIONALISME : doctrine philosophique de Descartes selon laquelle toute connaissance certaine vient de la raison.

RAYON GAMMA : rayon électromagnétique très pénétrant et de haute fréquence hertzienne.

RAYON X : onde électromagnétique de longueur comprise entre 1 nanomètre (milliardième de mètre) et 100 nanomètres. Il est utilisé pour les radiographies.

RAYONNEMENT COSMIQUE : ensemble des radiations rapides de grande énergie qui traversent l'atmosphère et frappent la surface de la Terre.

RAYONNEMENT ULTRAVIOLET : ensemble des radiations invisibles à l'œil humain, placées dans la partie du spectre au-delà du violet.

RÉACTION NUCLÉAIRE : réaction au cours de laquelle le noyau de l'atome est modifié.

RÉINCARNATION : dans l'hindouisme, voyage de l'âme vers une autre forme qui a été unie à un autre corps.

REMBLAI : terres utilisées dans une opération de terrassement visant à effectuer une levée de terrain ou à combler une cavité.

REPTILE : classe d'animaux vertébrés au corps recouvert d'écailles dont les membres sont souvent atrophiés ou absents (tortues, serpents, crocodiles).

RÉTINE : tunique interne nerveuse de l'œil, qui reçoit les impressions lumineuses par ses cellules visuelles (cônes et bâtonnets) et les transmet au nerf optique.

RHÉTORIQUE : art de bien parler, technique de la mise en œuvre des moyens d'expression.

RIME : procédé poétique qui consiste à disposer des sons identiques en finale de mots placés à la fin de 2 unités rythmiques.

ROSACE : grand vitrail d'église de forme circulaire.

RUMINANT : mammifère à 2 doigts, dont l'estomac comporte 4 compartiments qui permettent aux aliments de remonter dans la bouche.

SAMSARA : cycle interminable des naissances, vies, morts et renaissances que les êtres doivent expérimenter dans l'hindouisme.

SANSKRIT : langue d'origine indo-européenne utilisée pour exprimer la philosophie, la religion des textes sacrés de l'hindouisme, les Veda.

SATELLITE : corps céleste gravitant sur une orbite autour d'une planète ou engin construit par l'homme et destiné à être lancé dans l'espace de manière à décrire une orbite autour de la Terre ou d'un autre corps céleste. Il est souvent porteur d'équipements scientifiques, économiques, industriels ou militaires.

SATYRE : divinité mythologique à corps humain, à cornes et pieds de chèvre ou de bouc.

SCEPTICISME : attitude philosophique qui nie la possibilité de la certitude.

SCEPTIQUE : relatif à la suspension du jugement préconisée par le scepticisme.

SCHISME : séparation des fidèles d'une religion, qui reconnaissent des autorités différentes.

SCRIBE : en Égypte, homme lettré qui écrivait les textes officiels.

SÉDENTAIRE : groupe humain qui vit dans un lieu fixe.

SÉDIMENT : matériau issu des différentes phases de modelage des reliefs terrestres.

SÉDIMENTATION : formation d'ensembles constitués par la réunion de particules.

SÉISME : secousse rapide et violente de la surface terrestre, tremblement de terre.

SÉNAT : assemblée législative faisant partie du Parlement dans un régime démocratique à 2 assemblées législatives. Ses membres, les sénateurs, sont élus au suffrage universel.

SÉPULTURE : lieu où sont déposés les corps des défunts.

SIDÉRURGIE : métallurgie du fer, de la fonte, de l'acier et des alliages ferreux.

SILICATE : combinaison de silices (minéraux les plus nombreux sur Terre) avec des oxydes métalliques (ex. : argiles, talc, émeraude…).

SILICE (SiO_2) : corps solide de grande dureté, blanc ou incolore, très abondant dans la nature.

SONDE : engin porteur d'équipements scientifiques, construit par l'homme et lancé dans l'espace.

SONNET : poème de 14 vers en 2 quatrains (strophe de 4 vers) sur 2 rimes embrassées et 2 tercets (strophe de 3 vers).

SPECTROSCOPE : instrument à observation visuelle directe qui disperse un rayonnement sous forme de spectre et permet d'analyser les constituants d'un corps.

SPHYGMOMÈTRE : appareil servant à mesurer le pouls.

SPORE : corpuscule reproducteur de nombreuses espèces végétales.

STRATE : chacune des couches de matériaux qui constituent un terrain.

STUC : assemblage de plâtre (ou de poussières de marbre) mélangé avec de la colle forte pour former un enduit qui, poli, imite le marbre.

STYLOMATOPHORE : œil au sommet de chaque tentacule des pieuvres.

SUBJECTIVITÉ : caractère de ce qui appartient au sujet et qui donne la primauté aux états de conscience.

SULFATE : sel de l'acide sulfurique.

SUPERGÉANTE : étoile en formation au volume considérable qui explosera en supernova.

SUPERNOVA : explosion très violente qui marque la fin de vie de certaines étoiles.

SYSTÈME CUBIQUE : ensemble des formes de cristaux dérivées du cube.

SYSTÈME SOLAIRE : ensemble des corps célestes constitué du Soleil, de planètes, d'astéroïdes, de comètes et de météorites.

TAUX DE CHANGE : valeur de la monnaie nationale exprimée en monnaie étrangère.

TECTONIQUE DES PLAQUES : théorie selon laquelle la couche externe de la croûte terrestre est constituée de grandes plaques rigides en mouvement.

TÉLESCOPE : instrument d'optique destiné à l'observation des objets éloignés.

TELLURIQUE : de la Terre, qui provient de la Terre.

TERRE BRÛLÉE : destruction systématique par le feu des récoltes et des biens.

THÉOLOGIE : étude des questions religieuses fondée principalement sur les textes sacrés, les dogmes et les traditions.

THÉOLOGIEN : spécialiste en théologie.

THERMIQUE : relatif à la chaleur.

TOPOLOGIE : branche des mathématiques qui étudie dans l'espace réel les propriétés liées au concept de voisinage dans les déformations continues. La topologie a d'abord été appelée géométrie de situation.

TRANSHUMANCE : période de l'année pendant laquelle les bergers emmènent leurs troupeaux vers les alpages.

TRÉPAN : outil rotatif utilisé pour les forages profonds (par ex. pour trouver du pétrole).

TROU NOIR : étoile ou amas d'étoiles très dense qui exerce une attraction si forte qu'il n'émet aucun rayonnement.

TROUVÈRE : au Moyen Âge, poète et jongleur de la France du Nord s'exprimant en langue d'oïl.

TURBINE : dispositif rotatif qui utilise la force vive d'un fluide et le transforme en une autre forme d'énergie (par ex. dans les centrales hydroélectriques).

URANIUM (U) : élément radioactif naturel, métal gris, dur, présent dans plusieurs minerais toujours accompagné de radium (combustible dans les centrales nucléaires).

URÉE : produit de dégradation des acides aminés de l'organisme.

VÉGÉTAL : être vivant se caractérisant par une mobilité inexistante et une nutrition à partir d'éléments simples.

VÉGÉTARIEN : qui se nourrit exclusivement de végétaux.

VERTÉBRÉ : classe du règne animal dont tous les organismes possèdent une colonne vertébrale aux vertèbres osseuses ou cartilagineuses.

VIRUS : micro-organisme infectieux à structure bien définie, parasite des cellules vivantes, se reproduisant à partir de son seul matériel génétique.

VITICULTURE : culture de la vigne.

VITRIFIÉ : coulé avec du verre dans des conteneurs.

VOIE LACTÉE : grande traînée blanche et floue, formée de plusieurs milliards d'étoiles et de corps célestes que l'on aperçoit dans le ciel quand la nuit est claire (notre galaxie).

VOLCAN : relief souvent conique au sommet duquel se trouve un orifice par où s'échappe le magma qui remonte du manteau terrestre vers la surface de l'écorce terrestre.

VOLT : unité qui sert à mesurer la force d'un courant électrique.

VOLUTE : ornement d'architecture, enroulement sculpté en forme de spirale.

ZONE CONVECTIVE : zone du Soleil où les différences de températures dues aux réactions nucléaires sont les plus importantes.

ZONE FRANCHE : zone soumise à un régime administratif et fiscal avantageux, en particulier, à l'importation (franchise douanière).

ZONE RADIATIVE : zone de radiation du Soleil.

INDEX

B

559

C

D

567

O

T

INDEX CARTOGRAPHIQUE

DIRECTION ÉDITORIALE :
Isabelle Van Walleghem

RÉDACTION :
Véronique Meyers / Geneviève De Becker

RELECTURE :
Marie Sanson / Isabelle Van Walleghem / Francis Vandervellen

CONCEPTION GRAPHIQUE ET COUVERTURE :
Cécile Marbehant

MISE EN PAGE :
Hans Bungeneers

RECHERCHE PHOTOGRAPHIQUE :
Isabelle Van Walleghem / Sang Nguyen / Sabrina Collart